大漠丰碑

出土文献所见西域史地

荣新江◎著

Da Mo Feng Bei
Chu Tu Wen Xian Suo Jian Xi Yu Shi Di

中华书局
ZHONGHUA BOOK COMPANY

图书在版编目(CIP)数据

大漠丰碑:出土文献所见西域史地/荣新江著. —北京:中华书局,2025.6. —(北京大学中国古代史研究中心丛刊). —ISBN 978-7-101-17060-3

Ⅰ.K928.62-53

中国国家版本馆 CIP 数据核字第 20250CZ225 号

书　　名	大漠丰碑——出土文献所见西域史地
著　　者	荣新江
丛 书 名	北京大学中国古代史研究中心丛刊
责任编辑	孟庆媛
封面设计	周　玉
责任印制	陈丽娜
出版发行	中华书局
	(北京市丰台区太平桥西里 38 号　100073)
	http://www.zhbc.com.cn
	E-mail:zhbc@zhbc.com.cn
印　　刷	三河市中晟雅豪印务有限公司
版　　次	2025 年 6 月第 1 版
	2025 年 6 月第 1 次印刷
规　　格	开本/710×1000 毫米　1/16
	印张 33　插页 6　字数 456 千字
国际书号	ISBN 978-7-101-17060-3
定　　价	168.00 元

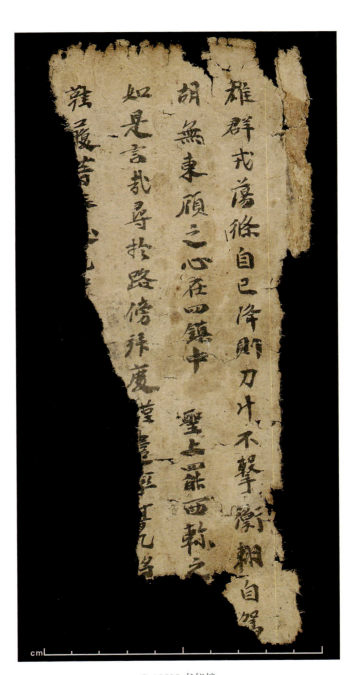

雄群戎蕩徐自已降即刀刃不擊衡朝自歸

胡無東顧之心在四鎮中　璽上罷西軌之

如是言扎尋於路傍祥覆草

難覆菩

S. 10595 书仪镜

于阗国王大师从德供养木塔

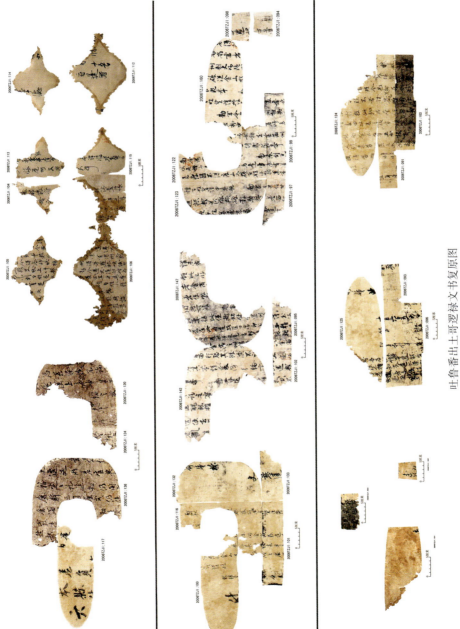

吐鲁番出土司逻禄文书复原图

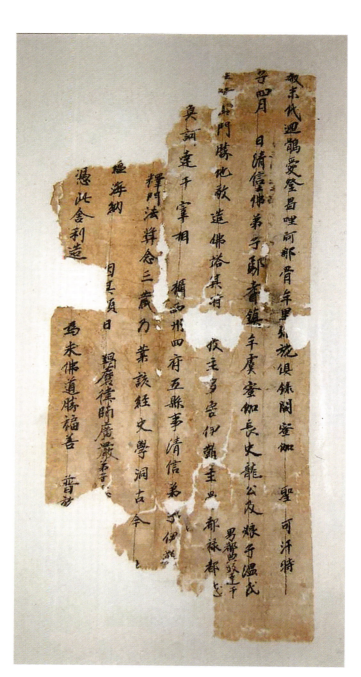

西州回鹘造塔记

北京大学中国古代史研究中心丛刊

（第二十四种）

出版弁言

北京大学中国古代史研究中心，自20世纪80年代初一路走来，已经将近而立之年。

中心创立伊始，我们的前辈邓广铭、周一良、王永兴、宿白、田余庆、张广达等先生曾经共同制定了"多出人才，快出人才；多出成果，快出成果"的方针。全体同仁在这片清新自由的学术天地中勤勉奋励，从容涵育，术业各自有专精，道并行而不相悖。

为有效凝聚学术力量，积极推动中国古代史研究的持续发展，并集中展示以本中心科研人员为主的学术成果，我们决定编辑《北京大学中国古代史研究中心丛刊》。《丛刊》将收入位于前沿、专业质量一流的研究成果，包括中心科研人员、兼职人员、参加中心项目成员和海外长期合作者的个人专著、文集及重大项目集体研究成果等。

致广大，尽精微，这是中心学人共同的方向。我们将为此而努力。

北京大学中国古代史研究中心

2010年5月

目　录

第二编　丝绸之路与西域文化

第三编　漠北民族与高昌回鹘

附　录

图版目录

序

　　我进入学术领域撰写的第一篇文章,就是有关于阗史的,可以说,我是做西域史研究出身的,特别关注于阗史。因为要用敦煌文书来构建9、10世纪于阗的历史,因此同时我也研究敦煌的归义军史。上世纪90年代,我把与张广达先生合作撰写的于阗史论文结集为《于阗史丛考》,把自己撰写的沙州归义军史论文结集为《归义军史研究》。与此同时陆续撰写的有关西域史的其他文章,不够系统,而且很多思考中的题目没有来得及撰写,因此没有收集在一起。

　　我在研究生阶段所学为隋唐五代史专业,而且从事晚唐五代宋初的归义军史研究,所以一直在考虑一个问题,即从汉到唐,西域主要是多个绿洲王国并存的政治体制,但从840年回鹘西迁后,天山南北的形势发生转变,西域原有的一些国家、民族消亡了,代之而起的是西州回鹘、喀啦汗王朝,于是逐渐改变了西域地区的原本政治格局,民族构成、宗教信仰也逐渐发生根本性的变化。我对于西域历史上这场可以称之为"唐宋变革"的历史进程抱有很大的兴趣,所以想一个部族一个部族的研究,特别是唐宋之际出现在西域、河西地区的一些小部族,希望能条理清楚他们的来龙去脉,最后再总体讨论西域地区的整体变化。于是我撰写了有关小月氏、铁勒、龙家、通颊、甘州回鹘、西州回鹘等部族的考证性文章,还打算撰写退浑、南山、嗢末、仲云等等的部族考。但自90年代进入有关粟特的研究后,其迁徙问题相当复杂,加上90年代末以来有关粟特的考古发现日新月异,也牵扯到粟特文化、图像的讨论,相关问题越发不可收拾。所以,有关西域部族的讨论没有系统的持续下来,只是遇到有关的材料和需要处理什么问题时,时而拾起以前关注的课题,如对"据史德"和"吐火罗"问题的探讨,就是其例,但研究工作时断时续。

传统史学对于西域史的研究,基本材料都出自传世的汉文史料,因此脱离不了"中原王朝经营史"的窠臼。我开始从事西域史研究的时候,正好赶上敦煌文书大量公布,吐鲁番文书也层出不穷,西域各种胡语文献也陆续转写、翻译、刊布出来。所以,我秉持着"用当地的史料研究西域的历史","用本民族的语言文字材料研究该民族的历史"的观念,希望利用新出土的文献材料来书写西域历史的新篇章。所谓出土文献,包括吐鲁番文书、敦煌文书、石刻碑志,以及西域各地出土的胡语文献,如藏语、于阗语、图木舒克语(我定名为据史德语)、粟特语、回鹘语等等,抓住文书中透露出的点滴信息,结合传世文献材料,来解决问题,补写历史。这就是本书命名为"出土文献所见西域史地"的原因,而用"大漠丰碑"四字作正题,是想表示这些出土文献记载了西域历史上各种可歌可泣的事迹。

与本书内容相关的一些文章,已收入下列论集:《中古中国与外来文明》(2001年)、《于阗与敦煌》(合著,2013年)、《中古中国与粟特文明》(2014年)、《丝绸之路与东西文化交流》(2015年)、《唐宋于阗史探研》(2023年)、《吐鲁番的典籍与文书》(2023年)。本书收录没有收入到其他拙著论集中的单篇论文及书评,分成四编。第一编"西域历史与民族变迁",主要是有关西域绿洲王国(塔里木盆地为中心)及周边民族的问题;第二编"丝绸之路与西域文化",主要是利用出土文献讨论通过丝绸之路的西域文化交流问题;第三编"漠北民族与高昌回鹘",主要是讨论天山北路的哥逻禄、河西走廊的漠北南下铁勒,特别是有关高昌回鹘的相关问题;最后是附录,收录有关西域出土胡语文书论著的书评,以及笔者近年来从事的龟兹石窟题记考察、黄文弼文书整理、俄罗斯藏有关西域的汉籍调查的初步收获。

本书收录的文章,从 1987 年到 2023 年,前后三十多年间陆续写成,因此体例不一。收入本集时,对下述问题略作改订。一、早期论文有的小节没有标题,只有数字表示顺序,这次统一加了小题目。二、早期所撰文章,因为用笔来写,所以写的字越少越好,引用一般史料时提示卷数即可,不注所据版本和页码。后来开始用电脑写作,学术规范也越来越缜密,引文都注到页码。为求本书统一体例,这次把早期撰文的页码尽可能补上,所用版本有些是撰文之后出版的标点本,但引文内容没有改变,请读者察知。三、注释的增加使得一些文章的注号数量较原刊本多,但这次对各篇文章只做技术性处理,不做内容改订,以示原本所思所想。

整理这样一部时隔三十年的文稿,需要校录重新输录的文字,增补引文的版本和页码信息,前前后后花费了很长时间。感谢先后跟从我读书的张凯悦、陈烨轩、严世伟三位同学,他们在我匆忙日子里,先后伸出援手,帮忙厘定。我要感谢张广达先生和文欣,他们慷慨答应把我们合写的文章收入本集。我把与段晴教授合作的一篇文章收入集中,以示纪念。最后,感谢北京大学中国古代史研究中心主任罗新教授、副主任史睿馆长答应将拙著收入中心丛刊;感谢中华书局领导一如既往地对笔者学术事业的支持,感谢责任编辑孟庆媛女史的细心编校。

荣新江
2024 年 1 月 21 日
于三升斋

第一编

———— * ————

西域历史与民族变迁

西域绿洲王国简史

一、龟兹

龟兹是中国古代西域城郭王国，唐安西四镇之一。又称"丘慈"、"邱慈"、"丘兹"，大概是龟兹语 *Kutsi* 的不同译法；佛教文献又称"屈茨"、"屈支"，应来自 *Kutsi* 的梵文形式 *Kuci*；回鹘占有此地后，称 *Käsän*、*Küsän* 或 *Kuča*，前者汉文作"苦先"、"曲先"；后者作"苦叉"，即清乾隆二十三年(1758)所定"库车"一名的来源。现代维吾尔文作 *Kuca(r)*。古代居民属印欧种，操印欧语系的龟兹语(又名吐火罗语 B 方言)，汉文和佉卢文也曾在境内流行，佛教僧团兼用梵文。回鹘人到来后，人种和语言均逐渐回鹘化，进而演变成今天的维族和维语。

龟兹国以库车绿洲为中心，最盛时北枕天山，南临大漠，西占姑墨与疏勒接壤，东抵铁门与焉耆为邻，相当于今新疆轮台、库车、沙雅、拜城、阿克苏、新和六县市。都延城，唐代称伊逻卢城(今新疆库车东郊皮朗古城)。

西汉时，人口八万余，在西域城郭诸国中属强国，但隶属于匈奴。汉昭帝元凤四年(前77),汉使傅介子从大宛至龟兹,杀匈奴使者,龟兹服从于汉。宣帝时,汉遣扜弥太子赖丹在龟兹东轮台屯田,龟兹王因贵人姑翼之谮而杀赖丹。本始三年(前71),汉使常惠率各国兵攻龟兹,杀姑翼而还。不久,龟兹王绛宾娶汉嫁绐乌孙的解忧公主之女为夫人,并在元康元年(前65)一同入朝,一年后回国,采用了一些汉的典章制度。神爵二年(前60),汉朝在龟兹东乌垒城设西域都护,以郑吉为都护,控制北道诸国。匈奴被迫罢僮仆都尉,其在西域的势力受到沉重打击。成帝、哀帝时,绛宾子丞德自称为汉外孙,与汉往来密切。王莽时贬易侯王,西域怨叛,龟兹与汉断绝往来,重又隶属于匈奴。

东汉初,莎车王贤势力最强,建武二十二年(46),攻杀龟兹王,立子则罗为龟兹王。不久,龟兹人杀则罗,遣使降匈奴。匈奴立龟兹贵人身毒为王,附属匈奴。龟兹依仗匈奴,据有北道诸国,并与匈奴合攻疏勒,杀其王忠;又攻莎车王贤,不能下。后贤被于阗攻杀,匈奴又率龟兹等国征服于阗。明帝永平十六年(73),汉使班超经营南道,北征匈奴,西域各国重与汉通。十七年,复置西域都护。十八年,龟兹与焉耆乘明帝之丧,攻杀都护陈睦。和帝永元三年(91),班超已控有于阗、莎车、疏勒,且大败大月氏(即贵霜)的进袭,龟兹无援,与姑墨、温宿一起降汉。汉以班超为都护,居龟兹它乾城,废龟兹王尤利多而立白霸。六年,班超率龟兹等国兵攻占焉耆、尉犁等国。殇帝延平元年(106),龟兹吏民反,攻围都护段禧、国王白霸于它乾城,为西域副校尉梁慬平定。但因与中原交通被阻,西域都护等于翌年撤回。至安帝延光三年(124),西域长史班超之子班勇进军西域,龟兹王白英率姑墨、温宿降,并随勇征车师。灵帝建宁三年(170),龟兹又随戊己校尉曹宽等西征疏勒。

曹魏时,龟兹兼并姑墨、温宿、尉头等国,遣使入贡。西晋时,仍遣使朝贡或遣子入侍。西晋亡,前凉张骏遣沙州刺史杨宣征西域,龟兹降,服属前凉。前秦主苻坚灭前凉后,于建元十八年(382)遣将吕光进军龟兹,龟兹王帛纯出奔,光立纯弟震而还。后凉、西凉无暇西顾,北凉灭西凉后,龟兹归属北凉。自太延三年(437),又向北魏遣使朝献。北魏派董琬出使西域,联络龟兹等国。太平真君九年(448),魏太武帝拓跋焘命成周公万度归攻灭焉耆,焉耆王逃奔龟兹。魏军进击龟兹,大掠驼马而归。5世纪中叶,龟兹一度为北方柔然部控制。孝文帝延兴、太和年间(474—479),又遣使北魏,贡驼马、珍宝。5世纪末,曾隶属于西方强国嚈哒。此后,龟兹曾先后遣使于北魏、北周和南朝的梁国。隋朝时,龟兹臣属于北方新兴的西突厥汗国。炀帝大业十一年(615),曾遣使入朝。

唐初,龟兹与唐有交往,但仍附属于突厥,王诃黎布失毕娶突厥女阿史那氏为妻。贞观十八年(644),唐军攻焉耆,龟兹与焉耆连兵相拒。二十一年,唐太宗李世民命昆丘道行军大总管阿史那社尔等率兵进击龟兹。经过激烈交战,于翌年擒其国王、权相,破降所辖诸城,西域震动,西突厥叶护阿史那贺鲁率众降唐,唐军勒石纪功而还(《新唐书·龟兹传》称唐于此年移安西都护府于龟兹,下辖四镇。此说证据不足)。唐军即撤,龟兹酋长争立,互相攻伐。唐又封布失毕为王,遣归国以安抚其众。高宗永徽二年(651),阿史那贺鲁听说唐太宗去世,举兵反叛。龟兹大将羯猎颠拒绝布失毕归国,遣使降贺鲁。显庆二年(657),苏定方率唐军打败贺鲁,西突厥各部及其所控制的葱岭东西各国皆降唐。三年正月,唐平定羯猎颠之乱,于龟兹国设立羁縻性质的龟兹都督府,下辖九州,立故王布失毕子白素稽为龟兹王兼都督。五月,又将唐安西都护府从西州交河城迁至龟兹都城,下设龟兹、于阗、焉耆、疏勒四镇,龟兹开始成为唐朝统治西域的中心。不久,吐蕃势力进入西域,与西突厥余部联合,于咸亨元年(670)攻陷西域十八州。唐罢龟兹等四镇,安西都护府迁回西州,同时派军反击。上元二年(675),渐次夺回四镇,白素稽遣使献物。但随即又为吐蕃攻占。调露元年(679),裴行俭率唐军打败亲吐蕃的西突厥余部,重立四镇,并以碎叶代焉耆,稍稍抑制了吐蕃的攻势。垂拱二年(686),唐四路出兵西域,未能阻止吐蕃的进攻,武则天下诏,再次放弃四镇。直到长寿元年(692),才由王孝杰率军恢复了四镇,并派汉兵三万人前往镇守,此后约百年间,安西都护府得以稳定在龟兹,故龟兹王城又称作"安西"。玄宗开元六年(718)以后,安西都护兼四镇节度使(或称安西节度使、安西四镇节度使)在龟兹王协助下,有效地控制着西域。天宝十四载(755)安禄山叛乱,安西重兵赴中原救援。吐蕃乘机占领河西,进逼西域。留守唐军与当地民众在回鹘的支持下,坚持了三十余年,在德宗贞元六年(790)以后为吐蕃攻占。不久,回鹘击败吐蕃,控制龟兹。

840年,回鹘由漠北西迁到天山地区后,龟兹进入西州回鹘势力范围,成为西州回鹘可汗下属的兀鲁思(ulus,领地,常译作"国")之一,人种也逐渐回鹘化。宋初,龟兹回鹘独立性增强,其国王曾单独遣使向宋或辽入贡。随着黑汗王朝的强盛,大概在11世纪末,龟兹人在贵族Chizr的带领下,脱离西州回鹘,归附喀什噶尔汗,并皈依伊斯兰教。从此,龟兹不再是一个独立或半独立的政权,而先后是黑汗、西辽、蒙古、元朝、察合台后王、准噶尔部等治下的一级地方行政单位。乾隆二十三年(1758)归入清朝版图,定名库车。

龟兹地区气侯温热,盛产麻、麦、葡萄、梨、桃等;傍山处宜牧,出良马、封牛;山中有矿,故黄金、铜、铁等冶铸业闻名西域;又因处在丝绸之路干线上,中转贸易发达,龟兹锦尤负盛名。在伊斯兰化以前,一直以佛教为国教,是西域小乘佛教的中心。境内有雀离大寺(今苏巴什遗址)、阿奢理贰伽兰(今夏克吐尔遗址)和克孜尔、库木吐喇等千佛洞,从4世纪到10世纪,不断兴建,创造出大量的佛教艺术作品。十六国时,龟兹高僧鸠摩罗什至长安译经三百余卷,对中国佛教的发展,起了巨大的推动作用。龟兹人能歌善舞,龟兹乐从吕光西征时传入河西,北魏时传入中原,为中原人民喜爱。隋乐有西国龟兹、齐朝龟兹、土龟兹三部。入唐后,龟兹乐又编为十部乐之一,对中国民族音乐的发展影响很大。

二、于阗

于阗是中国古代西域城郭王国,唐安西四镇之一。又称"于寘",可能是 *Godan* 的对音,其完整形式 *Gostāna* 由古代于阗人种名 *go* 加伊朗语后缀-

stāna 组成,意为"牛地"、"牛国",当地佛教徒编造的建国传说附会为梵文的 Gostana,意为"地乳"。于阗一名的早期于阗语形式作 Hvatana,发展成晚期于阗语的 Hvaṃna-/Hvana-/Hvaṃ-,汉文对应词为"涣那"。因受原始阿尔泰语圆唇音谐和律的影响,于阗一名音变为*'Odan,故元代又称"五端"、"兀丹"、"斡端"等。清朝在伊里齐新城设和阗直隶州,在克里雅设于阗县,使旧名易地。古代居民属塞种,操印欧语系伊朗语族东伊朗语支的于阗语(一称于阗塞语)。11 世纪初为黑汗王朝所灭后,人种和语言逐渐回鹘化。

于阗地处塔里木盆地南沿,中心地区在发源于昆仑山的喀拉哈什河(墨玉河)和玉龙哈什河(白玉河)之间,东通且末、鄯善,西通莎车、疏勒,盛时领地包括今和田、皮山、墨玉、洛浦、策勒、于阗、民丰等县市,都西城(今和田约特干遗址)。

西汉时,有户三千余,人口一万九千余,士兵两千四百人。东汉初,被莎车王贤攻破,另立国王位侍,后又杀之,不立国王,而由莎车将君得镇守于阗。汉明帝永平三年(60),于阗贵族都末兄弟杀君得,旋即为贵族休莫霸和汉人韩融所杀。休莫霸自立为王,两败莎车,但未捷先死;四年,兄子广德继位,灭莎车,从精绝西北到疏勒十三国皆服从于阗。匈奴得知,遣五将率焉耆、龟兹等十五国兵围于阗。广德降,以太子入质匈奴,每年纳罽、絮,匈奴派使者监护其国。十六年,汉军司马班超至于阗,广德杀匈奴使者降汉,班超以此为根据地,北攻姑墨,西破莎车、疏勒,于阗都出兵相助。汉章帝元和三年(86),于阗杀匈奴所立莎车王,另立新主。汉安帝永初元年(107)以后,西域复乱,相互攻伐,莎车叛归疏勒。汉顺帝永建二年(127),班勇攻降焉耆,于阗服属于汉。四年,于阗王放前杀拘弥王兴,立己子为王。六年,遣侍子赴汉贡献。汉朝使放前重立拘弥国,放前不应。阳嘉元年(132),敦煌太守徐由派疏勒王臣磐率兵二万击破于阗,重立拘弥王成国而还。汉桓帝元嘉元年(151),西域长史赵评在于阗病死。翌年,王敬继长史任,拘弥王成国因与于阗有仇,诬称赵评为于阗王建害死。王敬至于阗,杀建。于阗侯将输僰率众斩敬,欲自立为王。国人不服,杀之而立建子安国。汉灵帝熹平四年

(175),安国攻杀拘弥王,汉戊己校尉、西域长史发兵立拘弥在汉的侍子定兴为王,时仅辖人口千余。于阗在东汉时势力强盛,户增至三万二千,人口八万三千,有兵三万人。公元2世纪末,在贵霜和汉朝的影响下,于阗王曾打制一种钱币,铭文一面是汉文重量单位,一面用佉卢文记王名,名"汉佉二体钱"。

汉末魏初,仍向中原王朝进贡,国王山习曾向魏文帝曹丕献名马。又兼并戎卢、扜弥、渠勒、皮山等国。西晋时,与鄯善、焉耆、龟兹、疏勒并为西域大国,晋朝封国王为"晋守侍中大都尉奉晋大侯亲晋于阗王"。前凉建兴二十三年(335),张骏遣杨宣伐西域,于阗遣使入贡。前秦灭前凉后,于阗向前秦朝贡。北魏太平真君六年(445),魏太武帝拓跋焘击败吐谷浑,吐谷浑王慕利延率众西逃,攻入于阗国,杀死国王百姓数万人。吐谷浑走后,于阗复国,但势力已衰。北魏文成帝太安三年(457),遣使入贡,并纳女于文成帝为夫人,号"仙姬"。北魏献文帝末年(468—470),柔然攻袭于阗,于阗向北魏求援,北魏以道远未出兵。柔然退后,又隶属于西方强国嚈哒,纳贡物。太和末(495)、景明中(502)及其后,又与北魏往来。梁天监九年(510)以后,还不断遣使南朝,曾向佞佛的梁武帝萧衍献外国刻玉佛。北周建德三年(574),进贡名马。不久被新兴的突厥汗国所控制。

唐太宗李世民贞观十三年(639),于阗遣子入侍唐廷,有的侍子如尉迟乐(智严)留居长安不返。十八年,玄奘从印度取经回国,在于阗逗留很长时间,受到款待和护送。二十二年,唐军攻占龟兹。明年,副将薛万备率兵至于阗,于阗王伏阇("尉迟"的异译)信随万备入朝,唐高宗封为右骁卫大将军后还国。高宗显庆三年(658),于阗编为唐安西四镇之一,成为丝路南道最重要的军政中心。四年,西突厥思结部曾攻于阗,被唐将苏定方击破。吐蕃势力进入塔里木盆地后,联合西突厥弓月等部,于龙朔三年(663)和麟德二年(665)两次进攻于阗。由于唐廷救援,暂得保全,终于在咸亨元年(670)被吐蕃攻占。吐蕃率于阗攻陷龟兹拨换城,唐被迫罢四镇,撤回安西都护府。上元元年(674),于阗王伏阇雄击走吐蕃,亲自入唐,唐在于阗设毗沙都督府,下辖六城等十羁縻州,任命伏阇雄兼都督。此后,唐蕃争夺西域的斗争主要在碎叶、疏勒一带展开,于阗稍得安定。武则天垂拱二年(686),吐蕃再次占领于阗等四镇。至天授三年(692)初,于阗又归属唐朝。伏阇雄死,唐册封其子璥(一作瑕)为于阗王。长寿元年(692)十月,唐复置四镇,并派兵驻守,高仙芝、杨和等先后任于阗镇守使。开元十三年(725),于阗王尉迟眺曾引突厥谋叛唐,很快被安西副大都护杜暹派兵擒杀,更立新王。此后,尉迟伏师战、伏阇达、尉迟珪、尉迟胜相继为王。天宝中(749年前后),尉迟胜入唐献名玉、良马,唐玄宗李隆基嫁以宗室之女,并授予右威卫将军、毗沙府都督。归国后,与安西节度使高仙芝合力击破播仙、萨毗界内的吐蕃势力。安禄山起兵叛乱,尉迟胜闻讯后,以其弟曜摄国事,自率兵五千赴中原之难,乱平后,终老长安。唐肃宗乾元三年(760),唐授尉迟曜兼四镇节度副使,并管理本国事。他率领当地民众与唐镇守军一起戍守于阗,坚持到唐德宗贞元十七年(801),为吐蕃攻占。吐蕃并未断绝于阗尉迟氏王统,而是以羁縻形式统治,其军政中心设在于阗都城北的神山堡(今新疆麻札塔格)。

9世纪中叶,吐蕃内乱势衰,于阗获得了独立,仍由尉迟氏执政。9世纪末叶,开始和敦煌的沙州归义军政权交往。912年,Viśa' Saṃbhava 继位为王,汉名李圣天,年号同庆。后娶沙州归义军节度使曹议金女为妻,双方往来频繁,且通过敦煌,遣使中原王朝。天福三年(938),后晋高祖遣张匡邺、高居诲等出使于阗,册封李圣天为大宝于阗国王。此后,于阗与中原特别是敦煌地方政权关系更为密切,常有大批于阗人留居敦煌,并在莫高窟留下了他们的供养人像。

北宋初,于阗使臣、僧人数次向宋进贡。宋太祖赵匡胤乾德四年(966),李圣天之子从德(Tcūṃ-ttehi:)亲自入朝宋廷。明年归国,继位为王,即 Viśa' Śūra。自970年左右,信奉伊斯兰教的疏勒黑汗王朝,开始进攻信奉佛教的于阗,战争持续了三十余年,黑汗王朝终于在11世纪初攻占于阗,尉迟家族统治的佛教王国灭亡,部分民众东迁沙州,甚至远到青海。于阗在黑汗王朝的统治下,有相对的独立性,仍单独向宋朝进贡,有大批商人东来贸易。但语言和人种逐渐回鹘化,并逐渐皈依了伊斯兰教。后经西辽、蒙古、元朝、察合台后王及准噶尔部的统治,到清高宗弘历乾隆二十四年(1759)入清版图,光绪九年(1883)置和田直隶州。

于阗以农业、种植业为主,是西域诸国中最早获得中原养蚕技术的国家,故手工纺织发达。特产以玉石最有名,曾远销东西各国。于阗自2世纪末传入佛教后,逐渐成为大乘佛教的中心,曹魏时第一个汉族西行取经僧朱士行,就是到于阗访求梵本大品《般若》的。魏晋至隋唐,于阗一直是中原佛教的源泉之一,如华严部经典,就大多是从于阗取得梵本,于阗僧人提云般若(Devaprajña)、实叉难陀(Sikshānanda)等,都为汉译华严经典做出贡献。近代以来在和田、敦煌发现了许多于阗文、梵文佛典,如长达六百多行的《佛本生赞》,都是具有相当规模的佛教文献。于阗人民喜爱音乐、戏剧,在绘画方面具有印度、伊朗的混合风格,著名画家尉迟乙僧于唐初至长安,绘有许多壁画,与唐人吴道子、阎立本齐名。

三、焉耆

焉耆是中国古代西域城郭王国,唐安西四镇之一。又称"乌夷"、"焉夷"、"乌耆"等,均为焉耆语 Argi 的音写;佛教文献作"亿尼"、"忆尼"或"阿耆尼",则是梵文 Agni(意为"火")的音写;回鹘西迁后,称此地为 Solmī/Sulmī(汉文作"唆里迷")。伊斯兰教传入后,称 Čališ(察力失、叉力失)。清乾隆二十二年(1757)定名为"喀喇沙尔"。光绪二十四年(1898)改回"焉耆",但至今维语仍习称 Qarašähr(意为"黑城")。古代居民属印欧种,操印欧语系的焉耆语(又名吐火罗语 A 方言)。9 世纪以后,人种和语言逐渐回鹘化。清代在此安置蒙古土尔扈特部,又有大批陕、甘、青回族迁徙到此。

焉耆国位于天山中部的焉耆盆地(今新疆焉耆回族自治县),环抱在天山、霍拉山和库鲁克塔格山间,东临博斯腾湖,东通高昌,西临龟兹,盛时领地包括今焉耆、库尔勒、博湖、和硕、和静、尉犁等县市。都员渠城,又称河南城(今博格达泌古城,一说今焉耆县城)。

西汉时,人口三万二千余,隶属于匈奴。匈奴西边日逐王设置控制西域的僮仆都尉,经常驻扎在焉耆、危须、尉犁间,向各国征收赋税,转输匈奴。汉武帝刘彻通西域并征服大宛后,开始在渠犁等地屯田。宣帝时,日逐王降汉,僮仆都尉罢。神爵二年(前60),汉始置西域都护,驻焉耆西南乌垒城,监护北道诸国。王莽代汉后,与匈奴绝和亲,匈奴攻西域,焉耆首先响应,攻杀都护但钦。天凤三年(16),王莽遣五威将军王骏、西域都护李崇讨焉耆,焉耆诈降,袭杀王骏,不久李崇也殁于龟兹。

东汉初,焉耆受治于莎车王贤。建武二十一年(45),向汉遣子入侍并献珍宝,请都护。汉光武帝刘秀不出兵,侍子留敦煌,后逃归。明帝永平十六年(73),汉攻匈奴,取伊吾。翌年,重置都护。十八年,明帝死,焉耆与龟兹攻杀都护陈睦及吏士二千余人,归属匈奴,匈奴率其攻于阗。和帝永元三年(91),班超迫降龟兹,汉重设都护,唯有焉耆、尉犁、危须三国不肯降。六年,班超率诸国兵讨焉耆等国,斩焉耆王广、尉犁王汎等,立焉耆左候元孟为王。汉安帝永初元年(107),西域复乱,元孟归降匈奴。延光三年(124),班勇平车师,焉耆等国不降。汉顺帝永建二年(127),敦煌太守张朗与西域长史班勇攻入焉耆,元孟遣子入献。汉灵帝建宁三年(170),随戊己校尉曹宽讨疏勒。东汉时,焉耆人口达五万二千,有兵两万余,势力增强。

三国时,汉、匈奴势衰,焉耆乘机兼并其旁尉犁、危须、山王等国,成为北道大国。西晋武帝太康中,焉耆王龙安遣子入侍。龙安曾为龟兹王白山所辱,安子会即位后,为父报仇,攻杀白山,自占龟兹,遣子熙归焉耆为王,国势大振,葱岭东诸国多归属。会后为龟兹人杀死。晋穆帝永和元年(345),前凉张骏派沙州刺史杨宣进征西域,龙熙拒战失败而降,入贡于前凉。前凉西域长史李柏也曾遣使其国,有书信往还。前秦建元十八年(382),吕光伐龟兹,兵至焉耆,国王熙(一作泥流)率旁国请降。

北魏太武帝太延年间(435—440),数次遣使朝贡,魏使董琬也曾至其国。太平真君三年(442),魏灭北凉后,北凉残部在沮渠无讳率领下,经鄯善、焉耆入高昌。九年，北魏以焉耆剽劫使者为名，派成周公万度归率车师王车伊洛、伊吾唐和等攻伐，焉耆王鸠尸卑（毕）那率四五万人拒守，被魏军击败，都城陷，鸠尸卑那逃奔龟兹，龟兹王纳为女婿，待之甚厚。魏在此设镇，使唐和留守，万度归西掠龟兹而还，车伊洛父子及唐和也在正平初年（451—452）由焉耆东入魏都。焉耆经魏军的攻掠，国势大衰，不久即受治于北方的柔然、高车。5世纪末、6世纪初，又被嚈哒破灭，国人分散，无法自立，请求高昌王麴嘉派第二子入焉耆为王。其后，焉耆龙姓王族重新执政。北周武帝保定四年（564），曾向北周遣使献马。入隋，势力极衰，仅有兵千余人，附属于西突厥。隋文帝开皇末（约594），铁勒诸部起兵打败突厥处罗可汗，焉耆又归附铁勒，称臣纳贡。隋炀帝大业年间（605—618），国王龙突骑支遣使入隋贡方物，但同时又隶属于西突厥。

唐太宗贞观六年（632），突骑支遣使入唐，请求开辟焉耆直通敦煌的大碛道以便使者、商贾往来。高昌国由此失掉途经吐鲁番的中转贸易之利，于是在贞观十二年与西突厥处月、处密等部联合，击破焉耆五城，掠男女一千五百人而回。唐太宗李世民以此为由，派兵在十四年灭高昌国，归还其所掠焉耆人口。同年，西突厥大臣屈利啜弟娶焉耆王女，联合与唐对敌。十八年，安西都护郭孝恪率军出银山道，攻下焉耆城，擒突骑支，以其弟栗婆准摄国事，俘突骑支至长安。唐军一撤，西突厥屈利啜因栗婆准，以西突厥吐屯摄领焉耆，遣使入唐，太宗责之。焉耆使龟兹杀栗婆准，立其从父兄薛婆阿那支为王，仍以西突厥为声援。二十二年，阿史那社尔率唐军征龟兹，擒斩薛婆阿那支，立其从父弟先那准（一说婆伽利）为王。唐高宗初年，焉耆王死，唐遣龙突骑支归国为王，死。龙嬾突立。显庆三年（658）阿史那贺鲁乱平，焉耆成为唐安西都护府下属四镇之一。上元年间（674—676）设焉耆都督府。调露元年（679），唐为切断吐蕃与西突厥余部的联络，以碎叶代焉耆备四镇。焉耆地位下降，国小人寡。唐玄宗开元七年（719），龙嬾突死，焉吐拂延立。因十姓可汗徙居碎叶，安西节度使汤嘉惠表以焉耆代碎叶备四镇。唐在此屯田，总有七屯。

安史之乱后,吐蕃进攻西域。唐德宗贞元四年(788),焉耆王龙如林与唐镇守使杨日祐仍率军坚守,直到贞元六年前后为吐蕃攻占。但不久回鹘败吐蕃,焉耆归属漠北回鹘汗国,国王与回鹘族官吏共同执政。840年回鹘汗国崩溃后,庞特勤率西迁回鹘主力入据焉耆。一大批焉耆人由龙姓王率领,东入伊州及河西走廊,成为甘州、沙州一带的部族之一,号龙家。焉耆的龙姓王朝终结,此后,这里成为西州回鹘国的组成部分,为回鹘五城之一,一般称作"唆里迷"。11世纪龟兹脱离西州回鹘后,焉耆成为西州回鹘西部边镇。直到蒙古兴起后,它仍是畏兀儿国(即西州回鹘)下属的兀鲁思(ulus,领地,"国")。13世纪末,畏兀儿王国在元朝与西北蒙古宗王的战争中被消灭,焉耆也结束了独立或半独立的时代。后经察合台后王和准噶尔等部的统治,最终归入清朝版图。

焉耆依山临水,农牧渔业兼营,丝路贸易也很兴盛。焉耆佛教在龟兹影响下以小乘信徒居多,境内有著名的明屋千佛洞、锡克沁佛寺。近代以来,在这里发现过一些梵文、焉耆文佛教文献,其中有焉耆佛教大师圣月(Ari-acintri/Aryacandra)从梵文译成焉耆语的《弥勒会见记》剧本,表明这里还流行上演佛教戏剧。而且,一些焉耆语佛教文献直接影响了回鹘文佛典的形成。焉耆还是中古时期西域摩尼教的传播中心之一,吐鲁番曾出土有关焉耆摩尼教寺院的中古波斯文和回鹘文文书。

四、疏勒

疏勒是中国古代西域城郭王国,唐安西四镇之一。又称"沙勒",可能源于古代伊朗语 Šaraka-、*Suɣlaq/*Suɣdaq(即"粟特")或 Suluk(突厥语意为"有水");又作"佉沙",似为伊朗语*Kāša-(英雄)的音译;全称为"伽师祇离"或"迦师佶黎",应源于伊朗语*Kasigiri(英雄城)。此即回鹘到来后所用 Kāšyār 一名的语源,元、明、清三朝分别用汉文写作"可失哈耳"、"哈实哈儿"、"喀什噶尔"等,今称"喀什",维语作 Qašɣar。《大唐西域记》记有梵文化的名称"室利讫栗多底",为 Śiri-kirtāti 的音写,意为"善行之地"。古代居民属印欧种,似操印欧语系东伊朗语支的某种语言,自 9、10 世纪,人种和语言逐渐回鹘化。

疏勒位于塔里木盆地西部,为丝绸之路南北两道交接点,又当向西翻越葱岭的丝路干线要冲,地理位置十分重要。东北、东南与龟兹、于阗相通,盛时辖境包括今新疆喀什、疏勒、疏附、伽师、英吉沙、岳普湖、阿图什、乌恰、阿克陶、塔什库尔干等县市。都疏勒城,唐称迦师城(今地不明)。

西汉时,有户一千五百余,人口一万八千六百余,兵两千人,国力不强。东汉明帝永平十六年(73),龟兹王建依仗匈奴的威势,攻杀疏勒王成,立龟兹左侯兜题为疏勒王。翌年,驻扎于阗的汉司马班超擒兜题,立成兄子榆勒为王,改名忠。章帝建初三年(78),超率疏勒等国攻姑墨石城。元和元年(84),忠反叛,与莎车连兵击超,并得康居援助。超另立成大为王,用计擒斩忠。和帝永元三年(91),超任西域都护,移驻龟兹境,留西域长史徐乾留守疏勒。安帝初元中(114—120),臣磐(一作槃)被其外甥疏勒王安国流放到贵霜,却受到贵霜王的喜爱。安国死,无子,臣磐子遗腹立为疏勒王。臣磐因请贵霜派兵护送其回疏勒,废遗腹而自立。延光四年(125),疏勒曾随汉西域长史班勇击破车师后王国。南道大国莎车背叛于阗,归属疏勒,勒疏又以汉和贵霜为后援,势力强大起来,有户两万一千,兵三万余人,与龟兹、于阗相抗衡。顺帝永建二年(127),臣磐遣使向汉朝进贡,被封为汉大都尉。五年,又遣子入贡。阳嘉元年(132),于阗王放前杀拘弥王兴,立于阗王子为拘弥王。敦煌太守徐由遣臣磐率兵两万击破于阗,另立兴宗人成国为拘弥王而还。二、三年,又向汉进献狮子、封牛、宝石、金带等。灵帝建宁元年(168),臣磐被叔父和德杀死,和德自立为王。三年,汉军讨伐,失败而归。

三国时,疏勒兼并桢中、莎车、竭石、渠沙、西夜、依耐、满犁、纪(德)若、榆令、捐毒、休循(循)、琴国等十二国,势力极盛。西晋封其国王为"晋守侍中大都尉奉晋大侯亲晋疏勒王",与龟兹、于阗、焉耆、鄯善并为西域大国。北魏太延三年(437),遣使向魏进贡。魏也派董琬等出使其国。此后直到魏文成帝末年(462),经常向魏朝贡。5 世纪后半叶,隶属于其西部强国嚈哒,势力衰弱,仅有兵两千人。6 世纪初,重新与中原北魏王朝建立联系。中叶以后,又被突厥控制,每年向其纳贡。隋末唐初,曾遣使向中原王朝进贡,但仍服属于西突厥,突厥嫁女给疏勒王,建立和亲关系。

高宗显庆三年(658),唐平定西突厥阿史那贺鲁之乱,以疏勒为安西四镇之一,隶属安西都护府。此后十余年,西突厥弓月等部联合由护蜜(瓦罕)进入塔里木盆地的吐蕃势力,攻占疏勒,以此为基地,数次侵袭于阗等地,唐虽曾救援,但终于在咸亨元年(670)放弃安西四镇。四年,萧嗣业率唐军攻入疏勒,疏勒、弓月二国王入朝请降。上元年间(674—676),唐恢复四镇,设疏勒都督府,下辖演渡、达漫、耀建等羁縻州。然而,疏勒位于吐蕃由西向东夺取唐安西领地的必经之路,势在必争。仪凤年间(676—679),吐蕃又攻破疏勒。唐在调露元年(679)一度重立四镇,但在吐蕃强大的攻势下,不得不在武则天垂拱二年(686)再次放弃四镇。长寿元年(692),唐夺回西域控制权,重设四镇,并派汉兵镇守,设置屯田,疏勒总有七屯,唐在疏勒的统治得以加强。开元十年(722),天宝六载(747)、十二载,疏勒的唐镇守军曾出击葱岭以西的小勃律、怛逻斯等地,击败吐蕃,并给突骑施部以致命打击。疏勒王室也与唐往来密切,开元十六年,唐玄宗李隆基册封裴安定为疏勒王。天宝十二载,疏勒首领裴国良来长安,被授予折冲都尉衔。安史之乱后,疏勒民众和唐军在国王裴冷冷和唐镇守使鲁阳等的率领下,坚持到德宗贞元四年(788),一度为吐蕃所占领。9 世纪初,为漠北回鹘汗国控制。

宋以后,疏勒主要处在西迁的突厥族葛逻禄部和以后到来的一部分回鹘部的控制之下。到 10 世纪下半叶,他们联合当地其他部众,共同创立了黑汗王朝,并且成为中国历史上第一个皈依伊斯兰教的王国,开始了新疆伊斯兰化的进程。大约自 1041 年起,黑汗王朝正式分裂成东西两汗国。东部汗国都喀什噶尔,领有七河流域、东部费尔干纳和于阗、龟兹等地,喀什噶尔成为当时塔里木盆地西部政治和文化中心。自 1130 年,黑汗王朝臣属于西辽。13 世纪初,东黑汗王朝终结。不久,蒙古打败篡夺西辽政权的屈出律,占有喀什噶尔。以后分别由察合台后王和准噶尔部统治其地,但塔里木盆地西部的统治中心已移到叶尔羌。清乾隆二十四年(1759)占领此地后,设参赞大臣一员,总理南疆八城事务。光绪三年(1877)以后,新疆设省,喀什噶尔才重新成为重要的政治文化中心。

疏勒以农牧业为主,种稻、粟、麻、麦,瓜果最盛;有纺织技术,早在5世纪中叶,疏勒锦就远销高昌地区。在2世纪贵霜王迦腻色迦大力传播佛教的时候,疏勒王臣磐从贵霜归国,佛教似应在此时传入疏勒。3世纪中叶,鸠摩罗什西行到疏勒,遍览内外诸经,并从莎车王子改学大乘,可见当时疏勒佛教之盛,为各国僧人聚会之地。唐朝时,疏勒出身的名僧慧琳住长安西明寺,在贞元四年至元和五年间(788—810),参考诸经杂史,撰成《大藏音义》一百卷,又名《一切经音义》。黑汗王朝时期,喀什噶尔是伊斯兰文化的中心,11世纪曾产生过三部内容丰富的重要著作,即阿卜勒·弗图赫·阿卜都加法尔·本·侯赛因·阿勒马伊(Abu 'l-Futūh 'Abd al-Ghāfir b. Husayn al-Alma 'ī)的阿拉伯文《喀什噶尔史》(al-kādjgharī,已佚);优素福·哈斯·哈基甫(Yūsuf Khāss Hadjib)的长篇诗歌《福乐智慧》(Kutadghu bilig)和马合木·喀什噶里(Mahmūd al-Kāshgharī)在巴格达完成的《突厥语辞典》(Dīwān al-lugāt al-turk)。因近代的盗掘等破坏,疏勒佛教遗迹所剩无几。伊斯兰建筑以艾提卡尔清真寺最有名。

(2006年2月7日整理、改订,原作四个词条载《中国大百科全书·中国历史》II,1997年,848—849、951—952页;III,1997年,1416—1417、1354—1355页;今并为一篇,另起一标题。)

小月氏考

本文所讨论的小月氏,是指大月氏西迁后留在今中国境内的余众,与贵霜王朝末年的小月氏寄多罗王朝无涉。

月氏,先秦文献又称作禺氏、禺知,是秦汉以前中国西北部的主体民族之一。《史记》卷一二三《大宛列传》称:

> 大月氏……故时强,轻匈奴。及冒顿立,攻破月氏。至匈奴老上单于,杀月氏王,以其头为饮器。始月氏居敦煌、祁连间,及为匈奴所败,乃远去,过宛,西击大夏而臣之,遂都妫水北,为王庭。其余小众不能去者,保南山羌,号小月氏。①

两汉以来,小月氏仍然活跃在西北广大地区,我们在汉魏时期的史料中不时可以找到有关这个民族的记载,但西晋以后,这个曾经称雄一时的月氏民族似乎已经退出了中国历史的舞台,只有一些有关他们的遗种后裔的零星记载,尚可在两晋南北朝乃至隋唐五代的文献中找到,向人们透露了一些他们活动的信息。对于这些史料的分析,不仅使我们对月氏这样一个大族

---

① 《史记》卷一二三《大宛列传》,中华书局,1982 年,3161—3162 页。

在中国的消亡有了进一步的了解,而且可以从一个侧面探讨晋唐间民族关系的一般规律。

一、前人有关小月氏的种种说法

由于史料的分散和民族关系的复杂性,使得两汉以来在中国历史上扮演着相当活跃的角色的小月氏往往被史学家们所忽略,涉及到这个问题的学者虽然不多,却在其分布和后裔的去向问题上纷纭其说,各执一端。归纳起来,主要有以下五种观点。

(一)周一良、唐长孺、姚薇元诸先生在论述北凉建立者沮渠蒙逊所出自的卢水胡时,都把卢水胡视为小月氏。其理由,一是两者分布的地域都在西平、张掖之间,特别是湟中一带;二是沮渠蒙逊自称其祖曾于汉代"翼奖窦融,保宁河右"[1],而《后汉书》卷五三《窦融传》恰好载有"融率五郡太守及羌虏小月氏等……与大军会高平第一"[2],征讨隗嚣。因此说卢水胡即小月氏[3]。

(二)姚薇元先生还认为:"羯族乃匈奴治下之月氏族。"其主要理由有五条:(1)石勒出于戎裔。(2)羯胡状貌多高鼻多须,与月氏同。(3)《隋书·西域传》载昭武九姓本月氏人,羯族之石勒与月氏之石国当出一源。(4)石勒之烧葬本俗与石国同。(5)石勒所居"羯室"殆即石国别号"赭时"之同音异译,为胡语"石"之意。因此,羯族即月氏[4]。

(三)霍古达(G. Haloun)等人持吐火罗种说。这种观点认为,月氏西迁时经过焉耆、龟兹,有一部分遗众留在那里,因此可以认为焉耆、龟兹是月氏

---

① 《晋书》卷一二九《沮渠蒙逊载记》,中华书局,1974年,3189页。
② 《后汉书》卷五三《窦融传》,中华书局,1965年,805—806页。
③ 周一良《北朝的民族问题与民族政策》,《魏晋南北朝史论集》,中华书局,1963年,155页;唐长孺《魏晋杂胡考》,《魏晋南北朝史论丛》,生活·读书·新知三联书店,1955年,403—414页;姚薇元《北朝胡姓考》外篇第八羯族诸姓沮渠氏条,科学出版社,1958年,365—369页。
④ 《北朝胡姓考》外篇第八羯族诸姓石氏条,355—358页。

的后裔。这种看法的提出,是由于本世纪初所谓"吐火罗语"的文献在库车、焉耆和吐鲁番发现所引起的,并且和古代欧亚内陆两大民族月氏和吐火罗是否等同的问题密切相关。在此不可能全面回顾关于所谓"吐火罗语"定名争论的所有观点,只扼要地检出与本论题有关的一些看法。早在 1937 年,霍古达就在《论月氏》一文中,把月氏比定为吐火罗,并认为月氏西迁时,曾有余众留在焉耆[1]。翌年,恒宁(W. B. Henning)发表《焉耆和"吐火罗人"》,认为月氏的遗众留在乌孙人中,至唐初而为乌孙同化,而乌孙和月氏人又都融汇于龟兹、焉耆人中,只是将他们的名称 ārśi/ärsin(乌孙)和 tuγr(即月氏)留给了焉耆[2]。冯承钧先生在《中亚新发现的五种语言与支白安康尉迟五姓之关系》一文中,假设焉耆语即月氏语,月氏、乌耆本同一对音,且敦煌所出宋人写本《西天路竟》将高昌、龟兹间的国名,唤作月氏,因此可以认为焉耆即月氏[3]。黄文弼先生从月氏西迁必经焉耆、龟兹,而焉耆、龟兹皆与月氏音近两点出发,推测二者或许就是大月氏西迁时所建之国家[4]。蒲立本(E. G. Pulleyblank)的《汉人与印欧种人》则以为,月氏、焉耆、龟兹原本都是讲所谓"吐火罗语"的同一民族[5]。恒宁在其遗作《历史上的第一支印欧种人》中,推测月氏和吐火罗分别来自西波斯两个相邻的部族 Guti 和 Tukriš,龟兹和焉耆(即回鹘文《弥勒会见记》题记中的 Tuγri)正好分别相当于 Guti 和 Tukriš[6]。黄盛璋在接受月氏西迁途中有遗种留在焉耆、龟兹这种看法的前提下,又进一步认为出身焉耆的龙家"和仲云一样应即小月氏的遗种","焉

---

[1] G. Haloun, "Zur Üe-tṣï-Frage",《德国东方学会杂志》(*ZDMG*)第 91 卷,1937 年,243—318 页。

[2] W. B. Henning, "Argi and the 'Tokharians'",《伦敦大学东方学院学报》(*BSOS*)第 9 卷,1938 年,545—564 页。

[3] 冯承钧《西域南海史地考证论著汇辑》,香港:中华书局,1976 年,158—159 页。

[4] 黄文弼《汉西域诸国之分布及种族问题》,又《大月氏故地及西徙》,载《西北史地论丛》,上海人民出版社,1981 年,65—67、115 页。

[5] E. G. Pulleyblank, "Chinese and Indo-Europeans",《英国王家亚洲协会会刊》(*JRAS*),1966 年,9—39 页。

[6] W. B. Henning, "The First Indo-Europeans in History",《社会与历史:魏特夫纪念论文集》(*Society and History: Essays in Honor of Karl August Wittfogel*),海牙,1978 年,215—230 页。

耆龟兹王族和其国民是同一种族,所以焉耆龟兹都可称为月氏。"①贝利(H. W. Bailey)教授在他关于西域古代各民族的总结性论著《印度斯基泰研究·于阗语文书集》第 7 集中,试图从语言学上证明,在所谓"吐火罗语"使用之前,焉耆、龟兹就存在着一支讲伊朗语的*tu-ɣara 族,也即月氏族②。

(四)蒲立本在中国西北很早就生存着一批讲所谓"吐火罗语"的民族的假说基础上,特别从语言对证出发,将月氏比定为尉迟、越质。他认为,尉迟最早并不是指于阗王姓,而初见于《晋书》卷一二五《乞伏国仁载记》:公元 265 年,国仁先祖之一利那"击鲜卑吐赖于乌树山,讨尉迟渴权于大非川,收众三万余落"。③ 大非川恰好和小月氏住地湟中相近。另外,他还根据《魏书》卷二《武帝纪》:"〔天兴〕六年(403)春正月辛未,朔方尉迟部别帅率万余家内属,入居云中"的记载④,认为从此以后,尉迟部也即月氏的后裔成为北魏八姓之一,直到唐代,仍处于显贵的地位⑤。

(五)榎一雄认为,蒲立本关于尉迟等于月氏的语音对证并非不妥,但大非川一带自三国时代就有鲜卑移住,因此不同意把尉迟部视为月氏,而据《周书》卷二一、《北史》卷六二《尉迟迥传》,看作"魏之别种",即和北魏相同的鲜卑,但和拓跋氏不同的部落。至于小月氏的去向,榎氏搜罗了相当丰富的汉魏晋南北朝的史料记载,认为他们在汉魏时仍然活跃在河西陇右一带,到了十六国时期,则可以从《晋书》卷一○四《石勒载记》所列举的石勒助手支雄、支屈六等月氏胡人的活动中,找到他们的动向,从而得出结论说,公元 4 世纪初,月氏遗裔活跃在渭水盆地东部至山西省西部地区。此外,从《高僧

① 黄盛璋《敦煌写本〈西天路竟〉历史地理研究》,《历史地理》创刊号,1981 年,15—16 页;又《〈西天路竟〉笺证》,《敦煌学辑刊》1984 年第 2 期,5 页;又《试论所谓"吐火罗语"及其有关的历史地理和民族问题》,《西域史论丛》第 2 辑,新疆人民出版社,1985 年,254—268 页。

② H. W. Bailey, Indo-Scythian Studies, being Khotanese Texts, vol. VII,剑桥大学出版社,1985 年,110—142 页。

③《晋书》卷一二五《乞伏国仁载记》,3113—3114 页。

④《魏书》卷二《武帝纪》,中华书局,1974 年,40 页。

⑤ 蒲立本上引文,18—19 页。

传》卷一竺昙摩罗刹(法护)条以及唐五代敦煌文书所记支姓人等材料看,月氏的故乡敦煌,也应有一个月氏集团的存在①。

上面是从我们所见的研究文献中捡出的有关小月氏去向的种种成说。这些说法大多数是学者们在讨论其他问题时附带提出的,蒲立本和榎一雄虽然用了相当的篇幅深入探讨了这个问题,但却对北朝隋唐五代的材料注意不够,于前人提出的相反论点,也没有提出充分的驳难。随着研究的进步和文书、碑志等材料的出版,目前可以对前人的观点做一个综合的分析,并利用前人研究的成果和我们自己考查的收获,提出我们的看法。

二、什么是小月氏——对前人说法的分析

从上面的种种论说中可以看到这样一种情况,即汉魏以来活跃在西北地区的许多民族,诸如卢水胡、羯胡、尉迟部以及焉耆、龟兹的居民,或则由于名称读音的相似,或则由于所居地区的相合,都容易被人们视为月氏,这是有其历史原因的。

《逸周书》卷七《王会解》记四方贡物,有"禺氏騊駼"②。何秋涛《王会篇笺释》卷下考订:"禺、月一声之转,禺氏盖月氏也。"③騊駼是一种马。《史记·大宛列传》大月氏条《正义》引万震《南州志》言:"人民赤白色,便习弓马。"又康泰《外国传》称:"外国称天下有三众,中国为人众,〔大〕秦为宝众,月氏为马众也。"④正好可以作为月氏入贡騊駼的脚注,表明他们自古就是一支强大的游牧民族。其活动地区,《王会解》附伊尹献令著月氏于正北⑤。

---

① 榎一雄《小月氏と尉迟氏》,末松保和博士古稀记念会编《古代东アジア史论集》下卷,吉川弘文馆,1978 年,391—418 页;斯英琦、徐文堪译,载《民族译丛》1980 年第 3 期,48—54 页;第 4 期,55—60 页。

② 黄怀信等《逸周书汇校集注》(修订本),上海古籍出版社,2007 年,884 页。

③ 何秋涛《王会篇笺释》卷下,江苏书局刻本,1891 年,叶四背—叶五正。

④ 以上两条见《史记》卷一二三《大宛列传》,3162 页。

⑤ 黄怀信等《逸周书汇校集注》(修订本),919 页。

《穆天子传》卷一："己亥,至于焉居、禺知之平。"①王国维考订"禺知亦即禺氏,其地在雁门之西北,黄河之东,与献令合"②。以上仅存的几条先秦文献记载表明,当时的人们只知道月氏位于中国的北部③。至汉武帝时通西域,始知月氏的根据地在敦煌、祁连之间。在匈奴兴起之前,月氏是中国西北地区最大的游牧民族,他们便习弓马,兼并诸戎④,就连匈奴的冒顿都曾为质于月氏,可以说他们是当时西北各族的主人。由此我们可以想象,由于月氏的声威和对西北各族的统治,许多民族都这样或那样地打上了月氏的烙印,并且和月氏纠缠不清了。

在具体地分析前人的各种解说之前,有必要说明以下四条原则。第一,我们在考察历史上两个名称是否指同一民族时,不能仅仅以两者名称读音的相似为依据,更重要的是找出他们之间在语言、地域、体质和文化上的共同点。尽管由于材料的缺乏,不可能做面面俱到的查证,但以往研究中所忽略的文化要素特别值得注意。第二,民族的发展,有着分化和融合两种趋向,昭武九姓可以说是一个大族分化的结果,而魏晋时期的许多杂种胡,则是不同族别的混合体。这种由两种以上民族融合而成的混合体,其中尽管保留了某个民族的特征,但已不能将混合体本身视为这个民族了。至于一个民族的民众被其他民族同化了以后,除了他们的姓氏和体质特征还表明他们的来源外,他们在文化上已等同于同化他们的民族,而应被视为这个民族的成员了。第三,从历史学的角度来考查月氏消亡这个民族问题,就必须

① 王贻梁、陈建敏《穆天子传汇校集释》,华东师范大学出版社,1994 年,13 页。
② 王国维《月氏未西徙大夏时故地考》,《观堂别集》卷一,中华书局,2004 年,1156—1157 页。
③ 按《管子·轻重篇》屡次提到"禺氏之玉"、"禺氏边山之玉"或"玉起于禺氏"。马非百在《论管子轻重上——关于管子轻重的著作年代》中,认为此书成于西汉时期特别是王莽时代。见其所著《管子轻重篇新诠》上册,中华书局,1979 年,3—50 页。榎一雄《禺氏边山的玉》一文,在马氏《新诠》的基础上,认为《管子·轻重篇》的编者,借用了先秦文献中禺氏一名,来指称汉武帝以后方为汉人所知的玉之产地于寘(于阗),见《东洋学报》第 66 卷,1985 年,109—132 页。今姑从其说,不以《管子·轻重篇》为据。
④ 《太平寰宇记》卷一五三引阚骃《十三州志》:"瓜州之戎为月氏所逐",中华书局,2007 年,2954 页。《水经注校证》卷四〇引杜林曰:"瓜州之戎,并于月氏者也",中华书局,2007 年,954 页。

把考查的对象严格地放在大月氏西迁后到小月氏最终消亡(约公元前 2 世纪到公元 10 世纪)的年代界限当中,根据史料记载,来判断各个部族在这个历史阶段的实际情况,而不应把论点建立在远古时代的假说之上。第四,考查语言的一致与否,是判断民族所属的重要手段,虽然许多民族的语言今已不存,但近代以来对出土文书和古代文献中外来词的研究,已经使我们对一些民族的语言所属有了一定的认识,这也是我们应予注意的一个方面。有了这样四条原则,我们就可以不去深究有些建立在看来合理的假设基础上的观点,而集中讨论建立在史料基础上的一些说法。

对于卢水胡即小月氏后裔的说法,榎一雄没有提出反对意见,只是觉得从前汉到十六国时期,小月氏的子孙演变是非常大的,卢水胡或许是小月氏的分支①。王宗维同志根据新出居延汉简中有关卢水胡的最早记载,结合史籍,力图说明西汉初年卢水胡居于姑臧境内的谷水,后向西迁徙到显美地方,归张掖属国都尉管辖。同时代的小月氏,主要居住在酒泉、敦煌地区,不在张掖郡。两者迁到湟中是东汉时的事情。因此认为卢水胡源于小月氏说不能成立②。根据本节开头所引史料,汉初月氏的大本营虽然是在敦煌、祁连之间,但这个游牧民族的实际活动区域绝不止此。所以,仅仅从两者所居之地的不同还很难说服读者。其实,不论是在居延汉简中,还是在《后汉书·邓训传》里,小月氏和卢水胡都是并列出现的③,更明确的例证见前秦建元三年(367)《邓太尉祠碑》:

> 甘露四年(362)十二月二十五日到官,以北接玄朔,给兵三百人,军府吏属一百五十人,统和、宁戎、鄜城、洛川、定阳五部,领屠各,上郡夫施、黑羌、白羌,高凉西羌、卢水、白虏、支胡、粟特、苦水、杂户七千,夷类

---

① 榎一雄《小月氏と尉迟氏》,411 页。
② 王宗维《汉代卢水胡的族名与居地问题》,《西北史地》1985 年第 1 期,25—34 页。
③ 同上,27—29 页。

十二种。①

支胡即月氏（月支）胡。这里将卢水和支胡并列，表明在当时两者是各不相同的独立民族。由此可以认为，卢水胡自汉以来就是不同于小月氏的一支部族，由于他们居地近匈奴，其酋长很早就"世为匈奴左沮渠"之官，并以官为氏②。魏晋以来，卢水胡的分布十分广阔，除河西陇右外，东至杏城（今陕西中部县西南）、平城（今山西大同），南抵汶山兴乐县（今四川松潘县西北）③。在与上述地区各族人民的交往中，卢水胡逐渐演变为杂胡，其中有的分支更多地具备了匈奴的特点，而被人们看作匈奴，如《魏书》卷二记：天兴元年（398）"杏城卢水郝奴……率其种内附"。至于以沮渠氏为首的北凉统治阶层，则早已是汉化很深的卢水胡了。

姚薇元认为羯胡之石勒与昭武九姓之石国同，皆出于月氏，并且从体质（高鼻多须）和文化（烧葬）上加以论证，似乎很有道理。从石勒的姓氏、相貌、习俗来看，可以认为他是和昭武九姓的石国同出一源的。但是，目前还没有确切的材料说明昭武九姓与西迁大月氏的关系，即使认为昭武九姓出于大月氏，那么他们却不像寄多罗王朝一样称作小月氏，而分别称作康、安、曹、石、米、何等九姓，表明月氏人早已被同化于当地土著居民中了。因此不能将昭武九姓的粟特人和月氏人划等号。至于羯胡，尽管在体质和文化上和月氏有相似之处，但我们也不能将相差几个世纪的两种人联系在一起，4世纪的羯胡只能说是杂胡，由于和匈奴共处，在当时人们的眼里，被看作是"匈奴别部"④。此外，在石勒建国的助手中，有明为月氏的支雄、支屈六，这也从另一方面说明月氏不等于羯胡。

---

① 此据马长寿校录本，载《碑铭所见前秦至隋初的关中部族》，中华书局，1985年，12—13页。标点略有修订。

② 《晋书》卷一二九《沮渠蒙逊载记》，3189页。

③ 参看《晋书》卷一二九《沮渠蒙逊载记》，《三国志·魏志·张既传》注引《魏略》，又《梁习传》注引《魏略》，《晋书》卷六〇《贾正传》，《资治通鉴》卷一〇六晋孝武帝太元十一年三月条，《魏书》卷二《太武纪》以及《华阳国志·大同志》等。

④ 《晋书》卷一〇四《石勒载记》，2707页；《魏书》卷九五《羯胡石勒传》，2047页。

　　在上节列举的焉耆、龟兹源出或等于月氏的各种看法中。首先是焉耆、龟兹发现的所谓"吐火罗语"是否等于月氏语的问题。人们已经搞清,所谓"吐火罗语"是属于印欧语系西支,分甲乙两种方言,甲方言主要在焉耆和吐鲁番发现;乙方言主要是龟兹的官方用语,但也在上述两地发现。关于月氏的语言,早在 1917 年罗佛(B. Laufer)就在题为《月氏即印度斯基泰人的语言》的小册子中,根据汉文文献记载的一些月氏词汇,认为月氏语是和斯基泰语、粟特语、沃塞梯语属于同一组的北支伊朗语①。蒲立本反对这种看法,并找出数例,力图将月氏语比定为吐火罗语②。榎一雄一方面指出蒲立本用官名的对应来作为证据是不充分的,另一方面又认为罗佛把大月氏统治下的伊朗语族的语言当作了月氏语③。但是,贝利根据月氏未徙前所遗留下来的词汇,进一步证明月氏语即北支伊朗语④。迄今为止,贝利的看法无疑据有更多的语言学资料,把月氏语和所谓"吐火罗语"分别属于东西两支印欧语,这和月氏与焉耆、龟兹其他方面的不同点是一致的。其次,月氏等于吐火罗说的一条重要依据,是鸠摩罗什译《大智度论》二五所列国名中,兜呿罗(即吐火罗)下注云:"小月氏"。此条由列维(S. Lévi)检出,并将玄奘所记靓货逻故国和南山小月氏联系在一起⑤。伯希和(P. Pelliot)于同年撰《吐火罗语与龟兹语》,反驳列维的观点,认为罗什所讲的小月氏乃印度西北的小月氏,而非残存敦煌南境之小月氏。但和《北史》所记富楼沙小月氏的年代有抵触,故认为罗什是用当时惯用的小月氏一名来指吐火罗地区⑥。实际上,伯希和的时代,对于贵霜帝国的知识还很有限,由于钱币材料的发现和研

---

① B. Laufer, "The Language of the Yüe-chi or Indo-Scythians",芝加哥,1917 年;收入《罗佛论文集》第二卷,威斯巴登,1979 年,1107—1118 页。按罗佛是其自取名,今从之,旧译一作劳费尔。

② 蒲立本上引文,9—39 页。

③ 榎一雄上引文,416—417 页。

④ 贝利上引书,129—137 页。

⑤ 列维《吐火罗语》(Tokharien),《亚洲学报》(JA)第 222 卷,1934 年;冯承钧译载《吐火罗语考》,中华书局,1957 年,59—60 页。

⑥ P. Pelliot, "Tokharien et Koutchéen",《亚洲学报》第 224 卷,1934 年;冯承钧译载《吐火罗语考》,78—86 页。

究,现在可以确切地说,鸠摩罗什在公元406年前后所说的小月氏,指的就是第四期贵霜王朝,也即《魏书·西域传》写作"大月氏王寄多罗"的后裔,以富楼沙为都城的小月氏①。由于西迁的大月氏占领了吐火罗斯坦,所以周围的民族都称大月氏为吐火罗,汉人则仍用"大月氏"一名来称呼大月氏五翕侯之一贵霜翕侯建立的贵霜王国,贵霜的后裔则称为"小月氏"。鸠摩罗什曾游历罽宾、月氏、疏勒、莎车诸国,他所讲的小月氏当指吐火罗斯坦的大月氏后裔,与大月氏留在中国境内的小月氏无涉。最后还应辨明的是,贝利一直认为大月氏的"六月"可以比定为toγara(吐火罗,希腊文θαγουροι、藏文th-od-kar/phod-kar,于阗文ttaugara),"氏"表示氏族,"支"表示支派②。此说一出,即遭到伯希和的反对③。因为大月氏的"大",是大小之大,从汉语上来讲,"大月"的叫法是完全不能成立的。总之,除了没有材料根据的假说外,我们很难将中国境内的月氏比定为吐火罗、将月氏语比定为吐火罗语。造成这种比定的原因是大月氏长期统治着吐火罗地区,于是人们把在印度西北月氏和吐火罗混同的概念移到了东部,造成一系列的混乱。

下面再看看焉耆、龟兹人能否和月氏人等同的问题。首先,许多学者都认为,月氏西徙必定经过焉耆、龟兹,月氏的遗众也就留在了那里。其实,其他民族如乌孙等西迁时也通过这里,并非仅此月氏,所以我们基本同意这样的说法,认为这两个地区都有月氏遗种的存在,下节我们将看到,同样是使用所谓"吐火罗语"的吐鲁番,就有许多月氏遗种的存在。但是,我们很难接受黄文弼先生关于焉耆、龟兹就是月氏西迁时所建的国家的说法,因为焉耆

① 《北史》卷九七《西域传》小月氏国条,中华书局,1974年,2277页。参看萨莫林(W. Samolin)《关于寄多罗和寄多罗人》("A Note on Kidara and the Kidarites"),《中亚杂志》(CAJ)第2卷,1956年,295—297页。

② 贝利《吐火罗考》(Ttaugara),《伦敦大学东方学院学报》第8卷,1937年,883—887页;又《雅利安语札记》(Ariaca),《伦敦大学东方与非洲学院学报》(BSOAS)第15卷,1953年,533—536页;以及贝利上引书,110—116页。

③ 伯希和《说"吐火罗语"》("A propos du'Tokharien'"),《通报》(TP)第32卷,1936年;冯承钧译载《吐火罗语考》,138—141页。

王姓是龙,龟兹王姓是白,而不是月氏人所用的支,表明其王族不是出于月氏。从文化上来讲,焉耆、龟兹都是靠绿洲生存的城邦定居国家,与号为"行国"的月氏有根本的区别。所以,我们只能说焉耆、龟兹境内有月氏遗民的存在,而不能把焉耆、龟兹和月氏等同起来。其次,说焉耆、龟兹不等于月氏,有两条材料必须给以合理的解释。一是慧琳《一切经音义》卷八二屈支国:"古名月支,或名月氏,或曰屈茨,或名乌孙,或名乌垒……即今龟兹国也。"[1]早年,伯希和检出此条,认为"这些名称当然不是龟兹的真名"[2]。从慧琳的本文就可以看出他的自相矛盾处,既是月氏,为什么又是乌孙呢! 的确,"龟兹"一名读音可以和"月氏"相应[3],但我们在前面已经说过,仅仅名称上的对应是不足以证明其人种的相同,龟兹、尉迟、车师等名称和月氏的相似或许和月氏早年对这些地区的统治有关,由于史料的缺乏,目前还无法讲清这些名称为什么都与月氏相合。第二条材料是宋初写本《西天路竟》将高昌、龟兹间的国家唤作月氏。冯承钧、黄盛璋据此认为焉耆即月氏。对于这条材料,王静如先生在 1944 年发表的《Arsi 与焉耆,Tokhri 与月氏》一文中,认为《高居诲行纪》所记凉州东部的"月支都督府"可以比定为焉耆出身的龙家,《路竟》的月氏则是当时汉人对 ārsi(即焉耆,意为"龙")一词的误读所致[4]。这种看法是对所谓"吐火罗语"定名的总体解说的一部分。但是,王先生将 S.367《沙州伊州地志》残卷中所记龙部落首领所在的"甘、肃、伊州"误解为"Kan-su and I-chou"(甘肃和伊州)[5],于是,建立在这种误解基础上的凉州东"月支"等于龙家之说就难以成立,对《路竟》所记月氏的解说也就很难依靠了。要解释这一复杂的问题,必须从当时的历史背景去考虑。

---

① 希麟《续一切经音义》卷一○略同。
② 伯希和《吐火罗语与龟兹语》,《吐火罗语考》,123 页。
③ 恒宁《历史上的第一支印欧种人》,225—226 页。
④ Wang Ching-ju, "Arsi and Yen-ch'i, Tokhri and Yüeh-shih",《华裔学志》(*Monumenta Serica*)第 9 卷,1944 年,87—89 页。
⑤ 同上,88 页。

《西天路竟》写于宋初,当时的焉耆、龟兹都处在高昌回鹘的统治之下。《续资治通鉴长编》卷四八、七三、八〇记载真宗咸平四年(1001),大中祥符三年(1010)、六年(1013)都有龟兹国遣使朝贡[1],但对于焉耆,五代到宋的史料一直保持沉默。这似乎表明由于回鹘西迁的主力首先占领其地[2],焉耆的龙家王朝由此失去了独立的地位。正是由于这一原因,在多少世纪以来专用的焉耆一名之外,此时又用粟特文、回鹘文的 Twyry,回鹘文、于阗文的 Solmi 等来称呼此地[3]。正是在这样一个历史背景下,月氏一名也用来指称焉耆了。此外,我们还可以进一步找出焉耆之称月氏的特殊原因。宋太平兴国六年(981)出使西州回鹘的王延德,记其所统部族有"南突厥、北突厥、大众熨、小众熨、样磨、割禄、黠戛司、末蛮、格哆族、预龙族"[4]。此处的众熨即《高居诲行纪》所记之仲云,于阗文作 Cimuḍa,是小月支之遗种[5]。西州回鹘辖下的众熨部的居地,可以从 925 年的于阗文《钢和泰杂卷》中找到一些线索,该文书第 20—24 行《地名表》中,阿耆尼(argī、焉耆)属于西州范围,和上述史实相符,值得注意的是第 27—31 行《部族名表》最后记载:Sāḍimīya ttrūkäbayarkāta cūṇūda,意为"在唆里迷(焉耆),有突厥拔野古部和仲云部"[6],表明西州回鹘所属的大小众熨部就居于焉耆附近。这样,可以设想,宋初旅经此地的汉人就用众熨的旧名月氏来称呼当时这块名称不定的绿洲了。

上面我们已经论证了焉耆、龟兹的王族和主要居民都与月氏有别,那么,黄盛璋先生关于龙家和仲云一样为小月氏遗种的说法是否能够成立呢?

---

[1]《续资治通鉴长编》卷四八、七三、八〇,中华书局,2004 年,1089、1658、1831 页。

[2] 森安孝夫《ウィグルの西迁について》,《东洋学报》第 59 卷,1977 年,105—130 页。

[3] 参看恒宁《焉耆和"吐火罗人"》,545—564 页;耿世民与张广达师合写《唆里迷考》,《历史研究》1980 年第 2 期,147—159 页。

[4] 王明清《挥麈录·前录》卷四,中华书局,1985 年,135 页。

[5] 哈密屯(J. Hamilton)《10 世纪仲云部考》("Le pays des Tchong-yun, Čungul, ou Cumuḍa au Xe siècle"),《亚洲学报》第 265 卷,1977 年,351—379 页。

[6] 贝利《于阗语文书集》第 2 集,74 页;参看恒宁上引文,558 页。

我们的答案是否定的。龙家，敦煌出土的 9、10 世纪于阗语文书中作 Dūṃ[①]；仲云，于阗文作 Cimuḍa，敦煌汉文文书 P. 3016 作众云，可见，在当时的文献中，两者是不能混淆的。龙家本是焉耆的土著居民，9 世纪中叶以后，他们开始以部落的形式出现在甘、肃、伊等州，同时代的汉、藏、于阗文献记载下了他们的行迹。龙部落突然出现在这一带，是和上面谈到的回鹘西迁，焉耆龙姓王朝失去独立有着一脉相承的关系。我们在此不可能把我们所掌握的龙家和仲云的材料拿来对比，只想肯定一点，就是尽管龙家分布的地域和仲云有相合的部分，但龙家决不是和仲云一样的小月氏遗种。

蒲立本关于月氏的论点之一，就是北魏尉迟氏为月氏的后裔。然而，这种说法仅仅是以尉迟和月氏音同，以及尉迟部之大非川与小月氏之湟中正在同一地区这两点为依据的。正如上面所言，龟兹、车师、尉迟之名都可以和月氏比定，所以名称的相符并不足以证明两者在民族上的等同。而且，榎一雄已经指出，"尉迟"最初出现的 3 世纪中叶，人们对月氏一名还是相当熟悉的[②]。除了榎氏列举的材料外，还可以补上前面所引的《邓太尉祠碑》和传世的"晋支胡率善仟长"印、"晋支胡率善佰长"印[③]。如果尉迟是月氏，就很难解释为什么人们不用月氏或支胡来称呼他们。尉迟一名，后来是以于阗王姓著称于世的，虽然于阗王姓之称尉迟到唐代才稳定下来[④]，但尉迟为于阗文 Viśa' 的音译则是肯定的[⑤]。玄奘《大唐西域记》卷一二记于阗建国以后，"奕世相承，传国君临，不失其绪"[⑥]。藏文《于阗国授记》(Li-yul lung-

① 贝利《于阗语文书集》第 7 集，16—17 页。

② 榎一雄上引文，413—414 页。

③ 陈介祺《十钟山房印举》，中国书店影印，1985 年，第 71 叶正面。《上海博物馆藏印选》，上海书画出版社，1979 年，80 页。

④ 于阗王姓，北魏有"于"(《大魏文成皇帝夫人墓志铭》，赵万里辑《汉魏南北朝墓志集释》第 3 册，科学出版社，1956 年图版三八)，隋有"卑示"(《隋书·西域传》)，唐有"伏阇"，"伏师"(《旧唐书·西域传》)等异译。

⑤ 贝利《于阗语文书集》第 4 集，剑桥大学出版社，1961 年，7 页。

⑥ 玄奘、辩机撰，季羡林等《大唐西域记校注》卷一二，中华书局，1985 年，1008 页。

bstan-pa）更详细记载了弘扬佛法的每一代于阗王的姓名,表明尉迟一姓从大约公元前 2 世纪于阗建国后不久,就统治着这里①。蒲立本回避了于阗王姓和大非川尉迟部的关系问题,我们同意周一良先生最近提出的看法,认为大非川的尉迟部来源于于阗王族②。从语言上来讲,于阗语属于塞种语③,所以,作为"魏之别种"的"西方尉迟氏",既不是蒲立本所说的月氏,也不是榎一雄所讲的鲜卑,他们或许就是来源于于阗的塞种人。此外,周伟洲根据当时民族的分布情况,怀疑尉迟渴权所居之大非川并不是唐代的大非川,而应位于陇西或朔方一带④。对于蒲立本从地理分布上将尉迟勘同为月氏的说法,这也是新的质疑。

以小月氏为研究主题的榎一雄氏在霍古达之后,对两汉到五胡十六国时期月氏的活动作了较为彻底的考查,由于材料的限制,榎氏除了提到敦煌的月氏集团外,特别强调了活跃在渭水盆地东部至山西西部的一支月氏遗裔,似乎还没有把月氏的动向彻底搞清。

南北朝以前的西北少数民族不像隋唐以后的突厥、回鹘、吐蕃等族那样,留下了自己的文字材料,所以,只有当他们与汉人接触时才被记载下来。因此,那些断断续续出现在史籍中的记载只是凤毛麟角,并不能使人看到他们的全貌。于是产生了许多假说,用来填补史料间的空白,其中有些是合理的,有些则是站不住脚的。近年来,一些地方文书和碑志的公布,使我们能够进一步考查月氏的动向问题了。

---

① 托玛斯（F. W. Thomas）《有关西域的藏文文献和文书》（*Tibetan Literary Texts and Documents concerning Chinese Turkestan*）第 1 卷,伦敦,1935 年,89—136 页;恩默瑞克（R. E. Emmerick）《有关于阗的藏文文献》（*Tibetan Texts concerning Khotan*）,牛津大学出版社,1967 年。

② 周一良《魏晋南北朝史札记》,中华书局,1985 年,401—402 页。按姚薇元《北朝胡姓考》内篇第四四方诸姓尉迟氏条,据 445 年吐谷浑主幕利延入侵于阗一事,认为于阗王朝出于大非川的尉迟部,似难成立。

③ 贝利《塞语》（*Language of the Saka*）,《东方学家手册》（*Handbuch der Orientalistik*）第 1 辑,第 4 卷,第 1 分册,博睿出版社,131—137 页。

④ 周伟洲《乞伏鲜卑与陇西鲜卑》,《西北历史资料》1984 年第 1 期,7—8 页。

三、小月氏的分布、演变与消亡

通过上节的详细分析，我们把前人提出的卢水胡、羯胡、尉迟部以及焉耆、龟兹的居民都排除在月氏余种之外。下面就以明确记载为月氏后裔的材料为据，来探讨这个民族的去向和消亡问题。

大致可以说，蒲立本（尽管比定不确）和榎一雄都是从民族迁徙的角度去探讨小月氏的踪迹，或曰迁到云中，或曰活跃在渭水盆地东部至山西西部地区。这就忽略了一个重要问题，即民族发展的主流是民族融合。小月氏所处的河陇地区，民族成分复杂，又是东西南北文化交往、民族移徙往来的孔道。汉武帝以后，月氏西徙，匈奴败走，汉朝于河西列四郡，移民实边。王莽时，"天下扰乱，唯河西独安，而姑臧称为富邑，通货羌胡，市日四合"①，其时，又有大批汉人逃到那里。黄巾起义以后，中原扰乱不止，有董卓之乱、八王之乱、刘石纷乱，中原悉为战场，大批士人和民众除南渡外，多迁往西北，带去了先进的生产技术和文化，促进了以汉族为主体的民族融合的发展。小月氏族正是在这股洪流中逐渐消失的。然而，这个过程是漫长的，而且在不同的地方表现出深浅不同的程度。

大月氏西迁以后，其余小众不能去者，保南山羌，号小月氏。从月氏未徙前的分布来看，这里的南山似乎不应像榎一雄所说的仅指祁连山东段，而应指原月氏人所居之地南部的山，不仅包括祁连山东西各处，甚至还应指昆仑山（即南山）。关于河西走廊南山的小月氏，《后汉书》卷八七《西羌传》湟中月氏胡条记：

> 其先大月氏之别也，旧在张掖、酒泉地。月氏王为匈奴冒顿所杀，余种分散，西逾葱岭。其赢弱者南入山阻，依诸羌居止，遂与共婚姻。②

①《后汉书》卷三一《孔奋传》，1098 页。
②《后汉书》卷八七《西羌传》，2899 页。

关于昆仑山北麓的小月氏,《三国志》卷三〇《魏志·乌丸鲜卑东夷传》注引《魏略·西戎传》称:

> 敦煌西域之南山中,从婼羌西至葱岭数千里,有月氏余种葱茈羌、白马、黄牛羌,各有酋豪,北与诸国接,不知其道里广狭。传闻黄牛羌各有种类,孕身六月生,南与白马羌邻。①

由此不仅可以看出小月氏分布在横亘数千里的广袤山阻地带,更主要的是告诉我们,小月氏已和羌族互通婚姻,共同生活,交相融化。《后汉书·西羌传》又说:"被服饮食言语略与羌同,亦以父名母姓为种,其大种有七,胜兵合九千余人,分在湟中与令居。又数百户在张掖,号曰义从胡。"②可见,小月氏虽然还保持着自己的部落组织,但在语言和文化上已渐渐为羌人所同化。因此,当时和后来的人们时而就把小月氏和羌看作一个种族了,如《汉书》卷六九《赵充国传》载,小月氏种的狼何被称为羌侯;上引《魏略·西戎传》也称月氏余种为葱茈羌、白马羌和黄牛羌;《后汉书》卷五三《窦融传》载:"融率五郡太守及羌虏小月氏等步骑数万,辎重五千余两,与大军会高平第一。"③这些都说明小月氏和羌逐渐融合,难以区分了。祁连山区和湟水流域的小月氏除了与羌人融合外,随着汉族势力在这里的增强,同时也走上了汉化的道路。汉武帝时,"票骑将军涉钧耆(今石羊河的一段),济居延,遂臻小月氏,攻祁连山"④。以后的情形,《后汉书·西羌传》记载:"及骠骑将军霍去病破匈奴,取西河地,开湟中,于是月氏来降,与汉人错居。"⑤表明月氏接受汉化,开始由游牧转为农耕。

然而,小月氏的分布不仅仅局限于此,《水经注》卷二引阚骃《十三州志》曰:

---

① 《三国志》卷三〇《魏志·乌丸鲜卑东夷传》,中华书局,1982年,859页。
② 《后汉书》卷八七《西羌传》,2899页。
③ 《后汉书》卷五三《窦融传》,805—806页。
④ 《汉书》卷五五《霍去病传》,中华书局,1962年,2480页。
⑤ 《后汉书》卷八七《西羌传》,2899页。

西平张掖之间,大月氏之别,小月氏之国。①

这是其主要分布区。《三国志》卷三三《蜀志·后主传》裴松之注引《诸葛亮集》载建兴五年(227)刘禅诏,言诸葛亮准备北伐,"吴王孙权同恤灾患,潜军合谋,掎角其后。凉州诸国王各遣月支、康居胡侯支富、康植等二十余人诣受节度,大军北出,便欲率将兵马,奋戈先驱。"②这里提到的月氏胡侯支富应是小月氏在凉州一带的部落酋长之一③。此外,《汉书》卷二八下《地理志》安定郡下有"月氏道"④,则安定(今甘肃泾水县)一带有月氏。据上引《后汉书·窦融传》,知高平(今宁夏固原)一带有月氏。前秦《邓太尉祠碑》记冯翊(今陕西大荔)有支胡。可见,月氏的西端可到葱岭,东端则进入关中渭水流域。

两晋以后,这种以整体部落为名的月氏民族已渐渐退出中国历史的舞台。《水经注》卷二记:"湟水东流,迳湟中城北,故小月氏之地也。"⑤表明郦道元时,此地已没有小月氏国了。在这片广大土地上的小月氏,或则为其他少数民族同化,或则为汉族所吸收。只是因为材料的局限性,我们只能从汉文文献有关支姓人的记载⑥,来考查月氏后裔的行踪。即使是丰富的汉文材料,也只能把我们的视野限制在关中及其邻近地区、敦煌、吐鲁番和罗布泊

---

① 《水经注校证》卷二,48 页。

② 《三国志》卷三三《蜀志·后主传》,895 页。

③ 这里的康居胡应指在凉州建殖民聚落的粟特商人。马雍《东汉后期中亚人来华考》认为此处的月氏、康居胡侯是指东汉末年由贵霜帝国迁来,侨居葱岭以东而受封为侯者,见《经济理论与经济史论文集》,北京大学出版社,1982 年,132—135 页;又参看同作者《古代鄯善于阗地区佉卢文字资料综考》,《中国民族古文字研究》,中国社会科学出版社,1984 年,44—45 页。这种说法是为了支持作者关于鄯善佉卢文来源的假设而提出的,但却忽略了全部两汉以来关于小月氏的种种记载,似有未妥,今不取。

④ 《汉书》卷二八下《地理志》,1615 页。

⑤ 《水经注校证》卷二,48 页。

⑥ 除了汉末以来由贵霜帝国东来汉地传播佛教的高僧如支娄迦谶、支谦、支昙籥、支昙迁等和一些商人,大部分以支为姓的僧俗民众,应出自小月氏。因为没有史料证明曾有大批大月氏人再次东迁并分布广泛。

四个地区,但是,这四个地区大体上可以反映月氏后裔的基本情况。

(一)关中及其邻近地区:

关中及其邻近的河南西部、山西西南部,是华夏族的发祥地,秦汉以来作为都城所在地,是汉文化最昌盛的地区。西晋末年,北方少数民族南下,这一地区成为各民族融聚的中心之一。小月氏也同样来到这里,除了上引《邓太尉祠碑》表明冯翊有支胡外,下述史料可以透露出一些月氏后裔在这里的行迹。

《晋书》卷一〇四《石勒载记》记其最初起事时的情况时说:

> 〔石勒〕遂招集王阳、夔安、支雄、冀保、吴豫、刘膺、桃豹、逯明等八骑为群盗,后郭敖、刘徵、刘宝、张暨仆、呼延莫、郭黑略、张越、孔豚、赵鹿、支屈六等又赴之,号为十八骑。①

关于支雄,《元和姓纂》卷二支条引《石赵司空支雄传》云:"其先月支人也。"②证明这里的支雄和支屈六都应是月氏的后裔,他们在永嘉前后活跃在山西西部地区。

《晋书》卷五《怀帝纪》载:

> 〔永嘉三年(309)七月〕辛未,平阳人刘芒荡自称汉后,诳诱羌戎,僭帝号于马兰山。支胡五斗叟、郝索聚众数千为乱,屯新丰,与芒荡合党。③

可见新丰(今陕西临潼东北)有月氏胡。隋末占据洛阳的王世充,或许就出自这支月氏部众。《隋书》卷八五《王充传》记:

> 王充字行满,本西域人也。祖支颓耨,徙居新丰。颓耨死,其妻少寡,与仪同王粲野合,生子曰琼,粲遂纳之以为小妻。其父收幼孤,随母

---

① 《晋书》卷一〇四《石勒载记》,2708 页。

② 参看林宝《元和姓纂》,岑仲勉校记,中华书局,1994 年,79 页;《资治通鉴》卷八七《晋纪》九永嘉三年正月注引《姓谱》,中华书局,1956 年,2743 页;《通志二十略·氏族略》,中华书局,1995 年,74 页。

③ 《晋书》卷五《怀帝纪》,119 页。

嫁粲,粲爱而养之,因姓王氏,官至怀、汝二州长史。充卷发豺声,沉猜多诡诈,颇窥书传,尤好兵法,晓龟策推步盈虚,然未尝为人言也。开皇中,为左翊卫,后以军功拜仪同,授兵部员外。善敷奏,明习法律,而舞弄文墨,高下其心。或有驳难之者,充利口饰非,辞义锋起,众虽知其不可而莫能屈,称为明辩。①

除了体质上仍保留了一些月氏人的痕迹外,王世充已经完全汉化。

《南齐书》卷五七《魏虏传》载:

> 北地(今陕西耀县)人支酉,聚众数千,于长安城北西山起义。②

除此之外,长安附近的月氏后裔还可以从两块石碑题名中找到。一是长安东郊西魏大统十年(544)《邑子二十七人造像记》,曰"支曜"③。又一是近年在渭南县渭河北岸发现的北周武成二年(560)《合方邑子百数十人造像记》,曰"支舍妃"④。

这批活跃在关中及其邻近地区的月氏人是从哪里来的呢?当然,其中一定有从湟中或安定等地迁来的,但有趣的是,其中部分人很可能和汉武帝时降汉的两个小月氏王有着渊源的关系。《汉书》卷一七《景武昭宣元成功臣表》载:

> 骠兹侯稽谷姑,以小月氏右(《史记》作若)苴王将众降,侯,千九百户。〔元封〕四年十一月丁未封,三年,太初元年薨,亡后。琅邪。
> 瓡讘侯扞(《史记》作扜)者,以小月氏王将军众千骑降,侯,七百六十户。正月乙酉封,二年薨。六月,侯胜嗣,五年,天汉二年薨,制所幸

---

① 《隋书》卷八五《王充传》,中华书局,1973 年,1894 页。《旧唐书》卷五四本传,中华书局,1975 年,2227 页;《新唐书》卷八五本传,中华书局,1975 年,3689 页略同。
② 《南齐书》卷五七《魏虏传》,中华书局,1972 年,992 页。
③ 《金石续编》卷二;参看马长寿上引书,50 页。
④ 马长寿上引书,58 页。

封,不得嗣。河东。①

河东(今山西省夏县东北)一支月氏后裔的情况,史籍缺载。琅邪(今山东诸城)一支的情况约略可考。《元和姓纂》卷二支条引刘宋何承天著《姓苑》云:"今琅琊(邪)有支氏。"②除了留在琅邪的支氏外,琅邪的月氏后裔又西迁入关中。支雄就是其中的代表。《石赵司空支雄传》今佚,只有"其先月支人也"数字保存下来。支雄出自琅邪,有一组其后人的墓志铭为证。这批墓志铭包括《唐故江州寻阳县丞支公(光)墓志铭并序》、《唐故赠随州刺史太子少詹事及殿中监支公(成)墓志铭并序》③、《唐故鄂州司士参军支君(叔向)墓志铭并序》④、《唐鸿胪卿致仕赠工部尚书琅邪支公长女炼师墓志铭并序》⑤、《唐故鸿胪卿致仕支公孙女墓志铭》⑥等共六方,同属于一个家族,共计五代。其中《支光墓志铭》记述较详:

> 其先琅邪人,后赵司空始安郡公曰雄七世孙也。永嘉之乱,衣冠违难,鳞萃江表,时则支氏浮江南迁。其后派别脉分,因居吴郡属邑,曰嘉禾里。

另外,《支叔向墓志铭》对于永嘉以前的情况有所补充:

> 其先琅邪人。居云阳,晋末崩离,遁累叶于江表。

由此可知,支雄一系出身琅邪,后西迁入关,曾在云阳(今陕西淳化西北)暂住。西晋末年,其中一支避乱南渡,而支雄等人则活跃在今陕西、河南、山西的广阔天地中。上述墓志,多撰于唐大中十年,同出于洛阳邙山,从墓志中得知,这支南迁的支姓,一直以支雄为其始祖,盼望回到中原故土。唐大中

---

① 《汉书》卷一七《景武昭宣元成功臣表》,660 页。《史记》卷二〇《建元以来侯年表》,1055—1056 页略同。

② 《元和姓纂》卷二,79 页。

③ 《千唐志斋藏志》下册,文物出版社,1984 年,图版一一三二、一一三三。

④ 罗振玉《芒洛冢墓遗文续编》,《罗雪堂先生全集》七编第 12 册,4345—4348 页。

⑤ 《千唐志斋藏志》下册,图版一一五八。

⑥ 《罗雪堂先生全集》七编第 12 册,4348—4349 页。

年间,支成子讷遵照父亲的遗愿,自吴郡护父祖之灵輀,归葬于"河南县平乐邙山原",以陪祖祢,表明支雄一支最后落在洛阳。《千唐志斋藏志》中的《大唐故文林郎支君墓志铭并序》的志主支敬伦①,应是留在此地的支姓人之例。然而,支雄的足迹曾遍布陕西渭水流域和山西西部地区,琅邪支氏也曾暂住于云阳,因此,这支大姓在关内留存下来是可以理解的。唐开元年间制成的《新集天下姓望氏族谱》记关内道七十九个大姓中,就有两个支姓,分别居于雍州京兆郡和同州邰阳郡②。他们中间或许就有汉代以来出身琅邪的大姓。唐代长安城内支姓人的存在,还可以在吐鲁番出土的一份来自长安的《质库帐历》中看到,名"支才"③。这些早就入居中原的月氏人,经过近千年的汉文化的陶冶,已经完全汉化。元人夏文彦《图绘宝鉴》卷二记宋画家,有"支仲元,凤翔人,画人物极工,笔法师顾、陆,紧细有力,人物清润不俗"④。这位月氏后裔甚至在国画上有很高的造诣,从文化上来讲,他们早已是汉族,而不是月氏种了。

(二)敦煌地区:

敦煌地区曾经是游牧的月氏族的根据地之一,大月氏西迁后,大部分小月氏南入山阻,与诸羌杂处,但同时也有一批月氏人进入汉人居住地,成为城乡居民。《高僧传初集》卷一记:

> 竺昙摩罗刹,此云法护。其先月支人,本姓支氏,世居敦煌郡。年八岁出家,事外国沙门竺高座为师,故姓竺……护世居敦煌,死而化道周洽,时人咸谓敦煌菩萨。⑤

---

① 《千唐志斋藏志》上册,图版二二二。
② 敦煌卷子 S. 2052,录文载仁井田陞《中国法制史研究·奴隶农奴法·家族村落法》,东京大学出版会,1962 年,640—646 页。该谱记徐州彭城郡也有一支姓,或许也出自琅邪。
③ 《吐鲁番出土文书》第 5 册,文物出版社,1983 年,315 页。参看陈国灿《从吐鲁番出土的〈质库帐〉看唐代的质库制度》,《敦煌吐鲁番文书初探》,武汉大学出版社,1983 年,316—343 页。
④ 夏文彦《图绘宝鉴》卷二,上海商务印书馆,1934 年,24 页。
⑤ 慧皎《高僧传》卷一,汤用彤校注,中华书局,1992 年,23 页。

一般来讲,由贵霜帝国而来的大月氏僧人都以支为姓,法护改支姓为竺姓,可见其不是来自大月氏,应是世居敦煌的小月氏无疑,他活动的年代在西晋武帝、惠帝时,其后的情形如何,由于南北朝时期史料缺乏,不得而知。唐五代的敦煌文书又重新告诉我们这里的月氏后裔的情况。现将前人和我们检索所得材料录下:

P. 2803 背《唐天宝九载(750)敦煌郡仓纳和籴谷牒》第 4 件第 23 行:"支忠臣粟二硕。"①

Дx. 2355A《破除历(?)》记有"支贤德、支惠眠、支义深、支惠□"之名。

Дx. 1405《9 世纪末—10 世纪初沙州布头索留信等造布历》有"支张三"名。

Дx. 1048A《9 世纪后半—10 世纪沙州敦煌县效谷乡百姓康满奴等户别地籍集计文书》第 3 行:"户支海晟多农地二十亩。"

P. 2837《吐蕃辰年(836?)正月二月沙州男女施入疏》,其中第 1 件即"弟子支刚刚疏。"②

P. 2049 背《后唐同光三年(925)正月沙州净土寺直岁保护手下诸色入破历计会》第 123 行:"麦一斗,支庆利润入。"③

从以上文书可以看出,在月氏原来的故乡敦煌,月氏的后裔和当地的汉族人民一样,受田纳税,成为唐朝或其他政权的编户黎民。

(三)吐鲁番地区:

我们也是在幸而残存下来的古文书中找到有关月氏后裔的记载的,现依年代顺序列举如下:

---

① 池田温《中国古代籍帐研究:概观·录文》,东京大学东洋文化研究所,1979 年,474 页。

② 以上四条是土肥义和检出的,见榎一雄上引文 417—418 页的附注。其中 Дx. 1405 和 Дx. 1408A 的录文,载山本达郎《敦煌发现オルデンブルグ将来田制关系文书五种》,《石田博士颂寿记念东洋史论丛》,石田博士古稀记念事业会,1965 年,529、531—532 页;P. 2837 录文,载池田温上引书,547 页。

③ 池田温上引书,第 621 页。

《高昌某年财物疏》第 10 行："支主簿赵一百五十三丈五尺。"①

《高昌某年田地、高宁等地酢酒名簿》第二件第 3 行："支寺孝安十二升。"②

《高昌某年洿林道人保训等入酒帐》第三件第 10 行："支苏但七斗（下残）。"③

《高昌延昌四十年（600）供诸门及碑堂等处粮食帐》第一件第 5 行："次六斗,付支法供巷中。"④

《唐初白夜默等杂器物帐》第 7 行："支熹伯木椀十,□□八。"此名又见同墓所出《唐初邵相欢等杂器物帐》第 2 行："支熹伯案枷一。"⑤

《唐广德三年（765）伍保文书》第 4 行："保内支奉仙准前粟两硕,付男皎盛领。"⑥

Дх.1393《唐某年（8 世纪）西州郭令琮等种田簿》第一件第 4—5 行："支方下菉豆二亩,又油麻七亩,又床一亩半。"⑦

这些文书上所记载的月氏后裔,可能就是月氏西迁路过时留下的,他们和留在敦煌城区的月氏遗民一样,早已被同化到汉人之中,如果没有这个支姓的话,恐怕当时的人们也很难知道他们的族源了。

（四）罗布泊地区：

这一带在先秦两汉时期大概就有月氏部族活动,但最早的证明是前引《魏略·西戎传》所记："从婼羌西至葱领（岭）数千里,有月氏余种葱茈羌、白马、黄牛羌,各有酋豪。"⑧楼兰一带出土的简牍也留下了一些记载,斯坦因

① 《吐鲁番出土文书》第 1 册,194 页。
② 同上书第 4 册补遗,10 页。
③ 同上书第 1 册,20 页。
④ 同上书第 2 册,363 页。
⑤ 同上书第 6 册,49、55 页。
⑥ 仁井田陞《唐宋法律文书の研究》,东方文化学院东京研究所,1937 年,319 页。
⑦ 池田温上引书,492 页。
⑧ 《三国志》卷三〇《魏志·乌丸鲜卑东夷传》,859 页。

编 LA.II.ii 号遗址出土木简有："结槀将尹宜部兵胡支鸾十二人。"又有："支得失皮铠一领,皮兜鍪一枚,角弓一张,箭卅枚,木桐一枚。高昌物故。"又 LA.VI.ii.04 号木简记："兵支胡薄成,兵支胡重寅得,右二人共字驴四岁。" LB.IV.i.2 号木简有"兵支胡管支"之名①。布腊夫(J. Brough)在《关于 3 世纪的鄯善及其佛教史的几点评注》中认为,这些月氏兵士应出自小月氏,此时成为鄯善王国的居民②。这种讲法是可取的。

由于战争和自然的原因,昔日繁盛的楼兰鄯善王国早已消失在荒漠之中,但罗布泊一带仍是一个少数民族活动的中心,从北朝到唐末五代,吐谷浑、粟特、吐蕃、萨毗等部族都曾占据此地。五代中叶,一支称作"仲云"的小月氏遗种又占据这里③。《新五代史》卷七四《四夷附录》引高居诲《使于阗记》记载了他们的一般情况:

> 沙州西曰仲云,其牙帐居胡庐碛。云仲云者,小月氏之遗种也。其人勇而妖战,瓜、沙之人皆惮之。……地无水而尝(常)寒多雪,每天暖雪消,乃得水。匡邺等西行入仲云界,至大屯城。仲云遣宰相四人、都督三十二人候晋使者。匡邺等以诏书慰谕之,皆东向拜。④

仲云即《王延德行纪》中的众熨,《宋会要辑稿·蕃夷》四拂菻国条的种榅和于阗语文书中的 Cimuda,这是仍然保持着部落形式和剽悍性格的唯一一支小月氏遗种,他们的出现是和 9 世纪中叶西北各民族之间力量的消长以及迁徙变动有关,也是月氏民族最终消亡前的回光反照,在历史的长河中,

---

① 以上录文见林梅村编《楼兰尼雅出土文书》,文物出版社,1985 年,53 页(No. 239)、56 页(No. 293)、67 页(No. 434)、79 页(No. 604)。按斯坦因在尼雅遗址挖到两枚木简,文曰:"月支国胡(下残)"和"𝔂支国胡支柱,年卅九,中人,黑色"(同上书,87 页,No.699;86 页,No.673)。因是过所,不能证明持有者来于何处,故不取。

② John Brough, "Comments on third-century Shan-shan and the History of Buddhism",《伦敦大学东方与非洲学院学报》第 28 卷,1965 年,605—606 页。

③ 关于仲云的住地,曾有争论,今从榎一雄《仲云族の牙帐の所在地について》,《铃木俊教授还历记念东洋史论丛》,铃木俊教授还历记念会,1964 年,89—102 页。

④《新五代史》卷七四《四夷附录》,中华书局,1974 年,918 页。

只是昙花一现,11 世纪以后,仲云不见记载,仲云的消失,宣告了小月氏在中国历史上的消亡①。

通过对小月氏及其后裔的历史的综合考查,可以看出,小月氏族和中国中古史上许多其他少数民族一样,尽管昔日十分强大,在魏晋南北朝时期的民族大融合过程中,一部分为其他少数民族所吸收,大部分则同化为汉人,从纵横驰骋的剽悍游牧部落转为定居城郭的农耕居民。虽然其中某个支派在特定的历史环境下重新以游牧的方式出现,但在整个历史长河中,不过是个小小的浪花,很快就消失了。月氏作为一个整体民族,在北宋时期最终消失在民族融合的洪流之中,他们的后裔作为以汉族为主体的中华民族的一员,共同缔造着中国的社会、历史和文化。

(1982 年 6 月初稿,1986 年 3 月修订,原载《中亚学刊》
第 3 辑,中华书局,1990 年,47—62 页。)

----

① 由于仲云的情况比较复杂,我们拟另文专论,此处从略。

龙家考

前　言

　　在河西走廊、塔里木盆地和天山东部地区的历史上,公元 9 世纪中叶前后,无疑是一个重要的转折阶段,至少有三件大事在这一时期发生。第一,位于蒙古高原的回鹘汗国,因国内天灾人祸相继发生而衰落,终于在 840 年被黠戛斯击溃,大批回鹘部众向西迁徙,进入河西走廊和天山东部地区;第二,842 年,吐蕃赞普郎达玛遇刺身亡,国内大乱,河西走廊和塔里木盆地南部的吐蕃统治秩序迅速崩溃;第三,这一地区原在吐蕃统治下的各民族,如凉州的嗢末、沙州的汉人、鄯善(罗布泊地区)一带的退浑和于阗的尉迟王族等,都从吐蕃的桎梏中解放出来,陆续建立了各自独立的政权。因此,从 9 世纪中叶到 10 世纪,经过一番较量,逐渐形成几支较强大的势力,并在上述地区划分了各自的势力范围,如凉州组成汉、蕃联合政权,甘州、西州为回鹘人所占,瓜、沙二州是以汉人为主导的归义军的领地,鄯善一带成为仲云人的天下,于阗则重新由尉迟氏掌权。这一新的民族布局,与汉唐以来西北各民族的分布形势比较,有了巨大的改观,而且直接影响着 10 世纪以后西北地区政治、宗教、文化等基本面貌的形成和演化。

然而,这样一个重要的转折过程并不像上面所概述的那么简单,除了上述较大的几种势力间冲突和各自的兴亡有待进一步探讨外,还有一些初次登上历史舞台的部族,如通颊、璨毗、龙家等,需要人们弄清它们的来龙去脉。

本文重点探讨的龙家,在传世的史籍中只有短短十四字的记载,即《新五代史》卷七四《四夷附录》回鹘条所记:

> 又有别族号龙家,其俗与回纥小异。①

而实际上,龙家是 9、10 世纪河西和天山东部地区一支举足轻重的力量,只是由于它的存在与漫长的历史比较起来似乎过于短暂,因此早已从人们的记忆中消失。然而,敦煌文书的出土和学者们对其中有关文献研究的进步,使我们今天得以基本弄清龙家的历史发展的大致脉络。迄今为止,虽然有些学者或多或少地谈到或论述过龙家,但往往只涉及局部的一些情况,而没有一篇专门的文章讨论这一主题。本文在前人研究的基础上,把有关龙家的文书记载及相关问题做一番通盘的考察,力图搞清龙家的真正含意以及它的兴衰经过,并从一个侧面窥测当时西北民族变迁的某些实相。

一、龙家的渊源

龙家的"家"是一种人、一类人的意思,在此应是"部落"的同义语。龙家应即龙部落,其确切的含义是以"龙"为号的一种部落组织或其成员。

对于龙家或龙部落的民族归属,敦煌文书 S.367 光启元年(885)十二月二十五日张大庆写本《沙州伊州地志》残卷第 80—81 行有明确的记载:

> 龙部落,本焉耆人,今甘、肃、伊州各有首领,其人轻锐,健斗战,皆

---

① 《新五代史》,中华书局,1974 年,916 页。

禀皇化。①

据此,知龙家是渊源于焉耆的民众。

位于塔里木盆地北沿的焉耆,是汉唐时代西域强国之一,其王姓龙已是人们熟知的事实。原为焉耆人的龙家之所以以"龙"为号,显然与此有着渊源关系。但是,龙家和龙姓是含义不同的两个概念,前人似乎对这一点未加仔细的分析,甚至把两者混为一谈。因此,有必要对龙家的来源地——焉耆王国的一些有关情况做简单的回顾,用以说明龙家和焉耆的龙姓之间的关系。

焉耆王国初见于《汉书·西域传》。据该传,西汉时的焉耆,有"户四千,口三万二千一百,胜兵六千人"②,在当时的西域,是具有一定规模的国家。东汉时,焉耆国力又有进一步发展,《后汉书·西域传》称:"户万五千,口五万二千,胜兵二万余人。"③两汉时的焉耆和其他西域城国一样,曾经是匈奴帝国的附属,东汉班超、班勇父子曾一度赶走匈奴的势力,使它成为汉朝西域都护控制下的王国之一。三国时,随着匈奴和汉朝两大势力的衰退,焉耆兼并了其旁的尉梨国、危须国和山王国④,成为塔里木盆地北沿与龟兹并称的强国。

《后汉书》卷四七记班超、班勇父子经营焉耆的时候,曾提到了几个焉耆王的名字:舜、忠、广、元孟⑤。可见,所谓龙姓的说法当时还没有出现。把焉耆的王姓固定地称作"龙",应当有两个前提:第一,焉耆王权已比较固定地掌握在某一氏族手中以后;第二,这种遵从汉人习惯而叫起来的汉式的姓,应在焉耆与中原王朝密切交往了一段时间以后。明白了这两点背景,就不

① 羽田亨《唐光启元年书写沙州、伊州地志残卷に就いて》,《羽田博士史学论文集》上卷,京都,1957年,592页;Cf. L. Giles, "A Chinese Geographical Text of the Ninth Century", *Bulletin of the School of Oriental Studies*, VI, 1932, pp. 844–845, pl. XII.

②《汉书》,中华书局,1962年,3917页。

③《后汉书》,中华书局,1965年,2927页。

④《三国志》卷三〇《魏志·乌丸鲜卑东夷传》注引《魏略·西戎传》,中华书局,1959年,860页。

⑤《后汉书》,1581—1582,1590页。

难理解焉耆龙姓在晋朝时才首次载入中原史册的缘故了。《晋书》卷九七《四夷传》焉耆条记载："武帝太康中（280—290 年），其王龙安遣子入侍。"①自此以后直到唐朝中期，汉文史料所记焉耆的王族一直姓龙。现将我们从史料中钩稽出的焉耆王统世系表列于下（六角括号中字系据上下文推补，圆括号中为异文，虚线表示其间可能有其他国王，后附其名出现的年代供参考）②：

> 龙安（280—290）——龙会（290）——龙熙……〔龙〕泥流（383 前后）……龙鸠尸卑（毕）那（448）……龙突骑支（？—611—644）——〔龙〕栗婆准（644）——〔龙〕薛婆阿那支（645—648）——〔龙〕先那准（648—？）——〔龙〕婆伽利——龙突骑支——龙嫩突（？—719）——〔龙〕焉吐拂延（719—？）……龙如林（788 前后）

由此可见，至少从公元 3 世纪末叶的龙安，到 8 世纪末叶的龙如林，整整五百年间，焉耆一直由龙姓王族掌握着政权③，因此可以称之为焉耆"龙姓王朝"。

传世史籍和出土文书的记载表明，焉耆王国的一些官吏也姓龙。日本

① 《晋书》，中华书局，1974 年，2542 页。按《晋书》成于唐初，但此处所据应是原始材料。晋时焉耆王之龙姓，还可以从罗布泊出土的李柏文书（东晋初年写成）中得到明证。见王国维《罗布淖尔北所出前凉西域长史李柏书稿跋》，《观堂集林》卷 17，叶 27a—29b。

② 本表依据的史料如下：《晋书·四夷传》，2542—2543 页；《晋书·吕光载记》，3054 页；《魏书·西域传》，中华书局，1974 年，2265 页；《魏书·世祖纪》，102—103 页；《北史·西域传》，中华书局，1974 年，3216 页；《隋书·西域传》，中华书局，1973 年，1851 页；《旧唐书·西戎传》，中华书局，1975 年，5301—5302 页；《新唐书·西域传》，中华书局，1975 年，6229—6230 页；《悟空入竺记》，《大正新修大藏经》卷五一，980 页。按松田寿男认为，龙突骑支是属于突骑施部的突厥人，见《古代天山の历史地理学的研究》，增补版，早稻田大学出版部，1970 年，277—278 页。松崎光久认为龙突骑支更可能是焉耆龙姓王与突骑施部女的儿子。后说较可取，见所著《隋末唐初焉耆王统考》，山田信夫等《中央ユーラシア史の再构成》，非卖品，1987 年，35—38 页。又先那准与婆伽利《两唐书》并列记载，松崎氏认为系史料有阙，二者应为先后关系。今取其说，见上引文，40 页、42—43 页注 16。

③ 据《魏书·高昌传》，6 世纪初，焉耆一度"为嚈哒所破灭，国人分散，众不自立，请王于〔麹〕嘉。嘉遣第二子为焉耆王以主之。"（2244 页）从后来的史料看，龙姓很快又重新执政。

有邻馆藏敦煌出土文书第 28 号《唐开元三(?)年(715)诉状》残稿中,有"焉
耆龙司马"名①。又《册府元龟》卷九七一《外臣部》朝贡条记载:"开元二十
五年(737)正月,焉耆大首领龙长安……来朝。"②此外,汉人常把西域某国的
王姓当作该国所有人的姓,因此,吐鲁番、敦煌出土文书中记录的一些龙姓
人,无疑就有不少出身于焉耆。

　　从以上对焉耆王国历史的简单回顾可以明确得知,焉耆的王族和一般
民众大多以"龙"为姓,这也就是本为焉耆人的龙家之所以用"龙"作为部
落称号的来源。但是,龙家或龙部落最早见于 9 世纪末期的敦煌文献,而
目前确知的最后一位焉耆龙姓王是 788 年前后的龙如林。更重要的是,龙
家是分布在甘、肃、伊等州的部落,而龙姓王朝则是西域的城郭王国。因
此,龙姓王朝时的龙姓人,不论是国王还是民众,都不能作为龙家来看待,
他们不是生活在部落群体里,而主要是居住在城镇或乡村当中。把早期的
龙姓焉耆人和晚期的龙家区别开来,有助于我们甄别史料,确定龙家的真
正含意。

　　在龙部落形成以前,就有不少焉耆人由于种种原因而移居他乡,他们往往
是散居的个体或一户,而未形成部落或聚落。晋唐之间,吐鲁番盆地的种族和
文化与焉耆关系十分密切,两地通行所谓"吐火罗语"③。早在高昌国时期
(460—640 年),这里就有了焉耆出身的龙姓人,在属于高昌国时代的吐鲁番文
书中,我们可以看到"龙遮之捺"④、"龙贤受"⑤、"龙延相"⑥、"龙(名缺)"⑦、

---

① 菊池英夫、池田温合编《西域出土汉文文献分类目录初稿》非佛教文献之部·古文书类 I,东洋文
　库,1964 年,37 页。

②《册府元龟》,中华书局,1960 年,11410 页上栏。

③ 关于焉耆、龟兹及吐鲁番地区流行的所谓"吐火罗语"的定名,目前还有争论,现姑从习惯称法并
　加引号。

④《吐鲁番出土文书》第 2 册,文物出版社,1981 年,207 页。

⑤ 同上,318 页。

⑥ 同上,334 页。

⑦《吐鲁番出土文书》第 3 册,文物出版社,1981 年,53 页。

"龙阿婆奴"①、"龙德相"②、"龙陑相"③等高昌居民的名字,他们应当是陆续从焉耆移居到这里的。位于更东面的丝路城市敦煌,也不断有龙姓的焉耆人前来定居,现仅举三条材料如下:(一)P. 3730(4)背有《吐蕃未年(839)四月四日敦煌纥骨萨部落百姓龙华子便谷凭据》④,(二)S.466 为《后周广顺三年(953)十月廿二日敦煌莫高乡百姓龙章祐兄弟出典地契》⑤,(三)P. 3649 背习书有《丁巳年(957)四月七日莫高乡百姓贺保定雇赤心乡百姓龙员定男契》⑥。固然,敦煌、吐鲁番文书中所记的龙姓人也有可能是两汉以来由内地移来的汉族龙姓⑦,但从总体上看,把他们中间的大多数视为焉耆的龙姓似更与史实相符。上述三条敦煌史料说明,有些焉耆龙姓人已经是敦煌地区的乡里百姓,有自己的田产。吐蕃时的所谓部落,是唐朝乡里的变种,与龙部落的情形不同。从龙华子、龙章祐、龙员定等人的名字看,他们似是早就来到敦煌的焉耆人后裔,在文化上早已与敦煌本地的汉人无异,而与生活在龙部落中的龙家人有所不同。这些早期从焉耆移居吐鲁番、敦煌等地的龙姓人,只是分散的个体焉耆人,而龙家则是用部落组成的焉耆人集团。对于两者加以区分,才能理解龙家的真正含义⑧,并找出研究龙家历史的起点。

---

① 《吐鲁番出土文书》第 3 册,文物出版社,1981 年,162 页。

② 《吐鲁番出土文书》第 4 册,文物出版社,1981 年,67 页。

③ 同上,补遗第 10 页。

④ 池田温《中国古代籍帐研究》,东京大学出版会,1979 年,550 页。

⑤ T. Yamamoto and O. Ikeda, *Tunhuang and Turfan Documents concerning Social and Economic History*, III Contracts (A), Tokyo: Toyo Bunko, 1987, pp. 117–118.

⑥ 同上,p.127。

⑦ 参看池田温《敦煌本判集三种》,末松保和博士古稀记年会编《古代东アジア史论集》下卷,吉川弘文馆,1978 年,461 页,注 34。

⑧ 前田正名氏在讨论龙族时,将两者混为一谈,见所著《河西の历史地理学的研究》,吉川弘文馆,1964 年,308—309 页。黄盛璋也把历史上的焉耆民众均称作龙家、龙部落,见所著《试论所谓"吐火罗语"及其有关的历史地理和民族问题》,《西域史论丛》第 2 辑,新疆人民出版社,1985 年,255—256 页。

二、龙家的形成

　　散处在伊州以及河西西部的龙家或龙部落,最早出现似在 9 世纪末叶,这可以从下述四条史料中得知。P. 2762《张淮深碑》述沙州刺史张淮深大中七年(853)至咸通八年(867)间的政绩有:

　　　　河西创复,犹杂蕃、浑,言音不同,羌、龙、嗢末,雷威慴伏,训以华风,咸会驯良,轨俗一变。①

说明在此期间,羌、龙、嗢末等族与蕃(吐蕃)、浑(吐谷浑)一起,散处在河西走廊。龙作为族称,即指龙家而言。P. 3720《张淮深造窟记》也记载了同样的内容:

　　　　……加以河西异族狡杂,羌、龙、嗢末、退浑,数十万众,驰诚奉质,愿效军锋,四时通款塞之文,八节继野人之献。②

这"数十万众"虽不是实数,但也说明包括龙家在内的各部族人数之多。

　　此外,S.5697 残文书的有关记载也值得注意,现将残存文字迻录于下:

　　　　(前缺)
1　□□供养,前后文
2　阎使君等同行,安置瓜州,所有利害
3　事由,并与阎使君状谘申。因缘河西
4　诸州,蕃、浑、嗢末、羌、龙狡杂,极难调伏。
　　　　(后缺)③

藤枝晃教授从文书所记当时的紧张形势,把其中的"阎使君"比定为敦煌陷

---

① 录文参看藤枝晃《敦煌千佛洞の中兴》,《东方学报》(京都)第 35 册,1964 年,68 页。
② 同上,78 页。
③ 录文参看藤枝晃《吐蕃支配期の敦煌》,《东方学报》(京都)第 31 册,1961 年,209 页。

蕃以前坚守沙州十年的阎朝①。这一结论已为一些学者所接受②。但是,沙州陷蕃的年代,目前已经比较确切地考订在 786 年③,阎朝杀周鼎自掌兵权的时间应在 777 年④,而瓜州陷蕃的年代,《元和郡县图志》明确记载为“大历十一年(776)”⑤。据此,777 年以后执政的阎朝,很难有“安置瓜州”、过问河西一道的能力。因此,把这件文书的年代放在吐蕃占领敦煌以前的年代里似不够妥当。据羽田亨的记载,这件残文书原是作为废纸,裱贴在著名的咸通九年(868)王玠刻本《金刚经》(旧编号 Ch. iii, 0014, 现编作 P. 2)的背面⑥。前田正名由此认为,残文书的年代即在咸通九年⑦。这一说法也过于武断,因为裱贴是发生在这件文书已废弃不用,而咸通九年刻的《金刚经》已残破的时候,所以不能把《金刚经》的年代,直接看作残文书的年代。不过,《金刚经》的年代仍可作残文书年代的参考,《金刚经》的残破和文书的废弃都在咸通九年以后,那么残文书的写成年代似应在归义军时期,特别是张氏统治时期。我们这一看法,更重要的是根据残文书所描写的情况,它与上举《张淮深碑》、《张淮深造窟记》所描写的情况何其相似,其区别只在于前者是实录,所以说这些部族“极难调伏”,而后者是颂词,故说他们是“雷威慑服”、“驰诚奉质”。而且,其中提到的温末(即嗢末),是 842 年以后吐蕃王国崩溃时才在河西形成的一支政治力量,在 786 年以前绝无极难调服之事。至于文书中的阎使君,在归义军初期有较阎朝更合适的人物。P. 4660 有《银青光禄大夫检校国子祭酒使持节瓜州诸军事守瓜州刺史兼御史中丞赐紫金鱼袋上

① 录文参看藤枝晃《吐蕃支配期の敦煌》,《东方学报》(京都)第 31 册,1961 年,209 页。
② 如饶宗颐《论敦煌陷于吐蕃之年代》,《选堂集林·史林》中,香港中华书局,1982 年,676 页;谢海平《讲史性之变文研究》,嘉新水泥公司文化基金会,1973 年,82 页。
③ 山口瑞凤《吐蕃支配时代》,榎一雄编《敦煌の历史》,大东出版社,1980 年,197—198 页;陈国灿《唐朝吐蕃陷落沙州城的时间问题》,《敦煌学辑刊》1985 年第 1 期,1—7 页。
④ 陈国灿《唐朝吐蕃陷落沙州城的时间问题》,3 页。
⑤ 《元和郡县图志》,中华书局,1983 年,1027 页。
⑥ 羽田亨《唐光启元年书写沙城·伊州地志残卷に就いて》,603 页。
⑦ 前田正名《河西の历史地理学的研究》,227、238 页注 2。

柱国阎公邈真赞》[①]。撰者名缺,但从"京城内外临坛供奉大德都僧录兼阐扬三教大法师赐紫沙门"的题名,以及同卷其他赞文多出悟真之手来看,这件赞文也是大中十年(856)至咸通十一年(870)任河西都僧录的悟真所写[②]。赞文称这位阎公是"元戎大将,许国分忧。助开河陇,祕策难俦"。"圣恩高奖,宠寄无休。晋昌太守,墨离之侯。"作为"使持节瓜州诸军事"的军使,这位阎公可以被称乍"使君";作为"瓜州刺史",当然要负责安置刚刚为归义军攻占不久的瓜州了。所以,把这位大中、咸通间在职的阎公,看作是残文书中的阎使君,似较阎朝更符合事实。总之,这件残文书应是关于归义军初期(而不是吐蕃统治以前)河西诸民族情况的真实写照。

最后,我们不应忽略 P. 2762(即 P.t.1263)背藏汉对照词表中的有关记载。文书不长,为便于讨论,全文转写抄录如下:

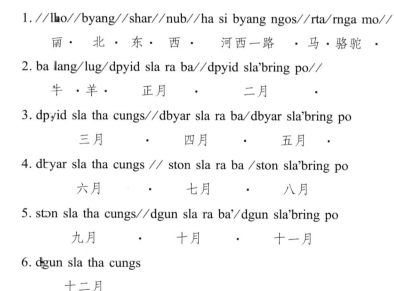

1. //lho//byang//shar//nub//ha si byang ngos//rta/rnga mo//
    南 · 北 · 东 · 西 · 河西一路 · 马·骆驼·

2. ba lang/lug/dpyid sla ra ba//dpyid sla'bring po//
    牛 ·羊· 正月 · 二月 ·

3. dpyid sla tha cungs//dbyar sla ra ba/dbyar sla'bring po
    三月 · 四月 · 五月 ·

4. dbyar sla tha cungs // ston sla ra ba /ston sla'bring po
    六月 · 七月 · 八月

5. ston sla tha cungs//dgun sla ra ba'/dgun sla'bring po
    九月 · 十月 · 十一月

6. dgun sla tha cungs
    十二月

① 录文载 Chen Tsu-lung, *Èlonges de personnages éminents de Touen-houang sous les T'ang et les Cinq Dynasties*, Partie I, Paris, 1970, p.35。

② 关于悟真任都僧录的年代,参看竺沙雅章《敦煌の僧官制度》,《中国佛教社会史研究》,同朋社,1982 年,335—336、339—341、373 页。

7. rgya∕bod∕sog po∕'a zha∕dru gu∥rgya rje∕dru gu rgyal po

　汉·特蕃·胡·退浑·回鹘·汉天子·回鹘王

8. bod gyi btsan po∥'a zha rje∕lung rje

　　吐蕃天子·退浑王·龙王·

9. 'brug ∕se'ge∕stag ∕g-yag∕sbrul∕phag∕spyang hu

　龙·师子·大虫·牦牛·蛇·猪·狼·

10. rkyang∕sha ba∕ sol ∕ tsi ∕ ri bong ∕ gcig sod∕

　　野马·鹿·黄羊·野狐·土(兔)子·一个打得①

这个词汇表并不像一般的敦煌藏汉词表那样杂乱无章,它可以粗分为几项内容:方位(行1)、家畜(1—2)、月份(2—6)、族名(7)、王号(7—8)、野兽(9—10)。其中最常为人们引用的是族名和王号②,但第8行最后的 lung rje(龙王)却较少引人注意。伯希和认为这里用 lung 对应"龙"字有些新颖,疑应作 klu③(即佛教传说中的"龙")。其实,石泰安在此之前就正确地把这里的龙王与龙家联系起来④。龙王即龙家的首领,可以从下节引用的 S.389《肃州防戍都状》中得到明证。关于这份词表的年代,森安孝夫氏曾根据文书正面所写为《张淮深碑》(见前引)及"回鹘"一名最早出现的年代,认为文书的上限是788年,下限在9世纪后半⑤。按文书正面为《张淮深碑》残文,藤枝晃成功地将该文书与 S.6161、S.3329、S.6973 缀合⑥。其中说张淮深"恩被三

---

① A. Spanien et Y. Imaeda, *Choix de documents tibétains* Ⅱ, Paris, 1979, pl.525;Cf. P. Pelliot, *Histoire ancienne du Tibet*, Paris, 1961, p. 143;森安孝夫《チベット语史料中に现われる北方民族》,《アジア・アフリカ言语文化研究》No.14,1977年,39页(部分)。

② Cf. G. Uray, "The Old Tibetan Sources of the History of Central Asia up to 751 A.D.: A Survey", *Prolegomena to the Sources on the History of Pre-Islamic Central Asia*, ed. by J. Harmatta, Budapest, 1979, p. 303, n. 83 所引参考文献。

③ Pelliot, *Histoire ancienne du Tibet*, p.143.

④ R. A. Stein, "Mi-ñag et Si-hia", *Bulletin de l'Ècole Française d'Extrême-Orient*, XLIV, 1951, p. 256.

⑤ 森安孝夫《チベット语史料中に现われる北方民族》,39—40页。

⑥ 藤枝晃《敦煌千佛洞の中兴》,64页。

朝",三朝应指宣宗、懿宗、僖宗三朝①。所以,碑文应写于僖宗末年或更后,如果这是抄本,则年代更晚。碑文是利用藏汉词表和一件残文书、数首诗文的背面拼接后写成的②,背面的词表当然比《碑》成文要早,但似乎不会早到848年吐蕃统治结束以前,其理由如下:(一)该词表不像 S.2736+S.1000 吐蕃时期的藏汉对译词表那样,用藏文字母拼写汉字③,而是直接写汉文;(二)某些词汇不是吐蕃时期而是归义军时期的特征,如 hasi byang ngos(河西一路),又见于 P.t.1284 第 3 件文书《河西节度曹太保上狮子于阗王书》④,后者年代在 10 世纪以后;用"吐蕃天子"而不用"吐蕃赞普"对译 bod gyi btsan po,也和敦煌吐蕃时代汉文文书的用法不同;(三)最重要的是族名和王号部分,都把 rgya(汉)和 rgya rje(汉天子)放在第一位,表明应是在汉族统治时期写成的。因此,把这份词表的年代放在归义军的初期,似更符合事实。到目前为止,学者们已经从敦煌藏文文书中,找到相当数量的一批属于吐蕃统治以后的藏文文书⑤,把这份词表列入这组文书是不足为奇的。另外,我们还觉得,这份工整抄写的词表的前后某些内容,似乎有某种联系,因为族名

① 参看贺世哲《从供养人题记看莫高窟部分洞窟的营建年代》,《敦煌莫高窟供养人题记》,文物出版社,1986 年,212—213 页。

② 参看《敦煌遗书总目索引》,商务印书馆,1962 年,272、177 页。

③ F. W. Thomas and L. Giles, "A Tibeto-Chinese Word-and-Phrase Book", *Bulletin of the School of Oriental and African Studies*, XII.3-4, 1948, pp. 752-769, pl. 12-13; L. Ligeti, "Notes sur le lexique sino-tibétain de Touen-houang en écriture tibétaine", *Acta Orientalia Hungarica*, XXI, 1968, pp. 265-288;陈庆英《〈斯坦因劫经录〉、〈伯希和劫经录〉所收汉文写卷中夹存的藏文写卷情况调查》,《敦煌学辑刊》第 2 期,1981 年,111—114 页;黄布凡《敦煌〈藏汉对照词语〉残卷考辨订误》,《民族语文》1984 年第 5 期,36—48、22 页。

④ M. Lalou, *Inventaire des manuscrits tibétains de Touen-houang* III, Paris, 1960, p.1;王尧、陈践《归义军曹氏与于阗之关系补正》,《西北史地》1987 年第 2 期,60 页。

⑤ G. Uray, "L'emploi du tibétain dans les chancelleries des États du Kansou et de Khotan postérieurs à la domination tibétaine", *Journal Asiatique*, CCLXIX, 1981, pp. 81-90;山口瑞凤《吐蕃支配期以后の诸文书》,山口瑞凤编《敦煌胡语文献》,大东出版社,1985 年,511—521 页;武内绍人《敦煌・トルキスタン出土チベット语手纸文书の研究序说》,山口瑞凤《チベットの佛教と社会》,春秋社,1986 年,563—602 页。

和王号部分所列各部族,只有归义军初期才可能并列出现在"河西一路"。从这一点来看,这份词表很可能是归义军负责外交文书的孔目官所编常用词表,以便翻译与外族往来之公文。

上面列举的文书说明,龙家最早在河西的出现应在 9 世纪末叶。然而,为什么会有这么多原为城郭居民的焉耆人组成部落,离乡背井来到河西呢?前人似乎从未提出这一问题,但在我们看来,这里面隐藏着 9 世纪中叶西北民族变迁的一个重大问题,有必要详细加以探讨。

上一节已经说明,汉文史料所记焉耆龙姓王朝的最后一王,即悟空所记的龙如林,时在 788 年前后。此后的二、三年,包括焉耆在内的天山东部地区发生了一件重要的事情,即回鹘与吐蕃之间对北庭等城镇的争夺战。森安孝夫在安部健夫研究的基础上,认为这场战争的最终结果,是蒙古高原的回鹘人占领了北庭、西州和安西(龟兹)等地①。我们同意这种看法,从焉耆的情况看,值得注意的是哈喇巴喇哈逊发现的《九姓回鹘毗伽可汗碑》第 13—14 行追记怀信可汗(795—808 年)功绩的部分:

> 北庭半收半围之次,天可汗亲统大军,讨灭元凶,却复城邑。(中略)复吐蕃大军,围攻龟兹,天可汗领兵救援。吐蕃落荒,奔入于术。四面合围,一时扑灭。尸骸臭秽,非人所堪。遂筑京观,败没余烬。②

于术即《新唐书》卷四三《地理志》安西入西域道条所记焉耆西七十里处的"于术守捉城"。由此碑可以推知,从大约 794 年开始,焉耆进入回鹘的势力范围。经过 8 世纪末、9 世纪初吐蕃和回鹘间的这场战争,焉耆的龙姓王朝

---

① 安部健夫《西ウイグル国史の研究》,汇文堂书店,1955 年,139—230 页;森安孝夫《增补:ウイグルと吐蕃の北庭争夺战及びその后の西域情势について》,流沙海西奖学会编《アジア文化史论丛》三,山川出版社,1979 年,199—238 页。法文摘要,载 *Journal Asiatique*, CCLXIX, 1981, pp. 193-205。

② 录文据程溯洛《从〈九姓回鹘毗伽可汗碑〉汉文部分看唐代回鹘民族和祖国的关系》,《中央民族学院学报》1978 年第 2 期,22 页。年代据安部健夫上引书;又一说为保义可汗(808—821 年)事迹,见 Ed. Chavannes et P. Pelliot, "Un traité manichéen retrouvé en Chine", *Journal Asiatique*, XI.1, 1911, pp. 179, 199。

似乎仍然存在,并且投入回鹘汗国的怀抱,这一点可以从吐鲁番出土的中古波斯文所写摩尼教赞美诗集(*Maḥrnāmag*)中找到证明。该诗集写于保义或昭礼可汗时期①,其中列举了回鹘可汗以下各级回鹘官僚以及别失八里(北庭)、中国城(高昌、西州)、焉耆和龟兹等地的高官显贵的官职或姓名,值得注意的是第 88 行提到了 'arkčīq Xvatāv(焉耆王),其下属官吏中,有两位贯以 'ūyghūr(回鹘)一词以表示高贵的出身②。这一方面说明焉耆的龙姓王统此时还未断绝;另一方面也透露出,回鹘人已经在焉耆王国中占有了重要的地位。回鹘这种类似匈奴在西域设僮仆都尉的作法,应当一直维持到 840 年蒙古地区的回鹘汗国本部被黠戛斯击破为止。

回鹘汗国破灭后,其主要部众一支随乌介可汗南下附唐,一支由宰相馺职与庞特勤率领西迁,西行的回鹘据说有"一十五部",当不在少数。据森安孝夫氏的研究结果,庞特勤所率西迁回鹘的主力,在 851 年以前最先占据了焉耆,这不仅有《新唐书》卷二一五《突厥传》的明确记载,而且有波斯学者加尔迪齐(Ibn Maḥmūd Gardīzī)《记述的装饰》(*Zayn al-Akhbār*)中有关记录的佐证③。前者的文字还值得进一步分析:

> 及其(回鹘)破灭,有特庞勒(即庞特勤)居焉耆城,称叶护,余部保金莎领,众至二十万。④

回鹘人这次西来,不像过去那样打败了敌人后再回到蒙古高原,而是作为逃

---

① 此据 J. Hamilton, *Les ouighours à l'époque des Cinq Dynasties*, Paris, 1955, p. 141。

② F. W. K. Müller, "Ein Doppelblatt aus einem manichäischen Hymnenbuch(Maḥrnāmag)", *Abhandlungen der Preussischen Akademie der Wissenschaften*, Phil. -hist. Klasse (Berlin) 1912, Berlin, 1913, pp. 8, 11. 按缪勒的译文有误,此据 W. B. Henning, "Argi and the'Tokharians'", *Bulletin of the School of Oriental and African Studies*, Ⅸ.3, 1938, pp. 565–566;参看前引森安《增补》文,213—215 页。

③ 森安孝夫《ウイグルの西迁について》,《东洋学报》第 59 卷第 1、2 合并号,1977 年,112—116 页;Cf. K. Czeglédy, "The Foundation of the Turfan Uyghur Kingdom", *Tibetan and Buddhist Studies Commemorating the 200th anniversary of the birth of Alexander Csoma de Kőrös*, I, ed. by L. Ligeti, Budapest, 1984, pp. 160–162.

④《新唐书》,6069 页。

亡者来寻找新的生存之地。庞特勤率二十万众来到焉耆城,建号叶护,其要创建新的回鹘王国的目的至为明显。那么,一座焉耆王城能否即是焉耆龙姓王朝的首都,又是回鹘新国家的代表者叶护的驻地呢? 照常理讲这种情况即使有,也不会长久。由于有关这一时期的历史文献几乎没有,出土的残篇断简又往往缺乏必要的年代要素,因此对上述问题现存史料没有现成的答案,以下仅据我们掌握的材料,提出关于 9 世纪后半焉耆历史演变的初步看法。

从整个焉耆的历史来看,9 世纪中叶前后确实发生了许多变化,其中之一就是自汉迄唐使用的"焉耆"(Argi 及其各种变体)一名渐渐不用了,代之而起的是回鹘人常用的 Solmi(唆里迷)[1]。这一变化是否意味着操所谓"吐火罗语"的焉耆龙姓王朝的政权,渐渐地转移到操突厥语的回鹘人手中了呢? 虽然目前还不完全清楚焉耆的庞特勤与后来西州、北庭的回鹘首领仆固俊的真实关系,也不知道焉耆归入西州回鹘国的确切年代,但可以比较有把握地认为,在咸通七年(866)仆固俊创立西州回鹘王国之后不久,焉耆就成为它的组成部分了。安部健夫氏曾列举《高昌王世勋碑》[2]、高昌故城出土的回鹘文木柱刻文[3]、980 年北宋王延德《使高昌记》[4]、普里察克(O. Pritsak)引用的伊本·法乞赫·哈马丹尼(Ibn al-Fakīh al-Hamadhānī)在约 903 年写成的地理著作[5]等文献,认为 9、10 世纪西回鹘王国的领地,西面以阿姆河或

---

① 唆里迷即焉耆的别名,见耿世民与张广达师合写的《唆里迷考》,《历史研究》1980 年第 2 期,147—159 页。

② 参看黄文弼《亦都护高昌王世勋碑复原并校记》,《西北史地论丛》,上海人民出版社,1981 年,160—172 页。

③ Cf. F. W. K. Müller, "Zwei pfahlinschriften aus den Turfanfunden", *Abhandlungen der Preussischen Akademie der Wissenschaften*, *Phil. -hist. Klasse*, Nr.3, Berlin, 1915, pp. 1-38;韩儒林《关于西辽的几个地名》,《元史及北方民族史研究集刊》第 4 期,1980 年,49 页。

④ 见王国维《古行纪校录》,《王国维遗书》第 13 册,上海古籍出版社,1983 年,叶 4a—7a。

⑤ M. J. de Goeje (ed.), *Bibliotheca Geographorum Arabicorum*, Vol.5: IBn al-Fakīh al-Hamadhānī, *Compendium Libri Kitab al-Boldan*, Leiden, 1967.

锡尔河为界,但于阗和喀什噶尔除外①。对此,我们可以做如下补充:其一,钢和泰藏卷(Staël-Holstein Roll)的于阗文部分是个杂纂卷,其内容可以分作七项:文书一(行1—6)、文书二(行7—10)、地名表(行10—24)、人名单(行25—26)、部族名表(行27—31)、文书三(行32—51)、抒情诗(行52—73)②。其中三件文书的年代已经确切地考订在925年③,据此,其前后相连抄写的其他内容,至少应完成于925年以前。对于我们讨论的问题最关重要的是第17行以下的地名,文书说tti burä secū bise kaṃthe(所有这些都是西州的诸城镇)。名表东至 'Icū kaṃtha(伊州城),西到 argīnvä bisä kaṃtha(焉耆城),北至 paṃjäkaṃthä(五城,即别失八里),中心城镇是 secū mistä kaṃtha(西州首府),这显然描绘的是当时西州回鹘王国的领地④。这里确切地证明了焉耆是西州回鹘王国下属的一个城镇。其二,982年成书的波斯文地理著作《世界境域志》(Hудūd al-'Ālam),把焉耆(Ark)列入九姓古斯(Toquzoghuz,即西州回鹘)的诸城镇中⑤,这和钢和泰藏卷的记载是一脉相承的。其三,11世纪70年代马合木·喀什噶里(Mahmud Kāšgharī)编定的《突厥语字典》(Divanü lüga -it-türk)"回鹘"(即西州回鹘)条下,列举了该国的五座城镇:唆里迷、高昌、彰八里、别失八里、仰吉八里⑥。这里也是把唆里迷放在西州回鹘的领属之下。其四,吐鲁番出土的一件西州回鹘官府厘定摩尼教规的文书,年代约在9至11世纪,其中唆里迷的摩尼寺(Solmi manistan)也在西州

---

① 安部健夫《西ウイグル国史の研究》,398—399页。

② F. W. Thomas and S. Konow, "Two Medieval Documents from Tunhuang", *Etnografiske Museums Skrifter*, Ⅲ, Oslo, 1929, p.133–136; H. W. Bailey, "The Staël-Holstein Miscellany", *Asia Major*, new series, Ⅱ.1, 1951, pp. 1–45.

③ E. G. Pulleyblank, "The Date of the Staël-Holstein Roll", *Asia Major*, new series, Ⅳ.1, 1954, pp. 90–97.

④ J. Hamilton "Authour du manuscrit Staël-Holstein", *T'oung Pao*, XLVI, 1958, pp. 138–150;森安孝夫《ウイグルの西迁について》,124页。

⑤ V. Minorsky, *Hudūd al-Ālam*, *The Regions of the World*, London, 1937, p. 94.

⑥ B. Atalay, *Divanü Lūgat-it-Türk*, I, Ankara, 1939, p. 113;参看陈宗振《〈突厥语词典〉中与突厥、回鹘史地及民谷研究有关的资料》,《西北民族文丛》1984年第2期。

回鹘官府诏令管辖的范围之内①，表明当地无疑是西州回鹘的下属。吐鲁番出土的另一件诏令文书，写在 10 世纪末或 11 世纪初抄写的汉文《妙法莲华经》的背面，年代应在此前，据克劳森（G. Clauson）的考证，该诏令就是西州回鹘王廷下给焉耆长官的，命令他们严防拔悉蜜族的侵袭②。以上均说明了焉耆归属西州回鹘的事实。至于焉耆的地方长官，我们可以从吐鲁番出土的回鹘文《摩尼教徒祈愿文》断简 A12—13 行中看到如下题名：

solmīlγalp tutuq ögrünčü ykän

solmilγaml čigši mir aγdio ykänmz③

这两位唆里迷人的都督、刺史，已经完全是回鹘人的姓氏称号，而没有原焉耆人的痕迹了。

以上列举的史实说明，至少从 9 世纪末或 10 世纪初开始，焉耆就完全是在西州回鹘的控制之下，这里作为一个重要的城镇，由回鹘族地方官执政。

最后，还应对一些有关材料给予解释。在哈密本回鹘文《弥勒会见记》序章中，üc solmida ulus（三唆里迷国）是和 tört küsän ulus（四曲先国，"曲先"即龟兹）并列出现的④。《元史》卷一二四《哈刺亦哈赤北鲁传》中也有"唆里

① P. Zieme, "Ein uigurischer Text über die Wirtschaft manichaischer Klöster im uigurischen Reich", *Re-searches in Altaic Languages*, ed.by L.Ligeti, Budapest, 1975, p. 334；耿世民《回鹘文摩尼教寺院文书初释》，原载《考古学报》1978 年第 4 期，此据作者校订本，载《新疆考古三十年》，新疆人民出版社，1983 年，529—531、535 页。

② L. Ju. Tuguševa, "Three Letters of Uighur Princes from the MS Collection of the Leningrad Section of the Institute of Oriental Studies", *Acta Orientalia Hungarica*, XXIV.2, 1971, pp. 173-187；G. Clauson, "Two Uygur Administrative Orders", *Ural-Altaische Jahrbucher*, 45, 1973, pp. 213-222.

③ 羽田亨《吐鲁番出土回鹘文摩尼教祈愿文の断简》，《羽田博士史学论文集》下卷，京都，1958 年，328 页。

④ 耿世民与张广达师《唆里迷考》，154 页。按学者们在《弥勒会见记》由吐火罗语 A 译成回鹘文的年代和新发现的写本抄写年代上有不同看法，葛玛丽认为胜金口抄本完成于 9 世纪，见 A. von Gabain, *Maitrisimit*, I, Wiesbaden 1957, p. 27；冯家昇先生认为译于 10 至 11 世纪，见所著《1959 年哈密新发现的回鹘文佛经》，《文物》1962 年第 7、8 合期，91 页；色那西·特肯认为译于 8 世纪中叶，见呈 inasi Tekin, "Zur Frage der Datierung des uigurischen Maitrisimit", *Mitteilungen des Instituts für Orientforschung*, XVI, 1970, pp. 129-132; idem, *Maitrisimit nom bitig*, I, Berlin, 1980, pp. （转下页注）

迷国”的表述法①。能否据此认为一直到蒙古兴起之前，唆里迷还是一个独立的王国呢？按《元史》的原文是这样的：“〔畏兀儿（即西州回鹘）〕国王月仙帖木儿亦都护闻其（指传主）名，自唆里迷国征为断事官。”显然，畏兀儿国是唆里迷国的上级，后者对前者要唯命是从。这样，我们似乎不应把这里的“国”解为具有“独立王国”意义的国，而应把《元史》的“国”看作是回鹘文ulus（音译作兀鲁思）的意译，并按照突厥、蒙古汗国氏族制中兀鲁思的本意，看作是可汗之下的“分地”或“领地”②。当然，分封在领地上的主人一旦具有了一定的权力，就可能逐渐独立于可汗，形成可汗之下的小王国，后来蒙古四汗国（四兀鲁思）的产生就是这种领地发展的必然结果。事实上，北宋时，西州回鹘属下的龟兹，就有“国王”独自遣使入贡于宋③。另外，《契丹国志·诸蕃记》中只列有“高昌国”，但在记“诸小国贡进物件”时，却把“龟兹国”与高昌国并列④。在属于 10 世纪沙州归义军官府的支出帐目中，“伊州使”和“西州使”一样受到敦煌方面的款待⑤。凡此种种，似乎都应当看作是西州回鹘下属诸城镇的回鹘地方长官独立性的一面，而不应认为焉耆、龟兹、伊州在上述史料的年代中是完全独立的王国。此外，敦煌出土的一件粟特文文书（Or.8212.89＝Ch.00286）中，曾提到过 swrm'y γωβω（唆里迷王）⑥，

（接上页注）8-9；哈密屯（J. Hamilton）根据写本字体与敦煌 10 世纪写本的一致性，认为译于 10 世纪，见其给特肯 1980 年新著写的书评，载 *Orientalistische Literaturzeitung*, 80, 1985, Nr. 6, pp. 591－592。我们这里引用的哈密本序章，是以施主塔什·依干都统的名义，于羊年闰三月二十二日写的敬礼三宝文，其中提到了十姓回鹘国的“登里回鹘王”（见多鲁坤·阚白尔等《回鹘文〈弥勒会见记〉序章研究》，《新疆文物》1985 年第 1 期，58—91 页，特别是 61、80 页，据此，哈密本的抄写年代似应在 10 世纪中叶以后或 11 世纪，其所记 solmi ulus 也反映了当时人们的认识。

① 《元史》，中华书局，1976 年，3046 页。

② 参看符拉基米尔佐夫著，刘荣焌译《蒙古社会制度史》，中国社会科学出版社，1980 年，154—176 页。

③ 《续资治通鉴长编》卷七三真宗大中祥符三年闰二月戊戌条，中华书局，1980 年，1658 页。

④ 叶隆礼《契丹国志》，上海古籍出版社，1985 年，205、245—246 页。

⑤ 施萍亭《本所藏〈酒帐〉研究》，《敦煌研究》创刊号，1983 年，142—150 页。

⑥ H. Reichelt, *Die soghdischen Handschriftenreste des Britischen Museums*, II, Heidelberg, 1931, p. 61. 此处有误，据 Henning, *op. cit.*, p. 558.

可惜的是目前还未解读其全部内容,也就无法知道这位国王是指早期的龙姓王,还是指晚期的回鹘兀鲁思首领。

　　以上用了相当的篇幅来考订 9 至 11 世纪间焉耆王权与种族的演变过程,目的是想说明以下看法:随着回鹘的西迁及其进据焉耆,汉唐以来焉耆的龙姓王朝统治至此终结。焉耆主要是以唆里迷的名字成为西州回鹘王国的重要城镇之一,其地方官由回鹘人担任,回鹘人在其民众中也逐渐占据了主导地位。了解了上述历史背景,不难设想,9 世纪后半以部落形式突然出现的龙家,很可能就是在西迁而来的回鹘大军的压力下,由龙姓王朝的王族甚至国王率领,东入伊州、河西走廊,形成的一个个龙家部落。

三、龙家的兴亡

　　上面引用的《沙州伊州地志》、《张淮深修功德记》等文书,概要地说明了龙部落在河西和伊州地区的分布情况。伊州的龙家,除上引《沙州伊州地志》"龙部落"条的记载外,同一文书第 38—39 行"伊州"条下,记该州人口时说:

　　　　羌、龙杂处,约一千三百人。①

可知这里的龙家人数应有数百人。但由于有关这一地区的材料很少,伊州龙家的具体情况还有待新史料的发现。

　　相比而言,河西一带龙家的发展脉络却大致可以复原出来。我们从《张淮深碑》等文书已经得知,在河西地区,龙家是和蕃、浑、嗢末部族相提并论的,表明在 9 世纪后半叶的一段时间里,他们曾是这里的一支强大势力。对于这一阶段龙家的状况,S.389《肃州防戍都上归义军节度使状》有较详细的记述,现将有关文字抄录于下:

　　　　肃州防戍都　　状上:右当都两军军将及百姓并平善提备,一切仍

―――――――――

① 羽田亨《唐光启元年书写沙州、伊州地志残卷に就いて》,589 页。

旧。自十月廿日崔大夫到城家,军将索仁安等便将本州印与崔大夫。(中略)又今月七日,甘州人扬略奴等五人充使到肃州,称:其甘州,吐蕃三百,细小杓兼五百余众,及退浑王拨乞狸等,十一月一日并往归入本国。其退浑王拨乞狸,妻则牵驮,夫则遮驱,眷属细小等廿已来随往,极甚苦切。余者百姓奴客,并不听去。先送崔大夫回鹘九人,内七人便随后寻吐蕃踪亦(迹)往向南;二人牵拢嘉麟,报去甘州共回鹘和断事由。其回鹘王称:"须得龙王弟及十五家只(质),便和为定。"其龙王弟不听充只(质):"若发遣我回鹘内入只(质),奈可(何)自死!"缘弟不听,龙王更发使一件,其弟推患风疾,不堪充只(质)。"更有地次弟一人,及儿二人内堪者,发遣一人及十五家只(质)。得不得,取可汗处分。"其使今即未回,其龙王衷私,发遣僧一人,于凉州嗢末首令(领)边充使,将文书称:"我龙家共回鹘和定,已后恐被回鹘侵凌。甘州事,须发遣嗢末三百家已来,司住甘州,似将牢古(固)。如若不来,我甘州便共回鹘为一家讨你嗢末,莫道不报。"其吐蕃入国去后,龙家三日众衙商量,城内绝无粮用者,拣得龙家丁壮及细小壹伯玖人,退浑达票、拱榆、昔达票、阿吴等细小共柒拾贰人,旧通颊肆拾人,羌大小参拾柒人,共计贰伯伍拾柒(捌)人,今月九日,并入肃州,且令逐粮居。(后缺)①

关于这件文书的年代,唐长孺先生根据 S.2598《中和四年(884)十一月一日肃州防戍都营田索汉君、县丞张胜君等状》同样记载了"其甘州共回鹘和断未定"事,且时间顺序一致,因而定在中和四年②。这一看法已为大多数研究者接受③。该文书表明,在中和四年年底以前,由龙王率领的龙家曾经是甘

① 此系笔者在伦敦据原卷录文。
② 唐长孺《关于归义军节度的几种资料跋》,《中华文史论丛》第 1 辑,1962 年,290—292 页。
③ 如森安孝夫《ウイグルと敦煌》,《敦煌の历史》,307 页;汤开建、马明达《对五代宋初河西若干民族问题的探讨》,《敦煌学辑刊》创刊号,1983 年,74 页;邓文宽《张淮深平定甘州回鹘史事钩沉》,《北京大学学报》1986 年第 5 期,93 页;荣新江《归义军及其与周边民族的关系初探》,《敦煌学辑刊》1986 年第 2 期,31—32 页。

州城的主人,可见其势力一度相当强盛。但此时却受到西迁而来的回鹘人的攻击,渐渐不能支撑原来的局面。虽然龙王还可以向凉州一带的嗢末发号施令,但在回鹘的强大压力下,同时也由于甘州城内缺少食物,于是,龙家及其属下的退浑、通颊、羌等部族西向进入肃州,来到归义军节度使管辖下的肃州防戍都的范围之内。这件文书不仅活生生地描述了龙家在甘州的兴衰过程,同时也表明,广义的龙家人不仅仅是焉耆来的龙姓人,而且还应包括归属他的退浑、通颊、羌的部分民众。

对于这些进入归义军管内的龙家部众,沙州政府采取了欢迎的态度,P.2187《敦煌诸寺奉使衙帖处分常住文书》开头两行有如下文字:

> 因兹管内清泰,远人来暮(慕)于戟门。善能抑强,龙家披带而生降,达讷似不呼而自至。昔为狼心敌国,今作百姓驱驰。①

藤枝晃指出,文书下文提到的"故太保"应指张议潮②,则此文书的年代应在张议潮去世的咸通十三年(872)以后;联系到 S.389 所记中和四年末龙家进入肃州的事实,或许可以进一步比定在中和五年(885)以后。很有可能 P.2187 文书中所记的龙家来降,就是指的 S.389 所记龙家的进入肃州。仔细分析上面这条史料,可知龙家原来是与归义军对立的"狼心敌国",故称其来为"降",这是和当时的历史背景相符的。我们曾据 P.4660 中和元年(881)写《甘州删丹镇遏使康通信邈真赞》认为,中和元年时甘州一带还在归义军的控制之下。又据上引 S.389《肃州状》,则龙家在此后不久成为甘州的主人③。甘州的易手背后,隐藏着归义军与龙家的斗争,上节引用的 S.5697 残文书也说,对于归义军来说,龙家等部族是"极难调服"的。大概是由于龙家和归义军都受到新来的回鹘的威胁,才使两者矛盾和解,归义军接受了龙家的降服,使之成为部内百姓,其目的是让他们"咸会驯良"(《张淮深碑》

---

① 名称及录文据姜伯勤《唐五代敦煌寺户制度》,中华书局,1987 年,149—150 页。

② 藤枝晃《沙州归义军节度使始末》(四),《东方学报》(京都)第 13 册第 2 分,1943 年,96—98 页,注 250。

③ 荣新江《归义军及其与周边民族的关系初探》,31 页。

语），而且"愿效军锋"（《张淮深造窟记》语），共同与回鹘作战。

关于此时出现在甘州一带的回鹘的来历，历来争论很多，比较合理的说法是他们直接从蒙古高原西进，经花门山堡，最先来到今弱水下游额济纳旗一带，而后顺流而上进入甘、肃等州①。这支回鹘牧民，不像庞特勤所率的一支在840年以后不久就占据了焉耆城。据S.2589《索汉君等状》，中和四年十月，有"二百回鹘常在甘州左右捉道劫掠"，但还没有占据龙家控制的甘州城。P.3451《张淮深变文》也记载，瓜州、肃州之间，有一支由回鹘王子率领的"破残回鹘"部众，与归义军为敌，曾两次受到张淮深的打击②。在中和四年末龙家主要部众进入肃州以后，甘州似为回鹘所占。但据光启元年十二月二十五日写的《沙州伊州地志》，龙家主力走后，甘州仍有龙部落存在。

890年以后，沙州内乱，张、索、李诸大姓争权夺利，归义军自身削弱，其东西领地相继失守，回鹘终于在甘州建立了巩固的政权③。此后，甘州地区的龙家情况不明，但显然已经不再是一支独立的政治势力。P.3552中有乾宁二年（895）前后所写的颂扬当时归义军执政者李氏家族功德的《儿郎伟》，其中称："四方晏然清帖，猃狁不能犯边。甘州雄身中节，嗢末送款旌坛。西州上拱（贡）宝马，焉祁（耆）送纳金钱。从此不闻枭鸺，敦煌太平〔万年〕。"④与较早成文的《张淮深碑》等资料相对比，可知龙家已不被列为归义军的敌对势力了。五代时，甘州回鹘境内仍"有别族号龙家，其俗与回纥小异"⑤，表明他们已渐渐地为回鹘同化。

归义军境内的龙家情形，可以从下述文书中得知一二。S.4445有《己丑年（929?）十二月二十三日龙家何愿德贷褐契》，文字如下：

---

① 森安孝夫《ウイグルと敦煌》，305—306页。

② 王重民等编《敦煌变文集》，人民文学出版社，1957年，121—126页；潘重规《敦煌变文集新书》，中国文化大学，1984年，941—946页。

③ 荣新江《归义军及其与周边民族的关系初探》，31页。

④ 周绍良《敦煌文学"儿郎伟"并跋》，《出土文献研究》，文物出版社，1985年，178—179页。

⑤《新五代史》，916页。

　　己丑年十二月廿三日,龙家何愿德于南山买买(卖)欠小褐,遂于永安寺僧长千面上,贷出褐叁段,白褐壹段。比至南山到来之日,还褐六段。若东西不平善者,一仰口承弟定德、丑子面上取本褐。若不还者,看乡原生利。恐人无信,故立此契,用为后凭。

口承人弟定德(押)

口承丑子(押)

取褐人何愿德(押)①

　　这里的何愿德是个不姓龙的龙家,从他以作买卖为生来看,其祖先的出身很可能是中亚昭武九姓中的何国(Kuṣāṇika/Kusānik)粟特人②。我们从吐鲁番出土文书得知,有些粟特人早就在焉耆定居下来③。在回鹘西来之际,也应有一些焉耆的粟特人,作为龙家来到河西一带。契约中提到的永安寺在沙州,龙家何愿德三兄弟应是籍隶敦煌县的归义军百姓了。

　　现存史料表明,归义军境内的龙家更多地生活在瓜州,这或许是因为金山国败于回鹘以后,肃州也不归归义军所有,当地的龙家也随之退到了瓜州。苏联列宁格勒藏敦煌文书 Дx.1364 号是瓜州卢流奴向一个叫佛德的龙家人借缣的残契④,说明这里的某些龙家人有一定的经济地位。然而,瓜州地区大多数龙家百姓,主要是牧放归义军官马驼群的人,也是守卫归义军东部边疆的主要一支力量。当东部的甘州回鹘侵扰归义军辖境时,龙家首当其冲。P. 4011《儿郎伟》用文学语言记载了同光年间归义军节度使曹议金率军进攻甘州的事迹:

---

① 录文参看堀敏一《唐宋间消费贷借文书私见》,《铃木俊先生古稀记念东洋史论丛》,山川出版社,1975 年,375—376 页。名称、年代据池田温《中国古代籍帐研究》,50 页。

② 关于何国,参看季羡林等《大唐西域记校注》,中华书局,1985 年,92—93 页。

③《吐鲁番文书》第 7 册,93 页,《唐垂拱元年(685)康义罗施等请过所案卷》(四)第 4 行记"保人乌(焉)耆人曹不那遮。"

④ 原件未发表,笔者曾从池田温教授处转录全文书,得以了解全貌,谨向池田教授表示感谢。可参看 L. N. Men'sikov et al. (ed.), *Opisanie kitajskich rukopisej Dun'chuanskogo fonda Instituta Narodov Azii*, I, Moscow, 1963, p. 670, No.1651。

儿郎伟

驱傩之法,送故迎新。且要扫除旧事,建立芳春。便获青阳之节,八方启(稽)颡来臻。自从太保□□,千门喜贺殷勤。甘州数年作贼,直拟欺负侵凌。去载阿郎发愤,点集兵钾(甲)军人。亲领精兵十万,围绕张掖狼烟。未及张弓拔剑,他自放火烧然(燃)。一齐披发归伏,献纳金钱城川。遂便安邦定国,永世款伏于前。不经一岁未尽,他至逆礼无边。准拟再觅寸境,便共龙家相煎。又动太保心竟(境),跛(叵)耐欺负仁贤。缉练精兵十万,如同铁石心肝。党(倘)便充山进路,活捉猃狁狼烟。未至酒泉山口,他自魂胆不残。便献飞龙白马,兼及绫锦数般。王子再□□教,散发纳境相传。因兹太保息怒,善神护我川原。河西一道清泰,天二尉曲西边。六蕃总来归伏,一似舜日尧年。大都渴仰三宝,恶贼不打归降。万姓齐唱快活,家家富乐安眠。比至三月初首,天使只降宣传。便拜三台使相,世代共贼无缘。万姓感贺太守,直得千年万年。

文中的"太保"指曹议金,其率军第二次出兵的原因,是回鹘再度进攻归义军边境地区而与龙家交战。因为这些为归义军守边的龙家,早已是"皆禀皇化"(S.367)的部落,所以,沙州节度使再次出兵甘州,讨伐回鹘,使之投降。

另一件反映五代时龙家处境的文书是 P.2482 背《某年八月二日常乐副使田员宗启》,其中记载了一次贼寇(回鹘或南山?)入侵瓜州常乐镇一带的事件,现将全文迻录如下:

员宗启:右今月一日巳时,于山南贼下,龙家史讷罗见贼,告来称说:"贼寇极多。"当便城下告报,收什(拾)官马群及畜牧、人口入城。后齐遂兵马至到山南下碛,便见贼踪一十八骑,脚下煞小牛三头。又向西,陈(尘)土极多。马军及步人应接田头人口及畜牧,行得二里地,当道煞却龙家一人,兼马将去。直到西头,见收田百姓及小男兼畜牧,并总收得。闻他口便,其贼多小(少),甚处去者。言道:"有南山六人,弟手伤斗,针草不得,便向东去,到于东宴,共把道人相逢,放箭斗下,城家张再诚致死，龙家一人捉将，及马二匹将去，兼草上捉驴一头、牛四头、龙家小厮儿二人，当便过沟去，把瓜州大道取向东去。"从后奔趁，至横堆东，大柽弥（？）地哭处，亦见牛踪才过。其兵马多分取悬泉奔逐，多小分并乘官马，却取向西去，至到曲泉，南寻得遮牛贼踪，当便奔逐。至到硐山谷口，日没，谷内行得多分，算他行程亲近，从后更有贼人声出。当便下马，听探贼人。其贼知觉，把山走去。其兵马却趁遮牛贼去。至二更已来，到乎虽碛半，趁他不趁，当脚留住。至弟二日，眼见相逢。悬泉兵马寻贼踪，政南发去，其贼向东，到于悬泉城下，捉将赵都知小男二人、女子一人。其把道龙家，将到硐山谷，放却。至弟二日斋时到来，其龙家口说："述丹宰相阿悉兰禄都督二人称说：'发遣龙家二人为使，因甚不发遣使来。此沙州打将羊数，多分足得，则欠南山驼马，其官马群在甚处，南山寻来。'"龙家言说，马七月上旬遮取沙州去。已前词理，并付龙家口言，具奏闻，不敢不申，裁下处分。

八月二日常乐副使田员宗启①

据这件文书，龙家是归义军的东防大镇——常乐镇守边的主要力量之一，也即"把道人"，所以见到贼寇袭来，得迅速报告给当地的镇遏使，让官私牧马群、畜群及百姓避入城中，否则就有被贼掠走或杀害的可能。那些在外牧放畜群的龙家百姓，往往来不及躲避兵锋，身受其害，文书中记载了这支"贼寇"一路上就杀死龙家一人，掠走龙家及龙家小厮儿共四人，其中一人在硐山谷处被释放，据他的说法，这次入侵似是因为归义军没有派遣两位龙家前往"贼寇"那里。虽然文书本身还有一些不明之处，但可知常乐住有相当数量的龙家人，在那里牧放牛马，守卫边疆。这件文书的正面，写有六篇《墓志铭》或《邈真赞》，其中有"清泰四年"（937）、"天福八年"（943）、"开运二年"（945）等纪年，最后一条就倒写在背面《田员宗启》末行的左右，这些铭赞应

---

① 此据原卷录文，参看伯希和、羽田亨编《敦煌遗书》活字本第一集，京都，1926年，27—28页。

是利用废弃文书的背面写成①,所以《田员宗启》的年代应在 937 年以前,但确切年代仍不可考。

瓜、沙二州的龙家,还散见于 P. 2641《丁未年六月归义军都头知宴设使宋国清牒》(共四件)中,现将有关龙家的条目摘举如下(括号中字母指件数、数字指行数):

(B.5—6)十一日夜间,看纳马来龙家,细供十二分,二胡并。十二日,设瓜州夹龙家并雍归家,中次料三十分,下次料十一分。

(B.11—12)十三日,北宅龙家女人男身故,胡并三十枚。

(B.16—17)付胡儿龙家身故,胡并三十枚,𫗦𫗦十枚。

(B.17—18)瓜州来龙家一人,逐日午时下次料,早夜面一升半,供十一日食断。

(C.5)十八日,支常乐龙家油五升。

(D.1—6)去五月二十八日供瓜州来龙家二人逐日午时中次料;又二人下次料,早夜六升,至六月二十二日午时吃了断。十三日,又供后纳马来龙家四人逐日午时各下次料,早夜面六升,至二十二日午时吃了断。又龙家一人逐日午时下次料,早夜面一升半,供十六日食断。

(D.7)廿二日,支龙家灯油二升。

藤枝晃氏曾抄录过这件文书的一部分,并推测成文的丁未年是后汉天福十二年(947)的丁未②。这一看法能够成立,因为每件文书末尾的"简式鸟形画押",据艾丽白的考证,应出于曹元忠(944—947 年在位)之手③。上列帐目同样说明了龙家聚居在瓜州常乐一带的情况。这些牧放官府马群的龙家前来使府纳马时,受到归义军官府衙门之一宴设司的款待。此外,当"北宅龙

---

① 六篇铭赞的录文见《敦煌遗书》活字本第一册,17—25 页。全卷状况,参看 Catalogue des manuscrits Chinois de Touen-houang, I, Paris, 1970, pp.303–306。

② 藤枝晃《沙州归义军节度使始末》(四),82 页注 218。

③ D. Eliasberg, "Les Signatures en forme d'oiseau dans les manuscrits chinois de Touen-houang", Contributions aux études sur Touen-houang, Genève-Paris, 1979, pp.30–33, 39.

家女人男"和"胡儿龙家"去世时,官府要出资相助,表明他们是归义军节度使的使衙内人物。其中尤其引人注意的是这里的"龙家女人",很可能是嫁与沙州汉人的龙家妇女。这种通婚现象还可以从 P. 3257《开运二年(945)十二月河西归义军左马步都押衙王文通勘寻寡妇阿龙还田陈状牒》中得到佐证。文书的主人公阿龙,很可能就是出身龙家而嫁给沙州汉族索氏的①。这透露出进入归义军辖境的龙家,正在逐渐打破部落内婚制,与当地百姓结合,从聚居的部落民向乡里百姓转化。这也是归义军政府"训以华风",使之"轨俗一变"(《张淮深碑》)的必然结果。上面提到 9、10 世纪的敦煌,有相当一批龙姓人,他们未必是龙家,而是早就来此的焉耆人。但同时也不能排除,这些龙姓人中也有一些是 10 世纪的龙家汉化的结果,P. 3649 中的赤心乡百姓龙员定,就更可能属于这种情况。正如甘州境内的龙家渐渐同化于回鹘一样,沙州的龙家也渐渐地同化于当地以汉族为主的百姓中了。

至此为止,我们对龙家的渊源、龙家的产生和龙家在河西地区的兴衰过程,有了一个初步的认识。敦煌文献记载的龙家历史,虽然零散而不完备,但比我们从传世文献中所得到的知识要丰富的多了。

四、有关龙家的两个问题

在考察了上述确切属于龙家的汉藏文材料以后,还应对与龙家有关的两种说法略作说明,才能使这项考证变得更完整些。

第一是于阗语文书中出现的 dūṃ 的问题。dūṃ 这个字出现在 Ch. 00269,P. 2741,P. 2790 等文书中,贝利教授最初接触此字时,认为可能是指焉耆龙姓或龙家②。1964 年,他在刊布 P. 2790 时,又根据石泰安从藏文文献

---

① 池田温《开运二年十二月河西节度都押衙王文通牒》,《铃木俊先生古稀记念东洋史论丛》,1—18 页。

② H. W. Bailey, "Turks in Khotanese Texts", *Journal of the Royal Asiatic Society*, 1939, p. 89; idem, "Recent work in 'Tokharian'", *Transactions of the Philological Society 1947*, 1948, p. 152.

中勾勒出的 ldong 部(汉名"董")的有关记载,认为于阗文的 dūṃ 更可能是属于 Mi-nyag/弭药的董族,因为弭药最早也曾在甘州地区存在,而且,于阗文的 d 与 l 的对应没有证据,但却可以认为对应于其他语言的 *d[①]。后来,他有时把 dūṃ 只解释为藏文的 ldong[②],有时又只解释为汉文的龙家[③]。在最近的总结性著作《于阗语文书集》第 7 集中,他认为两种可能都有,并折中其辞,说在北面焉耆以东的哈密一带,dūṃ 指龙家;在南面甘、沙二州,dūṃ 则是指藏文文献中的 ldong[④]。除贝利之外,哈密屯教授倾向于把 dūṃ 比定为龙家的说法[⑤]。熊本裕博士在谈到此字时,只把贝利的两种说法罗列下来而未置可否[⑥]。对此,我们提出一些初步的看法。

首先,藏文中的 ldong 部在敦煌文献中与 Sum-pa(孙波)族连称,表明其活动地主要在青海南部[⑦]。汉文史料中西羌的董姓能否与此部联系在一起还难成定论,而且这支西羌人也不在甘州一带[⑧]。把 dūṃ 比定为 ldong 似难成立。

其次,要把 dūṃ 比定为"龙"(古汉语音:8 世纪为 liwong,10 世纪为 lung)[⑨],首先要解决语音上的障碍。确如贝利所说,于阗文的 d 很少见到用来译写汉文的 l,而经常是用来表示汉文的 n[⑩],如 Ch. 00120 用于阗婆罗谜字

---

① H. W. Bailey, "Śrī Viśa' Śūra and the Ta-Uang", *Asia Major*, new series, XI.1, 1964, pp. 7–8.

② H. W. Bailey, *Saka Documents Texts Volume*, London, 1968, p. 104, 113.

③ H. W. Bailey, "North Iranian Problems", *Bulletin of the School of Oriental and African Studies*, XLII.2, 1979, p. 210.

④ H. W. Bailey, *Khotanese Texts*, VII, Cambridge, 1985, p. 17.

⑤ Hamilton, *Les ouighours à l'époque des Cinq Dynasties*, pp. 92–93, n. 4.

⑥ 熊本裕《Hagauṣṭa. Sūīi》,《四天王寺国际佛教大学文学部纪要》第 17 号,1985 年,15 页,注 16。

⑦ R. A. Stein, *Les tribus anciennes des Marches Sino-Tibétaines*, Paris, 1961, pp. 41–44;Cf. Z. Yamaguchi, "Su-p'i and Sum-po: A Historio-geographical Study on the Relation between rTsang yul and Yan lag gsum pa'i ru", *Acta Asiatica*, 19, 1970, pp. 97–133.

⑧ 参看《旧唐书》卷一九七《东女国传》,5277 页;Stein, *Les tribus anciennes des Marches Sino-Tibétaines*, pp. 44–45.

⑨ Hamilton, *Les ouighours à l'époque des Cinq Dynasties*, p.168.

⑩ R. E. Emmerick, "The Consonant Phonemes of Khotanese", *Acta Iranica*, 21, Leiden 1979, p. 203.

母拼写的汉文《金刚经》第 39 行,就用 dū 来转写汉文的"耨"①。这样看来,于阗文的 dūṃ 似难和汉文的"龙"直接挂上钩。但是,9 世纪的汉语西北方音中,l 和 n 是没有区别的,如藏文拼写的汉文《阿弥陀经》中,"耨"字既写作 nog,又写作 log②。因此,于阗文的 dūṃ 仍然可以说来源于汉文的"龙"(lung)。这也反证了 dūṃ 不能与藏文 ldong 联系起来,因为 d 并不表示外文的 d。

第三,我们之所以倾向于把 dūṃ 比定为龙家,除了对音相合外,还有一条比较有说服力的材料,即 P. 2898 第 9 行的 kīthä sāḍämī dūṃ ya③,此句的完整意思是:"在唆里迷城,有 dūṃ"④,但草写这份使臣报告的人却把 sāḍämī(唆里迷)一词划掉,换上了句中的 dūṃ 字⑤。唆里迷已被考定为焉耆的不同名称,那么用 dūṃ 这种部族名称来代替唆里迷,说明 dūṃ 是唆里迷人,也就是焉耆人了,考虑到这件文书应产生于 10 世纪前后,因此,把这里的 dūṃ 解释为焉耆出身的龙家是完全可以成立的。贝利因为不知道唆里迷即焉耆,因而也就没有特别注意这件史料的重要性。

最后,焉耆王的龙姓与龙家有着渊源关系,前者的"龙"字应有吐火罗语 A 方言的对音词,找到这一对应词,对于比定于阗文的 dūṃ 不无参考价值,因为两者都属印欧语言。贝利曾根据汉文中"焉耆"一名的种种写法,构拟了一个当地的土名*okñi,认为它具有龙的意思,并且和焉耆发现的梵文写本上焉耆王名中的 ārjuna 一词联系在一起⑥。王静如先生认为焉耆一名可以比定为来自*ārgi 的 ārśi,而 ārgi 与梵文的 ārjuna 有语源学的联系,故 ārgi 有

---

① F. W. Thomas, "A Buddhist Chinese Text in Brāhmī Script", *Zeitschrift der Deutschen Morgenlandischen Gesellscheft*, 91, 1937, pp. 20, 34.

② F. W. Thomas and G. L. M. Clauson, "A Second Chinese Buddhist Text in Tibetan Characters", *Journal of the Royal Asiatic Society* 1927, p. 299.

③ H. W. Bailey, *Khotanese Texts*, II, Cambridge,1969, p. 117.

④ H. W. Bailey, "Śrī Viśa'Śūra and the Ta-Uang", p. 8.

⑤ R. E. Emmerick, *Saka Documents*, V, London, 1971, pl. CXX.参前引贝利文, 21 页。

⑥ H. W. Bailey, "Ttaugara", *Bulletin of the School of Oriental Studies*, VIII.4, 1936, pp. 898–900.

"龙"的意思①。黄盛璋先生认为焉耆的龙姓和龙家的"龙"都来源于ārjuna②。对于上述几种说法,我不敢苟同,因为焉耆一名的原语,现在可以通过于阗、粟特文的形式,复原为argi;吐火罗语 A 方言的 ārśi 和 B 方言的 ārśe 到底是指当地的土名,还是梵文的 ārya-"圣"字,目前还没有满意的答案③;至于焉耆王名 Indrārjuna 和 Candrārjuna,见于焉耆硕尔楚克发现的一件梵文和吐火罗文 A 合写的文书的梵文部分④,其中的 ārjuna 在梵文中有"一种蛇"的意思,但列维早已指出,ārjuna 作为名而不是姓,和唐代焉耆王栗婆准、先那准名中的"准"对音正符⑤。这样,ārjuna 应是焉耆王名字的一个成分,其常见的意思是"猛",其相对的汉音是"准",而不是"龙"。按照于阗国的情况,国名于阗(Hvatana)与王姓尉迟(Viśa')之间区分的十分清楚,尉迟姓与"曜"或 Vāhaṃ 等名字也不能混同⑥。所以,焉耆的龙姓不应在国名或王名中去找,它恐怕是我们目前还未发现的一个独立的因素。总之,前人拟定的焉耆龙姓的原语尚未确立,因此也就不能用来解释龙家。由于吐火罗语 A 方言文献大多是佛典,所以,"龙"字的原语还有待进一步考索。

以上我们简单地探讨了于阗文 duṃ 比定为龙家的可能性,这只是一种初步的考订,还有待于利用于阗语文书记载的有关 duṃ 的活动,做历史学的论证。但目前学界对敦煌出土于阗语文献的年代问题争论较大,而且焦点就集中在记有 duṃ 的 Ch. 00269 和 P. 2741 等文书上⑦。因此,在这些文书的年代问题还没有最后解决之前,我们只提出 duṃ 等于龙家的可能性,而把有

---

① Wang Ching-ju, "Arsi and yen-ch'i, Tokhari and Yüeh-shih", *Monumenta Serica*, Ⅸ, 1944, pp. 84–85.

② 黄盛璋《试论所谓"吐火罗语"及其有关的历史地理和民族问题》,264—265 页。

③ Bailey, *Khotanese Texts*, Ⅶ, pp. 4–5.

④ H. Lüders, "Weitere Beiträge zur Geschichte und Geographie von Ostturkestan", *Philologica lndica*, Gottingen 1940, p. 619.

⑤ S. Lévi, "Le Tokharien", *Journal Asiatique*, 222, 1933;此据冯承钧译《吐火罗语考》,中华书局,1957年,57—59 页。

⑥ 参看拙稿《九、十世纪于阗族属考辨》,《新疆社会科学》1987 年第 4 期,77—78 页列举的于阗王名。

⑦ 参看张广达、荣新江《关于敦煌出土于阗文献的年代及其相关问题》,《纪念陈寅恪先生诞辰百年学术论文集》,北京大学出版社,1989 年,284—306 页。

关 dum 的历史学考察留到以后去做。

第二个有关问题,是敦煌文献中的"肃州家"是否等于龙家的问题。有的学者将二者等同起来①,我们则采取否定的态度。在上举 P. 2641《宋国清牒》B 件第 19 行,紧接着"瓜州来龙家"条记帐之后,就记有"支走来肃州家,面三斗,又面一斗。"两者并列出现,显然无法比定为一。冈崎精郎氏曾认为肃州家可能是指当地居于主导地位的土著汉人豪族势力②。但肃州地区的民族成分十分复杂,肃州家很可能是指肃州地区的各部族③。肃州家的概念与龙家不尽相同,应是以地区来区分一种民众的说法。在此不可能就肃州家做全面的讨论,从我们所见有关肃州家的一些材料来看,他们不应被看作龙家。

结　语

本文得出的初步结论是:

(一)龙家是由来自焉耆的人组成的部落,与晋唐以来焉耆的龙姓王朝有着渊源关系,但它不同于定居的焉耆龙姓人及其在吐鲁番、敦煌等地的移民,而是生活在部落中的民众。

(二)龙家以部落形式最早出现在 9 世纪下半叶,其从焉耆流落出来的原因,可能是回鹘西迁,庞特勤率二十万众占据焉耆的结果。此后的焉耆作为西州回鹘的属地,主要被称作唆里迷,其统治阶层也由旧焉耆的龙姓转为回鹘人了。10 世纪以后的唆里迷国(兀鲁思),应当是由西州回鹘的分封地发展起来的地方政权,但仍听命于西州首府。

(三)龙家在 9 世纪后半叶主要分布在伊州、甘州、肃州等地,各有首领。甘州地区的龙家曾一度成为该城的主体民族。但在西迁回鹘的压力下,一

① 汤开建、马明达《对五代宋初河西若干民族问题的探讨》,75 页。
② 冈崎精郎《タンクート古代史研究》,东洋史研究会,1972 年,267、286 页注 29。
③ 荣新江《归义军及其与周边民族的关系初探》,32 页。

部分龙家在 884 年末进入归义军的辖境肃州。10 世纪以后,龙家主要生活在瓜州常乐一带,是归义军牧马和守边的重要力量。同时,在归义军和甘州回鹘境内的龙家,与当地百姓通婚姻,逐渐地同化于当地的汉族、回鹘族或其他民族当中。

(四)从音韵学和文献学的证据来看,于阗语文书中的 dūṃ 很可能指的就是龙家。由于于阗语文书的年代问题尚未解决,所以有关 dūṃ 的历史学考察暂付阙如。至于汉文文书中的肃州家,我认为难以和龙家勘同。

(原载《中亚学刊》第 4 辑,北京大学出版社,

1995 年,144—160 页。)

通颊考

通颊部落是吐蕃王国在东北边境设置的一级军政组织。从公元 7 世纪上半叶王国兴起，到 9 世纪中叶分崩离析的三百年中，处在对唐王朝作战前线的通颊部落，在吐蕃王国的政治生活中扮演着十分重要的角色。甚至在吐蕃王国崩溃以后，通颊部落的民众仍然是河西地区归义军等政权中举足轻重的力量。遗憾的是，学者们对藏文文献中的 mthong/thong-khyab/kyab 一词，一直是众说纷纭，对敦煌汉文文书中的"通颊"二字，则长期以来没有给予应有的重视，因而也就没有对这一问题做过系统全面的研究，就连词义本身也没有得到统一的认识。本文拟在前人研究的基础上，利用藏文史籍，特别是敦煌出土的藏、汉文文书材料，对通颊部落的来龙去脉做一番系统全面的考察，并希望说明通颊部落在吐蕃王国军政体制中的地位，以及它在晚唐五代沙州归义军政权中的状况。

一、mthong khyab 或"通颊"词义考释述评

在现代藏文中，mthong 意为"看，看见"，khyab 意为"全面，普遍"，但两

者组合而成的 mthong khyab 一词已不复存在。对于这个古藏文词汇的含义,托玛斯(F. W. Thomas)将其译作 watch-tower(瞭望塔)①,巴考(J. Bacot)和图森(Ch. Toussaint)②以及佐藤长③都曾遵从这种看法。但这种解释的依据显然只是现代藏文的词意,因而很难将有关文字疏通。屠奇(G. Tucci)译作 information spies(情报,间谍)④,也似有未谛。

首先对此词做出比较正确解释的是拉露(M. Lalou)女士,她在 1955 年注解出现在 P.t.1089 号文书中的 mThong khyab 时,认为是一个地区名或一种人的名称⑤。其后,拉露的弟子山口瑞凤又进一步丰富了人们关于 mThong khyab 一词的认识。早在 1968 年,山口教授就在土肥义和的帮助下,把藏文文书中的 mThong khyab 比定为汉文文书中的"通颊",并指出它是作为一个部落(sde)出现在藏文文书中的。山口根据清末民初的一些汉文材料,进而认为 mThong/Thong 和 khyab 作为两个独立的部族,可以在青海玉树一带清朝时期的番族中找到它们的线索,并由此推测它们的来源或许可以追溯到《隋书·附国传》的"当迷"(《新唐书》作"多弥")和"渠步",二者分别相当于 Thong myi 和 khyab。因此,他把 mThong khyab(通颊)看作是由两个不同的部族组成的"复合部落"⑥。佐藤长在 1978 年出版的《西藏

---

① F. W. Thomas, "Tibetan Documents concerning Chinese Turkestan: Ⅲ. The Nob Region", *Journal of the Royal Asiatic Society*, 1928, pp. 555−595; F. W. Thomas, *Tibetan Literary Texts and Documents concerning Chinese Turkestan*, Ⅱ, London, 1951, p. 123.

② J. Bacot, F. W. Thomas, Ch. Toussaint, *Documents de Touen-houang relatifs à l'histoire du Tibet*, Paris, 1940−1946, p. 154, n.5.

③ 佐藤长《古代チベット史研究》,同朋舍,1963 年,263 页。

④ G. Tucci, *Preliminary Report on Two Scientific Expeditions in Nepal*(*Serie Orientale Roma Ⅹ*), Roma, 1956, p. 76, n. 1.

⑤ M. Lalou, "Revendications des fonctionnaires du Grand Tibet au Ⅷe siècle", *Manuscrits de Haute Asie conservés à la Bibliothèque Nationale de Paris*(*Fonds Pelliot*), Ⅲ, Paris, 1956, p. 202 with fascimiles.(此文原载 *Journal Asiatique*, CCXLIII−2, 1955, pp. 171−212.)

⑥ Z. Yamaguchi, "Su-p'i and Sun-po: A Historico-geographical Study on the Relation between rTsang yul and Yan lag gsum pa'i ru", *Acta Asiatica*, 19, 1970, pp. 115−122.(此文日文原本,见山口瑞凰《苏毗の领界——-Tsang yul と Yan lag gsum pa'i ru》,《东洋学报》第 50 卷第 4 号,1968 年,1—69 页。)

历史地理研究》中认为,藏文史籍《智者喜宴》中的 mThong khyab srid 正好和民国初年周希武著《玉树县志稿》所记布庆族的驻扎地"登喀色"庄读音相符①。由此看来,山口是从部族的角度,佐藤则从地名出发,二者都是用晚近的史料,力图把 mThong khyab 的地理位置放在青海玉树一带。这一大方向无疑是对的,但把 mThong khyab 这一固定的词拆开解释,或者和 srid 联成不可拆开的词组,似乎都有些牵强。对于前者,山口本人后来好象也不再坚持了,而只是把 mThong khyab 固定地比定为通颊,作为一个部落和部族的名称来看待②。我国藏学研究者对 mThong khyab 一词的研究开始较晚,就笔者所知,王尧、陈践先生在 1980 年出版的《敦煌本吐蕃历史文书》中,将此词译作"节度使"或"边隅"③。1981 年,黄颢先生在翻译《智者喜宴》的注释中,认为 mThong khyab(音译为"同乔")"是吐蕃对其占领下的河西陇右所设行政单位的称谓"④。近年,王尧、陈践修改了过去的观点,采用山口瑞凤的通颊译法,并说:"mThong khyab 是吐蕃军事行政区划中的一级机构,据《智者喜宴》Ja 卷 19 页所载,'通颊'设于边境,东道节度所辖设十通颊,东西两侧各五。"⑤对于后者的看法,因为我们未能在《智者喜宴》Ja 章第 19 叶找到所谓"东道节度"、"十通颊"、"东西两侧"等文字说明⑥,所以很难接受其看法。

① 佐藤长《チベット历史地理研究》,岩波书店,1978 年,382 页。
② 山口瑞凤《沙州汉人による吐蕃二军团の成立とmkhar tsan 军団の位置》,《东京大学文学部文化交流研究施设研究纪要》第 4 号,1981 年,44 页,注 131;山口瑞凤《汉人及び通颊人による沙州吐蕃军团编成の时期》,《东京大学文学部文化交流研究施设研究纪要》第 5 号,1982 年,5—11 页;山口瑞凤《吐蕃王国成立史研究》,岩波书店,1983 年,491—492 页,注 33;619 页,注 7;891 页,注 50;897 页,注 110。
③ 王尧、陈践《敦煌本吐蕃历史文书》,民族出版社,1980 年,144、208 页。
④ 黄颢《〈贤者喜宴〉摘译》(二),《西藏民族学院学报》1981 年第 1 期,23 页,注 32。
⑤ 王尧、陈践《敦煌吐蕃文献选》,四川民族出版社,1983 年,61 页,注 2;王尧《新疆藏文简牍考述及释例》,《文物》1984 年第 9 期,60 页;王尧、陈践《敦煌藏文写卷 P. T. 1083、1085 号研究——吐蕃占有敦煌时期的民族关系探索》,《历史研究》1984 年第 5 期,176—177 页;王尧、陈践《吐蕃简牍综录》,文物出版社,1986 年,25—26 页,注 3。
⑥ dPa'bo gTsug lag Phreng ba, Chos'byung mkhas pa'i dga'ston, Vol. Ja, IHo brag Gnas, 1545, 155 fols. (= Mkhas pa'i dga'ston of dPa'bo gTsug lag. Part 4, ed. by M. A. L. Chandra and D. Litt, New Delhi, 1962),叶 19;民族出版社,1986 年新刊本,188 页。

以上对前人有关 mThoug khyab 或通颊词义的种种看法做了简要的介绍和评说,归纳起来,有两点是可以肯定的:第一,mThong khyab 是专有名词;第二,mThong khyab 的汉文对应词是"通颊"。至于通颊到底是部族名还是机构名称,在学者间还没有统一的认识。因此,有必要对有关通颊的史料作系统的考察,以确定它的真正含义。

二、通颊的出现和通颊部落的创立

吐蕃王朝在 7 世纪初兴起于雅隆河谷,很快就统一了青藏高原上的各部族,并迅速向外扩张,到 7 世纪中叶,已经是能够和唐、突厥等相抗衡的一股强大势力。吐蕃势力的遽兴是和吐蕃王国的创立者松赞干布(Srong btsan sgam po,名赤松赞 Khri srong rtsan,约 581—649 年)及其后继者的雄才大略和禄东赞(mGar sTong rtsan yul zung,? —667 年)等宰臣的足智多谋分不开的。吐蕃君臣在扩张政治势力的同时,也陆续整备了吐蕃王国的各项制度。关于吐蕃王朝的军政体制,成书于 1545—1564 年间的巴俄·祖拉陈瓦(dpábo gTsug lag phreng ba)著《智者喜宴》(*Chos byung mkhas pa'i dpa' ston*)Ja 章《吐蕃王统》(*Bod kyi rgyal rabs*)根据早期档案材料,做了系统详细的记述。但是,在引用《智者喜宴》Ja 章的材料做历史学考察时,首先应当注意史料的年代问题。由于后代的藏族传说把松赞干布王逐渐神化,也由于王朝内部的政治斗争使后代的史家回避一些大臣的功绩,所以在《智者喜宴》等一大批晚期的教法史、史册、遗训类的藏文文献中,都把吐蕃王朝的各种制度以及文字的发明、佛教的导入归功于松赞干布。事实上,其中许多制度是芒伦芒赞(Mang slon mang rtsan,650—676 年在位)乃至赤松德赞(Khri srong lde btsan,唐人译作乞黎苏笼猎赞,755—796 年在位)时期创立的,有些事情也是后来发生的[1]。明白了这一点,将大大有助于我们理解《智者喜宴》

---

[1] 参看 G. Uray, "The Narrative of Legislation and Organization of the mKhas-pa'i dSa'-ston, the Origins of the Traditions concerning Srong-brtsan sGam-po as first Legislator and organizer of Tibet",(转下页注)

有关通颊的记载。

《智者喜宴》Ja 章记载,松赞干布制定了六大法典,并根据第一部法典《以一万当十万之法》,任命了五位执政官,规定了他们各自的治所。其原文如下:

> rgyal pos blon po rnams so sor bkas bsgos te Bod kyi khos dpon mGar sTong bt-san Yul bzung/Zhang zhung gi khos dpon Khyung po Pun Zung tse/Sum pa'i khos dpon Hor Bya zhu Ring po/Chibs kyi khod dpon dBas bTsan bzang dPal legs/mThong khyab kyi khod dpon Cog ro rGyal mtshang-yang gong rnams bskos/sKyi shod Sho mara/Khyung lung rNgul mkhar/Nam ra zha don gram pa tshal/Ribog-Ya' dmar rnams su bcad skad①

国王对诸大臣分别下令,任命噶尔·东赞域松为吐蕃执政官,任命琼布·本松孜为象雄执政官,任命霍尔·甲秀仁布为孙波执政官,任命韦·赞桑贝累为乞布(?)执政官,任命属卢·坚赞央贡为通颊执政官;并将吉雪肃玛热、琼珑乌城、囊热霞顿、章巴蔡、窝雅玛等地定为各自治所。②

乌瑞(G. Uray)教授已经考订清楚这条史料所记前两位执政官的情况。噶尔·东赞域松就是汉文史籍中的禄东赞,他曾在 641 年以大相身份来唐朝为

(接上页注)*Acta Orientalia Hungarica*, XXVI, 1972, pp. 11-68;王青山译,《〈贤者喜宴〉分析研究》,《藏族研究译文集》第 1 集,中央民族学院,1983 年,106—125 页;山口瑞凤《吐蕃王国成立史研究》有关章节。

① *Chos'byung mkhas pa'i dga'ston*,叶 18b—19a;新刊本,185 页。其中 dBaS;新刊本作 dBang。

② 参看 Tucci, *Preliminary Report on Two Scientific Expeditions in Nepal*, p. 76, n. 1;Uray, "The Narrative of Legislation and Organization of the mKhas-pa'i dSa'-ston", p. 33;王青山译,112 页;森安孝夫《チベット语史料中に现われる北方民族》,《アジア·アフリカ言语文化研究》No. 14,1977 年,36 页;王尧、陈践《敦煌本吐蕃历史文书》,208 页;黄颢《〈贤者喜宴〉摘译》,6—7 页。其中,khos dpon 一词,屠奇译作 Superintendent(机构);山口瑞凤已指出其误,并释为"创设制度之官"(山口瑞凤《吐蕃王国成立史研究》,491 页,注 33;467 页);王、陈译作"料集官"。今从乌瑞说,译为执政官。Chibs 一词,屠奇译作 cavalry(骑兵),王、陈同;乌瑞译作 His Majesty's horses(i. e. the royal stud/or postal service)(御骑或驿马);山口译作"卤簿"(山口瑞凤《吐蕃王国成立史研究》,468 页)。今据上下文意,从王译作音译,并存疑。

赞普求婚,据敦煌本《吐蕃王朝编年史》,他死于 667 年。琼布·本松孜实为琼布·邦色苏孜(Khyung Po sPung sad Zu tse)一名的讹误形式。据敦煌本《吐蕃王朝大事记》,他是噶尔·东赞域松之前的吐蕃大相,而且正好就是北象雄的征服者,他因年老而被解职,后以反叛阴谋被发觉,遂自杀。乌瑞还考证出这两位执政官驻地的具体位置,但对包括通颊在内的其他三位执政官的情况,却没有能够考释出来。至于年代,乌瑞根据以上两位大相的活动时期,认为此表真实地记述了 7 世纪 30 至 40 年代行政组织的情况①。

我们基本同意乌瑞的看法,并据以认为这里记载的通颊,或许就是有关通颊的第一条材料。应当注意的是,除了"乞布"一名词意不明外,与通颊一名相对应的吐蕃、象雄、孙波都是部族名称,因而使人们很容易认为,通颊首先是以一个部族的名字出现的。

另外,关于通颊的地理位置,尽管执政官的驻扎地窝雅玛迄今还未考订出来,但执政官出自有名的属卢氏族这一点却提供了一条重要的线索。山口瑞凤根据敦煌本《吐蕃大事记》中记有 'Dam gyi Cog ro bza'('Dam 的属卢氏女)的记载,认为属卢氏的住地在 'Dam,而 'Dam 就是清《卫藏通志》卷一五所记"达木一名玉树纳哈暑番"中的"达木"。因此,这位属卢氏出身的执政官应当来自今青海南部的达木(即玉树至纳哈暑一带)②。虽然山口又是用晚出的材料来论证 7 世纪的事情,但由于位于今青海东部的吐谷浑③的可汗就曾娶属卢氏女为妃④,所以他的看法仍可备一家之言。当然,我们不能把通颊执政官的出身地当作通颊的住地,然而,属卢氏的住地达木大致提示

① Uray, "The Narrative of Legislation and Organization of the mKhas-pa'i dSa'-ston", pp. 33–46;王青山译,112—115 页。

② Z. Yamaguchi, "Su-p'i and Sun-po",116 页,注 90;山口瑞凤《吐蕃王国成立史研究》,619 页,注 7;720 页,注 148。

③ 按吐谷浑又名退浑,吐蕃称之为 'A zha;应即《晋书·吐谷浑传》之"阿柴"。参看 P. Pelliot, "Notes à propos d'un catalogue du Kaniur", *Journal Asiatique*, IV, 1914, pp. 111–150, p. 144, n. 1; idem, "Note sur les T'ou-yu-houen et les Sou-p'i", *T'oung Pao*, 1921, pp. 324–325。

④ 斯坦因所获敦煌藏文文书 Vo1, 69, fo1. 84《吐谷浑可汗编年史》行 48,见 F. W. Thomas, *Tibetan Literary Texts and Documents*, III, London, 1955, p. 10。

了通颊的方位,使我们也倾向于把通颊的地理位置放在今青海东南部一带,这一点可以为下面征引的另一条《智者喜宴》的材料所证明。

总之,我们从这份执政官表中可以得知,可能早在松赞干布时期,通颊就作为一个部族,与吐蕃、象雄、孙波等共同构成吐蕃王国的几大势力,并且由出身于著名的属卢氏的大臣任其执政官,其地理位置应当在孙波东北、今青海东南部一带。

《智者喜宴》Ja 章关于吐蕃"基础六制"之一——三勇部(dpa' ba'i sde gsum)的记录,也涉及到通颊。这段文字有许多地方晦涩难通,但其主要内容是明白的,它告诉我们每一勇部的名称、地理位置、长官来历和征服对象。其中下勇部一段,还特别提到住在那里的两个部落。下面将上述几项内容列表翻译出来①:

名称	地理位置	长官来历	征服对象
(sTod kyi dpa' sde) 上勇部	Ri brang stag pa gong yan chad 日昌达巴贡以上 Mon dByal kha bzhi man chad 门柴卡希以下	'Bro Khyung mGar sNubs 没卢、琼(布)、噶尔、努、 gNgan sde lngas 凝五部	Dru gu 突厥
Bar gyi dpa' sde 中勇部	Ri pen ma lung yan chad 日贝玛隆以上 Cha skod Dang pa man chad 章谷丹巴以下	Nags shod 纳雪〔部落〕	Ilang 南诏

---

① *Chos'byung mkhas pa'i dga'ston*,叶 20b—21a;新刊本,189—190 页。按新刊本误 Dru gu 为 Gru gu,其他专有名词两本互有优劣,令择善而从。参看 Tucci, *Preliminary Report on Two Scientific Expeditions in Nepal*, p. 87;佐藤长《チベット历史地理研究》,379—381 页;黄颢《〈贤者喜宴〉摘译》,10 页;山口瑞凤《吐蕃王国成立史研究》,880—881 页。按藤枝晃《吐蕃支配期の敦煌》,《东方学报》(京都) 第 31 册,1961 年,227 页最早把 Phyug tshams stong sde 与敦煌汉文文书 S.3287 中的"擘三部落"比定为一,许多学者尊从其说,几成定论,然最近杨际平认为,所谓"擘三部落"是划分三个部落之意,非专有名词,见所著《吐蕃子年左二将户状与所谓"擘三部落"》,《敦煌学辑刊》1986 年第 2 期,19—23 页。其说不无道理,但考虑到"擘三"一名已约定俗成,故仍暂用此名译 Phyug tshams。又有关三勇部及其与后来的喏末部的关系,详见 R. A. Stein, *Les tribus anciennes des marches sino-tibétaines*, Paris, 1961, pp. 66-67,对此,我们将在别处详细讨论。

续表

名称	地理位置	长官来历	征服对象
sMad kyi dpa' sde 下勇部	rMa (chen) spom ra man chad 玛沁朋热以下 Ka thang klu tshes yan chad 嘎塘碌泽以上 na mThong khyab srid sde dgu 住有九通颊千户(？)部落 dang 'A zha stong sde drug gnas pa 与六吐谷浑千户部落	1Tong ltong gi bu 通通之子 Phyugs mtshams 擘三〔部落〕	rGya 唐

  这件晚于上述执政官表的史料进一步确定了通颊的性质。丰富了我们有关通颊的知识。首先,通颊的地理位置是在玛沁朋热直到嘎塘碌泽的地方。前者即今积石山脉玛沁一带,后者不可考。这表明通颊的地理位置是在积石山与黄河河源地区,这和上面根据属卢氏的地望推测的地点大体符合。其次,通颊在此明确地作为一个部落的名字出现,而且,九个通颊部落,和六个吐谷浑千户部落并称,说明通颊是作为一种部族而存在的。第三,更重要的是,此表证明位于吐蕃王国东北边境的通颊和吐谷浑部落,是吐蕃对唐作战的主力军,这说明了通颊部落的基本性质和作用。正是由于通颊在此是以一个军事部落的状态与吐谷浑千户部落并列出现,我们才敢于把其名后性质一直不明的 srid 看作是 stong 的讹误形式,并译作"千户"①。最后,包括九个通颊部落在内的下勇部的长官,是出自擘三部落。据《智者喜宴》Ja 章记载,吐蕃本部的军事组织是划分成翼(ru,音译作"如")和千户部落(stong sde,音译作"东岱"),总共有五翼六十一千户部落;每翼有自己的范围,各翼下辖的千户部落也各有自己的驻扎地②。擘三是中央翼(dBu ru"伍

---

① 山口瑞凤《吐蕃王国成立史研究》,619 页,注 7 曾提出这种假设,但未做任何说明。按藏文行书的下加字 ra 和带有上加字的基字 ta 很相似;后加字 ng 只要写长一点儿就成了 da;srid 的元音 i 在古藏文时期应反着写,若误与后一字 sde 的元音 e 相连,则成了元音 o。

② 《智者喜宴》,木刻本,叶 19a—21a;新刊本,186—188 页。参看 Tucci, *Preliminary Report on Two Scientific Expeditions in Nepal*, pp. 77-84;佐藤长《チベット历史地理研究》,349—379 页;黄颢《〈贤者喜宴〉摘译》,7—9 页;山口瑞凤《吐蕃王国成立史研究》,822—860 页;王尧、陈践《吐(转下页注)

如")所辖的千户部落之一,据考,其驻地在中央翼东北界,与孙波翼相近的隆伦东(嘉黎北)①。吐蕃王朝用擘三千户部落的人来作下勇部的长官并不是孤立的,敦煌藏文文书表明,这个部落正是吐蕃本部的千户部落开赴东北边境对唐作战的主力之一。P.t.16+Ch.9.i.37(I.O.751)号写本保存的《纪念吐蕃、唐、回鹘等国缔结和约愿文集》,写于821—822年唐蕃长庆会盟后敦煌附近的岱噶宝石园(Degag-Yu tshal),辑录了吐蕃在新占领的河陇地区各级官吏的发愿文,其中就有擘三千户部落使主从的愿文(Phyug tsams stong pon dpon g-yoggi smon lam tu gsol ba')②。由此可以推知,吐蕃是从在前线作战的擘三部落中,选拔河源地区的下勇部——通颊和吐谷浑千户部落的首领,这样便于这两个外族部落与吐蕃本部擘三等部落的统一指挥,协调行动。

除了上述事实外,这条明确标有"通颊千户部落"的材料,也为我们探讨该部落的创建年代提供了线索。按照《智者喜宴》的说法,作为吐蕃基础六制之一的三勇部,当然也是在松赞干布时期编成的,但如果我们仔细分析一下这条史料的历史背景,就必然会对此产生怀疑。根据敦煌本《编年史》和《大事记》,西突厥的臣属、吐谷浑的归降、南诏的破灭等等,都是松赞干布之后赤都松(Khri'dus srong,唐人译作器弩悉弄,676—704年在位)乃至赤松德赞时期的事情③。因此,有关三勇部的史料所反映的应是7世纪下半叶或8世纪上半叶的情况。至于下勇部中通颊千户部落的创立,推测应当在670年唐蕃大非川战役以后不久,因为这次战役的结果是吐谷浑王国的彻底破灭,其主要民众归吐蕃所属。与此同时,吐蕃在同一年的早些时候,首次攻占了唐朝的安西四镇,全面占领了塔里木盆地。为了适应这一新的局面,吐蕃于是在唐蕃交界处,按照其本土的军事制度,把通颊和吐谷浑部众分别编成九

(接上页注)蕃兵制考略》,《中国史研究》1986年第1期,119—124页。

① 佐藤长《チベット历史地理研究》,361—362页。

② Thomas, *Tibetan Literary Texts and Documents*, II, pp. 92—109; III, London, 1955, pp. 4—5, 39—47;年代据山口瑞凤《沙州汉人による吐蕃二军団の成立とmkhar tsan 军団の位置》,28页。

③ 山口瑞凤《吐蕃王国成立史研究》,881—882页。

个和六个千户军部落①。

《智者喜宴》Ja 章记载的孙波翼（Sum pa'i ru），是吐蕃本部五翼之一，但较其他四翼成立要晚。该书记其各千户部落之后说：Sum pa'i ru sTong khyab rGya kdan gyi stong sdeb tu gcig②，有些学者认为这里的 sTong khyab 即 mThong khyab（通颊）③，那么，这句话就可以译为"此为包括通颊、汉人（？）在内的孙波翼十一千户部落"④。案孙波翼位于以逻些（拉萨）为中心的中央翼和下勇部所在的河源地区之间，而且，吐蕃的各翼都是由特定部族组成的部落构成的，所以，是否能够把通颊乃至汉人都包括在孙波翼中是值得怀疑的；况且 sTong khyab 与 mThong khyab 的勘同是否正确也不够清楚。我们也可以把文中提到的 sTong、khyab、rGya 看作是苏毗（孙波）系的三个不同部族，所以对这条材料我们采取保守的态度，不把它当作论证的基础。

总之，《智者喜宴》Ja 章的记载表明，通颊作为一个部族早在松赞干布时代就已经存在于吐蕃王国之中，随着吐蕃王国的扩张，且势力达到能够与突厥、唐、南诏相抗衡的 7 世纪下半叶，为了适应新的局面，在黄河河源一带创立了九个通颊千户部落，与六个吐谷浑千户部落一起，构成吐蕃军政体制中专门对付唐朝的下勇部。

三、通颊部落的发展

公元 755 年，赤松德赞即位为吐蕃赞普。而唐朝正值安史之乱，调集河

---

① 按关于吐蕃本部翼制度的产生年代，学者间存在着不同看法，乌瑞认为在 7 世纪末叶，见 G. Uray, "The Four Horns of Tibet according to the Royal Annals", *Acta Orientalia Hungarica*, X, 1960, pp. 31—57。而山口瑞凤则认为在 654 年，见山口瑞凤《吐蕃王国成立史研究》，860—863 页。本文关于通颊部落的成立年代的看法，是建立在后者的基础上的。

② 《智者喜宴》，木刻本，叶 20a；新刊本，188 页。

③ Yamaguchi, "Su-p'i and Sun-po", 99、116 页；山口瑞凤《吐蕃王国成立史研究》，897 页，注 110；黄颢《〈贤者喜宴〉摘译》，9 页。

④ 参看黄颢《〈贤者喜宴〉摘译》，9 页。

西、陇右乃至安西、北庭各节度使所辖的兵马入援内地。经过八年的努力，并且在回纥人的帮助下，唐朝终于平息了叛乱，但国势却一蹶不振。吐蕃借此机会，乘虚而入，在 8 世纪下半叶，陆续攻占河西、陇右直到西域广大地区，甚至一度东入唐朝都城长安，另立新主，大掠而还。可以说，赤松德赞时期（755—796 年）是吐蕃王国有史以来国势最强的时代。敦煌本《吐蕃王朝大事记》关于此王的部分，有以下一段记载，今转录并翻译如下：

> /dba's bTsan bzher mDo lod la stsogs pas/mKhar tshan yan chad du drangste/mkhar cu pa brgyad phab nas/dor po bton te/'bangs su bzhes so//chab srid che ste Long shan la rgyud yan chad//phyag du bzhes nas/ mThong khyab khri sde lnga btsugs/bDe blon khams ched po gchig gsar du bskyed do//

> 韦·赞热多禄等率军至凉州以上（西），攻占八座州城后，编组降人，使之成为〔赞普〕臣民。〔吐蕃〕国威远震，陇山地区以上（西）尽入于手中。而后，设立五个通颊万户部落，新生一个德论所辖之大区。①

文中的韦·赞热多禄作为大尚论列名于约 779 年颁布的桑耶寺兴佛证盟誓文中②。因此，这段文字是吐蕃王朝自己对 8 世纪下半叶占领唐朝大片领土的概括叙述。对这条史料的详细分析，有助于我们理解设立五个通颊万户部落的真正含义。

首先应该说明的是 mKhar tsan 和凉州的比定问题。早年，托玛斯认为

---

① A. Spanien et Y. Imaeda, *Choix de documents tibétains conservés à La Bibliothèque Nationale completé par quelques manuscrits de l'India Office et du British Museum*, II, Paris, 1979, pl. 571；Cf. Bacot, Thomas, Toussaint, *Documents de Touen-houang relatifs à l'histoire du Tibet*, pp. 115, 153–154；王尧、陈践《敦煌本吐蕃历史文书》，73、144 页；山口瑞凤《沙州汉人による吐蕃二军团の成立とmkhar tsan 军团の位置》，28 页。按 mkhar cu pa brgyad，巴考和图森译作"huit forts sur les dix"（十座中的八座城堡）；王、陈译作"一十八城"。今据山口，以 cu 为汉语"州"的借词，作 mkhar 的修饰语，故译作"八座州城"。

② G. Tucci, *The Tombs of the Tibetan Kings* (*Serie Orientale Roma I*), Roma, 1950, p. 97. 年代据山口瑞凰《吐蕃王国佛教史年代考》，《成田山佛教研究所纪要》第 3 号，1978 年，2—7 页。

这是沙州地区的一个城市①。拉露则把它确定为与瓜州有关联的城市②。1979年,乌瑞首次把 mKhar tsan 比定为凉州,并表示以后将对此作详细解说③。我们迄今还未看到乌瑞的有关新作,却读到山口瑞凤先后对这一地名的考述。山口先是把《恩兰·达札路恭纪功碑》(*Zhol rdo rings phyi ma*)、敦煌本《编年史》有关 758 年吐蕃攻 Khar tsan Leng cu(他疑 Leng cu 为 Ling chu 之误),并掠走附属唐朝的吐谷浑的记载,和《新唐书·地理志》灵州条的记事联系起来,把 mKhar tsan 军镇(Khrom)的位置放在灵州故鸣沙县安乐州附近④。后来,山口虽然仍将《编年史》中的 Khar tsan Leng cu 译作"灵州",但却把《纪功碑》中的 Khar tsan 翻译成"〔凉州〕城塞"⑤。我们在上面的译文中把 mKhar tsan 译为凉州,除了参考乌瑞的意见外,还有以下看法作为补证。《编年史》(Or.8212.187)758 年条的 Khar tsan Leng cu 中的 Leng cu,托玛斯早就译作了"凉州"⑥,从图版来看,Leng cu 二字清楚不误⑦。除此之外,Leng cu 一词又见于 Ch.73,iv.14 号文书第 1 行,这是吐蕃统治以后 Leng cu 仆射致瓜、沙二州刺史的书信,其中提到大斗军(Dang to kun)和肃州(Sug cu)⑧。这里的 Leng cu 从上下文来看,只能是凉州,山口在最新出版的著作中也是这样译的⑨。因此可以说,《编年史》中的 Leng cu 即凉州无疑,Khar tsan 在此是作为凉州的同位语出现的。另外,mKhar tsan 一词还出

---

① F. W. Thomas, *Tibetan Literary Texts and Documents concerning Chinese Turkestan*, Ⅳ, London, 1963, p. 43 Khar tsan 条及其所示参考文献。

② Lalou, "Revendications des fonctionnaires du Grand Tibet au VIIIe siècle", p. 31.

③ G. Uray, "Khrom: Administrative Units of the Tibetan Empire in the 7th-9th Centuries", *Tibetan Studies in Honour of Hugh Richardson*, ed. by M. Aris and Aung San Suu Kyi, Warminster, 1979, pp. 314;荣新江译,《Khrom(军镇):公元 7 至 9 世纪吐蕃帝国的行政单位》,《西北史地》1986 年第 4 期,111 页。

④ 山口瑞凤《沙州又人による吐蕃二军团の成立とmkhar tsan 军团の位置》,27—31、44 页。

⑤ 山口瑞凤《吐蕃王国成立史研究》,699 页。

⑥ Bacot, Thomas, Toussaint, *Documents de Touen-houang relatifs à l'histoire du Tibet*, p. 70.

⑦ *Choix de documents tibétains*, II, pl. 593.

⑧ Thomas, *Tibetan Literary Texts and Documents*, II, p. 49; Ⅱ, pl. iv.

⑨ 山口瑞凤编《敦煌胡语文献》,大东出版社,1985 年,511 页。

现在同一《编年史》761 年条的记事中（Or.8212.187，1.44）：blon Skyes bzhang las stsogs pas/mKhar tsan Ba mgo dang ke'u shan gnyis phab//（论悉结勃藏等攻占 mKhar tsan 之 Ba mgo 与 ke'u shan 二地。）①对于地名 Ba mgo，考虑到后一音节的前加字 ma 可以作没有后加字的前一音节的韵尾这一读音规则，Ba mgo 和凉州下属的一个县名——番禾（古音*p'iwăn/p'ịwɐn-*g'wâ/ɣuâ②）的读音完全符合③。如果这一比定成立，则这里的 mKhar tsan 无疑可与凉州等同起来。凉州在唐朝是河西道首府，河西节度使的驻地，是河陇地区屈指可数的大城，这一军事重镇是吐蕃必争之地，早在 696 年和 700 年，吐蕃就曾攻击凉州④。在占领河陇以后，这里理所当然应成为吐蕃在河西的军事重镇之一。所以，乌瑞教授把凉州看作一个军镇（khrom）⑤是有道理的。新疆米兰出土的一件驿传文书（M.I., xxviii, 0036）第 3—4 行有/Tshal byi'i Nob chungu gar slebs su snyegs shing/kva cu mKhar tsan yan chad du mchiste/（他们由萨毗之小罗布〔即米兰〕不断前进，远至瓜州、mKhar tsan）⑥。这里举出的萨毗军镇以东驿使要到的瓜州和 mKhar tsan，正好和乌瑞考订的吐蕃在河西仅设的瓜州和凉州二军镇相合⑦。此外，P.t.16+I.O.751《纪念吐蕃、唐、回鹘等国缔结和约愿文集》中，正是由 mKhar tsan 军镇和瓜州军镇作为河西地方的代

① *Choix de documents tibétains*, II, pl. 593；Bacot, Thomas, Toussaint, *Documents de Touen-houang relatifsà l'histoire du Tibet*, pp. 58, 65.

② B. Karlgren, "Grammata Serica Recensa", *The Museum of Far Eastern Antiquities Stockholm*, Bulletin, NO. 29, 1957, p. 70（no. 195b），p. 23（no. 8a）.

③ 按《旧唐书》卷四〇《地理志》记："天宝：汉番（音盘）禾县……天宝三年改为天宝县。"（中华书局，1975 年，1640—1641 页）据比，761 年县名已改，但这个 744 年才因政治原因叫起的名称，肯定没有从汉代以来就流行的番禾一名更通行。

④《旧唐书》卷一九六上《吐蕃传》，6079—6080 页。

⑤ G. Uray, "Khrom：Administrative Units of the Tibetan Empire in the 7th-9th Centuries", *Tibetan Studies in Honour of Hugh Richardson*，p. 314；荣新江译，《Khrom（军镇）：公元 7 至 9 世纪吐蕃帝国的行政单位》，111 页。

⑥ Thomas, *Tibetan Literary Texts and Documents*, II, p. 51；III, pp. 32-33, pl. ix.

⑦ G. Uray, "Khrom：Administrative Units of the Tibetan Empire in the 7th-9th Centuries", p. 314；荣新江译，《Khrom（军镇）：公元 7 至 9 世纪吐蕃帝国的行政单位》，111 页。

表发愿祝贺的①。凡此种种迹象无不使我们认为,《大事记》中作为赤松德赞时期所攻占的唐朝西部八城的代表 mKhar tsan 就是凉州。

我们花费如此多的笔墨来确定 mKhar tsan 即凉州这一事实,目的是揭示隐含在《大事记》这段概括叙述中的一项重要史实,即吐蕃攻占凉州以西八城的具体所指。唐初以来,凉州以西属于陇右道的范围,睿宗景云二年(711),自黄河以西,分为河西道,统凉、甘、肃、瓜、沙、伊、西、庭八州②。从数字来看,河西道八州与《吐蕃大事记》所记凉州以西八州城正好相符。从内容来讲,吐蕃正是乘安史之乱以后的有利形势,从凉州开始,由东向西,陆续攻占唐河西道八座州城的,其时间顺序是:764 年占凉州,766 年占甘州、肃州,776 年占瓜州③,786 年占沙州④,781 年占伊州⑤,791 年占西州⑥,790 年占庭州⑦。上面罗列的时间表正是赤松德赞在位时期,所以《大事记》概括记述的攻占凉州以西八城的具体内容,应当就是上面这个时间表所反映的事实。大概正是因为这里所记攻占的八城原来都是唐朝河西道的州,所以才在 mkhar“城”字的后面特别使用了一个汉语借词 cu(州),作为“城”的修饰语。因此,弄清上述史实,也有助于我们正确地理解古藏文的词义。

《吐蕃大事记》这段概括叙述的后半也同样需要做进一步的分析。“吐蕃国威远震,陇山地区以上(西)尽入于手中”一句,是对赤松德赞时期占领河西、陇右全部土地的总结,五个通颊万户和新的德论政区都应在这一新占

---

① *Choix de documents tibétains*, II, pls. 7–16; *Choix de documents tibétains*, I, pls. 7–16; Thomas, *Tibetan Literary Texts and Documents*, II, pp. 92–109; III, pp. 4–5, 39–47.

②《旧唐书》卷四〇《地理志》,1639 页;《元和郡县图志》卷四〇,中华书局,1983 年,1018 页。

③ 以上据《元和郡县图志》卷四〇,1018、1019、1023、1027 页。

④ 此据池田温《丑年十二月僧龙藏牒》,《山本博士还历记念东洋史论丛》,山川出版社,1972 年,37 页,注 6;山口瑞凤《吐蕃支配时代》,榎一雄编《敦煌の历史》,大东出版社,1980 年,197—198 页;陈国灿《唐朝吐蕃陷落沙州城的时间问题》,《敦煌学辑刊》1985 年第 1 期,1—7 页。

⑤ 此据 P. Demiéville, *Le concile de Lhasa*, I, Paris, 1952, pp. 170–171, n. 1。耿昇译,《吐蕃僧诤记》,甘肃人民出版社,1982 年,214—216 页。

⑥《元和郡县图志》卷四〇,1029 页。

⑦《旧唐书》卷一三《德宗本纪》下,370 页。

领区中寻找。所谓"德论"（bDe blon）管辖的新占领区，敦煌文书中有时称作 bDe khamsa（德境）①，被称作德论的几位吐蕃大臣，通过德论会议（bDe blon'dun sa/tsa），讨论占领区的各项政事，由驿使、飞鸟使等发布到占领区的各个城市。德论的辖境，山口瑞凤认为北至瓜州，东以灵州西部南到陇山为界，西面则不能确指②。我们上面已经弄清了赤松德赞时期新占领的区域，实际是从陇山以西直到唐河西道的西端沙州、西州和庭州西界。但是，吐蕃在攻占北庭、吐鲁番等地后，并未能对天山东部地区进行有效的控制，伊、西、庭三州之地很快就落入回鹘人的手中③。因此，把伊，西，庭三州之地排除在外，德论所辖的西境应以沙州的西界为限。唐沙州原辖敦煌、寿昌二县。高宗上元二年（675）改鄯善地区的典合城为石城镇（即藏文文书中的 Nob ched"大罗布"），改且末城为播仙镇（即藏文文书中的 Cer cen），隶属于沙州。敦煌保存的《沙州图经》对两镇的详细记述，就是这一隶属关系的直接反映④。因此可以说，沙州的西境播仙镇应当就是德论辖区的西境。这还可以举出米兰出土的一件文书（M.I., xvi, 19）为证。该文书是萨毗地区得到的"德论赐下之信函"（bDe blon gyis mchid stsald nas）⑤。托玛斯据此正确地指出："德论显然监督着萨毗和米兰。"⑥在此还应对另一条材料加以说明，即麻扎塔格出土的 M.T., c.iii, 0074 号木简。该简已残，仅存以下数字：degams gyi'dun tsa nas。托玛斯认为文中的 de 漏掉了前加字 ba，并译为"自德境会议……"⑦。人们很容易由此认为，吐蕃在于阗的统治中心神山（藏文 Shing

---

① bde 有"幸福"之意，此用音译。

② 山口瑞凤编《敦煌胡语文献》，493 页。

③ 参看安部健夫《西ウイグル国史の研究》，京都，1955 年，139—230 页；T. Moriyasu, "Qui des Quigours ou des Tibétains ont gagné en 789–792 à Bes-baliq?", *Journal Asiatique*, CCLXIX, 1981, pp. 193–205.

④ 池田温《沙州图经略考》，《榎博士还历记念东洋史论丛》，山川出版社，1975 年，45—46、91—97 页。

⑤ Thomas, *Tibetan Literary Texts and Documents*, II, p. 124.

⑥ Thomas, *Tibetan Literary Texts and Documents*, III, p. 48.

⑦ Thomas, *Tibetan Literary Texts and Documents*, II, p. 338；《吐蕃简牍综录》No. 414 将编号误作 M.I.c. iii, 0074.

shan，今麻扎塔格①）也受德论指挥。但我们在此不想采用这种设想，因为这件木简残缺过甚，且有误字，很难作为论据。更重要的是，《吐蕃大事记》中明确地把于阗的征服放在德境建立的叙述后面②，似乎暗示它属于另一个政区。所以，我们仍以且末地区作为德论辖境的西界。

以上我们把德论的辖境考订在陇山以西、且末以东吐蕃新占领的河、陇地区，目的是确定《大事记》中五个通颊万户的地理位置，换句话说，就是新创立的五个通颊万户应在德论管辖的范围内寻找。那么，能否确定这五个万户部落的具体位置呢？

首先应对万户（khri）一词给予解释。吐蕃王朝的万户之制不见于史籍的明确记载，山口瑞凤据 P.t.1089 所保存的凉州军镇官吏序列表中万户长（khri dpon）位在翼长（ru dpon）之下、千户长（stong dpon）之上的情况（此表见下文），认为万户长是民政官。他又根据一个翼长统率四个千户军的规定，认为一个万户长应统治构成四个千户军的民户（g-yung sde）。这样，五个通颊万户应拥有两个翼的户数③。山口关于万户是民政组织的看法是可以成立的，但 P.t.1089 的官吏序列表只是表示各种官吏的身份地位，而没有说明每种官员到底有几位。例如，同一文书中就有沙州"汉人之万户长"（rGya'i Khri dpon）的称谓④，而沙州只不过是瓜州军镇下属的一个城，可以由此推想瓜州军镇应有数位万户长；而且，据这一称谓还可以推知，当时存在着几种类型的万户长，不能一概而论。所以，我们认为山口推断的万户和翼、千户之间的户口比例关系是难以成立的，目前来看，万户和千户之间的对应关系还不够清楚，但两者有着密不可分的联系则是肯定的，而且二者都

---

① 神山与 Shang shan 的比定见 G. Uray 撰，荣新江译，《Khrom（军镇）：公元 7 至 9 世纪吐蕃帝国的行政单位》，108 页译者按语。

② Bacot, Thomas, Toussaint, *Documents de Touen-houang relatifs à l'histoire du Tibet*, pp. 115, 154；王尧、陈践《敦煌本吐蕃历史文书》，73、144 页。

③ 山口瑞凤《沙州汉人による吐蕃二军团の成立とmkhar tsan 军团の位置》，36 页，注 6；山口瑞凤《汉人及び通颊人による沙州吐蕃军团编成の时期》，5—6 页。

④ 山口瑞凤《沙州汉人による吐蕃二军团の成立とmkhar tsan 军团の位置》，18 页。

包含在军镇当中。

乌瑞教授在一篇优秀的论文中已经考证清楚,所谓军镇(khrom),是吐蕃王国在从东北到西北边境上设立的一级军事行政机构,从东到西计有:位于黄河上游河曲附近的玛曲军镇,位于青海湖东部或东北部的野猫川大军镇、凉州大军镇,瓜州大军镇、罗布泊地区可能叫作萨毗的军镇、位于于阗的一个军镇和吉尔吉特的小勃律军镇①。在德论所辖的范围内,至少有凉州、瓜州、萨毗三军镇。因为青海和玛曲二地早在德论辖境建立之前就归吐蕃所有了,所以这里的两个军镇虽有通颊部落,似不属德论管辖范围。至于上述三个军镇,我们可以举出确切的材料,来说明通颊部落在那里的存在、发展,并印证《大事记》关于通颊部落在这一区域创立的概括记载。

(一)凉州军镇中的通颊,见于上面提到过的 P.t.1089 号文书。该文书第 36—43 行记载的凉州军镇各级官吏的等级序列,是人们今天研究吐蕃王国军政体制的最重要史料之一,所以全文征引并做对应翻译如下②:

(36)ru dDon 翼长 khri dpon 万户长 dgra blon chen po 大御敌官 rtse rje 节儿(37)ra gan pa 赐黄铜告身者 Zhing pon chen po 大营田官 mkhar dpon chen po 大守城官 stod smad kyi phyug ma'i gzhis pon chen po 上下之大财产仓库管理官③ ru spyan nan kor las bskos pa(38)rnams 敕授监翼内事务使等④ dgra blon 'bring po 中御敌官 ru theb?⑤ dgra blon chungu 小御敌官 khral po(n) chen po 大税务官 gsang gi yi ge pa ched po 大机密

———————————

① G. Uray, "Khrom:Administrative Units of the Tibetan Empire in the 7th-9th Centuries", pp. 310-318;荣新江译,《Khrom(军镇):公元 7 至 9 世纪吐蕃帝国的行政单位》,106—113 页。

② Lalou, "Revendications des fonctionnaires du Grand Tibet au VIIIe siècle", pp. 8-9;山口瑞凤《吐蕃支配时代》,209—210 页;山口瑞凤《沙州汉人による吐蕃二军团の成立とmkhar tsan 军团の位置》,17—18 页。

③ 山口:上手、下手牧地大管理长。

④ 山口:冀都护亲任官者。

⑤ 山口:翼副长。

文书官 rtsis pa ched po 大支计使① zhal ce pa ched(39)po 大司法官 Bod Sum gyi stong pon 吐蕃、孙波之千户长② mThong kyab dang 'A zha'i stong pon 通颊与退浑之千户长 rtse rje zangs pa 节儿赐红铜告身者 gsang gi phonya 机密信使 gsang gi yi ge pa 'bring po 中机密文书官(40) gsang gi yi ge pa chungu 小机密文书官 spyi gcod? Bod Sum gyi stong cung 吐蕃、孙波之小千户长 rGya Drugi lo tsa pa 汉、突厥之译语舍人③ Lung dor gyi dmag pon 小部④之将军 zangs Pa sna la gtogs pa 所有赐红铜告身者 rtsis(41)spyan 支计勾覆使⑤ mThong kyab dang 'A zha'i stong cung 通颊与退浑之小千户长 stagi zar can pa sna la ma gtogs pa 无职事赐虎皮肩章者 gsang gi rub ma pa dang 'gyed ma pa' 机密收集官与传播官 gzhis pon spyan 仓督官⑥(42) byung 'tsho ched po 大财物管理官⑦ sta-gi zar cung pa 赐小虎皮肩章者 gzbis pon 'og pon 财物管理副官⑧ gsang gi yi ge pa phra mo 机密书史 Lho bal gyi dmeag pon chungu 四夷之小将军 byung 'tsho cungu 小财物管理官⑨ chosgyi(43) rtsis pa 教法事务官 khram pa? sam mkhan?

此外,文书的第 12—13 行提到了该表部分内容的编制经过,而且透露了文书

---

① 山口:事务总长。汉文"支计使"一名见 P. 4640《阴处士碑》,见石璋如《敦煌千佛洞遗碑及其相关的石窟考》,《历史语言研究所集刊》第 34 本上册,1962 年,54 页。

② 据 S.2736 藏汉对音词表 No. 38stong dpon 也可译作 bo lag Shi"部落使"。见 F. W. Thomas and L. Giles, "A Tibeto-Chinese Word-and-Phrase Book", *Bulletin of the School of Oriental and African Studies*, XII, 1948, p. 756。

③ 汉文"译语舍人"一名见池田温《中国古代籍帐研究:概观·录文》,东京大学出版会,1979 年,507 页。

④ 山口瑞凤《吐蕃支配时代》,210 页译作"小部族国?";山口瑞凤《沙州汉人による吐蕃二军团の成立とmkhar tsan 军团の位置》,17 页又作"遗弃地区"。

⑤ 山口:事务都护。汉文文书 P. 2763 有"勾覆所",见池田温《中国古代籍帐研究》,509 页。

⑥ 山口:牧地管理都护。汉文"仓督",见 P. 2765,池田温《中国古代籍帐研究》,508 页。

⑦ 山口:畜产大管理官。

⑧ 山口:副牧地管理长。

⑨ 山口:畜产小管理官。

年代的信息：

> （12）na ning mKhar tsan khrom gyi（13）dpon sna gral thabs la mchid
> myi mjal pa'// dmag pon gyis dbyangste//zhang lon ched Po blon rGyal
> tsan dang blon Legs sgra la zhus te/（14）mchid kyis bcad pa las ni//Bod
> Sum gyi stong pon gyi 'og du mThong kyab dang 'A zha'i stong pon//de'i
> 'og tu rtse rje zangs（pa?）/de'i 'og tu Bod（15）Sum gyi stong cung dang
> mThong kyab dang 'A zha'i stong cung//

> ……去年，因对凉州军镇各级官吏的排列与品阶不够满意，将军们
> 有些言语，并向大尚论论颊藏与论勒扎提出申请。诉状裁下，据此，吐
> 蕃、孙波之千户长之下，为通颊与退浑之千户长，其下属节儿赐赤铜告
> 身者，其下为吐蕃、孙波之小千户长与通颊和退浑之小千户长……①

文书中的"去年"，从上下文知是子年。把文书中的人物及其地位与 822 年
的《唐蕃会盟碑》和吐蕃统治后期某未年的 P.t.1079 号文书中的同样人物及
其官职加以对比，可以考订这个子年是 820 年②。由这件文书得知，在 820
年以前，通颊部落就和吐蕃、孙波、退浑诸部落一起，构成凉州军镇的主要力
量。遗憾的是，从该文书中无法知道凉州军镇所辖一共有多少通颊千户部
落，但从上述各种部落在此地的存在可以推测，军镇首脑翼长之下的万户长
应不止一位，推测应当有与通颊千户部落相配合的通颊万户部落，这也就是
《吐蕃大事记》所记五个通颊万户部落的一部分；反过来，我们还可以据《大
事记》的上引记载，把凉州通颊部落的出现追溯到 764 年吐蕃占领凉州以后
不久的时候。

---

① Lalou, "Revendications des fonctionnaires du Grand Tibet au VIIIe siècle", p. 6；山口瑞凤《沙州汉人
による吐蕃二军团の成立と mkhar tsan 军团の位置》，15 页。

② 山口瑞凤《吐蕃支配时代》225 页和山口瑞凤《沙州汉人による吐蕃二军团の成立と mkhar tsan 军
团の位置》25—35 页的观点，在山口瑞凤《汉人及び通颊人による沙州吐蕃军团编成の时期》2—5
页中修正。

（二）凉州西面的瓜州军镇至少管辖着沙州和肃州①。瓜州、肃州两地的情况不够明了,敦煌文书中却保留了不少沙州通颊部落的情况。

有关沙州通颊部落的最重要记录莫过于 P.t.1113 号第一件文书,其中有关部分文字如下：

（I.1）……rje dang/blon Khrom bzher gyis//'dun tsa Long cu nas//'brugi lo'i cpyid//bkye'i phyag rgya phogs te//bDe blon la spring ngo/:/mThong khyab rgod gsar stong sde gcig/sha cur btsugs par chad pho（?brang）…… ·

（前阙）杰与论冲热自陇州会议发送之钤印（文书）,并送德论,决定在沙州创立一个新通颊千户军部落。（以下言沙州储粮事,略。）②

文书中主持陇州政务会议的论冲热,又是 P.t.1085《辰年十一月由郎卡（Lhankar）宫发送至沙州之钤印文书》的签署者③,也即 815 年之前所立噶回寺（skar cung)《赤松德赞兴佛证盟誓文》中的韦·论冲热④。通过论冲热在三种文献中的地位变化,可以考订 P.t.1113 和 P.t.1085 的辰年都是指 824 年⑤。因此,在沙州建立的新通颊千户军部落,是 824 年正式出现的。

P.t.1113 文书特别指出这是新的通颊部落,因此,不能排除在 824 年以前的沙州就有通颊部落的可能性;而且,824 年以后是否又建立过通颊部落也

---

① G. Uray, "Kh om: Administrative Units of the Tibetan Empire in the 7th-9th Centuries", p. 311;荣新江译,《Khrom（军镇）:公元 7 至 9 世纪吐蕃帝国的行政单位》,107—108 页。

② *Choix de documents tibétains*, II, pl. 449;参看黄颢《〈贤者喜宴〉摘译》,23 页,注 32;山口瑞凤《汉人及び通颊人による沙州吐蕃军团编成の时期》,7 页,注 14。按藏文 Long cu 与唐关内道陇州读音相符,但陇州属唐,似无吐蕃大臣在此举行会议之理,故此处及最后一节 P.t.1083 译文中的陇州只是音译。可参看山口瑞凤《沙州汉人による吐蕃二军团の成立と mkhar tsan 军团の位置》,41 页,注 74。

③ 山口瑞凤《汉人及び通颊人による沙州吐蕃军团编成の时期》,9、14—15 页。王尧、陈践《敦煌藏文写卷 P. T 1083、1085 号研究——吐蕃占有敦煌时期的民族关系探索》,173 页译作"论恐热"。

④ Tucci, *The Tombs of the Tibetan Kings*, p. 103.

⑤ 山口瑞凤《汉人及び通颊人による沙州吐蕃军团编成の时期》,8—10 页。

不得而知,下面对 mThong khyab se tong pa'i sde 的探讨有助于理解上述问题,并了解沙州通颊部落及其民众的一些具体情况。

P.t.1094 是一件《博牛契》,年代是"子年十一月五日"(byi ba lo'i dgun sla 'bring po'i ngala),买卖双方分别是 sTong sar gyi sde Li g-yu legs rje gol(悉董萨部落李玉来主仆)和 mThong kyab Se tong pha'i stong pon Lbo blon klu sgra(通颊色通巴之千户长洛·论矩立扎)①。值得注意的是通颊后面作为专有名词的"色通巴"②。就我们力所能及,色通巴一词见于下列文书:

S.2228:Thong kyab Se tong pa'i sde(通颊色通巴部落)③;

甘肃敦煌、兰州等地收藏的《无量寿宗要经》写本 Nos.21,22:mThong khyab Se tong pa'i sde Gu rib Lha btsas(通颊色通巴部落谷日·拉匝)④;

P.t.1174:mThong khyab Se thong(通颊色通)⑤;

P.t.1297(5):Se toug pa'i sde(色通巴部落)⑥;

甘肃藏《无量寿宗要经》写本 Nos.263,269,270,272,275,277,279:Se thong pa(色通巴)⑦;

苏联科学院东方研究所列宁格勒分所藏敦煌藏文《无量寿宗要经》写本 Nos.186,193,195,196,197,198,209,210,211:Se thong pa(色通巴)⑧。

---

① *Choix de documents tibétains*, II, pls. 437−438; M. Lalou, *Inventaire des manuscrits tibétaine de Touen-houang conservés à la Bibliothéque Nationale de Paris* (*Fonds Pelliot tibétain*), II, Paris, 1950, p. 58.

② Pa"巴"在此也可以看作是表示男性主人或所有者的后缀,意为"人"。

③ 黄永武编《敦煌宝藏》第 17 册,381 页;Thomas, *Tibetan Literary Texts and Documents*, II, pp. 161−162, n. 1(其编号误作 S.0228)。按原文用笔划掉 Se tong。

④ 黄文焕《河西吐蕃卷式写经目录并后记》,《世界宗教研究》1982 年第 1 期,85 页。黄译作"通巧(节度)赛千户部(部落)","古立佗匝"。

⑤ Lalou, *Inventaire des manuscrits tibétaine de Touen-houang*, II, p. 75.

⑥ M. Lalou, *Inventaire des manuscrits tibétaine de Touen-houang conservés à la Bibliothéque Nationale de Paris* (*Fonds Pelliot tibétain*), III, Paris, 1961, p. 5.

⑦ 上引黄文焕文,94—95 页,黄译作"赛部落使"。

⑧ L. S. Savitsky, "Tunhuang Tibetan Manuscripts in the Collection of the Leningrad Institute of Oriental Studies", *Tibetan and Buddhist: Studies, commemorating the 200th Anniversary of the Birth of Alexander Csoma de Korös*, ed. by L. Ligeti, Budapest, 1984, Vol. II, p. 289.

　　P.t.3501，3754，4002，4039《无量寿宗要经》写本题记：Se thong pa/Se tong pa(色通巴`①。

　　最早接触此名的托玛斯，把 S.2228 中的"色通"（Se tong）看作地名，并且和斯坦因敦煌藏文文书 Vol.69, fol.84《吐谷浑可汗编年史》所记吐谷浑可汗夏宫所在地 Se tong 联系在一起，将其比定为《新唐书》卷四三下《地理志》贾耽所记罗布泊地区的"七屯城"②。我们很难同意这种成说，理由是，虽然《吐谷浑可汗编年史》的年代有 635—643 年③和 706—714 年④两种说法，但从贞观到开元，罗布泊地区包括七屯城在内的诸城镇，一直是中亚昭武九姓的移民聚落⑤，而且后来还是沙州直接管辖的范围，不可能是吐谷浑的领地，更难说是可汗的住所，当时的吐蕃、吐谷浑只能在萨毗泽南面一带活动⑥。另外，把地处炎热的塔克拉玛干沙漠南沿的七屯城当作夏宫，是很难讲得通的。七屯城在吐蕃时代的文献中一般称作 Nob chung（小罗布），且 Se 与"七"读音并不符合。这些都排除了色通比定为七屯城的可能性，所以，《吐谷浑可汗编年史》中的色通应当位于吐谷浑的大本营——青海湖与河源一带。这部《编年史》中出现的地名，确实可考者为 rMa chab（玛曲）和 mDo（多），分别指黄河上游一带和青海⑦。这里气候高寒，作为可汗的夏宫色通

---

① 西冈祖秀《ペリオ蒐集チベット文〈无量寿宗要经〉の写经生・校勘者一览》，《印度学佛教学研究》第 33 卷第 1 号，1984 年，315 页。

② Thomas, *Tibetan Literary Texts and Documents*, Ⅱ, pp. 15, 36-37, 164。按 J. Hamilton, "Le pays des Tchong-yun, Cungul, ou Cumuḍa au Xᵉ siècle", *Journal Asiatique*, CCLXV, 1977, p. 355；杨铭《唐代吐蕃统治鄯善的若干问题》，《新疆历史研究》1986 年第 2 期，21 页，注 24 都采用托玛斯观点。

③ Thomas, *Tibetan Literary Texts and Documents*, II, pp. 8-16；山口瑞凤《吐蕃王国成立史研究》，576—595 页。

④ L. Petech, "Nugae Tibeticae", *Rivista degli Studi Orientali*, XXXI, 1956, pp. 291-294; G. Uray, "The Annals of the'A-zha Principality", *Proceedings of the Csoma de Korös Memorial Symposium*, ed. by L. Ligeti, Budapest, 1978, pp. 541-578.

⑤ 参看张广达师《唐代六胡州等地的昭武九姓》，《北京大学学报》1986 年第 2 期，78 页。

⑥ 参看森安孝夫《吐蕃の中央アツア进出》，《金泽大学文学部论集・史学科篇》第 4 号，1984 年，1—85 页。

⑦ Thomas, *Tibetan Literary Texts and Documents*, II, p. 15；山口瑞凤《吐蕃王国成立史研究》，577、581、585 页。

所在地是完全合适的。可以比较有把握地说《吐谷浑可汗编年史》中的色通不在罗布泊地区,而在青海东部一带;S.2228 文书中的色通更不能放在七屯城。

与托玛斯不同,山口瑞凤早先曾把 Se tong 看作是 bSe/Se 和 Thong/sTong 两个部族①。佐藤长则推测 Se 是 srid 的简写,而 mThong khyab Se tong pa'i sde 或许可释为 mThong khyab srid stong sde(登喀色千户部落)②。近年,山口在重新谈到此词时,又把 Se tong pa 怀疑为新设通颊千户军部落的名称,同时认为它未必在沙州③。我们上面罗列的有关色通巴的材料表明,“色通”是不可分割的词组,也不可能把所有的 Se 都看作是 srid 的误写。因此,山口和佐藤的早期看法难以成立。把色通巴看作部落名称的想法是可取的,以下根据上述材料考订通颊色通巴的真正含义。

第一,作为专名的色通巴在 mThong khyab Se tong pa'i sde 和 Se tong pa'i sde 等词组中的位置,表明它可以被看作是这个通颊部落的名称。人们常常在史料中看到的“通颊部落”或“退浑部落”的说法,实际是对由通颊人或退浑人组成的部落的一般称呼,在通颊部落或退浑部落的概念里,包含着各个独立的通颊部落或退浑部落,色通巴就是这种独立的通颊部落之一。此外,我们在敦煌文书中又找到其他一些例证,如 P.t.1474 号文书就有 mThong khyam(b) 'Brong then pa'i sde'(通颊仲天巴部落)之名④。至于退浑部落的名称,保存的例证更多,如 P.t.1081:'A zha Bor rgan gyi sde(退浑波日干部落),'A zha Mag labar(退浑莫拉瓦〔部落〕)⑤;P.t.1093:'A zha Kho bar

---

① Z. Yamaguchi, "Su-p'i and Sun-po", p.120.

② 佐藤长《チベット历史地理研究》,382 页。

③ 山口瑞凤《汉人及び通颊人による沙州吐蕃军团编成の时期》,10—11 页。

④ M. Lalou, *Inventaire des manuscrits tibétaine de Touen-houang*, III, p. xiii.

⑤ *Choix de documents tibétains*, II, p1. 426; M. Lalou, "Notes d'onomastique 'A-zha", *Acta Orientalia Hungarica*, XV, 1962, p. 208;王尧、陈践《敦煌吐蕃文献选》,49—50 页(译前者为“莫贺延”,后者为“慕罗瓦”);王尧、陈践, *Tun hong nas Thon pa'i gNa' bo'i Bod yig shog dril*/《敦煌本藏文文献》,民族出版社,1985 年,75—78 页;山口瑞凤编《敦煌胡语文献》,513—514 页。

chin gyi sde(退浑喀瓦沁部落)①；P.t.1095：'A zha Ma ga do cin gyi sde(退浑莫贺多沁部落)②；斯坦因敦煌藏文文书 Vol.56, fol.72, 1.8：Tham zhin chin gsar btsugs kyi stong pon(新设〔退浑〕塔木辛沁之千户长〔部落使〕)，1.48：'A zha khar tsa chin gsar rnying stong sde gnyis(退浑新旧卡扎沁二千户部落)③。看到以上这些通颊，退浑各部落的名称，就不难把色通巴理解为一个通颊部落的名字了。

第二，因为 P.t.1094 号文书是沙州悉董萨部落和通颊色通巴部落官吏之间的买卖契约，其立契地点应在沙州，而且有这样多的通颊色通巴部落的文书在敦煌保存下来，都证明上面列举的文书中的通颊色通巴部落的驻地应在沙州。

第三，色通巴一名中的"色通"二字与《吐谷浑可汗编年史》中可汗夏宫所在地色通一名的拼写完全相同这个事实，也使我们认为两者有着某种联系。虽然后一色通的确切地点仍未考出，但如上所述，它应位于青海境内的黄河上游玛曲一带，值得注意的是，这里正是《智者喜宴》Ja 章所记通颊部落的发祥地。因此，我们大胆地推测，沙州的通颊色通巴部落，也就是色通人的部落，或许就来自黄河河源地区的下勇部所含九通颊千户部落当中，色通巴原为九部落之一，而沙州的色通巴部落可能是驻扎下来的原色通巴部落，也可能是由一部分原色通巴部落成员为骨干并组织沙州通颊人而形成的新部落。这种推测是符合吐蕃王朝各千户部落军事行动的实际情况的，如上文曾谈到，P.t.16+I.O.751《愿文集》表明，吐蕃中央翼的擘三千户部落曾活跃在河、陇地区。另外，吐蕃右翼(g-Yas ru)的郎迷(Lang mi)、帕噶尔(Phod dkar)、辗噶尔(Nyen kar)等千户部落名称，都出现在米兰、麻扎塔格出土的

---

① Lalou, *Inventaire des manuscrits tibétaine de Touen-houang*, II, p. 58; M. Lalou, *Acta Orientalia Hungarica*, XV, p. 207.

② *Choix de documents tibétains*, II, pl. 439; Lalou, *Inventaire des manuscrits tibétaine de Touen-houang*, II, p. 59; 山口瑞凤编《敦煌胡语文献》，506 页。

③ Thomas, *Tibetan Literary Texts and Documents*, II, pp. 22–29; 山口瑞凤编《敦煌胡语文献》，507—509 页。

文书中①,证明它们也远离故土,来到罗布泊和于阗地区。由此类推,河源地区的色通巴部落,同样是随着吐蕃向外的扩张,来到沙州,并成为这里的通颊千户部落。如果上面列举的《大乘无量寿宗要经》诸写本题记中的 Se thong pa 即指这种通颊系的色通人的话,那就说明敦煌的色通人为数颇为可观。

通过以上探讨,我们对以色通巴部落为代表的沙州通颊千户部落的来历、性质以及一些生活侧面,有了初步的认识。至于沙州或瓜州军镇的通颊万户部落的存在,可以从本文最后一节全文引用的 P.t.1083 号文书中得到佐证,这一地区的通颊万户部落,也应是《吐蕃大事记》五通颊万户部落的组成部分。

(三)沙州的通颊部落已如上述,下面考察一下德论辖境最西面的罗布泊或鄯善地区的情况。

位于今婼羌县城东北约 75 公里处的米兰古城,自 20 世纪初叶以来,陆续出土了一大批为数可观的藏文木简和纸本文书,是我们今天研究吐蕃统治鄯善地区的基本史料。如前所述,唐朝前期,这里是亲唐的昭武九姓的殖民聚落,高宗以后又归沙州直接管辖。吐蕃虽然曾在 8 世纪中叶以前数次占据唐朝安西四镇,但并未能够建立巩固的根据地。天宝以后,吐蕃渐渐占有鄯善一带,特别是 790 年以后,终于在塔里木盆地南沿站稳了脚跟。米兰出土的这组文书主要应是 8 世纪中到 9 世纪中叶的产物,如上面考订 mKhar tsan 时提到的 M.I.xxviii,0036 号驿传文书,提到由萨毗到瓜州、凉州的情况,这应当是吐蕃 786 年占领沙州以后的事情。

根据这批文书的内容,吐蕃在鄯善地区的守军是以萨毗(Tshal byi)为军镇首府,所以也和凉州军镇一样,设有萨毗翼长(Tshal byi'i ru dpon)②。下有大罗布(Nob ched po,鄯善城、石城镇,在今婼羌)、小罗布(Nob chengu,小鄯

---

① Thomas, *Tibetan Literary Texts and Documents*, Ⅱ, pp. 255,240,440–443.

② Thomas, *Tibetan Literary Texts and Documents*, Ⅱ, p. 445;《吐蕃简牍综录》No. 341。

善、屯城,在今米兰),怯台(Kadag①)等城,均设有节儿②,镇守其地。另外,西面的弩支城(Klu rtse,新城,在今瓦石峡),且末城(Cer cen,播仙镇,在今且末)似也应属于萨毗军镇范围。

萨毗军镇内的"通颊部落",明确记载在下列三枚木简中:

> M.I.xiv, 0012:mThong khyab gyi sde③,
>
> M.I.1viii, 001:mThong khyab gyi sde④,
>
> 1959 年出土木简:mThong khyab sde⑤。

至于这些通颊部落的作用,可以在下述文书中得知一二。M.I.i, 3 号木简文书正面文字如下:

> (1) Tshal byi car chen na//mThong khyab byang srungs pa nyuag shas Shig(2) mchis pa//bka' lung rnying dang//khri sde gsar btsugs kyi bka' lung dang sbyar na
>
> 在通常情况下,只有很少一些通颊的北方守备军驻扎在萨毗,若按旧令及新设万户部落之令……(下略)⑥

这表明萨毗城的通颊部落,是一支防御北方的力量,所以,这是一个千户军部落无疑,之所以要根据万户部落之令,是因为下文涉及该地区属民作乱的事情。另一件多少记录了通颊部落实态的木简文书是 M.I.x, 7 号,其原文和译文如下:

---

① 此地在今且末县东南,仍未确考。唐无对应译名,故用元人译法。

② G. Uray, "Khrom: Administrative Units of the Tibetan Empire in the 7th-9th Centuries", p. 311;荣新江译,《Khrom(军镇):公元 7 至 9 世纪吐蕃帝国的行政单位》,108 页。

③ Thomas, *Tibetan Literary Texts and Documents*, Ⅱ, p. 445;Ⅲ, pl. XVII;《吐蕃简牍综录》No. 405。

④ Thomas, *Tibetan Literary Texts and Documents*, Ⅱ, p. 446;《吐蕃简牍综录》No. 220。

⑤《吐蕃简牍综录》No. 322。

⑥ Thomas, *Tibetan Literary Texts and Documents*, Ⅱ, p. 121;Ⅲ, pl. XIV;《吐蕃简牍综录》No. 172。按 car chen,托玛斯看作地名;《吐蕃简牍综录》译作"大"。今从山口说(山口瑞凤《吐蕃王国成立史研究》,735 页,注 211),作副词处理。

（A.1）//rje bo chos kyi mnga 'bdag chen po la（skyo?）gsolan rgad
（?）gsolte//bla nas Nob chu（2）ngu'i skun mkhar gzung bka 'gros 'dus
nas//bdag cag mThong khyab（B.1）'bu'i steng du ka dag gi mkhar bsel gy-
is bsnan te mchis pa la//dgra' sde（2）rgyan po ches//sdum thab ni bkum/
mgo du ni rtsas bcad//'tshal brgyags（3）bang dong ci mchis pa ni//dgra's
'tsnal//da ltar nyams 1a bod cing/'tshald

　　由上方小罗布城堡议事会议呈上法主大王：我等在通颊小部之上
方，加入怯台之守坡军。敌部夺我财物，杀我男女，砍下头胪；劫粮而
去，为敌所食。而今，情况更糟，谨状上。①

这是怯台一带驻有通颊部落的反映。

　　在以上文书中，通颊有时是作为一个标志着地理位置的概念出现的，这
说明通颊部落有自己的固定驻扎地，新出木简中，有用通颊指示一些高级官
吏突田所在的位置②，也是明证。上举文书还表明，通颊部落分别驻扎在萨
毗、怯台等地，可知萨毗军镇内的通颊部落应不只一个，其名称却都没有完
整地保存下来。M.I.iv, 57（a）有如下残文：mThong khyab Drug cun gyi（下
残）③，托玛斯把 Drug cun 释为一种人，我们觉得此名很可能是一个通颊部落
的名字，残简的原文或许是 mThong khyab Drug cun grisde（通颊楚格春部
落）。此外，上面译出的两件文书还说明，通颊是萨毗军镇各城镇的重要防
御力量，担负着守备的任务。

　　以上我们从支离破碎的文书中，勾勒出凉州，瓜州、萨毗军镇部分通颊
部落的实态。可以说，通颊部落的发展脉络基本与《吐蕃大事记》的概括叙
述相符合，即它是随着吐蕃从东到西攻占唐朝河西八州的进程，在新设的上
述三个军镇中陆续建立起来的。通颊部落的基本职能是对唐作战，所以吐

① M. A. Stein, *Serindia*, Oxford, 1921, pl. CLXXXI; Thomas, *Tibetan Literary Texts and Documents*, Ⅱ, p.
　133;《吐蕃简牍综录》No. 331。请注意译文与前人之不同处。
②《吐蕃简牍综录》Nos. 1, 2。
③ Thomas, *Tibetan Literary Texts and Documents*, Ⅱ, p. 274.

蕃打到唐朝哪里,就在那里建立旨在镇抚唐人的通颊部落,这是通颊部落由吐蕃东北边河源地区一直发展到沙州、鄯善一带的原因所在。

四、吐蕃统治以后的通颊部落

公元840年,漠北的回鹘汗国被黠戛斯人击破,回鹘部众四散奔逃,其中一支迁往河西,一支到北庭、焉耆一带。842年,吐蕃赞普郎达玛(gLang darma)遇刺身亡,国内大乱,洛门川讨击使论恐热与鄯州节度使尚婢婢在河陇一带相攻不已,吐蕃势衰,在河西与塔里木盆地的统治秩序迅速崩溃。848年,沙州各族民众在张议潮等人的率领下举行起义,赶走吐蕃节儿,夺取沙、瓜二州政权,并迅速向东西扩张。851年,唐朝在沙州设归义军,授张议潮为节度使、河陇一十一州观察使。当时的西北地区,有东来的回鹘,有离乱的吐蕃,有重兴的汉人,还有羌、龙、嗢末、退浑等部族,他们都想占住一块地方,扩充自己的势力。经过约半个世纪的较量,到10世纪初,凉州组成汉、蕃联合政权,甘州、西州为回鹘所占,瓜、沙二州是归义军节度使的领地,鄯善一带成为仲云人的天下①。在这场西北民族的大变动中,吐蕃时期颇为显要的通颊部落又到哪里去了呢?敦煌保存的汉文文书为我们提供了信息。由于这一时期归义军政权的官方用语主要是汉文,所以当时人都用"通颊"这两个字来音译藏文的 mThong khyabo。

S.389《肃州防戍都上归义军节度使状》是研究吐蕃统治以后河西民族变迁的最重要史料之一,可惜前人根据照片所作的录文难免有误②,下面是我们在伦敦英国图书馆据原卷抄出的有关文字:

肃州防戍都　状上:

---

① 参看拙稿《归义军及其与周边民族的关系初探》,《敦煌学辑刊》1986年第2期,24—44页。

② 参看唐长孺《关于归义军节度的几种资料跋》,《中华文史论丛》第1辑,1962年,291页;前田正名《河西の历史地理学的研究》,东京,1964年,240—242页。又邓文宽《张淮深平定甘州回鹘史事钩沉》,《北京大学学报》1986年第5期,93页录文曾参考了我们的录文,但有节略。

（中略）又今月七日,甘州人杨略奴等五人充使到肃州,称:其甘州吐蕃三百,细小相兼五百余众,及退浑王拨乞狸等,十一月一日并往归入本国。其退浑王拨乞狸,妻则牵驮,夫则遮驱,眷属细小等廿已来随往,极甚苦切,余者百姓奴客,并不听去。先送崔大夫回鹘九人,内七人便随后寻吐蕃踪亦(迹)往向南,二人牵扰嘉麟,报去甘州共回鹘和断事由。其回鹘王称:"须得龙王弟及十五家只(质),便和为定。"其龙王弟不听充只(质):"若发遣我回鹘内入只(质),奈可(何)自死。"缘弟不听,龙王更发使一件,其弟推患风疾,不堪充只(质)。"更有迤次弟一人,及儿二人内堪者,发遣一人及十五家只(质),得不得,取可汗处分。"其使今即未回,其龙王衷私,发遣僧一人,于凉州嗢末首令(领)边充使,将文书称:"我龙家共回鹘和定,已后恐被回鹘侵凌。甘州事,须发遣嗢末三百家已来,同住甘州,似将牢古(固)。如若不来,我甘州便共回鹘为一家讨你嗢末,莫道不报。"其吐蕃入国去后,龙家三日众衙商量,城内绝无粮用者,拣得龙家丁壮及细小壹伯玖人,退浑达票、拱榆,昔达票、阿吴等细小共柒拾贰人,旧通颊肆拾人,羌大小参拾柒人,共计贰伯伍拾柒(捌)人,今月九日,并入肃州,且令逐粮居。(后缺)①

文书的年代,唐长孺先生据 S.2598《中和四年(884)十一月一日肃州防戍都营田索汉君、县丞张胜君等状》同样记载了"其甘州共回鹘和断来定"事,且时间顺序一致,因而定在中和四年②。这一看法已为大多数研究者接受③。该文书记载,由于回鹘的入侵,甘州的吐蕃和部分退浑人于中和四年十一月一日南下回国。而甘州此时的主要部族——焉耆出身的龙家,因为抵抗不住回鹘的压力,又没有得到凉州嗢末的救援,所以在绝无粮用的情况下,率退浑、通颊、羌等部族于九日进入肃州。这里所说的"旧通颊",显然指的就

---

①《敦煌宝藏》第 3 册,302—303 页。

② 唐长孺《关于归义军节度的几种资料跋》,290—292 页。

③ 森安孝夫《ウイグルと敦煌》,《敦煌の历史》,370 页;邓文宽《张淮深平定甘州回鹘史事钩沉》,93 页;荣新江《归义军及其与周边民族的关系初探》,31、32 页。

是吐蕃统治时期的通颊部落,虽然在此仅有四十人,但它补充了吐蕃时期文献于甘州、肃州通颊部落记载上的缺失,说明这里和凉州、沙州等地一样有通颊部落的存在。到 9 世纪后半叶,当回鹘人兵临城下之际,通颊和大部分退浑人没有随着旧主人吐蕃南入藏地,而是随新主人龙家逃到肃州,进入归义军节度使的管辖范围。

归义军治下的瓜州在吐蕃时期是瓜州军镇的治所,通颊在这里的存在也为归义军时期的文书所证明。P. 3711 有《唐大顺四年(893)正月瓜州营田使武安君牒(附判)》,文字如下:

> (残)过(残)下,乃被通颊董悉,并妄陈状请将。伏乞大夫阿郎,仁明详察。沙州是本,日夜上州,无处安下,只凭草料。望在父租(祖)田水,伏请判命处分。牒件状如前,谨牒。大顺四年正月 日,瓜州营田使武安君。

> "系是先祖产业,董悉卑户,则不许入权且丞(承)种。其地内割(?)与外生安君地柒亩佃种。十六日,勋。"①

文书开头已残,但大致意思还是可以明白的。瓜州营田使武安君的父祖田业被通颊人董悉承种,武上书沙州使府请求改正。于是,沙州归义军节度使索勋(892—894 年任职)将地判归武安君。值得注意的是,通颊人董悉被称作"卑户"。

以上两条材料涉及的通颊人数不多,许多情况不够明了。敦煌出土文书于沙州记载最多,可以使我们找出通颊部落在归义军政权中发展的大致脉络。

早在归义军于沙州成立的次年,通颊一名就见诸记载。S.6235 号写本中的两件文书——《唐大中六年(852)四月沙州都营田李安定牒》和《唐大中六年十一月沙州百姓唐君盈状上户口田地辞》中,在记录田亩四至时,都有

---

①《敦煌宝藏》第 130 册,122 页;池田温《中国古代籍帐研究》,591 页。

"东至泽(?)通颊地功(一作切)崖"一句①。通颊在此作为指示方位的地名出现,似表明这里曾归通颊部落所属,但这两件文书还没有明确通颊在当时的存在。P. 2222B 件背面文书《唐咸通年间(865 年前后)沙州僧张智灯状稿》,是上告所种洞渠的地被通颊霸占的诉状②。这里明确了通颊在沙州城东洞渠一带的存在。另外,P.t.1080 是用藏文写的关于一个女奴归属的诉讼案卷,最后的藏文判语旁用汉文写着"准状"的批语③,表明似应为归义军初期的文书,因为文书处理的是吐蕃化的百姓,故用藏语书写,而最终的批语则出自归义军节度使或其他汉族长官之手。文书的结论是把女奴判给比丘尼,而不是另一方——通颊女(Thong khyab mo),也说明这些通颊人的地位低下。大概在张氏归义军时期,从吐蕃王朝的压迫下解放出来的归义军执政者,对于这些旧日旨在对付唐人的通颊部众没有好感,于是把他们放在低贱的社会等级当中。

然而,吐蕃统治时期的沙州,至少有一个通颊千户部落,所以,归义军时期的沙州,通颊人仍然有着相当势力,而且仍然是以部落的形式存在着,特别是曹氏执掌归义军政权以后,对外与回鹘、于阗联姻,对内也缓和民族间的矛盾,通颊人的社会地位应有所提高,通颊部落也成为归义军政权的重要组成部分,这在 S.4276《管内三军百姓奏请表》中可以找到明证。下面是我们在伦敦据原卷迻录的文字,原文书有朱笔句读,今从之:

管内三军百姓奏请表
归义军节度左都押衙银青光禄大夫检校国子祭酒兼御史大夫安怀恩并州县僧俗官吏兼二州六镇耆老及通颊退浑十部落三军蕃汉百姓一万人上表

臣某乙等言:臣闻,五凉旧地,昔自汉家之壇(疆),一道黎民,积受唐

---

① 《敦煌宝藏》第 45 册,152—153 页;池田温《中国古代籍帐研究》,566、570 页。
② 《敦煌宝藏》第 117 册,466 页;池田温《中国古代籍帐研究》,572 页。
③ *Choix de documents tibétains*, II, Pl. 425;Lalou, *Inventaire des manuscrits tibétaine de Touen-houang*, II, p. 54;王尧、陈践《敦煌吐蕃文献选》,48 页;王尧、陈践《敦煌本藏文文献》,74—75 页。

风之化。地邻戎虏,倾心向国输忠,境接临蕃,誓报皇恩之德。臣某乙
等,至欢至喜,顿首顿首。臣本归义军节度使张某乙,伏自大中之载,伏
静河湟,递逐戎蕃,归于逻娑。伏以圣朝鸿泽,陇右再晏尧年,玄德流
晖,姑藏会旦舜日。遂乃束身归阙,宠秩统军,不在臣言,事标唐史[①]。
尔后子孙相继,七十余年,秉节龙沙(后缺)[②]

文书的年代已由唐长孺先生正确地考订在后唐同光年间(924 年前后)[③],时
为曹议金(920?—935 年任职)掌握归义军政权。这件文书表明,沙州在
848 年赶走吐蕃守将,归属唐朝以后,在把吐蕃编成部落的汉人百姓重新划
归乡里,恢复唐制的同时,对于吐蕃化较深的通颊和退浑人,仍然用部落的
形式加以统治。但这时的所谓部落无非是归义军在吐蕃制度影响下所采用
的一种统治方式,其内涵应与吐蕃时期有别。另外,吐蕃统治时期,通颊的
部落使常常由吐蕃人出任。归义军时期显然有所改变,敦煌莫高窟第 98 窟
是归义军节度使曹议金的功德窟,窟中绘有曹议金时期使府重要官吏的供
养人像,其中北壁东向第五身题名:"节度押衙知通判五部落副使银青光禄
大夫检校国子祭酒兼御史中丞上柱国杨神佑。"[④]另外,P. 2482《晋故河西应
管内外诸司马步军都指挥使豫章郡罗府君(盈达)墓志铭并序》中,记有"次
兄蕃部落使通信"[⑤],从《墓志》成文于后晋来看,罗通信任蕃部落使的时间也
应在曹议金统治瓜沙前后。所谓蕃部落,大概就是指 S.4276 中的通颊或退
浑部落。所以,归义军时期的通颊部落使是由汉人出任的,他们对通颊部落
的统治,必然促进了部落内部的变化。

---

① 原作"侯",朱笔改作"史"。

② 《敦煌宝藏》第 35 册,163 页;唐长孺《关于归义军节度的几种资料跋》,283—284 页录部分文字;
土肥义和《归义军(唐后期、五代、宋初)时代》,《敦煌の历史》,244 页录 1—5 行,245 页图 6 刊布
图版,用以论证二州六镇问题。

③ 唐长孺《关于归义军节度的几种资料跋》,284 页。

④ N. Vandier-Nicolas, *Grottes de Touen-houang carnet de notes de Paul Pelliot, inscriptions et peintures murals (Mission Paul Pelliot XI)*, Ⅲ, Paris, 1983, p. 12.

⑤ 伯希和、羽田亨编《敦煌遗书》活字本第一集,上海,1925 年,21 页。

通颊部落是作为吐蕃军政体制中的一环而创立的,它具有很强的军事性质,当它赖以生存的基础吐蕃王国彻底崩溃后,虽然仍以部落的外形在归义军政权中延续存在,但随着部落百姓与乡里农民的共同生产和生活,随着汉人部落使的新的统治方式,通颊部落遂渐失去原来的军事色彩,由部落向乡里演化,大概在 10 世纪 30 年代,敦煌地区正式成立了通颊乡。通颊乡的存在过去没有引起研究者的注意①,但在下述两件契约文书中可以找到明证。一件是 S.1485 背《己亥年六月五日安定昌雇契》,文字如下:

己亥年六月五日立契,通颊乡百姓安定昌家内欠少人力,遂于赤心乡百姓曹愿通面上(以下未写)②

池田温先生在最近所编的契券目录中,把这里的己亥年疑为 939 年③,是有道理的。另一件是 P.4083《丁巳年唐清奴买牛契》文字如下:

丁巳年正月十一日,通颊百姓唐清奴,为缘家中欠少牛畜,遂于同乡百姓杨忽律元面上,买伍岁耕牛壹头,断作价直生绢一疋,长三丈七尺。其牛及价,当日交相分讫为定,用为后凭。其绢限至戊午年十月利头填还。若于时限不还者,看乡元生利。买牛人唐清奴(押)买牛人男定山(押)知见人宋竹子(押)④

池田疑这里的丁巳年为 957 年⑤。文书虽无"通颊乡"三字,但细审文意,买卖双方无疑都是通颊乡百姓。以上两件文书的年代不可能提早一个甲子而放在 879 和 897 年,因为当时通颊还是以部落的形式存在着,所以,我们对通颊历史的考察反过来也可为池田的断代提供佐证。此外,列宁格勒收藏的一件未刊写本(Дx.84 号)也涉及到通颊,据《亚洲民族研究所藏敦煌汉文写

① 参看土肥义和《归义军(唐后期、五代、宋初)时代》,246、251 页,注 15。

②《敦煌宝藏》第 11 册,184 页。

③ 池田温《吐鲁番、敦煌契券概观》,《汉学研究》(台北)第 4 卷第 2 期,1986 年,52 页。

④《敦煌宝藏》第 133 册,73 页;《敦煌资料》第 1 辑,中华书局,1961 年,303 页。

⑤ 池田温《吐鲁番、敦煌契券概观》,49 页。

本注记目录》第一辑的介绍,这是吴员宗与章六、保德间的博换田地契,时间约为 9 至 11 世纪,其开头和结尾的文字如下:

> 从:……月一日通颊百性(姓)吴员〔宗〕
> 到:……〔见〕人三界寺僧法松①

《目录》编者所定的年代过于宽泛。按三界寺僧法松又见 P.3352 背面文书《乙巳年正月一日至丙午年正月一日三界寺招提司法松手下诸色入破历》②,其年代,那波利贞曾疑为 885 年③,但没提出任何佐证;土肥义和似更倾向于 945 年④,试检 S.2614 背《9 世纪末期沙州诸寺僧尼名簿》三界寺僧⑤,未见法松之名,所以 P.3352 的乙巳年应为 945 年,通颊百姓吴员宗的契约文书也应写于此年前后。因此,我们怀疑契约中的吴员宗也是通颊乡的百姓。此外,S.8443《甲辰年至丁未年(944—947?)李阇梨出便黄麻麦历》有"通颊孔曹子(?)"、"通颊孟庆郎"、"通颊邓□□"等名;P.2680 背(1)《便粟历》有"通颊龙磨骨悉鸡"名⑥,这里的通颊,似应指通颊乡。通颊乡的出现,是通颊部落本身发展的必然结果,当通颊部众从战争中解放出来后,他们在较高生产水平的沙州地区,更多地从事于农业生产,新的生活方式渐渐打破了旧有的部落组织,终于产生了与汉人社会相同的乡机构。同时,通颊人民也在与沙州主要的居民汉人的共同生产、生活中,受到汉文化的强烈影响,逐渐融汇在汉族这个混杂的民族统一体当中。

---

① L. N. Men'sikcv et. Al. (ed.), *Opisanie kitajskich rukopisej Dun'chuanskogo fonda Instituta narodov Azii*, I, Moscow, 1963 p. 635(no. 1561).
② 那波利贞《唐弋社会文化史研究》,创文社,1974 年,279—280 页。
③ 同上,610 页。
④ 土肥义和编《スタィン敦煌文献及び研究文献に引用绍介せちれる西域出土汉文文献分类目录初稿》非佛教文献之部、古文书类二,东洋文库,1967 年,135 页。
⑤ 池田温《中国古代籍帐研究》,593—594 页。
⑥ 池田温《敦煌の便谷历》,《论集中国社会・制度・文化史の诸问题:日野开三郎博士颂寿记念》,福冈中国书点,1987 年,362、364、375 页。

五、关于通颊人与通颊部落的补充说明

以上详细探讨了通颊部落从创立到消亡的历史进程,由于史料的局限,一些地方不免有某些片面性,但总的线索是清楚的。现在,再就通颊、通颊人和通颊部落的含义略作说明。

上文列举的藏、汉文献表明,"通颊"一词一般用指通颊人或通颊部落。通颊部落当然是由通颊人组成的一个集团,并成为吐蕃王国中的一级军政机构,这在上文也已明了,问题是不见于汉文典籍的通颊人,到底是一种什么样的人,前人似乎还没有对此做过任何解答。

《智者喜宴》Ja 章的记述表明,通颊人最早出现在青海的黄河河源一带,并且和吐谷浑一起,是吐蕃用以进攻唐朝的主力先锋。敦煌、米兰文书进一步证明,通颊人也是和退浑人一起,随着吐蕃占领唐朝河西诸州,陆续出现在凉、甘、肃、瓜、沙诸州以及鄯善地区。

从中原的汉文史籍来看,对于吐蕃率之与唐作战的先锋,唐朝不是没有记载,现举几条有代表性的史料如下。《新唐书》卷二二一上《党项传》:"龙朔后,白兰、春桑及白狗羌为吐蕃所臣,籍其兵马前驱。"①《资治通鉴》卷二二三代宗广德元年(763)十月条:"吐蕃帅吐谷浑、党项、氐、羌二十余万众,弥漫数十里,已自司竹园渡渭,循山而东。"②《新唐书》卷二一六上《吐蕃传》:"〔仆固〕怀恩不得志,导虏(吐蕃)与回纥、党项、羌、浑、奴剌犯边。吐蕃大酋尚结息、赞摩、尚悉东赞等众二十万至醴泉、奉天。"③《旧唐书》卷一二〇《郭子仪传》载其大历九年(774)上书云:"今吐蕃充斥,势强十倍,兼河、陇之地,杂羌、浑之众,每岁来窥近郊。"④《旧唐书》卷一九六下《吐蕃传》记贞

---

① 《新唐书》卷二二一上《党项传》,中华书局,1975 年,6216 页。
② 《资治通鉴》卷二二三,中华书局,1956 年,7150—7151 页。
③ 《新唐书》卷二一六上《吐蕃传》,6088 页。
④ 《旧唐书》卷一二〇《郭子仪传》,3464 页。

元三年(787)九月事:"是月,吐蕃大掠汧阳、吴山、华亭等界人庶男女万余口,悉送至安化峡西,将分隶羌、浑等。"①据以上史料,吐蕃从陇右进攻唐朝,常帅诸羌和吐谷浑各部,值得注意的是,吐蕃还曾把掠去的汉人分别隶属于羌、浑。在唐朝的记录中没有看到通颊一名,但很有可能通颊人就包含在唐人看来是羌、氐或浑的部族中。

构成通颊人的民族成分,还可以从上文所引史料中的通颊人名方面加以考察。其中,执政官属卢·坚赞央贡(《智者喜宴》)和部落使洛·论矩立扎(P.t.1094)分别出自吐蕃的著名氏族,提到的另一位长官通通之子,明确标示着出自吐蕃中央翼的擘三部落(《智者喜宴》),以上三者为吐蕃人无疑。通颊部落的一般百姓中,谷日·拉匝(甘肃藏卷 Nos.21, 22)的谷日是吐蕃姓,这应是吐蕃化的名字,董悉(P.3711)、唐清奴、唐定山、杨忽律元(P.4083)可以看作氐、羌一系;安定昌(S.1485)可以视为西域九姓胡后裔,孔曹一、孟庆郎、邓□□(S.8443)、吴员宗(Дх.84)则可看作出于汉人②。由此看来,通颊人的民族成分十分复杂,通颊部落是由多种民族出身的群众混合组成的,其中至少应有羌、氐、汉、藏、粟特等系属的民众,而汉族出身的成员可以和上引《旧唐书·吐蕃传》所记吐蕃掠汉人以隶羌、浑相印证。当然,其中还应有生活在西北地区许多小部族的成分。

然而,这些来自各个民族的成员如何组织成通颊部落的呢?首先是吐蕃征服和编组的结果。吐蕃在向外扩张中,对所征服的较大部族,都把它们编成独立的部落,纳入吐蕃王国的军政体制中去;同时,还给予新征服的部族一个新的名称,使其在思想意识上深深地打上吐蕃的烙印,例如,羊同被称作象雄(Zhang zhung),苏毗称孙波(Sum pa),多弥称难磨(Nampa),吐谷浑称阿柴('A zha),党项称弭药(Mi nyag)等。黄河河源附近,自古以来是

---

① 《旧唐书》卷一九六下《吐蕃传》,5255 页。
② 关于汉姓所反映的民族系属,参看姚薇元《北朝胡姓考》,中华书局,1962 年;土肥义和《归义军(唐后期、五代、宋初)时代》,253 页。

羌、氐、汉、浑等各民族错居的地方，当吐蕃占领这里以后，当然也要把他们编为部落，通颊部落很可能由此产生，而通颊（mThong khyab）一名正是吐蕃给以这些新征服的部众的吐蕃名称，希望他们像 mthong khyab 一词本意所说的那样，守望在吐蕃的东北边疆。以后，随着吐蕃王国疆域的扩大，吐蕃又陆续收编了一些当地居民为通颊部落，于是在吐蕃新占领的河西道境内，又产生了一些通颊部落。

其次，由各种系统的民众构成的通颊部落最终能够形成为一个民族统一体，应当说是吐蕃王朝推行的部落内婚制的结果。通颊部落的内婚制，可以据 P.t.1083 号文书考知，现转写并翻译如下：

（1）/：/blon chen pos//'dun tsa Long cu nas//phagi lo'i dphyid bkye'i phyag rgya（2）phog ste//rgya sde gnyis kyi dpon snas gsold pha//rgya Sba chu pa'i/bu sring las/sngon（3）chad/Bod Sum dang/zhang lon ya ya nas//mchis brang du 'tshal ba skad du/snyad bthags nas（4）'tshald de// bran du bgyis pa yang mang/rgyal 'bangs las/blar thabs gis/gsold the/（5）'di 'dra bar/phrogs pa tsam zhig//mThong khyab gyi bu sring lta bu/gzhan du gnyin 'tshal（6）tu myi gnang ba dang sbyar zhing//khri sde'i nang du dga 'gnyen 'tshal bar/gthad du ci（7）gang zhes gsollo//bu bzangs Ita bur phyag rgya dang gthad thogs the/spus（8）'dzin du ni myi gnang//dga 'ngyen 'tshal bar gnang ste/phyag rgya 'chang du/（9）stsald pa'//

亥年春，大论自陇州会议发送之用印文书，曰：汉人二部落使牒称："先是，沙州汉人女子每被吐蕃、孙波及他处尚论假借娶妻为名将去，亦多沦为奴婢。既是王属黎民，且已呈上，却如此一任劫掠。应如通颊之女子，不听于别部结亲；且立法，唯许于万户部落内部缔结良缘。谨请处分。"似此不法妄徒，今后不许执印而为买卖公凭；听任〔沙州女子〕自结良缘。〔此文书〕用印发出。

文书末尾钤翼狮图案印一方，文曰 Khrom chen po nas bka'rtags bkye（发送大

军镇命令之印)①。这是吐蕃大论为解决沙州女子被劫掠的问题而下的命令,其中征引的沙州汉人部落使的上书,援引吐蕃在通颊部落采用的内婚制,申请把汉人女子与通颊女子一样对待,于本部落内结婚。吐蕃在通颊部落内推行的这种内婚制,使通颊部落中的各族民众逐渐具有了统一的名称、特定的地域、共同的语言和宗教信仰,以及共同的经济生活,成为一个统一的民族共同体——通颊人。应当指出的是,通颊民族共同体的成立,开始于8世纪前半叶,而其扩大发展则在8世纪后半叶吐蕃占领河陇、创立五个通颊万户部落以后,所以,对唐朝本土的人来说,对他们没有多少了解,甚至没有辨别出他们。但河西本地的汉人,则清楚地知道这个部族,所以屡见于归义军的文书记载。进入归义军时代的通颊部落,已经失去了原来的军事征服性质,且与汉人百姓错居,以血缘关系结成的部落逐渐演变成以地缘关系结成的乡里,加之与汉人的通婚,通颊人逐渐地同化为当地的汉人,通颊人或通颊部落也随之在历史上消失②。

(原载《文史》第 33 辑,中华书局,1990 年,119—144 页。)

---

① *Choix de documents tibétains*, II, pl. 429;参看山口瑞凤《汉人及び通颊人による沙州吐蕃军团编成の时期》,12、15 页;王尧、东践《敦煌吐蕃文献选》,51—52 页;王尧、陈践《敦煌本藏文文献》,68—69 页;王尧、陈践《敦煌藏文写卷 P. T. 1083、1085 号研究——吐蕃占有敦煌时期的民族关系探索》,17 页,注 3。

② 最后应当声明的一点是,汉、藏历史文献中诸如"部落"等词,不能生硬地和今天民族学所讲的部落等词等同起来。所以,本文的部落等词,力求以原始文献的含义为准,一些近代名词如"民族",则取其广泛的意思,而不是指斯大林关于资本主义民族的含义。

所谓"图木舒克语"文书中的"gyāźdi-"[①]

一、文书的发现和研究

早在 1873 年,英国派往新疆叶尔羌的福赛斯(T. D. Forsyth) 使团,就注意到了图木舒克(Tumshuq) 的古代遗址[②]。1895 年走访该地的斯文·赫定(Sven Hedin),也记录了这里的古代废墟[③]。正是在他们的记录的启发下,伯希和(P. Pelliot) 于 1906 年 10 月,率中亚探险队到达这里,正式对该地区脱库孜萨来山(Toqqouz-saraï-tagh) 南麓的城址和图木舒克山(Toumshouq-tagh)南麓寺院遗址进行发掘,获得公元 4 世纪末到 7 世纪初总共 400 多件文物,其中包括 30 件婆罗谜文文书和 10 余件汉文文书[④]。1913 年,勒柯克

---

① 谨在此向对此文提出过批评指正的 Young Tong Society 成员森安孝夫、高田时雄、武内绍人、吉田豊诸氏和王小甫博士表示感谢。

② T. D. Forsyth, *Report of a Mission to Yarkand in* 1873, Calcutta, 1875, p. 54.

③ S. Hedin, *Durch Asien Wüsten*, I, Leipzig, 1899, pp. 298−299.

④ M. Paul-David, M. Hallade et L. Hambis, *Toumchouq* (Mission Paul Pelliot, II), Paris,1964.

（A. von Le Coq）率领的普鲁士探险队再次发掘了图木舒克遗址，所获文物有 152 箱之多，其中包括 10 余件婆罗谜文文书①。此外，通过挖宝人之手，至少有一件写本落入英国的中亚古物收集者霍恩雷（A. E. R. Hoernle）手中，现藏印度事务部图书馆②。1928 年，中瑞西北科学考察团成员黄文弼也走访了该遗址，并发掘了属于 7 世纪前后的墓葬，获得一些婆罗谜文文书和钱币③。1958 年，新疆考古工作者再次发掘了脱库孜萨来古城址，获得 4 世纪末到 11 世纪初大量的文物和文献资料，据称其中包括吐火罗文、汉文、回鹘文和阿拉伯文文献④，可惜迄今尚未公布。

图木舒克遗址出土的这些婆罗谜文资料，给语言学家提出了新的课题。但是，由于这种"死文字"材料很少，比起其东部流行的吐火罗语和其南部流行的于阗语，研究起来难度更大。1935 年，柯诺夫（S. Konow）刊布了勒柯克带回的 7 件图木舒克出土文书和 1 件吐鲁番木头沟（Murtuq）出土的同种文献，初步解读了这种新见的语言，并尽可能做了转写译注⑤。同年，在罗马召开的第 19 届国际东方学家大会上，柯诺夫概要介绍了自己的研究成果⑥，引起与会的伯希和的注意。伯希和把自己在图木舒克发现的一件同种写本交柯诺夫研究。1941 年，柯诺夫刊布了这件编号为 P. 410 的佛教文献，并把这种语言看作是于阗语的变体⑦。1947 年，柯诺夫重新研究了德、法所藏 7 件

---

① A. von Le Coq, *Von Land und Leuten in Ostturkistan*, Leipzig, 1928, pp.39–43; idem, *Die Buddhistische Spätantike in Mittelasien*, Berlin,1925, pp. 27–33.

② H. W. Bailey, *Saka Documents*, I, London, 1960, pl. XXI.

③ 黄文弼《塔里木盆地考古记》，科学出版社，1958 年，59—61 页。

④ 李遇春《新疆维吾尔自治区文物考古工作概况》，《文物》1962 年第 7、8 期；穆舜英等《新疆考古三十年》，新疆人民出版社，1983 年，21 页。

⑤ S. Konow, "Ein neuer Saka-Dialekt", *Sitzungsberichte der preussischen Akademie der Wissenschaften*, *Phil. -hist. Klasse* XX, Berlin, 1935, pp. 1–54.

⑥ S. Konow, "A New Saka Dialect", *Actes du XIX congrès International des Orientalistes*, Roma,1940, pp. 231–232.

⑦ S. Konow, "Notes sur une nouvelle forme aberrante du khotanais", *Journal Asiatique*, 233, 1941–1942, pp. 83–104.

文书和 2 件佛教文献,对每件写本都重新做了转写和翻译①。柯诺夫确定了这种语言的塞语或称伊朗语的性质,并解读了一大批词汇,为人们进一步研究奠定了基础。但他把这种语言看作是古老的于阗塞语方言,显然只是从其与于阗语的密切关系来立论,而忽视了它们都出土于图木舒克这一基本事实。

1950 年,贝利(H. W. Bailey)参考巴利、梵、汉、藏、吐火罗语资料中的羯磨类文献,确定了 P. 410 写本是比丘尼所用的"羯磨仪轨",并做了新的译注。另外,他否定了柯诺夫用于阗语指称这种语言的作法,而改用地名"Tumshuq"②。1957 年,贝利分析了这种语言的语法因素,并转写翻译了一件文书③。1960 年,贝利在所编 Saka Documents I 中,刊布了藏于印度事务部图书馆和柏林科学院的三件新发现的图木舒克文献④。1968 年,他转写了这三件写本,并确定印度事务部藏卷的内容是 Araṇemi Jātaka⑤。此后,贝利仍在文章和所编《于阗塞语词典》中引证或释读一些词汇⑥。

1971 年,恩默瑞克(R. E. Emmerick)在编辑 Saka Documents V 时,收入东柏林民主德国科学院藏的三件未刊文书⑦。1985 年,恩默瑞克根据哈特勒(H. Härtel)刊布的梵本"羯磨仪轨"⑧,重新转写翻译了 P. 410,参照梵文对应词汇,确定了一些词的含义。在该文中,恩默瑞克首次使用"Tumshuqese"一名作为这种语言的名称⑨。此名已基本得到伊朗语学界的认可。尽管恩默

---

① S. Konow, "The Oldest Dialect of Khotanese Saka", *Norsk Tidsskrift for Srogvidenskap*, XIV, 1947, pp. 156–190.

② H. W. Bailey, "The Tumshuq *Karmavācanā*", *BSOAS*, XIII. 3, 1950, pp. 649–670.

③ H. W. Bailey, "Languages of the Sakas", *Handbuch der Orientalistik*, I. Abt., IV Bd., Iranistik, 1, Linguistik, Wiesbaden,1958, pp. 131–154.

④ H. W. Bailey, *Saka Documents*, I, London,1960, pls. XXI-XXIV.

⑤ H. W. Bailey, *Saka Documents*, *text volume*, London,1968, pp. 44–51.

⑥ H. W. Bailey, *Dictionary of Khotan Saka*, Cambridge, 1979.

⑦ R. E. Emmerick, *Saka Documents*, V, London,1971, pls. CXXII-CXXVI.

⑧ H. Härtel, *Karmavācanā*, Berlin, 1956.

⑨ R. E. Emmerick, *The Tumshuqese Karmavācanā Text*, Stuttgart, 1985.

瑞克在"羯磨仪轨'的研究上前进了一步,但他并没有找出 Tumshuqese(以下简称 Tumsh.)译本和梵本间的全部对应关系。1987 年施杰我(P. O. Skjaervφ)又细心地对证出一些 Tumsh."羯磨仪轨"的语义,订正了恩默瑞克的一些错误;在文末,他还转写了 Saka Documents V 中刊布的三件文书,并讨论了 Tumsh.文书中几个特有的字母①。最近,施密特(K. T. Schmidt)根据吐火罗语资料来订正恩默瑞克的刊本,认为 Tumsh."羯磨仪轨"实际是译自吐火罗语本。而且他还在德国吐鲁番收集品中找到数件未刊 Tumsh.写本,内容尚未判定②。

另一方面,希契(D. Hitch)在多处探讨了 Tumsh.所用婆罗谜字母与中亚的摩尼文、佉卢文、突厥语所用婆罗谜文的关系③。但他关于 Tumsh.所用字母来源于突厥语所用者的假说,与历史事实全违,因而受到另一位专治中亚文字的学者 L. Sander 的批评④。然而,希契用与于阗语、尼雅俗语同类语句对比的方法,来确定 Tumsh.契约文书中的惩罚语句含义⑤,却是研究文书类资料的一种可行办法。据闻,他正在撰写的博士论文,就是重刊已知的所有 Tumsh.文献⑥。笔者所见有关 Tumsh.的最新研究成果,是恩默瑞克的"Khotanese and Tumshuqese"。该文分析了 Tumsh.的字母、语音、语法等⑦,可视为

---

① P.O. Skjærvø, "On the Tumshuqese *Karmavācanā* Text", *JRAS*, 1987, pp. 77-90.

② K.T. Schmidt, "Ein Beitrag des Tocharischen zur Entzifferung des Tumšuqsakischen", *Altorientalische Forschungen*, 15, 1988, pp. 306-314.

③ D. Hitch, "A Brāhmī Manichaean Hybrid Script", *Orientalia Lovaniensia Periodica*, 14, 1983, pp. 293- 312; idem., "Kharoṣṭhī Influences on the Saka Brāhmī Script", *Middle Iranian Studies*, Leuven, 1984, pp. 187-202; idem., "Tushuqese and Turkic Brāhmī *ru*", *Journal of Turkish Studies*, 11, 1987, pp. 249- 252; idem., "Brāhmī", *Encyclopaedia Iranica*, IV. 4, 1987, pp. 432-433.

④ L. Sander, "Brāhmī Scripts on the Eastern Silk Roads", *Studien zur Indologie und Iranistik*, 11/12, 1986, pp. 163-166.

⑤ D. Hitch, "Penalty Causes in Tumshuqese, Khotanese and the Shanshan Prakrit", *Studia Iranica*, 17.2, 1988, pp. 147-152.

⑥ D. Hitch, *Tumshuqese Materials*: *a* (*re*)*edition of the available texts*.

⑦ R.E. Emmerick, "Khotanese and Tumshuqese", *Compendium Linguarum Iranicarum*, ed. by R. Schmitt, Wiesbaden, 1989, pp. 204-229.

今后研究的基础。

　　总结上述研究成果,迄今共刊布了十五件 Tumsh.文献。除 P. 410 外,其他文献由施杰我编为 Tum. I-XIV。其中柯诺夫最早刊布的八件中,Tum. I-VI 是法律契约类文书,Tum. VII 可能是摩尼教团的文书。木头沟出土的 Tum. VIII 是佛教文学作品;*Saka Documents* I 中刊布的三件中, Tum. IX 是 Araṇemi Jātaka, Tum. X-XI 是文书;同书 V 所刊三件,Tum. XII-XIV,均为文书。这些写本大致可分成两类,即佛教文献和世俗文书。前者均用正体婆罗谜文书写,后者则用草体。P. 410 显然最古老,它所使用的字母与梵文不尽相同,并有一个表示 ź 音的特殊字母。在世俗文书中,更较梵文多出 12 个字母,其中 7 个也见于吐火罗语和突厥语所用的字母,其余 5 个则为 Tumsh.特有,这比与之最亲近的于阗文所用字母还要多①。但是,语言学者并未能根据这些特点来确定出写本的年代,而往往笼统地称 Tumsh.是比于阗语更为古老的塞语方言。至于文字的解读,除"羯磨仪轨"和 Araṇemi Jātaka 外,文书的词字尚有许多不明点,前人的解读、翻译只能提供大致的意思,有些词汇的解释值得商榷。

二、图木舒克地区的历史沿革

　　图木舒克位于新疆巴楚(Barcuq)县东北,有关该地区佛教时代的历史状况,以汉文史料记载最为详实。以下简要分析一下汉籍中的记录,以便确定 Tumsh.文书所处的时代。

　　图木舒克地区汉代时应在尉头国的范围之内。《汉书》卷九六上《西域传》记载:

　　　　尉头国,王治尉头谷,去长安八千六百五十里。户三百,口二千三

---

① R. E. Emmerick, "Khotanese and Tumshuqese", *Compendium Linguarum Iranicarum*, ed. by R. Schmitt, Wiesbaden, 1989, pp. 206-207.

百,胜兵八百人。左右都尉各一人,左右骑君各一人。东至都护治所千
四百一十一里,南与疏勒接,山道不通,西至捐毒千三百一十四里,径道
马行二日。田畜随水草,衣服类乌孙。①

同传下温宿国条记:

> 西至尉头三百里,……东通姑墨二百七十里。②

据此,知西汉时尉头为随水草而动的游牧小国,中心地带在山谷中,从
山道不与疏勒通的记载,推测当在图木舒克以北山中。但从其与温宿等国
间的距离和道路相通来看,图木舒克地区当在尉头国民的游牧范围之内。
这可以从《后汉书》卷八八《西域传》中得到证明:

> 疏勒国……东北经尉头、温宿、姑墨、龟兹至焉耆。③

表明尉头位在疏勒、温宿之间的路上,亦即今巴楚地区。

尉头虽为独立王国,但人少势单,夹在疏勒、龟兹两大王国之间,主要依
附于后者。《后汉书》卷四七《班超传》记永平十八年(75)班超奉命回中原
未果,更返疏勒,"疏勒两城自超去后,复降龟兹,而与尉头连兵。超捕斩反
者,击破尉头,杀六百余人,疏勒复安"④。同传又记:"明年,超发于阗诸国兵
二万五千人,复击莎车。而龟兹王遣左将军发温宿、尉头合五万人救之。"⑤
表明尉头在东汉初已在龟兹的指挥之下。《三国志》卷三〇注引《魏略·西
戎传》记:

> 中道西行……姑墨国、温宿国、尉头国,皆并属龟兹也。⑥

此后尉头仍以王国形式存在。《晋书》卷一二二《吕光载记》记吕光进攻龟兹

---

① 《汉书》卷九六《西域传》,中华书局,1962 年,3898 页。
② 同上,3910—3911 页。
③ 《后汉书》卷八八《西域传》,中华书局,1965 年,2926—2927 页。
④ 《后汉书》卷四七《班超传》,1575 页。
⑤ 同上,1580 页。
⑥ 《三国志》卷三〇注引《魏略·西戎传》,中华书局,1982 年,860 页。

城事:"光攻城既急,〔龟兹王〕帛纯乃倾国财富请救狁胡。狁胡弟呐龙、侯将
馗率骑二十余万,并引温宿、尉头国王,合七十余万以救之。"①《北史》卷九七
《西域传》称尉头国"役属龟兹"②,用词似更贴切。

隋唐时期,不见尉头国的明确记载。《通典》卷一九一《边防》七记:

> 龟兹……今并有汉时姑墨、温宿、尉头三国之地。③

唐高宗显庆三年(658)打败西突厥,全面控制西域以后,在西域地区实
行羁縻州制度,并保留原有的当地国王管理体制。此后,图木舒克地区更多
地是以"据史德"的名字出见在唐朝的文献中,而"尉头"则用为唐朝所设羁
縻州名,归龟兹都督府管辖。对此记载最详的是《新唐书》卷四三下《地理
志》所录贾耽的《皇华四达记》:

> 自拨换(汉姑墨,今阿克苏)、碎叶(衍文)西南渡浑河,百八十里有
> 济浊馆,故和平铺也。又经故达干城,百二十里至谒者馆。又六十里至
> 据史德城,龟兹境也,一曰郁头州,在赤河北岸孤石山。渡赤河,经岐
> 山,三百四十里至葭卢馆。又经达漫城,百四十里至疏勒镇。……赤河
> 来自疏勒西葛罗岭,至城西分流,合于城东北,入据史德界。④

同志所记隶属安西都护府的羁縻州中,也有"蔚头州"名。"郁头"、"蔚头",
都是"尉头"的同音异写。"据史德"一名又见于吐鲁番出土的两件唐麟德二
年(665)《府兵支用钱练帐》⑤、和田麻札塔格(Mazar tagh)出土的一件唐代
残文书中⑥。这些不同的地区出土的唐代文书均用"据史德"这种写法,证明

---

①《晋书》卷一二二《吕光载记》,中华书局,1974 年,3055 页。

②《北史》卷九七《西域传》,中华书局,1974 年,3218 页。

③《通典》卷一九一《边防》七,中华书局,1988 年,5207 页。

④《新唐书》卷四三下《地理志》,中华书局,1975 年,1150 页。

⑤《吐鲁番出土文书》第 6 册,文物出版社,1985 年,434—437 页。参看拙稿《新出吐鲁番文书所见西
域史事二题》,《敦煌吐鲁番文献研究论集》第 5 辑,北京大学出版社,1990 年,345—354 页。

⑥ H. Maspero, *Les documents chinois de la troisième expédition de Sir Aurel Stein en Asie Centrale*, London,
1953, p. 188, No. 459.

贾耽所据的资料是唐朝的官府文书,十分可信。前人早已指出,赤河指今喀什噶尔河。孤石山或即今脱库孜萨来山,据史德城即今山南麓的古城遗址,当地百姓称之为唐王城。知唐代的据史德城即在今图木舒克。另外,贾耽所记据史德城位于拨换到疏勒路上,正与汉代尉头位于姑墨、疏勒之间相合。这一点还可参看《旧唐书》卷一〇四《高仙芝传》的记载:"自安西行十五日至拨换城,又十余日至握瑟德,又十余日至疏勒。"[1]"握瑟德"即"据史德"("握"为"据"的误写,"瑟"为"史"的同音异译)。此名在汉籍中最晚见于《悟空入竺记》,其所记悟空于贞元四年(788)的回程云:"次〔至〕据瑟德城,〔镇守〕使卖诠。次至安西。"[2]此后不久,唐朝势力退出西域,此地可能经过吐蕃的短暂统治,而后归入葛逻禄或回鹘人的势力范围。到 11 世纪下半叶黑韩王朝学者写合木·喀什噶里编《突厥语大词典》时,这一带已经用突厥语称作"巴楚"(Barchuq)。从图木舒克遗址出土有回鹘文、阿拉伯文文书来看[3],据史德城仍未废弃,但政治中心恐怕已西移巴楚。

从以上的历史概述,大致可以了解尉头/据史德从游牧到定居的生活形态,从役属于龟兹到成为龟兹管内羁縻州的政体变迁。这些对于我们正确地理解 Tumsh.文献的内涵及其文化来源,都有着极其重要的价值。

三、所谓 Tumshuqese 文书中的 gyāźdi-即"据史德"说

一般说来,这些出土于图木舒克的文献,特别是其中的世俗文书,所记必然是当地之事。然而,语言学者们迄今并未在这些文献中找到佛教时代的"尉头"或"据史德"的原语,因此在指称这种语言时,只好用很晚才有的"Tumshuq"一名来作为这种语言的名称,但"Tumshuqese"一名无论在已刊的文书中,还是在同时代的其他文献里都没有得到印证。从于阗语、粟特语等

---

①《旧唐书》卷一〇四《高仙芝传》,中华书局,1975 年,3203 页。

②《大正新修大藏经》,No. 2089,980 页 c。

③ 沙比提·阿合买提《喀喇汗朝时期的一件文书》,《新疆文物》1986 年第 1 期,80—81 页。

古代语言的命名方法来看,应尽可能地使用这种语言流行时期该地区的地名来命名,"Tumshuqese"的使用显然没有做到这一点。

Tumsh.文书中是否包含人们目前尚未发现的当地地名呢? 这是一个十分关键的问题。值得注意的是 Tumsh.文书开头部分的纪年语句,现将 Tum. I 第 1—2 行转录如下:

(1) *jezdam-purā xšande gyāźdiyā ride̠ wāsudewā xšimane xšane śazdā-*
2*sālye ahverjane māste bistyo dreyyo.*

贝利的英译是:

On the 23rd day of the month Ahverjana, in the Serpent year, in the sixth regnal period of Wāsudewa, son of the gods, ruler, divine king.[1]

贝利此处把 jezda-和 gyāźdiya-分别译作名词"god"和形容词"divine",含义都是"神"。这一解释当承自柯诺夫。柯诺夫把这两个词分别比定为于阗文的 gyasta-"god"和 gyāsta>*yāzyata"divinity","majesty"[2]。这种解释显然是根据发音都略同于于阗文 gyāsta-(神)而得出的。但是,在同一行中表示同一个修饰语义时不应该使用不同的字。对于 jezda-和 gyāźdiya-,有必要做新的探讨。事实上,gyāźdi-(-ya 是形容词尾)中的 ź 是仅见于 Tumsh.文书中的特殊字母,在柯诺夫最早刊布的字表中被认为是 No. 4[3]。施杰我指出,合体字 źda 尚未得到合理的解释,所以把 gyāźdi-看作是国王的一种荣誉称号是有疑问的,柯诺夫和贝利认为是 No. 4 的 ź 很可能是 No. 8 的 ź[4]。恩默瑞克在对比于阗语和 Tumsh.词汇时,也只将 jezda-对应于 gyasta-"神",而没有提 gyāźdi-[5]。可见,把 gyāźdi-解释为"神"是有疑问的。

---

① Bailey, "Languages of the Sakas", p. 152.

② Konow, "The Oldest Dialect of Khotanese Saka", p. 183.

③ Konow, "Ein neuer Saka-Dialekt", p.7.

④ Skjærvø, "On the Tumshuqese *Karmavācanā* Text", p. 79.

⑤ Emmerick, "Khotanese and Tumshuqese", p. 222.

我在此提出 gyāźdi-即地名"据史德"的假说,换句话说,即汉文"据史德"的原语就是 gyāźdi-,理由如下。

从语音上来看,gyāźdi-和"据史德"的古音基本相合。"据史德"的中古音可以拟为*kǐo-ʃɨə-tək[1],下引藏文史料中"据史德"的拼法是 gus-tig。第一个字的韵母 ā,在于阗文的语音发展中是向 o,au 转化的,如晚期于阗文(LKH)noma,nauma 即早期于阗文(OKH)nāma(名),ā 在 LKH 中也常用来译外来语的 o,如 dārji 译自藏文 rdo-rje[2]。水谷真成氏曾据婆罗谜文转写之《金刚经》,指出于阗文的 ā 通常近于 u 或 o 的音[3]。现代波斯文中的长音 ā,读音时也类似汉语拼音的 ao 的音。所以,唐人用"据"来转写 gyā 是可以讲的通的。ź 是发声的丝音,译成"史"是没有问题的。di-中的-i-可能是构成形容词的联结元音,其原形韵尾有可能是一个短元音 a 或 o。上举婆罗谜文音译汉字《金刚经》中用 ttihä:译"德"字,10 世纪于阗国太子 tcūṃ-ttehi:,汉文作"从德",又于阗文文书中有 thaiyaṃ ttīkä(大德)、kū thaigä ṣī(功德使)[4]。此处之 di-无收声,或许是因为后接形容词尾-ya 的缘故。另外,据史德的古名尉头,一作郁头,中古音可拟为*ĭwət-dəu[5],应当与据史德来自同一个词,"头"无收声,可以作为参考。

汉文之外的"据史德"一名,见于 F. W. Thomas 刊布的藏文文献《僧伽伐弹那(Saṅghavardhana)授记》中:

> Likewise also the monks of 'An-tse, Gus-tig, Parmkhan, and Śu-lig,

①郭锡良《汉字古音手册》,北京大学出版社,1986 年,115、56、22 页。

② R. E. Emmerick. "The Vowel Phonemes of Khotanese", *Studies in Diachronic, Synchronic and Typological Linguistics. Festschrift for Osdwald Szemérenyi*, ed. By E. Brogyanyi, Amsterdam, 1979, pp. 245, 239.

③水谷真成《Brāhmī 文字转写〈罗什译金刚经〉の汉字音》,《名古屋大学文学部十周年记念论集》,1959 年,751 页。

④高田时雄《コータン文书中の汉语语汇》,《汉语史の诸问题》,京都大学人文科学研究所,1988 年,76、78、89 页。

⑤《汉字古音手册》,114、176 页。

after great sufferings, will go to the Bru-śa land.[1]

其中的地名,已由伯希和圆满地比定出来,即:'An-tse<安西(龟兹),Gus-tig<据史德,Par-mkhan<拨换,Shu-lig<疏勒[2]。藏文 Gus-tig 一名来自汉文,其形式可作为上述比定的参证。

另外,从西域流行的伊朗文化系统的文书纪年形式来看,也可以把 gyā-ẑdi-看作是"据史德"。一般来讲,在文书纪年部分往往要讲明是何国之王的哪一年,即"王"字之前都举出地名,现举证如下:

(A)安德悦(Endere)遗址出土的佉卢文 No. 661 契约文书纪年部分:

saṃvatsara 10 mase 3 dhivajha 10 4 4 ij'a ch'unami khotana maharaya hinajha dheva vij'ida siṃha [3]

T. Burrow 的英译是:

On the 18th day of the 10th month of the 3rd year, at this time in the reign of the king of Khotan, the king of kings, Hinaza Deve Vijita-Siṃha.[4]

(B)和田铁提克日本遗址(即 Farhād-beg-yailaki)出土于阗文契约文书纪年部分:

salī 4 māśta 2 haḍa 5 ṣa' kṣuṇä miṣḍā gyasta hva(nä) rrāṃda viśa' sīmhyi

恩默瑞克的英译:

Year 4, month 2, day 5. the regnal year of the gracious divine Kho-

---

① F. W. Thomas, *Tibetan Texts and Documents concerning Chinese Turkestan*, I, London, 1935, p. 61.

② P. Pelliot, *Notes on Marco Polo*, II, Paris, 1963, pp. 713-715.

③ 除 Emmerick 在 *Prolegomena to the Sources on the History of Pre-Islamic Central Asia* (ed.by J. Harmatta, Budapest, 1979, p.168, n.7)中所列举的参考文献外,又见 H. W. Bailey, *The Culture of the Sakas in Ancient Iranian Khotan*, New York, 1982, p. 2。

④ T. Burrow, *A Translation of the Kharoṣṭhī Documents from Chinese Turkestan*, London, 1940, p. 137.

tanese king Viśa' Sīmhyi.[1]

（C）Mug 出遗址出土粟特语文书纪年部分：

'LKŠNT 'YKZY ZKn sγwδyk MLK' sm'rknδc MR'Y δyw'štyc 'yw ŠNT''z m'xy zymtycy

F. Grenet 和 N. Sims-Williams 的英译：

That year when it was the year one of the Sogdian king, the lord of Samarkand Dēwāštīč, in the month Žimtīč.[2]

以上三种文书,分别用和田地区的佉卢文犍陀罗语、于阗语和粟特语书写,它们无疑与 Tumsh. 最为亲密,在"大王"（maharaya）或"王"（rrāṃda. 和 MR'Y）之前,无一例外的是地名（khotana/hvanä"于阗"或 sm'rknδc"撒马尔干"）,由此我们认为 Tumsh. Rid̠e"王"字前面的 gyáźdi-应是地名,即"据史德",Tum. I 第 1—2 行应译作：

神之子、统治者、据史德王 Wāsudewa 在位第六年、蛇年 Ahverjana 月二十三日。

The 6th regnal year of the son of the gods, ruler, Gyāźdese king Wāsudewa. Year Serpent, month Ahverjana, day 23.

最后,还可以从文书的大致年代提出佐证。如上所述,语言学家迄今并未能判定出这些文书的年代。文书材料所用的字母较明确属于唐朝时期的于阗文所用字母还多,似表明其年代不会太早。Sander 把 Tumsh.的文字归入"North Turkestan Brāhmī, type a or b",并且认为应来自吐火罗文所用之文

---

[1] R. E. Emmerick, "A New Khotanese Document from China", *Studia Iranica*, XIII. 2, 1984, pp. 194–195.于阗文的其他例证,见张广达、荣新江《关于和田出土于阗文献的年代及其相关问题》,《东洋学报》第 69 卷第 1、2 号,1988 年,65、78 页。

[2] F. Grenet and N. Sims-Williams, "The Historical Context of the Sogdian Ancient Letters", *Transition Periods in Iranian History* (*Studia Iranica*, *cahier* 5), Leuven, 1987, p. 114.

字,较 5、6 世纪的"Early Turkestan Brāhmī"年代要晚①。从历史学的角度来看这些文书,大致可以将它们判定在 658 年唐朝据有塔里木盆地以后的时代,理由有四:第一,在 Tum. I 和 II 两件文书中,都有汉字署名,一个字似"倪",一个似是"庭",从字形、笔划来看,似不是汉人所写,而是当地胡人所书②。之所以用汉文签署,应是汉人统治该地的结果。Tum. I 和 V 两件文书,都是经过 cāṃsi 处理的法律文书③,柯诺夫已经比定出 cāṃsi 即汉文的"长史"④。由长史判案处理民间诉讼等问题,正是唐朝的地方行政制度⑤,而这种行政制度是随着 658 年唐朝占领西域并设立羁縻州后传到西域地区的⑥。在此之前,没有证据说明有长史这样的官在西域地区处理类似本文书所涉及的这种问题。因此,我们认为这些文书产生于唐代。第二,Tum. I-IV 文书都是画指,即先写自己的名字,再写多少岁,在表示年岁的部分,划三个横线,表示指节。在中国历史上,署名画押早在汉代就有了,但画指和书年相结合的形式,是唐朝时期才见于文书的⑦。Tumsh. 文书的画指书年形式,当得自唐朝或唐朝影响下的吐火罗语文书形式⑧,故其年代不应早于唐朝。第三,Tum. II、IV 两件文书中提到的保人中有粟特人(Sudani)⑨。粟特人大批东来并定居在塔里木盆地周边绿洲、吐鲁番,敦煌等地,应是公元 7 世纪初以来的事,粟特人(唐人称之为兴胡)为人担保的事例,见于多件吐鲁番出土

---

① Sander, "Brāhmī Scripts on the Eastern Silk Roads", pp.163–166.

② Konow, "Ein neuer Saka-Dialekt", Taf. 1–2.

③ *Ibid.*, pp. 33–36, 40–41.

④ *Ibid.*, p. 4.

⑤《唐六典》卷三〇,中华书局,1992 年,747 页。

⑥ 拙稿《唐宋时代于阗史概说》,《龙谷史坛》第 97 号,1991 年,29—32 页。

⑦ 张传玺《中国古代契约形式的源和流》,《秦汉问题研究》,北京大学出版社,1985 年,183 页。

⑧ Tumsh. 中表示"画指"的特殊词 Kapci 系借自吐火罗文,而不是用伊朗语的 haṃguṣṭa- (Emmerick, "Khotanese and Tumshuqese", p. 229).此点至堪注意。关于此词词义,参看熊本裕《Hagausta. Suli》,《四天王寺国际佛教大学文学部纪要》第 17 号,1984 年,1—5 页。

⑨ Konow, "The Oldest Dialect of Khotanese Saka", pp.165–166, 168–169; Cf. W. B. Henning, "Neue Materialen zur Geschichte des Manichaismus", *ZDMG*, 1936, pp. 389–391.

唐代文书中①。第四,在图木舒克遗址出土文书中,除上述 Tumsh. 文书外,有两件汉文文书曾在新疆维吾尔自治区博物馆展出,均为 1958 年的发掘品。其一已由山本达郎和池田温氏发表,题《唐某年(8 世纪)龟兹白向宜黎租桃园契》,文字如下:

1　(前缺)蒲桃园壹所

2　(前缺)七日,白向宜黎为自无田

3　(前缺)平章,两家火下

4　(前缺)白向宜黎出人力,至

5　(前缺)已上并停(庭)分。官有

6　(前缺)□□税粮并向宜

7　(前缺)多

　　(下缺)②

另一件馆方题为"唐残牒",现将笔者 1983 年参观该馆时所录文字抄下:

　　(上残)

1　审思之,秋中(后缺)

2　动履清适,庭(后缺)

3　欲和同,何得有少(后缺)

4　听,亦无此言,望如(后缺)

5　作得守捉申称,补尔(后缺)

6　叶护与尔界旧有言(后缺)

7　得否,请与董使审(后缺)

---

① 池田温《8 世纪中叶における敦煌のソグド人聚落》,《ユーラシア文化研究》第 1 号,1965 年,28—52 页;姜白勤《敦煌、吐鲁番とシルクロード上のソグド人》,《季刊东西交涉》第 5 卷第 1—3 号,1986 年,3)—39、26—36、28—33 页;张广达《唐代六胡州等地的昭武九姓》,《北京大学学报》1986 年第 2 期,71—82 页。

② T. Yamamoto and O. Ikeda, *Tun-huang and Turfan Documents concerning Social and Economic History*, III, Contracts, (A), Tokyo, 1987, p.166.

8　各限公守(后缺)

9　遣将军(后缺)

　　(下缺)

从"守捉"一词,可知应系唐朝文书。由这两件汉文文书,亦可佐证 Tumsh.文书类资料同属唐代,即 7、8 世纪。在属于唐朝时期的 Tumsh.文书中,应当有"据史德"一名,这是我们之所以判断 gyāźdi-为"据史德"的另一原因。

　　如果 gyāźdi-为"据史德"的比定成立的话,那么所谓"Tumshuqese"似应改称 Gyāźdese"据史德语"。

(原载《内陆アジア言语の研究》VII,
神户外国语大学,1992 年,1—12 页。)

据史德语考

引　言

　　19 世纪末和 20 世纪初的西域考古发现高潮中,挖宝人和西方探险家从巴楚盆地东北的古城和寺院遗址获得了一批文物①,在法、德、英三国的收集品中,有来自这一地点的为数不多的一些东伊朗语文书,经过中古伊朗语专家柯诺夫(S. Konow)、贝利(H. W. Bailey)、恩默瑞克(R. E. Emmerick)、施杰我(P. O. Skjaervo)等人的努力,迄今总共公布了十五件文书,其中三件是宗教文献,其余都是世俗文书。由于材料太少,这些文书的语言学研究尚不尽人意,不论是文字,还是语法,都还有许多问题有待解决。现将几十年来

---

① 关于图木舒冤遗址的情况,请参看 S. Hedin, *Durch Asien Wüsten*, I. Leipzig, 1899, pp. 298–299; A. von Le Coq, *Von Land und Leuten in Osttürkistan*, Leipzig, 1928, pp. 39–43; idem., *Die Buddhistische Spatantike in Mittelasien*, Beilin, 1925. pp. 27–33; M. Paul-David, M. Hallade et L. Hambis, *Toumchouq* (*Mission Pacul Pelliot*, II), Paris, 1964;黄文弼《塔里木盆地考古记》,科学出版社,1958 年,59—61页:李遇春《新疆维吾尔自治区文物考古工作概况》,《文物》1962 年第 7、8 期,羊毅勇《脱库孜莎来古城探源》,《新疆文物》1993 年第 4 期,20—26 页。

欧美学者有关这些文书的主要研究成果列出（此目同时作为本文所引主要文献的缩略语），请读者参考：

S. Konow (1935),"Ein neuer Saka-Dialekt", *Sitzungsberichte der preussischen Akademie der Wissenschaften*, phil. -hist. *Klasse*, XX, Berlin, pp. 772-823+Taf.1-8.(《一种新的塞语方言》)

S. Konow (1941),"Notes sur une nouvelle forme aberrante du khotanais", *Journal Asiatique*, 223, pp. 83-104.(《关于一种于阗语的新变体》)

S. Konow (1947), "The Oldest Dialect of Khotanese Saka", *Norsk Tidsskrift for Sprogvidenskap*, XIV, pp. 156-190.(《最古老的于阗塞语方言》)

H. W. Bailey (1950),"The Tumshuq Karmavācanā", *BSOAS*, XIII. 3, pp. 649-670.(《图木舒克的羯磨仪轨》)

H. W. Bailey (1960),*Saka Documents*, I, London, pls. XXI-XXIV.(《塞语文书》第一册)

H. W. Bailey (1968),*Saka Documents*, *text volume*, London, pp. 44-51.(《塞语文书转写译注卷》)

R. E. Emmerick (1967),*Saka Documents*, V, London, pls. CXXII-CXXVI.(《塞语文书》第五册)

R. E. Emmerick (1985),*The Tumshuqese Karmavācanā Text*, Stuttgert-Wiesbaden, 30pp.《图木舒克语羯磨仪轨文献》)

R. E. Emmerick (1989), "Khotanese and Tumshuqese", *Compendiun Linguarum Iranicarum*, ed. by R. Schmitt. Wiesbaden, 1987, pp. 204-229.(《于阗语与图木舒克语》)

P. O. Skjaervo (1987), "On the Tumshuqese Karmavācanā Text", *JRAS*, pp. 77-90.(《关于图木舒克语羯磨仪轨文献》)

K. T. Schmidt (1988)."Ein Beitrag des Tocharischen zur Entzifferung des Tumsuqsakischen", *Altorientalische Forschungen*, 15, pp. 306-314.(《图

木舒克塞语译本的吐火罗语原本》)

关于这些文书的研究史,可参看:

荣新江(1991)《所谓'Tumshuqese'文书中的'gyāźdi-'》,《内陆ア
ジア言语の研究》VII,神户外国语大学,1992年,1—12页。

一、"图木舒克语"(Tumshuqese)定名之商榷

这些东伊朗语文书中,尚未发现指称自己语言的名词。柯诺夫最早称
之为"一种新的塞语方言"(Konow 1935)。继而认为是一种"古老的于阗语
方言"(Konow 1941, 1947)。但文书的出土地在巴楚的图木舒克,而不是和
田。所以,贝利否定了他的命名,而用"Tumshuq"一词(Bailey 1950)。后来,
恩默瑞克即据此给了这种语言一个英文名称,叫作"Tumshuqese"(图木舒克
语),即地名"图木舒克"加上表示语言的后缀(Emmerich 1985)。这一定名
已为国际伊朗语学界广泛接受,如上引《伊朗语言学概要》(*Compendium Lin-
guarum Iranicarum*)和正在编印的《伊朗学百科全书》(*Encyclopaedia Irani-
ca*),就都采用了这种定名。

然而,从图木舒克的历史发展和西域古语言的命名规则来看,"图木舒
克语"一名似乎很难看作是这些文书所用语言的本名。

这些文书的语言是属于印欧语系印度伊朗语族中的东伊朗语分支,操
这支语言的人大多是塞种人,所以又常称之为塞语。从语言归属来看,操所
谓"图木舒克语"的人应当是西域的一支塞种,与其周边的于阗、小石城、疏
勒同种①。这些塞人是在公元9至11世纪蒙古草原的突厥、回鹘部族大批
移居塔里木盆地以后渐渐消失的。因此,可以把这种东伊朗语流行的时间,
放在10世纪以前的年代中。这种语言的命名应当使用这个时代的地名才

---

① 参看张广达、荣新江《上古于阗的塞种居民》,收入《于阗史丛考》,上海书店出版社,1993年,197—
199页。

对,正如在与此相同时代的于阗流行的东伊朗语自称作"于阗语"（Kho-tanese）一样①。据我在上引文中对汉文史料的通盘考察,从汉到唐,图木舒克地区先后被称为"尉头"、"蔚头"、"郁头"、"据史德"、"握瑟德"、"据瑟德"等（荣新江 1991）,其原语应是同样的,只是汉字的用字不同而已。换句话说,就是所谓"图木舒克语"流行的时代并没有"图木舒克"这个地名。

按,tumshuq 不是伊朗语词汇,而是突厥语词。此词见于马合木·喀什噶里《突厥语大词典》,作为一般名词,意为"鸟嘴"②。《突厥语大词典》成书于 11 世纪 70 年代,如果其时 tumshuq 已是地名的话,《大词典》应当有所著录。由此可以认为"图木舒克"这一地名在 11 世纪末期尚不存在,它作为地名（而且是个小地名）的出现,应是当地居民已经完全突厥化以后的事。而这一地名的大量见诸史籍,是晚到清朝的事,除"图木舒克"外,还有"图木休克"、"托木硕克"、"图木秀克"等写法。

依据名从主人的规则,我们认为使用突厥化以后的地名"图木舒克"来指称塞人占主体时代的这种东伊朗语是不合适的,其原名不可能是"图木舒克语",而应当到这些文书所用语言行用年代范围内的地名中去寻找,特别是从这种语言本身所写的材料找内证。

二、"疏勒语"（Sudानī）定名辨误

近年来,林梅村先生提出一种新说,认为这种语言应当叫作"疏勒语",理由是:（一）自汉迄唐,图木舒克地区均属疏勒辖境;（二）出土文书中的当地国王 Wāsudewā 即《高僧传初集》卷二《佛陀耶舍传》所记沙勒王不念;

---

① R. E. Emmerick, *Saka Grammatical Studies*, London 1968, p. 1. 对于佛教时代（1006 年以前）于阗的语言名称,汉语中早就称作"于阗文"了,见《宋会要》道释二所记:"施护十五依帝释宫寺僧悲贤学五天真草及师子、于阗、三佛齐、阇婆文字。"（《宋会要辑稿》第八册,中华书局影印本,7892 页）

② Mahmūd al-Kaš gari, *Compendium of the Turkic Dialects*, ed. and tr. by R. Dankoff, Harvard University, 1985, p. 351.

（三）疏勒人慧琳《一切经音义》中的对音系统，与这种新发现的语言相同；（四）文书中的"sudana"一词，指的是疏勒人①。林说最早是 1989 年在季羡林先生主持的西域文化读书班（Seminar）上发表的，当时季先生曾让我们分别从历史和语言角度来验证此新说，我们据研究的结果，在读书班上提出不同意见，但未被考虑，现将我们的理由整理如下，请读者判凭。

首先，林说依据《汉书·西域传》所记"疏勒国，王治疏勒城……南至莎车五百六十里"和《后汉书·西域传》所记"莎车东北至疏勒"，认为汉代的疏勒在巴楚盆地，但《汉书·西域传》的莎车国条，却记为"莎车国，王治莎车城……西至疏勒五百六十里"，按莎车城的座标，疏勒又得在今天的喀什附近寻找，而不可能在巴楚盆地。显然，《汉书》原本是自相矛盾的②。《后汉书》所说"莎车东北至疏勒"一句，在传末，并未说明是指方位，据同书疏勒国条末所记"东北经尉头、温宿、姑墨、龟兹至焉耆"一句，似所说均为道路，则由莎车东北穿于阗河再西行疏勒，是当时重要的交通线。因此，这两条材料似不能改变传统所认为的汉代疏勒在喀什的看法。

其次，林说据汉代尉头国与唐代郁头州不在一处，而否认贾耽所记郁头州属龟兹境，进而否定黄文弼等人把图木舒克地区的古遗址归入龟兹文化圈的观点。按《新唐书·地理志》保存的贾耽《皇华四达记》的有关文字是："又六十里至据史德城，龟兹境也，一曰郁头州，在赤河北岸孤石山。"自斯坦因（A. Stein）以来，学者均将据史德城比定为图木舒克地区脱古孜萨来山南麓的古城遗址，当地百姓称之为唐王城③。固然汉代之尉头可能不在今天的图木舒克，它大概经历了从北山游牧到定居于图木舒克一带的过程。但无论如何，唐人是用"尉头"（写作"蔚头"或"郁头"）一名来作为据史德城所设

① 林梅村《疏勒语考》，《传统文化与现代化》1995 年第 4 期，55—64 页。同作者依此观点还撰有《疏勒考古九十年》，《文物天地》1990 年第 1 期，24—27 页；1990 年第 2 期，24—28 页；《疏勒佛教考古概述》，《新疆文物》1992 年第 2 期，35—43 页；《疏勒语〈羯磨言〉戒本残卷研究》，《新疆文物》1995 年第 1 期，51—54 页。

② 参看徐松《汉书西域传补注》卷上，《丛书集成初编》本，上海商务印书馆，1937 年，50 页。

③ A. Stein, *Innermost Asia*, Oxford, 1921, p. 840；羊毅勇《脱库孜萨来古城探源》，20—26 页。

羁縻州的名字,而据史德和尉头实为同一胡语的不同音译(荣新江 1991,8页)。贾耽是德宗贞元间的宰相,他所记当本自唐朝官府所保存的官文书。《新唐书·地理志》羁縻州条下所记安西都护府所隶羁縻州名单中,亦有"蔚头州"名,即"郁头州"①;而吐鲁番阿斯塔那和和田麻札塔格两地出土的唐代官文书中,都有"据史德"写法的名字出现②,都可证明贾耽所据为唐朝官文书无疑。唐朝在它所建立的西域羁縻州体系中,把据史德城的郁头州归属于龟兹都督府,是尊重历史事实的结果。《三国志》卷三十注引《魏略·西戎传》云:"中道西行……姑墨国、温宿国、尉头国皆并属龟兹也。"所以,不论从历史,还是从唐朝时的实际的情形看,郁头州都是属于龟兹范围的,这一点相信贾耽和他所依据的唐朝官府档案是不会错的。

第三,林说认为图木舒克出土的第 6 号文书是属于疏勒流行的小乘说一切有部的经典,但库车出土的大量梵文和吐火罗语佛典,都证明龟兹是说一切有部更重要的中心③。若从文化系属来看,佛教时代的据史德城属龟兹无疑。所谓"图木舒克语"所用的文字,是龟兹流行的吐火罗语 B 所用的字母。只是为了拼写伊朗语而有些特别的字母文字的使用,这往往代表着文化的归属,正如今天的维吾尔族信奉伊斯兰教以后改用阿拉伯字母拼写回鹘语一样。目前发现的两种"图木舒克语"佛典,即《羯磨仪轨》(*Karmavācanā*)和《阿离念弥本生经》(*Aranemi-Jātaka*),可能都是译自吐火罗文本(Schmidt 1988, Emmerick 1989)。还有反映据史德人日常生活的契约文书,其 Kapci "指纹"一词,是借自吐火罗语的(Emmerick 1989, p.229)。

第四,从考古发现来看,这里出土过大量的直接属于龟兹的文物和文

---

① 参看王小甫《唐吐蕃大食政治关系史》,北京大学出版社,1992 年,266—269 页。

②《吐鲁番出土文书》第 6 册,文物出版社,1985 年,434—437 页;H. Maspero, *Les documents chinois de la troisieme expedition de Sir Aurel Stein en Asie Centrale*, London, 1953, p. 188, No. 459.

③ L. Sander, "The Earliest Manuscripts from Central Asia and the Sarvastivāda Mission", *Corolla Iranica. Papers in Honour of Prof. Dr. David Neil MacKenzie on the occasion of his 65th Birthday on the Eighth of April* 1991, Franfurt am Main, 1991, pp. 133–150.

献。龟兹境内流行的吐火罗语文书也在此发现,如伯希和所获寺院文书①。
黄文弼也在此掘得吐火罗语文书②。龟兹范围内流行的汉龟二体钱,也曾在
这里出土③。这些古代龟兹范围内使用的文书和流行的货币,都证明了此地
的政治、经济、文化的归属。

　　第五,作为塞人的一支,图木舒克地区的先民讲的是伊朗语,与于阗人
相同。至于突厥化以前疏勒人所讲的语言,据马合木·喀什噶里的记载,也
应当是一种伊朗语④。所以,疏勒人慧琳书中的伊朗语因素,未必是"图木舒
克语"的,而原本就是疏勒的伊朗语特征,大概当时塔里木盆地西半边都是
讲的东伊朗语,各地区间的语言必有联系,所以很难把慧琳的语言确指为图
木舒克出土的这种语言。同样的道理,西域的许多国王名字有重复的现
象⑤,林文也提到 Wāsudewā(来自梵文 Vasudeva)一名也曾是一位大月氏王
的名字。那么,如果"不念"果然可以对译 Wāsudewā 的话,也不见得这位沙
勒王就是文书中的 Wāsudewā,因为也可能是与此王同名的疏勒王。用 Va-
sudeva(世天)作为人名,极为常见,这大概是受了印度和中亚广泛流行这种
信仰的影响⑥。

　　最后,林称这种语言为"疏勒语"的最重要的证据,是把文书中的人种名
称"Sudana"读作"疏勒人"。伊朗语学界从柯诺夫、恒宁(W. B. Henning)、贝
利到熊本裕,都将此词译为"粟特",恒宁还指出这些文书中的一些词汇是粟

①　J. -G. Pinault, "Une letter de monastere du fonds Pelliot Koutcheen", *Revue de la Biliotheque Nationale*,
　　II, 1984, pp. 11–34.

②　黄文弼《塔里木盆地考古记》,图版十三至十四;参看 E. Waldschmidt 的书评,载 *Orientalistische Lite-
　　raturzeitung*, 1959, pp.238–239。

③　新疆维吾尔自治区文物普查办公室、喀什地区文物普查队《喀什地区文物普查资料汇编》,《新疆
　　文物》1993 年第 3 期,46 页。

④　H. W. Bailey, *Khotanese Texts*, VII, Cambridge, 1985, pp. 50–54.

⑤　如东汉焉耆王与西晋鄯善王都有称"元孟"(Vasmana)者,见马雍《新疆所出佉卢文书的断代问
　　题》,《文史》第 7 辑,1979 年,收入《西域史地文物丛考》,文物出版社,1990 年,100 页。

⑥　H. Hartel, "Archaeological Evidence on the Early Vasudeva Worship", *Orientalia Iosephi Tucci Memoriae
　　Dicata*, 2, Roma, 1987, pp. 573–587。

特文的音译①。对此,我们曾从历史的角度,对照吐鲁番粟特人的情况有所补证②。从历史的角度来看,不能把 Sudana 看作疏勒人,因之由此而定的"疏勒语"一名是难以成立的。至于把 sudana 读作"疏勒"在语言学上的不成立,详下节所论。

三、语言学的论证

印欧语系是一个庞大的家族,在这个家族中,被称为雅利安语系或者是印度、伊朗语系的这一分支被视为有比较接近的血缘关系,这是因为代表印度雅利安语的最古老的文献吠陀文献和代表伊朗语族最古老的文献"阿维斯塔"无论从语法上还是从词汇上都表现出类似性,以致于在近代研究史上,"阿维斯塔"文献的破译在很大程度上取决于人们对吠陀文献的认识。尽管印度雅利安语系和伊朗语系这一对同属于一个家族的两个分支有诸多的类似,但是它们毕竟是两个分支,而不是两种方言。区别这两种语言体系的一个十分重要的因素,既是它们各自的语音体系。其中印度雅利安语系的语音系统的独特性是具有所谓"顶音"辅音组,即"ṭ, ṭh, ḍ, ḍh, ṇ",而一般的说[f][ɡ][χ]等摩擦音则是伊朗语系的语音特征。

20世纪初,颇为活跃的新疆地区以及敦煌的考古发现向人们提示出一种已经灭亡的东伊朗语言,这种语言被认为是曾经生活在新疆地区的塞族人的语言,被统称为塞语。20世纪以来,经过几代学者对来自新疆以及敦煌的文献进行研究,已明确了两种塞语的方言,这就是西北方言,即图木舒克语,以及东部方言,即于阗语。

---

① Konow 1935, pp. 805–806, 808–809, 811; Konow 1947, pp. 165–166, 168–169, 170–171; W. B. Henning, "Neue Materialen zur Geschichte des Manichaismus", *Zeitschrift der Deutschen Morgenlandischen Gesellschaft*, 1936, pp. 11–13; H. W. Bailey, *Khotanese Texts*, VII, pp. 76–78;熊本裕《Hagausta. Sūlī》,《四天王寺国际佛教大学文学部纪要》第17号,1985年,6—12、15—22页。
② 荣新江《西域粟特移民考》,马大正等编《西域考察与研究》,新疆人民出版社,1994年,163—164页。

塞语的东部方言被称为于阗语,是因为在现代的和田城附近曾经是古于阗王国的中心,这个王国的人民称他们自己为"于阗人",并在遗留下的文书中称他们自己的语言为"于阗语"。塞语的西北方言被称为"图木舒克语",这个称谓则是根据塞语西北方言的文书的出土地点而得以命名的,这不是曾经操西北塞语方言的老百姓自己的说法。林梅村在《传统文化与现代化》1995 年第 4 期中发表了《疏勒语考》一文,已将国际学者对塞语西北方言的称谓"图木舒克语"更名为"疏勒语"。这里仅对林文中涉及语言学的一些论点提出自己的不同意见。

在《疏勒语考》一文的第四部分,为了说明图木舒克 6 号文书中出现的 duzaḍa,可读作 budhaḍa,林梅村用了这样的推断:"我们知道,中古伊朗东部方言中 sś 常用来表示 t、th、dh。例如:于阗语 bhāgīrasau 相当于 bhāgīrathau,于阗语 visinyau 相当于梵语 vichijña,于阗语 masuravattrau 相当于 madhura-vaktrau。"

十分遗憾的是这个推断不能成立。这个论点中有一个十分混乱的概念,于阗语的确属于东伊朗语系,于阗语虽然有古于阗语和新于阗语之分,在从古到新的变化中,于阗语的一些词汇发生了音变,而且这些音变都遵循着一定的规律,但是无论在古于阗语中还是在新于阗语中,sś 从来不等于 t、th、dh 音。林梅村所引用的例子全部来自英国剑桥大学贝利先生于 1946 年发表的《Gāndhārī》这篇文章,但是贝利在这篇文章中探讨的不是于阗语本身的音变,而是在讨论外来语的问题。于阗语中有大量的词汇是来自印度雅利安语的,这些词汇呈现出不同于古典梵文的语音变化,根据这些外来词汇的特征,贝利先生判断出这些词汇所发生的音变是受到了印度雅利安语西北方言的影响,所谓印度雅利安语的西北方言就是犍陀罗语,也就是说,于阗语中的部分外来词汇是直接来自犍陀罗语的。

Bhagīrasau 引自于阗语的《贤劫经》,这个字并非于阗语词汇,而是个梵文专有名词,在佛经中是一个佛的名字,在古典梵文中这个字是恒河的别名。贝利说这个字在《贤劫经》中出现了三次,两次是 bhagīrasau,一次是 bhagīrathau①,这个字的梵文形式是 bhagīrathi。贝利引用这个例子,说明于阗语文书中一部分来自印度雅利安语的词汇,其中的 s 音有可能还原成梵文的 th 音。同样,visinyau 也是 prakrit 的形式,可还原成梵文 vidhijña,这里的 s 表现的是梵文的 dh。但不是所有的来自印度雅利安语的词汇都含有这样的音变,例如于阗语 Ch. c. 001 号文书中处处可见 baudhisatva,这个字的辅音部分就没有发生音变②。贝利先生还根据梵文的 dh 在尼雅文书的一些字中分别是 s,ṣ,jh 音的现象推断,犍陀罗语字中的 s,ṣ 音应读作 z 音③。

根据贝利先生提供的音变规律,林梅村认为图木舒克 6 号文书中出现的 buzaḍa 可读作 budhaḍa,并进一步解释这个词来源于梵文的 buddhata,意作法身,"用来表示释迦牟尼涅槃或说成佛。那么,所谓法身月是指释迦牟尼涅槃月"。林梅村的这个论断实在是缺乏根据。

在梵文中-tā 是抽象名词的词尾,表示一事物的性质,buddhatā 可译"佛性",这个字见于《楞伽经》,其中一段大智和佛的对白专门解释了这个字,梵文如下:

> desayatu me bhagavān katham bhagavan bhddhānām buddhatā bhava-ti?
>
> Bhagavān āha dharmapudgalanairātmyāvabodhān mahāmete
>
> Āvaranadvayaparijñanāvabodhācc cyudidvayādhigamāt
>
> Klesadvayaprahānācca mahāmate buddhānām bhagavatām buddhatā bhavati.④

① 但是我根据贝利给的出处没有找到 bhagīrathau。参见 H. W. Bailey; *Khotanese Buddhist Texts*, 76–90。另见 *Gāndhārī*, *BSOAS*, XI.4, 1946, p. 774。

② 参见 H. W. Bailey, *Khotanese Texts* V, p. 254。

③ H. W. Bailey, "Gāndhārī", *BSOAS*, XI.4, 1946, p. 775.另见林梅村文,《传统文化与现代化》1995 第 4 期,61 页。

④ 引自 *Buddhist Sanskrik Texts-No. 3. Saddhamalankāvatārasūtra*, published by The Mithila Institute, 1963, p. 57。

现代汉译如下：

> 请尊者赐教于我，尊者啊，众佛是如何拥有佛性的呢？世尊说："由于认识了物和人的无我，大智啊，由于掌握了对两种障碍的认识，由于完成了两种死，由于断了两种烦恼，大智啊，诸尊者佛便具有了佛性。"

很明显 bhddhata 是个佛教哲学术语，与佛入涅槃的事件根本无关。这是不能把 buddhatā 译为法身（月）的第一个原因。

另外，语言学的论证不是随意的，如果说 buddhatā 用来作月名，还必须有旁证。既然这个词来自梵文，那么在梵文中或者是在印度雅利安语的其他方言中，或是在中亚地区的古代语言中就应该有类似的用法，但是十分遗憾，无论是在梵文中还是在于阗文或者粟特文中都没有见到类似的用法。

我以为还是恒宁的分析比较合理。在《摩尼教史的新材料》一文中[1]，恒宁推断 buzaḏine 源于梵文的 uposatha（名词）"斋戒"，但认为这个字不是直接从梵文借来的。这个字在回鹘文中有两种形式：(1) wusanti，来自粟特语βosantī；(2) busaṯ，直接源于梵文。恒宁认为，图木舒克的 buzaḏine 这个字可能是来自回鹘文 buzaḏine māste，意思为斋月。图木舒克文书写成的时候，中亚地区还没有穆斯林化，而佛教没有斋月的传统，因此恒宁判断，这里提及的斋月应该是摩尼教传统中的斋月。摩尼教曾在中亚地区广为传播，而粟特人则是摩尼教在中亚地区的主要传播者，"吐鲁番发现的大量摩尼教残片中，有许多是用粟特文书写的，可见摩尼教在粟特人中是很流行的"[2]。在图木舒克文书中至少有一个人名毫无疑问的是个粟特人的名字，这就是图木舒克 2 号文书中的 Yānāɣaḏa[3]。另外，图木舒克文书中出现的其他两个月名

---

① W. B. Henning, "Neue Matenaien zur Geschichte des Manichaismus", *Acta Iranica* 14, W. B. Henning, *Selected papers*, 1977, p. 379.

② 林悟殊《摩尼教及其东渐》，中华书局，1987 年，40 页。

③ 参见 W. B. Henning, "Neue Matenaien zur Geschichte des Manichaismus", p.391。

与粟特人的月名相同,这意味着图木舒克的古代居民与粟特人有过密切的交流,摩尼教传统中的"斋月"出现在这样的文化圈内,恒宁的判断应该是合情合理的。但是,目前对图木舒克的文书的破译还远远不尽人意,"斋月"的译法还需旁证的辅佐。

我们现在讨论 sudana 这个词。在中古伊朗东部方言中,s 音和 ś 音绝对不能混为一谈,二者绝没有可替换的道理。s 音在于阗文中起到举足轻重的作用,当一些带 s 音或是 ys 音的字变格变位时,其中的 s 音或者是 ys 音要发生腭化的现象,即变成 ś 音。比如:bāysa-"森林",它的依格的形式是 bāsa',这样重要的音怎能随便替换呢?

sudana 应是当时图木舒克地区的土族人对粟特人的称呼。恒宁曾经提到,柯诺夫告诉他图木舒克文书中出现的 duda(女儿)源于阿维斯塔的 daγδa。同样,sudana<*suγδana①,两个字都省略了 γ 这个音。d 是图木舒克文中特有的一个符号,这个符号用来表示字中的 t 音。t 在字首发清音,但是在字中发浊音,为了区别 t 音在字首和字中区别,图木舒克古时候的居民为这个音创造了一个特殊的字符 d。d[d]等于于阗文的中的 t[d],目前发现的于阗语音写汉语的词汇中,t[d]对应汉语的 l[1]的现象根本不存在。例如汉语的"都头"在于阗语中是"ttūteva-",而于阗语中对应汉语[1]音的是顶化的 d 音。例如 da 对应"量",di 对应"令"、"利"②。图木舒克文书中出现的 sudana 无论怎样也变不成"疏勒"。

在中古伊朗语中也没有 da、tha 转化成 l 的现象,林梅村把几种语言混在一起谈,只能产生混乱。在古波斯文的铭文中有 parthava 一词,这是伊朗东北部以及居住在呼罗珊地区的古代伊朗民族的称呼,即古汉语文献中的安息人。Pahlavi 是从这个词衍变来的,这里发生的音变现象是 rth<l,而不是 th<l。这是伊朗语系的从古到中古的音变现象。古伊朗语的 rd<l,这也反映在

① 参见 W. B. Henning, "Neue Matenaien zur Geschichte des Manichaismus", p.391。
② R. E. Emmerick and E. G. Pulleyblank, *A Chinese Textin Central Asian Brahmi Script*, Roma, 1993, p. 72.

于阗语中①。

　　另一种音变现象是不同语系的词汇互相借用时发生的音变,比如贝利先生注意到,古代印度语音 t 在对应的汉字中变成了 l。例如佛教梵文词汇 śātāgiri,对应的古汉语是"舍罗"②。例如于阗语中的突厥词汇中有 śūlī 一词,这个词不是藏文献中的 śu-lig,śu-leg(疏勒),而是汉文献的"窣利",即"粟特"。

　　图木舒克出土的文书中,一共出现了三个月名,其中两个已证明是从粟特语借来的,这证明了古代图木舒克地区的居民与粟特文化有着密切的联系,而且在这些文书中至少一个人名是粟特人的名字,因此我们在图木舒克的文书中反复遇到的 suḍana 应当是指"粟特人",这一点应该是毋庸置疑的。

　　如前文所述,按照于阗语文书的书写习惯,在国王名号之前应当是一个国家的称谓,而我们在图木舒克 6 号文书中在王的名字之前没有找到"疏勒"或是近似"疏勒"名称,这里出现的是古汉文文献中的"据史德"。我们认为,图木舒克语应更名为"据史德语"(详下)。

四、据史德语说

　　图木舒克出土文书中的这种东伊朗语,不应当定名为"图木舒克语",更不能叫作"疏勒语",那么到底应当如何称呼? 上引 1991 年我在日本发表的《所谓'Tumshuqese'文书中的'gyāźdi-'》一文,已经提出一种看法,即这种语言应当被称为"据史德语"。不知是因为看不懂中文而装作不知,还是因为《内陆亚细亚语言研究》杂志不易找寻而尚未寓目,这一看法迄今没人称引,也没人反驳。因此,下面简要概述该文的观点,以求方家指正。

　　图木舒克出土文书中有几件带有纪年的文书,其中第一件 1—2 行完整

---

① 参见 R. E. Emmerik, "Khotanese and Tumshuqese", *Compendium Linguarum Iranicarum*, Wiesbaden, 1989, pp. 204–229。

② H. W. Bailey, "Gāndhārī", pp. 786–787.

无损,文字如下:

jezdam-purā-ā xšande gyāźdiya riḏe wāsudewā xšimane xšane śazdā sālye ahverjane māste bisty dreyyo.

贝利在柯诺夫转写翻译的基础上所做的英译如下:

On the 23rd day of the month Ahverjana, in the Serpent year, in the sixth regnal period of Wāsudewa, son of the gods, ruler, divine king.[①]

柯诺夫和贝利都把 jezda-和 gyāźdiya-分别译作名词"god"(神)和形容词"divine"(神圣的),后者的解读是受了于阗文 gyasta(divinity, majesty)的影响。我们持此纪年形式与其他中亚伊朗语文书纪年形式的对照中发现,国王的名字前面应当是个地名,而从对音来讲,把 gyāźdi-对汉文的"据史德",于中古音没有任何障碍。尉头的原语也是此词。只是把中间的 ź 省略不译而已。因此,这两行文字应译作:

神之子、统治者、尉头/据史德王世天在位第六年、蛇年 Ahverjana 月二十三日。

我们还据文书反映了唐朝羁縻州统治下的年代特征,以及同出汉文文书属于唐朝时期等理由,把这些文书的年代放在唐朝统治据史德城的时期,那么,作为唐朝羁縻统治下的据史德,其语言的本名应当就是"据史德语",写成英文为 Gyāźdese。

结　语

我们认为,图木舒克出土文书所用的伊朗语,不应定名为"图木舒克语",更不能叫作"疏勒语",而应当称之为"据史德语"。弄清这种语言的归

---

① H. W. Bailey, "Languages of the Sakas", *Handbuch der orientalistik*, I. Abt., IV. Bd.,Irianistik, 1, Linguistik. Leiden, 1958,p.152.

属,有助于我们对文书内容的解读,进而可以丰富我们关于尉头/据史德这个西域小国历史的知识。这些已经超出本文范围,留待以后讨论。

（与段晴合撰,前言、结语及一、二、四节由荣新江执笔,第三节由段晴执笔,原载陈高华、余太山编《中亚学刊》第 5 辑（1996）,新疆人民出版社,2000 年,9—21 页。）

所谓"吐火罗语"名称再议

——兼论龟兹北庭间的"吐火罗斯坦"

在新疆历史研究中,"吐火罗语"和"吐火罗人"一直是困扰着人们的一个问题。本文重新清理有关这个问题产生的"toɣri"一词的原始材料,以期回到它原本的语境背景中去,以追寻"toɣri"一词以及相关的"Tugristān/Tohuristan"(吐火罗斯坦)一名原来含义,对由此而来的"吐火罗语"和"吐火罗人"的问题,提出自己的看法。

一、所谓"吐火罗语"命名及其争论

在讨论分析关键词汇之前,我们还是要回顾一下前人有关所谓"吐火罗语"的一些说法。

1907 年,德国学者缪勒(F. W. K. Müller)根据德国吐鲁番探险队在吐鲁番胜金口所获 T Ⅱ S 2 号回鹘文写本《弥勒会见记》的一则跋文中提到的"toɣri 语",把新疆丝绸之路北道发现的一种不知名的印欧语定名为"吐火罗语”①。这一看法得到研究这一不知名语言的德国学者西格(E. Sieg)与西格凌(W. Siegling)的大力支持,1908 年,两人发表《吐火罗语——印度斯基泰人之语言》,赞同缪勒的命名,并把焉耆、龟兹出土的这种语言文献材料分为 A、B 两种方言②。1913 年,法国学者列维(S. Lévi)发表《所谓乙种吐火罗语即龟兹语考》,考证出伯希和(P. Pelliot)在库车所获“吐火罗 B 方言”木简上所记王名“Swarnate”即《旧唐书·龟兹传》所记贞观年间在位的龟兹王“苏伐叠”,所以判定吐火罗语 B 应当是 7 世纪流行于龟兹地区的“龟兹语”③。1916 年,西格检出一组焉耆出土的所谓“吐火罗语”残卷,与缪勒检出的吐鲁番出土回鹘文《弥勒会见记》相应部分加以对照,两人合撰《弥勒会见记与“吐火罗语”》一文,来印证“吐火罗语”命名的正确。《弥勒会见记》跋文中提到“生于 Nakridiš 国的大师阿阇黎阿犁耶旃陀罗/圣月(Ariacintri = Aryacandra)菩萨从印度语编为 toγri(吐火罗)语”,两位学者把其中的 Nakridiš 考定为 Nagaradeśa/Nagri/Nakri,也即法显、玄奘记载的“那竭”,其地在今喀布尔河流域的贾拉拉巴德附近,这里在古典文献中叫做“Tocharistan”,唐朝属于吐火罗国范围,因此他们就把焉耆出土文献上的所谓“吐火罗语”看作是发源于吐火罗地区的吐火罗语了④。1918 年,缪勒发表《toγri 与贵霜》一文,又补充了吐鲁番木头沟出土的 T III 84-68 号(U1899)回鹘文《十业佛譬喻鬘经》跋文,其中说此经原系自 Kuišan(küšän)语译为 toγri 语,复从 toγri 语译为突厥语。他把这里的 Kuišan(küšän)和其他回鹘文题记中

---

① F. W. K. Müller, "Beitrag zur genaueren Bestimmung der unbekannten Sprachen Mittelasiens", *Sitzungsberichte der Königlich Preußischen Akademie der Wissenschaften, Philosophisch-historische Klasse* (= *SPAW*), LIII, Berlin, 1907, pp. 958-960.

② E. Sieg & W. Siegling, "Tocharisch, die Sprache der Indoskythen, vorläufige Bemerkungen über eine bisher unbekannte indogermanische literatursprache", *SPAW*, 1908, pp. 915-932.

③ S. Lévi, "Le 'tokharien B', langue de Koutcha", *Journal Asiatique*, 1913, II, pp. 311-380. 冯承钧汉译文载《吐火罗语考》,中华书局,1957 年,11—42 页。但该王名字经吕德斯(Heinrich Lüders)与皮诺(Georges-Jean Pinault)相继订正,实应读 Swarnatepe,庆昭蓉《从龟兹语通行许可证看入唐前后之西域交通》(《西域文史》第 8 辑,2013 年)66—67 页有详细回顾。

④ F. W. K. Müller & E. Sieg, "Maitrisimit und 'Tocharisch'", *SPAW*, XVI, 1916, pp. 395-417.

的 Kuisan/Küšan、tört Küšän 中的 Küšän,都看作是汉代"贵霜"一名的对音,贵霜建立者之一为吐火罗人,贵霜所在即后来的吐火罗之地①。

然而,1930 年日本学者羽田亨雄辩地证明了 Kusian/Küšän、tört Küšän 对应于"曲先"、"苦先"或"四曲先"、"四苦先",都是"龟兹"的回鹘文写法,与"贵霜"毫无关系②。这一看法,得到了伯希和的支持③。1958 年刊布的吐鲁番发现的吐火罗语 B 与回鹘语双语所写《摩尼教赞美诗》,即用回鹘语的"Küsän"(龟兹语)来指称吐火罗语 B 方言④。

另一方面,英国学者贝利(H. W. Bailey)提出甲种吐火罗语应当叫做焉耆语(Agnean)⑤。1949 年,英国学者恒宁(W. B. Henning)撰文指出,圣月出生地 Nakridiš 的正确转写应当是"Knydyš,即 Agnideśa,意为"阿耆尼(焉耆)之地"⑥。至于 toɣri 一词,恒宁指出回鹘语的 toɣri 不能与粟特语的 ′tɣw′r′k(吐火罗)一名对应⑦。toɣri 到底是什么,没有确解。

① F. W. K. Müller, " Toɣri und Kuišan〔Küšän〕", *SPAW*, XXVII, 1918, pp. 566-586.

② 羽田亨《大月氏及び贵霜に就いて》,原载《史学杂志》第 41 编第 9 号,1930 年,1025—1054 页,后收入《羽田博士史学论文集》上卷,历史篇,京都,1957 年,538—561 页;法文本 "A propos des Ta Yue-tche et des Kouei-chouang", *Bulletin de la Maison franco-japonaise*, 4, 1933; 收入《羽田博士史学论文集》下卷,言语宗教篇,京都,1958 年,西文部分 31—56 页;又羽田亨《吐鲁番出土回鹘文摩尼教徒祈愿文の断简》,原载《桑原博士还历记念东洋史论丛》,1930 年,后收入《羽田博士史学论文集》下卷,325—347 页;法文本 "A propos d'un texte fragmentaire de prière manichéenne en ouigour provenant de Tourfan", *Memoirs of the Research Department of the Toyo Bunko*, 6, 1933; 收入《羽田博士史学论文集》下卷,西文部分 86—108 页。

③ 伯希和对羽田亨上述两文的书评,载 *T'oung Pao*, 28, 1931, pp. 493-495。参见 P. Pelliot, "Tokharien et Koutcheen", *Journal Asiatique*, 224, 1934, pp. 58-62; 冯承钧汉译本《吐火罗语与库车语》,载《吐火罗语考》,97—101 页。

④ A. von Gabain & W. Winter, "Türkische Turfantexte IX, Ein Hymnus an den Vater Mani auf ' Tocharisch' B mit alttürkischer Übersetzung", *Sitzungsberichte der Bayerischen Akademie der Wissenschaften*, *Philosophisch Historische Klasse*, München, 1958, No. 2; G.-J. Pinault, "Bilingual Hymn to Mani: Analysis on the Tocharian B Parts", *Studies on the Inner Asian Languages*, XXIII, 2008, pp. 93-120.

⑤ H. W. Bailey, "Ttaugara", *Bulletin of the School of Oriental Studies*, VIII.4, 1937, pp. 883-921.

⑥ W. B. Henning, "The Name of the 'Tokharian' Language", *Asia Major*, new series, I.2, 1949, pp. 158-162.

⑦ W. B. Henning, "Argi and the 'Tokharians'", *Bulletin of the School of Oriental Studies*, IX, 1938, p. 545.

虽然经过列维、羽田亨、伯希和、恒宁等人的论证，toγri 所指与葱岭以西的吐火罗斯坦脱离了联系，它所指的范围应当在别失八里/北庭和龟兹/苦先之间或其部分区域，焉耆亦在其中①。遗憾的是，对于此词，学者们迄今没有找到比"吐火罗"更为合适的对应词。因此，西格在晚年发表文章，题目就是《反正是吐火罗语》②，据其弟子季羡林先生回忆，西格讲这话的时候，用拐杖跺的地板噔噔响。1978 年，恒宁遗作《历史上最初的印欧人》发表，修正自己先前的学说，一方面提出回鹘时期史料之 toγri 与葱岭以西的"吐火罗"一词仍应有共同的起源，而试图追溯到巴比伦史料的边境国家名称 Tukriš，并一方面提出回鹘时期文献上的"四吐火罗"应该就是指今日库车、喀喇沙尔（焉耆）、吐鲁番以及吐鲁番北边以别失八里为中心的四个地区③。1980 年，苏联学者图古舍娃（L. Yu. Tugusheva）发表俄藏回鹘文《玄奘传》卷十④，其中的"睹货逻"（即吐火罗）拼写就是作 toγri，给"toγri 语"定名为"吐火罗语"的说法提供了新的佐证⑤。

多年来，不少学者把吐火罗语 A 方言称作焉耆语，把 B 方言称作龟兹语⑥；但也有不少学者，特别是德国学派的学者，仍然用"吐火罗语"一名⑦，

---

① W. B. Henning, "Argi and the 'Tokharians'", *Bulletin of the School of Oriental Studies*, IX, 1938, p. 559.

② E. Sieg, "Und dennoch Tocharish", *SPAW*, 1937, pp. 130-139.

③ W. B. Henning, "The First Indo-Europeans in History", G. L. Ulmen (ed.) *Society and History*: *Essays in Honor of Karl August Wittfogel*, The Hague, 1979, pp. 215-230.

④ L. Yu. Tugusheva, *Fragmenty Ujgurskoj nversii biografu Sjuan'-Czana*, Moscow:, 1980, p. 29.

⑤ 黄盛璋《试论所谓"吐火罗语"及其有关的历史地理和民族问题》，原载《西域史论丛》第 2 辑，新疆人民出版社，1985 年；此据作者《中外交通与交流史研究》，安徽教育出版社，2002 年，195—241 页。

⑥ 张广达、耿世民《唆里迷考》，原载《历史研究》1980 年第 2 期，此据张广达《文书、典籍与西域史地》，广西师范大学出版社，2008 年，29 页，注 14。

⑦ 如季羡林先生就一直用"吐火罗语"一词，见所撰《吐火罗语》，《中国大百科全书·语言文字》，中国大百科全书出版社，1988 年，390 页；*Fragments of the Tocharian A Maitreyasamiti-Nāṭaka of the Xin-jiang Museum，China*, transliterated, translated and annotated by Ji Xianlin in collaboration with Werner Winter, Georges-Jean Pinault, (TLSM 113), Berlin: de Gruyter, 1998；季羡林《季羡林文集》第 11 卷《吐火罗文〈弥勒会见记〉译释》，江西教育出版社，1998 年。

因此,"吐火罗语"成为一般印欧语言学界中的通称。为此,有的学者加以折衷,时而用"龟兹语"指吐火罗语 B,时而统称"吐火罗语"①。近年,吐火罗语学界的学者们认为与其说是 A、B 两种方言,不如说是两种独立的语言,因为差别较大,所以称之为吐火罗 A 语和吐火罗 B 语,但从汉语来讲,这样的说法不太像是语言的称谓。

恒宁最初提示,toγri 的地理范围是指从龟兹到高昌、北庭之间,焉耆也在其中。吐鲁番出土的唐朝书写严谨的官文书上,"焉耆"与"吐火罗"并称出现②,所以"焉耆"不等于"吐火罗"。如果吐火罗语 A 就是焉耆地区通行的语言的话,那我们相信它应当被称作"焉耆语",而不是"吐火罗语";换句话说,如果"toγri 语"就是吐火罗语的话,那"焉耆语"也就不应当是吐火罗语③。

学界还有一种传统说法,认为吐火罗语 A 只存有佛教内容,因此吐火罗语 A 的文本很可能是从葱岭以西的吐火罗斯坦传抄过来的,或者直接带过来的,所以焉耆地区的这种印欧语应当叫"吐火罗语"。但是,1974 年焉耆七个星(锡克沁)发现的吐火罗语 A《弥勒会见记》第一幕最后,有题记称:"Cor 命令 Kāṣṣar、Kalyāna、Gautamin 来抄写此书,愿我们都成为佛天。"④这清楚

---

① 比如当今的吐火罗语权威、法国 G.-J. Pinault 教授的论著就混用之:"Fragment d'un drame boud-dhique en koutcheen", *Bulletin d'etudes Indiennes*, 2, 1984, pp. 163–191; idem., "Aspects du bouddhisme pratiqué au nord du désert du Taklamakan, d'après les documents tokhariens", *Bouddhisme et cultures locales. Quelques cas de réciproques adaptations. Actes du colloque franco-japonais de septembre* 1991, éd. par Fukui Fumimasa, Gérard Fussman, Paris: École française d'Extrême-Orient, 1994, pp. 85–113; idem., "Une nouvelle inscription koutchéenne de Qumtura", *Bulletin d'Études Indiennes* 11–12, 1993–94 [1995], pp. 171–220; idem., *Chrestomathie tokharienne. Textes et Grammaire*, Leuven: Peeters, 2008.

② 吐鲁番阿斯塔那 29 号墓出土的《唐垂拱元年(685)康义罗施等请过所案卷》,见《吐鲁番出土文书》第叁册,文物出版社,1996 年,346—350 页。参看程喜霖《唐代过所研究》,中华书局,2000 年,246—258 页。

③ 参看拙文《"吐火罗"非"焉耆"——吐鲁番出土文书札记》,《内陆欧亚历史语言论集——徐文堪先生古稀纪念》,兰州大学出版社,2014 年,131—135 页。

④ 季羡林《吐火罗文 A(焉耆文)〈弥勒会见记剧本〉新博本 76YQ1·1(两页一张)译释》,《中亚学刊》第 4 辑,北京大学出版社,1995 年,1—4 页。

地表明了吐火罗语 A 是一种在焉耆当地活着的语言,它应当就是焉耆当地的通用语言之一。最近,荻原裕敏博士在德藏写本中发现一件焉耆硕尔楚克出土的吐火罗语 A 文书(THT1519),内容明显是一件破历,他据此推知约7 世纪以后焉耆一带确实曾经使用 A 语作为日常生活上的主要语言,因此他与庆昭蓉博士拟重新使用"焉耆语"作为吐火罗 A 语的代称①。

回到吐火罗语命名的问题上来,我们目前在汉语、回鹘语等各种史料中没有找到"焉耆语"的称呼②。但是,西格在《反正是吐火罗语》中再次证明吐火罗语 A 的自称乃是 Ārśi 语,也就是说在吐火罗语 A 中,Ārśi 同时是焉耆当地主要居民及语言的称呼,而不是贝利所拟测的"圣语"(即梵语)之意③。在回鹘文《弥勒会见记》跋文中,既有梵文化的 Agni "阿耆尼",又有回鹘化的 Solmi "唆里迷",如果"toɣri(吐火罗)语"表明的是焉耆地区通行的语言的话,似乎应当直接称作"阿耆尼语"或"唆里迷语",而不应当称之为"toɣri(吐火罗)语"。

由于吐火罗语的命名的争论的确十分复杂,而且迄今也没有得到满意的答案。所以上面不得不花费一番笔墨来加以概述。

其实,除了张广达、耿世民先生在考证汉文"唆里迷"和回鹘文 Sulmi/Solmi 都指"焉耆"时,曾介绍了吐火罗语命名的争论并有所贡献外,在这场持续多年的争论中,学界没有什么太大的进步。笔者以下仅就前人没有关注到的一个角度,对关键词语"toɣri"提出自己的看法,补正前人的论说。

---

① 荻原裕敏《〈塔里木盆地考古记〉、〈新疆考古发掘报告〉所刊载的吐火罗语资料》,2013 年 10 月 19—20 日"黄文弼与中瑞西北科学考查团"国际学术研讨会论文,268 页,注 4。又,庆昭蓉电子邮件,2014 年 1 月 6 日。

② 相对于吐鲁番、龟兹、于阗等地,焉耆地势低注,有博斯腾湖,大概因为土地潮湿,文书发现较少,应当出土世俗文书的城市、镇戍守捉、烽铺驿站等遗址,都很少有文书出土,目前所见焉耆地区的文书,主要来自霍拉山前的硕尔楚克大寺和七个星千佛洞,两者地势较高。

③ 参见荻原裕敏《一件吐火罗 A 语—梵语双语律藏残片》,《西域历史语言研究集刊》第 5 辑,科学出版社,2012 年,135—142 页。

二、有关"toɣri"和"Tugristān/Tohuristan"的记录

下面我们把标题所示的两个词,回到它们原来的上下文中,去看看原本的含义是什么,然后再做讨论。

1. 回鹘文《弥勒会见记》

所谓"吐火罗语"一名所自出的回鹘文"toɣri",见回鹘文《弥勒会见记》许多幕最后的跋文中,这里转引耿世民先生所译该剧本第二十七品的跋文:

> 内部精通佛法、外部精通十八明论的、在焉耆[国]出生的圣月(Aryacandra)菩萨法师(阿阇黎)从印度语制成吐火罗(toɣri)语,出生于亦里巴力(Ilbalïq)(北庭?)的智护(Prajñāraksita)法师(阿阇黎)〔又〕从吐火罗语译成突厥语的《弥勒会见经》。①

Ilbalïq 是"国都"的意思,高昌回鹘时期的国都是高昌和北庭,但主要的都城是高昌,北庭为夏都(或陪都),所以这里的 Ilbalïq 更可能的是指高昌。钢和泰藏卷于阗文地理行记部分也说明,925 年时西州为高昌回鹘王国的首都②。跋文似可说明焉耆、高昌一带通行 toɣri 语,焉耆的圣月的母语很可能是 toɣri 语,而高昌的法师也懂得 toɣri 语。

2.《九姓回鹘可汗碑》(*Karabalgasun Inscription*)粟特文部分

据吉田豊教授的仔细研究,立于蒙古高原的《九姓回鹘可汗碑》粟特文部分第 19 行提到:

> ……破吐蕃大军,于是四吐火罗及其他许多地方于是……国土为我所得。

这里的"四吐火罗"原文写作"ctβ'r twɣr'k(c')ny",吉田豊认为这里说的

---

① 耿世民《回鹘文哈密本〈弥勒会见记〉研究》,中央民族大学出版社,2008 年,536—537 页。

② H. W. Bailey, "The Staël-Holstein Miscellany", *Asia Major*, new series, II.1, 1951, pp. 3, 13-14.

事情可以对应于碑文汉文部分第 16 行的"复吐蕃大军攻围龟兹,天可汗领兵救援"一句①。碑文这里是讲北庭之战后回鹘与吐蕃争夺西域北道的战事,因此这里的"四吐火罗"之地应当就是从北庭、高昌到龟兹一线。

3. 中古波斯语《摩尼教会领袖赞美诗》(编号 MIK III 8259)

德藏吐鲁番出土的这件摩尼教赞美诗提到一些重要人物,下面是宗德曼(W. Sundermann)教授的英译文和对应的汉译②:

> Mār Wahman Xwarxšēd by name teacher of the province "East", famous hea[d of] [Č]ahār Tu(g)ristā[n], and …

> "东方"教区"慕阇",四吐火罗斯坦著名的〔宗教〕领袖,以及……③

关于这里所说的"四吐火罗斯坦"的摩尼教领袖的年代,宗德曼在茨默(P. Zieme)的帮助下,根据文书的空格补足复原了回鹘可汗名号〔Ay〕tängridä qut[bulmïš qut o]rnan[mïš]〔alpïn ärdämin il〕〔tutmïš alp arslan〕,并判定在位年代为 1007—1019 年。

恒宁曾经讨论过这条文字,他指出,这里所说的"东方"教区的摩尼教大法师慕阇,也是 Čahār Tugristān(四吐火罗斯坦)的摩尼教领袖,而"四吐火罗斯坦"是位于北庭、龟兹、高昌之间的地区。他还进一步认为,这里的"四吐火罗斯坦"是牟羽可汗皈依(762 年)前的原教区名,但它与 719 年入华慕阇

---

① 吉田豊《カラバルガスン碑文のソグド語版について》,《西南アジア研究》第 28 号,1988 年,34、39、47—52 页;Y. Yoshida, "The Karabalgasun Inscription and the Khotanese documents". D. Durkin-Meisterernst, Ch. Reck and D. Weber (eds.), *Literarische Stoffe und ihre Gestaltung in mitteliranischer Zeit*: *Kolloquium anlässlich des 70. Geburtstages von Werner Sundermann*. Wiesbaden, 2009, p. 350。

② 关于这件文书,参看荣新江主编《吐鲁番文书总目(欧美收藏卷)》,武汉大学出版社,2007 年,800 页。

③ W. Sundermann, "Iranian Manichaean Turfan Texts concerning the Turfan Region", A. Cadonna (ed.), *Turfan and Tun-huang*, *the Texts*: *Encounter of Civilizations on the Silk Route*, Firenze, 1992, p. 68.关于全卷情况,参看 Z. Gulácsi, *Manichaean Art in Berlin Collections* (Corpus Fontium Manichaeorum: Series Archaeologica et Iconographica I), Turnhour, 2001, pp.56 - 61, fig. 28 以及同书所附 J. D. BeDuhn, "Appendix I: Middle Iranian and Turkic Texts Associated with Manichaean Art from Turfan", pp. 221 - 223,与宗德曼的翻译区别不大。

的原驻地"吐火罗斯坦"无关,文书中这位慕阇本人应当驻锡于高昌城中①。黄盛璋在此基础上做了进一步的发挥,认为"四吐火罗"表示的不是一片地区,而是焉耆一地②,他没有注意到恒宁的最终学说,即"四吐火罗斯坦"应当是指龟兹、焉耆、高昌、北庭四个地区(见上引)。王媛媛根据762年焉耆已存在摩尼教寺院的事实,并把焉耆定义为西域的早期摩尼教中心,于是也认为"四吐火罗"或许指的就是焉耆。她指出,在摩尼教最高宗教领袖确立于高昌之前,焉耆都是一个比较重要的宗教中心。11世纪时慕阇驻地显然已在高昌城中,但其名号里仍出现"四吐火罗"一词,这或许表明该尊号是对过去的继承、沿用③。

从年代属于11世纪初、而文书出土于吐鲁番来看,这件中古伊朗语文书上的"四吐火斯坦"的慕阇,应当就是高昌回鹘摩尼教团所属教区的首领人物,则这个"四吐火罗斯坦"不应距高昌很远,大概就像恒宁1938年所说的,也就是高昌回鹘所辖的龟兹、焉耆、北庭、高昌等地。

4. 回鹘语摩尼教《二宗经》(*Iki yiltiz nom*)跋文

这部回鹘语摩尼教的重要经典出土于高昌故城,原编号 T II D 171(现编号 MIK III 198),它的长长的跋文信息非常丰富,也给学界带来种种解说。王媛媛据勒柯克(A. von Le Coq)和克林姆凯特(H. -J. Klimkeit)的德文和英文翻译转译成汉语,这里只摘录有关部分:

> 这是胜利愉悦的一年,在此年的神圣之月,该月中的吉日吉时〔写成此书〕,在这高尚、神圣、强大的阿尔胡(Arɣu/Arghu)怛逻斯(Talas)突厥领地(uluš)中写成此书——其威名远播于北、南、东、西四方世界,誉满天下——在金山(Altun)阿尔胡突厥人〔保护〕下写成此书,上天赐

① W. B. Henning, "Argi and the 'Tokharians'", pp. 550–551. Cf. H. -J. Klimkeit, *Gnosis on the Silk Road*: *Gnostic Texts from Central Asia*, New York, 1993, p.376, n.35.

② 黄盛璋《试论所谓"吐火罗语"及其有关的历史地理和民族问题》,《中外交通与交流史研究》,210—213页。

③ 王媛媛《从波斯到中国:摩尼教在中亚和中国的传播》,中华书局,2012年,39—40页。

予他们神圣的领土,在 Qašu,新城(Yigänkänt),斡都城(Ordukänt)和炽
俟(Čigil),在惠明(Nom Quti)的住处,在 Mardaspant 众神的栖息地,在
纯洁、光明、强大的天使的居所,在圣洁、纯净的〔摩尼教〕寺中……

　　……胜利的天使们,……尊敬、美好、著名、神圣伟大的大德(Mār)
Wahman Hayaryazd …… 四(tört/toyin?)吐火罗(Twγry/Tocharian)慕
阇,以及金山阿尔胡…… 部落的,Qašu 的……〔汗〕(xan),炽俟城
(Čigilkänt)的统治者,突厥人中〔宗教〕的伟大领袖(bašdang),炽俟阿斯
兰颉利谛古合卜古赞合达干匐(Čigil Arslan Il-tirgük Alp Bürgücän Alp
Tarxan Bäg),此时,他统治掌管着这里。①

这个跋文中被勒柯克读作"Toyin(toin)"的词,恒宁认为应当是"tört"
(四),它与后面的"Twγry"(吐火罗)一起构成"四吐火罗"的概念,所以可以
译为"大德 Wahman Hayaryazd,伟大的四吐火罗慕阇"②。森安孝夫也赞同
"四吐火罗(Tughri)"的读法,他还认为,以往学者复原的慕阇名 Wahman
Hayaryazd 的转写有误,实际应当是 Wahman Xwarxšēd,即上面小节所引《摩
尼教会领袖赞美诗》(MIK III 8259)中的那位慕阇③。

至于跋文所说到的地名,根据王媛媛对前人看法的整理,阿尔胡(Ar-
ghu)一般是指白水城(Ïspïjab)直至八拉沙衮(Balāsaghūn)之间的地区;
Yigänkänt 意为"新城"(弩室羯城),大致在锡尔河中游地区,可能在今塔什
干的汗阿巴德;Čigilkänt 是怛逻斯附近的一个小城;Qašu 在 Yigänkänt 附近;
Ordukänt 则是白水城地区的一座城镇。统治这些城镇的"Čigilkänt 的统治

① A. von Le Coq, *Türkische Manichaica aus Chotscho* I, *APAW* V, 1911, pp. 25–30; H. -J. Klimkeit, *Gnosis on the Silk Road: Gnostic Texts from Central Asia*, pp. 374–375; 王媛媛《从波斯到中国:摩尼教在中亚和中国的传播》,32 页。参看荣新江主编《吐鲁番文书总目(欧美收藏卷)》,779—780 页。

② W. B. Henning, "Argi and the 'Tokharians'", pp. 551–552.

③ T. Moriyasu, "The Decline of Manichaeism and the Rise of Buddhism among the Uighurs with a Discussion on the Origin of Uighur Buddhism" (Speech at College de France, May 28, 2003), *Osaka University The 21st Century COE Program Interface Humanities Research Activities 2002–2003*, Osaka University, 2003, pp. 90–92.

者",其尊号为"Čigil Arslan Il-tirgük Alp Bürgücän Alp Tarxan Bäg"。Čigil 即
"炽俟",是葛逻禄部落之一,《突厥语大词典》记炽俟分布地域西至怛逻斯,
东至伊犁河流域,北包伊塞克湖,南达喀什噶尔地区①。因此,上述城镇都在
这一葛逻禄政权治下的阿尔胡地区②。

学者们对于跋文所述年代也有很大的分歧:葛玛丽(A. von Gabain)认
为该跋文写于一位和牟羽可汗(759—780 年在位)同时代的葛逻禄(Qarlu-
qs)王时期,具体在 766—780 年之间,或 780 年前后③;克里雅什托内(S. G.
Klyashtornyj)认为,跋文的书写年代还可往后推到 9 世纪中期④;森安孝夫推
测此跋文的年代为 11 世纪前半期,这是和他关于慕阇其人年代的看法相吻
合的⑤;森安的观点,得到了吉田丰从语言学和历史学两个方面的肯定,他甚
至认为跋文中的粟特语要素是最晚的粟特语资料⑥。王媛媛认为时间应在 9
世纪 30 年代以后⑦。

从这件文书出土于高昌古城,而慕阇这样最高级的摩尼教僧团领袖应
当是驻锡在高昌城的。这里所说的哥逻禄炽俟部首领,应当是隶属于高昌
回鹘王国的地方首领,活动范围在天山以北,甚至到怛罗斯河流域。赞颂西
州回鹘可汗的一篇敦煌讲经文(S.6551)中说到:"遂得葛禄、药摩、异貌达
但,竞来归伏,争献珠金。"这支炽俟部政治上可能是属于高昌回鹘王国,而
宗教上则归属于高昌的摩尼教大慕阇。因此,这里的"四吐火罗慕阇"应当

---

① 黄盛璋《炽俟考》,《新疆社会科学》1990 年第 5 期,87—100 页;王小甫《弓月部落考》,《唐、吐蕃、
大食政治关系史》附录,北京大学出版社,1992 年,250 页。

② S. G. Klyashtornyj, "Manichaean Monasteries in the Land of Arghu", *Studia Manichaica* IV, Akademie
Verlag, 2000, pp. 375–377; 王媛媛《从波斯到中国:摩尼教在中亚和中国的传播》,33—36 页。

③ A. von Gabain, "Steppe und Stadt im Leben der ältesten Türken", *Der Islam* 29, 1949, pp. 54–55.

④ S. G. Klyashtornyj, "Manichaean Monasteries in the Land of Arghu", p. 375.

⑤ T. Moriyasu, "The Decline of Manichaeism and the Rise of Buddhism among the Uighurs with a Discus-
sion on the Origin of Uighur Buddhism", pp. 93–96.

⑥ 吉田丰《シルクロード出土文献における言語変化の年代決定——ウイグル語文献中の借用形式
の例から》,《大阪外国語大学言語社会学会志》(Ex Oriente)第 11 卷,2004 年,21—24 页。

⑦ 王媛媛《从波斯到中国:摩尼教在中亚和中国的传播》,36—37 页。

就是高昌回鹘王国所属教区的最高宗教首领,挂在他头衔上的这个"吐火罗",具体所指应当和上面《摩尼教会领袖赞美诗》完全相同。

5. 回鹘文摩尼教开教回鹘史书断片(81TB10:06-3)

最近,茨默教授在1981年吐鲁番柏孜克里克石窟新发现的回鹘文写本中,找到一件记录摩尼教开教回鹘的史书残片,其翻译如下:

> 延请三慕阇到亦力嗢昆城之故,而虔诚祈祷。西域的诸电达既[……]教法,……他们取道吐火罗地面,经由葛罗康里道、曳咥……牟羽可汗亲自出迎。①

这里的葛罗康里路(Kara kangli yohin),即黑车子之路。曳咥(Artiš)在今蒙新交界的阿尔泰山南麓的额尔齐斯河上游,是天山北路进入漠北的重要关口②。显然,这里的Tohuristan(吐火罗斯坦)指的是西域地区,具体当指焉耆、高昌一带。吉田豊认为这里的Tohuristan应当读作Tuɣristan,这一订正过的名字也见于《九姓回鹘可汗碑》,指的是丝路北道的龟兹、焉耆和高昌地区③。

6. 回鹘文《玄奘传》

上面已经提到过,回鹘文《玄奘传》记录的"覩货罗故国",回鹘文的拼法即toɣri④,汉文的通用写法应当就是"吐火罗"。

三、关于 toɣri 一词的来历和丝路北道的"吐火罗斯坦"

由以上有关"toɣri"的记载和前人的解说来看,有如下几点值得注意。

1. "toɣri"这个词主要是高昌回鹘时期所使用的,目前看到的文献主要

① 茨默《有关摩尼教开教回鹘的一件新史料》,《敦煌学辑刊》2009年第3期,4页。
② 同上,5—6页。
③ Y. Yoshida, "Some New Readings in the Sogdian Version of Karabalgasun Inscription", *From Ötüken to Istanbul, 1290 years of Turkish (720-2010)*, Istanbul, 2011, pp. 83-84.
④ L. Yu. Tugusheva, *Fragmenty Ujgurskoj nversii biografu Sjuan'-Czana*, p. 29.

是 10、11 世纪的。

2. 上述材料有摩尼教文献和佛教文献两种,从它们的内容和历史背景来看,摩尼教文献应当在前,虽然它们的抄写年代不一定早,但所据文献的成书年代要早;佛教文献在后,其中《玄奘传》是胜光法师(Singqu Säli)所翻译,一般认为是 10 世纪完成的①。《弥勒会见记》的成书年代,哈密屯(J. Hamilton)认为是 10 世纪翻译的②,森安孝夫认为哈密本抄写的年代在 1067 年③。因此可以说,回鹘文指称语言的"toγri"这个词,应当来自"Tuγristan"(吐火罗斯坦)或"tort Twγry"(四吐火罗)这样一个名称。

3. 提到"吐火罗斯坦"或"四吐火罗斯坦"的摩尼教文献,都是属于高昌回鹘摩尼教教团的文献,他们立足高昌城来说吐火罗斯坦,那么吐火罗斯坦应当距离高昌不远,是在他们明确知道的地理范围之内。从《弥勒会见记》提到焉耆、高昌佛教大法师可以译写"toγri 语"来看,这两个地方,即焉耆、高昌应当就在吐火罗斯坦的地理范围之内。前辈学者还指出从龟兹到北庭都是在其范围当中。

4. 既然"toγri"来源于"Tuγristan"(吐火罗斯坦),应当指的是一个较大的地区,而不是来自于一个具体的地点,如前人指称的焉耆。另外,《弥勒会见记》的跋文中,也见到有"四苦先(龟兹)"和"三唆里迷(焉耆)"这样的称呼④,因此"toγri"不会是单指龟兹或焉耆,因为当时已经用"苦先"和"唆里迷"分别指称两地。

5. 迄今为止,人们还没有找到一个古代名词来非常贴切地对应于"toγri",而据回鹘文《玄奘传》,最好的汉文对应词是"覩货罗",更为常用的

---

① P. Zieme, "Sïngqu Säli Tutung, Übersetzer Buddhistischer Schriften ins Uigurische", *Tractata Altaica*, 1976, pp. 767–775; J. Hamilton, "Les titres *säli* et *tutung* en ouïgour", *Journal Asiatique*, CCLXXII. 3-4, 1984, pp. 425–437.

② 年代据 *Oriantalistische Literaturzeitung*, 80, 1985, Nr.6, pp.591–592 所刊 J. R. Hamilton 的书评。

③ 森安孝夫《トルコ佛教の源流と古トルコ语佛典の出現》,《史学杂志》第 98 编第 4 号,1989 年,21 页。

④ 耿世民《回鹘文哈密本〈弥勒会见记〉研究》,536—537 页。

汉文名称,则是"吐火罗"。

早在 1948 年,贝利教授在讨论所谓"吐火罗语"问题时,提出一个假说,是否那些从吐火罗斯坦来的思乡的摩尼教徒把 toɣri 这样一个准确的地名带到了它们的东方教区①。最近,庆昭蓉博士也认为 toɣri 一词很可能还是葱岭以西"吐火罗"一名的异写,并特别强调回鹘、粟特文献提及"toɣri 语"都在 9 世纪以后,因而学者有必要考虑 8 世纪初以降伊斯兰势力东进,吐火罗斯坦一些教徒前往对佛教、摩尼教友善的回鹘汗国的大历史趋势;另一方面,《贞元释教录》所记"吐火罗言"与安西四镇语言不同,看来是 7、8 世纪吐火罗斯坦的主流语言。那么所谓"toɣri 语"仍然有可能是葱岭西边的"吐火罗言"。这些西域居民的文本可能随着人们迁徙而被带到龟兹至高昌间的一些地方,其语言在焉耆等地流行,于是又有了从苦先语译为"toɣri 语",再译为回鹘语的情形出现。但她认为对于 8 世纪末 9 世纪初复杂的人群与文化交流经过以及回鹘人"toɣri 语"一称的产生,惟有等待更全面的文本比较分析与历史研究才能定论②。

在贝利教授、庆昭蓉博士的启发下,笔者从摩尼教流传的角度,对此问题解说如下。

既然"toɣri"来自摩尼教概念里的"吐火罗斯坦"或"四吐火罗斯坦",那么摩尼教的这个地理概念指哪里呢? 从上面提到的与吐鲁番摩尼教文书中的"吐火罗斯坦"相关的地理位置来看,这个"吐火罗斯坦"似乎应当位于龟兹、焉耆、高昌、北庭一带。按,摩尼教在漠北回鹘和高昌回鹘时期,其教徒是分属于各自的教区的。德国吐鲁番探险队所获编号为 M 1 的中古波斯语《摩尼教赞美诗集》(*Mahrnāmag*)跋文中,罗列了保义可汗时期(808—821 年

---

① H. W. Bailey "Recent Work in 'Tokharian'", *Transactions of the Philological Society*, 1947 (1948), p. 152. 按,这篇文章是大约三十年前所读,相关部分还用红笔划了线,可是在撰写初稿是全然忘记,但默然中贝利教授的观点潜藏于心,本文实际上不过是对贝利观点的详细论证而已。文章修订中,重检得之,对贝利教授的学恩,感念不已。

② 庆昭蓉《吐火罗语世俗文献与古代龟兹历史》,北京大学历史学系博士后出站报告,2012 年,9—14 页。

在位)漠北回鹘大量的王族成员(可汗和王子们)、与王族密切相关的宰相权臣,以及北庭、高昌、龟兹(包括伲沙和拨换)、焉耆、于术等地一些官员、贵族或地方首领的名称,这些城镇大概不是政治区划,而是摩尼教教区①。这个诗集跋文提到的教区,与上述"吐火罗斯坦"大体吻合,换句话说,"吐火罗斯坦"正是指龟兹、焉耆、高昌、北庭,其中于术较小,应当包含在焉耆的范围内。如果非要以城镇和"四吐火罗斯坦"对应的话,那么就只能是龟兹、焉耆、高昌、北庭,而不是安西四镇(龟兹、于阗、疏勒、焉耆)。

摩尼教徒为何把这一地理区域称之为"吐火罗斯坦"? 真正的吐火罗斯坦(Tocharistan)是在巴克特里亚(Bactria)地区,那里原本是摩尼教的一个大教区,因为该地有天下只有十二个的慕阇驻锡其间。《册府元龟》卷九七一《外臣部》朝贡四记:"〔开元七年,719〕六月,大食国、吐火罗国、康国、南天竺国遣使朝贡,其吐火罗国支汗那王帝赊上表,献解天文人大慕阇。"②这应当就是摩尼教原本的东方教区所在。等到摩尼教在西域地区(塔里木盆地北沿)开教成功,摩尼教的东方教区移到这里,其原本的"吐火罗斯坦"的名称也随着"东方教区"一起移到西域北道。

当高昌回鹘王国从摩尼教信仰转变为佛教信仰之后,一些摩尼教的词汇并没有退出历史舞台,而是继续留存在回鹘人的观念里。当《弥勒会见记》的编者在指称龟兹、焉耆、高昌等地流行的语言时,就用摩尼教徒指称这一地区的原本词汇"toɣri",来指称这个地区流行的语言。事实上,焉耆当地语言的本名未必是"toɣri",而大概是我们还没发现的吐火罗语 A 文本中的"焉耆语"一名。

因此,如果学者比定回鹘本《弥勒会见记》、《十业佛譬喻鬘经》的前身正是焉耆语(吐火罗语 A)的文本无误,"吐火罗语"应该是回鹘人对龟兹到高昌流行的语言的他称,并非这种语言自己的自称,所以,即使这种语言被称

---

① Henning, "Argi and the 'Tokharians'", p. 567. 跋文全部的汉译,见王媛媛《中古波斯文〈摩尼教赞美诗集〉跋文译注》,载朱玉麒主编《西域文史》第 2 辑,科学出版社,2007 年,129—153 页。
②《宋本册府元龟》卷九七一《外臣部》,中华书局,1989 年,3848 页。

作"吐火罗语",但它的使用者却不是历史文献上在西方吐火罗斯坦见到的"吐火罗人"。由所谓的"吐火罗语",而把库车、焉耆、吐鲁番等地的上古居民叫做"(原始)吐火罗人"〔(Proto-)Tocharians〕,目前还缺乏充分的学理根据。

以上根据高昌回鹘的宗教变迁,给回鹘文"吐火罗语"一名提出一种解释,即承认"toɣrï"是"吐火罗",但它来自吐火罗斯坦的西域移植。被回鹘人称作"吐火罗语"的语言自己有自己的名称,操这种语言的是龟兹、焉耆、高昌地区的当地部份胡人,他们讲一种印欧语,但不是依据"吐火罗语"的假设而说的吐火罗语。

（本文初稿曾在 2013 年 4 月 14 日中国人民大学国学院西域历史语言研究所主办的"吐火罗问题"学术座谈会上宣读,12 月 31 日修订,2014 年 1 月 22 日再订。原载王炳华主编《孔雀河青铜时代与吐火罗假想》,科学出版社,2017 年 3 月,181—191 页。）

"吐火罗"非"焉耆"

——吐鲁番出土文书札记

我们一般所说的吐火罗,是指吐火罗斯坦(Tukhāristān)。《新唐书》卷二二一下《西域传》称:"吐火罗,或曰土豁罗,曰觐货逻,元魏谓吐呼罗者。居葱岭西,乌浒河之南,古大夏地。"吐火罗即希腊典籍中的 Tokharoi,本是民族名,中世纪开始转为吐火罗人所居之地的地名,大体上位于乌浒水(今阿姆河)上游即缚刍河流域,以今昆都士(唐代活国)为中心的阿富汗北部地区。

然而,"吐火罗"是一个十分复杂的问题,因为 19 世纪末、20 世纪初西方探险队在新疆库车、焉耆、吐鲁番等地发现一种用中亚婆罗谜字母书写的"不知名的语言"被命名为"吐火罗语",随后塔里木盆地北沿的古代居民被看作是吐火罗人,甚至有学者认为先秦、秦汉时期活跃在中国西北地区的强大民族月氏人就是吐火罗人,而他们是在很早以前从西亚迁徙而来的印欧人[1]。对此说法也有很多不同的意见,不论如何,"吐火罗"问题的研究极大

---

[1] 有关古代塔里木盆地的吐火罗人问题,参看徐文堪《吐火罗人起源研究》的相关论述,昆仑出版社,2005 年。

地推动了古代新疆人种、考古、历史、语言、宗教等许多方面的研究。

我们在此不讨论所谓"吐火罗语"的命名问题①。一般来说,吐火罗语学界虽然觉得"吐火罗语"一名有这样那样的问题,但仍然坚持使用这个名称。另外有一些学者则把吐火罗语 B 称作"龟兹语",这一称呼也得到这种语言所写文献本身的印证。虽然有些学者把吐火罗语 A 径称为"焉耆语",也力图证明古代焉耆是吐火罗之地②,但这一点并没有直接的证据能够落实。

本文只是提示一件前人在讨论"吐火罗"问题时没有见过或没有措意的吐鲁番出土文书,来说明在唐朝时期,唐朝西州官府的正式公文里,不把"吐火罗"一名等同于焉耆。吐鲁番阿斯塔那 29 号墓出土的《唐垂拱元年(685)康义罗施等请过所案卷》,是西州官府在审查西来的胡人商队时所写的公文,全文如下③:

(一)

1　　　　　拱元年四月　日
2　　　　译翟那你潘
3　　　连　亨　白
4　　　　　　　十九日
- -
5 ⎿⎿⎿⎿⎿义罗施年卅
6 ⎿⎿⎿⎿⎿钵年六十
7 ⎿⎿⎿⎿⎿拂延年卅
8 ⎿⎿⎿⎿⎿色多年卅五

① 关于吐火罗语命名问题的争论,可参看张广达、耿世民《唆里迷考》,原载《历史研究》1980 年第 2 期,此据张广达《文书、典籍与西域史地》,广西师范大学出版社,2008 年,25—36 页。

② 黄盛璋《试论所谓"吐火罗语"及其有关的历史地理和民族问题》,原载《西域史研究》第 2 辑,1988 年;此据作者《中外交通与交流史研究》,安徽教育出版社,2002 年,195—241 页。

③《吐鲁番出土文书》第叁册,文物出版社,1996 年,346—350 页,按文书残片(一)背面骑缝有"亨"字押署。参看程喜霖《唐代过所研究》,中华书局,2000 年,246—258 页。

9 ⬚⬚⬚⬚⬚被问所请过所,有何来文,

10 仰答者! 谨审:但罗施等并从西

11 来,欲向东兴易,为在西无人遮得,更

12 不请公文,请乞责保,被问依实谨

13 ⬚　亨

14 　　　　　⬚⬚⬚⬚⬚月　日

（二）

1 　　　　　　四月　日游击将军⬚⬚

2 　　　　　连　亨　白

3 　　　　　　　十九日

- -

4 ⬚⬚⬚⬚⬚兴生胡纥槎年五十五

5 ⬚⬚⬚⬚⬚笃潘年卅五

6 ⬚⬚⬚⬚⬚达年卅六

7 ⬚⬚⬚⬚⬚延年六十

8 ⬚⬚⬚⬚⬚被问所请过所,有何公文?

9 ⬚⬚⬚⬚⬚审,但笃潘等并从西

10 ⬚⬚⬚⬚⬚汉官府,所以更不请

11 ⬚⬚⬚⬚⬚等,并请责保,被

（三）

1 你那潘等辩:被问得上件人等辞,请将

2 家口入京,其人等不是压良、眩诱、寒盗

3 等色以不? 仰答者! 谨审:但那你等保

4 知不是压良等色,若后不依今

5 款,求受依法罪,被问依实谨囗。

6 亨　　　　　垂拱元年四月　日

7 　　　　　　连　　亨　白

8 　　　　　　　　　　十九日

（四）

1 保人庭、伊百姓康阿了囗

2 保人伊州百姓史保年卅囗

3 保人庭州百姓韩小儿年卅囗

4 保人乌耆人曹不那遮年囗

5 保人高昌县史康师年卅五囗

6 　康尾义罗施年卅　作人曹伏磨囗

7 　婢可婢支　驴三头　马一匹　囗

8 　吐火罗拂延年卅　奴突蜜囗

9 　奴割逻吉　驴三头　囗

10 　吐火罗磨色多　囗

11 　奴莫贺咄　囗

12 　婢颉　婢囗

13 　驼二头　驴五头　囗

14 　何胡数刺　作人曹延那　囗

15 　驴三头

16 　康纥槎　男射鼻　男浮你了

17 　作人曹野那　作人安莫延　康囗

18 　婢桃叶　驴一十二头

19 阿了辨:被问得上件人等牒称,请囗

20 家口入京,其人等不是压良囗

21 冒名假代等色以不者? 谨审:但了囗

22　不是压良、假代等色，若后☒□

23　求受依法罪，被问依实谨□。

24　　　　　　　垂拱元年四月　日

25　　　　　　连　亨　□

　　这里提到由粟特、吐火罗人组成的两个商队，他们从西而来，到了西州才进入唐朝官府的管辖范围，因为没有来文，所以分别向西州官府申请过所，以便"向东兴易"，西州官府通过对你那潘、康阿了等两组保人的审问，确定这些商人及其商队中的作人、奴婢不是压良、訞诱、寒盗、假代等色，同意他们带家口入京，于是将其重组为另外两个商队，其中一个商队首领是粟特康国人康尾义罗施，其他商人有吐火罗拂延、吐火罗磨色多、康纟嗟、何胡数剌。这中间的两位以"吐火罗"为姓的商人拂延、磨色多，应当是来自葱岭西的吐火罗国，他们和来自粟特本土的康国、何国的粟特商人组成商队，一起东来贩易。这两位吐火罗人的奴隶突蜜□、割逻吉、莫贺咄，从名字上来看，很像是突厥人。

　　从传统的汉文史籍中我们知道，来华的吐火罗国人一般都以"罗"为姓，如敦煌从化乡的罗姓居民[1]，德宗贞元四年(788)参与长安译经事业的神策军将领罗好心[2]。像西州文书这样以"吐火罗"为姓的例子是很少见到的，或许表明这些人因为刚刚从西边进入唐朝直辖领域，又没有入籍，因此没有采用比较地道的汉姓"罗"，而是以国名为自己的姓了。也有可能是垂拱元年时，入华的吐火罗人很少，还没有形成以"罗"为姓的固定用法。

　　这件文书是我们了解初入华的吐火罗国人的极好材料，特别是他们加入粟特商队，东来贩易的情形，是其他史料所不及的。但这里我们特别提醒

① 池田温《8世纪中叶における敦煌のソグド人聚落》，原载《ユーラシア文化研究》第1号，1965年；此据辛德勇译文《8世纪中叶敦煌的粟特人聚落》，载刘俊文主编《日本学者研究中国史论著选译》第9卷，中华书局，1993年，15、18—20页。
② 中田美绘《8世纪后半における中央ユーラシアの动向と长安佛教界》，《(关西大学)东西学术研究所纪要》第44号，2011年，173—175页。

大家注意的是,在第四残片上,前面列有五位保人的名字,他们分别来自北庭、伊州、乌耆、高昌。其中的"乌耆",无疑就是焉耆,文书的整理者也是这样括注的。这样,我们就在同一件唐朝官文书上面,发现了"焉耆"与"吐火罗"并称的例子。

这里的"吐火罗"当然是指葱岭以西的吐火罗。但是,在吐火罗研究中,一种观点认为回鹘文《弥勒会见记》跋文中"Toγri 语",就是汉文的"吐火罗语"。但从本文书来看,如果当时人把"焉耆"叫做"吐火罗"的话,那文书中的"乌耆"就不应当出现了,因此可以说,唐朝前期的"焉耆"与"吐火罗"两个名称是不能并列出现的。如果吐火罗语 A 就是焉耆地区通行的语言的话,那我相信它应当被称作"焉耆语",而不是"吐火罗语"。回鹘人为什么把焉耆语称作"Toγri(吐火罗)语",我们还要另寻他解。

(2013 年 5 月 15 日完稿,原载《内陆欧亚历史语言论集——徐文堪先生古稀纪念》,兰州大学出版社,2014 年,131—135 页。)

唐代的勃律

　　勃律是克什米尔北境印度河流域的中世纪国名。在中国历史文献中，从东晋智猛的《游行外国传》、北魏宋云的《宋云行记》和惠生的《行记》到唐代著述，先后有波伦、钵卢勒、钵露勒、钵露罗、钵罗、勃律等不同译名。藏文文献中作 Bru-zha 或 Bru-sha。在吐蕃兴起之前，勃律以巴勒提斯坦（Baltistān，藏文文献作 Sbalti）为根据地，该地联结吐蕃、印度和唐西域地区，故当吐蕃在 7 世纪向中亚推进时成为吐蕃首先侵袭的对象。勃律王被迫迁往西北方的娑夷水（今克什米尔吉尔吉特河）流域，遂分为大、小勃律。在原巴勒提斯坦者称大勃律，或曰布露；西迁者称小勃律，地在今克什米尔的吉尔吉特和肥沃的雅辛谷地。大勃律位于小勃律的东南，相距三百里。

　　从武则天万岁通天二年（697）到玄宗开元（713—741）初年，大勃律三次遣使入唐。唐王朝先后册立其君弗舍利支离泥、苏麟陀逸之为王。同时，小勃律王没谨忙于唐开元初亲自来朝，唐以其地为绥远军。然小勃律数为吐蕃所困，吐蕃声明意在假道其国进攻唐之安西四镇。因此，当时的勃律被认为是唐帝国的西门。后吐蕃夺小勃律九城，没谨忙求救于北庭，节度使张孝嵩遣疏勒副使张思礼率蕃汉步骑四千救之。没谨忙因出兵大破吐蕃，722 年

（唐开元十年）唐封没谨忙为小勃律王。其后，吐蕃西击勃律，卒残其国。小勃律王苏失利之在位期间，迎吐蕃公主墀马类（Ze ba khri ma lod）为妃，西北二十余国遂皆为吐蕃臣属，四镇节度使田仁琬、盖嘉运、夫蒙灵詧三次讨伐无功。747年（唐天宝六载），唐廷诏四镇节度副使高仙芝以马步万人进讨，仙芝进至五识匿国（今帕米尔的锡克南），分兵三路，俘虏小勃律王夫妇。唐改其国号为归仁，设归仁军镇守。此役提高了唐在中亚的声威，许多国家转而归附唐朝。但至751年高仙芝所率唐军在怛逻斯（今哈萨克斯坦江布尔城附近）败于大食，小勃律与箇失蜜（今克什米尔）地区终于脱离唐朝而听命于吐蕃。

唐代另有大、小勃弄（律），地在今云南。

（与张广达先生合撰，原名"勃律"，载《中国大百科全书》第1版《中国历史》第1卷，中国大百科全书出版社，1992年，52页。）

"西域"概念的变化与唐朝 "边境"的西移

——兼谈安西都护府在唐政治体系中的地位

　　传统上来说,中国古代广义的"西域"是指敦煌西北玉门关以西的广阔地域,而狭义的"西域"则指今新疆南疆地区,也包括东疆的吐鲁番和哈密。

　　自汉代开始,如何处理与狭义的西域的关系,一直是中原王朝政治的核心议题之一。唐朝无疑是对于这一地区秉持较为进取态度的时代,其在这里的统治时间也比较长,对当地社会的影响也相对较大,并留下了相对丰富的关于当时政治经济情况的史料,尤其是借助出土文书材料,历史的很多细节问题得以厘清。在一时一地具体史事的考证基础上,也有学者提出如何认识唐朝在西域统治的性质问题。张广达先生对此提出具有指导性的意见:"唐以取西州为开始,经过百余年经营,到 8 世纪中叶,早已在西州以外地区(这里主要即指四镇地区——引者)发展了某种胡汉军政体制。"[①]王小甫先生进一步指出:"唐朝胡汉并存的统治方式……在具体实践中还有一个

[①] 张广达《唐灭高昌国后的西州形势》,原载《东洋文化》第 68 号,1988 年。此据作者《文书、典籍与西域史地》,广西师范大学出版社,2008 年,150 页。

介乎州县制与小邦国间的过渡形式,这就是安西四镇。安西四镇才是胡汉并存的统治方式具体表现的地方。"①显然,学者已经注意到安西四镇地区在唐朝政治体系中的特殊性——在胡汉双轨统治之下,安西四镇地区呈现出相较普通羁縻府州而有所不同的统治形态。对于唐朝安西四镇统治性质的深入讨论,首先需要对安西地区在唐朝政治体系中的地位加以判定,而要做出这样的判断,则需要考察唐朝"西域"所指范围的变化,换句话说是唐朝边界的西移过程。为此,本文希望在这个方向上进行研究。

一、唐朝"西域"范围的变化过程

今人对于"西域"一词的典范性理解,多从《汉书·西域传》中得到:"西域以孝武时始通,本三十六国,其后稍分至五十余,皆在匈奴之西,乌孙之南,南北有大山,中央有河,东西六千余里,南北千余里。东则接汉,陀以玉门、阳关,西则限以葱岭。"②这个范围,大致相当于今天的新疆。不过,自从中原地区与西方有接触以来,就存在另一个想象的"西域",即并非作为地理概念,而是作为文化概念的"西域",即广义的西域。在中西文化交流频繁的唐代,这种文化意义上的"西域",更是不但进入史家的视线,也常为文人所吟咏,因而在多种类型的史料中广泛出现。由于本文的着眼点是唐朝在西域地区的行政体制的变化,在分析"西域"一词的含义时,就需要特别注意分析史料的来源,尽量使用唐朝官方文件或源自官方文件的史料,尤其是地理类文献,作为讨论的依据。

《隋书·裴矩传》载《西域图记序》明确指出,当时"西域"的范围是"于阗之北,葱岭以东",而序文中记载的三条通往西域的道路,也是"发自敦煌,至于西海"③。可以看出,隋代官方认识的"西域",指的是敦煌以西、葱岭以

① 王小甫《唐吐蕃大食政治关系史》,北京大学出版社,1992 年,8 页。
②《汉书》卷九六上,中华书局,1962 年,3871 页。
③《隋书》卷六七,中华书局,1973 年,1579 页。

东、于阗以北的地区,和《汉书》的认识基本一致。这种认识在唐朝初年也被保持了下来。《唐会要》卷七十《州县改置》上"河南道"条载:"汝州,武德初,从隋旧制,为伊州。贞观八年,以西域置伊州,遂改为汝州。"①可见此时伊州还被认为属于西域的范围之内。

然而,随着政治形势的变化,这种认识并没有维持很久。贞观十四年(640),侯君集攻占高昌国。随后,太宗不顾反对,将其州县化。在设置伊、西、庭三州之后,"西域"所指就不再包括这三州所在的现在新疆的东部地区了,唐朝的边境开始了第一次大规模的西移。褚遂良在《谏戍高昌疏》中反对太宗的决定,其中说到太宗"诛灭高昌,威加西域"②,似乎已经显示他对西域的认识已经不包括高昌。而这一变化的最明确的证据,来自于攻占高昌国六年之后玄奘完成的《大唐西域记》。一般认为《大唐西域记》属于佛教文献,是法显、宋云以来求法类游记的集大成者。这固然不错,但是《西域记》还有另一个政治层面的意义,也不容忽视。《大唐西域记》之作是玄奘应太宗要求完成的,完成之后又有秘书省著作佐郎敬播与尚书左仆射燕国公于志宁作序,因而其书之性质,在很大程度上是提供给官方的有关西域的情报辑录,与裴矩的《西域图记》有类似之处,继承了以《汉书·西域传》为滥觞的官方西域书写的传统。太宗在《答玄奘法师进西域记书诏》中称:"朕学浅心拙,在物犹迷;况佛教幽微,岂能仰测。请为经题,非己所闻。新撰《西域记》者,当自披览。"③他自称对佛教经文不能了解,但是对《西域记》却"当自披览",也从侧面说明在他眼中《西域记》并不单纯是佛教性质的著作,而是有强烈的政治意涵,需要他注意的。正是由于这个原因,虽然玄奘西行之时高昌尚未为唐朝兼并,而高昌王麴文泰的支持对于他的成功西行也举足轻重,但是《西域记》在开始叙述西域各国时,开篇即说"出高昌故地,自近者始,曰

---

① 《唐会要》卷七〇,上海古籍出版社,1992 年,1481 页。
② 《全唐文》卷一四九,中华书局,1983 年,1509 页。
③ 《全唐文》卷八,95 页。

阿耆尼国(旧曰焉耆)"①,以焉耆国起首,而不记高昌。这明确的告诉我们,"大唐西域"——即此时唐朝官方认识中的"西域",已经不包括原高昌国范围,而是指焉耆以西的地区了。

这种变化出现的原因,自然是高昌国被唐朝征服,成为直辖的西州。伊、西、庭地区的州县化,使其不再属于"西域"的范围,而西州也取代敦煌,成为唐朝对西域经营与交往的桥头堡。由此可以看出,唐朝官方文献中认识的作为地理概念的"西域",实际上就是指"疆域以西",也就是说,在唐朝政治制度管辖区域之外的地区。

大概从高宗统治时期开始,"西域"一词的所指又有了第二次西移的迹象。《通典》卷一九三《边防典》九"吐火罗"条载:"龙朔元年(661),吐火罗置州县使王名远进《西域图记》,并请于阗以西、波斯以东十六国分置都督府及州八十、县一百、军府百二十六,仍于吐火罗国立碑,以纪圣德。帝从之。"②这里王名远所进呈之《西域图记》包含的范围大概只有"于阗以西、波斯以东"③。从《大唐西域记》到《西域图记》,"西域"所指有了明显的变化,这种变化的直接原因,就是显庆三年(658)唐朝打败西突厥汗国,整个西域的宗主权从西突厥转归唐朝所有,原西突厥所控制的西域版图,成为唐朝的领地;唐朝把安西都护府从西州移到龟兹,并设安西(龟兹)、于阗、焉耆、疏勒四镇,称为"安西四镇"。虽然此时唐朝没有在安西四镇直接驻军,但从行政体制上来说,安西都护府等同唐朝直辖州,所以在这一意义上来说,安西都护府所辖四镇地区,即"于阗以东"地区,已经是唐朝的直辖领地,不是唐朝官方认可的"西域"了。

然而,显庆三年以后,安西地区的统治并未巩固,受到来自南面的吐蕃

---

① 季羡林等《大唐西域记校注》,中华书局,1995年,46页。参看孟宪实《麹文泰与玄奘》,季羡林等编《敦煌吐鲁番研究》第4卷,北京大学出版社,1999年,89—101页。

② 杜佑《通典》,中华书局,1988年,5277页。点校者将"吐火罗置州县"与"使王名远"间点断,误。

③ 杨建新早已指出:"唐代狭义的'西域'并不是指汉代西域都护所管辖的新疆南疆地区,而是指葱岭以西到波斯的这一部份中亚地区。"见《"西域"辨正》,《新疆大学学报》1981年第1期,27页。

和北面的西突厥余部的侵扰或夹击,四镇在唐蕃之间数次易手,安西都护府也曾几次迁回西州,所以"西域"所指是否包括四镇地区,也随之出现变化。简言之,咸亨元年(670),吐蕃大军进攻,先占于阗,又陷龟兹拨换城(今阿克苏),唐朝罢四镇,安西都护府撤回西州。上元元年(674)十二月,于阗王伏阇雄击走吐蕃,唐朝以于阗为毗沙都督府,同时,唐朝又增设了疏勒、焉耆二都督府,安西四镇得以恢复。上元二、三年(675—676),唐朝又把西域南道上的两个重镇——鄯善城和且末城划归沙州直接管辖,并改称石城镇和播仙镇①。于是,塔里木盆地的东南区域变成与西、伊、庭州一样的唐朝直辖领地。仪凤初(676—677),西突厥势力与吐蕃联合,再次攻占四镇。唐将裴行俭出兵碎叶,于调露元年(679),再立四镇,并以碎叶代焉耆为四镇之一。武周初年,东突厥复兴,与唐对敌,吐蕃乘机大举进攻。垂拱二年(686)十一月,唐朝被迫再次放弃四镇。直到长寿元年(692),唐将王孝杰率军收复四镇,安西都护府又迁回龟兹城②。

在长寿元年王孝杰再度收复四镇之后,狄仁杰和崔融关于是否放弃镇守四镇展开了争论。狄仁杰《请罢百姓西戍疏勒等四镇疏》云:"西戍四镇,东戍安东,调发日加,百姓虚弊。开守西域,事等石田,费用不支,有损无益。"③崔融《拔四镇议》则说:"其在高宗,励精为政,不欲广地,务其安人。徭戍繁数,用度减耗,复命有司拔四镇。其后吐蕃果骄,大入西域,焉耆以西,所在城堡,无不降下。"④显然,虽然两人在四镇弃置问题上观点针锋相对,但是双方眼中的"西域"所指,却都是四镇地区,也就是崔融所说的"焉耆以西"。这是因为他们上疏所说的西域,指的是原被吐蕃占领并刚刚收复的西域地区,四镇还未完全恢复。这里"西域"与"四镇"大致是指同一地区,只

①高宗时编的《沙州图经》卷五,有关于石城镇和播仙镇的详细记录,反映了沙州对两镇的控制实况。见池田温《沙州图经略考》,《榎博士还历记念东洋史论丛》,山川出版社,1974年,91—97页。
②关于高宗、武则天时期唐蕃间对安西四镇的争夺与易手情形,参看王小甫《唐吐蕃大食政治关系史》,68—88页。
③《全唐文》卷一六九,1725页。
④《全唐文》卷二一九,2216页。

不过"西域"是指一个地区,而"四镇"则指镇守这一地区的军政机构。最终武后接受了崔融的建议,恢复安西四镇,并大规模驻军,这一措施直接造成由此时直至贞元年间唐朝对四镇地区的稳定统治。于是,"西域"所指的第二次西移也由此时开始稳定了下来。

对此《新唐书·地理志》"羁縻州"条有清楚的记载,在"西域府十六、州七十二"纲目之下所罗列的都督府、州都属于葱岭以西地区,安西地区则列在"四镇都督府,州三十四"之下①,两者的分别是非常明显的。另外,贾耽《皇华四达记》关于"边州入四夷道"的记载也值得分析:"其后贞元宰相贾耽考方域道里之数最详,从边州入四夷,通译于鸿胪者,莫不毕纪。其入四夷之路与关戍走集最要者七:一曰营州入安东道,二曰登州海行入高丽渤海道,三曰夏州塞外通大同云中道,四曰中受降城入回鹘道,五曰安西入西域道,六曰安南通天竺道,七曰广州通海夷道。"②这里提到"安西入西域道",显然说明安西与西域是不同的区域,参考其他诸条的书写方式,前者为"边州",而后者则属于"四夷"。这条史料也提醒我们,原来属于"西域"的四镇地区,此时被称作"安西"。

这种"安西"与"西域"对举的情况,在唐朝的中期官方文献中还有一些例子。《唐六典》卷三在列举"陇右道"的贡赋时,将安西贡物列在陇右道内叙述,然后才提到"远夷则控西域胡、戎之贡献焉"③。《六典》所记为开元二十五年(737)的情形,所以其时安西与伊、西、庭同样是作为陇右道所辖的府州登记土贡的。

《资治通鉴》卷二一九至德二载(757)条提到安史乱后入援边兵:"上至凤翔旬日,陇右、河西、安西、西域之兵皆会,江、淮庸调亦至洋川、汉中。"④"安西"与"西域"对举,明显指不同的地区。对此最为显豁的记载在《资治

---

①《新唐书》卷四三,中华书局,1975 年,1134—1137 页。

②《新唐书》卷四三,1146 页。

③ 李林甫等撰,陈仲夫点校《唐六典》,中华书局,1992 年,69 页。

④《资治通鉴》卷二一九,中华书局,1956 年,7018 页。

通鉴》卷二一五天宝元年(742)正月壬子条：

> 是时,天下声教所被之州三百三十一,羁縻之州八百,置十节度、经
> 略使以备边。安西节度抚宁西域,统龟兹、焉耆、于阗、疏勒四镇,治龟
> 兹城,兵二万四千。北庭节度防制突骑施、坚昆,统瀚海、天山、伊吾三
> 军,屯伊、西二州之境,治北庭都护府,兵二万人。①

通观此条所载十节度职责,均包括了两个方面的内容,一为对外,一为对内,
无一例外。对外用词各不相同,包括"抚宁"、"防制"、"断隔"、"捍御"、
"御"、"临制"、"镇抚"、"备御"、"抗"、"抚"及"绥静"等,但含义基本类似;
而对内则全用"统"。对这条史料的书写方式有所了解之后,再来看"安西节
度抚宁西域,统龟兹、焉耆、于阗、疏勒四镇,治龟兹城,兵二万四千"的记载
(开元七年又以焉耆代碎叶以备四镇),就不难发现,这里的西域显然是指对
外的方面,与安西节度直接统辖的四镇不同,应该是指葱岭以西的地区。

《唐会要》卷九九"石国"条载:"天宝初,累遣朝贡。至五年,封其王子
那俱车鼻施为怀化王,并赐铁券。九载,安西节度使高仙芝奏其王蕃礼有
亏,请讨之。其王约降,仙芝使部送,去开远门数十里,负约,以王为俘,献于
阙下,斩之。自后西域皆怨。"②这里所说的西域,应该也不包括四镇地区。
也就是说,从武后到玄宗时期,唐朝官方文献中对"西域"作为一个地理概念
的认识,不再包括塔里木盆地的四镇地区,而是指葱岭以西,这和《汉书·西
域传》中"葱岭以东"的西域,已经是两个完全不同的区域了。

总结来说,唐朝"西域"所指范围出现了两次西移。第一次西移,即从指
"敦煌以西"改为指"高昌以西",是贞观十四年高昌国纳入唐朝州县体制之
内,成为正州西州这一政治制度变化的反映。而"西域"所指的第二次西移,
即从指"高昌以西"变为指"于阗以西",从自然地理上来说,是葱岭以西,这
次西移从显庆三年开始,中间经过反复,到长寿元年完成,其过程反映了高

---

① 《资治通鉴》卷二一五,6847—6848 页。
② 《唐会要》卷九九,2102 页。

昌以西、葱岭以东的安西地区政治形势的变化。

唐朝"西域"所指范围的西移,标识着唐朝"边界"的西移,随着边界的西移,进入唐朝本土的安西地区在政治制度方面必然发生变化。这种变化的过程应该如何认识,和高昌正州化的过程有没有类似之处呢?以下通过对安西在唐朝疆域中的位置来进一步讨论这个问题。

二、安西四镇在唐朝政治体系中的地位

与现代国家之间精确的边界划分不同,中古时期的欧亚大陆的不同政权之间并没有非常明确的"边境"存在。但是,这并不说明此时不存在边境的概念。至少,在不同的政体之间,存在对于各自"势力范围"的认识。而就唐朝而言,这种对于自身"势力范围"的认识,比较完整地保存在了方志类、尤其是总志类地理文献之中。这类文献往往属于官方行文,为了解当时唐朝政府对于安西地区在唐朝行政体系中的位置,提供了第一手的证据。

《旧唐书》卷三八《地理志》载:

> 今叙天宝十一载地理。唐土东至安东府,西至安西府,南至日南郡,北至单于府。南北如前汉之盛,东则不及,西则过之。(原注:汉地东至乐良、玄菟,今高丽、渤海是也。今在辽东,非唐土也。汉境西至燉煌郡,今沙州,是唐土。又龟兹,是西过汉之盛也。)[1]

此段记载天宝十一载地理,明确显示将龟兹视作"唐土",其根据当是唐朝的中央政府保存的档案文献。《新唐书》卷五三《食货志》载:"贞观、开元后,边土西举高昌、龟兹、焉耆、小勃律,北抵薛延陀故地,缘边数十州戍重兵,营田及地租不足以供军,于是初有和籴。"[2]这是对这一情况的较为总结性的描述。值得注意的是,小勃律(今 Gilgit/吉尔吉特)也被纳入到"唐土"范围,成

---

① 《旧唐书》中华书局,1975 年,1393 页。
② 《新唐书》,1373 页。

为"缘边"——紧邻唐朝边界之地。

与之呼应的叙述,可以在《新唐书》卷二二一《西域传》中看到:"小勃律……天宝六载,诏〔安西〕副都护高仙芝伐之……遂平其国……执小勃律王及妻归京师,诏改其国号归仁,置归仁军,募千人镇之。"①这表明,唐朝在天宝六载时,把武力攻占的小勃律也作为与安西四镇同样的直接派兵镇守的区域,因此在《新唐书·食货志》里保留的唐朝文书档案中,就把小勃律也当作"唐土"来看待了。与此相类似的应当还有《新唐书·西域传》记录的:"喝盘陀……治葱岭中,都城负徙多河……开元中破平其国,置葱岭守捉,安西极边戍也。"②喝盘陀(今新疆塔什库尔干),开元年间也成为唐朝的边防重镇,立守捉。

唐朝地理文献的编纂十分兴盛,各地都要编订记述当地地理沿革的地志类文献——图经,每三年上报中央政府保存。虽然我们还没有见到专门记载安西地区的地志,但是唐朝官府编纂的"十道录"一类地理总志中对于安西地区的记载,也可以帮助我们认识该地区在唐朝行政体系中的地位。敦煌写本《天宝十道录》就是这样一部价值很高的材料:

> 安西,京七千五百,都八千三百。贡氍毹、绯毡、赤铜豆、白练七千匹、水碙三。无县,管蕃府四。
>
> 龟兹都督府,户四千九百七十四。在安西城内。无本。
>
> 于阗毗沙府,户四千四百八十七。安西南二千里。无本。
>
> 焉耆府,户一千一百六十七。(中残)。无本。
>
> 疏勒府,户一千八百六十。安西二(中残)二月敕新置。无(下残)③

---

① 《新唐书》卷二二一《西域传》下,6251—6252 页。

② 《新唐书》卷二二一《西域传》上,6234 页。

③ 录文据吴震《敦煌石室写本唐天宝初年〈郡县公廨本钱簿〉校注并跋》,《文史》第 13 辑,1982 年,97—98 页。定名据荣新江《敦煌本〈天宝十道录〉及其价值》,唐晓峰等编《九州》第 2 辑,商务印书馆,1999 年,116—129 页。原文书分上下栏并使用双行小注,此处引文将格式简化。

通观整篇《天宝十道录》,可见对安西地区的记录与内地州府是完全一致的,并没有任何区别 所记都是所辖州县的州府距两京里程、土贡,以及下级行政单位的户数、位置、有无公廨本钱等。这一点在《唐六典》卷三"户部郎中员外郎"条对安西的记载中也可以看出:"郎中、员外郎掌领天下州县户口之事。凡天下十道,任土所出而为贡赋之差。分十道以总之。……六曰陇右道,古雍、梁二州之境,今秦、渭、成、武、洮、岷、叠、宕、河、兰、鄯、廓、凉、甘、肃、瓜、沙、伊、西、北庭、安西,凡二十有一州焉。"①值得注意的是,《唐六典》将安西视为一个"州",属于陇右道"二十有一州"之一。可见,安西地区是唐朝领地在当时是较为普遍的认识。天宝五载玄宗《遣使巡按天下诏》云:"豫巡河北道,銛巡京畿、……麟巡河西、陇西、碛西等道,翘巡剑南及山南西道,光誉巡淮南及江南东道,其百姓之间及官吏之辈如事或未该,须有厘革者,仍委量事处置,回日奏闻。其岭南、黔中、碛西途路遥远,若使臣一一自到,虑有稽迟,任各精择判官,准旧例分往。"②"碛西"为"安西"所改,在这里也与其他内地行政区并列出现。

这种安西地区属于唐朝正式管辖范围的认识,并非为唐人所独有。开元十五年,新罗僧人慧超自天竺求法东归,经中亚入唐朝安西地区。记录他行程的《往五天竺国传》为我们提供了当时中亚政治形势概貌,尤其重要的是,他格外重视中亚各国之所属,这与本文讨论的主题密切相关。以下转引他从胡蜜国(今瓦罕)经识匿国(今 Sighnan/锡格南,在帕米尔高原上)入葱岭的一段记载:"此胡蜜王,兵马少弱,不能自护,见属大寔所管,每年输税绢三千匹。……又胡蜜国北山里,有九个识匿国,九个王各领兵马而住。有一个王,属胡蜜王。自外各并自住,不属余国。近有两窟王,来投于汉国,使命安西,往来〔不〕绝。……又从胡蜜国东行十五日,过播蜜川,即至葱岭镇,此即属汉。"③葱岭镇即喝盘陀。可见,慧超对于当时胡蜜国到葱岭这一区域的

①《唐六典》卷三,64、68 页。
②《全唐文》卷三二,357 页。
③ 慧超著,张毅笺释《往五天竺国传笺释》,中华书局,2000 年,141、145、146 页。

政治归属有很清楚的认识,其中九个识匿国或者"属胡蜜王",或者"来投于汉国";而胡蜜国则属大食(阿拉伯帝国),葱岭镇属汉(唐朝),均是明确的事实。但是当他行至于阗之时,又点出"从此以东,并是大唐境界,诸人共知,不言可悉"①。可见,葱岭镇在慧超眼中具有独特的地位,虽然"属汉",但似乎又不是"不言可悉"的"大唐境界",到了于阗以东,则确定是"大唐境界"了。这种既在境内又在境外的认识,或许正反映了某些新归属安西的地区在行政地位上的特殊性。

《通鉴》卷二一六载天宝十二载:"是时中国盛强,自安远门西尽唐境万二千里,闾阎相望,桑麻翳野,天下称富庶者无如陇右。"《通鉴》此条下有胡三省注云:"长安城西面北来第一门曰安远门,本隋之开远门也。西尽唐境万二千里,并西域内属诸国言之。"②从《新唐书·西域传》所载诸国距长安里程,于阗"距京师九千七百里",小勃律"去京师九千里而赢",罽宾"距京师万二千里而赢"③,其中罽宾与于阗、小勃律不同,属于西域地区的王国。由于这些国家距长安的里程并非直线距离,而往往是循道路而计,所以并不准确。所谓"自安远门西尽唐境万二千里",应当是包括了到天宝十二载时唐朝西境的最大范围,虽然不能把罽宾囊括其中,但小勃律无疑是在其中。胡注所说"并西域内属诸国言之",恐怕不够准确,因为当时的吐火罗、粟特诸国,都在唐朝的属国范围内,但不在唐朝境界内的安西地区。

由此可见,虽然无法比拟现代国家间精密的边界划分,但唐朝人对于帝国疆域还是有相当清楚的认识,这种认识集中反映在脱胎于政府文案的地志类文献尤其是地理总志类文献中。由上文的分析可知,在安西都护府设立之后,直至贞元时安西地区进入吐蕃统治时期的百余年间,安西四镇地区属于唐朝的疆域之内,是唐朝人较为普遍的认识。

---

① 《往五天竺国传笺释》,167 页。
② 《资治通鉴》卷二一六,6919 页。
③ 《新唐书》,6235、6251、6240 页。

　　总而言之,从高宗显庆三年开始到武则天长寿元年定型,在唐朝的政治体系中,不论由外还是由内来看,安西地区都是属于唐朝政治体系之内,而且常常与内地正式府州并列出现。与此相符合的是,到了开元、天宝年间,随着唐朝在葱岭及西北印度(今吉尔吉特地区)的事功,"西域"即疆域以西在官方文献中也专指葱岭以西地区了。有了这样的结论,对于我们认识安西地区的羁縻府州制度必将有所帮助,但这一问题已经超出本文范围,拟另文专论。

　　(与文欣合撰,原载《北京大学学报》2012 年第 4 期,113—119 页。)

第二编

———— * ————

丝绸之路与西域文化

纸对佛典在西域传播的贡献

汉武帝时张骞出使西域，正式打通了中国与西方的联系通道，今日我们称之为"丝绸之路"。由此，中外交流从商品贸易，扩大到政治、外交、文化等各个方面。到西汉末、东汉初，佛教典籍、雕像和思想开始传入中国。

书籍是文明传播极为重要的一种形式，所以观察书籍的传播是探索佛教文明传播的重要视角。本文从物质载体的角度，来看中国发明的纸张，对于佛教典籍作为一种文化在丝绸之路上传播的重要意义。

一、早期的东西方书籍载体

不论东方还是西方，早期的书籍书写材料都是比较笨重的，埃及的纸草、西亚的羊皮、印度的桦树皮、中国的简牍，都不利于传输，特别是远距离传递。从河西走廊到西域地区，丝绸之路上也出土过一些早期的书籍，比如1956 年甘肃武威东汉墓出土的《仪礼》木简（图版 01），计 469 枚，27298 字。木简为松木制成，简长 54—58 厘米，宽 0.8 厘米，厚 0.28 厘米[1]。这些木简尺

---

[1] 收入甘肃省博物馆、中国科学院考古研究所《武威汉简》，中华书局，2005 年。

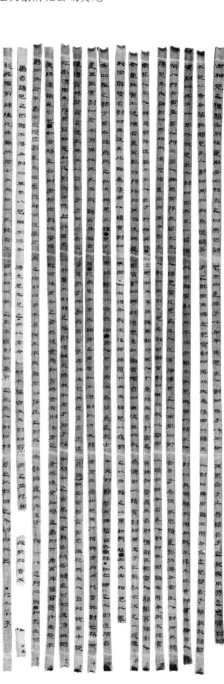

图版 01　武威发现的《仪礼》木简

寸颇长,因此如果在古代的车子上运载的话,极易折断。

作为河西走廊发现的丝绸之路上最早的一些书籍,还有斯坦因(A. Stein)在敦煌西北长城烽燧下掘得的汉简,其中有《仓颉》、《急就篇》、《力牧》、《算术》、《阴阳》、《占书》、《相马经》、《兽医方》及历谱,年代在西汉武帝天汉三年(前98)至东汉顺帝永和二年(137)之间①。另外,1972年,武威旱滩坡东汉墓出土木简78枚,木牍14枚,内容全是医方类,也可以说是一种典籍②。2008年,甘肃永昌县水泉子5号汉墓出土一批西汉木简,较为完整者有700多枚,内容一为《仓颉篇》,二为日书③。更西面的新疆尼雅遗址,1993年考古工作者曾采集到汉简2支,内容为《仓颉篇》④。可见,两汉时期汉文典籍的载体是简牍,因此不利于传播,所见遗存多是字书、医方、方术类的小本书籍。

虽然汉代也有用绢帛书写典籍的例子,如马王堆出土帛书《周易》、《老子》等等,但在西北地区还没有发现。目前我们在敦煌悬泉置遗址发现过一些帛书,年代在汉武帝元鼎六年(前111)至东汉安帝永初元年(107)之间,内容基本上是书信⑤,表明这里还不用绢帛书写典籍,大概是因为绢帛昂贵,在比较穷困的地区不能大量用来写书,只是偶尔用于书信,往来传递,携带

---

① 见 Ed. Chavannes, *Les documents chinois découverts par Aurel Stein dans les sables du Turkestan oriental*, Oxford, 1913;罗振玉、王国维《流沙坠简》,上虞罗氏宸翰楼,1914年,两书的相关部分。

② 简报见甘肃省博物馆、甘肃省武威县文化馆《武威旱滩坡汉墓发掘简报——出土大批医药简牍》,《文物》1973年第12期,18—23页;整理本见甘肃省博物馆、武威县文化馆《武威汉代医简》,文物出版社,1975年。

③ 简报见甘肃省文物考古研究所《甘肃永昌水泉子汉墓发掘简报》,张存良、吴荭《水泉子汉简初识》,载《文物》2009年第10期,52—61,88—91页。参看张存良《水泉子汉简七言本〈仓颉篇〉蠡测》,中国文化遗产研究院编《出土文献研究》第9辑,中华书局,2009年,60—75页。

④ 王樾《略说尼雅发现的"苍颉篇"汉简》,《西域研究》1998年第4期,55—58页;林梅村《尼雅汉简与汉文化在西域的初传——兼论悬泉汉简中的相关资料》,刘东主编《中国学术》2001年第2辑,商务印书馆,2001年,240—258页。

⑤ 甘肃省文物考古研究所《甘肃敦煌汉代悬泉置遗址发掘简报》,《文物》2000年第5期,4—20页;王冠英《汉悬泉置遗址出土元与子方帛书信札考释》,《中国历史博物馆馆刊》1998年第1期,58—61页。

轻便。

从丝绸之路的另一个文明中心印度来看,早期印度(含西北印度)、中亚等地的佛典是以桦树皮为主要的物质载体。我们目前所见最早的佛教典籍,是大英图书馆所藏阿富汗发现的公元 1 世纪前半叶用犍陀罗语(Gāndhārī)书写的佛经和偈颂类经典,都是用桦树皮写成,虽然封存在五个陶罐中,但极易破碎(图版 02)。大英图书馆对这批桦树皮写经做了修复,其图片可以从邵瑞琪(R. Salomon)所著《来自犍陀罗的古代佛教经卷——英国图书馆所藏佉卢文残卷》中看到①。

这类桦树皮的早期写经,在随后贵霜王朝大力推广佛教的动力下而向

图版 02　尚未展开的最早桦树皮写经

---

① R. Salomon, *Ancient Buddhist Scrolls from Gandhāra. The British Library Kharoṣṭhī Fragments*, with contribution by Raymond Allchin and Mark Barnard, Seattle: University Washington Press, 1999.

外传播,西到土库曼斯坦的马鲁(Marv),东到新疆的和田,都有用佉卢文(Kharosthī)犍陀罗语书写的桦树皮经卷出土。和田出土的犍陀罗语《法句经》,一般说是公元 2 世纪的写本,因为其中有塞语词汇,所以是当地所写①,表明桦树皮这种书籍载体已经传入新疆的丝路南道,但数量不多。

和田东面属于鄯善王国的精绝遗址尼雅,曾出土大量公元 3—4 世纪的官私文书,基本上都是木简和木牍,典籍类有犍陀罗语《解脱戒本》、《温室洗浴众僧经》,也都是写在木牍上的②。

二、早期佛典的传播方式

事实上,佛教最初的传播是以传法僧的口头翻译完成的,因此不需要携带笨重的桦树皮经书,就可以达到传播的目的。按照汤用彤先生的看法,最真实可信的佛教传入中国的记录,是《三国志》裴注引《魏略·西戎传》的下述记载:

> 昔汉哀帝元寿元年(前 2),博士弟子景卢受大月支王使伊存口授《浮屠经》。③

这里用"口授",非常贴切,就是大月氏使者没有带佛经的经本,而是背诵出来的,东汉博士弟子名景卢者,据口授记录下来。

中国的传统是以书本来传承文化,这种做法到了春秋战国时期已经确立,逐渐成为传统,秦汉以来,书籍就是书本。但印度早期的书籍主要是靠

---

① John Brough, *The Gāndhāran Dharmapada*, London, 1962. Cf. Timothy Lenz, Bhiksu Dharmamitra and Andrew Glass, *A New Version of the Gāndhārī Dharmapada and a Collection of Previous-Birth Stories*: *British Library Kharosthī Fragments 16 and 25*, Seattle-London: University of Washington Press, 2002.

② 林梅村《新疆尼雅遗址所出犍陀罗语〈解脱戒本〉残卷》,《西域研究》1995 年第 4 期,44—48 页;收入林梅村《汉唐西域与中国文明》,文物出版社,1998 年,142—150 页;林梅村《尼雅出土佉卢文〈温室洗浴众僧经〉残卷考》,华林编辑委员会编《华林》第 3 卷,中华书局,2003 年,107—126 页;收入林梅村《松漠之间——考古新发现所见中外文化交流》,三联书店,2007 年,110—136 页。

③《三国志》卷三〇《魏书·乌丸鲜卑东夷传》,中华书局,1982 年,859 页。

背诵来流传,佛教经典也是靠背诵的方式而传承的,佛典翻译也主要是用口诵的方式。我们可以举出很多例子:

《高僧传》卷一《安清传》记:

> 于是宣译众经,改胡为汉。出《安般守意》、《阴持入》、《大小十二门》及《百六十品》。①

安清即东汉末来洛阳最早组织翻译佛经的安息(帕提亚)人安世高,他的"宣译",可以理解为"口宣"佛经,转胡语为汉语的。又《高僧传》卷一《支楼迦谶传》记:

> 讽诵群经,志存宣法。汉灵帝时游于雒阳,以光和、中平之间(178—189),传译梵文,出《般若道行》、《般舟》、《首楞严》等三经。②

《高僧传》卷一《安玄传》云:

> 时又有优婆塞安玄,安息国人,性贞白,深沈有理致,博诵群经,多所通习,亦以汉灵之末,游贾雒阳,以功号曰骑都尉,性虚靖温恭,常以法事为己任。③

《高僧传》卷一《帛尸梨蜜传》记:

> 俄而顗遇害,密往省其孤,对坐作胡呗三契,梵响凌云;次诵咒数千言,声音高畅,颜容不变。④

这些来自月氏、安息、龟兹的僧人,显然都是秉承"讽诵"的传统,他们用这种方式传播佛教典籍的内容。

直到东晋十六国时期,这种由背诵来传经的做法仍然是印度、西域僧人的特长。《高僧传》卷二《鸠摩罗什传》记:

---

① CBETA, T50, no. 2059, p. 323, b6-7;慧皎《高僧传》卷一,汤用彤校注,中华书局,1992年,4—5页。
② CBETA, T50, no. 2059, p. 324, b14-17;慧皎《高僧传》卷一,10页。
③ CBETA, T50, no. 2059, p. 324, b25-29;慧皎《高僧传》卷一,10页。
④ CBETA, T50, no. 2059, p. 328, a3-5;慧皎《高僧传》卷一,30页。

什既至止,仍请入西明阁及逍遥园,译出众经。什既率多谙诵,无不究尽,转能汉言,音译流便。①

可见著名的翻经大师鸠摩罗什也是以"谙诵"为主,从口中诵出,音译为汉文。又《高僧传》卷二《弗若多罗传》记:

以伪秦弘始六年(404)十月十七日集义学僧数百余人,于长安中寺,延请多罗诵出《十诵》梵本,罗什译为晋文,三分获二。②

可见,《十诵律》的翻译,也是弗若多罗口中诵出,由鸠摩罗什转译为汉文的。更能说明问题的例子是《出三藏记集》卷三《新集律来汉地四部记录》所记:

初,〔罽宾三藏法师佛陀〕耶舍于罽宾诵《四分律》,不赍胡本,而来游长安。秦司隶校尉姚爽欲请耶舍于中寺安居,仍令出之。姚主以无胡本,难可证信,众僧多有不同,故未之许也。罗什法师劝曰:"耶舍甚有记功,数闻诵习,未曾脱误。"于是姚主即以药方一卷、民籍一卷,并可四十许纸,令其诵之三日,便集僧执文请试之。乃至铢两、人数、年纪,不谬一字。于是咸信伏,遂令出焉。③

这里充分表明中国的传统是书写,而罽宾三藏法师佛陀耶舍是印度传统,不赍胡本,只凭背诵,最后经过鸠摩罗什的推崇和姚主的测试,才同意他以诵出的方式翻译《四分律》。《出三藏记集》卷三同上文引《法显记》:

显本求戒律,而北天竺诸国皆师师口传,无本可写。是以远涉,乃至中天竺,于摩诃乘僧伽蓝得一部律,是《摩诃僧祇》。复得一部抄律,可七千偈,是《萨婆多众律》,即此秦地众僧所行者也。又得《杂阿毗昙心》,可六千偈。又得一部《綖经》,二千五百偈。又得一部《方等泥洹

---

① CBETA, T50, no. 2059, p. 332, a29-b7;慧皎《高僧传》卷二,52 页。
② CBETA, T50, no. 2059, p. 333, a20-22;慧皎《高僧传》卷二,61 页。
③ CBETA, T55, no. 2145, p. 20, b23-c5;僧祐《出三藏记集》卷三,中华书局,1995 年,117—118 页。

经》，可五千偈。又得《摩诃僧祇阿毗昙》。法显住三年，学梵书梵语，悉写之，于是还。又至师子国二年，更求得《弥沙塞律》梵本。①

可见法显西行取经，按照中国的习惯，一定要寻到文本，但因为印度的传统是口诵佛典，所以在北天竺无本可写，只好远涉前往中印度，才找到律本，以及其他佛典，抄写而归。

当然，也不能否定早期亦有带着梵本或胡本来华的僧人，如《高僧传》卷一《支楼迦谶传》记：

> 时有天竺沙门竺佛朔，亦以汉灵之时，赍《道行经》来适雒阳，即转梵为汉。②

这里明确记载是带着《道行经》来到洛阳的。又《高僧传》卷一《维祇难传》：

> 以吴黄武三年(224)，与同伴竺律炎来至武昌，赍《昙钵经》梵本。③

也是带着梵本来到孙吴的。到了西晋时，《高僧传》卷一《竺法护传》记：

> 遂随师至西域，游历诸国，外国异言三十六种，书亦如之，护皆遍学，贯综诂训，音义字体，无不备识。遂大赍梵经，还归中夏。④

可见竺法护是带着大批梵本佛经回到中原的。但总括这些带来的经本，大多数是篇幅不大的经典，因为桦树皮的写经，携带不便。而到了竺法护时期，其实中原的纸张已经传到西域，所以他能够"大赍梵经"而回，也有可能是因为他是用中原制造的纸去西域写经的。

总之，早期佛教在西域乃至中原地区的传播主要是靠背诵，不必携带笨重的桦树皮写经而来，翻译则用口译，然后笔录下来。

---

① CBETA, T55, no. 2145, p. 21, a15–24；僧祐《出三藏记集》卷三，119—120 页。
② CBETA, T50, no. 2059, p. 324, b21–23；慧皎《高僧传》卷一，10 页。
③ CBETA, T50, no. 2059, p. 326, b23–25；慧皎《高僧传》卷一，22 页。
④ CBETA, T50, no. 2059, p. 326, c8–12；慧皎《高僧传》卷一，23 页。

三、纸对佛典传播的贡献

早在西汉时期,中国已经发明了造纸,而且沿丝绸之路西传到河西走廊的西端①。东汉和帝元兴元年(105),蔡伦发明用更广的原材料来造纸,进呈"蔡侯纸",使纸得以较大量的生产,纸渐渐用作诗赋、典籍的书写材料。西晋时,左思撰《三都赋》,"于是豪贵之家竞相传写,洛阳为之纸贵"②。由此可见,西晋时纸已经成为普遍地传抄文学作品的材料,但也说明纸的生产还是有限的,抄写一篇赋文,竟然使得首都的纸张都紧俏起来。

纸张的发明,促进了魏晋时期书籍的传播,如中国本土典籍的西进。楼兰曾发现纸本书写的《仓颉篇》、《战国策》等(图版 03)③,吐鲁番发现纸本的《春秋左氏传》、《前汉纪》、《三国志》等④,

图版 03　楼兰发现的《战国策》

---

① 关于纸张发明和早期的考古学证据,参看王元林《考古学视野下的简纸并用时代——兼谈古纸的起源与使用》,载张德芳编《甘肃省第二届简牍学国际学术研讨会论文集》,上海古籍出版社,2012年,360—374 页。

②《晋书》卷九二,中华书局,1974 年,2377 页。

③ 参看富谷至《3 世纪从到4 世纪にかけての书写材料の变迁——楼兰出土资料を中心に》,载氏编《流沙出土の文字资料》,京都大学学术出版会,2001 年,477—526 页。

④ 参看白石将人《书道博物馆藏吐鲁番出土〈左传〉服虔注残卷について》,高田时雄编《敦煌写本研究年报》第 7 号,京都大学人文科学研究所,2013 年,347—360 页;又《西陲出土日藏〈左传〉昭公残卷两种》,刘玉才主编《国际汉学研究通讯》第 12 辑,北京大学出版社,2016 年,105—120 页;余欣《写本时代知识社会史研究——以出土文献所见〈汉书〉之传播与影响为例》,荣新江主编《唐研究》第 13 卷,北京大学出版社,2007 年,469 页;收入余欣《中古异相:写本时代的学术信仰与社会》,上海古籍出版社,2011 年,36 页;片山章雄《吐鲁番·敦煌发见の〈三国志〉写本残卷》,《东海史学》第 26 号,1991 年,33—42 页。

都是属于东晋、十六国时期的写本,代表着中国传统的经史典籍西传到西域地区。

　　纸成为典籍的抄写材料之后,西域地区的汉文佛教经典也很快采用纸张来书写。目前所见最早的有纪年的写经,是日本大谷探险队在吐鲁番吐峪沟发现的西晋惠帝元康六年(296)《诸佛要集经》写本(图版04)①。近年来,属于同一写本的其他残片在旅顺博物馆藏卷中又有发现②,表明抄经已经具有一定规模。属于早期吐鲁番佛典的,还有安徽省博物馆藏吐鲁番出土《贤劫千佛品经》卷第十写本,有北凉神玺三年(399)正月二十日僧宝贤写经题记③;德国亚洲艺术博物馆藏高昌城出土《正法华经》卷十,有神玺三年

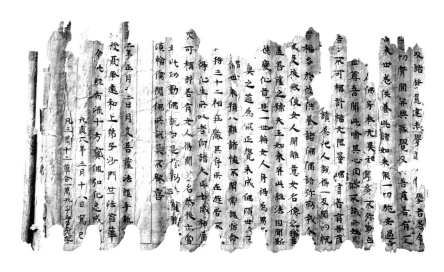

图版 04　吐鲁番出土《诸佛要集经》

---

① 香川默识编《西域考古图谱》下,国华社,1915年,图1。池田温《中国古代写本识语集录》,东京大学东洋文化研究所,1990年,74页。

② 参看三谷真澄《旅顺博物馆所藏〈诸佛要集经〉写本について》,旅顺博物馆、龙谷大学合编《旅顺博物馆藏新疆出土汉文佛经研究论文集》,龙谷大学,2006年,64—73页。

③ 林世田、刘波《国家珍贵古籍展:跨越千年的对话》,《中华读书报》2009年6月24日;王丁《佛教东传早期的佛经名——〈北凉神玺三年宝贤写千佛名号〉与汉译〈贤劫经〉》,《敦煌学辑刊》2015年第4期,31—37页。

七月十七日张施写题记①；日本京都国立博物馆藏大谷探险队所获《优婆塞戒》卷七，有丁卯岁(427)河西王世子且渠兴国请译经记②；日本书道博物馆藏(王树枏旧藏)《妙法莲华经·方便品》，有己巳年(429)六月十二日令狐崀写经题记③；新疆博物馆藏《金光明经》卷二，为庚午岁(430)四月十三日为索将军合家所写④；俄藏Φ.320《大方等无想大云经》卷六，有缘禾三年(434)九月五日比丘法融写经题记⑤；中国国家博物馆藏吐鲁番出土《佛说首楞严三昧经》卷下，题太缘二年(436)史良奴写⑥；日本书道博物馆藏吐鲁番鄯善出土大凉承平七年(449)凉王大且渠安周供养《持世》第一，标"用纸廿六枚"⑦；又承平十五年(457)且渠安周供养《佛说菩萨藏经》卷一，题"廿六纸半"⑧；又且渠安周供养《十住论》卷七，题"用纸廿三张"⑨；又安周供养《华严经》卷二十八，题"廿纸"⑩；特意标出用纸数量，表明纸张的精贵。比吐鲁番更西的龟兹国地区，也有早期汉文写经出土，即大谷探险队所获《妙法莲华经》卷一(图版05)，有西凉建初七年(411)七月二十一日比丘弘施、惠度、兴达等题记⑪。可见用纸抄写佛经很快进入西域地区，并成为惯用的习俗，一直延续下来，简牍已经退出历史舞台。虽然敦煌、吐鲁番也有

---

① 《トゥルファン古写本展》，朝日新闻社，1991年，No. 3；饶宗颐《柏林印度艺术博物馆藏经卷小记》，《九州学刊》第4卷第4期，1992年，161—162页。池田温《中国古代写本识语集录》，78页。

② 《西域考古图谱》下，图18；池田温《中国古代写本识语集录》，83页。

③ 王树枏《新疆访古录》卷一，叶9—10；池田温《中国古代写本识语集录》，83—84页。

④ 图版见《新疆维吾尔自治区博物馆》(《中国博物馆丛书》9)，文物出版社，1991年，图版84；池田温《中国古代写本识语集录》，84页。

⑤ 图版见孟列夫、钱伯城主编《俄罗斯科学院东方研究所圣彼得堡分所藏敦煌文献》第5册，上海古籍出版社、俄罗斯科学出版社东方文学部，1994年，168页；池田温《中国古代写本识语集录》，84页。

⑥ 黄文弼《吐鲁番考古记》，科学出版社，1958年，图9；池田温《中国古代写本识语集录》，85页。

⑦ 王树枏《新疆访古录》卷一，叶20—22；池田温《中国古代写本识语集录》，86页。

⑧ 王树枏《新疆访古录》卷一，叶22—23；池田温《中国古代写本识语集录》，87页。

⑨ 池田温《中国古代写本识语集录》，87—88页。

⑩ 池田温《中国古代写本识语集录》，88页。

⑪ 《西域考古图谱》下，图5；池田温《中国古代写本识语集录》，81页。

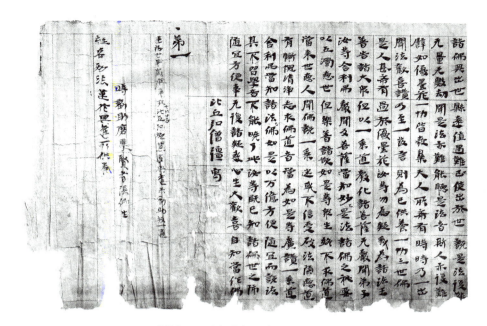

图版 05　吐鲁番出土《妙法莲华经》

高级的绢本写经，但一般人是使用不起的，所以无法与纸张同日而语。总之，纸张虽在西汉时即已发明，但到公元后 3 世纪，方才取代简牍，成为书写的主要载体。

从魏晋到唐初，中国僧人掀起一股西行求法运动，去中亚、印度抄写佛典，中国发明的轻便纸张为这项求法抄经运动做出巨大贡献。曹魏甘露五年（260），朱士行出塞，西至于阗，写得《放光经》正品梵书胡本九十章，六十万余言①。隆安五年（401），法显发自长安，西度流沙，往西天取经。404 年，智猛从长安出发往西天取经，所著《游行外国传》云：

> 此《大涅槃经》，初十卷有五品。其梵本是东方道人智猛从天竺将来，暂憩高昌。②

① CBETA, T55, no. 2145, p. 48, a1–7；僧祐《出三藏记集》卷七《放光经记》，264—265 页。

② CBETA, T55, no. 2145, p. 60, a11–12；僧祐《出三藏记集》卷八《二十卷泥洹经记》，315 页。

又,《出三藏记集》卷九《华严经记》云:

> 《华严经》胡本凡十万偈。昔道人支法领从于阗得此三万六千偈,以晋义熙十四年(418)岁次鹑火三月十日,于扬州司空谢石所立道场寺,请天竺禅师佛度跋陀罗手执梵文,译胡为晋,沙门释法业亲从笔受……至元熙二年(420)六月十日出讫。①

这些都是从中原到西域的僧侣,大概使用中原制造的纸张来抄写佛经,才能抄写比较大部头的经书。这种做法的推广,也在一定程度上取代了西域的口口相传的传统。

以上讨论的都是汉文材料和文献记载,胡语文献的情况如何呢? 感谢近代以来的考古发现,让我们可以一窥胡人使用纸张作为书写材料的情况。

斯坦因 1907 年在敦煌西北一座长城烽燧下发现的粟特文古信札(图版06),是粟特商人在 312 年后不久从河西走廊东端的武威等城镇寄出的信函,不慎邮包掉在长城烽燧下面②。这些信札的纸张质地很好,甚至有的纸张被专家认为是 6 世纪的产物。实际上,粟特商人采用了当时上佳的好纸来作为他们的通信材料,因为他们有钱买最好的纸。这批粟特文古信札中的 2 号信札,是从武威寄到粟特本土撒马尔罕(Samarkand)的一封③,虽然没有寄达,但可以推断同时代当有入华粟特人的纸本书信送到了粟特地区。换句话说,就是中原生产的好纸作为书写材料已经到达粟特地区,也就是阿姆河和锡尔河之间的河中地区。

---

① CBETA, T55, no. 2145, p. 61, a1-5;僧祐《出三藏记集》卷九,326 页。

② W. B. Henning, "The Date of the Sogdian Ancient Letters", *Bulletin of the School of Oriental and African Studies*, XII, 1948, pp. 601-615. F. Grenet and N. Sims-Williams, "The Historical Context of the Sogdian Ancient Letters", *Transition Periods in Iranian History* (*Studia Iranica*, cahier 5), Leuven, 1987, pp. 101-122.

③ N. Sims-Williams, "The Sogdian Ancient Letter II", *Philologica et Linguistica*: *Historia*, *Pluralitas*, *Universitas*. *Festschrift für Helmut Humbach zum 80. Geburtstag am 4. Dezember 2001*, hrsg. von Maria Gabriela Schmidt und Walter Bisang unter Mitarbeit von Marion Grein und Bernhard Hiegl, Wissenschaftlicher Verlag Trier, 2001, pp. 267-280.

图版 06　粟特文古信札 1、3 号

　　书信毕竟尺幅较小,用纸不多,要用纸来书写典籍,还需要一个过程,这里有纸张的供给问题,也有传统的改变和宗教信仰的接受问题。西域北道(新疆塔里木盆地北沿)发现的早期佛典写本,还是以从西北印度传过来的树皮作为书写材质。5 世纪以降,大概由于嚈哒南下,截断西北印度与塔里木盆地绿洲王国之间的联系,印度的书写材料无法输入,梵文(Sanskrit)佛典开始用纸张来书写,但形制仍然是印度的贝叶形(图版 07)。与此同时,北道的龟兹语(Kuchean)、焉耆语(Agnean),南道的于阗语(Khotanese)佛典,都采用纸张来书写了①。焉耆硕尔楚克(Shorchuk)出土的一件龟兹语讲"头陀行"(Dhūtaguṇas)的写本(THT 558-562),为此地纸张的使用提供了一个时间点。这件写本是把一件鸠摩罗什于弘始六年(404)前后在长安所译《十诵律》的汉文写本剪切成贝叶形,将有汉字的一面面对面糊起来,形成外面是两面空白的"贝叶",用来书写龟兹语佛典②。汉文佛典的译出年代,为这件胡语佛典的书写年份定了一个上限,因此可以说 5 世纪初叶以后,西域开始使用中原的纸张来书写胡语经典(图版 08)③。丝路南道的于阗王国使用的于阗语佛教文献,最早的译本如《僧伽咤经》(Sanghāta-sūtra)④,年代应

① Lore Sander, "Brāhmī scripts on the Eastern Silk Roads", *Studien zur Indologie und Iranistik*, vol. 11/12, 1986, p. 162; idem., "Remarks on the Formal Brahmi script from the Southern Silk Route", *Bulletin of the Asia Institute*, New Series, vol. 19, 2005 [2009], pp. 133-143.

② L. Sander "Was kann die Paläographie zur Datierung tocharischer Handschriften beitragen?", in: Y. Kasai et al. (eds.), *Die Erforschung des Tocharischen und die alttürkische Maitrisimit: Symposium anlässlich des 100. Jahrestages der Entzifferung des Tocharischen Berlin*, *3. und 4. April 2008*, Turnhout: Brepol, 2013, pp. 277-305.

③ 庆昭蓉、江南和幸《唐代安西大都护府时期之龟兹当地用纸》,朱玉麒主编《西域文史》第 12 辑,科学出版社,2018 年,162—164 页。

④ G. Canevascini, *The Khotanese Sanghātasūtra. A Critical Edition*, Wiesbaden, 1993; idem., "New Readings and New Words in the Khotanese *Sanghātasūtra*", *Studia Iranica* 19:1, 1990, pp. 13-20; M. Maggi, "Notes on *The Khotanese Sanghātasūtra*", *Bulletin of the School of Oriental and African Studies* LIX.1, 1995, pp. 119-124.

当在 5 世纪(图版 09)①。

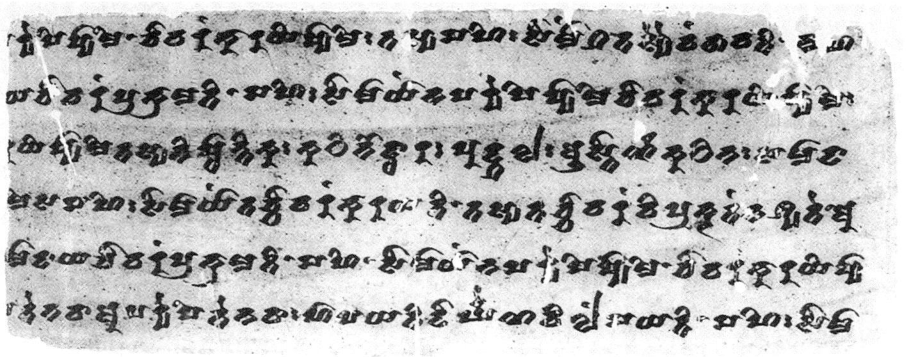

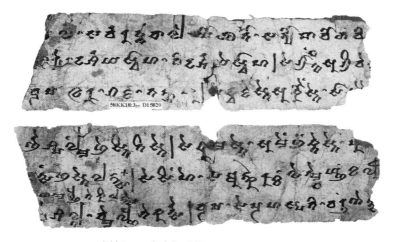

图版 07　克孜尔千佛洞出土梵语律藏写本

图版 08　克孜尔千佛洞出土龟兹语佛典

---

① 参看 P. O. Skjærvø, *Khotanese Manuscripts from Chinese Turkestan in the British Library. A complete catalogue with texts and translations*, London: British Library Publishing, p. lxix. 但作者把于阗语《金光明经》也作为最早的写本,似乎有些不妥,因为有些段落与义净译《金光明最胜王经》更为符合。参看段晴《新发现的于阗语〈金光明最胜王经〉》,《敦煌吐鲁番研究》第 9 卷,中华书局,2006 年,7—22 页;Duan Qing, "Two New Folios of Khotanese *Suvarṇabhāsottamasūtra*", *Annual Report of the International Research Institute for Advanced Buddhology*, Soka University 10(2006), 2007, pp. 325–336.

图版09　和田出土于阗语佛典

此后，这一做法成为新的传统，一直延续不断。西域地区可以抄写大量的佛典，纸张厥功至伟。我们可以举这样一个例子，唐人祥公《法华传记》卷一引《西域志》云：

> 昔于阗王宫有《法华》梵本，六千五百偈。东南二千余里有遮拘盘国，彼王累世敬重大乘。王宫亦有《华严》、《大集》、《摩诃般若》、《法华》、《涅槃》等五部大经，并十万偈。又东南二十余里，有山甚崄难，峰上有石窟，口狭内宽，其内《华严》、《大集》、《方等》、《宝积》、《楞伽》、《方广》、《舍利弗陀罗尼》、《华聚陀罗尼》、《都萨罗藏》、《摩诃般若》、《大云经》等，凡一十二部，皆十万偈，国法相传，防护守掌。①

可见塔里木盆地西南于阗、遮拘盘（叶城）等大乘佛国，都拥有大量的经典，应当是纸提供了书写的方便媒介。

四、结语

总之，不同的载体所承载的文本在长短、结构、内涵等方面都会有所不同，不同物质的载体承载量的多少，对于知识文明在丝绸之路上传播的广远有极大的关系；传播的数量大而且快捷，自然会促进知识的不断进步和文明之间的交往。

早期的书写材质多是木质（桦树皮、松木）的，书写面积小，容易破碎，所以

---

① CBETA, T51, no. 2068, p. 50, b4–15.

必然是要写最精炼的内容,比如西域发现的早期佛典多为《法句经》、《法集要颂》一类,就是这个缘故。随着纸张的使用,文本的物质性改变,使得书写面积加大加宽,页码加长,文本承载的内容越来越多。纸传入中亚,被佛教徒使用之后,可以抄写、传播更大篇幅的佛典,于是我们可以看到一些大部头的佛典,如《华严》、《大集》、《般若》、《法华》、《涅槃》等,都开始传抄起来。一些文字更多的论部经典,也流传起来,为省纸张,甚至要用小字书写。

另外,因为纸质书籍远较木质书籍为轻,因此书籍的运载量也自然增加。从佛典就可以看出,早期的桦树皮写经,只能带一些小经流转,而使用纸张以后,才可能驮载大部头的佛典长途跋涉,从印度、中亚,运载到中国。

随着书籍运载量的增大,知识也可以传播的更多,更远,也更加系统。原本在较小篇幅写不下的内容,以及不易操作的表格、图像,由于纸张提供了的书写面积大幅度增加,因此也就可以把想用不同方式表达的思想全都表现出来。

纸用于佛典的抄写之后,对于佛教从印度到西域,再到中国中原地区的传播,起到了决定性的推动力。如果没有纸的介入,佛教在西域、中国,不可能流传如此广远。

(2019 年 9 月 2 日完稿,原载《中国史研究》2019 年第 1 期,177—182 页;增补日译载《东洋学术研究》第 58 卷第 2 号(特集:シルクロード——佛教东渐の道 1),2019 年 11 月,47—64 页。今以增补后的原稿发表。)

丝绸之路上的"吴客"与江南书籍的西域流传

    丝绸之路是古代欧亚大陆上的一条东西方文化交往的道路,中国文化也沿着丝路不断向西方传播。丝绸之路的主干道是从长安出发,经过河西走廊、西域、中亚、西亚,到达罗马和地中海世界,但在某些特定的历史时段中,某些原本比较不便行走的道路却被开发出来,成为主干道。在魏晋南北朝时期的南北对抗时段中,东晋、南朝与地处今新疆的古代西域,行程在两万里以上,交通十分不便,有些便捷一点的道路如河西、陇右不能通行,但这并没有使得东晋、南朝与西域完全隔绝。江南的使臣溯长江而上,由益州(成都)北行,过松潘地区,走青海南缘之路,从鄯善到西域地区,或向西到于阗,或穿罗布泊,北上焉耆、龟兹、高昌,甚至由高昌再东北向蒙古高原的柔然汗国。交流是双向的,西域的使臣也同样沿这条道路,从西域到江南。

    东晋、南朝的核心区域在长江下游地带,即所谓"江南"。"江南"自汉代以后多指东南一带,即今江苏、安徽两省西南部和浙江省①。江南与西域虽不远

---

① 程章灿《望江南:想象江南的几个维度》,作者《纸上尘——历史的表里》,重庆出版社,2009年,124—126页;田晓菲《烽火与流星——萧梁王朝的文学与文化》第7章《"南、北"观念的文化建构》,新竹清华大学出版社,2009年,245—249页。

万里,此时却能够息息相通。使者之外,僧侣与商人也不绝于途。在转输的各种物品中,包括蕴含着思想文化的书籍。那个时代的书籍,大多数是以写本卷轴的形态而流传。

本文通过吐鲁番出土的写本资料,来讨论东晋、南朝时期江南与西域的书籍交流。

一、高昌文书中的"吴客"

清朝末年,吐鲁番鄯善县吐峪沟曾出土一件《持世经》卷一的写经,尾有题记(图版 10)[①]:

图版 10　吐峪沟出土《持世经》卷一题记

① 此件原为新疆布政使王树枏旧藏,见其所著《新疆访古录》卷一,叶 20—22,有宣统庚戌(1910)二月王氏跋语,称"此卷为署鄯善知县刘宝臣所赠"。后归中村不折所有,见所著《禹域出土墨宝书法源流考》上,西东书房,1927 年,28 页图;现藏东京书道博物馆,图版见矶部彰编《台东区立书道博物馆所藏中村不折旧藏禹域墨书集成》下,二玄社,2005 年,43 页。题记标准录文见池田温《中国古代写本识语集录》,东京大学东洋文化研究所,1990 年,86 页,图 11。

1　岁在己丑,凉王大且渠安周所供养经,

2　　　　　吴客丹杨郡张伬祖写,

3　　　　　用昄廿六枚。

　　且渠安周,史籍或写作"沮渠安周",439 年北魏灭北凉后与兄无讳流亡高昌,建立大凉政权,其统治年代在 444—460 年间,此己丑岁为 449 年。值得注意的是,他所供养的佛经是由一位来自丹阳郡(治所在今江苏南京)的名张伬祖的"吴客"所写。唐长孺先生认为,这位"吴客"是"来自江南的寓客","由此可证高昌和江南不仅有官府的使命往来以及僧徒行踪,也还有普通人较长期的流寓"①。从字面上这样理解当然没有问题,但一个普通人怎么能够给凉王写经呢,所以还是一个问题。

　　幸运的是,1997 年吐鲁番洋海 1 号墓出土一件文书,我们定名为《阚氏高昌永康九年、十年(474—475)送使出人、出马条记文书》,其中记录了高昌国官府护送各国使臣出境时各城镇出人、出马的记录,全文不长,引录如下②:

1　九年十月八日送处罗干无根,高宁九十人、摩诃演十人;出马

2　　　一匹。

3　九年十月廿日送郑阿卯,高宁八十五人、白芳卅六人、万度廿六人、

4　　　其养十五人;出马一匹。

5　九年十二月二日送乌苌使向鄢耆,百一十八人;出马一匹。高宁

6　　　八十五人、万度廿六人、乾养七人。

7　十年闰月五日送鄢耆王北山,高宁八十四人、横截卅六人、白

8　　　芳卅六人、万度廿六人、其养十五人、威神二人、柳婆

9　　　卅七人,合二百五十六人;出马一匹。

10　十年三月十四日,送婆罗门使向鄢耆,高宁八十四人、

---

① 唐长孺《南北朝期间西域与南朝的陆道交通》,作者《魏晋南北朝史论拾遗》,中华书局,1983 年,189—190 页。

② 图版和录文见荣新江、李肖、孟宪实主编《新获吐鲁番出土文献》,中华书局,2008 年,162—163 页。

11　　　横截卅六人、白芳卅六人、田地十六人,合百八十二人;[出
　　　　马]一匹。

12 十年三月八日送吴客并子合使北山,高宁八十三人、白芳

13　　　廿五人,合百八人;出马一匹。

14 九年七月廿三日送若久向鄢者,高宁六十八人、横截卅人、

15　　　白芳卅二人、威神□□、万度廿三人、乾养十四人、柳

16　　　婆卅人、阿虎十二人、磨诃演十六人、喙进十八人、

17　　　高昌七人。

18 九年六月十二日送婆罗干北山,高宁六十八人、威神五人、

19　　　万度廿三人、其养十二人、柳婆卅人、阿虎十五人、

20　　　磨诃演十三人、喙进十人、横截卅人;出马一匹。

这里提到的使者,有些没有冠国家名称,如婆罗干、若久、处罗干无根、郑阿卯,应当是来自高昌三国的宗主国——柔然汗国的使臣,护送他们的人马也比较多一些。此外,474—475 这两年间经行高昌的使者有乌苌使、吴客、子合使、婆罗门使、鄢者王。除了地位较高的焉耆王之外,一般来宾都称作"使",而只有"吴客"比较特别。显然,这位"吴客"是从吴地来的使者,也就是从南方刘宋王朝来的使者①。

由此得知,为凉王沮渠安周抄写《持世经》的"吴客",不是一个普通的名词,而是有所特指,即指从江南吴地来的使者;按照具体的时间,449 年的"吴客",也就是一位刘宋王朝的使臣,这样来看他为凉王写经,就比较容易理解了。

沮渠无讳、安周兄弟被拓跋魏从河西走廊逼走高昌,他们仍然奉行北凉自沮渠蒙逊以来的故法,与东面的北魏为敌,而与南朝的刘宋结为同盟关系。大凉承平二年(444)夏,无讳死,安周即位,遣使刘宋,请求册封。刘宋文帝元嘉

_____

① 荣新江《阚氏高昌王国与柔然、西域的关系》,原载《历史研究》2007 年第 2 期;此据作者《丝绸之路与东西文化交流》,北京大学出版社,2015 年,49—50 页。

二十一年(444)九月甲辰下诏:"以大沮渠安周为征西将军、凉州刺史,封河西王。"①册封的诏书仍然保留下来②:

> 故征西大将军、河西王无讳弟安周,才略沈到,世笃忠款,统承遗业,民众归怀。虽亡土丧师,孤立异所,而能招率残寡,攘寇自全,宜加荣授,垂轨先烈。可使持节、散骑常侍、都督凉河沙三州诸军事、领西域戊己校尉、凉州刺史、河西王。

这封元嘉二十一年九月下的诏书,应当经过一段时间被刘宋的使臣送到高昌,时间或在同年末或下一年初,也就是在 445 年,即北魏太平真君六年四月。此时,魏太武帝遣成周公万度归发凉州以西兵击鄯善;八月,执其王真达送代京(大同)。太平真君九年(448),万度归继续西进,攻击焉耆。八月,万度归大破焉耆,屠其都城,获大量珍奇异玩及牲畜,焉耆王龙鸠尸卑那奔龟兹避难。十二月,万度归进击龟兹,大获驼马而回。与此同时,北魏还发兵进攻青海地区的吐谷浑,其王慕利延西遁逃往于阗,北魏一度在鄯善设镇据守③。唐长孺先生通过缜密的史事排比,指出 444 年到 459 年之间高昌与刘宋没有通使的原因,大概正是因为北魏大军占领鄯善、吐谷浑之地,阻断了从高昌到江南的道路④。由此可以推断,元嘉二十一年到高昌的使者,一时无法返回建康(南京),正好可以说明来自丹阳郡的吴客张怤祖,在 449 年仍然在高昌逗留,不过他找到了自己新的差事——为凉王写经。

唐长孺先生的《南北朝期间西域与南朝的陆道交通》对于刘宋到萧梁时期南朝与西域的交往做了详细的论证,可以补充的是上引《阚氏高昌永康九年、十年送使出人、出马条记文书》。这件珍贵的文书除了证明"吴客"的含义外,还提供给我们公元 5 世纪后半段一个宏大的丝绸之路画面,以高昌为中心,北

---

① 《宋书》卷五《文帝纪》,中华书局,1974 年,92 页。
② 《宋书》卷九八《氐胡传》,2417—2418 页。
③ 以上史事见载于《魏书》卷四下《世祖纪》,中华书局,1974 年,102—103 页;《魏书》卷一〇二《西域传》焉耆国条,2265—2266 页。
④ 唐长孺《南北朝期间西域与南朝的陆道交通》,174—179 页。

通柔然,南到刘宋,西南与塔里木盆地的焉耆、子合相连,甚至跨过帕米尔高原,与北天竺的乌苌和中天竺的婆罗门国交往。我曾请人绘制这件文书涉及的国家和道路于一图(图版11),可以看出当时东亚、北亚、中亚、南亚通过丝绸之路的互动关系。虽然刘宋偏于东南一区,但经过长江而上,过松潘,经吐谷浑国,可以进入西域地区,甚至更远的柔然和中亚[①]。

我们更关注写本书籍在江南与西域之间的流传情况。

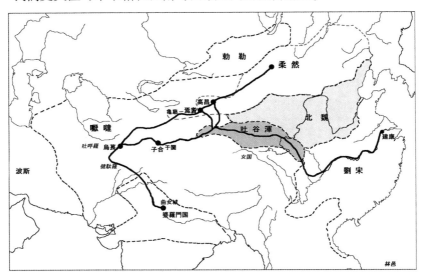

图版11　吐鲁番出土《高昌国送使文书》所记使者路线图

二、从江南到西域——佛典的流传

早年,陈寅恪先生曾依据许国霖所辑录的北平图书馆藏敦煌石室写经题

---

① 荣新江《阚氏高昌王国与柔然、西域的关系》,《丝绸之路与东西文化交流》,42—58 页。此文也译成英文发表:Rong Xinjiang, "The Rouran Qaghanate and the Western Regions during the Second Half of the 5th Century Based on a Chinese Document Newly Found in Turfan", *Great Journeys across the Pamir Mountains*: *A Festschrift in Honor of Zhang Guangda on his Eighty-fifth Birthday*, eds. Huaiyu Chen and Xinjiang Rong, Leiden: Brill, 2018, pp. 59-82.

记,讨论过南朝佛经之北传问题①。周一良先生也曾据神田喜一郎辑录的法藏敦煌写经题记,来补史籍所不具备的史事②。不过,他们所讨论的主要是敦煌发现的南朝写经,而吐鲁番发现的南朝写经更有价值,因为两地在不同时期归属并不一致,所以吐鲁番出土的典籍文献应当另求解说。

上述高昌大凉王沮渠安周的供养经由一位来自丹阳郡的吴客来书写,这本身就表明沮渠安周对江南文化的青睐。对比高昌此前的书法作品,吴客张休祖所书《持世经》,显然带来一股清新的江南风尚。目前所见共有四件沮渠安周供养经,其中的《十住论》卷七③,书法专家史睿先生认为也有与张休祖所书《持世经》相同的书法形态④,此卷王素先生考订其写于承平十三年(455)之前⑤,可以信从。

其实,从江南传入高昌的不仅仅是南朝的书法,还有更多的南朝佛教文本。王树枏旧藏的凉王大且渠安周供养《佛华严经》⑥,年代也当在承平十三年(455)之前⑦。按这里的《佛华严经》应当是指东晋义熙十四年(418)佛陀跋陀罗(觉贤)在扬州道场寺所译五十卷本《华严经》⑧,所以其传入高昌应当也是

---

① 陈寅恪《敦煌石室写经题记序》,原载《历史语言研究所集刊》第8本第1分,1939年;此据陈寅恪《金明馆丛稿二编》,上海古籍出版社,1980年,200—206页。参看万绳楠整理《陈寅恪魏晋南北朝史讲演录》,贵州人民出版社,276—289页。

② 周一良《跋〈敦煌秘籍留真〉》,原载《清华学报》第15卷第1期,1948年;此据周一良《魏晋南北朝史论集》,中华书局,1963年,366—372页。

③ 此件原为王树枏旧藏,后归中村不折所有,见所著《禹域出土墨宝书法源流考》上,31页图;《书苑》第6卷第9号卷头图版17,9页;池田温《中国古代写本识语集录》,87—88页,图13;《台东区立书道博物馆所藏中村不折旧藏禹域墨书集成》下,7页。

④ 史睿《旅顺博物馆藏新疆出土写经的书法断代》,王振芬、荣新江主编《丝绸之路与新疆出土文献——旅顺博物馆百年纪念国际学术研讨会论文集》,中华书局,2019年,76页。

⑤ 王素《吐鲁番出土高昌文献编年》,新文丰出版公司,1997年,131页。

⑥ 中村不折《禹域出土墨宝书法源流考》上,31页;《书苑》第6卷第9号卷头图版16;第7页;池田温《中国古代写本识语集录》,88页,图14;《台东区立书道博物馆所藏中村不折旧藏禹域墨书集成》上,61页。

⑦ 王素《吐鲁番出土高昌文献编年》,第131页。

⑧ 关于晋译《华严经》,参看郑阿财《从敦煌本〈华严经〉论晋译五十卷本和六十卷本的相关问题》,《2019华严专宗国家学术研讨会论文集》,1—28页。

在 444 年以前的时期。此卷用笔流畅,有行书笔意①,不排除是南朝写经而传入吐鲁番者。

由于高昌王国与立都建康的宋、齐、梁三朝的交往持续不断,因此高昌也留存有一些带有南朝年号的江南写经。德国国家图书馆藏南齐萧道成供养《妙法莲华经》卷七(Ch 422, T II T 2071)题记(图版 12)②:

    1   使持节、侍中、都督南徐[

    2   骑大将军、开府仪同[

    3   郡开国公萧道成,晋[

又德藏 Ch 2521+Ch 2836 南齐萧道成供养某经题记③:

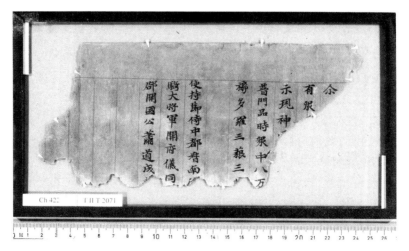

图版 12   吐鲁番出土南齐萧道成供养《妙法莲华经》卷七

---

① 毛秋瑾《官方与佛教写经——以敦煌吐鲁番写本为中心》,南京艺术学院艺术研究所编《艺术学研究》第 1 卷,2007 年,229 页。

② G.Schmitt and T. Thilo, *Katalog chinesischer buddhistischer Textfragmente I* (BTT VI), Berlin, 1975, pp. 113,205,图版 11;池田温《中国古代写本识语集录》,91—92 页。

③ *Katalog chinesischer buddhistischer Textfragmente I*,205—209 页,图版 33;池田温《中国古代写本识语集录》,91—92 页。

1　使持节、侍中、都督南徐兖北徐［兖青冀］六州诸军事、骠骑大
　　将军、

2　开府仪同三司、录尚书事、南徐州刺史、竟［陵郡］开国公萧道成，
　　普为一切，敬造供养。

上面两件写本萧道成的结衔相同，应当是同一批写经，学者据此结衔，推测抄写年代为刘宋昇明元年(477)八、九月间①。昇明二年(478)宋顺帝曾遣骠骑将军王洪轨(一作范)出使柔然②，唐长孺先生据此推断这两件萧道成写经可能是王洪轨带到高昌的③。这是高等级的佛教写经，系南齐竟陵王萧道成供养的经卷，有幸在吐鲁番保存下来，印证了江南与西域的书籍传播。

王洪轨至迟到永明元年(483)才回到建康，此前的建元二年(480)、三年(481)均有柔然使者入贡南齐。永明三年(485)南齐遣丘冠先送柔然使者回，到永明六年(488)丘冠先才回到建康。460—488年的阚氏高昌王国是柔然的附属国，应当与柔然同样与南朝交通。可见，南齐与柔然的交通在此时段一直畅通，而中间必经高昌，所以萧道成的写经也不排除是后来的使臣带到高昌的。

书道博物馆藏《佛说观普贤经》题记④：

1　永明元年正月谨写，用纸十四枚，

2　比丘尼释法敬供养。

此卷出土地不详，现裱入《龙沙开宝》册子中，此册分四卷，第一卷有《大般涅

---

① Akira Fujieda und Th. Thilo, "Bemerkungen zu Fragment Ch 422 und damit zusammenhängenden Fragmenten", *Katalog chinesischer buddhistischer Textfragmente* I, pp. 205-209；唐长孺《南北朝期间西域与南朝的陆道交通》，190—191 页；藤枝晃《中国北朝写本の三分期》，《古笔学丛林》第 1 号，1987 年，9 页。

②《南齐书》卷五九《芮芮虏传》，中华书局，1972 年，1023—1025 页；同书五九《河南传》，第 1026 页；《资治通鉴》卷一三五齐建元元年，中华书局，1956 年，4233—4234 页。参看唐长孺上引文，179—180 页。"轨"，《通鉴》作"范"，胡注："《齐书》作'王洪轨'，今从《齐纪》。"

③ 唐长孺《南北朝期间西域与南朝的陆道交通》，191 页。

④《台东区立书道博物馆所藏中村不折旧藏禹域墨书集成》下，77 页。

槃经》卷十五、《妙法莲花经·药王菩萨品》、道经残卷及本卷《佛说观普贤经》,写卷外观大多良好,难以判断出土地,陈国灿、刘安志《吐鲁番文书总目》将其列入,但表存疑①。从书法角度看,这件法敬写经运笔多为楷体,字体娟秀,与吴客张怵祖所写《持世经》相近②。前面提到永明三年南齐遣丘冠先送柔然使者回,也不排除这次通使可能是这件永明元年写经传到高昌的契机。

488年,西域形势有所改变。487年高车叛柔然,西迁至高昌北;488年杀阚氏高昌王,立张孟明为高昌王。张氏高昌国时间不长,因宗主国高车内乱,496年张氏高昌王被国人所杀,马儒被立为高昌王。马氏高昌国改变策略,开始与北魏交通,甚至请求举国内徙,高昌旧人不满,501年杀马儒而立麴嘉③。麴嘉重新向柔然称臣,但此时柔然已非强国,所以麴氏高昌也与北魏交通,曾在508年和518年两次遣使朝魏,请求内徙,但都没有成为事实。

史载南梁武帝天监中(502—519年),柔然大破高车(丁零),一度强盛,于天监十四年(515)或十五年(516)遣使到南朝。王树枏旧藏吐鲁番出土写本中有《摩诃般若波罗蜜经》卷一四、一五,题记云④:

> 1 　天监十一年]壬辰岁,使持节散骑常侍、都督江州诸军事、镇南冷军、开府仪同
>
> 2 　三司、江州刺]史、建安王萧伟,敬造众经一千卷流通,愿神徽鉴于六道,清猷

---

① 陈国灿、刘安志主编《吐鲁番文书总目》(日藏卷),武汉大学出版社,2005年,495页。

② 毛秋瑾《汉唐之间的写经书法——以敦煌吐鲁番写本为中心》,《南京艺术学院学报》(美术与设计版)2012年第3期,15页;毛秋瑾《墨香佛音——敦煌写经书法研究》,北京大学出版社,2014年,217—218页。

③ 以上高昌政治史的走向,参看王素《高昌史稿·统治编》,文物出版社,1998年,265—306页。

④ 此卷现存书道博物馆,见中村不折《禹域出土墨宝书法源流考》中,3—4页;《书苑》第6卷第9号,写经21;池田温《中国古代写本识语集录》,102页,图34;《台东区立书道博物馆所藏中村不折旧藏禹域墨书集成》上,79页。

3　　　　　]。明灵聿辅，景福咸臻。深信坚明，大悲增上。照环
　　中之奥理，得象

4　　　　　]情。舍身命财，护持正法，修菩提行，专向一乘。苞举群
　　生，导达形

5　　　　　]圓真实相，俱憩道场。

　　据建安王萧伟的结衔，当是南梁的写经，"壬辰岁"为梁天监十一年
（512），此卷是萧伟供养制作的佛经一千卷中的一卷，王树枏跋称"此卷出吐
鲁番三堡中"[1]。从年代上来看，这卷写经很可能是天监十四或十五年到南
梁的柔然使者，或送柔然使的南梁使臣带到吐鲁番的。《摩诃般若波罗蜜
经》为鸠摩罗什译，弘始五年（403）开始翻译，次年完成，共二十七卷[2]，这里
是第十四、十五卷，很可能携带去的是一整部《摩诃般若波罗蜜经》。

　　史睿先生曾经从书法的角度讨论过这些南朝写经，他说："高昌国与南
朝交往密切，江南写经通过客使不断传入，所见者有 Ch.2521 南朝刘宋末年
萧道成写经、SH.014 梁天监十一年萧伟写经《摩诃般若波罗蜜经》卷一四、一
五，以及数卷梁普通年间（520—527）写经（书道博物馆藏）。与北魏写经受
世俗书法影响而趋向斜划紧结不同，齐梁写经始终保持着平划宽结的书法
特征。旅博所藏与江南写经之相似的有细字写本《大方广佛华严经》（集中
于经册十一、经册二十）[3]，如果将此细字写本字迹放大，我们可以看到它与
萧伟写经非常近似。"[4]因此可以说，在没有题记的吐鲁番佛典残片中，还应
当有相当多的南朝写经，上述这几件不过是其代表而已。

　　书道博物馆还藏有两件吐鲁番出土的南梁写经，一件是《华严经》卷二

---

① 王树枏《新疆访古录》卷一，叶 24—25；朱玉麒《王树枏吐鲁番文书题跋笺释》，《吐鲁番学研究》
　2012 年第 2 期，93 页。
② 释僧祐撰，苏晋仁、萧錬子点校《出三藏记集》卷二，中华书局，1995 年，49 页。
③ 这些写本的清晰图版现已刊布，见王振芬、孟宪实、荣新江主编《旅顺博物馆藏新疆出土汉文文
　献》上编第 6 册、第 11 册，中华书局，2020 年。
④《旅顺博物馆藏新疆出土写经的书法断代》，77—78 页。

九,题记称①:

　　1　梁普通四年太岁[乙]卯四月,正法无尽藏写。

此卷卷首缺损,仍存23纸,近于完整。其书法特征是南朝那种楷体比较成熟的写法,又使用梁普通四年(523)的纪年,应当是南朝写经流入高昌地区者②。

　　另一件是《金刚般若波罗蜜经》,题记云(图版13)③:

　　1　大同元年正月一日,散骑常侍淳于□□□

　　2　于芮芮,愿造《金刚波若经》一百卷。令□□□,□

　　3　届梁朝,谨卒本誓。以斯功果,普施人□,□□□

　　4　境。

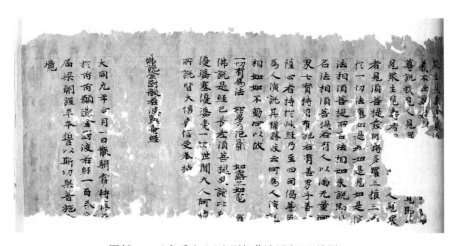

图版13　吐鲁番出土《金刚般若波罗蜜经》并题记

① 中村不折《禹域出土墨宝书法源流考》中,4页;《书苑》第6卷第9号,写经24;池田温《中国古代写本识语集录》,113页;《台东区立书道博物馆所藏中村不折旧藏禹域墨书集成》上,137页。

② 毛秋瑾《汉唐之间的写经书法——以敦煌吐鲁番写本为中心》,15页;毛秋瑾《墨香佛音——敦煌写经书法研究》,208—209页。

③ 此卷原亦为王树枏所藏,见《新疆访古录》卷一,叶25。后归中村不折,见《禹域出土墨宝书法源流考》中,5页;《书苑》第6卷第9号,写经26;池田温《中国古代写本识语集录》,119页,图48;《台东区立书道博物馆所藏中村不折旧藏禹域墨书集成》上,142—143页。

　　唐长孺先生对此解说如下："造经人淳于某在柔然发心造经,他大概就是梁朝遣往柔然的使人。按照当时南北朝通使惯例,正使例加散骑常侍,副使加散骑侍郎,出使柔然或偶用此例。淳于某造经在大同元年(535)正月,地点亦在梁,他何时出使,此经又何时流入高昌,并不可知,但也可以取证梁与柔然、高昌间的交通。"①一方面说淳于某在柔然造经,另一方面又说淳于某造经地点在梁,所以也没有弄清楚此经何时流入高昌。许云和先生别求新解,他认为如果淳于某是梁朝人,就不应当称自己的国家为"梁朝",而应当是"大梁"之类;"届梁朝"的"届"字是"由上临下"的意思,指其回到梁朝,似有不妥;"令□□□届梁朝"意指淳于某未到梁朝,而是派人前往。由此他认为淳于某是芮芮国的散骑常侍,他在本国发心造《金刚波若经》一百份,写成后派人送到梁朝供养。他进而认为淳于某就是柔然国主阿那瓌在天平年间(534—537)留用的东魏使臣淳于覃,此人任柔然"秘书监、黄门郎,掌其文墨",身份正同,他送往梁朝流通的经书在路过高昌时,留在了那里②。这一解说颇能自圆其说,并解释了经卷何以留在了高昌,但仍有疑问,就是"大同元年正月一日"这个时间点的问题。按萧梁于大同元年正月一日改元,这个时间点是不可能在柔然获知的,因此经卷只能是写在梁朝。按照纸的下缺情形,许云和每行下补三个空格,从《金刚经》本文下缺来看,第1行可补三个空格,第2、3行补四个空格更佳,愿文当为四字一读。"散骑常侍淳于□□□于芮芮",可以理解为梁朝的"散骑常侍淳于某将使于芮芮"或"散骑常侍淳于某某使于芮芮",即将要出发,故此写经发愿。"届"理解为"归来",也可以成立;关键的"令"字,唐长孺录作"今",审其残痕,两者均通,但取用不同字,会导致理解不同;因为要携带这些经卷到芮芮,所以用对等的"梁朝"来自称,而不用"大梁",也是可以说得通的。因此,这件写经应当是淳于某在梁朝都城建康所写,携带出使,使臣打算总共要写一百卷,其他可能在路上陆续抄写,等回到梁朝时,了结本愿。大同元年正月一日的这卷写

① 唐长孺《南北朝期间西域与南朝的陆道交通》,192—193页。
② 许云和《鄯善出土〈佛说金刚般若波罗蜜经〉残卷题记考》,《文献》2015年第3期,56—60页。

经,当是前往柔然的路上或回程时,留在了高昌。笔者请教书法专家毛秋瑾教授,她提示此件写经具有"平划宽结"的南朝书法特征,与魏碑的"斜划紧结"有所不同。总起来说,这是南梁的使臣受命即将出使芮芮(柔然)时,发心愿抄写鸠摩罗什译一卷本《金刚般若波罗蜜经》一百卷,希望将来回到建康后,誓愿得以完成。可见大同元年时南梁曾遣使去柔然,淳于为大姓,作正使,使团当有一定规模,也把南朝的经卷带到高昌。史书记载大同中(535—546 年),高昌王麹子坚曾遣使南梁,献鸣盐枕、蒲陶、良马、氍毹等物①,可见高昌与南朝之间当时也有联系。

三、传统汉文典籍的流传

由江南传到西域的写本书籍不应当仅仅只有佛教经典,应当还有世俗文献,只是目前保存在吐鲁番出土文书中的中国传统典籍写本大多没有题记,不像上述佛典那样有明确的写经年号、地点或人物,单从书法也不好判断。在吐鲁番写本断代时,学者们常常使用中原的纪年方式,所以有一批典籍类写本被定为"东晋写本"。这种说法只是说这些写本是东晋时期(317—420 年)写成的,但并不是说在"东晋"所在的南方写成的,所以我们不能依此来判断写本的制作地。东晋的年代约略相当于吐鲁番的高昌郡时期(327—442 年),在这一时期当中,高昌先后附属于建都凉州的前凉(318—376 年)、建都长安的前秦(351—394 年)、建都凉州的后凉(386—403 年)、建都建康(酒泉西南)的段业北凉政权(397—401 年)、建都敦煌的西凉(400—421 年)、建都凉州的沮渠氏北凉(401—460 年)、柔然控制下的阚爽政权(435—442 年),汉文典籍在这段时间里可以从河西,甚至关中地区流入高昌。如俄藏吐鲁番写本《前秦拟古诗》(Дх.11414+Дх.02947),据徐俊先生的考证,很可能是前秦建元八、九年至十三年之间(372、373—377)的抄本,他推测:"诗的

---

① 《梁书》卷五四《诸夷传》高昌条,中华书局,1974 年。

传钞地点或许就在前秦都城长安,未必经过辗转传钞,亦即说不是凉州、敦煌、高昌或其它河西地区写本,而是随着建元十二年(376)八月前西征前凉的大军流徙至凉州、高昌。"①因此说,河西和关内都是高昌汉文典籍的直接来源地。至于其中是否有从江南传来的写本,只能从内容上略做推估。

吐鲁番出土有几种被认为是东晋时期的《三国志》写本,有关收藏研究情况,片山章雄先生做过很好的整理归纳②。(1)《三国志·吴书·虞翻陆绩张温传》,存字 80 行,据称"出自新疆鄯善土中"③,应当来自鄯善的吐峪沟。原为王树枏藏卷,1924 年为白坚所得,1930 年售予日人武居绫藏。1931 年武居绫藏将原本影印在《古本三国志》卷轴中,后附王树枏、罗振玉、内藤虎次郎诸氏跋文④。1932 年武居绫藏去世,此卷后来归上野氏家族收藏。最新的信息来自 2001 年 11 月京都国立博物馆赤尾荣庆先生前往上野家调查后的报道⑤。(2)《三国志·吴书·虞翻传》(图版 14),吐鲁番出土,现藏日本书道博物馆⑥,下接上野氏藏《三国志·吴书·虞翻陆绩张温传》⑦。(3)《三国志·吴书·韦曜华覈传》,吐鲁番出土,王树枏旧藏,现在书道博物馆⑧。(4)新疆博物馆藏《三国志·吴书·孙权传》⑨和《三国志·魏书·臧洪传》⑩,均为 1965

---

① 徐俊《俄藏 Dx.11414+Dx.02947 前秦拟古诗残本研究》,《敦煌吐鲁番研究》第 6 卷,北京大学出版社,2002 年,205—220 页,引文在 213 页。

② 片山章雄《吐鲁番、敦煌发见の〈三国志〉写本残卷》,《东海史学》第 26 号,1992 年,33—42 页。汉译载《文教资料》2000 年第 3 期,137—157 页。

③ 白坚跋,《支那学》第 3 卷第 11 号,1925 年,83 页;高田时雄《李滂と白坚——李盛铎旧藏敦煌写本日本流入の背景》,《敦煌写本研究年报》创刊号,2007 年,24 页转录。

④ 武居绫藏编《古本三国志》,卷轴装影印本,1931 年。

⑤ 赤尾荣庆《上野コレクションと罗振玉》,高田时雄编《草创期の敦煌学》,知泉书馆,2002 年,75—77 页,口绘 3。

⑥《台东区立书道博物馆所藏中村不折旧藏禹域墨书集成》中,345 页。

⑦ 内藤虎次郎跋,《内藤湖南全集》第 14 卷,筑摩书房,1976 年,129—130 页;高田时雄《李滂と白坚——李盛铎旧藏敦煌写本日本流入の背景》,24—25 页转录。

⑧ 王树枏《新疆访古录》卷一,叶 24;《台东区立书道博物馆所藏中村不折旧藏禹域墨书集成》中,346—347 页。

⑨ 郭沫若《新疆新出土的晋人写本〈三国志〉残卷》,《文物》1972 年第 8 期,2—6 页。

⑩ 李遇春《吐鲁番出土〈三国志·魏书〉和佛经时代的初步研究》,《敦煌学辑刊》1989 年第 1 期,42—47 页。

图版 14　吐鲁番出土《三国志·吴书·虞翻传》

年吐鲁番安乐城出土。这些写本隶意浓厚,故此被定为东晋写本,按照当时高昌郡与南朝的交通情形来说,不排除这些写本有可能来自江南。我这样说的一个原因,是这些写本的内容,除一件是《魏书》外,全都是《吴书》,似乎是高昌地区的官府或文人希望了解孙吴的情况,因此特别请求的《吴书》部分;也可能是江南政权希望高昌人了解吴地的历史,因此送去了《三国志·吴书》部分。

　　另一种更可能来自江南的史书,是东晋人孙盛所著《晋阳秋》(原名《晋春秋》),其残本出土于吐鲁番阿斯塔那 151 号墓(72TAM151:74-83)[1]。这件写本在吐鲁番发现,饶宗颐教授认为这证实了《资治通鉴》卷一〇二所记"盛先已写别本,传之外国"[2]。因此,这件写本也可能是直接从江南的东晋

[1]《吐鲁番出土文书》贰,文物出版社,1996 年,112—115 页。参看王素《吐鲁番所出〈晋阳秋〉残卷史实考证及拟补》,《中华文史论丛》1984 年第 2 辑,25—47 页;町田隆吉《补修吐鲁番出土〈晋史〉残卷》,《东京学芸大学附属高等学校大泉校舍研究纪要》第 8 集,1984 年,37—46 页;陈国灿、李征《吐鲁番出土的东晋(?)写本〈晋阳秋〉残卷》,《出土文献研究》,文物出版社,1985 年,152—158 页;岩本笃志《敦煌、吐鲁番发见"晋史"写本残卷考——〈晋阳秋〉与唐修〈晋书〉との关系を中心に》,《西北出土文献研究》第 2 号,2005 年,19—41 页。
[2] 饶宗颐《敦煌与吐鲁番写本孙盛〈晋春秋〉及其"传之外国"考》,《汉学研究》第 4 卷第 2 期,1986 年,1—8 页。

传到高昌的,若然,这是史籍传播的一个很好例证。

还值得考虑的是德藏四件残片缀合的吐鲁番写本(Ch.3693+Ch.3699+Ch.2400+Ch.3865),其正面是班固《幽通赋》的注本(图版15),据考当为三国时人项岱(项昭)的注本①;背面是东晋毛伯成的诗11首及同期佚名诗人作品3首(图版16),多为咏史、咏怀之作②。毛伯成曾任东晋征西将军桓温(373年卒)的行军参军,这些诗歌创作的年代当在东晋哀帝隆和年间(362—363)以前③。正背写本都是隶楷书,书体接近东晋写本《三国志·吴书·孙权传》,抄写年代当在隆和年间之后不久,正面先抄,背面后抄。其正背内容,都与东晋当时的江左文化风尚同,因此,这个正背都是典籍的文卷,应当也是从江南传入高昌地区的写本。

在吐鲁番出土的大量经史子集和佛典中,一定包含着不少南朝传来的写本,随着研究的深入,我们一定还会有更多的发现。

丝绸之路是一条文明传播之路,我们上面以江南典籍传入西域为主题,勾勒出在兵荒马乱的魏晋南北朝时期,中国传统文化典籍仍然持续不断地向西域输出,哪怕不远万里。

(2021年3月19日完稿,原载荣新江主编《丝绸之路上的中华文明》,商务印书馆,2022年3月,236—253页。)

---

① 许云和《德藏吐鲁番本汉班固〈幽通赋〉并注校录考证》,收入氏著《汉魏六朝文学考论》,上海古籍出版社,2006年,26—62页;徐畅《德藏吐鲁番出土〈幽通赋注〉写本的性质、年代及其流传》,《吐鲁番学研究》2013年第2期,30—60页。
② 柴剑虹《德藏吐鲁番北朝写本魏晋杂诗残卷初识》,《庆祝吴其昱先生八秩华诞敦煌学特刊》,文津出版社,2000年,107—116页;收入作者《敦煌吐鲁番学论稿》,浙江教育出版社,2000年,345—354页;徐俊、荣新江《德藏吐鲁番本"晋史毛伯成"诗卷校录考证》,《中国诗学》第7辑,人民文学出版社,2002年,1—13页;许云和《德藏吐鲁番本"晋史毛伯成"诗卷再考》,《西域研究》2008年第1期,99—107页;收入作者《汉魏六朝文学考论》,62—75页。
③ 徐俊、荣新江《德藏吐鲁番本"晋史毛伯成"诗卷校录考证》,1—9页。

图版 15　德藏吐鲁番出土《幽通赋注》

图版 16　吐鲁番出土东晋毛伯成等诗卷

裴　矩

　　裴矩的生年为公元 547 年或更前,卒年为 627 年。隋及唐初政治家。隋末以经营西域而知名。原名世矩,因避唐太宗讳而去"世"字。字弘大。河东闻喜(今山西闻喜东北)人。初仕北齐,齐亡入周,北周末年杨坚执政时被召用。杨坚代周,建立隋朝,矩为近臣,参预平陈之役,继而经略岭南,北抚突厥族启民可汗。又与牛弘等参定隋礼。隋炀帝即位后,矩甚受重用,与苏威、宇文述、裴蕴、虞世基等参掌朝政,并称为"五贵"。

　　裴矩一生最重要的活动是为炀帝经营西域。当时西域诸国多至河西甘州(今甘肃张掖)与隋互市。大业元年(605)至九年间,他至少四次来往于甘州、凉州(今甘肃武威)、沙州(今甘肃敦煌),大力招徕胡商,并引致西域商队前往长安、洛阳等地,以首都贸易取代边境贸易。裴矩深知炀帝远略野心,尽力收集西域各国山川险易、君长姓族、风土物产等资料,绘画各国王公庶人服饰仪形,纂成《西域图记》三卷,并别造地图,注记各地险要,献于炀帝。炀帝即将经营西域事宜悉以委任给他。矩引致高昌王麴伯雅、伊吾吐屯设等入朝,并积极策划打击西域贸易的竞争者——吐谷浑。大业四年,隋诱使铁勒攻击吐谷浑;五年,炀帝亲征吐谷浑,拓地数千里。稍后,炀帝又派薛世雄进军伊吾,于汉旧城东筑新伊吾。矩同往经略,巩固了隋与高昌的联系。大约由于裴矩建议,炀帝曾派云骑尉李昱出使波斯,侍御史韦节、司隶从事杜行满出使罽宾(通指今克什米尔,但隋代一度指漕国,今阿富汗加兹尼;唐代一度指迦毕试,今阿富汗贝格拉姆)、摩揭陀国的王舍城(今印度比哈尔西南拉杰吉尔)、史国(今乌兹别克斯坦沙赫里夏勃兹)、安国(今乌兹别克斯坦布哈拉)等地。大业十四年,宇文化及杀炀帝,任裴矩为尚书右仆射。化及败,矩转事窦建德。建德败,矩降唐。武德八年以太子詹事兼检校侍中,后又为民部尚书。裴矩80岁精明不减,历事诸主,均受礼遇,以熟悉故事,常受咨询。贞观元年(627)卒。

所撰《西域图记》记载了44国情况,可惜原书已佚。现仅存书序,记述了自敦煌至西海(今地中海)的三条主要路线,是关于中西交通的重要史料。此外,他还著有《开业平陈记》十二卷、《邺都故事》十卷、《高丽风俗》一卷,与虞世南共撰《大唐书仪》十卷,均佚。

(与张广达先生合撰,原载《中国大百科全书》第1版《中国历史》
第2卷,中国大百科全书出版社,1992年,750页。)

唐贞观初年张弼出使西域与丝路交通

一、贞观初年出使西域的新史料:《张弼墓志》

过去我们根据玄奘弟子慧立、彦悰所撰《大慈恩寺三藏法师传》的记载,普遍认为贞观初年时,唐朝对西域主要是采取闭关的态度,所以玄奘西出前往印度取经,是偷越国境而行的。《慈恩传》记载,他在瓜州时,得到一年轻胡人石槃陀的引路,渡过瓠芦河,到达玉门关。从这位胡人的名字可以推知,他是中亚石国(今塔什干)出身的粟特胡人,"槃陀"为粟特人常用的名字,意为"(某神的)仆人"①。因惧怕官府私度关津禁令,石槃陀由玉门关退回。玄奘一人循瓜州、伊州之间的"第五道"②,从第一烽到第四烽,在信仰佛教的守边将官的帮助下,入碛西北行,最后在一匹曾经往返伊吾十五次的识

---

① Pavel Lurje, *Personal Names in Sogdian Texts* (*Iranisches Personennamenbuch*, II/8). Vienna: Verlag der Österreichischen Akademie der Wissenschaften, 2011, p. 142.

② 敦煌写本《沙州图经》(P. 2005)对此道有详细记载,见池田温《沙州图经略考》,《榎博士还历记念东洋史论丛》,山川出版社,1974 年,64—69 页。

途老马的帮助下,得达伊吾(哈密)。《慈恩传》中对玄奘从河西玉门关到西域伊吾国一段的艰难行程,做了详细的铺陈,现摘引如下:

> 自是孑然孤游沙漠矣,唯望骨聚马粪等渐进。……从是已去,即莫贺延碛,长八百余里,古曰沙河,上无飞鸟,下无走兽,复无水草。是时顾影唯一,心但念观音菩萨及《般若心经》。……时行百余里,失道,觅野马泉不得。下水欲饮,袋重,失手覆之,千里之资,一朝斯罄。又路盘回,不知所趣。……是时四顾茫然,人鸟俱绝。夜则妖魑举火,烂若繁星;昼则惊风拥沙,散如时雨。虽遇如是,心无所惧。但苦水尽,渴不能前。是时四夜五日无一滴沾喉,口腹干燋,几将殒绝,不复能进。①

这段艰难行程的记录,当然是玄奘描述给他的两位弟子的,给后人留下深刻印象,觉得当时的交通道路就是这样的艰难险阻,难以逾越。

事实上,玄奘是违犯当时不许私度边境的禁令,才落得这样的地步。如果是正当的唐朝使者,道路仍然是畅通的。我们有幸在近年西安大唐西市博物馆收藏的唐代墓志中,看到一方《大唐故始州黄安县令南阳县开国公张府君墓志铭》(葬于 679 年),其中有一段文字记载了志主张弼前往西域的事迹,因为几乎与玄奘西行同一时点,所以为我们提供了一份非常难得的另类史料,值得关注。志文有关部分如下:

> 贞观之始,情礼云毕。前宫寮属,例从降授,补右卫仓曹参军。于时獯丑未宁,边烽屡照。太宗临轩,有怀定远;召公将命,追美凿空。具禀圣规,乘轺迥骛。历聘卅国,经涂四万里。料地形之险易,觇兵力之雌雄。使返奏闻,深简帝念,加阶赐帛,宠命甚优。六年,又应明诏,举直中书省。②

志主张弼,字义辅,南阳西鄂人。张弼父张宽,曾任隋朝的上党郡守、青州刺史。李渊建唐,张弼任朝散大夫,后为太子通事舍人,为李建成的亲信。

---

① 慧立、彦悰《大慈恩寺三藏法师传》卷一,中华书局,1983 年,14—17 页。
② 胡戟、荣新江主编《大唐西市博物馆藏墓志》上,北京大学出版社,2012 年,224—226 页,102 号。

玄武门事变后，太宗上台，"前宫僚属，例从降授"，作为太子一党而被贬官，任右卫仓曹参军，从正七品下转成正八品下。就在贞观开始之时，太宗命他出使西域，到贞观六年返回，完成使命，应诏直中书省。贞观十年，任卫尉寺丞；十四年除尚书水部员外郎，寻改越王府主簿兼扬州兵曹参军；十九年，任承议郎行魏县令。高宗永徽二年（651），授朝议郎行始州黄安县令。五年卒于官舍，年六十①。可见原为太子近臣的张弼，因为主人倒台，在太宗、高宗时期，虽然有出使西域之功，但最后仅仅做到一个县令。正因为此，他出使西域的事迹，也就没有机会得到彰显。

如果不是这方墓志出土，我们完全不知道在贞观元年（627）到贞观六年，唐太宗曾经派遣右卫仓曹参军张弼出使西域三十国，行程四万里。张弼的出使，可以说是唐代初年丝绸之路上的一个壮举。虽然已有学者提示了张弼出使西域的重要意义②，但论述比较简略。本文对照其他相关材料，对此事做进一步的申论。

二、张弼"历聘三十国，经涂四万里"的意义

墓志说张弼"历聘卅国，经涂四万里"，说明他曾到访过三十个西域王国。要了解张弼之行的意义，还要从隋朝与西域的关系说起。

《隋书》卷六七《裴矩传》记载：

> 帝复令矩往张掖，引致西蕃，至者十余国。大业三年，帝有事于恒岳，咸来助祭。帝将巡河右，复令矩往敦煌。矩遣使说高昌王麴伯雅及伊吾吐屯设等，啖以厚利，导使入朝。及帝西巡，次燕支山，高昌王、伊

---

① 关于志主的生平事迹，参看孟宪实《论玄武门事变后对东宫旧部的政策——从〈张弼墓志〉谈起》，荣新江主编《唐研究》第 17 卷，2011 年，199—220 页；收入氏著《出土文献与中古史研究》，中华书局，2017 年，358—380 页。
② 胡明曌《有关玄武门事变和中外关系史的新资料——唐张弼墓志研究》，《文物》2011 年第 2 期，73—74 页。

吾设等及西蕃胡二十七国谒于道左。皆令佩金玉,被锦罽,焚香奏乐,歌舞喧噪。复令武威、张掖士女盛饰纵观,骑乘填咽,周亘数十里,以示中国之盛。①

又,《隋书》卷八三《西域传》开篇说:

> [隋炀]帝复令闻喜公裴矩于武威、张掖间往来以引致之。其有君长者四十四国。矩因其使者入朝,啖以厚利,令其转相讽谕。大业年中,相率而来朝者三十余国,帝因置西域校尉以应接之。寻属中国大乱,朝贡遂绝。然事多亡失,今所存录者,二十国焉。②

由此可知,隋朝对西域诸国的了解有一个过程。大业年间,隋炀帝派裴矩在河西地区招徕西域诸国,由于裴矩的经营,来朝贡于隋朝的国家从十余国,增加到二十七国,最多时则有三十余国。

《隋书·西域传》说到在与西域各国联系最盛时,所知有四十四国,这就是裴矩《西域图记》所记录的国家数字,包含有不曾朝贡、但为隋朝所知的国家。《隋书·裴矩传》载裴矩《西域图记序》曰:

> 臣既因抚纳,监知关市,寻讨书传,访采胡人,或有所疑,即详众口。依其本国服饰仪形,王及庶人,各显容止,即丹青模写,为《西域图记》,共成三卷,合四十四国。

可见,裴矩是通过采访胡人等方式,了解到西域四十四国情形的,这些国家并没有都来过隋朝。

经过隋末唐初的战乱,唐朝重新与西域联系之前,中原王朝所知的西域王国只有二十个了。余太山先生指出:"本传(《隋书·西域传》)共记二十三国,其中吐谷浑、党项、附国、女国可归入一组,高昌、焉耆、龟兹、于阗、疏勒可以归入一组,漕国、鏺汗、石国、米国、史国、康国、曹国和何国,以及安

---

① 《隋书》卷六七《裴矩传》,中华书局,1973 年,1580 页。
② 《隋书》卷八三《西域传》,1841—1842 页。

国、乌那曷、穆国、波斯可以归入相邻的两组,其余诸国可以归入一组,但次序混乱,表明编者不熟悉西域地理。"①这些国家应当就是唐朝初年了解的情况,也是张弼出使西域之前所知道的国家。

张弼出使了西域三十国,大大超出了隋末所知之数,其中不少国家应当是唐朝使者首次走访。因此,张弼的出使西域,在唐朝与西域的关系史上是极有意义的一件事。

据《旧唐书》卷一九八《西戎传》波斯国条,波斯距唐朝首都长安一万五千三百里②,来回三万六百里。从张弼"经涂四万里"来推想,他在西域地区一定不是直线而行,因为那样即使他到达波斯,也不足"四万里"之数。他不一定非要到达波斯,但他访问了三十国,应当是纵横交错地行走,所访问的西域王国,应当包括塔里木盆地诸绿洲王国,以及西突厥所控制的粟特地区和吐火罗斯坦,可见这不是一件简单的事情。

三、张弼出使西域的成果与丝路交通

目前所知,从贞观元年到贞观六年,只有张弼作为唐朝正式的使臣出使西域,因此可以这样理解,贞观初年来朝唐廷的西域诸国,很可能是张弼出使而促成的结果。我们就根据目前所见贞观初期这六年里西域与唐朝的交通情况,来看看张弼出使可能取得了哪些成果。

《册府元龟》卷九七○《外臣部》十五《朝贡》第三记载:

> 太宗贞观元年正月,西突厥;闰三月,高昌、吐谷浑等;五月,何国、康国;……十月,西突厥;……并遣使朝贡。③

其时,吐鲁番盆地的高昌王国以及粟特地区的何国、康国均在西突厥汗国的

---

① 余太山《两汉魏晋南北朝正史西域传要注》,中华书局,2005 年,545 页。

②《旧唐书》卷一九八,中华书局,1975 年,5311 页。

③ 周勋初等《册府元龟校订本》,凤凰出版社,2006 年,11228 页。

控制之下,因此西突厥在贞观元年年初的朝贡,必然影响到其他西域绿洲王国,因此高昌、何国、康国随后前来入唐朝贡。这或许就是张弼出使西域的背景,甚至张弼就是随同十月而来的西突厥使臣返回时一起前往西域的①,因为当时有所谓"报聘"制度,大国使臣的到来,唐朝有时候是需要遣使随之回报的。

《册府元龟》卷九七〇同条又记:"〔贞观〕二年四月,西突厥遣使贡方物。"②西突厥再次入唐,表明两者关系的密切。而这次遣使可能是张弼抵达西突厥汗廷的结果。

玄奘在贞观元年启程西行,二年中抵达素叶(碎叶)城见西突厥统叶护可汗,在西突厥可汗衙帐见到"汉使及高昌使人入,通国书及信物,可汗自目之甚悦,令使者坐"③。说明其时有唐朝使者到达西突厥可汗衙帐,这位使者不排除是张弼的可能性,因为使者带着国书和信物,这是正式使臣所携带的必备之物。而且,西突厥可汗非常礼让这位汉使,让他就坐,也可见不是一般的人士,而是唐朝的正使。

高昌王国位居天山东部地区,是与唐朝接壤的西域大国。贞观初年,高昌与唐朝的关系十分友好。《旧唐书》卷一九八《西戎传》高昌条记:"太宗嗣位,复贡玄狐裘,因赐其妻宇文氏花钿一具。宇文氏复贡玉盘。西域诸国所有动静,辄以奏闻。"④因此,高昌必然是唐朝外交工作的重点,张弼出使西域,一定是要到访高昌的。《册府元龟》卷九七〇同条记载:"贞观三年二月,高昌遣使朝贡。"⑤这次高昌的遣使朝贡唐朝,或许就是张弼出使的结果。这一成果在随后逐渐升温。《册府元龟》同条又记:"〔贞观三年〕十一月,西突

① 王素《唐魏建泰墓志与高昌"义和政变"家族》认为张弼是随高昌国使者去西域的,可备一说,文载《魏晋南北朝隋唐史资料》第 30 辑,2014 年,154 页。
② 周勋初等《册府元龟校订本》,11228 页。
③ 《大慈恩寺三藏法师传》卷二,28 页。关于系年问题,参看杨廷福《玄奘年谱》,中华书局,1988 年,100—101 页。
④ 《旧唐书》卷一九八,5294 页。
⑤ 周勋初等《册府元龟校订本》,11228 页。

厥、高昌……并遣使朝贡。"是高昌与宗主国西突厥一起入唐。又上引《旧唐书》同条记载:"贞观四年冬,〔麹〕文泰来朝,及将归蕃,赐遗甚厚。其妻宇文氏请预宗亲,诏赐李氏,封常乐公主,下诏慰谕之。"①到贞观五年正月甲戌(十四日),太宗还专门"宴高昌王文泰及群臣"②,表明对高昌的亲善。麹文泰这次入朝,还向太宗表示"西域诸国咸欲因文泰遣使贡献",但魏徵以为如果十个国家的使团一起入贡,使人不下一千人,沿边州县无法接济,以为不能接受。太宗听从魏徵建议,回绝了这些国家的使者③。可见张弼出使在西域的时候,西域各国开始脱离西突厥的羁縻统治,希望与唐朝交往④。

张弼的出使成果,看来是不可低估的。《资治通鉴》卷一九三记载:贞观三年闰十二月,"是时远方诸国来朝贡者甚众,服装诡异,中书侍郎颜师古请图写以示后,作《王会图》,从之。"⑤此图为将作大匠阎立德所绘,可惜已佚,但宋人董逌曾见原图,在所著《广川画跋》卷二《上〈王会图〉叙录》中有相关记录:"有司告办,鸿胪导客,次序而列,凡国之异,各依其方。……西首以吐蕃、高昌、月氏、车师、党项,而轩渠、嚈达、叠伏罗、丁令、师子、短人、掸国次之。"⑥此处所列有些是古代西域国名,是文人借古喻今的常用做法。如果按照唐朝时的情况,这里的月氏即贵霜王国,或寄多罗贵霜,当指今巴基斯坦白沙瓦一带;车师与高昌并列,应指车师后王国,即天山北部吉木萨尔一带;嚈达是5、6世纪时中亚强国,占据吐火罗斯坦和粟特地区;叠伏罗在 Zabulistan,即 Gazna;丁令在天山北路;师子即狮子国,今斯里兰卡。虽然未必都是与唐朝时期的国家对应,画家也可能并非写实,有些图像可能是承袭此前的《职贡图》,但反映了贞观三年所绘《王会图》的大致情况,并且可以由此得

① 《旧唐书》卷一九八,5294 页。《新唐书》卷二二一上《西域传》,中华书局,1975 年,6220 页略同。

② 《资治通鉴》卷一九三,中华书局,1956 年,6086 页。

③ 《旧唐书》卷七一《魏徵传》,2548 页。

④ 参看吴玉贵《突厥汗国与隋唐关系史研究》,中国社会科学出版社,1998 年,291 页。

⑤ 《资治通鉴》卷一九三,6068 页。参看《旧唐书》卷一九七《南蛮传》东谢蛮条,5274 页。

⑥ 《广川画跋》卷二,安澜编《画品丛书》(二),河南大学出版社,2014 年,366—368 页。参看汤开建《唐〈王会图〉杂考》,《民族研究》2011 年第 1 期,77—85 页。

知当时朝堂所见西域朝贡者的形象。这些贞观三年的西域使者，我们虽然不能说都是张弼出使的结果，但两者时间吻合，其中不应没有张弼推动的结果。

龟兹也是西域屈指可数的大国，位居塔里木盆地北沿。《册府元龟》卷九七〇《外臣部》十五《朝贡》第三记载："是年（贞观四年），龟兹国王苏伐叠遣使献马，自此朝贡不绝。"①《旧唐书》卷一九八《西戎传》龟兹传条也记："贞观四年，又遣使献马，太宗赐以玺书，抚慰甚厚，由此岁贡不绝，然臣于西突厥。"②龟兹也是张弼一定到访的对象国，因此，贞观四年的龟兹王进贡马匹一事，恐怕也是张弼走访其地的结果。

于阗是塔里木盆地南缘大国，因此必定也是张弼走访的对象。《旧唐书》卷一九八《西戎传》于阗条记："贞观六年，〔于阗王尉迟屈密〕遣使献玉带，太宗优诏答之。"③我们也不难把此事与张弼出使联系起来。

焉耆也是塔里木盆地北道大国之一，《册府元龟》卷九七〇《外臣部》十五《朝贡》第三记载："〔贞观六年〕七月，焉耆……遣使朝贡。"④《新唐书》卷二二一上《西域传》焉耆条："太宗贞观六年，其王龙突骑支始遣使来朝。"⑤这两条记载是同一件事，《新传》表明这是焉耆在唐朝时期首次遣使，而促成焉耆朝贡的，应当是正在西域进行外交活动的张弼。

《新唐书》卷二二一上《西域传》康国条："贞观五年，遂请臣。太宗曰：'朕恶取虚名，害百姓，且康臣我，缓急当同其忧。师行万里，宁朕志邪？'却不受。"⑥康国首都在今撒马尔罕，是粟特的第一大国，它在贞观五年要求臣服于唐朝，虽然没有被太宗接受，但也是一个重要的时间，说明葱岭以西的国家，也和唐朝建立往来。这或许也可以和当时出使西域的张弼有关。

---

① 周勋初等《册府元龟校订本》，11229 页。

②《旧唐书》卷一九八，5302 页。

③ 同上。参看《新唐书》卷二二一上《西域传》于阗条，6235 页。

④ 周勋初等《册府元龟校订本》，11229 页。

⑤《新唐书》卷二二一上《西域传》，6229 页。

⑥ 同上，6244 页。参看《资治通鉴》卷一九三，6091 页。

吴玉贵《突厥汗国与隋唐关系史研究》一书中曾经指出："贞观六年（632），是唐朝初年与西域关系发生转折的重要的一年，在这一年里发生了三件大事。"①一是改变对西突厥内战的中立态度，贞观六年八月丁酉，派刘善因前往西域，首次册封与肆叶护可汗对立的泥熟可汗，支持泥熟来控制西突厥政权。二是改西伊州为伊州。伊州在贞观四年东突厥汗国被唐朝灭亡后，城主石万年率七城归降唐朝，唐朝立为羁縻州性质的西伊州。贞观六年，唐朝改西伊州为伊州，意味着立伊州为唐朝的直辖州郡，与内地一般州县无异，表明唐太宗要进入西域的决心②。三是与焉耆建立密切关系，接受焉耆王龙突骑支的请求，开大碛路，避开高昌，让西域使者直接从焉耆到敦煌③，焉耆由此可以垄断西域与唐朝往来的贸易，这无疑是把高昌视作敌对势力，准备加以打击。从时间上看来，这些重大转变，很可能是张弼出使西域而促成唐朝采取的行动。

张弼的出使在传世史料中没有任何记载，墓志补充了唐代西域史研究的一个重要事实，仅就这一点来说，已经十分重要。因此，玄奘取经并非开通唐朝丝路的创举，张弼的出使在唐朝与西域的联系上，也是极有意义的一件事。

（2019 年 1 月 24 日初稿，8 月 28 日定稿，
原载《北京大学学报》2020 年第 1 期，113—118 页。）

① 吴玉贵《突厥汗国与隋唐关系史研究》，322—323 页。
② 参考张广达《唐灭高昌国后的西州形势》，作者《西域史地丛稿初编》，上海古籍出版社，1995 年，113 页。
③《旧唐书》卷一九八《西戎传》焉耆国，5301 页。

王玄策

  王玄策是唐初贞观十七年至龙朔元年（643—661）间三次出使印度（一说四赴印度）的使节。曾官融州黄水县令，右卫率府长史。

  唐太宗贞观十五年，印度摩揭陀国（Magadha）国王曷利失尸罗迭（逸）多（Harsha Śīlāditya，即戒日王）继玄奘访问该国之后致书唐廷，唐命云骑尉梁怀璥回报，尸罗迭多遣使随之来中国。贞观十七年三月，唐派行卫尉寺丞李义表为正使、王玄策为副使，伴随印度使节报聘，贞观十九年正月到达摩揭陀国的王舍城（今印度比哈尔西南拉杰吉尔），次年回国。贞观二十一（或二十二）年王玄策又作为正使，与副使蒋师仁出使印度。未至，尸罗迭多死，帝那伏帝（今印度比哈尔邦北部蒂鲁特）王阿罗那顺（Arunasva）立，发兵拒唐使入境。玄策从骑30人全部被擒，他本人奔吐蕃西境求援。吐蕃赞普松赞干布发兵1200人，与泥婆罗（今尼泊尔）王那陵提婆（Narendradeva；一说是 Amśuvarman）兵七千骑及西羌之章求拔兵共助玄策，俘阿罗那顺而归。高宗显庆三年（658年，一说显庆二年）玄策第三次出使印度，次年到达婆栗阇国（今印度达班加北部），五年访问摩诃菩提寺，礼佛而归。

  玄策几度出使印度，带回了佛教文物，对中印文化的交流作出了贡献。

著有《中天竺国行记》十卷,图三卷,今仅存片断文字,散见于《法苑珠林》、《诸经要集》、《释迦方志》中。近年,人们在洛阳龙门石窟发现了王玄策的造佛像题记。

参考书目:

冯承钧《王玄策事辑》,《西域南海史地考证论著汇辑》,中华书局,1957 年。

列维(S. Lévi)《王玄策使印度记》,冯承钧译,《西域南海史地考证译丛七编》,中华书局,1957 年。

D. Devahuti, *Harsha. A Political Study*, Oxford University Press, 1970.

(与张广达先生合撰,原载《中国大百科全书》第 1 版《中国历史》第 3 卷,中国大百科全书出版社,1992 年,1200—1201 页。)

从新出墓志看入唐西域人的活动

——以哥逻禄炽俟家族为中心

本文讨论的主要材料是西安新发现的两方哥逻禄（Qarluq）首领墓志，一是唐开元二十四年（736）的《炽俟弘福墓志铭》，一是天宝十三载（754）《炽俟辿墓志铭》，墓主人是父子关系。本文关注的是他们入居长安后与西北原部落的联系，与沙陀、粟特胡人的婚姻关系，坊里周边的居住环境，唐朝官府的照应等问题，以此个案来考察西域胡人进入唐朝后的情形。

先把两方墓志揭载于下。

《炽俟弘福墓志铭》（开元廿四年）文字如下①：

大唐故云麾将军左威卫将军上柱国天兵行军副大使兼招慰三姓葛逻禄使炽俟府君墓志铭并序

　　　　　　朝散郎行长安县尉裴士淹撰　　吴郡陆萱书

公讳弘福，字延庆，阴山人也，其先夏后氏之苗裔。粤若垂象著明，

---

① 图版见《隋唐五代墓志汇编》陕西卷第 3 册，天津古籍出版社，1991 年，161 页；录文见吴钢主编《全唐文补遗》第 2 册，三秦出版社，1995 年，22 页；周绍良、赵超主编《唐代墓志汇编续集》开元 144，上海古籍出版社，2001 年，551—552 页。

天有髦头之分；封疆等列，地开穷发之乡；袭广大 而 居尊，务迁移以成俗；和亲通使，冒顿于是兴邦；保塞入朝，呼韩以之定国；则有大恩贵种，当户都尉，必及世官，作为君长。其或处者，我称 盛门 。曾祖婆匐颉利发，大漠州都督，镇沙朔而用武，保公忠而竭诚。祖 步失 ，右骁卫大将军兼大漠州都督，天山郡开国公，统林胡而莫犯，司禁旅而踰肃。 父力 ，本郡太守，绍前烈而有光，翼后坤而可大。公幼而聪敏，长而豪杰，于孝友则天资，以功勋为己任，常谓先人大业，克清边塞之尘；壮士长怀，愿赴邦家之难；忽焉投笔，即事戎猎膻。属十姓背恩，三军是讨，杂类多诈，潜图暗袭；公察其目动，识其 言甘 ，驰轻骑而来犇，戒王师而设备，为覆以待，夹攻于衷，因执馘以献俘，乃议功而行赏，超等特授游击将军。朝廷复念兹良图，未足允答，明年拜桃林府长上果毅都尉，又除左骁卫郎将，既辍归牛之地，仍加冠鹖之荣。万岁登封元年，进云麾将军、左威卫将军、上柱国，忠谨日彰，勋庸岁积。诏充天兵行军副大使兼招慰三姓葛逻禄使，于是临之以敬，董之以威，士马之富如云，戈铤之明似雪。时突骑施怀贰，乌质勒不诚，公秘探其旨，且献其状，余孽朋扇，荧惑上闻；以斯刚毅之心，不免谗邪之口，遂贬蕲州蕲川府折冲，仍为黎州和集镇副。东海之冤未查，南溟之羽已催，天实为之，命可长也。神龙二年十二月廿九日行路遘疾，终于剑州剑门县之逆旅，春秋五十有三。呜呼哀哉！公雄材迈俗，宏略冠时；献马以助军，执兵以报国；伊秩訾之入侍，佩印称荣；金日磾之登朝，封侯藉宠；静言于此，千载同风。夫人沙陀氏，封燕郡夫人，从夫之贵也，塞渊其德，淑慎其仪，即以开元廿四年五月十七日祔葬于长安高阳原，礼也。嗣子 汛 ，左骁卫中郎将；次子璟，宁远将军守右领军卫翊府右郎将、上柱国，赏紫金鱼袋；次子温，长乐县开国男；次子琎，右威卫果毅都尉，借绯鱼袋；次子震，明威府别将等。高名出群，至性加等，咨墨客之幽思，扬先君之耿光。其词曰：阴山之下地气良，贤王之昆宗枝强，生我名将护朔方，简于圣主曜帝乡，忠谋必 罄 业大昌,谶言罔极黜退荒,开茔反葬卜云臧,刻石纪德永不忘。

这方墓志现在收藏于西安市文物考古研究所,出土情况不明。葛承雍《西安出土西突厥三姓葛逻禄炽俟弘福墓志释证》对此志做过专题考释①。

《炽俟汕墓志》(天宝十三载)录文②:

囯故游击将军右武卫中郎将炽俟公墓志铭并序

京兆进士米士炎撰

公讳汕,字伏护,阴山人也。发源本于夏后,弈叶联于魏朝。累生名王,代有属国。入为冠族,道远乎哉。曾祖步失,右骁卫将军,兼大漠州都督、天山郡开国公。外绾穹庐之长,内参禁脔之任。服勒无歝,授寄方殷。祖力,云麾将军、左武卫中郎将,兼本郡太守。奉承世官,分理郡国。出则扞城御侮,入则捧日戴天。昭考弘福,云麾将军、左威卫大将军,兼知天兵军副大使、招慰葛禄使。生金星而武,擅玉帐而雄。推毂而宠崇九天,坐帷而谋远千里。勋绩之大,国史存焉。公即大将军之元子也。歧嶷独秀,清明在躬。外庄而宽仁,内淑而刚简。先朝以将门子,万岁通天中,特受游击将军、左威卫翊府右郎将,从班次也。圣历载,诏许当下之日,成均读书。又令博士就宅教示,俾游贵国庠,从师私第。始谈高而成薮,终覆篑而为山。以开元中,迁左骁卫中郎。无何,以太夫人之丧云仕。以开元廿五年服缺,换右武卫中郎。效职而玄通周慎,出言而暗合诗书。廊庑识承宫之材,朝廷闻郅都之誉。从龙广殿,珥鹖太街,有足雄也。虽事经累圣,禄终眉寿而过乏秋毫;爱流冬日,高门纳驷,既守俭而安长剑,君亦不威而肃。呜呼!岂期杖朝云及而逝者如斯。以天宝十一载四月十七日,寝疾终于京义宁里之私室,时春秋六十有九。公尝产分疏属,食待嘉宾。友睦弟兄,惠优孀独。其养也以

---

① 文载荣新江、李孝聪主编《中外关系史:新史料与新问题》,科学出版社,2004 年,449—456 页;收入葛承雍《唐韵胡音与外来文明》,中华书局,2006 年,130—139 页。

② 西安市长安博物馆编《长安新出墓志》,文物出版社,2011 年,188—189 页。

色,其丧也以哀。从政不颇,率身有礼。固足冠君子之列,符古人之志。夫人康氏,琴瑟之友,金玉其相。蕣花早凋,槁瘗郊外。即以天宝十三载五月廿五日,祔葬于长安高阳原,礼也。有子凤,泣血在疚,羸容过戚。尝议发挥先志,光启大人。仆忝升堂之交,敢违刻石之请。铭曰:

玄冥封域,乌丸苗裔。向化称臣,策名谒帝。纠纠龙骧,副临节制。昂昂武贲,式司羽卫。报国忠公,承家继世。上天不吊,哲人云亡。合祔元吉,终然允臧。鸾昔孤瘗,剑今双藏。寘铭翠石,颂德玄堂。古原之上,松柏苍苍。

2007 年 10 月下旬,我借参加西安碑林学术研讨会的机会,到长安区博物馆参观,承蒙馆长穆晓军先生的好意,看到新发现的炽俟弘福长子炽俟汕的墓志。关于这位哥逻禄部落首领,我在研究新获吐鲁番出土文书所记有关哥逻禄部落破散问题时,曾根据本人在长安区博物馆所见墓志及拓本,从哥逻禄与唐朝的关系角度做过研究①。现在,这方墓志已经发表在《长安新出墓志》中。2014 年,陈玮先生曾撰《唐长安葛逻禄人炽俟氏家族研究——以炽俟汕墓志为中心》,重点是炽俟汕及其祖父辈的出身、入仕问题,也简要论及他们的居地、婚姻、汉化问题②。

1. 志主(炽俟弘福、炽俟汕)的出身:哥逻禄,葛逻禄

两位志主原本是哥逻禄人。对于哥逻禄的早期历史,前人做过不少研究,主要有:

内田吟风《初期葛逻禄(Karluk)族史の研究》,原载京都大学文学部东洋史研究室内田村博士退官记念事业会编《田村博士颂寿东洋史论丛》,

---

① 荣新江《新出吐鲁番文书所见唐龙朔年间哥逻禄部落破散问题》,沈卫荣主编《西域历史语言研究集刊》第 1 辑,科学出版社,2007 年,12—44 页;荣新江撰,西村阳子译《新出吐鲁番文书に见える唐龙朔年间の哥逻禄部落破散问题》,《内陆アジア言语の研究》XXIII(森安孝夫教授还历记念特集号),2008 年,59—77 页。
② 提交陕西师范大学主办的"长安学与古代都城国际学术研讨会"论文,西安,2014 年 11 月 24—27 日。

1968 年;收入《北アジア史研究・鲜卑柔然突厥篇》,同朋舍,1975 年,495—509 页。

I. Ecsedy, "A Contribution to the History of Karluks in the T'ang Period", *Acta Orientalia Academiae Scientiarum Hungaricae*, XXIV. 1–3, 1980 [1981], pp. 23–37.

H. Hoffmann, "Die Qarluq in der tibetischen Literatur",*Oriens* 3, 1950, pp. 190–208.

A. -M. Blonceau (ed. & tr.),*Matériaux pour l'étude de l'hippologie et de l'hippiatrie tibétaines（à partir de manuscrits de Touen-houang）*, Genève 1972, pp. 150–152, 322–323.

G. Uray, "The Old Tibetan Sources of the History of Central Asia up to 751 A. D.: A Survey",*Prolegomena to the Sources on the History of Pre-Islamic Central Asia*, ed. J. Harmatta, Budapest,1979, p. 303.

O. Pritsak, "Von den Karluk zu den Karachaniden",*Zeitschrift der Deutschen Morgenlandischen Gesellschaft* 101, NF XXVI, 1951, pp.270–300.

张云《葛逻禄部早期历史初探》,《新疆历史研究》1987 年第 2 期,14—20 页。

薛宗正《葛逻禄的崛起及其西迁》,《新疆大学学报》1991 年第 2 期,71—79 页。

哥逻禄是属于漠北铁勒、突厥系统的一个部族,主要活动地域在金山(今新疆阿尔泰山)地区,位于东、西突厥之间,因此时而属于铁勒或东突厥,时而属于西突厥。在汉文史料中,哥逻禄最早见于《隋书》卷八四《铁勒传》,在游牧于"伊吾以西,焉耆之北,傍白山"的部落中,有哥逻禄的薄落(Bulāq)、职乙(Čigil,炽俟)二部①。

唐朝贞观十三年(639)前后,哥逻禄归属西突厥汗国麾下,为叶护阿史

---

① 《隋书》卷八四,中华书局,1973 年,1879 页。其中断句作"薄落职、乙咥、苏婆、那曷",误。

那贺鲁统辖,在西州直北一千五百里①。此后一部分哥逻禄部落向东迁徙,甚至到了灵州一带②,更多的哥逻禄部落可能进入在阿尔泰地区新兴的突厥车鼻可汗的势力范围之内③,居住在北庭之北,金山之西。永徽元年(650),唐朝击败车鼻部,以其余众哥逻禄立为狼山州与浑河州,移到金山东侧和郁督军山(今杭爱山)一带,隶属燕然都护府④。

另外一支哥逻禄部落,则在贞观二十二年(648)四月,随同阿史那贺鲁南下,投奔到唐朝的庭州,居于天山北麓的庭州一带⑤。永徽元年十二月,阿史那贺鲁听闻唐太宗去世,起兵反叛,自称可汗,总有西域之地。处月、处密、姑苏、歌逻禄、卑失五姓随之而叛⑥。显庆二年(657)十一月,唐朝彻底平定阿史那贺鲁之乱,在天山南北、葱岭东西的西域广大地区设置羁縻州府,安置西突厥部落及其所控制的绿洲王国。对于哥逻禄部,则在其原驻地——金山西部地区安置,"以谋落部为阴山都督府,炽俟部为大漠都督府,踏实力部为玄池都督府,即用其酋长为都督"⑦。地点在庭州以北、金山西面的额尔齐斯河畔。

2. 哥逻禄大漠都督府的领袖:从部落到唐朝

炽俟弘福曾祖父娑匐颉利发,应是显庆二年设置大漠州都督府后的首任都督⑧。他的名字"娑匐"(Säbäg),应即《新唐书》卷二一七下《葛逻禄传》

---

① 《旧唐书》卷一九四下《突厥传》下,中华书局,1975 年,5186 页。

② 《宋本册府元龟》卷六五六《奉使部》立功条,中华书局,1989 年,2210 页;《册府元龟》卷六五六,中华书局,1960 年,7858 页。

③ 《旧唐书》卷一九四上《突厥传》,5165 页;《唐会要》卷一〇〇《葛逻禄国》,上海古籍出版社,1991 年,2123—2124 页。

④ 《唐会要》卷七三《安北都护府》,1558 页。参看谭其骧主编《中国历史地图集》第 5 册,中国地图出版社,1982 年,《关内道北部》,42—43 页。

⑤ 参看《唐会要》卷九四,2007—2008 页。

⑥ 《新唐书》卷一一〇《契苾何力传》,中华书局,1975 年,4119 页。

⑦ 《新唐书》卷二一七下《葛逻禄传》,6143 页。

⑧ 葛承雍《西安出土西突厥三姓葛逻禄炽俟弘福墓志释证》,《中外关系史:新史料与新问题》,452—453 页。

中"婆匐"的正确写法(6143页),是哥逻禄炽俟(Čigil)部的别称①。

弘福的祖父名步失,应是显庆五年(660)后世袭的大漠州都督②。《炽俟弘福墓志》记其"统林胡而莫犯,司禁旅而踰肃",前一句是说他任大漠州都督时统率部众而不侵犯唐朝边境,后一句说他进入京师长安后在禁卫军中谨守职责,这也就是墓志说他被唐朝授予"右骁卫大将军、天山郡开国公"的缘由。

非常幸运的是,吐鲁番新出土的文书中,有一组《唐龙朔二年、三年(662、663)西州都督府案卷为安稽哥逻禄部落事》,为我们揭示了一段重要的史实:龙朔元年(661)十月铁勒、回纥等部在漠北起兵反唐,攻击毗邻的金山西麓的哥逻禄步失达官部落,其部落民众一千帐破散,流落到庭州附近处月部的金满州辖境内,唐朝政府发敕给燕然都护府,使其与西州都督府相知,由西州派人到金满州安排哥逻禄部落返回大漠都督府居地。但因为龙朔二年(662)唐朝讨伐铁勒的将领滥杀无辜,导致先胜后败、局势不稳、道路阻隔,哥逻禄部落也不敢返回大漠。直到唐朝派出的契苾何力将漠北铁勒安抚定后,哥逻禄部落才于龙朔二年末开始陆续返回故地③。

步失很可能是龙朔二年前后的炽俟部首领,因此任大漠州的都督,这也说明步失达官部落正是构成大漠州的哥逻禄炽俟部的主体部落。弘福祖父的名字"步失",应当就来自炽俟部的步失达官部落之名,其首领用部落名作为自己的汉名了。

龙朔二、三年的文书中说到,南下庭州附近的哥逻禄步失达官部落的一些首领入京未回,这也和炽俟步失先统大漠州部族、后入朝任唐朝禁军将领相吻合。

---

① 伯希和早就论证"婆匐"的正确写法应当是"婆匐",见 P. Pelliot, "Neuf notes sur des questions d'Asie centrale", *T'oung Pao*, XXVI, 1929, p. 243,《炽俟弘福墓志》的出现有力地印证了其判断。
② 葛承雍《西安出土西突厥三姓葛逻禄炽俟弘福墓志释证》,《中外关系史:新史料与新问题》,452 页。
③ 荣新江《新出吐鲁番文书所见龙朔年间哥逻禄部落破散问题》,12—44 页;荣新江撰,西村阳子译《新出吐番文书に见える唐龙朔年间の哥逻禄部落破散问题》,59—77 页。

《炽俟弘福墓志》称其父炽俟力"为本郡太守",也就是任大漠州都督的意思。《炽俟迪墓志》也说:"祖力,云麾将军、左武卫中郎将,兼本郡太守。奉承世官,分理郡国。出则扞城御侮,入则捧日戴天。"似表明他也像其父辈一样,一方面任职京师为禁军将领,另一方面仍兼大漠州都督。炽俟力很可能是随其父一起入朝,留在京师,但身兼大漠州都督,这显然是唐朝中央控制地方游牧部落的一种手段。

据《炽俟弘福志》,他年轻时以武功见长,曾参加唐朝对十姓(西突厥)部落的讨伐,因功超等特授游击将军。后为河南桃林府长上果毅都尉,又除左骁卫郎将。万岁登封元年(696),进云麾将军、左威卫将军、上柱国。大概在圣历元年(698),弘福奉诏充天兵行军副大使兼招慰三姓葛逻禄使,出使西域,在处理与突骑施乌质勒关系时受人谗言,贬为蕲州蕲川府折冲,仍为黎州和集镇副。更为不幸的是,神龙二年(706)十二月廿九日在路途中构疾,卒于剑州剑门县之旅舍,年五十三。《炽俟迪志》只提到"昭考弘福,云麾将军、左威卫大将军,兼知天兵军副大使、招慰葛禄使",是其最高任职,而对于其贬官于巴蜀的事情则讳而不谈。从两志文来看,炽俟弘福已经不再兼大漠州都督,而是在唐朝境内担任武职军将,时而效力于地方军府,时而奉命出征。

《炽俟弘福志》记其诸子入仕唐朝的情形:嗣子迪,左骁卫中郎将;次子璟,宁远将军、守右领军卫翊府右郎将、上柱国,赏紫金鱼袋;次子温,长乐县开国男;次子珋,右威卫果毅都尉,借绯鱼袋;次子震,明威府别将等。《炽俟迪志》记志主:"公即大将军之元子也。歧嶷独秀,清明在躬。外庄而宽仁,内淑而刚简。先朝以将门子,万岁通天中,特受游击将军、左威卫翊府右郎将,从班次也。以开元中,迁左骁卫中郎。无何,以太夫人之丧去仕。以开元廿五年服缺,换右武卫中郎。"显然,炽俟弘福的下一代,更没有人兼任大漠州都督,主要任职京师十六卫,个别在地方军府,作为将门之子,任军事将领。

3. 与沙陀、粟特的婚姻关系

(1)《炽俟弘福志》:"夫人沙陀氏,封燕郡夫人,从夫之贵也,塞渊其德,淑慎其仪,即以开元廿四年(736)五月十七日祔葬于长安高阳原,礼也。"

　　史载沙陀为西突厥别部处月种,居金娑山(博格达山)之阳,蒲类海(巴里坤湖)之东,有大碛,名沙陀,故号"沙陀突厥"①。《新唐书》卷四三《地理志》载:"金满州都督府:永徽五年(654)以处月部落置为州,隶轮台。龙朔二年(662)为府。"②又《新唐书》卷二一八《沙陀传》:"又明年(永徽五年),废瑶池都督府,即处月地置金满、沙陀二州,皆领都督。"③庭州轮台县,一说为今乌鲁木齐市南乌拉泊古城。

　　《新唐书·沙陀传》记载:"龙朔(661—663)初,以处月酋沙陀金山从武卫将军薛仁贵讨铁勒,授墨离军讨击使。长安二年(702),进为金满州都督,累封张掖郡公。金山死,子辅国嗣。先天(712—713)初避吐蕃,徙部北庭,率其下入朝。开元二年(714),复领金满州都督,封其母鼠尼施为鄯国夫人。辅国累爵永寿郡王。"④可见沙陀金山娶西突厥鼠尼施部的女子为妻。根据其他史料,石见清裕先生曾推断沙陀金山卒于玄宗初期⑤。而据葛承雍计算,炽俟弘福生于永徽三年(652),卒于神龙二年(706),享年五十三岁。对照沙陀相关的史料可以推知,炽俟弘福的夫人很可能是沙陀金山与鼠尼施夫人的女儿,她是沙陀与西突厥的混血儿,又嫁给了突厥哥逻禄人。

　　另外一个例子是早年出土的《大唐银青光禄大夫金满州都督贺兰军大使沙陀公故夫人金城县君阿史那氏墓志铭》⑥,墓主为西突厥十姓可汗阿史那怀道的长女,开元七年去世,所嫁之沙陀公,据石见清裕氏的考证,当为沙陀辅国⑦。沙陀与西突厥鼠尼施夫人的混血儿,也同样娶了西突厥可汗的女

①《新唐书》卷二一八《沙陀传》,6153 页。

②《新唐书》卷四三《地理志》,1131 页。

③《新唐书》卷二一八《沙陀传》,6154 页。

④ 同上。

⑤ 石见清裕《唐代〈沙陀公夫人阿史那氏墓志〉译注·考察》,《村山吉广教授古稀记念中国古典文学论集》,汲古书院,2000 年,376—377 页。

⑥ 图版见《隋唐五代墓志汇编·北京卷》第 1 册,138 页;录文见周绍良主编《唐代墓志汇编》,上海古籍出版社,1992 年,1223—1224 页。

⑦ 石见清裕《唐代〈沙陀公夫人阿史那氏墓志〉译注·考察》,376—381 页。

儿,可见两者的婚姻关系之密切。

(2)《炽俟迩志》记:"夫人康氏,琴瑟之友,金玉其相。即以天宝十三载(754)五月廿五日,祔葬于长安高阳原,礼也。"

炽俟迩的夫人为粟特康氏,证明哥逻禄炽俟部落与粟特人有婚姻关系。粟特人原本是中亚河中地区的伊朗民族,以在丝绸之路上经商著称。他们分散成许多绿洲国家,其中撒马尔干为中心的康国最大,康氏应当就是来自撒马尔干的粟特女性。粟特人经商之外,也以自身的语言能力,担任北方游牧民族的文秘、翻译人员,我们目前看到早期西突厥汗国的碑铭都是用粟特文写的,就是明证。因此,粟特人与突厥人有着长期的交往,也有很多婚姻关系的例证,最有名的就是安禄山的父亲娶突厥阿史德氏为妻。

至于沙陀和粟特的关系,近年来也有新的史料印证。在上述吐鲁番新出处理哥逻禄步失达干部落百姓破散问题的文书群中,有一件粟特文文书残片(2004TBM107:3—2),出自吐鲁番巴达木第 107 号墓,钤有汉文"金满都督府之印"的官印,可知是沙陀处月部所设金满都督府的印鉴,但文字是用粟特语书写的,内容是龙朔三年(663)沙陀致西州都督府信函,为处理哥逻禄部落事[1]。可见,沙陀金满都督府里的文秘人员是粟特人,他们使用粟特语来对外沟通,证明粟特人在沙陀部落中的作用。

由此不难理解,出身哥逻禄炽俟家族的炽俟迩,虽然已经进入中原,但因为传统与粟特人的密切关系,娶康氏为妻,是不足为奇的事情。

4. 居住环境:长安义宁坊及其周边

《炽俟弘福志》没有说到他们在长安的住宅,从《炽俟迩志》可知,他住在长安义宁坊,天宝十一载(752)四月十七日卒,年六十九,应当是开耀二年(682)生,夫人康氏天宝十三载(754)卒。因为其祖辈在龙朔三年就进入长安,因此,可以推测炽俟家至少从炽俟弘福到炽俟迩,甚至一直到康氏去世

---

[1] 关于此文书的简单介绍,参看荣新江《新出トゥルファン文书に见えるソグドと突厥》,《环东アジア研究センター一年报》第 1 号,新潟大学,2006 年 3 月,11 页。详细研究,见 Yutaka Yoshida, "Sogdian Fragments Discovered from the Graveyard of Badamu",《西域历史语言研究集刊》第 1 辑,45—53 页。

时,都是住在义宁坊的。

义宁坊在开远门内,而开远门是唐朝通往西方的丝绸之路的起始点,也是西方各国使者、商客进入长安的主要门户,这里来来往往的胡人很多,相信义宁坊也是安置胡人的一个主要场所。根据我们对长安坊里人物交往情形的研究,住在某坊的人一般会与东西南北相邻诸坊的相关人士有交往关系,所以我们可以考察一下炽俟家族周边数坊内突厥、粟特系胡人的居住情况,来了解他们居住周边的人文环境。以下主要依据《两京新记》、《长安志》、《唐两京城坊考》及《增订唐两京城坊考》整理的长安坊里人物宅第的情况,列举相关人物、祠寺如下①:

义宁坊:

①十字街东之北,有波斯胡寺。这是贞观十二年(638)为景教僧阿罗本所建。《唐会要》卷四九《大秦寺》条云:"(贞观十二年七月诏曰:)波斯僧阿罗本远将经教,来献上京,详其教旨,元妙无为,生成立要,济物利人,宜行天下。所司即于义宁坊建寺一所,度僧廿一人。"②长安的景教徒,开始的时候主要都是波斯人。按照宗教传播的一般规律,在波斯胡寺的周边,一定聚集着许多信教的波斯人,因此义宁坊应当是长安波斯人的聚集地。波斯人与突厥人也有婚姻关系,中唐时任职司天台的波斯人李素娶突厥人卑失氏为妻,就是一例③。

②冠军大将军行右武卫大将军啜禄夫人郑氏宅。啜禄夫人名实活,本涅加部落鲜卑人。开元十八年(730),夫人与男涅礼等出死入生,率众投唐。制授荥阳郡太夫人郑氏,男涅礼袭父冠军大将军、右武卫将军、左羽林军,特

---

① 相关材料均出以下各书,不一一注出:辛德勇辑校《两京新记辑校》,三秦出版社,2006 年;《长安志·长安志图》,辛德勇、郎洁校,三秦出版社,2013 年;徐松撰,李健超增订《增订唐两京城坊考》(修订版),三秦出版社,2006 年。

② 《唐会要》卷四九,1011—1012 页。

③ 荣新江《一个入仕唐朝的波斯景教家族》,叶奕良主编《伊朗学在中国论文集》第 2 集,北京大学出版社,1998 年,82—90 页。

赐姓李，名徇忠。郑氏开元二十八年(740)卒于京师义宁里之私第[①]。按啜禄夫人及其子，为契丹人。

③银青光禄大夫检校工部尚书守右领军卫上将军兼御大夫上柱国庐江郡开国公何文哲宅。何文哲本粟特何国王之五代孙，永徽(650—665)初远祖入唐为质。何文哲为中唐禁卫军将领，历德、顺、宪、穆、敬、文宗朝，大和四年(830)薨于义宁里私第，前后两任夫人为康氏姐妹，为奉天定难功臣、试光禄卿普金之女[②]。

现在，我们又有了炽俟辿和夫人康氏的材料，说明位于长安城西北部的义宁坊，是胡人落脚之地。

义宁坊北为**普宁坊**：

①西北隅，祆祠。祆祠是波斯人或粟特人信奉的琐罗亚斯德教的寺院，与上述波斯胡寺同样道理，其周边一定聚集了一批波斯、粟特的民众，尽管我们目前发现的材料不多。

②安万通宅。据《安万通砖志铭》称“先祖本生西域安息国”，在唐朝，安息一般代指粟特安国。安万通在大唐初建时，曾蒙授五品之官。永徽五年(654)卒于普宁坊。安万通之高祖安但，于大魏初奉使入朝，位至摩诃萨宝[③]，即掌管胡人聚落政教事务的首领，普宁坊有祆祠，安万通家应与祆教有关。

义宁坊南**居德坊**：

①西北隅，普集寺。隋开皇七年(587)，突厥开府仪同三司鲜于遵义舍宅所立[④]。

---

①《全唐文补遗》第4辑，三秦出版社，1997年，439页。

②《全唐文补遗》第1辑，三秦出版社，1994年，282—286页。关于对何文哲的详细研究，可参考卢兆荫《何文哲墓志考释——兼谈隋唐时期在中国的中亚何国人》，《考古》1986年第9期，841—848页；李鸿宾《论唐代宫廷内外的胡人侍卫——从何文哲墓志铭谈起》，《中央民族大学学报》1996年第6期，39—44页。

③《全唐文补遗》第2辑，三秦出版社，1995年，129—130页。

④关于突厥人奉佛问题，参看蔡鸿生《突厥奉佛史事辨析》，载氏著《唐代九姓胡与突厥文化》，中华书局，1998年，144—164页。

②南门之西,奉恩寺。这里本为于阗国质子、将军尉迟乐的宅第,神龙二年(706)舍宅立寺,敕题榜曰"奉恩寺",尉迟乐出家为僧,法名智严①。据向达考证,此宅即尉迟跋质那、尉迟乙僧父子原本所居,与尉迟乐为同一家族,自隋末以来三世居住②。

③左骁卫将军折氏宅。《曹夫人墓志》:"夫人曹氏,讳明照,年十有八,适左骁卫将军折府君为命妇。开元十一年(723),终于居德里之私第。"③折氏出身党项,夫人曹氏,从姓氏和名字有光明之意,或许为粟特人,这也是北方民族与粟特人结合的例子。

④阿史那思摩宅。李思摩,出自突厥阿史那氏,可汗家族。曾祖伊力(利)可汗,祖达拔可汗,父咄陆设。《旧唐书·突厥传》称:"思摩者,颉利族人也。始毕、处罗以其貌似胡人,不类突厥,疑非阿史那族类,故历处罗、颉利世,常为夹毕(伽苾)特勒,终不得典兵为设。"④贞观四年(630),阿史那思摩被俘入唐,后蒙授右武卫大将军,检校屯营事,赐姓李。贞观二十一年(647),李思摩卒于居德里第,陪葬昭陵⑤。

⑤右金吾卫将军常山县开国公史氏夫人契苾氏宅。契苾氏,唐初著名蕃将契苾何力之女,原出铁勒。贞观六年(632),契苾何力率领部落内附唐朝,唐太宗将其安置于甘、凉二州,设贺兰州以统其众⑥。后契苾何力任左领军将军,尚临洮县主,封镇军大将军、凉国公。契苾夫人开元八年(720)终于

---

① 赞宁《宋高僧传》卷三《唐京师奉恩寺智严传》,范祥雍点校,中华书局,1987年,41—42页。

② 向达《唐代长安与西域文明》,生活·读书·新知三联书店,1957年,8—9页。

③ 周绍良主编《唐代墓志汇编》,上海古籍出版社,1992年,1284页。

④ 《旧唐书》卷一九四上《突厥传》,5163页。

⑤ 《李思摩墓志》,《全唐文补遗》第3辑,三秦出版社,1996年,338—339页。参看岳绍辉《唐"李思摩墓志"考释》,《碑林集刊》第3辑,陕西人民美术出版社,1995年,51—59页;铃木宏节《突厥阿史那思摩系谱考——突厥第一可汗国の可汗系谱と唐代オルドスの突厥集团》,《东洋学报》第87卷第1号,2005年,37—68页;艾冲《唐太宗朝突厥族官员阿史那思摩生平初探——以〈李思摩墓志铭〉为中心》,《陕西师范大学继续教育学报》2007年第2期,59—63页;尤李《阿史那思摩家族考辨》,达力扎布主编《中国边疆民族研究》第4辑,中央民族大学出版社,2011年,13—34页。

⑥ 《旧唐书》卷一〇九《契苾何力传》,《新唐书》卷一一〇《契苾何力传》。

居德里私第,陪葬昭陵。其夫史氏,右金吾将军、常山县开国公①。史氏或出粟特史国。

⑥云麾将军右龙武军将军何德宅。何德为唐朝禁军将领,天宝十三载(754)终于金光里私第②。何德太夫人为酒泉安氏,推测他也出自中亚何国。李健超先生考证:"按长安城无金光里,有金光门,疑金光里即金光门内之居德里,抑或群贤里,存以待考。"今姑置于此。

次南**群贤坊**:

①瀚海都督右领军卫大将军经略军使回纥琼宅。据《回纥琼墓志》记载,回纥琼曾祖卑粟,右卫大将军。祖支,左卫大将军。父右金吾将军。回纥琼出身回纥可汗家族,入仕唐朝,于乾元三年(760)终于群贤里私第③。

②石崇俊宅。据《石崇俊墓志》,崇俊字孝德,曾祖奉使,来自西域,后著籍为张掖郡人。祖宁芬,本国大首领,散将军。父思景,泾州泾阳府左果毅。崇俊没有任官,贞元十三年(797)终于群贤里私第。夫人洛阳罗氏④。石崇俊为中亚石国人后裔。

次南**怀德坊**:

①突厥右贤王右金吾卫大将军墨特勤宅。《贤力毗伽公主阿那氏墓志》记:"三十姓可汗爱女建册贤力毗伽公主,家壻犯法,身入宫闱,特许归亲兄右贤王墨特勤私第。开元十一年(723)六月十一日,薨于右贤王京师怀德坊之第。"⑤墨特勤因突厥内乱降唐,授右金吾卫大将军,赐宅怀德坊⑥。

义宁坊东北隔街为**休祥坊**:原为右龙武军地,大和二年(828)赐百姓居住,所以前期没有胡人居住记录。

次南金城坊:与义宁坊东西隔街相对,是胡人聚集之地。《大唐新语》卷

---

①《全唐文补遗》第 2 辑,442 页。

②《何德墓志》,《全唐文补遗》第 3 辑,97—98 页。

③《全唐文补遗》第 7 辑,三秦出版社,2000 年,58 页。

④《全唐文补遗》第 4 辑,472 页。

⑤《唐代墓志汇编》,1280 页。

⑥ 参看《新唐书·突厥传》;《册府元龟》卷九八六。

九记一则故事:贞观中(627—649),金城坊有人家为胡所劫,司法参军尹伊请追禁西市胡,俄果获贼①。说明靠近西市的金城坊胡人之众。目前有墓志记录的个体只有一家。

陆(六)胡州大首领定远将军安菩宅。安菩,字萨,其先安国大首领,贞观四年(630)随突厥降唐,任六胡州大首领,麟德元年(664)卒于长安金城坊私第。夫人何氏,为何大将军之长女,封金山郡太夫人,长安四年(704)卒于惠和坊②。安菩夫妇无疑来自粟特安国、何国。

次南醴泉坊(又作礼泉坊):

①**十字街南之东,旧波斯胡寺。**仪凤二年(677),入华波斯王卑路斯奏请于此置波斯寺。景龙中(707—710),权臣宗楚客筑宅,寺地入其宅,遂移寺于布政坊之西南隅袄祠之西。这原本是为流亡的波斯王设立的寺院,其周边当有不少随之同来的波斯贵人。

②**烈士台。**是安菩子安金藏的居所,因为其曾保相王(后来的睿宗)不死,故称烈士,《新唐书》卷一九一《忠义传》有载。

③**公士安令节宅。**安令节,武威姑臧人。原本当为安国人,后魏入华,祖辈仕于京洛,后为幽州宜禄人。安令节没有任官,但墓志记其"开北阮之居,接南邻之第。翟门引客,不空文举之座;孙馆延才,还置当时之驿。金鞍玉帖,连骑而不以骄人;画卯乳犊,陈鼎而未为矜俗。声高郡国,名动京师"。应当是有钱的商人。长安四年(704)终于礼泉里私第③。

④**翊府右郎将同正员上柱国康景云宅。**《咸宁长安两县续志》载有康夫人男景云书写墓志云:康夫人乾元元年(758)终于礼泉坊之私第。此为粟特康氏。

⑤**特进右卫大将军雁门郡开国公俾失十囊宅。**俾失十囊为突厥人,《册

---

① 刘肃撰、许德楠、李鼎霞点校《大唐新语》卷九,中华书局,1986年,138页。

② 《全唐文补遗》第4辑,402—403页。

③ 《全唐文补遗》第3辑,36—37页。参看荣新江《安令节墓志解说》,荣新江、张志清主编《从撒玛尔干到长安——粟特人在中国的文化遗迹》,北京图书馆出版社,2004年,137页。

府元龟》卷九七四记:"〔景龙四年(710)〕四月辛亥,突厥俾失州大首领伊罗友阙颉斤十囊来降,封其妻阿史那氏为雁门郡夫人,以向化宠之也。"墓志所记降唐在开元初(712),"加授右卫大将军,封雁门郡开国公,锡锦袍钿带鱼袋二事,物五百段,并赐甲第一区,便留宿卫"。开元二十六年(738)卒于礼泉里私第,年五十一岁①。

⑥左神策军散副将游击将军守武卫大将军米继芬宅。米继芬,其先西域米国人,代为君长。其父突骑施入质京师,历任辅国大将军,行左领军卫大将军。继芬承袭质子,身处禁军,任神策军将领,永贞元年(805)九月终于礼泉里私第。夫人也是米氏。有二男:长子曰国进,任右神威军散将、宁远将军、守京兆府崇仁府折冲都尉同正。次子曰僧惠圆,是长安大秦寺的景教神职人员②。

再南为**西市**,是胡商汇聚之地。

以上从炽俟家族所居义宁坊为中心,考察周边诸坊里所居住的外来西北胡人情形,以及胡人信仰中心——景教或祆教祠寺的分布,可以说炽俟家族所居之处,有着对于他们相当熟悉的文化氛围,也可以满足自己的宗教信仰,还有许多原本熟知的友朋可以不时相聚。

5. 汉化教育

《炽俟迦墓志》说:"圣历载,诏许当下之日,成均读书。又令博士就宅教示,俾游贵国庠,从师私第。"唐朝要用儒家的教育,改造这些漠北的胡人将领,这是显而易见的。有趣的是,唐朝不仅让他们到国学去读书,而且还派博士亲自到义宁坊炽俟迦的宅第里加以辅导。从墓志所说"效职而玄通周慎,出言而暗合诗书",似乎颇有成效。但这些游牧出身的人毕竟以武艺见长,所以他先后任左骁卫中郎、右武卫中郎,都是禁军武官。

可以作为参照的是于阗王尉迟胜的事迹,他在安史之乱时率本国军队前往中原靖难,叛乱平息后他没有回国,而是在"京师修行里盛饰林亭,以待

---

① 《全唐文补遗》第5辑,三秦出版社,1998年,368—369页。
② 《全唐文补遗》第3辑,143页。

宾客,好事者多访之"①。修行里在长安街东,这里高爽、水多、清幽的自然环境是当时人选择宅第的重要取向②,于阗王也在这里居留下来,不再回国做国王,而是享受长安安逸的生活。

6. 墓志的的书写

《炽俟弘福墓志》的撰者是"朝散郎行长安县尉裴士淹"。

裴士淹,绛州闻喜(今山西闻喜)人。属南来吴裴氏,乃隋扶州刺史、临汾公裴献玄孙(《新唐书·宰相世系表上》)。尝为郎官,任司封员外郎及司勋郎中(《郎官石柱题名》)。开元中任给事中,二十四年(736)任朝散郎、行长安县尉。又为京兆少尹,知府事,充翰林承旨学士、知制诰。韦执谊《翰林院故事》所记玄宗朝的翰林学士,依次为吕向、尹愔、刘光谦、张垍、张淑(应作埱)、张渐、窦华、裴士淹。天宝十一年(752)五月为京兆尹。《旧唐书·玄宗纪》记:天宝十四载三月,"癸未,遣给事中裴士淹等巡抚河南、河北、淮南等道。"《新唐书·李林甫传》:"帝之幸蜀也,给事中裴士淹以辩学得幸。"后为礼部侍郎。至德二三载(757—758)知贡举。宝应二年(763)为左散骑常侍、绛郡开国公。永泰二年(766)任检校礼部尚书、礼仪使。大历五年(770)坐善鱼朝恩,贬为饶州刺史。《金石萃编》卷七九华岳碑有裴士淹题名:"礼部尚书裴士淹出为饶州刺史,大历五年六月六日于此礼谒。"③颜真卿所记自己的莫逆之交的友人中,就有河东裴士淹④。

《全唐诗》卷一二四有裴士淹《白牡丹》:"长安年少惜春残,争认慈恩紫牡丹。别有玉盘乘露冷,无人起就月中看。"《酉阳杂俎》记:"开元末,裴士淹为郎官,奉使幽冀,回至汾州众香寺,得白牡丹一窠,植于长兴私第。当时明

---

① 《旧唐书》卷一四四《尉迟胜传》。
② 曹尔琴《唐长安住宅分布》,史念海主编《汉唐长安与关中平原》,《中国历史地理论丛》(增刊),陕西师范大学出版社,1999 年。
③ 郁贤皓《〈全唐诗〉作者小传补正(续)》,《南京师大学报》1991 年第 1 期,15—16 页。
④ 颜真卿《正议大夫行国子司业上柱国金乡县开国男颜府君神道碑铭》,《颜鲁公文集》卷八,清《三长物斋丛书》本。

公有《裴给事宅看牡丹》诗。"长兴坊在朱雀大街东第二街从北向南第三坊，从与义宁坊的距离来看，裴士淹不像是与炽俟弘福有什么交集，因此《弘福墓志》的书写，很可能是因为裴士淹为当时长安有名的笔杆子，因此官府指定他为胡人首领撰写墓志，也可能是逝者家人辗转请托，因为弘福的儿子炽俟迪在太学读书，其地点就在长兴坊北面隔一坊之地的务本坊，所以也不排除这种情况。

裴士淹的确是长安有名的碑志撰者，据赵明诚《金石录》卷八著录："第一千五百六十一唐凤翔《孙志直碑》，裴士淹撰，韩择木八分书。"①又《石林燕语》卷四："余有裴士淹所作《孙志直碑》。"②又大历六年（771）长安立《吴令珪碑》，裴士淹撰，张少悌正书③。这些名碑都出自他的手笔，相应的书家也都不是等闲之辈，可以想见《炽俟弘福志》出自唐朝官府的安排，似乎更有可能。

《炽俟迪墓志》的撰者米士炎，题"京兆进士米士炎"。从其米姓可知，他无疑是一个粟特后裔，因为已经相当汉化，所以籍贯已经是京兆府长安人，而且还得了进士，是一位长安的粟特文化人。前面提到的《何德墓志》，也是这位"京兆进士米士炎"写的，时间也是在天宝十三载（754）④。这样看来，在第一批胡人由官府指派人员来操刀写作之后，后来的胡人可能更希望由与本人相近的胡人文士来撰写自己家人的墓志，米士炎在天宝后期为与自己种族相近的胡人写墓志，恐怕是再合适不过的了。

由此看来，住在不同地点的胡人之间，有着密切的联系，他们之间通过婚姻、丧葬的关系，把同一集团的不同人员联系在一起。过去我比较关注粟

---

① 赵明诚著，金文明校证《金石录校证》，广西师范大学出版社，2005 年，148 页。
② 叶梦得《石林燕语》卷四，中华书局，1984 年，55 页。
③ 陈思《宝刻丛编》卷七，《景印文渊阁四库全书》本。
④ 《全唐文补遗》第 3 辑，97—98 页。按此处录文作者名作"米吉炎"，细审原石，"吉"字误，就是"米士炎"。

特人和他们聚居的情况,现在看来要放开眼界,看长安粟特人和其他族群的关系,看居住在不同地点的各种胡人之间的联系。

（2016 年 6 月 12 日初稿,2016 年 11 月 8 日修订,原载
《古代东ユーラシア研究センター一年报》第 3 号,
日本专修大学,2017 年 3 月,77—88 页。）

敦煌本《书仪镜》为安西书仪考

　　敦煌写本书仪中蕴藏着丰富的史料,迄今尚未受到充分的重视①。周一良、赵和平先生曾就书仪反映的唐代社会、文化、生活史方面的问题做了探讨,并整理校录了大量敦煌书仪写本②,为我们今天利用书仪研究唐史的其他方面提供了条件。

　　笔者在编写《英国图书馆藏敦煌汉文非佛教文献残卷目录》时,利用赵和平先生《敦煌书仪研究》书稿,比定出 S.10595 残片系《书仪镜》中《四海平蕃破国庆贺书》(图版 17),而且和 S.6111 首尾缀合③。这首《四海平蕃破国庆贺书》中的史事,颇值得玩味。今仅就其反映的地域特征,对《书仪镜》的适用地域略陈管见,请方家指正。

　　《书仪镜》除上述 S.6111+S.10595 外,现知敦煌写本中只有 S.329+S.361

---

① 参看周绍良、赵和平《敦煌书仪》,颜廷亮主编《敦煌文学》,甘肃人民出版社,1989 年,45—52 页。

② 周一良《敦煌写本书仪考(之一)》《敦煌写本书仪考(之二)》《敦煌写本书仪中所见的唐代婚丧礼俗》《书仪源流考》,以上收入《魏晋南北朝史论集续编》,北京大学出版社,1991 年;又《唐代的书仪与中日文化关系》,收入《中日文化关系史论》,江西人民出版社,1990 年;赵和平《敦煌书仪研究》,新文丰出版公司,1993 年(以下所引书仪录文均请看此书)。

③ 荣新江《英国图书馆藏敦煌汉文非佛教文献残卷目录》,新文丰出版公司,1994 年,168 页。

图版 17　S.10595 书仪镜

两号缀合而成的一件。S.329 首残,起吉仪的诸种贺状部分,至四海书题处残断,残痕与 S.361 首部残痕相同,缀合后文字完整,此点系 1985 年笔者在英国图书馆亲自核定,可以无疑。S.361 第 60 行存有书题和卷题。作"书仪镜　凶下",以下即《书仪镜》卷下凶仪部分,至《吊妻亡书》的《答书》后残断。两号相加,总计有 377 行,保存了《书仪镜》的基本内容。

或以 S.329+S.361《书仪镜》为杜友晋作。按 P. 3637 书仪写本中有书题,亦作"书仪镜",尾题作"书仪一卷"。而文字相同的 P. 3849 书仪写本也保存了书题,作《新定书仪镜》,尾部有"凡例二八首",下有题为"黄门侍郎卢藏用仪例一卷"的文字,中有题曰:"新定书仪镜,吉上,凶下,京兆杜友晋撰",此外,尚有 P. 2619 (P. 3872)v、P. 5035、P. 5020、P. 3688、S.5630v、P. 4036、罗振玉《贞松堂藏西陲秘籍丛残》刊本、P. 2616v、S.4002 号,均为同一书的不同抄本。由此可知,杜友晋的《新定书仪镜》简称也叫"书仪镜",而且同为两卷,因之有的学者指 S.329+S.361《书仪镜》也是杜友晋所作①。实际上,杜友晋《新定书仪镜》是他本人所编两卷本《书仪》的简编本,后者敦煌卷子中只存一件,即 P. 3442 号,虽然首尾残缺,但仍长达八米多,可以推知原本要比《新定书仪镜》要长得多。

S.329+S.361《书仪镜》卷下凶仪部分,与杜友晋《新定书仪镜》卷下凶仪部分的相关文字确实全同,这是也被当作是杜友晋撰的唯一根据。但前者删去了后者凡例五十条中的三幅内、外、夫族的《服图》,《五服告哀书廿首》也只有三首,似表明前者是后者的更简要的节本,更重要的是两者的卷上吉

① 赵和平《敦煌书仪研究》,295—298 页《书仪镜解题》。

仪部分,虽都存有相当篇幅的文字,但内容却相差很大。《书仪镜》首为缺题贺状,后者有题者依次为《贺四海加官秩书题》、《贺四海婚嫁书》、《贺四海男女婚姻书》、《嘱四海求事意书》、《奉口马奴婢书》、《与稍尊问疾书》、《谢尊人问疾书》、《谢平怀问疾书》、《贺四海正书》、《与四海贺冬书》、《吊四海遭父母丧书》、《吊伯母叔丧书》、《吊四海遭妻子丧书》、《四海奴婢亡书》、《吊四海伤犬马之书》、《参谒法官贵求身名语》、《得身名拜谢》、《谢依服语》、《谢车马》、《四海平蕃破国庆贺书》、《四海书题》、《重书》、《次重》、《屈谦书》、《与僧尼书》、《与道十书》、《与妻父母书》、《与姐夫书》、《与亲家翁书》、《与妻姨舅姑书》、《与同门书》,主体是与四海往来书札。而《新定书仪镜》残存的几类书札为《外族吉书仪并论婚报答书》(数不详)、《新妇修名仪》、《妇人书题》廿首、《四海吉书仪》(数不详)。两相比较,前者的《四海平蕃破国庆贺书》提到实在的人和事,与后者纯为书信格式而不涉具体人事的体例也不相同,所以,在笔者看来,不能将两者识为同一种书,也不能据后者题为"杜友晋撰"而把 S.329+S.361《书仪镜》也归之于杜友晋。

书仪是一种供人们写信时参考的通用范本,虽然繁简不同,但内容大体上一致。因此,不同作者所撰书仪的名称往往相同,这从《隋唐·经籍志》、《旧唐书·艺文志》、《新唐书·艺文志》仪注类可以看出。而且,书仪著作的另一个特点是内容代代相承,只要对比一下敦煌写本保存的杜友晋、郑余庆、张敖书仪及五代佚名的《新集书仪》,就可以了解其陈陈相因的情形。从敦煌所存的书仪写本来看,以杜友晋所著的《新定书仪镜》数量最多,现已知者就有十一件,可见其在西北的广泛流行。据 S.6537(14)郑余庆《大唐新定吉凶书仪一部并序》:"凡有十余家著述,唯京兆杜氏制撰,比诸家仪礼,则今之行用七十八(年)矣。"这里的"京兆杜氏"即指杜友晋。由此可知,成书于开元末年的杜友晋《新定书仪镜》,是十余家书仪中最为流行的一中,与敦煌写本反映的实际情形相符。从郑氏《书仪》序中也可以得知,杜氏《书仪》必然对开元以后撰成的书仪产生一定的影响。

最后,反映《书仪镜》的成书年代和产生地域的材料,无疑是吉仪部分的《四海平蕃破国庆贺书》(图版 18 至 21)。现录 S.329 相关文字如下:

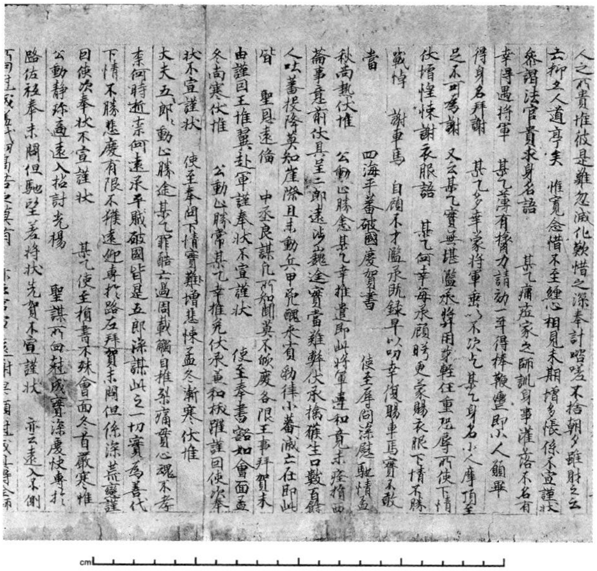

图版 18　S.329《书仪镜》局部 1

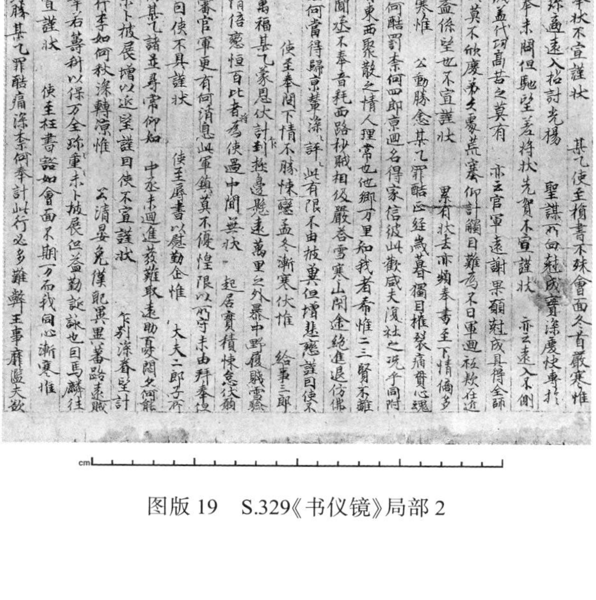

图版 19　S.329《书仪镜》局部 2

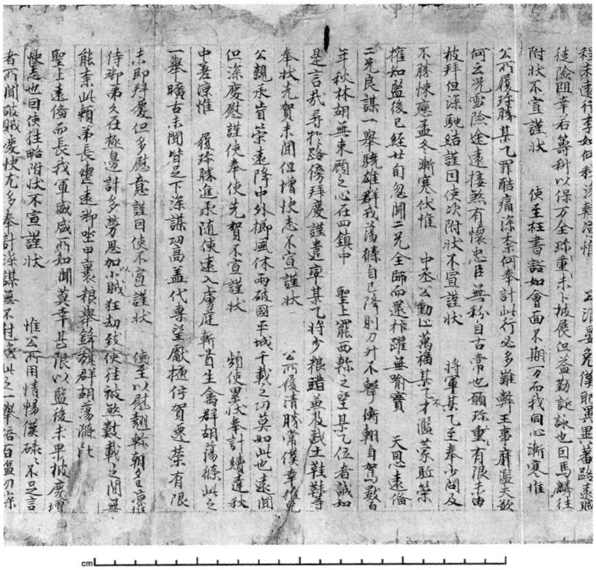

图版 20　S.329《书仪镜》局部 3

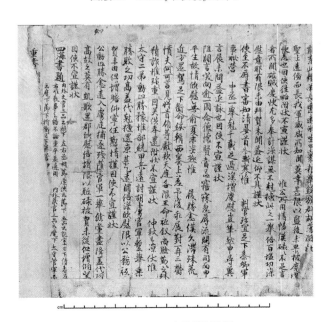

图版 21　S.329《书仪镜》局部 4

四海平蕃破国庆贺书

使至辱问,深慰驰情,孟秋尚热,伏惟公动止胜念。某乙幸推遣,即此将军违和,竟未痊损。西蕃(蕃)事意,前状具呈。二郎远涉巍途,实当难弊。伏承擒获生口数百余人,吐蕃投降,莫知崖际。且未动甲兵,凶丑来宾:勃律小蕃,灭亡在即。此皆圣恩远备(被),中丞良谋,凡所知闻,莫不欣庆。各限王事,拜贺未由,谨因王惟翼赴军,谨奉状,不宣。谨状。

某乙使至,损书不殊会面。冬首严寒,惟公动静珍适,远入招讨,光扬圣谋:所向克成,实深庆快。专于路佐(左)祗奉,未问(间)但驰望,差将状先贺,不宣。谨状。

乍别深眷望,计程未远,行李如何?秋深转凉,惟公清晏,免仆邪异,异蕃路远,贼徒险阻。幸若筹科(料),以保万全。珍重珍重。未卜披展,但益勤诞咏也。因马麟往,附状不宣。谨状。

将军某乙至,奉少(书)问及,不胜悚恋。孟冬渐寒,伏惟中丞公动止万福。某乙不才,滥蒙驱策,权知监后,已经廿旬。忽闻二兄全师而还,抃跃无喻。实天恩远备(被),二兄良谋,一举骁雄,群戎荡涤。自已降则刁斗不击,衡轺自驾。数百年秋,林胡无东顾之心在四镇中,圣上罢西轸之望。某乙位者,诚如是言哉。寻于路旁拜庆,谨遣率某乙,将少粮踏兼及武士鞋袜等,奉状先贺。未间但增快志,不宣。谨状。

公所履清胜常,仆幸推免。公亲承睿策,远降中外,栉风休(沐)雨,破国平城,千载之功,莫如此也。远闻但深庆慰。谨使奉使先贺,不宣。谨状。

频使累状奉,计续达。秋中差凉,惟履珍胜。进承随使,远入虏庭,斩首生禽(擒),群胡荡涤。此之一举,旷古未闻。皆足下深谋,功高盖代;专望献捷,仵贺迁荣。有限未即拜庆,但多慰意。谨因使不宣。谨状。

　　阻阔言笑,向逾一周。念德怀贤,当忌瘼寐。忽辱流问,有同面申,平生故情,欣慰无俞(喻)。夏末炎极,惟履胜念。仆久滞殊荒,近方还驾。足下衔命绥缉西塞上差予复乖展对再三;郁愤,夫何可言。见将首领等献款天庭,各限王命,祗叙尚赊。勤勤之殊积诈(?),惟珍重珍重。因吴供奉还,附状不宣。谨状。

　　仲秋已凉,伏惟太守二弟动止胜豫。惟部统甲兵,远讨胡虏。官军暂举,乘胜败之,功高盖代,克捷还京。某乙远闻,倍深欣慰。限以公务,祗贺未由,但增瞻仰,宁任勤情。谨因使不宣。谨状。

　　公动止胜念,远入虏庭,捕逐残孽,官军一举,余党尽降。盖代功高,故(古)之莫有。凯歌还郡,欣慰倍增。限以驱碌,披贺未从,但增倾望。因使不宣。谨状。

前人已经指出,这里所说"勃律小蕃,灭亡在即",是指天宝六载高仙芝征小勃律事,所以《书仪镜》成书不晚于天宝六载①。然后文又有"远入招讨,光扬圣谋:所向克成,实深庆快";"忽闻二兄全师而还,抃跃无喻";"破国平城,千载之仇,莫如此也";"见将首领等献款天廷"等语,可知此文成于出征胜利之后。又"勃律小蕃,灭亡在即"一句前,还记有"且末动甲兵,凶丑来宾"一事。若将两件事结合起来看,则此文年代有两种可能。一是高仙芝任安西四镇节度使前后的天宝六载至八载,因其于天宝六载破小勃律,天宝八载又与于阗王同击萨毗、播仙(即且末)之吐蕃②。二是封常清任安西四镇节度使期间的天宝十二载至十四载,因其于天宝十二载击大勃律,天宝十三载

---

① 参看《敦煌书仪研究》,226—229 页。
② 前者见《旧唐书》卷一〇四《高仙芝传》,3203—3205 页;后者《新唐书》卷一一〇《尉迟胜传》,4127 页,然无纪年,参看王小甫《唐吐蕃大食政治关系史》,北京大学出版社,1992 年,185 页、194 页注 141。

破播仙①。因为书仪的文体讲求韵律，所记史事不那么准确，所以把《书仪镜》的成书年代放在天宝六载至十四载之间较为稳妥。

如上所述，《书仪镜》中的《四海平蕃破国庆贺书》所记可以明确为安西史事，文中还有"在四镇中，圣上罢西轸之望"语，表明这个书仪写于安西四镇。支持这一说法的还有，文中说到"因马麟往，附状不宣"。马麟应即马璘。《旧唐书》卷一五二本传记："开元末，杖剑从戎，自效于安西。以前后奇功，累迁至左金吾卫将军同正。至德初，王室多难，璘统甲十三千，自二庭赴于凤翔。"②马璘在安西的时间是开元末至至德初，与《书仪镜》正同，此外，前面的贺状中也提到"将入蕃，见到四镇"，说明《四海平蕃破国庆贺书》并非特例，《书仪镜》的产生和行用范围是安西四镇地区。

此书目前只知有敦煌写本四号两种，传本不多。因此，笔者推测这是一部天宝六至十四载之间安西四镇节度使麾下掌书记一类的官员编纂的"安西书仪"。因为这部书仪撰于天宝初，所以其凶仪部分直接抄自杜友晋开元末刚成书的《新定书仪镜》；因为这部书仪又编纂于安西境内，所以选用当时西北地区传本最多的杜氏《新定书仪镜》为蓝本；也正是因为它主要是为安西四镇节度使所使用的书仪，所以它本身在敦煌的传本不多；其内容也以四海往来书札为主体。

确定《书仪镜》为安西书仪，有助于我们对这种史料的理解和运用，因为唐代安西四镇本地产生的文献留存下来的很少，这首《四海平蕃破国庆贺书》，就是治唐代西域史者从来没有使用过的材料，因此十分珍贵，对唐代安西地区的历史和文化的研究提供不少新的信息。限于篇幅，此处暂不讨论。

〔补记〕赵和平先生《〈敦煌写本书仪研究〉订补》一文，又检出 P.4784

---

① 前者见《资治通鉴》卷二一六，6920—6921 页；后者见《全唐诗》卷二〇一岑参《献封大夫破播仙奏凯歌等六首》，2103 页，亦无年代，柴剑虹《岑参边塞诗中的破播仙战役》(《文史》第 17 辑)，王素《吐鲁番文书中有关岑参的一些资料》(《文史》第 36 辑)均考在天宝十三载。
② 《新唐书》卷一三八本传略同。

号《书仪镜》写本,存 37 行文字,从第 1 行至第 28 行,与《研究》所收 S.329 的录文(第 245—248 页)基本相同,而第 29 至 37 行的残文,则与 S.329 文字迥异(将刊《敦煌吐鲁番研究》)。现转录于下:

29　日,冀当答贺。因使不//

30　来日匆匆,不由面别,怅□//

31　和,惟履情适,仆常//

32　某日行到某处,歇一两日间//

33　未期,耿欢尤增,札何能述? //

34　自执辞后,顿绝知闻,各限阻//

35　寒,惟履兼胜。仆奉使西//

36　伏承足下取北路东还,适//

37　怅□殊增,因使奉状不宣。谨//

此处文字虽残,但大意可以明了。这首状文与《书仪镜》所收《四海平蕃破国庆贺书》相似,都有某种实际应用的内容。状文作者出使西陲或西域,而他想拜见的人已经由北路东还,故未能相见。这篇新比定的《书仪镜》残文可以进一步说明,《书仪镜》具有反映西域当时情事的实际内容,这些内容可以在《书仪镜》原有文字基础上加以发挥,这两点或可作为拙稿所论《书仪镜》为"安西书仪"的新证。

(原载《庆祝婺源潘石禅先生九秩华诞敦煌学特刊》,
文津出版社,1996 年 9 月,267—273 页。)

敦煌与于阗：细读公元十世纪 两个丝路王国间的文化交往

公元 9 世纪中叶，漠北回鹘汗国被黠戛斯破灭，部众大批西迁；青藏高原的吐蕃王国内乱并迅速崩溃。这两大政治势力在其所占领的西域与河西广大地区的统治秩序很快瓦解，而原曾据有此地的唐王朝也走向衰落，无力西进。西域和河西地区的政治真空被当地势力和西迁回鹘渐次填充，至 9 世纪末 10 世纪初，形成了于阗、西州回鹘、沙州归义军、甘州回鹘等几个比较重要的政权。西州与沙州辖境毗连，双方为伊州的归属曾有攻战；甘州回鹘则完全是从归义军领地内建立的王国，因此与沙州更是常常兵戎相见。惟有于阗与敦煌之间长期保持着友好关系，传为后世的美谈。

公元 9、10 世纪，虽然没有像盛唐时那样的东西方文化交往的盛况，但沿丝绸之路上一些小王国和地方政权之间的物质和精神文化交往，仍然持续不绝。其中，西域的于阗王国和敦煌的沙州归义军政权之间相互的佛教文化交往，就是一个很好的例证，说明即使在丝绸之路上多个政权分立的时候，丝路的交通、贸易、物产、技术、宗教、文化的交流仍然没有中断。

以下从三个方面来探讨于阗与敦煌的佛教文化交流问题。

一、接待往来的佛教僧侣

1. 于阗到敦煌

公元 10 世纪，于阗王国与沙州归义军之间的交往不断，其中佛教僧侣也扮演着重要的角色。我们从传世典籍和敦煌文书中都能见到一些记载，下面略作阐述。

《新五代史》卷一四《唐太祖家人传》记：后唐庄宗同光年间（923—926），"有胡僧自于阗来，庄宗率皇后及诸子迎拜之。僧游五台山，遣中使供顿，所至倾动城邑"①。这位来自于阗的胡僧最有可能的是于阗僧人，但也不排除是其他西域王国的僧人。照常理来推断，他从于阗到中原，是要经过敦煌的。我们从敦煌文书可以知道，同光年间正是归义军节度使打通河西老道，派遣使者前往中原王朝的最好时期。从于阗来的这位胡僧，显然是受到敦煌归义军政权的关照，甚至与敦煌官府的使者一起到了中原，因此才得到庄宗及皇后、皇子的隆重接待。

《册府元龟》卷五二《帝王部·崇释教》记：后晋天福二年（937）十一月，"于阗国僧曼哥罗赞常罗赐紫，号昭梵大师"②。这位于阗国高僧被后晋皇帝赐号大师，他应当也是经过敦煌前往中原去的。据 P.2638《后唐清泰三年（936）六月沙州儭司教授福集等状》，此前曾有于阗僧人在沙州受到款待，因为是受到了沙州僧团的供给，显然不是一般的僧人，或许就是这位于阗大师。

P.3234v《壬寅年（942）正月一日已后沙州净土寺直岁愿通手下诸色入破历》油的破用部分第 23 行："油一抄，于阗僧来供助用。"③这是沙州净土寺供给于阗僧人的记录，一般僧人不是使者，往往由具体的寺院供助。这类记

---

①《新五代史》，中华书局，1974 年，144 页。

②《册府元龟》，凤凰出版社，2006 年，551 页。

③ 那波利贞《唐代社会文化史研究》，创文社，1974 年，315 页。

载还有不少,如:

P. 3234v+P. 2040v+P. 2032v《癸卯年(943)正月一日已后沙州净土寺直岁广进手下诸色入破历算会稿》第 146—147 行:"粟三斗沽酒,送路于阗僧用。"第 183 行:"面贰斗伍升,于阗客僧来此得官料供助用。"①表明后晋天福八年(943)七月,有于阗僧来沙州,住净土寺,官料供食。

S.2474、S.1366《太平兴国五年(980)归义军宴设司面油破历》残存的记事有:"于阗僧面七斗、油二升。汉僧三人、于阗僧一人、波罗门僧一人、凉州僧一人,共面二斗,油一升。"②从这件文书我们看到,来到敦煌的于阗僧得到归义军官府的食物供应。这里记录了于阗僧人和汉僧、印度僧、凉州僧人一起在敦煌受到官府的供给。

P. 2744《太平兴国五年(980)某月归义军宴设司面油破历》载:"廿四日,衙内看汉僧及于阗僧,细供六分,用面一斗五升,油九合二勺。"③此件年代已残,内容与 S.2474 相同,年代应当相同。归义军节度使在自己的官府内招待来敦煌的汉僧和于阗僧人。

S.6452—1《太平兴国六年(981)净土寺诸色斛斗破历》:"十月十六日,于阗大师来造饭,面三升。十七日,又造饭,面壹斗。麸贰斗,于阗大师马吃用。"④这位在沙州净土寺下榻的于阗大师,一定是一位大和尚,沙州寺院不仅供饭,还喂马。

由此可见,当于阗僧人来到敦煌时,有时是沙州的寺院出面接待,有时是敦煌官府提供供给,这些僧侣可能带有使者身份。归义军负责他们在敦煌期间的食宿,有时还有细供款待。当僧人离开的时候,也备酒送路。有些地位高的僧人,如于阗大师,其所乘马匹也由敦煌寺院供应马料。

---

① 唐耕耦《敦煌寺院会计文书研究》,新文丰出版公司,1997 年,154、157 页。
② 唐耕耦等编《敦煌社会经济文献真迹释录》第 3 辑,全国报刊缩微复制中心,1990 年,278—280、286 页。
③《法藏敦煌西域文献》第 18 册,上海古籍出版社,2001 年,53 页。
④《敦煌社会经济文献真迹释录》第 3 辑,222—223 页。

2. 敦煌到于阗

P.3718—2 长兴二年(931)正月十三日敦煌沙门灵俊所写《唐河西释门故僧政京城内外临坛供奉大德兼阐扬三教大法师赐紫沙门范和尚写真赞并序》中，称赞这位沙州僧政范海印云："每虑坏躯虚假，翘情礼于五台。圣主遐宣，对诏宠迁一品。复攀昆峰灵集，愿顶普贤神踪。跋涉关山，佪求如来圣会。"赞文部分也称颂说："东游五岳，奏对朝天。西通雪岭，异域芳传。盂(于)阗国主，重供珍瑨。"①可知范海印先巡礼五台山，入京奏对，然后往西天取经，巡游于阗诸处圣迹，于阗国王也给予供给。但他未能完成愿望，最后病死在从于阗东归的路上。海印生前曾对于阗与敦煌、中原与于阗之间的佛教文化交流做出了贡献。

P.4518 号第 2 件的背面有如下残文(图版 22)：

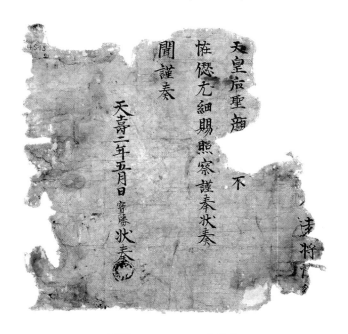

图版 22　P.4518(2)v 宝胜状

① 饶宗颐编《敦煌邈真赞校录并研究》，新文丰出版公司，1994 年，276—277 页。

```
1    [                    ]宝胜今远将情恳,
2         [                    ]
3    天皇后圣颜□□不
4    怪愆尤,细赐照察,谨奉状奏
5    闻,谨奏。
6              天寿二年五月   日宝胜状奏。①
```

天寿于阗年号,二年为 964 年。这年五月,来自沙州的僧人宝胜在于阗上奏于阗天皇后。文辞已残,不得其详。宝胜或许与归义军节度使家族有某种特殊的关系,才特意存问这位从敦煌嫁来的于阗皇后曹氏。因此,宝胜在于阗,一定得到了于阗朝廷的高规格接待。

二、佛教典籍的交流

因为我们现在看到的材料主要是敦煌藏经洞发现的写本,还有敦煌莫高窟保存的题记,所以有关从于阗传播到敦煌的佛典写本比较多。而 9—10 世纪的于阗,我们还没有发现该时代的遗址和出土文书,所以有关敦煌向于阗的传播情形不明,但敦煌佛典传播于阗的事实肯定是存在的。

1. 于阗使刘再昇携来的经典

P. 3160v《辛亥年(951)六月归义军押衙知内宅司宋迁嗣牒》记归义军内宅司柴草支出有:"廿日,看于阗使,煮肉两束。"②这里的于阗使很可能就是当年经过敦煌前往中原朝贡的刘再昇。

敦煌写本 P.t.1256v 为猪年(亥年)于阗使刘司空(Li'u Si kong)用藏文所写的文书,文字如下:"猪年(951)孟秋十六日,于阗使刘司空和尚减等启

---

① 张广达、荣新江《于阗史丛考》(增订本),中国人民大学出版社,2008 年,34 页。
②《敦煌社会经济文献真迹释录》第 3 辑,614 页。

程之际,应允此等使者无危而遣往于阗,其名如下:(略)。"①第 1 行原文的
yu then gi pho nya li'u si kong,应即"于阗使刘司空",森安孝夫氏比定为曾于
天福七年(942)入贡中原王朝的于阗使都督刘再昇②。在 P. 5535 于阗体梵
文《陀罗尼咒》后,有汉字题记称:"大宝于阗国进奉使司空刘再昇。"P. 2782
第 1—61 行是用韵文体写的于阗文《法华经纲要》(Summary of the *Saddhar-
ma-pundarīka-sūtra*),其第 12 行和 61 行有供养人的名字ḍyau tceyi-śīñä 和
ḍyau si-khūṃ③,据金子良太氏考证,分别相当于"刘再昇"和"刘司空"④。因
为司空的称号与刘再昇的猪年文书相合,因此于阗体梵文《陀罗尼咒》和于
阗文《法华经纲要》可能都是 951 年刘再昇随身携带而留在敦煌的文本。

《法华经纲要》敦煌发现三件晚期于阗语写本(P. 2782 第 1 至 61 行、Or.
8212(162)和 P. 2029 第 17 至 21 行),贝利(H. W. Bailey)刊布并翻译:

H. W. Bailey,*Sad-dharma-pundarīka-sūtra. The Summary in Khotan Saka*,
Canberra, 1971;

H. W. Bailey, "The Khotanese Summary of the *Sad-dharma-pundarīka-
sūtra*",《大正大学研究纪要》第 57 号,1972 年,530—526 页;

H. W. Bailey, "A Metrical Summary of the *Saddharmapundarīka-sūtra* in
Gostana-deśa", *Bulletin of Tibetology* II.2, 1965, pp. 5–7.

最近的讨论有 Katayama Yumi, "A Study of the Khotanese Summary of
the *Sad-dharma-puṇḍarīka-sūtra*",认为于阗文本受到 Vasubandhu 的 *Saddhar-
mapuṇḍarīkopadeśa* 直接或间接影响⑤。这些文献或许与刘再昇有关,或许是
其他于阗使臣或僧侣带到敦煌的。

① 荣新江、朱丽双《一组反映 10 世纪于阗与敦煌关系的藏文文书研究》,沈卫荣主编《西域历史语言
　　研究集刊》第 5 辑,科学出版社,2012 年,103—105 页。
② 森安孝夫《イスラム化以前の中央アジア史研究の現況について》,《史学杂志》第 89 编第 10 号,
　　1980 年,66 页。
③ H. W. Bailey, *Khotanese Text* III, London: Cambridge University Press, 1968, pp. 58, 62.
④ 金子良太《Pelliot 2782 文书所见のḌyau Tceyi-śīñä》,《豊山学报》第 22 号,1977 年,128—125 页。
⑤ 提交 International Association of Buddhist Study Conference (IABS)论文,Wein,2014 年 8 月。

2. 于阗太子敦煌抄经

P. 3184v 有于阗太子题名,称:"甲子年(964)八月七日,于阗太子三人来到佛堂内,将《法华经》第四卷。"①贺世哲、孙修身指出,这三位太子中的两位,可能就是莫高窟第 444 窟东壁盛唐画《见宝塔品》南北两侧题名的从连和琮原:"南无释迦牟尼佛说《妙法华经》,大宝于阗国皇太子从连供养;南无多宝佛为听法故来此法会,大宝于阗国皇太子琮原供养。"②而另外一位太子,我们认为是李圣天的皇太子从德。

在敦煌的于阗语文献中,我们只看到三件《妙法莲华经》的摘要本,上述汉文文书则记载于阗太子曾携带《法华经》第四卷来到敦煌佛堂,而莫高窟题记表明于阗两太子也特别来供养《法华经》,他们所携带的《法华经》应当是于阗语的文本。

从德太子是个重要的人物,他是于阗王李圣天和归义军节度使曹议金女的儿子,曾经长年在敦煌生活,留下不少于阗语文献,如:

P. 3510 于阗语文书《从德太子发愿文》。

P. 3513 于阗文写本包括:(1)《佛名经》,第 1—12 叶;(2)《般若心经疏》,第 13—42 叶;(3)《普贤行愿赞》,第 43—58 叶;(4)《金光明最胜王经·忏悔品》,第 59—75 叶;(5)《礼忏文》,第 76—84 叶。

P. 2896 写本第 2—15 行于阗语《善财童子譬喻经》(*Sudhanāvadāna*)③。

从这些于阗语文本中可以看出,从德太子的佛学思想也受到了汉地佛教的影响。在其父李圣天去世后,他于 967 年即位为于阗王。

3. 于阗僧吉祥的贡献

《宋会要辑稿》道释二记载:

> 是年(淳化五年,994),于阗僧吉祥献《大乘秘藏经》二卷,诏法贤等

---

① 张广达、荣新江《于阗史丛考》(增订本),21 页。

② 贺世哲、孙修身《〈瓜沙曹氏年表补正〉之补正》,《甘肃师大学报》1980 年第 1 期,78 页。

③ 以上刊本见 H. W. Bailey, *Khotanese Buddhist Texts*, first published in 1951; revised edition, London: Cambridge University Press, 1981。

定其真伪。法贤等言吉祥所献经是于阗书体，经题是《大乘方便门三摩题经》，且非《大乘秘藏经》也。其经中文义无请问人及听法徒众，非法印次第，前后六十五处文义不正，互相乖戾，非是梵文正本。帝召见法贤等及吉祥，谕之曰：使邪伪得行，非所以崇正法也。宜令两街集义学沙门，将吉祥所献经搜检前后经本，对众焚弃。从之。①

于阗僧吉祥所献《大乘秘藏经》是"于阗书体"，也就是今天所说的于阗文，其内容应当是与当时宋朝的主流佛教派别不同，所以印度来的僧人法贤等人认定《大乘秘藏经》不是梵文正本，会使邪伪之说流行，所以当众把它毁掉了。然而，事实上于阗文本来就不是梵文，法贤等僧人是否能够看懂，确实值得怀疑。

虽然于阗僧带到宋朝的佛典被烧掉，但他们却把大量于阗文的经典留在了敦煌，并由于藏经洞的发现，而为我们今天所知。这其中主要的典籍有：

《金刚般若经》(*Vajracchedikā*)，Ch.00275

《维摩诘书》(*Book of Vimalakīrti*)，Ch. 00266(IOL Khot S. 10)

《般若波罗蜜多心经》(*Hṛdayasūtra*)，P. 3510 贝叶本第 11 至 17 叶

《右绕佛塔功德经》(*Pradakṣiṇā-sūtra*)，Ch.0048 第 14 至 71 行

《贤劫经》(*Bhadrakalpika-sūtra*)，Ch.c.001 第 199 至 754 行

《善门陀罗尼经》(*Sumukhadhāraṇī*)，Ch.c.001 第 852 至 1061 行

《无量寿宗要经》(*Aparimitāyuḥ-sūtra*)，共存两件：Ch.xlvi.0015 和 S.2471

《文殊师利无我化身经》(*Mañjuśrī-nairātmyāvatāra-sūtra*)，P. 4099

《佛本生赞》(*Jātakastava*)，Ch.00274

等等，这些于阗文佛典有些是在于阗写好后带来的，有些是于阗人在敦煌写的，在 10 世纪于阗与喀喇汗王朝的穆斯林常年征战中，在灭法思想的指导下，于阗佛教教团可能有意识地把一些佛典转移到敦煌，因为这些于阗文佛

---

① 《宋会要辑稿》道释二,7878 页;《佛祖统记》卷四三,《大正藏》第 49 卷,401a 页。

典和其他文本的佛经比较来讲,相对完整,甚至有的写本封面和封底还有插图,表明是在非常好的保存状态下的。

三、佛教图像的传播

敦煌石窟在唐五代时期就声名远扬,是东西方经行敦煌的僧人、信士瞻拜和供养的对象。从于阗王国来的王族、使者、僧侣,不论是短期逗留,还是长期留住者,都前往莫高窟观瞻和供养,有的甚至开窟造像,为敦煌石窟的建造做出了贡献。

关于于阗对敦煌石窟的贡献,我们举几个方面的情况。

1. 于阗人对敦煌石窟的开凿和供养

于阗王李圣天同庆十四年/后唐同光三年(925)二月,李圣天派使臣论末结心('Bal rGyal sum)等一行访问沙州;四月和十一月,又有多位于阗使者走访敦煌,并巡礼佛寺、石窟,造塔并做佛事功德①。

在925年这些于阗使者来到沙州之时,正是归义军押衙翟奉达建造莫高窟第220窟甬道并在甬道北壁绘制新样文殊的时候,新样文殊中出现了于阗王的形象,为一俊秀青年的样子,或许与这些使臣的到来有关②。220窟主室南壁整整一铺描绘佛教史迹画和瑞像图,其中表现于阗建国传说的毗沙门和舍利弗决海的情景占据了约1/4铺的画面空间,其他与于阗有关的瑞像还有:"迦叶如来从舍卫国腾空至于阗国"、"石佛应现于阗国时"、"释迦牟尼佛白檀真容从汉国来次(坎)城住"、"□毗婆尸佛从舍卫国腾空至于阗国

---

① F. W. Thomas, & S. Konow, "Two Medieval Documents from Tun-huang", *Publications of the Indian Institute* I.3: *Oslo Etnografiske Museums Skrifter* III.3, 1929, pp. 122–160. 荣新江、朱丽双《一组反映10世纪于阗与敦煌关系的藏文文书研究》,《西域历史语言研究集刊》第5辑,90—98页。

② 荣新江《归义军史研究——唐宋时代敦煌历史考索》,上海古籍出版社,1996年,252—253页;Ning Qiang, "Diplomatic Icons: Social and Political Meanings of Khotanese Images in Dunhuang Cave 220", *Oriental Art*, 44.4, 1998, pp. 13–14;沙武田《敦煌石窟于阗国王画像研究》,《新疆师范大学学报》2006年第4期,24页。

时"、"濮州镶(铁)[   ]至于阗国时"、"南无拘留孙佛[   ]来住于
阗国"①。如果这铺瑞像图是当时所画,那么莫高窟 220 窟的开凿应当和同
年来到敦煌的于阗使臣很有关系。

P.2812 还保留了一篇《于阗宰相开窟绘画功德记》,文字如下:

阙今青春告谢,朱夏初合。舍异类之珍财,召丹青之巧匠,绘如来
之铺席,图菩萨之真仪。渴仰虔恭,倾心恳切者,为谁施作? 时则有于
阗宰相。先奉为龙天八部,护大地之苍生;梵释四王,卫普天而安乐。
西头天子,居宝位而延祥;东府大王,并乾坤之宠禄。先亡后过,速诣莲
宫;见在枝罗,延年吉庆。己躬清吉,得贤圣而护持;患疾痓除,静四支
而克顺。一行长幼,途路□泰而无危;两国通流,平善早临于桑梓之福
会。伏惟我宰相□德云云,加以信珠顶捧,心镜恒明,爱召良工,广施财
宝。遂得丹青晃曜,万菩萨亲降而现形;紫磨分辉,十方佛并临而赴会。
是时也,百花竞放,万物滋荣,鸟喜林间,宫商合韵。总斯多善,莫限
良缘。

这是于阗国的宰相在敦煌莫高窟开窟造像留下的功德记,其中为西头(于
阗)天子和东府(敦煌)大王祈愿。据 P.2704《曹议金回向疏》,于阗宰相曾
在长兴四年(933)十月来到沙州,可能是为于阗王向曹议金求婚而来,所以
在敦煌逗留时间较长,有时间在莫高窟开窟造像。目前我们还没有在莫高
窟发现于阗宰相开凿的洞窟,但很可能是存在的。

俄藏敦煌文书《天寿二年(964)九月弱婢祐定等牒》(Дx.2148(2)+Дx.
6069(1)),提供给我们另一个留居敦煌的于阗人在莫高窟开窟造像的事例:

弱婢祐定咨申天女公主:

祐定久伏事公主,恩荫多受,甚时报答? 今要胡锦裙腰一个,般次

---

① 参见张广达、荣新江《于阗史丛考》(增订本),183 页。按 220 窟主室南壁瑞像图在 1943 年为剥出
下层初唐时期的经变画而破坏,今天只能靠伯希和、罗寄梅拍摄的照片和伯希和记录的部分榜题
了解其概貌。

来时,切望咨申皇帝发遣者。

　　更有小事,今具披词,到望宰相希听允:缘宕泉造窟一所,未得周毕,切望公主、宰相发遣绢拾匹、伍匹,与砲户作罗底买来,沿窟缠里工匠,其画彩色、钢铁及三界寺绣像线色,剩寄东来,以作周旋也。娘子年高,气冷爱发,或使来之时,寄好热细药三二升。又绀城细缣图三、五十匹东来,亦乃沿窟使用。又赤铜,发遣二、三十斤。

　　又咨阿郎宰相:丑子、丑儿要玉约子腰绳,发遣两鞋。又好箭三、四十只,寄东来也。①

这是留在敦煌的于阗国公主、太子的侍婢祐定写给于阗天公主(皇后)和宰相的信,其中说到她们在莫高窟(宕泉)造窟一所,没有完工,希望于阗公主和宰相能够安排人送一些绢来,给造窟的工匠们用,而造窟需要的彩色和钢铁,也希望寄到敦煌来。从所需这么多物品来看,似乎所开的窟颇有规模,可惜的是我们目前还无法指实她们开的是哪一个窟。

　　英国图书馆藏 Ch.i.0021a《壬午年于阗使张金山供养文》(图版 23),记于阗中兴五年/宋太平兴国七年(982)十二月于阗使张金山在敦煌莫高窟所做佛事:

　　壬午年十二月廿一日,于阗使张金山幸者,来取窟头燃灯来者,焚香发愿,礼佛庆告者,好转经坐禅者,竟发心造塔,愿以过到来平,善者再发心造塔,诸国在世界子,有沙州人语好者,又窟更好者,木石更好,怎生暂打得者,幸者书记耳。②

---

① 张广达、荣新江《于阗史丛考》(增订本),297—298 页。

② 图见 H. W. Bailey (ed.), *Saka Documents*, III, London, 1963, pl. xlix;录文见 K. Enoki, "Chinese Manu-script Fragments", *Catalogue of the Tibetan Manuscripts from Tun-huang in the India Office Library*, by L. de la Vallée Poussin, London, 1962, pp. 261-262;金子良太《敦煌出土张金山关系文书》,《丰山学报》第 19 号,1974 年,第 48 页。有关张金山的于阗语文书,参见 P. O. Skjærvø, *Khotanese Manu-scripts from Chinese Turkestan in the British Library. A Complete Catalogue with Texts and Translations*, London: British Library Publishing, 2002, pp. 299, 551-556。

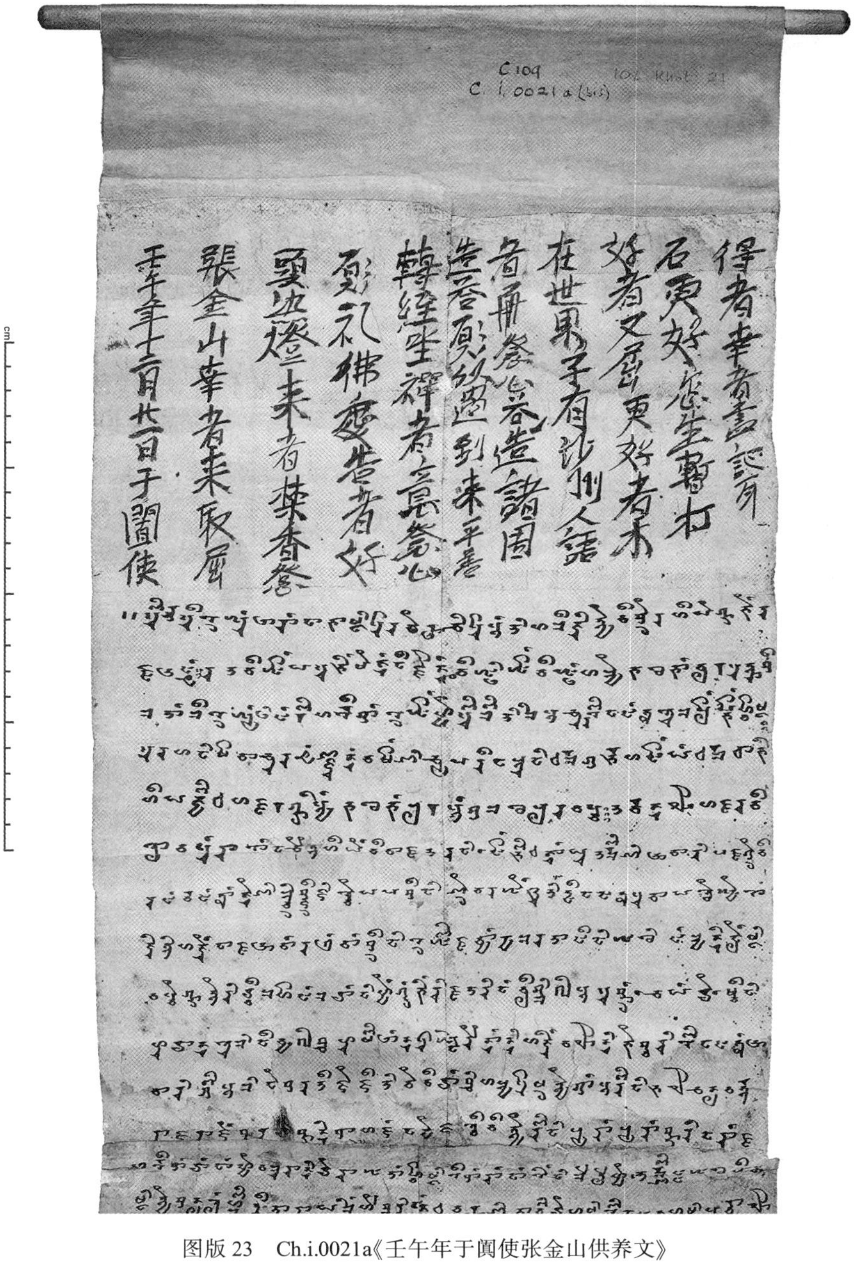

图版 23　Ch.i.0021a《壬午年于阗使张金山供养文》

这段于阗使者在沙州用汉文写的文字,虽然文理多有不通处,但却十分珍贵,说他来到莫高窟供养,先是窟头燃灯,焚香发愿,礼佛庆告,转经坐禅,然后又造塔以修功德。

虽然我们看不到张金山供养的佛塔,但现在还有于阗王从德供养的一个木塔保存在甘肃省博物馆,可以互相印证。

2. 敦煌石窟中的于阗瑞像

于阗佛教文献和画样的传播,以及于阗人在敦煌的开窟造像,使得一些于阗的图像成为敦煌石窟的主题,这其中就有所谓"于阗瑞像"。

瑞像是指与释迦牟尼或其他神佛、高僧的灵迹联系在一起的一种佛像。它最早产生于印度,而后流传四方。瑞像一般恪守固定的原型,力图模拟圣容表现灵瑞的瞬间,并因其灵瑞而具有护持佛法长住久安的功能①。瑞像见于敦煌中晚唐、五代、宋初的一些洞窟的主室龛顶四披或甬道两侧,其中相当部分为于阗瑞像。

在所有瑞像中,牛头山瑞像占据着最为重要的位置,所以我们这里作为例证。

牛头山位于今和田市西南 26 公里喀拉喀什河(Kara kash)东岸的库玛日山(Kohmārī),是古代于阗一处极为著名的佛教胜地,在较为早期的文献中又作"牛角山",晚期的汉藏文献更多地使用"牛头山"之名,敦煌所出《瑞像记》和敦煌洞窟壁画的榜题中皆作"牛头山"。

关于牛头山在佛教世界的地位,可以从藏文文献《于阗国授记》(*Li yul lung bstan pa*)的叙述略知一二。原文翻译如下:

> 昔者,于阗乃为海子,释迦牟尼佛为授记此海子将成桑田且予加持,乃引菩萨、声闻与天龙八部等二十万众眷属,由灵鹫山腾空,既来于阗。〔于阗〕时为海子,〔释迦牟尼佛〕乃坐于今西玉河(Shel chab mgo ma)近处水中莲花座上,授记此海子将成桑田并予加持,乃口申教敕,命

---

① 张广达、荣新江《于阗史丛考》(增订本),194—196 页。

图版 24　于阗牛头山瑞像

八大菩提萨埵及其两万眷属、八大护法神祇（mgon po srung ma）及其三万五千五百有七眷属护持此尊圣之应供处所及此境域。舍利弗（Shāri'i bu）与毗沙门（rNam thos kyi bu）誓愿卷起墨山（sNag gi ri），排出海水而得土地。佛宴坐于先前莲花座上，即今牛角山（Ri glang ru）上立有释迦牟尼大像处，入深禅定七昼夜，而后返回天竺之吠舍厘城（Yangs pa'i grong khyer）。①

牛头山瑞像（图版 24）的主要表现形式是，一佛结跏趺坐于牛头山顶的莲花座上，右手作说法印，一个高大的牛头寺院居中，有天梯可以攀登。据敦煌研究院张小刚先生调查，牛头山瑞像出现在吐蕃统治敦煌时期的莫高窟第 449 窟的主室龛内，晚唐前期第 85 窟的甬道北披，晚唐后期第 340、9 窟，五代第 39、45、98、108、126、146、334、342、397、401 窟，宋代第 25、454 窟的甬道顶部，以及第 220 窟的主室南壁，榆林窟五代第 33 窟的主室南壁。牛头山瑞像为经变式瑞像、佛教圣迹图等所围绕，成为一个佛教世界的中心位置②。

3. 于阗八大守护神

在汉文《月藏经》，藏文《牛角山授记》、《于阗国授记》、《于阗教法史》和敦煌于阗文写本（P. 2893）中，都记有于阗的八大守护神，其次序往往是一致的，除了个别名称外，都可以一一对应，虽然有的用音译，有的用意译。

下面是于阗的八大守护神及其在各种文本中的次序③：

月藏经	牛角山授记	于阗文 P. 2893	于阗国授记	于阗教法史	梵文
难胜天子①	lha Mi pham pa 难胜天神③	Aparājai[ja]tta 阿婆罗质多③	lha gZhan gyi mi thub pa 难胜天子③	A pa ra dzI ta 阿婆罗质多③	Aparājita

① 朱丽双《〈于阗国授记〉译注》（上），《中国藏学》2012 年 S1 期增刊，230—231 页。
② 张小刚《敦煌所见于阗牛头山圣迹及瑞像》，《敦煌研究》2008 年第 4 期，6—11 页。
③ 表格说明：不能对应的守护神名称前加一*号。

续表

月藏经	牛角山授记	于阗文 P. 2893	于阗国授记	于阗教法史	梵文
散脂夜叉大将②	byang chub sems dpa' sems dpa' chen po 'Du shes can 具识大菩萨②	Saṃñī 散脂②	gnod sbyin gyi sde dpon Yang dag shes 散脂夜叉大将②	sde dpon Sa nye 散脂大将②	Saṃjñin /Saṃjaya
*羖羊脚大夜叉③	lha Nam mkha'i dbyangs 虚空音天神⑤	Gaganasvarā 虚空音④	*Nam mkha'i spyan 虚空眼④ Skt. Ākāśacakṣus	gha gha na swa ra 迦迦那莎利④	Gaganasvara
金花鬘夜叉④	lha gSer gyi phreng ba can 具金花鬘天神⑥	Svarṇamāla 莎那末利⑤	lha'i bu gSer phreng 金华鬘天子⑤	Su gar na ma la 莎那末利⑤	Suvarṇamāla
热舍龙王⑤	klu'i rgyal po Khyim 'tshig 热舍龙王④	Grrahavadatti 吃利呵婆达多龙王⑥	klu'i rgyal po gNas dros po 热舍龙王⑥	klu'i rgyal po 'Gra ha bad ta 吃利呵婆达多龙王⑧	Gṛhāvatapta
阿那紧首天女⑥	lha mo lCags kyu can 具钩天女⑦	Aṃkuśa 阿那紧首⑦	lha mo lCags kyu can 具钩天女⑦	lCags kyu 铁钩⑥	Aṃgūśa'
他难阇梨天女⑦	lho mo gNas can 有处天女⑧	Sthānāva 悉他那⑧	Lha mo gNas ldan ma 有处天女⑧	Sta na ba ti 悉他那天女⑦	Sthānavatī
毗沙门王⑧	lha'i rgyal po rnNam thos kyi bu 多闻子天王①	Vrrīśamaṃ 毗沙门①	rNam thos kyi sras 多闻子①	mgon po chen po Be sha ra ma ni 毗沙门大护法①	Vaiśramaṇa /Vaiśravaṇa

S.2113《瑞像记》就完整地保留了于阗八大守护神的名称,把他们和上述文献相对比,可以发现缺失了热舍龙王,但多出了一位摩诃迦罗神。在

古代于阗地方,热舍龙王是一位比较重要的神祇。但在敦煌藏文文书 P.t. 960《于阗教法史》中,热舍龙王已经降到最低的第八位,在敦煌莫高窟描绘的于阗八大守护神的图像中,则完全不见热舍龙王,而由摩诃迦罗神取而代之。

S.2113A 所记于阗八大守护神与其他文献对照

S.2113A	于阗文 P. 2893	藏文 P.t.960	意译
迦迦那莎利神	Gaganasvarä	Gha gha na swa ra	虚空音神
莎那末利神	Svarṇamāla	Su gar na ma la	金花鬘神
莎那(耶)摩利神	Saṃñī	Sa nye	正知鬘神
阿隅阇天女	Aṃkuśa	lCags kyu	铁钩天女
毗沙门天王神	Vrrīśamaṃ	Be sha ra ma ni	多闻子天王神
阿婆罗质多神	Aparājai[ja]tta	A pa ra dzI ta	难胜神
摩诃迦罗神	——	——	大黑天神
悉他那天女	Sthānāvạ	Sta na ba ti	有处天女

　　于阗八大守护神(图版25)见于莫高窟第9、25、39、45、98、100、108、126、146、340、342、397、401、454 窟和榆林窟第 33 窟,除了榆林窟第 33 窟绘于主室南壁外,其他图像都绘制在洞窟甬道的南北两披,南北各四神,相对而立。

于阗八大守护神在敦煌莫高窟位置示意图

	南		披		
东	①迦迦耶莎莉神	②莎那末利神	③莎耶摩利神	④阿隅阇天女	西
		甬　　道			
东	⑤毗沙门天王	⑥阿婆罗质多神	⑦摩诃迦罗神	⑧悉他那天女	西
	北		披		

图版 25　敦煌莫高窟第 9 窟于阗八大守护神

　　现存最早的绘有于阗八大守护神的洞窟是莫高窟第 9 窟,为晚唐景福元
年(892)前后所建,甬道两壁绘节度使索勋、司徒张承奉等供养人像。其他
主要洞窟是第 98 窟,归义军节度使曹议金的功德窟,建成于同光年间
(923—925);第 100 窟是曹议金回鹘夫人及其子归义军节度使曹元德所建,
时在天福四年(939);大约与此同时,归义军都押衙张怀庆创建第 108 窟;第
454 窟甬道部分,是太平兴国元年(976)归义军节度使曹延恭重修、其弟延禄
续修而成;第 342 窟是大概 980 年前后由归义军节度使曹延禄重修①。

<hr />

① 各窟修建年代,见贺世哲《从供养人题记看莫高窟部分洞窟的营建年代》,敦煌研究院编《敦煌莫
高窟供养人题记》,文物出版社,1986 年,214、217—219、222—223、223—224、229、230 页。

于阗守护神在敦煌洞窟的出现,特别是大多数归义军节度使的功德窟(9、98、100、342、454 窟)中都有于阗八大守护神,而且就在这些节度使的供养人像的头顶位置,成为他们的守护神,其重要性可想而知,表明于阗佛教艺术对敦煌石窟造像影响之深远。

现在看来,在归义军时期的主要洞窟中,其甬道的一般表现形式是,顶部画牛头山瑞像,两北两披的前面是于阗的八大守护神,后面是包含于阗瑞像的瑞像图,甬道的下方两边是供养人像,其中包括沙州归义军节度使或政权中的重要人物。这种结构所展示的空间,即神圣庄严,又体现了敦煌和于阗之间的亲善关系。

从当时的社会现实来看,9、10 世纪的丝路南道和河西地区并不太平,不同部族和王国之间为争夺势力空间而争战,人民生活艰难,更加渴望神灵的护佑。另外,从藏文《于阗教法史》、《于阗阿罗汉授记》和汉文《释迦牟尼如来像法灭尽之记》等佛教文献来看,大概随着西部信仰伊斯兰教的喀喇汗王朝的兴起和发展,于阗和河西地区灭法思想流行,于阗在这个过程中,一方面更加突显其作为佛教中心的地位,另一方面也把自己的瑞像、守护神,乃至于阗文佛典,转移到敦煌,以期万一于阗法灭,则在瑞像和守护神的加持下,佛法在敦煌能久住于世。

于阗是丝绸之路上的一颗明珠,在东西方文化交往中曾经起到过重要的作用。我们从敦煌石窟壁画和藏经洞出土文献中,可以详细了解公元 10 世纪于阗与敦煌频繁的直接交往,以及双方在佛教文献和绘画方面的相互影响,展现于阗与中原文化息息相关的、水乳交融的密切关系。

(2021 年 7 月 13 日完稿,原载和田地区博物馆等
编著《五星出东方利中国:和田历史文化》,
北京时代华文书局,2024 年 2 月,40—49 页。)

从几件文物看于阗与敦煌的关系

　　敦煌莫高窟、榆林窟的壁画、塑像、木雕，还有藏经洞发现的写本、绢纸绘画中，留存有不少有关于阗的文物和文献，有些就是于阗人撰写或抄写的文献，在和田当地已经没有踪迹，反倒在敦煌保存了下来。本文就择取几件有代表性的文物，并与相关的文献结合起来，阐述公元 10 世纪于阗王国与敦煌沙州归义军政权之间的密切交往和文化交流。

一、"新样文殊"中的于阗王

　　敦煌莫高窟经过几百年的营建，到了北宋初年的归义军时期，已经没有什么空间开凿新的洞窟。于是后期开凿洞窟，往往就把原来的洞窟壁画上加一层泥皮，重绘一过，而甬道因为绘有原来的供养人像，就用较厚的土坯垒到外面，重新绘画。经过几百年的地震或其他自然力的影响，甬道外层和原来的墙体之间就会出现裂缝，甚至倒塌。

　　1975 年 10 月，敦煌文物研究所的工作人员利用出现这种裂缝的机会，成功地把莫高窟第 220 窟甬道的外层做了整体移动，使底层壁画完好地重见天日,为人们研究敦煌的历史和文化提供了新的素材,也惊现一幅绘有于阗王的"新样文殊"像(图版26)。

图版26　敦煌莫高窟第220窟新样文殊

新剥出的甬道北壁正面,正中间的主尊绘制文殊菩萨正面端坐在青狮之上,其右有一童子捧物相迎,左为一驭人执缰牵狮,狮子和两人均为五色祥云托起。驾驭狮子的圉人上方,有一条题记,残存文字如下:

> 普劝受持供养,大圣感得于阗……国王[于]……时。

在主尊两旁,分别绘制"大圣文殊师利菩萨"和"南无救苦观世音菩萨"各一身。在正面文殊像下方的红色地仗上用墨笔书写有一篇发愿文,其词曰:

> 清士弟子节度押衙守随军[参]谋银青光禄大夫检校国子祭酒兼御史中丞上柱国浔阳翟奉达,抽减□贫之财,敬画新样大圣文殊师利菩萨一躯并侍从,兼供养[菩]萨一躯及[救苦]观世音菩萨一躯。标斯福者,先奉为造窟亡灵,神生净土,不堕三涂之灾;次为我过往慈父、长兄,勿溺幽间苦难,长遇善因;兼为见在老母,合家子孙,无诸灾障,报愿平安,福同萌芽,罪弃涓流。绝笔之间,聊为颂曰:大圣文殊,瑞相巍巍,光照世界,感现千咸。
>
> 于时大唐同光三年岁次乙酉三月丁巳朔廿五日辛巳题记之耳。

由此可知,这是后唐同光三年(925)三月二十五日归义军节度押衙、随军参谋翟奉达出资彩绘的一幅"新样文殊"像。敦煌文物研究所在考古简报《莫高窟第 220 窟新发现的复壁壁画》中指出,之所以题记中称这里的文殊像为"新样文殊",就是因为文殊菩萨没有按照传统样式与骑白象的普贤菩萨并列出现,而是作为主尊,端坐中间;同时,传统图像上牵狮的昆仑奴,也被换成了西域的于阗国王[①]。

于阗国王出现在这幅 925 年精心绘制的新样文殊像中,其图像除了艺术魅力外,还有着重要的史料价值,是五代时期敦煌与于阗之间文化交往的历史见证。

旧译《华严经·菩萨住处品》称,东北方有菩萨住处,名清凉山,文殊师利菩萨常居此说法。《文殊师利法宝藏陀罗尼经》更明确地说,文殊所居为赡部洲东北方之国,名大振那,其国中有山,号为五顶。中国佛教徒把这些经文和五台山联系起来,于是自北朝以来,五台山就作为文殊菩萨的道场,开始兴盛起来。唐代宗大历年间,宰相王缙于五台山建金阁寺,五台山佛教益盛,声名远扬。四方诸国高僧,前来瞻礼者络绎不绝。

在中唐以后五台山文殊信仰日渐兴盛的背景下,一些文殊菩萨化现于五台山的故事开始出现。开成五年(840)七月二日,日本求法僧圆仁巡礼五台山大华严寺(即大孚灵鹫寺),记录下这样一则故事:

> 昔者大花严寺设大斋,凡俗男女、乞丐、寒穷者,尽来受供……于乞丐中有一孕女,怀妊在座,备受自分饭食讫,更索胎中孩子之分。施主骂之,不与……女人对曰:"我肚里儿不得饭,即我亦不合得吃。"便起,出食堂。才出堂门,变作文殊师利,放光照曜,满堂赫奕,皓玉之貌,骑金毛师子,万菩萨围绕腾空而去。①

文殊菩萨骑狮子腾空而去的情形,与新样文殊像的主体画面相合,但还没有童子和于阗王。

到了北宋仁宗时期,嘉祐五年(1060)清凉山大华严寺坛长妙济大师延一所撰《广清凉传》卷中有"菩萨化身为贫女"条:

> 大孚灵鹫寺者,九区归向,万圣修崇,东汉肇基,后魏开拓。不知自何代时,每岁首之月,大备斋会,遐迩无间,圣凡混同。七传者,有贫女遇斋赴集,自南而来,凌晨届寺,携抱二子,一犬随之,身余无赀,剪发以施。未遑众食,告主僧曰:"今欲先食,遽就他行。"僧亦许可,令僮与馔,三倍贻之,意令贫女二子俱足。女曰:"犬亦当与。"僧勉强复与。女曰:"我腹有子,更须分食。"僧乃愤然语曰:"汝求僧食无厌,若是在腹未生,曷为须食。"叱之令去。贫女被诃,即时离地,倏然化身,即文殊像,犬为狮子,儿即善财及于阗王。五色云气,靄然遍空。因留苦偈曰:"苦瓠连根苦,甜瓜彻蒂甜,是吾起(超)三界,却彼(被)可(阿)师嫌。"菩萨说偈

---

① 小野胜年校注,白化文等修订校注《入唐求法巡礼行记校注》,花山文艺出版社,1992 年,301—302 页。

已,遂隐不见。在会缯素,无不惊叹。①

执这段文字与莫高窟第 220 窟新样文殊像所绘对比,两者完全相同,文殊菩萨为五色祥云托起升空,一边的童子即中国文殊崇拜的基本经典《华严经》中扮演重要角色的善财童子,另一边的驭者即于阗王。可见敦煌新样文殊像应当来自五台山,而五台山的图像原本应当产生于唐朝末年,也就是圆仁求法的开成五年之后。

五台山新样文殊像的原貌目前尚未见到,但大致应当与 220 窟的新样文殊像相同。这一在五台山形成的图像模式传播广远,我们在敦煌发现的一批雕版印刷品中,也能看到一些画面相同的新样文殊像(图版 27),上栏刻文

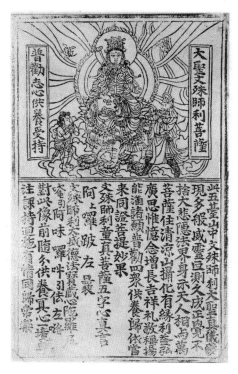

图版 27　敦煌版画新样文殊

①《大正藏》第 51 卷,1109 页。

殊菩萨骑狮位于中间,两旁是善财童子和于阗王,全部由祥云托起。图像两边刻"大圣文殊师利菩萨""普劝志心供养受持",下方刻发愿文:

> 此五台山中文殊师利大圣真仪,变现多般,威灵巨测,久成正觉,不舍大悲,隐法界身,示天人相,与万菩萨住清凉山,摄化有缘,利益弘广。思惟忆念,增长吉祥,礼敬称扬,能满诸愿。普劝四众,供养归依,当来同证,菩提妙果。

明确声称这幅新样文殊像是"五台山中文殊师利大圣真仪"。这件印刷品没有年代,但同类单幅佛像印刷品大多雕刻于归义军节度使曹元忠统治时期(944—974 年),出自雕版押衙雷延美之手,这件应当也不例外。曹元忠时代修建的莫高窟文殊堂(第 61 窟)佛坛上,残留着塑像的足迹,可以推知正是这种三尊像模式的新样文殊像。

这种新样文殊像,不仅西渐敦煌,而且东传日本。入宋求法僧奝然于雍熙元年(984)巡礼五台山时,曾得到一件新样文殊印本,现存京都清凉寺(图版 28)[1]。图像形式与敦煌印本几乎相同,也是文殊骑狮居中,两边是善财童子和于阗王,只是雕工要比敦煌的精细,是五台山地区当时流传的刻版。同样的雕版印刷新样文殊像在敦煌和日本的发现,说明五代、宋初时期文殊信仰传播之广。

随侍者除了善财童子,后来又增加了佛陀波利和大圣老人,敦煌藏经洞发现的 P. 4049 纸本绘画(图版 29),就是文殊和这四位的组合,这应当比曹元忠时期的文殊三尊要晚一些。于阗王一旦进入文殊图像,就成为一种新样,与文殊菩萨形成一个固定的组合,不论在单幅的文殊像中,还是有众多文殊眷属的文殊赴会图中,于阗王都从未缺席。五代宋初归义军时期绘制的文殊赴会图,如榆林窟第 9、32 窟,莫高窟第 100、61、25、153、164、149、245 窟,绢画 EO.3588 等,都是于阗王驾驭着文殊的坐骑狮子。黑水城出土的绢画、榆林

---

[1]《日本雕刻史基础资料集成·平安时代·造像铭记篇》第 1 卷,1966 年,图版 46。

窟第 3、4 窟等西夏时期的新样文殊像也是同样的情形①。而这一图像也出现在更晚的陇东、川渝石窟雕像中,于阗王跟着文殊菩萨,走遍了中华大地。

图版 28　日本京都清凉寺藏版画新样文殊

① 张小刚《敦煌新样文殊造像中的于阗国王像研究》,《敦煌吐鲁番研究》第 18 卷,2019 年,357—397 页。

图版 29　P.4049 新样文殊白画

　　于阗王为何代替昆仑奴而出现在五台山文殊菩萨像中,目前还没有直接的材料说明。从远处说,文殊崇拜的佛教经典根源是《华严经》,而于阗是《华严经》制作和衍生的重要场所,武则天曾专门请于阗三藏法师实叉难陀到洛阳,翻译八十卷本《华严经》,即新译《华严》。从近处来说,胡人牵狮的图像可能来自唐朝流行的"职贡狮子"图像母题,传阎立本绘有《职贡师子图》,周昉绘有《蛮夷执贡图》,开元二十五年(737)葬的武惠妃石椁上有线刻胡人驯狮图,这些可能都是新样文殊像中于阗王驭狮的来源①。

　　同光三年三月节度押衙守随军参谋翟奉达为何在重修"翟家窟"时,把带有于阗王的新样文殊像绘到甬道正壁上,这和当时敦煌与中原、于阗之间的关系有着密切的关联。

　　自 914 年曹议金取代张氏,担任归义军节度使以来,就努力与中原王朝

————————————

① 参看李昀《莫高窟 220 窟新样文殊像粉本流传脉络新解——敦煌所见长安画样个案研究》,《西域研究》2023 年第 4 期,138—151 页。

沟通。到后梁贞明四年(918)冬十一月,凉州、灵州特遣专人护送中原王朝的"天使"至沙州,授予曹议金归义军节度使旌节。中原王朝异代后,同光二年(924)四月,曹议金向后唐王朝进贡玉三团、硇砂、羚羊角、波斯锦、茸褐、白氎、牛黄、金星矾等①。五月,因灵武节度使韩洙保荐,后唐朝廷以权知归义军节度兵马留后曹议金为检校司空守沙州刺史充归义军节度瓜沙等州观察处置管内营田押蕃落等使。正式授节往往有"天使"从中原王朝来到沙州,如果同光二年五月以后有天使来敦煌,或是沙州入朝使返回敦煌,都有可能把中原已经流行的新样文殊像带回来,而此时正好是翟奉达重修翟家窟的时候,所以就把新样文殊绘于甬道。

敦煌写本 S.5981《沙州巡礼圣迹留后记》提供了另一个可能,同光二年三月九日,有关内道鄜州(今陕西富县)开元寺观音院主、临坛持律大德智严前往印度求法,路经沙州,巡礼敦煌佛教圣地。他在《留后记》中为后唐皇帝和沙州归义军节度使曹议金祈福,并发愿:"智严回日,誓愿将此凡身于五台山供养大圣文殊师利菩萨,焚烧此身,用酬往来道途护卫之恩。"从智严对五台山文殊菩萨的崇拜,可以推想智严也有可能把新样文殊像带到敦煌,由翟奉达绘于壁上。

翟奉达把带有于阗王的新样文殊绘于洞窟甬道显著位置,也可能还有另一层原因,就是在这段时间里,一直有于阗使臣在敦煌逗留并巡礼莫高窟。钢和泰旧藏有一个敦煌卷子,正背用于阗文和藏文书写,其中记录了同光三年(925)二月有于阗王李圣天所遣使臣论结心等一行访问沙州;四月,又有多位于阗使者走访敦煌,并巡礼佛寺、石窟,造塔并做佛事功德②。这些巡礼莫高窟的于阗使臣与归义军节度押衙翟奉达不会没有交集,他们的到来,正是翟奉达绘制或展示新样文殊像上于阗王的绝好时

---

① 《册府元龟》卷九七二《外臣部·朝贡五》,凤凰出版社,2006 年,11253 页。

② H. W. Bailey, "The Staël-Holstein Miscellany", *Aisa Major*, new series, II.1, 1951, pp. 1-45;荣新江、朱丽双《一组反映 10 世纪于阗与敦煌关系的藏文文书研究》,沈卫荣主编《西域历史语言研究集刊》第 5 辑,科学出版社,2012 年,90—98 页。

机,这无疑会增添两地官人民众之间的友谊。

于阗王形象进入新样文殊像之后,随着中原五台山信仰的流传,不仅在中原地区广为流行,而且西渐敦煌,东传日本。这一图像把于阗和中原佛教紧密地联系在一起,而这一关联是由于敦煌莫高窟第220窟重层甬道壁画的重现而为人们所知的①。

二、大宝于阗国王李圣天像

敦煌莫高窟第98窟东壁门内南面北向,有一身于阗王李圣天的高大画像(图版30),说其高大,是因为这幅像应当是敦煌莫高窟供养人像中最高大

图版30　李圣天和曹氏供养像

---

① 最早的讨论,见荣新江《从敦煌的五台山绘画和文献看五代宋初中原与河西、于阗间的文化交往》,《文博》1987年第4期,68—75页。

的一幅。李圣天体态雍容,气宇轩昂,头戴冕旒,上饰北斗七星,头后垂红绢,高鼻、大眼,蝌蚪式八字胡。身穿衮龙袍服,腰束蔽膝,佩带玉剑。双脚下有女性地神承托,似毗沙门天王造型。李圣天的服饰,均来自中原帝王的法服,其形象也是一副中原帝王的装扮,即后晋使者高居诲所见"圣天衣冠如中国"①。图像的题名作"大朝大宝于阗国大圣大明天子"②,可知是他成为大宝于阗国王后的称号。

第98窟原本是归义军节度使曹议金在同光年间(923—926)造的功德窟。为何在曹议金的功德窟中绘制于阗王李圣天的画像呢?这需要追溯到两者姻亲关系的建立。

李圣天是于阗王 Vīśa'Saṃbhava 的汉名,他的于阗文本名可以译作尉迟散跋婆。他是在912年即位为王的,还有一个汉式的年号,曰"同庆"。上节说到的925年来到沙州的于阗使臣,就是他在同庆十四年派遣而来的,说明他与归义军政权早有通使关系,往来颇为频繁。据敦煌文书保留的不完整记录,我们知道931年敦煌教团的河西释门僧政范海印出使于阗;同年又有归义军押衙氾润宁、武达儿、阴员住等奉命出使于阗;933年于阗宰相来沙州。于阗宰相的到来,可能是因为一件重要的事情,也就是发生在第二年——934年归义军节度使曹议金的女儿下嫁给于阗国王李圣天为皇后,归义军派马军兵将武达儿奉命送至于阗。这位于阗皇后就绘制在第98窟李圣天画像的后面,题名"大朝大于阗国大政大明天册全封至孝皇帝天皇后曹氏一心供养"③。

李圣天通过迎娶归义军节度使的女儿,打通了前往中原王朝的通道。于是在天福三年(938)九月,李圣天所遣进奉使检校太尉马继荣、副使黄门将军国子少监张再通、监使殿头承旨通事舍人吴顺规等抵达后晋朝廷,进贡

---

① 《新五代史》卷七四《四夷附录》,中华书局,1974年,918页。
② 敦煌研究院编《敦煌莫高窟供养人题记》,文物出版社,1986年,32页。
③ 敦煌研究院编《敦煌莫高窟供养人题记》,32页。

红盐、郁金、牦牛尾、玉毡等物。十月,后晋册封李圣天为"大宝于阗国王"①。
册封制书载《册府元龟》卷九六五《外臣部·封册三》:

> 晋高祖天福三年十月制曰:于阗国王李圣天境控西陲,心驰北阙,
> 顷属前朝多事,久阻来庭,今当宝历开基,乃勤述职,请备属籍,宜降册
> 封,将引来远之恩,俾乐无为之化,宜册封为大宝于阗国王,仍令所司择
> 日备礼册命,以供奉官张光(匡)邺充使。②

同年十二月,后晋授于阗使臣马继荣为镇国大将军,张再通为卫尉卿,吴顺
规为将作少监,发遣回国,同时以供奉官张匡邺假鸿胪卿充正使,彰武军节
度判官高居诲为判官,持节前往于阗,册封李圣天③。第二年(939)秋天,中
原与于阗使团一起抵达敦煌,归义军节度使曹元德因患病不起,遣弟沙州刺
史曹元深郊迎④。

此时的归义军节度使曹元德与李圣天同辈,李圣天受封为大宝于阗国
王,这不仅对于阗王国是无上荣光,在当时的西域诸国中可谓绝无仅有;对
于与之和亲的归义军曹氏,也是无比荣耀,说明他们与于阗建立的关系完全
正确,并得到中原王朝的首肯。在这样的情形下,曹氏归义军节度使特意把
高大的大宝于阗国王李圣天,绘制在其岳父大人曹议金的功德窟东壁,不惜
遮盖掉原本在这个位置上的重要人物,可见归义军政权对此的重视程度。

李圣天虽然有于阗文尉迟散跋婆的本名,"尉迟"(Viśa')本是从唐朝以
来固有的于阗王姓,但他却在与敦煌归义军政权和中原王朝交往时,用"李
圣天"这个名字,而且还"自称唐之宗属"⑤,表明他极力要与中原接近,把自

---

① 《旧五代史》卷七七《晋高祖纪》,中华书局,1976 年,1021 页;《新五代史》卷八《晋高祖纪》,83 页。
② 《册府元龟》卷九六五,11184 页。
③ 《旧五代史》卷七七《晋高祖纪》,1021—1023 页;《新五代史》卷八《晋高祖纪》,83 页;卷七四《四
　夷附录》,917 页。
④ 《新五代史》卷七四《四夷附录》,917 页。参见荣新江《归义军史研究——唐宋时代敦煌历史考
　察》,上海古籍出版社,1996 年,22 页。
⑤ 《宋史》卷四九〇《于阗传》,中华书局,1977 年,14106 页。

已扮演成唐朝的李姓宗属。还应当注意的是,李圣天名字中的"圣天",于阗语对应于 miṣḍām gyastä,意为"神圣的天",或"神圣的神",两词合起来,即是"神圣之天神"。在于阗语文献中,这一称呼固定指于阗国王,所以尉迟散跋婆用"李圣天"这一名字,背后有着多重含义,既表示他是李唐宗属,同时也表明他是于阗国王,还是神圣的天神。

李圣天被册封为大宝于阗国王后,与中原王朝建立了直接的联系,除了在 942 年遣使送后晋册封使回朝之外,此后在 948、961、965、966 年都曾遣使中原后汉和新立的赵宋王朝。967 年,在度过漫长的人生和担任五十多年的于阗国王后,他最终离世。李圣天对于于阗与敦煌两地姻亲关系的建立,对于双方物质与精神文化的交往,以及与中原王朝关系的建立和维持,都做出了巨大的贡献。

正因为李圣天对敦煌与于阗关系的贡献,他去世后,归义军节度使曹元忠曾在官府的正衙举办"大宝国皇帝百辰追念"活动,见敦煌文书 S.3180v 某年某月二十八日"就衙奉为大宝国皇帝百辰追念疏"[1]。

可以说,至今耸立在敦煌莫高窟第 98 窟的于阗王李圣天及曹氏皇后的画像,是于阗与敦煌密切交往最重要的象征。

三、于阗国王大师从德供养佛塔

1942—1943 年,向达先生西行往敦煌考察期间,在武威民众教育馆陈列室中,"见一木塔,六面俱绘佛像,彩色如新,描绘极精,不失五代宋初规模。木塔中空,据说明书云,内中原有小银塔一,银塔上镌'于阗国王大师从德'云云,原出敦煌千佛洞……五代时于阗与瓜沙曹氏互为婚姻,则此当是于阗国供养千佛洞之物。"[2]可惜带有铭文的银塔早已佚失,目前尚未见有任何踪迹。其外的木塔,现藏甘肃省博物馆,系 1956 年武威文物保管所移交,据说

---

[1] 图版见《英藏敦煌文献》第 5 卷,四川人民出版社,1992 年,23 页。
[2] 向达《西征小记》,《唐代长安与西域文明》,生活·读书·新知三联书店,1957 年,340 页。

来自榆林窟(图版 31)。近年来,这座精美的木塔在多个展览中露面,让更多观众一睹其精彩面貌。

木塔高约 68 厘米,由塔顶和塔身组成,从上到下每面彩绘菩萨像三身。每个转角梁上插一木牌,上面也绘制彩绘菩萨一身。菩萨均结跏趺坐,持摩尼珠、法螺、金刚杵、斧、剑等法器①。这件套装的银塔和木塔,原出敦煌千佛洞或榆林窟。那么,这里的"于阗国王大师从德"又是何许人呢?

"从德"的于阗文作 Tcūṃ ttehi:,见于敦煌藏经洞发现的于阗语文书P. 3510《从德太子发愿文》。这篇《发愿文》共有 43 小节,末尾题记称:"从德

图版 31　于阗国王大师从德供养木塔

① 甘肃省博物馆编《甘肃省博物馆文物精品图集》,三秦出版社,2006 年,232—233 页。

太子一切恭敬,敬礼佛法,命人写讫。"其中的第 39 节是从德太子对其母亲的祝福,称其母为 mista ciṃgāni,意为"大汉皇后"。所谓"大汉皇后",指的就是于阗国王李圣天所娶的归义军节度使曹议金的女儿——曹氏皇后,所以从德太子实为李圣天和曹氏 934 年婚后所生之子无疑①。

大概由于从公元 10 世纪中叶开始,于阗佛教王国与信奉伊斯兰教的疏勒黑韩王朝(喀喇汗王朝)开始相互征战,所以从德很早就被带到敦煌,在那里生活了很长时间,敦煌文书中就保存了一些他曾经阅读、抄写、使用过的文献。如 P. 3513 于阗文写本,是一部由几种佛教文献组成的合集,包括:(1)《佛名经》,第 1—12 叶;(2)《般若心经疏》,第 13—42 叶;(3)《普贤行愿赞》,第 43—58 叶;(4)《金光明最胜王经・忏悔品》,第 59—75 叶;(5)《礼忏文》,第 76—84 叶②。其中第 5 部分《礼忏文》的作者仅说是"我太子"(aysa rraispūrrä),从其开头部分文字与 P. 3510《从德太子发愿文》的第 9—10 叶相同,可以认定这组文献的作者也是从德太子③。另外,P. 2896《善财童子譬喻经》(Sudhanāvadāna)可能也是他的文献。

显然,从德太子经过在敦煌佛教文献的多年熏陶,在佛学上有较高的造诣,因此有了"大师"的称号。敦煌汉文写本 P. 3804—3 中有一则《斋文》,其中称:

> 伏惟我天皇后,大罗禀气,鼎族间生,名花夺于颊红,初月偷于眉细。数载而治化大国,八表昭苏;即今而慈育龙沙,万民忻怿。加以低心下意,敬佛礼僧,弃贵损荣,听经闻法者,即我天皇后之德也。
>
> 伏惟大师,圣皇贵胤,天帝良苗。阐大教而声播九州,绍真宗而劳

---

① 张广达、荣新江《敦煌文书 P. 3510(于阗文)〈从德太子发愿文〉(拟)及其年代》,作者《于阗史丛考》(增订本),中国人民大学出版社,2008 年,44 页。

② 张广达、荣新江《巴黎国立图书馆所藏敦煌于阗语写卷目录初稿》,作者《于阗史丛考》(增订本),142—143 页。

③ H. W. Bailey, "The Profession of Prince Tcūṃ- ttehi", in E. Bender ed., *Indological Studies in Honor of W. Norman Brown*, New Haven, 1962, pp. 18-22; idem., *The Culture of the Sakas in Ancient Iranian Khotan*, New York, 1982, p. 68.

笼一郡者,即我太子大师之德也。

"天皇后"当指上文提到的嫁与于阗国皇帝李圣天的曹议金女曹氏,她在莫高窟第 61 窟和第 98 窟的题记都称作"天皇后"。"太子大师"应当就是从德,《斋文》说他'阐大教而声播九州,绍真宗而劳笼一郡',真可谓大师了。这一名号与银塔上的"于阗国王大师从德"正好可以对应。

莫高窟第 444 窟东壁盛唐画《见宝塔品》南北两侧有后人的题名:

> 南无释迦牟尼佛说《妙法华经》,大宝于阗国皇太子从连供养;
> 南无多宝佛为听法故来此法会,大宝于阗国皇太子琮原供养。①

另外,P. 3184 背面有一条题记称:

> 甲子年八月七日,于阗太子三人来到佛堂内,将《法华经》第四卷。

这个甲子年即宋乾德二年(964),三太子就是从德和 444 窟题名的从连与琮原,他们应当是兄弟三人②。从德应当是三位太子中的老大,他在参加完敦煌的法会后,就前往宋朝去朝贡。

《续资治通鉴长编》卷七有两条记载:

> 乾德四年二月,于阗国王遣其子德从来贡方物。
> 是岁,于阗国王李圣天遣其子德从来贡方物。

这里的"德从"应当是"从德"之误,但不知道是宋朝的史官留下记录时犯的错,还是后来文本流传时出的错,目前我们有于阗文 Tcūṃ ttehi:的拼法,所以可以确切改正这一倒置错误。从德太子被于阗国王李圣天赋予入贡于宋的重要使命,表明他的地位在三位太子中最高,也符合他作为大太子拥有王位继承权的身份。

正巧就在从德返国后,其父王李圣天去世,他于 967 年即位为王。他的于阗文名字作 Viśa' Śūra,可以译作"尉迟苏罗"。他也和他的父王一样采用

---

① 谢稚柳《敦煌艺术叙录》,古典文学出版社,1957 年,299 页。
② 贺世哲、孙修身《〈瓜沙曹氏年表补正〉之补正》,《甘肃师大学报》1980 年第 1 期,78 页。

中原王朝式的年号,曰"天尊"(thyenä tcunä)。

敦煌于阗文文献 P. 4099《文殊师利无我化身经》(*Mañjuśri-nairātmyātvatarā-sūtra*)背面第 436—439 行有题记,其中写道:

> 我愿证悟者、王中之王尉迟散跋婆,以此功德而早升净土。我愿天竺转轮王尉迟苏罗,以此功德而已躬永寿。我愿沙州大王,以此功德而已躬永寿。①

这里就是尉迟苏罗王对其已去世的父王李圣天的祝愿,愿其早升净土世界。同时也祝愿在世的沙州大王已躬永寿,这位大王就是当时的归义军节度使曹元忠(944—974 年在位),从姻亲关系来讲,是他的舅舅,因为其母曹氏是曹元忠的姐姐。

从德由太子到国王,与敦煌有着更加密切的联系。敦煌保存的汉文、于阗文文书中,有几封于阗王尉迟苏罗给归义军节度使曹元忠的信函,表明这种关系的持续不断。莫高窟第 454 窟是归义军节度使曹延禄在 976 年建成的洞窟,其主室东壁门南第一身供养人,应当就是尉迟苏罗王,这个位置和人物的穿戴,都和第 98 窟其父王李圣天完全一致,所画也是中原帝王形象②,可见其完全遵循李圣天的方针,"衣冠如中国"。只可惜他在位时间不长,于 977—978 年间去世。

这样再来看"于阗国王大师从德",可以知道这是他已经成为于阗国王后在敦煌供养的佛塔。目前这座佛塔的来历有敦煌千佛洞和榆林窟两说,或许后者更为具体准确。榆林窟第 31 窟有于阗王像,一般认为所绘为李圣

---

① 文书转写见 H. W. Bailey, *Khotanese Texts*, vol. II, London: Cambridge University Press, 1954, pp. 123-124; 部分英译见 E. R. Pulleyblank, "The Date of the Staël-Holstein Roll", *Asia Major*, new series, vol. 4.1, 1954, pp. 92-93。

② 沙武田、段小强《莫高窟第 454 窟窟主的一点补充意见》,《敦煌研究》2003 年第 3 期,7—9 页;沙武田《敦煌石窟于阗国王画像研究》,《新疆师范大学学报》2006 年第 4 期,23 页;郭俊叶《敦煌莫高窟第 454 窟研究》,甘肃教育出版社,2016 年,65—69 页。

天,据说此窟是于阗太子为其父王所建之窟①。那么,这座佛塔也可能原本供养在第31窟,"于阗国王大师从德"符合此窟的身份。正像他的父王在与敦煌交往时用"圣天"这样的汉名一样,这里他用"从德"这一为敦煌人所熟知的汉名,而没有用他的于阗文名字尉迟苏罗。

"于阗国王大师从德"供养在敦煌的佛塔,是公元10世纪后期于阗与敦煌文化交往的美好物证。

(2022 年 11 月 3 日完稿,原载和田地区博物馆编《文物中的和田》,

北京时代华文书局,2023 年 9 月,170—179 页。)

---

① 沙武田《敦煌石窟于阗国三"天子窟"考》,《西域研究》2004 年第 2 期,60—68 页。

第三编

———— * ————

漠北民族与高昌回鹘

新出吐鲁番文书所见唐龙朔年间
哥逻禄部落破散问题①

1997 年以来,特别是 2004—2006 年,新疆吐鲁番地区又陆续出土了一批十六国至唐朝时期的文书。2005 年 10 月,笔者接受吐鲁番地区文物局的委托,组成一个"新获吐鲁番出土文献整理小组",开始从事这批文书的整理。现仅就其中有关龙朔年间哥逻禄部落破散问题的案卷,把文书整理成果和初步研究贡献于此,敬请方家不吝赐教。

一、文书的拼接与复原后的录文

在近年新征集的吐鲁番出土文书中,有一组被剪成各种鞋样的文书,已经支离破碎,共有 36 个残片,其中提到"哥逻禄"、"沙陀"、"燕然都护府"、"金满州"等西突厥的部落名称和唐朝在漠北设立的都护府以及西域羁縻州的名字,引起我们极大的兴趣。2006 年"五一"期间,整理小组同仁在吐鲁番

① 特别感谢史睿、雷闻、朱玉麒、苏航、荒川正晴、刘安志诸位对文章的订正和裴成国帮助核对史料。

地区博物馆,经过艰苦的努力,据原卷做出各种拼合方案,考虑了鞋样的折叠还原状态、残片的对称关系、二次利用时涂抹的颜色、纸缝和纸的残痕、唐朝公文书纸的长度和宽度,以及内容的先后、时间的早晚等等因素,最后比较圆满地复原了这组文书大多数残片之间的相对位置(图版32),有些残片可以直接缀合,有些虽不能直接缀合,但可以上下对应。由于这是一件处理哥逻禄部落破散问题的案卷,前后不同官府的行文中有抄录同一文书的内容,抄写者非常认真,往往一字不差,使得我们可以把许多缺失的文字相互补充。根据前后不同官府处理同样事件所录文书补足残缺部分文字时,常常和我们据外观复原的纸幅所容文字恰好相合。在我们整理文书的正式录文集《新获吐鲁番出土文献》中①,按照整理文书的原则,文书残缺的地方是不能补字的。因此,这里提供的整理小组的录文,在保持原文书的行款、格式的前提下,在缺文符号[ ]里,根据其他部分保存的文字,补足可以确定的缺失文字,以便读者理解整个文书的文意;因为如果不做这样的补充工作,不仅许多残片无法卒读,而且读者也很难明白我们为何要如此排序。

以下先将缀合、补充后的残卷文字录出,再说明拼合、补充的理由,图版33—40是缀合排列之后的图版,请对照图版来看录文:

(一)(A)组

(前缺)

1 [   ]□□[   ]

2 [牒件]状如前,[牒至准状,谨]牒。

3 　　　　　　[龙朔二年]田月十五日

4 　　　　　　　　府白逢湍

5 □□参军德

6 　　　　　　　　[史]　　　[

7 　　　　　　[十月□日受]□日[行判]

――――――――――

① 荣新江、李肖、孟宪实主编《新获吐鲁番出土文献》,中华书局,2008年,308—325页。

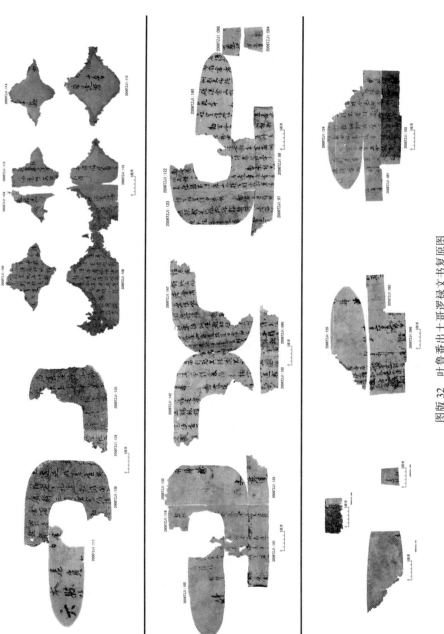

图版 32　吐鲁番出土哥逻禄文书复原图

8　　　　　　　　　　　　[录事　　检无]稽失

9　　　　　　　　　　　[□曹判录事]珎①勾讫

10　　　　　　　　]十张

11　　　[牒为析处半达官□[　　　　　]并译牒泥熟□□

12　　　　]又　牒庭州及安西[　　　处]分事

- （背有押署"珎"）

(B)组

13 [　　]□□[　　　　　　　]

14 燕然都护府[　　　　哥逻禄步失达]官部落壹阡帐

15 [西州]都督[府　得□□月□日牒]称：今年三月

16 [□日□]府[得东都尚书省□□]月十八日牒称：

17 [□得金满州刺史沙陀□□]□称：前件部落

18 [□□人□破，从金山散出□]部②落等，[　　　　]

19 [既奉　　敕　　　　　　]□于□[　　　　]

20 [　百姓]望请发[遣　　处。奉]元年十一月□

21 [日　敕，]宜令燕[然与西州相知，]发遣还大漠□。

22 [即]差柳中县丞[□客师，]充使往金满州发

23 遣。今得客师状称：[至金]满州，得哥逻禄咄俟斤

24 乌骑支状，上件部[落奉]　　敕令还大漠都督府，

25 敕未到，百姓逐水，[各种少]多麦田。其羊马逢

26 [雪，未有草]□蓄足，[瘦弱不得度]山入碛，百姓小弱

27 [累重，]无食[□种，百姓望请]申奏，听

28 [敕处分，去]住田[州。哥逻禄部落被]贼破散，骑施

---

① "珎"字原作朱笔。

② 此为脱离本文之残片，其字或为"部"字，暂置于此。

29 [□差西行,□□□□首领百姓当遂]表奏,请发遣

30 [   ]敕到州日,即差

31 [   ]状,见种少多麦

32 [   ]□犹未有□□[   ]

33 [领,此已牒金满州   ]

34 [者,金满州   ]

35 [差使,牒□   ]

36 [同彼所,准   敕勒]

37 [□其□   须要待此使,然始付使还州。牒至,]

38 [请准   敕发遣,此府道路通日,当即差使安稽。]

　　　　(后缺)

(二)

　　　　(前缺)

1 [自西]

2 行,恐其侵渔,不许□

3 人,遂便上表,申其本

4 [情,爱降] 纶言,放

5 [还部落,□日]奉

6 [敕发遣。□□]已种麦

- -

7 [田,麦田不]收,收讫,无

8 [容□□□□]□□□

　　　　(中缺两行)

9 □首领发遣,使至,无

10 更迁延,所差官典□

11 咨定,定讫牒知,仍关功、

12 仓、骑三司,准式仍牒

13 金满州[与燕然]相知,速即

14 发遣,[　　　　　　　燕]

15 然都护[府　　　　　　　]

16 [　]日

17 　　　　□[　　　　]

18 [　]差员□[　　　]- - - - - - - - - - - - - - - - - - -

19 [　]本县□[　　　]

20 [　]　六[　]

　　　　　　（后缺）

（三）(C)组

　　　　（前缺）

1 [　　　　　　　　　　]哥逻禄步失达官[部落壹阡帐]

　　（中间接续不明）

2 [西州都督]府得□[□月□日牒称:今年三月]

3 [□日□府得东]都尚书省[□□月十八日牒称:]

4 [□得金满]州刺史沙陀□[□□称:前件部落]

5 [□□□]□破,从金山散[□　　部落等　　　]

6 [　　　]□既奉　敕[　　　□于□　　　]

7 [　　　]百姓望请发遣[　]处。奉元[年十一]

8 [月□]日　敕,宜令燕[然与西]州相知,发遣

9 [还大漠　]□,即差柳中县丞□客师充[使往]

10 [金满州发遣。今得]客师状称:至金满州,[得哥]

11 [逻禄咄俟斤乌骑支]状,上件部落奉

12 敕令还大[漠都督]府,　　敕未到,百姓逐

13 水，各种少多[麦田。其]羊马逢雪未有草[□蓄]

14 足，瘦弱不得度山入碛，百姓小弱累重，[无食]

---------- （背有押署残字，正背均有骑缝"西州都督府之印"）

15 □种，百姓望请申奏，听　敕处分，去住甘州。

16 哥逻禄部落被贼破散，骑施□差西行，[□□]

17 [□□]首领百姓当遂表奏，请发遣□[□]

18 [□□□□□□□□□□]敕[到州日]

19 [即差□□□□□□□□□□□□状，见]

20 [种少多麦□□□□□□□□□]

21 犹未有[　　　　　　　　　　]

22 领，此已牒金[满州　　　　　　　　]

23 者，金满州[　　　　　　　　　　]

24 差使，牒□[　　　　　　　　　　]

25 同彼所，准　敕勒[　　　　]□其□[　]

26 须要待此使，然始付使还州。牒至，请准

27 敕发遣，此府道路通日，当即差使安稽者。

28 [大漠都]督府哥逻禄步失达官部落壹阡帐被□

29 [　　　　]帖金满之州权待[　　]以金满□

---------- （背有押署残字，正背均有骑缝"西州都督府之印"）

30 [　]自西行，恐其侵渔，不许□人，遂便上

31 表，申其本情，爰降　纶①言，放还部落

32 □日奉　敕发遣，□□已种麦田，麦田不

33 收，收讫，无容□[　　　　　　　　　　]

34 □凶丑既摧，[　　　　　　　　　首领]

---

① "纶"上原写一"纟"旁，即"纶"字半边，忽意识到此字当平缺，故此住笔，空一格书写。

35 发遣,使至,无[更迁延,所差官典   ]

36 □慈训往,今[   ]

37 [   ]

38   [龙朔□年   ]

39   [府□□□]

40 [□□]判户曹琛

41   史□慈达[   ]

     (下有一行余白)

- -

42 西州都督府[   ]燕然都护府牒①壹为领大漠都督府[   ]

43 部落[   ]

44 [   ]上件牒向金满发遣,其[   ]

45 [   ]□状报其部落去年为[   ]

46 [   ]并悉向金山,其□□兀无②□领之处,谨[   ]

47 [ ]请裁,谨牒。

48   龙朔三年[   ]典康义[   ]

49   付[   ]

     (后缺)

(四)(D)组

1 [哥逻禄]步失达官部落[   ]

2 [   ]称:前件部落□[   ]

3 [   ]百姓今见何在,今欲[   ]

4 [ ]所愿不者,谨审,但前件部[   ]

————————————

① 此字为旁加之小字。

② 同上。

5 [　]后 打投此部落居住,去年[　　　　]

6 [　]种 麦田,收麦之后,首领六人□[　　]

7 [　]移向金山,唯有五十帐去,此[　　　]

8 [　]使 人到来,首领 并已入京去住,[　　]

9 [　]须待首领□将,牒[　　　　　　]

10 [　]牒。

11 　　龙朔 三年正月[　　　　　　]

　　　　(后缺)

(五)(E)组

　　　　(前缺)

1 　　　　　龙朔三[年　　　　　　]

2 　　　　　　　　[府□□□]

3 [□□]判户曹琛

4 　　　　　　　史□慈[达　]

5 　　　　　十月六日受,即日 行判

6 　　录事　　　　　检[无稽失]

7 　　功曹判录事　彦宾[勾讫]

8 [　]都督府为 收 领大漠①哥逻禄步[失达官]

9 [　　　]使人相知发遣大漠 都督府[　　　]

10 [　　　]□慈训差充使往[　　　　　]

11 [　　　]阼 帐还燕然三②□[　　　　　]

　　　　(后缺)

_____

① 此两字为旁书小字。

② 此字写在行侧,其上有一字迹,似已涂去。"三"字位置不明,暂置于此。

（六）

　　　　　　（前缺）

1　[　　]入京至[　　　　　　　　]

2　[　　]京时[　　　　　　　　]

3　[　　]听处[　　　　　　　　]

　　　　　　（后缺）

上面已经提到我们拼接的原则，从结果来看，属于本组文书的 36 件残片，除了 3 件存字很少的纸片外，目前可以把其他残片大体上归为五组，标作第（一）组至第（五）组。在这五组残片的每一组中，虽然有些残片不能直接缀合，但相对位置基本上可以确定（图版 32）。因为内容所记都是相关的事情，所以这些单独成组的文书原本也是粘连在一起的，它们本来是属于同一个案卷。

　　我们先从外观上来看第（一）组至第（五）组的缀合或关联情况：

　　第（一）组由 2006TZJI:114、2006TZJI:112、2006TZJI:113、2006TZJI:115、2006TZJI:104、2006TZJI:105、2006TZJI:106 组成（图版 33—34），缀合后横纵尺寸为 29×39.7cm（高度为推测）。前 4 个残片和后 3 个残片的纸已被后来丧葬时污染成各自相同的颜色，两组的残缺痕迹大致相同，如字面相对，前 4 片和后 3 片基本可以重叠。由此可以确定各残片之间的顺序，以及前 4 片在先、后 3 片在后的相互次序。两者相交处为纸缝，背有"琰"字押署，字迹分属两个残片，但可以合为一字，字形和正面第 9 行朱笔所书"琰"字完全一样。

　　第（二）组由 2006TZJI:120+2006TZJI:121、2006TZJI:136+2006TZJI:117 组成（图版 35），尺寸分别是：19.7×22.3cm，21.8×22.1cm。除最后一片，它们原本都是鞋面的最外层，所以涂成黑色，从字体上看，是属于一件文书，内容与上件也紧密相连，字体较大，应当是前面（第一组）的判文。根据字体、特别是这组文书的形状与第（三）组第（1）部分的形状可以对应折叠，我们把 2006TZJI:117 和 2006TZJI:136 缀合起来，"都护"二字可以连读，2006TZJI:136"都"字的一竖可以在 2006TZJI:117 上看到。可惜的是和第（二）组对应的残片已经佚失。

第(三)组可以分为三部分：

(1)的主体是由 2006TZJI:160＋2006TZJI:122＋2006TZJI:123＋2006TZJI:099＋2006TZJI:097 五个残片组成(图版36)，缀合后尺寸:26.3×47.9cm。另外,2006TZJI:098、2006TZJI:094 两个残片上下相接，从内容和两边残存的印痕看，或许可以接在(1)的开头部分，这两个残片右侧有一行空白，应为纸边，纸缝前面一纸已经脱落。本组文书为鞋面、鞋底、鞋帮组成，但有缺失，从形状上看，它是和本组文书(3)的部分形状完全对应的，如果两者文字相向对迭，恰好吻合。

(2)由 2006TZJI:147＋2006TZJI:142、2006TZJI:095＋2006TZJI:102 四个残片两两缀合而成(图版37)，其中前两残片与后两残片上下并不能直接缀合，最窄处大约缺一字。尺寸分别是:20.2×25cm、20.1×23.3cm、4.6×13.4cm、4.7×9.8cm，缀合后尺寸为 25.3×47.2cm。2006TZJI:147 和 2006TZJI:142 残片是两个鞋面，头与头相对，中间没有剪断，以此为中轴对折，可以确定两者的相向对折关系。我们可以据其所存文字与第(一)组中相同的文字，确定(1)、(2)之间只残三行文字，其中的字数可以大体复原出来。

(3)由 2006TZJI:132＋2006TZJI:133＋2006TZJI:116＋2006TZJI:100＋2006TZJI:101 缀合而成(图版38)。残片尺寸分别是:21.4×23.2cm,9.4×26.6cm,5.7×12.8cm,5.3×21.5cm，缀合后尺寸为27.1×47.3cm。本组文书的形状与本组(1)可以完全对应折叠起来，因此，这组文书和(2)之间也应当缺少三行文字，从内容上判断，也恰好合适。

从图版上不难看出，本组文书残片以(2)的中间为中缝，两边完全可以折叠起来，文字也基本上可以连缀起来。

第(四)组和第(五)组是另一对形状可以对折重叠的纸片，但从内容上看两者之间有一定距离，中间的纸片已经佚失。(四)由 2006TZJI:124＋2006TZJI:091＋2006TZJI:103 组成(图版39)，尺寸分别是:9.2×26.7cm,4.6×34.5cm,5.3×24.5cm，缀合后尺寸为 23.7×34.5cm。(五)由 2006TZJI:125＋2006TZJI:093＋2006TZJI:096 缀合而成(图版40)，尺寸分别是:9.1×26.7cm,

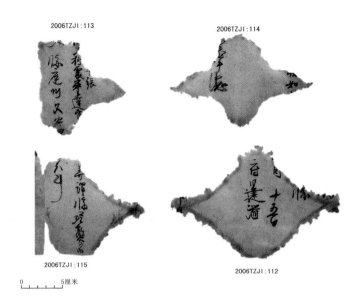

图版 33　哥逻禄文书第一组前半

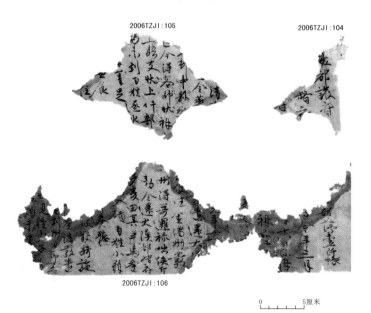

图版 34　哥逻禄文书第一组后半

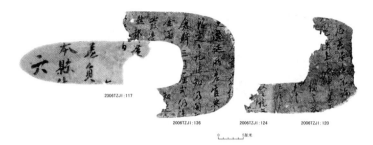

图版 35　哥逻禄文书第二组

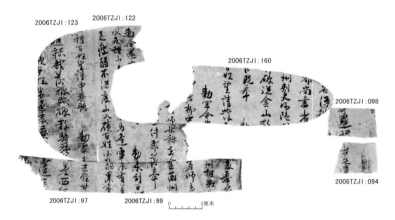

图版 36　哥逻禄文书第三组(1)

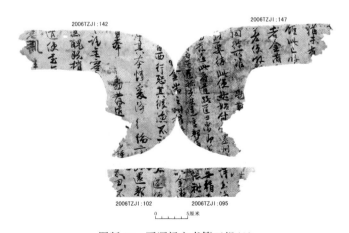

图版 37　哥逻禄文书第三组(2)

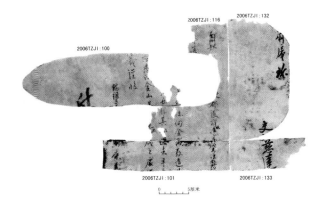

图版 38　哥逻禄文书第三组(3)

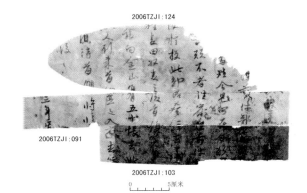

图版 39　哥逻禄文书第四组

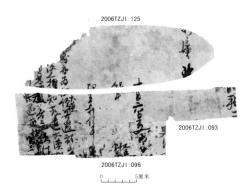

图版 40　哥逻禄文书第五组

4.6×31.3cm，5.6×21.1cm，缀合后尺寸为 19.3×31.3cm。2006TZJI:125 与 2006TZJI:093 之间不能完全拼合，中间约缺半字。2006TZJI:093 与 2006TZJI:096 可以完全缀合。

（六）编号为 2006TZJI:092，尺寸为 4.5×9.1cm，仅存几个文字，所以未能和上述残片缀合。此外，还有两个小残片没有能够系入以上各组，2006TZJI:090 只存三个残字，尺寸 4.7×4.5cm；2006TZJI:161 存半个字，尺寸 9.1×21.2cm。

以上是从外观上对这组文书的整理描述。

二、文书内容考释与相关名词的解说

如果从内容上来看，这个案卷是把处理哥逻禄部落破散问题的相关文书粘连在一起的，我们可以据纸缝和内容将一些独立的文书分成 A—E，共 5 组。下面就按组来概述文书的内容，并解释其中一些名词。

A 组：

第（一）组的纸缝之前，正好是上面一组文书最后的受文和抄目部分，可以归作 A 组。根据纸缝后面的文书年代是龙朔三年正月，推测第 3 行所缺年份是"龙朔二年（662）"，至于"月十五日"上的月份数，尚残有一横的左端，最可能的选择应当是"十"字，因为如果填"二"、"三"、"五"、"六"、"十一"、"十二"诸字，都应当还有一条横线或一捺笔露出，"七"字是另一个可能，但文书从燕然都护府到西州，似乎不应当费时太久，因此我们倾向于定为"龙朔二年十月十五日"。A 组与后面的文书从内容上不直接相关，但应当也是属于关于哥逻禄部落破散问题的文件。第 9 行的"琛"应当就是（三）第 40 行的"［□□］判户曹琛"和（五）第 3 行的"［□□］判户曹琛"，几处的笔迹相同，所以我们可以据他在文书上所处的位置、残划及"某曹判录事"的勾官署名格式，复原为"［某曹判录事］琛"。因为（三）、（五）可能都是西州都督府的牒文，所以据两个同样身份的"琛"，我们可以认为 A 组也是西州都督府的牒文案卷。"琮"在此用朱笔书写,表明是整理这个案卷的勾官,在整理案卷、进行勾检行判时署名。在这部分案卷前,原本至少有四个牒文粘连其上,即第一件牒文是为"析处半达官(后缺)"的事,由于有残缺,所以不知事情的具体内容。第二件牒文是将上件牒文翻译后发给"泥熟□□(下缺)"。第三、四件牒文是将同样的事情报告给庭州和安西都护府,请示处分。从牒文的去向和后面的签署官吏来看,这些牒文可能是西州都督府接燕然都护府的牒文后牒给各个方面的。

第一件牒文事目的"析处半达官(后缺)",其中"达官"比较好解释,即突厥语 tarqan 的音译,又作"达干",是突厥可汗身边行政官的称号①。"处半"也是突厥语,《旧唐书》卷一九四下《突厥传》:西突厥沙钵罗可汗所统咄陆五啜下,有"鼠尼施处半啜";弩失毕五俟斤下,有"哥舒处半俟斤"②,都是在官名之前,与这里的用法正合。"析"字也可以看作是"折"字,左边的偏旁写得不够清楚,不过无论是哪个字,都不能看作是像史籍中那样一个"处半"前的部落名称。从上下文来看,这个"析"字似是一个动词,表示此牒的目的是把处半达官的人众离析开来。

第二件牒文事目的"泥熟"二字写得歪歪扭扭,但基本上可以确定。可惜的是下面的两个字或一个字,我们最终未敢比定。"泥熟"或"泥孰"是突厥比较常见的人名③,以下略举相关时代的一些例子:

1.《旧唐书》卷一九四下《突厥传》下记,贞观初,西突厥泥孰莫贺设被立

---

① 参看 H. W. Bailey, "Turks in Khotanese Texts", *Journal of the Royal Asiatic Society*, 1939, p. 91;护雅夫《古代トルコ民族史研究》I,山川出版社,1967 年,46 页。

②《旧唐书》卷一九四下《突厥传》下,中华书局,1975 年,5186 页。

③ 吐鲁番发现的中古波斯语赞美诗题记中有 Nyjwk 一名,即突厥语的波斯文转写形式,见 F. W. K. Müller, " Ein Doppelblatt aus einem Manichäischen Hymnenbuch (*Mahrnamag*)", *Abhandlungen der Preussischen Akademie der Wissenschaften* 1912, Berlin, Verlag der Königl. Akademie der Wissenschaften, 1913, p. 39; D. Durkin-Meisterernst, *Dictionary of Manichaean Middle Persian and Parthian*, Turnhout: Brepols, 2004, p. 252。

为可汗,是为咄陆可汗,贞观八年卒①。

2. 同上传记,贞观十二年(638),西突厥西部立欲谷设为乙毗咄陆可汗。乙毗咄陆可汗以其部将泥孰啜"自擅取所部物,斩之以徇;寻为泥孰啜部将胡禄居所袭,众多亡逸,其国大乱。"②

3. 贞观十三年(639)四月,降于唐朝的东突厥突利可汗之弟结社率作乱,唐朝"乃赐怀化郡王阿史那思摩姓李氏,立为泥熟俟利苾可汗,赐鼓纛,使率其种落",但泥熟俟利苾可汗与薛延陀相攻击,因失众只得于贞观十八年"轻骑入朝"③。其像刻于太宗昭陵,题名为"突厥乙弥泥孰俟利苾可汗、右武卫大将军阿史那李思摩"④。

4.《旧唐书》卷一九九下《铁勒传》记:"(贞观)十六年(642),遣其叔父沙钵罗泥熟俟斤来请婚,献马三千匹。"⑤

5.《旧唐书》卷一八五上《李素立传》记:"贞观中,累转扬州大都督府司马。时突厥铁勒部相率内附,太宗于其地置瀚海都护府以统之,以素立为瀚海都护。又有阙泥孰别部,犹为边患,素立遣使招谕降之。夷人感其惠,率马牛以馈素立,素立唯受其酒一杯,余悉还之。为建立廨舍,开置屯田。久之,转绵州刺史。永徽初,迁蒲州刺史。"⑥

6.《旧唐书》卷六二《李大亮传》:"时颉利可汗败亡,北荒诸部相率内属。有大度设、拓设、泥熟特勤及七姓种落等,尚散在伊吾,以大亮为西北道安抚

①《旧唐书》卷一九四下《突厥传》下,5182—5183 页。

② 同上,5185 页。

③《唐会要》卷九四"北突厥"条,上海古籍出版社,1991 年,2002—2003 页。关于李思摩的详细情况,参看铃木宏节《突厥阿史那思摩系谱考——突厥第一可汗国の可汗系谱と唐代オルドスの突厥集团》,《东洋学报》第 87 卷第 1 号,2005 年,37—68 页。

④《唐会要》卷二〇"陵议"条,458 页。李思摩及其他一些昭陵刻石人像的残块近年被发现,弄清了其所立位置,参看张建林《唐昭陵考古的重要收获及几点认识》,黄留珠、魏全瑞主编《周秦汉唐文化研究》第 3 辑,三秦出版社,2004 年,254—258 页;张建林、史考《唐昭陵十四国蕃君长石像及题名石像座疏证》,西安碑林博物馆编《碑林集刊》第 10 集,陕西人民美术出版社,2004 年,82—88 页。

⑤《旧唐书》卷一九九下《铁勒传》,5345 页。

⑥《旧唐书》卷一八五上《李素立传》,4786 页。

大使以绥集之,多所降附。朝廷愍其部众冻馁,遣于碛口贮粮,特加赈给。"①

7. 同书《突厥传》下记西突厥弩失毕五俟斤之一:"四曰阿悉结泥孰俟斤"②。

8. 同书《突厥传》上:"贞观二十三年(649),遣右骁卫郎将高侃潜引回纥、仆骨等兵众袭击之(车鼻可汗)。其酋长歌逻禄泥孰阙俟利发及拔塞匐处木昆莫贺咄俟斤等率部落背车鼻,相继来降。"③

以上泥孰莫贺设(baγa šad)、泥孰啜(cör)、泥孰俟利苾可汗(eltäbär kaγan)、泥孰俟斤(irkin)、泥孰特勤(tegin)、泥孰俟斤(irkin)、泥孰阙俟利发(kül eltäbär)几个例子,应当都是官称前的名字。此外,还有阙泥孰别部。具体到这些当时的历史人物,和本文书所记"泥孰"最有可能有关的是歌逻禄泥孰阙俟利发所率的部落。泥孰阙俟利发见于史籍的年代稍早,但他活动的范围在漠北燕然都护府境内,又是哥逻禄部落酋长,因此本文书中出现的泥孰某某不排除是他的后人所率的部落。

第三件牒文是给庭州的,这是唐朝贞观十四年(640)攻占高昌后,在山北西突厥控制的可汗浮图城(今吉木萨尔县北)设立的直辖州,是唐朝处理漠北突厥事务的重要基地。

第四件牒文是给安西的,安西即安西都护府,贞观十四年设立于吐鲁番盆地的交河城。显庆三年(658)唐朝打败西突厥阿史那贺鲁的反叛势力后,将安西都护府移驻龟兹,控制塔里木盆地绿洲王国。虽然哥逻禄破散问题的事情发生在天山以北地区,但西州也要把相关情况报告给安西都护府,可见当时对于这件事的重视,也可以看出唐朝处理漠北事务是要与安西相知会的。

B 组:

第(一)组的纸缝后面,即第 13—38 行文字和第(二)组,属于 B 组。因

---

① 《旧唐书》卷六二《李大亮传》,2388 页。
② 《旧唐书》卷一九四下《突厥传》下,5186 页。
③ 《旧唐书》卷一九四上《突厥传》上,5165 页。

为文书上钤有"燕然都护府之印"（5.3×5.3cm），所以这组文书应当是燕然都护府致西州都督府的牒文，通报有关情况，并抄录相关牒状文等。关于燕然都护府，《唐会要》卷七三《安北都护府》条记："（贞观）二十一年（647）正月九日，以铁勒回纥等十三部内附，置六都督府、七州。……至四月十日，置燕然都护府，以扬州司马李素立为都护，瀚海等六都督、皋兰等七州，并隶焉。……龙朔三年二月十五日，移燕然都护府于回纥部落，仍改名瀚海都护府。其旧瀚海都督府，移置云中古城，改名云中都护府。仍以碛为界，碛北诸蕃州悉隶瀚海，碛南并隶云中。"①由燕然都护府的存在时间可以判断此文书的下限，应当是在燕然都护府改名瀚海都护府的龙朔三年二月十五日以前。

第（一）组文书第13—38行文字，被下面粘连的西州都督府的文书（第三组）完整地抄录下来，使得我们可以相互补充许多缺失的文字。本件燕然都护府文书的内容大致如下：

文书开头是发文机构燕然都护府具名，下为事项名，即为"哥逻禄步失达官部落壹阡帐"破散问题，转行是收文单位西州都督府具名，然后空格，接写牒文。参照它前面粘接的龙朔二年十月十五日文书和后面的龙朔三年正月的文书，本文书的年代可能写于龙朔二年十月十五日以后，龙朔三年正月以前，因此这里的"今年"，即指龙朔二年。在二年三月时，燕然都护府得到从东都洛阳某月十八日所写的报告说，唐朝在北庭境内设置的羁縻性质的金满州刺史沙陀氏某人向唐廷报告说，哥逻禄步失达官部落被贼人打败，从金山地区散出。哥逻禄部落百姓因为遭难，所以望请唐朝发遣安置去处。事实上，在此之前，燕然都护府就曾收到龙朔元年十一月某日的朝廷敕文，敕文令燕然都护府将此事与西州都督府相知会，发遣哥逻禄步失达官部落百姓还哥逻禄大漠都督府原居地，西州随即差遣柳中县丞□客师充使，前往金满州处理发遣事宜。"如今"（龙朔二年十月中旬以后）再次发文给西州，

---

① 《唐会要》卷七三"安北都护府"条，1557—1558 页。

是因为得□客师状称：说他到金满州后，得到哥逻禄首领咄俟斤乌骑支状文，说上件部落奉龙朔元年敕令要还大漠都督府，但敕未到时，百姓追逐有水之地，已经多多少少各种了麦田。其所放养的羊马，因为遭遇风雪，没有蓄足草料，导致瘦弱不能度山入碛，无法返回大漠都督府驻地。乌骑支还强调：百姓小弱累重、无食□种，所以部落百姓希望申奏，听敕处分，去往甘州地方居住。乌骑施（应即上文的乌骑支）又说：哥逻禄部落被贼破散，他本人□（奉）差西行，而部落的首领百姓们，要遂表奏，请发遣。以下文句残断，有诸多不明之处。似乎唐朝希望很快将这个到达金满州辖地的哥逻禄部落送回大漠都督府，由燕然与金满州联络，安排遣送事宜。但哥逻禄部落以通往大漠都督府的道路有贼人阻拦、暂且不通为由，以及所种麦田尚未收获的事实，希望能在金满州界内停住。最后可能是说，等到一旦道路通畅，就差使安稽这批遭难部众。

第（二）组文书文字较大，每行字数较少，不似正式牒文文字，可能是龙朔二年十月十五日以后西州接到燕然都护府牒文后的判文，从内容上来讲，应当归入 B 组。其中说到朝廷下诏发遣哥逻禄部落回归本土，本来应当即日发遣，但因为百姓种了麦田，所以要等麦田熟后，就由首领率领返回，不可迁延。另外又说所差官典等应当向相关部门咨询，确定以后，要通知西州都督府，并关（发文给）西州的功、仓、骑三司，还要牒金满州以及燕然都护府，希望迅速发遣。

虽然文书有很多残缺，但我们基本上能够复原出这部分的内容。

有几个关键词需要解释一下：

文书提到"东都尚书省"，可以得知朝廷的敕文是从当时高宗所在的东都洛阳发送出来的。据《资治通鉴》卷二〇〇至二〇一，高宗于显庆四年闰十月至东都，以后虽然曾到过并州等地，但一直未回长安，龙朔二年三月始离东都，四月至京师。文书中有"（东）都尚书省"字样，或许表明是龙朔二年三月以前发自东都尚书省的敕文。

文书中有残缺的"州刺史沙陀□"，我们知道处月部首领为沙陀，史籍记载金满州都督例由沙陀氏担任,因此这里的州必然是指金满州,前面应当补"金满"二字,后面是其名字,不知有几个汉字。

文书提到唐朝派出处理这个问题的专使柳中县丞□客师是到金满州去处理问题的。《新唐书》卷四三《地理志》载:"金满州都督府:永徽五年(654)以处月部落置为州,隶轮台。龙朔二年(662)为府。"①又《新唐书》卷二一八《沙陀传》:"又明年(永徽五年),废瑶池都督府,即处月地置金满、沙陀二州,皆领都督。"②金满州隶属庭州轮台县(一说为今乌鲁木齐市南乌拉泊古城),其地理位置应当在轮台北面,也就是大漠都督府正南的方向。从文书上下文来看,哥逻禄步失达官部落一千帐,应当就是迁到金满州的地域范围内,因此,唐朝派的专使要到金满州去处理问题。因为文书此处追溯的是龙朔元年或二年的事情,所以尚未改州为府。

至于这位金满州刺史沙陀氏是谁,因为下面的字残划太少,因而难以辨识。据《新唐书·沙陀传》:"龙朔初,以处月酋沙陀金山从武卫将军薛仁贵讨铁勒,授墨离军讨击使。长安二年(702),进为金满州都督,累封张掖郡公。"③龙朔时处月部的酋长是沙陀金山,但他当时还不是唐朝册封的州刺史,而且本文书残留的笔划也不像是"金"字,所以这里的金满州刺史沙陀氏,可能是沙陀金山的前任。因为哥逻禄的破散部落流亡到了金满州,所以金满州刺史沙陀氏也参与处理他们的安置问题。

这里残存的"　]□破,从金山散[　"等文字,联系下文所说哥逻禄部落破散的情形,似是说此哥逻禄步失达官部落是从金山散亡出来的。金山,即阿尔泰山,在北庭正北,是阿史那贺鲁叛乱平定后唐朝安置三姓哥逻禄的地方,也就是大漠都督府的驻地所在。

应当补充说明的是,唐朝要发遣哥逻禄步失达官部落百姓还大漠都督府原居地,显然这个部落属于哥逻禄的大漠都督府。《新唐书》卷二一七《葛

①《新唐书》卷四三《地理志》,中华书局,1975 年,1131 页。

②《新唐书》卷二一八《沙陀传》,6154 页。

③《新唐书》卷二一八《沙陀传》,6154 页。

逻禄传》记:"显庆二年(657),以谋落部为阴山都督府,炽俟部为大漠都督府,踏实力部为玄池都督府,即用其酋长为都督。"①按大漠都督府的民众属于三姓哥逻禄中的炽俟(Čigil)部。在炽俟部之下,一定还有一些分支部落,步失达官部落可能就是其中之一。但从文书中我们看到这支部落有"壹阡帐",贞观二十二年(648)四月西突厥叶护阿史那贺鲁来降时,所率余众只有数千帐,可见步失达官部落虽然破散,也还保有相当的规模。在永徽元年(650)阿史那贺鲁叛乱后,哥逻禄部也曾追随他起兵。显庆二年,唐朝一方面派右屯卫将军苏定方等讨击,另一方面使右武卫大将军阿史那弥射、左屯卫大将军阿史那步真到西域地区安抚,《旧唐书》卷一九四下《突厥传》下说:"弥射又进次双河,贺鲁先使步失达干鸠集散卒,据栅拒战。弥射、步真攻之,大溃。"②此处的步失达干其人与本文书的步失达官部落名称相同,不知他是否原本属于该部。在显庆二年苏定方彻底打败贺鲁以后,哥逻禄又归降唐朝,唐朝设阴山、大漠、玄池三个都督府来安置他们,地点在庭州以北、金山西面的额尔齐斯河畔。

又,本文书提到哥逻禄首领咄俟斤乌骑支,是哥逻禄步失达官部落的首领之一。至于其时大漠都督府的都督,也就是炽俟部的首领,我们有幸看到西安市文物考古研究所收藏的《炽俟弘福墓志》的有关记载,现将相关文字引出:

> 大唐故云麾将军左威卫将军上柱国天兵行军副大使兼招慰三姓葛逻禄使炽俟府君墓志铭并序
>
> 公讳弘福,字延庆,阴山人也。……曾祖娑匐颉利发,大漠州都督,镇沙朔而用武,保公忠而竭诚。祖 步失,右骁卫大将军兼大漠州都督、天山郡开国公。统林胡而莫犯,司禁旅而踰肃。父力,本郡太守。绍前烈而有光,翼后昆而可大。公……万岁登封元年,进云麾将军、左威卫

---

① 《新唐书》卷二一七《葛逻禄传》,6143 页。
② 《旧唐书》卷一九四下《突厥传》下,5187 页。

将军、上柱国。忠谨日彰,勋庸岁积。诏充天兵行军副大使兼招慰三姓葛逻禄使,于是临之以敬,董之以威。士马之富如云,戈鋋之明似雪。……神龙二年十二月廿九日行路遘疾,终于剑州剑门县之逆旅,春秋五十有三。……夫人沙陀氏,封燕郡夫人,从夫之贵也。塞渊其德,淑慎其仪。即以开元廿四年五月十七日祔葬于长安高阳原,礼也。①

据葛承雍先生考证,炽俟弘福曾祖父娑匐颉利发应是显庆二年设置大漠州都督府后的首任都督,祖父步失("步失"两字模糊不清,不能肯定)是显庆五年后世袭大漠州都督,他还接受了唐朝授予的右骁卫大将军、天山郡开国公官衔。父亲炽俟力"为本郡太守",即同任大漠都督之意②。所考大体可以接受。其曾祖名"娑匐",应即《新唐书》卷二一七下《葛逻禄传》"婆匐"的正确写法③,是哥逻禄炽俟部的别称④。如果把其祖〔炽俟〕步失看作是龙朔二年前后的炽俟部首领的话,他的名字可以由本文书而落实,即也是"步失",或许步失达官部落正是炽俟部中的主体部落,因此炽俟部的首领也用"步失"来作为自己的汉名。

2007年10月下旬,我借参加西安碑林学术研讨会的机会,到长安区博物馆参观,承蒙馆长穆晓军先生的好意,看到新发现的炽俟弘福长子炽俟汕的墓志,并承蒙允许,发表于此。今据拓本录文如下:

唐故游击将军右武卫中郎将炽俟公墓志铭并序

京兆进士米士炎撰

公讳汕,字伏护,阴山人也。发源本于夏后,弈叶联于魏朝。累生

① 图版见《隋唐五代墓志汇编》陕西卷第3册,天津古籍出版社,1991年,161页;录文见《全唐文补遗》第2册,三秦出版社,1995年,22页;周绍良、赵超主编《唐代墓志汇编续集》开元144,上海古籍出版社,2001年,551—552页。
② 葛承雍《西安出土西突厥三姓葛逻禄炽俟弘福墓志释证》,荣新江、李孝聪主编《中外关系史:新史料与新问题》,科学出版社,2004年,449—456页,特别是452—453页。
③ 《新唐书》卷二一七下《葛逻禄传》,6143页。
④ 伯希和早就论证"娑匐"的正确写法应当是"娑匐"(Säbäg),见P. Pelliot, "Neuf notes sur des questions d'Asie centrale", *T'oung Pao*, XXVI, 1929, p. 243,《炽俟弘福墓志》的出现有力地印证了其判断。

名王,代有属国。入为冠族,道远乎哉。曾祖步失,右骁卫将军,兼大漠州都督、天山郡开国公。外绾穹庐之长,内参禁臠之任。服勒无歝,授寄方殷。祖力,云麾将军、左武卫中郎将,兼本郡太守。奉承世官,分理郡国。出则扞城御侮,入则捧日戴天。昭考弘福,云麾将军、左威卫大将军,兼知天兵军副大使、招慰葛禄使。生金星而武,擅玉帐而雄。推毂而宠崇九天,坐帷而谋远千里。勋绩之大,国史存焉。公即大将军之元子也。歧嶷独秀,清明在躬。外庄而宽仁,内淑而刚简。先朝以将门子,万岁通天中,特受游击将军、左威卫翊府右郎将,从班次也。圣历载,诏许当下之日,成均读书。又令博士就宅教示,俾游贵庠,从师私第。始谈高而成薮,终覆蒉而为山。以开元中,迁左骁卫中郎。无何,以太夫人之丧去仕。以开元廿五年服缺,换右武卫中郎。效职而玄通周慎,出言而暗合诗书。廊庑识承官之材,朝廷闻郫都之誉。从龙广殿,珥鹖太街,有足雄也。虽事经累圣,禄终眉寿而过乏秋毫;爱流冬日,高门纳驷,既守俭而安长剑,君亦不威而肃。呜呼!岂期杖朝云及而逝者如斯。以天宝十一载四月十七日,寝疾终于京义宁里之私室,时春秋六十有九。公尝产分疏属,食待嘉宾。友睦弟兄,惠优孀独。其养也以色,其丧也以哀。从政不颇,率身有礼。固足冠君子之列,符古人之志。夫人康氏,琴瑟之友,金玉其相。蕣花早凋,薰瘗郊外。即以天宝十三载五月廿五日,祔葬于长安高阳原,礼也。有子凤,泣血在疚,羸容过戚。尝议发挥先志,光启大人。仆忝升堂之交,敢违刻石之请。铭曰:

玄冥封域,乌丸苗裔。向化称臣,策名谒帝。纠纠龙骧,副临节制。昂昂武贲,式司羽卫。报国忠公,承家继世。上天不吊,哲人云亡。合祔元吉,终然允臧。鸾昔孤瘗,剑今双藏。寘铭翠石,颂德玄堂。古原之上,松柏苍苍。

这里说其曾祖步失"外绾穹庐之长,内参禁臠之任",和炽俟弘福墓志的意思相同,为我们上面的论证更添一条史料。还有一点值得注意,就是炽俟弘的夫人为粟特康氏,证明哥逻禄步失达干部落与粟特的关系,这或许可以说明西州与沙陀金满州在处理哥逻禄步失达干大漠都督府百姓破散问题时,有粟特人参与,并且用粟特文通信(详下)。

C组:

第(三)组文书是C组。上钤有朱文"西州都督府之印"(大概尺寸:5.4×5.2cm),第14、15和29、30两个纸缝的背面,皆有残字押署及骑缝印"西州都督府之印",说明这一部分是西州都督府的牒文。

如上所述,文书的第1—27行转述了B组燕然都护府牒文中的内容,所以文书的许多残缺文字得以复原。第28—29行提到逗留金满州地域,恐被其他部族侵扰,所以向唐朝廷报告,朝廷下诏发遣哥逻禄部落回归本土,云云。后面第30—35行又和上面B组后面的判文第1—10行完全相同,只是最后一行表明唐朝又派名叫慈训的人前往处理其事。最后是文书的末尾,年代应当在龙朔二年十月末到年底之间。

纸缝后的前面两行是牒文抄目,即西州都督府受领燕然都护府牒为领大漠都督府部落返回原居地事,所指是前面粘贴的文书。第44—49行是龙朔三年(估计是正月)西州都督府典康义牒,这件牒文很短,大概是说抄目所提到的牒文,也同时发给金满州,目的同样是发遣哥逻禄部落返回金山地区,但可能是因为首领不在,所以请求裁定如何行动。不过此件不是正式文书,没有官印,可能是牒文的留底抄件,或者是草稿。最后一行是判文,因残甚无法推测其内容。

D组:

即第(四)组文书。内容是龙朔三年正月西州都督府牒文,转述了哥逻禄步失达官部落所说自身的情况,说到部落百姓现今何在,朝廷想让他们回大漠都督府,但他们不情愿的原因。经过审核,得知这个部落被贼人打散之后,从龙朔二年以来,居住在金满州地区,且种了麦田。收麦之后,首领六人曾率五十帐移向金山,人数不是很多。此次使人到来,再次督促其他帐落也返回大漠,但其他首领都已入京去住,没有人统领,所以需要等待首领们回来才能返回。

E组

即第(五)组文书。第1—4行是收文官吏的签署,5—7行是受、行判和勾检记录。最后8—11行是一个长长的抄目,大概可以看出牒文正文有以下几层内容:燕然都护府牒西州都督府告知收领大漠哥逻禄步失达官部落事;并由西州派遣使人至金满州,相知发遣哥逻禄部落还大漠都督府;后又派□慈训充使前往处理事宜;拟将哥逻禄步失达官部落一千帐送还燕然都护府辖境范围内。文书上下均残,这里有些内容是根据前面文书的内容而做的推测,不一定准确,但大意应当如此。

粟特语文书

除了以上几组汉文文书外,同批整理的还有一件粟特文文书残片(2004TBM107:3-2),出自吐鲁番巴达木第107号墓,是钤有汉字朱文官印的正式官文书。据吉田豊教授的转写和翻译,其中也提到了"哥逻禄",年代是龙朔三年①。其上所钤官印,我们已经释读为"金满都督府之印"。据上文所引《新唐书》卷四三《地理志》,金满州都督府永徽五年(654)置为州,龙朔二年(662)改为府②。即原本是金满州,龙朔二年改作金满州都督府了。我们的文书正好在龙朔二年十一月以前者都称金满州,C组最后的龙朔三年文书上虽然有"金满",但未写明是州还是府。不过《新唐书·沙陀传》在说到沙陀金山长安二年(702)"进为金满州都督"时,还是简称金满州都督府为金

① 关于此文书的简单介绍,参看荣新江《新出トゥルファン文书に见えるソグドと突厥》,《环东アジア研究セン一年报》第1号,新潟大学,2006年3月,11页。详细研究,见Yutaka Yoshida, "Sogdian Fragments Discovered from the Graveyard of Badamu",《西域历史语言研究集刊》第1辑,科学出版社,2007年,45—53页。

② 《新唐书》卷四三《地理志》,1131页。

满州。从粟特语文书上的"金满都督府之印",我们可以认为这件龙朔三年的粟特语文书是为安置哥逻禄部落返回大漠都督府过程中金满州都督府而发的文件,大概是发往西州都督府的,因此留在了西州地区。这件文书证明,沙陀部当时在与外界联系时,使用的是粟特文,他们的文秘人员和早期突厥汗国的文秘人员一样,可能都是由粟特人担任的。

根据文书的内容,我们把全卷定名为《唐龙朔二年、三年(662、663)西州都督府案卷为安稽哥逻禄部落事》。总括以上五组文书的主要内容,我们可以获知史籍中没有记载过的一件重要史事:大概在龙朔元年十一月以前,唐朝得到西突厥处月部所设的金满州刺史沙陀氏某人的报告,说哥逻禄步失达官部落被贼人打散,有一千帐百姓从金山(阿尔泰山)南下,到金满州地域(今乌鲁木齐乌拉泊古城北方)停住。十一月某日,唐朝自东都尚书省分别给燕然都护府、哥逻禄部落发下敕文,令燕然都护府将此事与西州都督府相知会,发遣哥逻禄步失达官部落百姓返回哥逻禄大漠都督府原居地。西州随即差遣柳中县丞□客师充使,前往处月部金满州,与金满州刺史一起处理发遣事宜。龙朔二年三月,燕然都护府得到□客师报告,哥逻禄首领咄俟斤乌骑支陈状,说部落百姓在奉到龙朔元年敕令之前,已经在有水之地种了麦田,而且所放养的羊马因遭风雪,没有蓄足充分的草料,因此瘦弱不能度山入碛,无法返回大漠都督府辖地。所以,部落百姓希望朝廷安排他们到甘州地方居住,那里的条件当然要比金山地区好。十月中旬以后,西州又派遣使人□慈训前往金满州,并与燕然都护府、金满州等相知会,希望迅速发遣哥逻禄部落返还大漠都督府。但哥逻禄部落以通往大漠都督府的道路有贼人阻拦、暂且不通,以及所种麦田尚未收获为由,希望在金满州界内停住。到龙朔三年正月,由于阻隔通往金山道路的凶丑已被击败,在慈训等人努力下,哥逻禄部落百姓收麦之后,由首领六人率五十帐移向金山,人数不是很多。其他帐的首领都已入京去住,所以需要等待首领们回来,才能返回。尽管文书以下内容缺失,但整个哥逻禄部落破散和唐朝处理的情况,仍得以基本完整地呈现出来。

三、哥逻禄早期历史概说

　　本文书案卷的主角是哥逻禄。对于哥逻禄的早期历史,内田吟风的《初期葛逻禄族史之研究》一文已做过很好的清理①。埃色迪(Ildikó Ecsedy)《对唐代哥逻禄史研究的贡献》一文,把有关哥逻禄历史的汉文史料区分为前期(7 世纪)和后期(8 世纪),从而对于一些历史、地理问题都做了澄清②。霍夫曼(H. Hoffmann)《藏文文献中的葛逻禄》一文,揭示了藏文史料中有关哥逻禄的内容③;布隆多(A.- M. Blondeau)和乌瑞(G. Uray)或则刊布了敦煌藏文写本中有关哥逻禄人养马技术的资料,或则探讨其价值④。普里察克(O. Pritsak)《从葛逻禄到黑韩王朝》一文,利用阿拉伯文、波斯文材料对哥逻禄部落的名称以及葛逻禄后期的发展,做了详细的阐述⑤。张云《葛逻禄部早期史初探》、薛宗正《葛逻禄的崛起及其西迁》,也对哥逻禄的早期历史做了考察⑥。这些研究为我们整理哥逻禄文书和清理其早期历史提供了很大的帮助。

————————

① 内田吟风《初期葛逻禄(Karluk)族史の研究》,原载京都大学文学部东洋史研究室内田村博士退官记念事业会编《田村博士颂寿东洋史论丛》,1968 年;收入《北アジア史研究・鲜卑柔然突厥篇》,同朋舍,1975 年,495—509 页。陈俊谋汉译《初期葛逻禄族史之研究》,《民族译丛》1981 年第 6 期,31—35 页,可惜有所节略,并删掉全部注文。以下所引内田氏说法均出此文,不一一注出页码。

② I. Ecsedy, "A Contribution to the History of Karluks in the T'ang Period", *Acta Orientalia Academiae Scientiarum Hungaricae*, XXIV. 1-3, 1980 [1981], pp. 23-37.

③ H. Hoffmann, "Die Qarluq in der tibetischen Literatur", *Oriens* 3, 1950, pp. 190-208.

④ A. - M. Blondeau (ed. & tr.), *Matériaux pour l'étude de l'hippologie et de l'hippiatrie tibétaines* (à partir de manuscrits de Touen-houang), Genève 1972, pp. 150 - 152, 322 - 323; G. Uray, " The Old Tibetan Sources of the History of Central Asia up to 751 A. D.: A Survey", *Prolegomena to the Sources on the History of Pre-Islamic Central Asia*, ed. J. Harmatta, Budapest 1979, p. 303.

⑤ O. Pritsak, "Von den Karluk zu den Karachaniden", *Zeitschrift der Deutschen Morgenländischen Gesellschaft* 101, NF XXVI, 1951, pp. 270-300.

⑥ 分别载《新疆历史研究》1987 年第 2 期,14—20 页;《新疆大学学报》1991 年第 2 期,71—79 页。

以下,我们先根据原始史料并参考内田氏文章清理的线索,对哥逻禄的早期历史做必要的叙述,并重点提示与本文下面讨论的问题相关的史料。

哥逻禄是属于漠北铁勒、突厥系统的一个部族,主要活动地域在金山地区,位于东、西突厥之间,因此时而属于铁勒或东突厥,时而属于西突厥。在汉文史料中,哥逻禄最早见于《隋书》卷八四《铁勒传》:"伊吾以西,焉耆之北,傍白山,则有契弊、薄落、职乙、咥苏、婆那曷、乌讙、纥骨、也咥、于尼讙等,胜兵可二万。"①内田氏指出:"薄落、职乙"即后来葛逻禄三姓中的 Bulāq 族(《唐书》写作"谋落")与 Čigil(炽俟)。

贞观初,因西突厥统叶护"自负强盛,无恩于国,部众咸怨,歌逻禄种多叛之"②。内田氏推测哥逻禄随后大概归属于新兴的薛延陀真珠毗伽可汗。贞观十三年(639)前后,"阿史那步真既来归国,咄陆可汗乃立贺鲁为叶护,以继步真,居于多逻斯川,在西州直北一千五百里,统处密、处月、姑苏、歌罗禄、弩失毕五姓之众"③。哥逻禄再次归于西突厥汗国麾下,属叶护阿史那贺鲁统辖。

贞观十三年以后,西突厥咄陆可汗大力向东发展,兵锋甚至到了唐朝的伊州。唐朝立乙毗射匮可汗与之抗衡。在射匮可汗的打击下,咄陆可汗或贺鲁部下的一部分哥逻禄部落向东迁徙。贞观十八年(644),谢叔方为左亲卫中郎将,"奉使灵州,招辑突厥。会〔卑〕失、哥罗禄等部落叛兵三千于籍浽水上,围叔方甚急。叔方率励奋击,虏众乃解。还,止柔远县,发伊州兵,往谕〔薛〕延陀,与其游车(军)会击,大破之"④。内田氏认为,这是因射匮可汗

---

① 《隋书》,中华书局,1973年,1879页。其中断句作"薄落职、乙咥、苏婆、那曷",误。

② 《旧唐书》卷一九四下《突厥传》下,5182页。

③ 同上,5186页。

④ 《宋本册府元龟》卷六五六《奉使部》立功条,中华书局,1989年,2210页;《册府元龟》卷六五六,中华书局,1960年,7858页。明本于"部落"二字上多一"叛"字。

与贺鲁之争而东移宁夏地方的贺鲁所属的葛逻禄①。除此之外,更多的哥逻禄部落可能进入在阿尔泰地区新兴的突厥车鼻可汗的势力范围之内。

据《旧唐书》卷一九四上《突厥传》上记,贞观二十年(646),突厥别部酋长车鼻(即阿史那斛勃)"自称乙注车鼻可汗。西有歌罗禄,北有结骨,皆附隶之。"①《唐会要》卷一○○《葛逻禄国》所记更为详细:"本突厥之族也。在北庭之北,金山之西,与车鼻部落相接。薛延陀破灭之后,车鼻人众渐盛,葛逻禄率其下以归之。"②由于这是作为哥逻禄传记的主要内容记载下来的,因此笔者认为迁徙到金山之西的哥逻禄是此时哥逻禄部族的主体,他们附属于东突厥车鼻可汗③。贞观二十一年,唐朝遣使迎车鼻可汗入朝,车鼻不肯,杀唐使。于是,贞观二十三年,唐"遣右骁卫郎将高侃潜引回纥、仆骨等兵众

---

① 内田氏这里认为会失哥罗禄=Üč-Qarluq=三姓葛逻禄,因此直接用"三姓葛逻禄"的说法。但据埃色迪的分析,"三姓葛逻禄"的说法应当是开元以降的事(I. Ecsedy, "A Contribution to the History of Karluks in the T'ang Period", pp. 34–35)。按,Üč-Qarluq 见于突厥文《磨延啜碑》(又(转下页注)
(接上页注)称 Šine-usu/塞因乌苏碑)和《铁尔痕碑》(又称 Tariat/塔里亚特碑)(见 T. Moriyasu & A. Ochir, eds. *Provisional Report of Researches on Historical Sites and Inscriptions in Mongolia from 1996 to 1998*, Osaka: The Society of Central Eurasian Studies, 1999, pp.169, 179;耿世民《古代突厥文碑铭研究》,中央民族大学出版社,2005 年,196、211 页。参看 T. Tekin, "The Tariat (Terkhin) Inscriptions", *Acta Orientalia Academiae Scientiarum Hungaricae* 37, 1983, pp. 43–68; Ablet Kamalov, "The Moghon Shine Usu Inscription as the Earliest Uighur Historical Annals", *Central Asiatic Journal*, XLVII.1, 2003, pp. 77–90),都是回鹘时代的碑铭。三姓葛逻禄作为一个整体,先是在突厥第二汗国的属下,成为"三十姓突厥"的组成部分(见铃木宏节《三十姓突厥の出现——突厥第二可汗国をめぐる北アジア情势》,《史学杂志》第 115 编第 10 号,2006 年,17—19 页),以后又归属回鹘汗国。内田氏会失哥罗禄=Üč-Qarluq 的说法不可取。薛宗正《葛逻禄的崛起及其西迁》72 页引文补"界",即"卑"。按卑失为突厥部落之一,其所补有理,今从之。

① 《旧唐书》卷一九四上《突厥传》上,5165 页。

② 《唐会要》卷一○○《葛逻禄国》,2123—2124 页。

③ 按"车鼻",又作"车鼻施"等,是突厥官号,原语可能是来自突厥语的 čaviš,也可能是粟特语 čapiš,"将军"之义。据考,该词可能源自嚈哒,后为西突厥所承袭,带有这一官号的人大多与中亚西部地区或西突厥领地有关。见吉田豊"Some Reflections about the Origin of čamūk",森安孝夫编《中央アジア出土文物论丛》,朋友书店,2004 年,131—132 页。或许东突厥的车鼻可汗与西边自有渊源,因此与哥逻禄有着密切的关系。

袭击之,其酋长歌逻禄泥孰阙俟利发及拔塞匐、处木昆莫贺咄俟斤等率部落背车鼻,相继来降"。永徽元年九月,高侃将车鼻俘获,押送长安。唐朝"处其余众于郁督军山,置狼山都督以统之",重新安置附属于车鼻可汗的各部①。据《新唐书》卷四三下《地理志》"浑河州都督府"条:"永徽元年,以车鼻可汗余众歌逻禄之乌德犍山左厢部落置。"又"狼山州都督府"条:"永徽元年,以歌逻禄右厢部落置,为都督府,隶云中都护。"②所谓"云中都护"是龙朔三年以后才出现的说法,实际应当作"燕然都护",《唐会要》卷七三《安北都护府》条即作"燕然都护府"③。由此可见,到永徽元年十月二十日,哥逻禄部的主体移到金山东侧和郁督军山(今杭爱山)一带,隶属于燕然都护府④。

另外一支哥逻禄部落,则在贞观二十二年四月,随同遭受射匮可汗攻打的阿史那贺鲁南下,投奔到唐朝的庭州,居于天山北麓的庭州一带⑤,此即《册府元龟》卷九九八《外臣部·奸诈条》所记:"阿史那贺鲁,贞观中,以执舍地、处见(木)昆、婆鼻三姓兵众归朝。"⑥其中的"婆鼻",即"婆葍"⑦、"婆匐"⑧,如上所述,正确的写法是"娑匐"⑨,是哥逻禄炽俟部的别称,由此我们或许可以推测,此时跟随贺鲁到达庭州地区的可能主要是炽俟部的哥逻禄部众。

永徽元年十二月,瑶池都督沙钵罗叶护阿史那贺鲁听闻唐太宗去世,于

①《旧唐书》卷一九四上《突厥传》上,5165 页。

②《新唐书》卷四三下《地理志》,1121 页。

③ 按,《唐会要》卷七三《安北都护府》:"永徽元年……至十月二十日,以新移葛逻禄在乌都犍山者,左厢部落置狼山州,右厢部落置浑河州,并隶燕然都护府。"(1558 页)左、右与《新唐书》所记相反,学界一般取《新唐书》的记载。

④ 参看谭其骧主编《中国历史地图集》,中国地图出版社,1982 年,第 5 册,42—43 页,《关内道北部》。

⑤ 参看《唐会要》卷九四,2007—2008 页。

⑥《宋本册府元龟》卷九九八,4033 页;《册府元龟》卷九九八,11711 页。

⑦《唐会要》卷一百《葛逻禄国》,2124 页(按,此处断句作"葛逻禄、谋剌婆、葍踏实力三部",误)。

⑧《新唐书》卷二一七下《葛逻禄传》,6143 页。

⑨《炽俟弘福墓志》,《全唐文补遗》第 2 册,22 页。

是起兵反叛,自称可汗,总有西域之地。处月、处密、姑苏、歌逻禄、卑失五姓随之而叛①。此处的哥逻禄大概不仅包括了随贺鲁到庭州的部分,也包括被唐朝安置在金山以东地区的哥逻禄部的主体,他们成为阿史那贺鲁叛军的基本力量。永徽二年(651)七月,唐朝"诏左武候大将军梁建方、右骁卫大将军契苾何力为弓月道行军总管,右骁卫将军高德逸、右武候将军薛孤吴仁为副,发秦、成、岐、雍府兵三万人及回纥五万骑以讨之"。② 其中所发兵也有来自与金山东哥逻禄接壤的回纥的,或许可以说明回纥以西地区都已随贺鲁叛乱。

　　唐朝平定贺鲁之乱的过程很长,这里只提示一下与哥逻禄有关的事件:永徽六年(655)五月癸未,以右屯卫大将军程知节为葱山道行军大总管,讨伐贺鲁,"击歌逻禄、处月,斩千级,收马万计"③。显庆元年(656)八月,程知节"与贺鲁所部歌逻禄获剌颉发及处月预支俟斤等,战于榆慕谷,大破之,斩首千余级,获驼马牛羊万计"④。这些记载说明哥逻禄当时确实是贺鲁与唐朝作战的主力部队之一。

　　显庆二年十一月,唐朝彻底平定阿史那贺鲁之乱,在天山南北、葱岭东西的西域广大地区设置羁縻州府,安置西突厥部落及其所控制的绿洲王国。对于跟随贺鲁叛乱的哥逻禄部,则在其原驻地——金山西部地区安置,"以谋落部为阴山都督府,炽俟部为大漠都督府,踏实力部为玄池都督府,即用其酋长为都督"⑤。按,《唐会要》卷一〇〇《葛逻禄国》、《新唐书》卷二一七《葛逻禄传》、《资治通鉴》卷二〇〇均记哥逻禄三都督府设立于显庆二年,而《唐会要》卷七三《安北都护府》条则系在显庆三年。一般认为,西域羁縻都督府的设立是显庆二年末彻底打败贺鲁的直接结果,但永徽三年唐朝弓月

---

① 《新唐书》卷一一〇《契苾何力传》,4119页。
② 《资治通鉴》卷一九九,中华书局,1963年,6274页。
③ 《新唐书》卷二一五下《突厥传》下,6062页。
④ 《旧唐书》卷四《高宗本纪》,76页。
⑤ 《新唐书》卷二一七下《葛逻禄传》,6143页。

道总管梁建方、契苾何力引兵斩朱邪孤注后处月部降，即以处月地置金满、沙陀二州，西域东部地区已经基本稳定下来①，因此哥逻禄如果在显庆元年八月程知节的打击下即投降唐朝的话，在显庆二年设立大漠等三都督府以安置哥逻禄部落也是可以成立的说法。

以上比较详细地叙述了哥逻禄早期的历史发展，并在内田吟风氏的基础上对一些问题做了补充论述。

四、有关早期哥逻禄历史的几个问题

由于写作时间较早的原因，内田氏所见史料使得其讨论仅止于显庆三年哥逻禄三都督府的建立。现在，由于新出的吐鲁番文书材料，我们可以对哥逻禄早期历史及一些相关问题继续加以探讨。

1. 关于哥逻禄的名称问题

本组案卷文书中，不论是写于漠北的燕然都护府的来文，还是写于吐鲁番当地的西州都督府的文书，都是用"哥逻禄"这样的写法，这个写法几乎未见于现存的唐朝典籍，但由于出现在多件带有官印的官府正式公文当中，所以应当是当时的正式名称。本文行文中就使用这一写法，在引用其他文献时，则遵从各自的写法。

在唐朝的史籍当中，哥逻禄的写法很不一致。如《通典》卷一七四"伊吾郡"条、《宋本册府元龟》卷六五六《奉使部》"立功"条作"哥罗禄"，和本文书的写法最为接近，其根据应当是唐代前期的图经和档案。《通典》卷一九八《突厥》又作"歌逻禄"，是更常见的早期写法，《新唐书》卷四三下《地理志》、《新唐书》卷一一〇《契苾何力传》亦作"歌逻禄"，《通鉴》卷二〇〇有同样的写法。《旧唐书》卷一九四《西突厥传》有的地方作"歌逻禄"，有的地方则作"歌罗禄"，《太平寰宇记》卷一九八也写作"歌罗禄"。更多的写法，就像《唐

① 吴玉贵《突厥汗国与隋唐关系史研究》，中国社会科学出版社，1998 年，391—392 页。

六典》卷四、《通典》卷一九八、一九九、《新唐书》卷二一七《突厥回鹘传》、《唐会要》卷一〇〇等,均作"葛逻禄",现存这种写法的最早实物资料可能是开元廿四年(736)的《炽俟弘福墓志》,目前史籍的传记皆写作"葛逻禄",这种写法有时也写作"葛罗禄"。

埃色迪已经指出,"歌逻禄"这样的写法一般都是用指 7 世纪时期的史实,不论是部落名称还是首领的名称,而"葛逻禄"的写法则是指 8 世纪的史事[1]。这种看法是很有见地的。有的史料中虽然用"葛逻禄"来叙述历史,但说到贞观时的某个首领时,就改用"歌逻禄"。可见,唐朝的史料在经过后人的整理时,虽然都用晚期的"葛逻禄"的名称,但所据原始材料有的是写作"哥逻禄"或"歌逻禄"的,因此在现存的文献中还能看出两者的时代属性。

过去一般认为,不论"哥逻禄"还是"歌逻禄",都是同一个铁勒—突厥词汇 qarluq 的音译,此词见于突厥文《毗伽可汗碑》和《阙特勤碑》[2]。现在,通过新出吐鲁番汉文和粟特文文书,我们知道在汉人和哥逻禄部落之间担任翻译的人员应当是粟特人,新出粟特语文书中正好保存了哥逻禄的粟特文写法 xr'r'wγ。过去,埃色迪曾经觉得两个字的"葛禄"更符合突厥文的 qarluq。现在从粟特文的拼法看来,汉文"哥逻禄"的写法应当来自粟特文的 xr'r'wγ,中间的"逻"是不可少的。

2. 哥逻禄与燕然都护府的关系

哥逻禄以金山地区为其根据地,因此夹在东西突厥两大势力之间,时而东附,时而西属,反复无常。但是,从总体来看,虽然唐朝在永徽元年俘获车鼻可汗后,曾一度将哥逻禄的主体部落移至金山东麓和郁督军山地区,设置狼山、浑河二州,并隶燕然都护府。但很快哥逻禄部就随西突厥阿史那贺鲁反叛,西迁到天山北麓与唐军作战。至此,设立于金山东麓和郁督军山地区的狼山、浑河二州似乎应当废止,但乾封元年(666)高宗东封泰山,"狼山都

---

[1] I. Ecsedy, "A Contribution to the History of Karluks in the T'ang Period", pp. 24-25.

[2] T. Tekin, *A Grammar of Orkhon Turkic*, Bloomington: Indiana University Publications, 1968, pp. 244, 245, 236.

督葛逻禄社利等首领三十余人,并扈从至岳下,勒名于封禅之碑"①。可见,此时狼山州都督府的建制还在,也可能是由入朝的哥逻禄首领遥领,因此哥逻禄部落与燕然都护府的隶属关系也没有撤销。

在显庆二年唐朝打败阿史那贺鲁并重新设立大漠、玄池、阴山三都督府于金山以西后,这三个都督府显然并不属于以西突厥处木昆、突骑施、胡禄屋、摄舍提、鼠尼施等部所建的隶属于安西都护府的羁縻都督府系统,而是仍然隶属于漠北的燕然都护府。谭其骧先生主编《中国历史地图集·关内道北部》第 5 册(旧版 37—38 页,新版 42—43 页)地图所绘安北、单于都护府以总章二年(669)为准,其中哥逻禄三都督府都在安北(也就是燕然)都护府的范围内;但旧版《陇右道西部》地图(41—42 页)上,时间是显庆三年至长安三年(658—702),哥逻禄三都督府却又绘入安西都护府的管辖范围;至编绘新版同一幅地图(63—64 页)时,大概发现这个问题,于是把哥逻禄三都督府都绘在安北(燕然)都护府内,时间标记为总章二年。新发现的龙朔二、三年的燕然都护府和西州都督府处理哥逻禄部落破散问题的案卷,为我们理解这一问题提供了新的印证,唐朝在处理属于大漠都督府的哥逻禄步失达官部落破散问题时,是以燕然都护府为中心工作的,因此可以明确认为,龙朔三年时大漠都督府等三府应当属于燕然都护府所辖。那么,此后的情形又如何呢?

在乾陵的六十一蕃王像题名中,有"右金吾卫大将军兼大漠都督三姓咽面叶护昆职"一名②,作为哥逻禄唯一题名于乾陵的首领,他应当也是三姓哥逻禄的首领。按《新唐书》卷四三《地理志》载:"咽麪州都督府:初,玄池、咽麪为州,隶燕然,长安二年为都督府,隶北庭。"③可见《中国历史地图集·关内道北部》将咽麪州都督府和哥逻禄三都督府绘在燕然(安北)都护府管辖

---

① 《旧唐书》卷一九四上《突厥传》上,5166 页。

② 陈国灿《唐乾陵石人像及其衔名的研究》,原载《文物集刊》第 2 集,1980 年;此据作者修订本,见林干编《突厥与回纥历史论文选集》,中华书局,1987 年,387—388 页。

③ 《新唐书》卷四三《地理志》,1131 页。

范围是正确的。它们应当是在长安二年(702)北庭都护府建立后,移隶北庭都护府,而不是安西都护府。

内田氏论文特别强调,直到开元、天宝年间,葛逻禄的住地在庭州以北、金山西麓的额尔齐斯河畔。即《通典》卷一七四"伊吾郡"条所记:"西北到折罗漫山一百四十六里,其山北有大川连大碛,入金山哥罗禄住处。"①并没有像沙畹(Éd. Chavannes)认为的那样已经延伸到斋桑泊、塔尔巴哈台、阿拉湖一带②。到天宝年间,葛逻禄的势力已伸展到北庭管内。上述《中国历史地图集》第5册的两幅地图,就是把大漠都督府置于额尔齐斯河流域(今福海县一带),玄池都督府置于斋桑泊一带,阴山都督府置于阿拉湖一带③。对此,我们不知其依据何在,不能确定此时哥逻禄向西发展的深度,但哥逻禄的中心在靠近漠北的金山地区,则是可以肯定的事实。

3. 龙朔年间哥逻禄部落破散问题

从史籍记载来看,龙朔元年至三年初,哥逻禄所居金山一带没有特别重大的战事。文书记龙朔元年哥逻禄"被贼破散",而大概在龙朔二年末,所谓"凶丑"已经被摧灭。那么,此处的"贼"所指为何?依笔者之见,最有可能的是漠北以回纥为主的铁勒部落。

《资治通鉴》卷二〇〇"龙朔元年(661)十月"条记载:

> 回纥酋长婆闰卒,侄比粟毒代领其众,与同罗、仆固犯边,诏左武卫大将军郑仁泰为铁勒道行军大总管,燕然都护刘审礼、左武卫将军薛仁贵为副,鸿胪卿萧嗣业为仙萼道行军总管,右屯卫将军孙仁师为副,将

---

① 杜佑《通典》卷一七四,中华书局,1988年,4557页。
② 沙畹《西突厥史料》,冯承钧译,中华书局,1958年,246页。陈国灿上引文指出"大漠都督府及其三姓咽面的辖地,东起额尔齐斯河、宰桑泊,往西直到今巴尔喀什湖滨。"(388页)亦采沙畹的观点。
③ 《中国历史地图集·陇右道西部》,第5册,63—64页。林梅村《西域地理札记》考证阴山都督府之阴山在新疆博尔塔拉自治州的婆罗科努山,大漠都督府之大漠在今新疆精河县城东约30里的托托乡,所举例证之阴山、大漠,应当是与阴山、大漠都督府同名而异地者,其所考今不取。文载唐晓峰等编《九州》第2辑,1999年,149—153页。

兵讨之。①

这里记载回纥起兵侵入唐朝边地是在龙朔元年十月,而新出吐鲁番文书记载唐朝最早发敕让燕然都护府与西州都督府相知安稽破散哥逻禄部落是在龙朔元年十一月某日,两者的时间正好前后对应,而燕然都护刘审礼也正好是率军讨伐回纥的将领之一。所以,笔者认为打散哥逻禄步失达官部落之"贼",正是此时起兵于漠北的回纥等铁勒部族。由于哥逻禄位于金山西麓,与回纥接壤,回纥起兵,哥逻禄首当其冲,回纥所犯之边,也可能包括大漠都督府的领地。哥逻禄步失达官部落大概猝不及防,被铁勒打散,向南逃奔到金满州境内躲避。他们在失掉自己的草场以后,只好种麦,以期能够有所接济。

《通鉴》同卷"龙朔二年三月"条继续记载此事:

> 三月,郑仁泰等败铁勒于天山。
>
> 铁勒九姓闻唐兵将至,合众十余万以拒之,选骁健者数十人挑战,薛仁贵发三矢,杀三人,余皆下马请降。仁贵悉坑之,度碛北,击其余众,获叶护兄弟三人而还。军中歌之曰:"将军三箭定天山,壮士长歌入汉关。"
>
> 思结、多滥葛等部落先保天山,闻仁泰等将至,皆迎降;仁泰等纵兵击之,掠其家以赏军。虏相帅远遁,将军杨志追之,为虏所败。候骑告仁泰:"虏辎重在近,往可取也。"仁泰将轻骑万四千,倍道赴之,遂踰大碛,至仙萼河,不见虏,粮尽而还。值大雪,士卒饥冻,弃捐甲兵,杀马食之,马尽,人自相食,比入塞,余兵才八百人。②

可见,到龙朔二年三月时,唐朝军队是先胜后败,而且唐军将领对于归降的铁勒部众采取了极其残忍的屠杀行为,这也必然引起铁勒民众的强烈抵抗,

---

① 《资治通鉴》卷二〇〇,6326 页。

② 同上,6327—6328 页。

反过来击败唐军①。逃到金满州境内的哥逻禄部落百姓,一定知道唐军惨败的消息,虽然唐朝多次下达敕令,而且燕然都护府与西州都督府多方敦促,但因为铁勒兵众并没有退出金山地区,所以他们不愿返回大漠都督府居地。

值得注意的是,在这次战役中,"处月酋沙陀金山从武卫将军薛仁贵讨铁勒,授墨离军讨击使"②。这一方面说明唐朝攻击铁勒的方向之一是从处月所在的庭州轮台北面金满州出发,这里正是被铁勒破散的哥逻禄步失达官部落的栖息之地,从这里向北迎击铁勒、可能就是为了阻止进攻哥逻禄的铁勒兵继续南下,威胁庭州、西州乃至安西地区;另一方面也说明唐朝是把攻击铁勒和安稽哥逻禄作为同一件事情的两个方面来进行,所以处理哥逻禄部落破散问题和攻打铁勒叛众的,皆有沙陀处月部参与其事。

《通鉴》接着记载:

> 以右骁卫大将军契苾何力为铁勒道安抚使,左卫将军姜恪副之,以安辑其余众。何力简精骑五百,驰入九姓中,虏大惊,何力乃谓曰:"国家知汝皆胁从,赦汝之罪,罪在酋长,得之则已。"其部落大喜,共执其叶护及设、特勒等二百余人以授何力,何力数其罪而斩之,九姓遂定。③

此条虽然也系于三月份之下,但应当是随着上面的记载而书,因为唐军从战胜到战败,然后再去安抚,一去一回,绝不止一个月。所以,铁勒部众这次起兵的最后落幕,应当是龙朔三年正月。《通鉴》卷二〇一"龙朔三年正月"条记:"左武卫大将军郑仁泰讨铁勒叛者余种,悉平之。"④大概铁勒被契苾何力平定安抚的消息在龙朔二年年末就传到了金满州的哥逻禄部落那里,所以

---

① 唐军统帅郑仁泰于龙朔三年十一月死于凉州都督任上,其墓陪葬昭陵,见陕西省博物馆、礼泉县文教局唐墓发掘组《唐郑仁泰墓发掘简报》,《文物》1972年第7期,33—44页。大概是因为他此次率军出征的结局并不光彩,所以他的墓志中对此没有明确的记载,见《郑仁泰墓志铭》,载张沛编著《昭陵碑石》,三秦出版社,1993年,155页。

② 《新唐书》卷二一八《沙陀传》,6154页。

③ 《资治通鉴》卷二〇〇,6328—6329页。

④ 《资治通鉴》卷二〇一,6333页。

此时的文书中说是"凶丑既摧"。在此情况下,唐朝政府更是希望哥逻禄部落早日回到大漠都督府住地,也因之加紧安排哥逻禄部落返回事宜,其中有五十帐已经返回,但相对其部落一千帐的总数来说,还仅仅是很少的一部分。

4. 龙朔年间的西域形势与唐朝处置哥逻禄部落的方略

那么,唐朝为何急于将哥逻禄部落遣返回大漠都督府住地呢?从文书上看,哥逻禄步失达官部落虽然被贼人打散,但仍然有一千帐,这可不是一个小数。贞观二十二年西突厥叶护阿史那贺鲁到庭州归降唐朝,其所帅余众不过"数千帐"而已[1]。对于这样一个拥有一千帐部众而在过去叛服无常的哥逻禄部落,唐朝不能不考虑它在金满州地区的威胁,因此,我们看到唐朝处理这件事情时,除了要燕然都护府和西州都督府以及金满州之间做具体的工作外,也发牒给庭州、安西都护府等地,显然是请各方都要有所准备。

事实上,庭州一带当时也并非无事之地。龙朔二年,西突厥寇庭州,刺史来济将兵拒战,赴敌而死[2]。虽然史书记载很简单,但刺史都献身疆场,可见来者势头不小。虽然我们不清楚这支西突厥余众的来历,但唐朝肯定要防范停住在庭州一带的破散哥逻禄部落也被裹挟进来,能够尽早把这些哥逻禄部落从靠近庭州的金满州送回大漠都督府,恐怕是唐朝最稳妥的处置办法。另外,文书中说到哥逻禄步失达官部落的一些首领入京未回,这也可以和《炽俟弘福墓志》所记其祖父步失"统林胡而莫犯,司禁旅而踰肃"相印证,前一句是说他在大漠都督的位置上统率部众而不侵犯边境,后一句说他进京后在禁卫军中谨守职责,最后被授予"右骁卫大将军兼大漠州都督、天山郡开国公"的称号,炽俟步失应当就是大漠都督府入朝的首领之一,唐朝

---

[1]《唐会要》卷九四,2007—2008 页。

[2]《资治通鉴》卷二〇一将此事系在龙朔二年年末(6333 页),《唐会要》卷九四记作"三年十月",或许应当是二年十月。按,孟凡人《北庭史地研究》以为来济拒敌在龙朔二年(新疆人民出版社,1985 年,80 页)。郁贤皓《唐刺史考全编》与之相同,将来济任庭州刺史系于显庆五年至龙朔二年(660—662)(安徽大学出版社,2000 年,527 页)。

让这些首领入京,也算是控制他们的一种举措。

五、小结

吐鲁番新出土的《唐龙朔二年、三年(662、663)西州都督府案卷为安稽哥逻禄部落事》,为我们揭示了一段重要的史实:龙朔元年十月铁勒、回纥等部在漠北起兵反唐,攻击毗邻的金山西麓的哥逻禄步失达官部落,其部落民众一千帐破散,流落到庭州附近处月部的金满州辖境内,唐朝政府发敕给燕然都护府,使其与西州都督府相知,由西州派人到金满州安排哥逻禄部落返回大漠都督府居地。但因为龙朔二年唐朝讨伐铁勒的将领滥杀无辜,导致先胜后败、局势不稳、道路阻隔,哥逻禄部落也不敢返回大漠。直到唐朝派出的契苾何力将漠北铁勒安抚定后,哥逻禄部落才于龙朔二年末开始陆续返回故地。

我们从这件文书中不仅了解到史籍未载的史实,也澄清了哥逻禄部与燕然都护府的关系及地理位置上的一些问题,并加深了我们对当时西域复杂的民族关系形势的理解。文书还提供给我们唐朝官府在处理民族关系问题时的运作方式和具体方法,限于篇幅,这方面的问题本文不予详细讨论。

(2007 年 6 月 23 日完稿,原载《西域历史语言研究集刊》第 1 辑,科学出版社,2007 年 12 月,13—44 页;2008 年 12 月 20 日改定。)

唐代河西地区铁勒部落的
入居及其消亡

　　黄河以西的甘肃西部地区，在祁连山和合黎山之间，是一条狭长的东西走廊，史称河西走廊。在不同的历史时代，不同系统的游牧或农耕民族，或则在走廊里繁衍生息，交互融合；或则经过走廊而迁往东西各地。

　　河西本是月氏人的天下，后被匈奴取代。汉武帝时，匈奴浑邪王降汉，汉朝设武威、张掖、酒泉、敦煌四郡，并迁徙内地平民实边，汉族渐渐成为河西的主体民族。魏晋南北朝时期，又有大批汉人从内地迁来，匈奴、鲜卑、氐、羌等系统的民族在这里的活动，并没有改变这一根本格局。

　　隋唐时期，河西的城郭居民的主体仍是汉人，但也有不少是汉化的胡人，还有从中亚粟特地区陆续来的昭武九姓胡。除了少量逃户外，河西五州的城郭居民大多被编入户籍，计入唐朝户部统计的户口数字。现将《旧唐书·地理志》所记旧户口数（据考为贞观十三年（639）户口数）、天宝户口数，《元和郡县图志》所记开元户数，《通典》所载天宝十四载（755）户口数列如下表①。

---

① 参看菊池英夫《隋·唐王朝支配期の河西と敦煌》，榎—雄编《敦煌の历史》，《讲座敦煌》第 2 卷，大东出版社，1980 年，163—169 页；史念海《论唐代前期陇右道的东部地区》，《唐史论丛》第 4 辑，三秦出版社，1988 年，33—35 页。

时间 \ 州名	贞观 13 年《旧志》	开元间《元和志》	天宝中《旧志》	天宝 14 载《通典》
凉州	户 8231 口 33030	26165	22462 120281	25693 128192
甘州	户 2926 口 11680	5440	6284 22092	6639 23304
肃州	户 1731 口 7118	2253	2330 8476	2106 7912
瓜州	户 1164 口 4322	缺	[1]477 4987	1167 3864
沙州	户 4265 口 16250	6466	缺	6395 32234
总	户 18317 口 72400	40324	32553 155836	42000 195506

根据敦煌保存下来的沙州户籍残卷所记人名,在籍的农耕居民大多是汉人,少数是早已汉化的北方游牧民[1]。另据敦煌发现的《唐天宝十载(751)敦煌县差科簿》,敦煌县十三乡之一从化乡,约有粟特人三百户,一千四五百人,大多从事商业[2]。此外,河西城镇中,还有许多未入籍的粟特行商。《资治通鉴》卷二一九肃宗至德二载(757)正月条记:"河西兵马使盖庭伦与武威九姓商胡安门物等杀节度使周泌,聚众六万。武威大城之中,小城有七,胡据其五,二城坚守。"[3]可见粟特商胡人数之众。

除了上表反映的城郭居民之外,河西地区还分布着一些以游牧为生的部族,主要是来自北方的铁勒和来自南方的吐谷浑,其户口不入唐朝版籍,因此史书对这些部族的来历、人数和兴亡等情况的记述不够明确,前人对此也未做过系统的研究,以下略按年代顺序,探讨其中铁勒部落的来历和消亡过程。

---

① T. Yamamoto and Y. Dohi (co-ed.), *Tun-huang and Turfan Documents Concerning Social and Economic History*, II. Census Registers, The Toyo Bunko, 1984–1985.

② 池田温《8 世纪中叶における敦煌のソグド聚落》,《ユーラシア文化研究》第 1 号,1965 年,49—92 页。

③《资治通鉴》卷二一九,中华书局,1956 年,7015 页。

　　最早来河西地区的铁勒部族是契苾部落。《旧唐书》卷一○九《契苾何力传》记：

　　　　契苾何力,其先铁勒别部之酋长也。……至贞观六年,随其母率众千余家诣沙州,奉表内附,太宗置其部落于甘、凉二州。何力至京,授左领军将军。……十四年,为葱山道副大总管,讨平高昌。时何力母姑臧夫人、母弟贺兰州都督沙门并在凉府。十六年,诏许何力觐省其母,兼抚巡部落。时薛延陀强盛,契苾部落皆愿从之。……于是众共执何力至延陀所,置于可汗牙前。……太宗……遽遣兵部侍郎崔敦礼持节入延陀,许降公主,求何力。由是还,拜右骁卫大将军。……仪凤二年卒,……有三子。……明,左鹰扬卫大将军兼贺兰都督,袭爵凉国公。①

契苾何力所率内附人数,《通鉴》作“六千余家”②,并得到《册府元龟》的印证③,可以信从。据此可知,早在贞观六年(632),就有铁勒九姓中的契苾部六千余家来到沙州,被唐朝安置在甘、凉二州。契苾何力入朝为蕃将,贞观十四年从侯君集灭高昌国时,其母弟沙门任贺兰州都督,在凉州统领契苾部落,说明在此之前,唐朝就把这支内附的契苾部落,编成羁縻性质的贺兰州了,时间应当就在贞观六年内附时。十六年(642),契苾部众曾劫持何力到称雄漠北的薛延陀汗国内,虽然何力很快就被太宗求归,但传中未明言契苾部落是否也曾随首领归来。《通鉴》卷一九八太宗贞观二十年(646)六月:

　　　　乙亥,诏以江夏王道宗、左卫大将军阿史那社尔为瀚海安抚大使;又遣右领卫大将军执失思力将突厥兵,右骁卫大将军契苾何力将凉州及胡兵,代州都督薛万彻、营州都督张俭各将所部兵,分道并进,以击薛延陀。④

---

①《旧唐书》卷一○九《契苾何力传》,中华书局,1975 年,3291—3294 页。

②《资治通鉴》卷一九四太宗贞观六年十一月辛巳条,6099 页。

③《册府元龟》卷九七七《外臣部·降附门》作“六十余家”,“十”系“千”之误,11480 页上栏。

④《资治通鉴》卷一九八,6237 页。

按照蕃将统领本部落参战之制①,契苾何力所率领的凉州及胡兵,应包括他的本部——凉州契苾部落,这说明凉州境内仍然有契苾部落存在,而且,从传文所记其长子契苾明袭任贺兰州都督来看,贺兰州的建置似没有取消。娄师德撰《镇军大将军行左鹰扬卫大将军兼贺兰州都督上柱国凉国公契苾府君碑铭并序》记:

> 君讳明,字若水,本出武威,姑臧人也。……麟德年中,授左武卫大将军、贺兰州都督。自非承家奕叶,累代衣缨,焉可内奉钩陈,外膺刺举者矣。相府在藩,为凉州道元帅,以公为左阙军总管。侍中姜恪为凉州镇守大使,以公为副。……仍改为燕然道镇守大使,检校九姓及契苾部落。公俶装遵远,望赤水而前驱,劲骑腾空,指白兰而长骛。……以证圣元年腊月廿三日遘疾,薨于凉州姑臧县之里第,春秋卅有六。……长子左豹韬卫大将军兼贺兰州都督上柱国凉国公镪。②

契苾明青少年时随父在中原,任职京城。麟德年中(664—665)以后,任贺兰州都督,一直在凉州一带征战,统领契苾部落,最后死在凉州。其所都督之贺兰州与所检校之契苾部落,必然也在凉州界内,表明从太宗到高宗时期,凉州地区的契苾部贺兰州一直存在,其都督一职由酋长契苾何力一门世代相袭。

漠北地区的另一支契苾部落,在贞观二十一年(647)薛延陀汗国破亡后,与其他铁勒部落一起降唐,唐朝在漠北设羁縻性质的六府七州,以统各部。《旧唐书》卷一九五《回纥传》记:

> 以回纥部为瀚海府,……以多览〔葛〕为燕然府,仆骨为金微府,拔野古为幽陵府,同罗为龟林府,思结为卢山府,浑部为皋兰州,斜萨为高

① 陈寅恪《论唐代之蕃将与府兵》,《金明馆丛稿初编》,上海古籍出版社,1980 年,264—276 页;杨志玖、张国刚《试论唐代蕃兵的组织和作用》,《纪念陈寅恪教授国际学术讨论会文集》,中山大学出版社,1989 年,405—413 页。
② 《全唐文》卷一八七,中华书局,1983 年,1897 页下栏—1900 页上栏。

阙州,阿跌为鸡田州,契苾为榆溪州,跌结为鸡鹿州,阿布思为蹛林州,
白霫为寘颜州。……于故单于台置燕然都护府统之,以导宾贡。①

同书卷一九九下《铁勒传》略同,但"跌结"作"奚结","阿布思"作"思结别
部"。据《元和郡县图志》卷四天德军条:

> 贞观二十一年,于今西受降城东北四十里置燕然都护,以瀚海等六
> 都督、皋兰等七州并隶焉。②

西受降城在今内蒙古杭锦后旗乌加河北岸,此处扼漠北铁勒诸部入唐
的道口,因此说燕然都护府的职责是"以导宾贡"。《唐会要》卷七三安北都
护府条记:

> 龙朔三年二月十五日,移燕然都护府于回纥部落,仍改名瀚海都护
> 府,……碛北诸蕃州悉隶瀚海。③

这一措施是在唐朝从龙朔元年(661)到三年间讨平铁勒诸部叛乱的结果,将
都护府迁至其本部落所在地,以便直接加以控制④。

以上铁勒六府七州均在漠北无疑。《新唐书》卷二一七下《回鹘传》记:

> 契苾亦曰契苾羽,在焉耆西北鹰娑川,多览葛之南。……子何力尚
> 纽,率其部来归,时贞观六年也。诏处之甘、凉间,以其地为榆溪州。永
> 徽四年,以其部为贺兰都督府,隶燕然都护。⑤

榆溪州系贞观二十一年以漠北契苾部设置,不在甘、凉间。在甘、凉二州者
为贺兰州⑥,其设置年代不迟于贞观十四年,而且是否隶属燕然都护府,亦无

---

① 《旧唐书》卷一九五《回纥传》,5196 页。
② 《元和郡县图志》,中华书局,1983 年,113 页。
③ 《唐会要》卷七三,上海古籍出版社,1991 年,1558 页。
④ 参看严耕望《唐代安北单于两都护府考》,《唐代交通图考》第 1 卷,"中研院"史语所,1985 年,
  326—327 页。
⑤ 《新唐书》卷二一七下《回鹘传》,中华书局,1975 年,6142 页。
⑥ 刘美崧《两唐书回纥传回鹘传疏证》,中央民族学院出版社,1988 年,132—133 页。

旁证。

漠北铁勒部落的大批南迁河西走廊,是在武则天时期。《新唐书·回鹘传》记:

> 武后时 突厥默啜方疆,取铁勒故地,故回纥与契苾、思结、浑三部度碛,徙甘、凉间,然唐常取其壮骑佐赤水军云。①

《旧唐书·回纥传》亦记:

> 至则天时,突厥强盛,铁勒诸部在漠北者渐为所并。回纥、契苾、思结、浑部徙于甘,凉二州之地。②

《唐会要》卷九八记回纥南迁事略详:

> 比来栗辛,子独解支立。其都督亲属及部落征战有功者,并自碛北移居甘州界。故天宝末取骁壮以充赤水军骑士。③

关于回纥等四部南迁的具体时间,诸书未详,但可以从龙朔三年(663)后在回纥本部所立之瀚海都护府的迁变了解一、二。《元和郡县图志》卷四天德军条记:

> 本安北都护……总章二年(669)又改名安北都护。寻移于甘州东北一千一十八里隋故大同城镇。垂拱元年(685),置大同城镇,其都护权移理删丹县西南九十九里西安城。景龙二年(708),又移理西受降城。④

又据《通鉴》卷二〇三垂拱元年六月条记:

> 同罗、仆固等诸部叛,遣左豹韬卫将军刘敬同发河西骑士出居延海

---

① 《新唐书》卷二一七上《回鹘传》,6114 页。

② 《旧唐书》卷一九九下《回纥传》,5349 页。

③ 《唐会要》卷九八,2067 页。

④ 《元和郡县图志》卷四,113 页。

以讨之。同罗、仆固等皆败散。敕侨置安北都护府于同城以纳降者。①

安北府移置于同城,实在垂拱三年五月,《通鉴》误系于元年②。据《通鉴》的记载,移安北府于同城的直接原因,是安置被唐朝击败的同罗、仆固等部降者。但实际上,此时铁勒诸部受突厥压迫,来投河西者不只一批,同城所置安北府的作用,也不只是仅仅接纳同罗、仆固等部降者。况且,由于突厥复兴,与唐为敌,安北府与回纥等部一样,无法继续留在漠北,所以,它的侨置同城,是和铁勒诸部的南来同步进行的。陈子昂《上西蕃边州安危事》第二条称:

> 臣伏见今年五月敕,以同城权置安北府。此地逼碛南口,是制匈奴要冲。国家守边,实得上策。臣在府日,窃见碛北归降突厥,已有五千余帐,后之来者,道路相望。又甘州先有降户四千余帐,奉敕亦令同城安置。碛北丧乱,先被饥荒,涂炭之余,无所依仰。国家开安北府,招纳归降,诚是圣恩洪流,覆育戎狄。然臣窃见突厥者,莫非伤残羸饿,并无人色,有羊马者,百无一二,然其所以携幼扶老,远来归降,实将以国家绥怀,必有赈赡。冀望恩覆,获以存安,故其来者日以益众。③

文中的"突厥"显然即从漠北逃到河西的铁勒诸部,这可以从陈子昂《为乔补阙论突厥表》中得到进一步的佐证:

> 臣比在同城,接居延海,西逼近河南口,其碛北突厥来入者,莫不一一臣所委察,比者归化,首尾相仍,携幼扶老,已过数万,……耆老云:自有九姓来,未曾见此饥饿之甚。今者同罗、仆固都督早已伏诛。……伏见去 月 日敕,令同城权置安北都护府,以招纳亡叛……④

---

① 《资治通鉴》卷二〇三,6435 页。

② 严耕望上引文,331—333 页;谭其骧先生认为在垂拱三年或四年,见所撰《唐北陲二都护府建置沿革与治所迁移》,《长水集》下,人民出版社,1987 年,266—267 页。

③ 《全唐文》卷二一一,2140 页下栏—2141 页上栏。

④ 《全唐文》卷二〇九,2119 页下栏—2120 页上栏。

九姓即指九姓铁勒,在文中与突厥同一含义。据此表,在唐朝派兵破同罗,
仆固叛部之前,已有大批铁勒部众来到甘州北同城一带,前文记两批共有九
千帐,后文则言有数万人,衡之上举甘、凉二州户口数,铁勒前来就食者实不
在少数,因此当地百姓称"未曾有此饥饿之甚"。南迁的回纥、契苾、思结、浑
四部当在这近万帐铁勒降户中,其中虽有老幼,但也有青壮年人,如回纥部
的都督亲属及部落征战有功者。

　　从漠北南迁居延海南同城地区的铁勒诸部,可能随着安北都护府的进
一步南迁删丹西南之西安城,也沿额济纳河南下到甘、凉南部地区,而不仅
限于甘州北境,它们在河西地区仍然保持着原有的羁縻州府建置,但略有增
减。《新唐书》卷四三下《地理志》七下羁縻州条记:

> 突厥州三,府二十七。
>
> 皋兰州(贞观二十二年以阿史德特健部置,初隶燕然都护,后
> 来属。)
>
> 兴昔都督府。
>
> 　　右隶凉州都督府。(其他州府均隶属北庭,略。)
>
> 回纥州三,府一。
>
> 蹛林州(以思结别部置。)
>
> 金水州
>
> 贺兰州
>
> 卢山都督府(以思结部置。)
>
> 　　右初隶燕然都护府,总章元年隶凉州都督府。①

《旧唐书》卷四○《地理志》三凉州中都督府条记:

> 吐浑部落、兴昔部落、阁门府、皋兰府、卢山府、金水州、蹛林州、贺
> 兰州。已上八州府,并无县,皆吐浑、契苾、思结等部,寄在凉州界内,共

---

① 《新唐书》卷四三下《地理志》,1129—1132 页。

有户五千四十八,口一万七千二百一十二。①

以上两条材料所记凉州一带的突厥,回纥州府部落,除兴昔部落不知其来历外,其他州府显然大都是从原属安北都护府治下的漠北地区迁来的。《新志》称总章元年(668)由燕然府改隶凉州,实际上龙朔三年已改燕然为瀚海,知《新志》的年代有误。而且,铁勒诸部始迁河西时,应隶属安北府,圣历元年(698)安北府东迁时才得改隶凉府②。据上文考订,铁勒诸部南迁的时间在垂拱初年,其中河西思结别部之蹛林州和思结本部之卢山府,与在漠北时的种族、建置名称完全相同,应是漠北这两个部落的主体。皋兰州在漠北为浑部所建,此称阿史德特健部,不知何故,据下引史料,河西皋兰州一直由浑部首领统辖,当以浑部为主体。河西未见漠北契苾部的榆溪州名,而有早已存在的贺兰州,推测此次前来的契苾部众,也被编入原贺兰州的契苾部落③。金水州名不见于漠北,也未记载系由铁勒何部所置,但漠北有金微州,以仆骨(仆固)部置,而垂拱年初也有仆固降户被安置在同城。"金水"是否"金微"之讹略,系仆固部所置,书此存疑。要之,新、旧《唐书·地理志》所记河西铁勒诸部羁縻州数并不完全,如上引史料所记南迁之回纥瀚海府以及同罗降户,均未涉及。对比当时人陈子昂上表提到的"五千余帐"、"四千余帐"和"数万"人,《旧志》所记河西蕃部户口数犹不可信。

武则天时铁勒诸部迁入河西东部,增加了当地游牧民族的比重,也成为河西一支重要的军事力量。《新唐书》卷六六《方镇表》四记:

> 景云元年(710),置河西诸军州节度、支度、营田、督察九姓部落、赤水军兵马大使。④

九姓部落即指河西铁勒部落,这表明铁勒诸部在河西的重要地位。《通鉴》

---

① 《旧唐书》卷四〇《地理志》,1641 页。

② 谭其骧上引文,268 页。

③ 小野川秀美《铁勒考》,《东洋史研究》第 5 卷第 2 号,1940 年;此据王恩庆译本,《民族史译文集》六,中国社会科学院民族研究所,1978 年,47、53 页。

④ 《新唐书》卷六六《方镇表》,1861 页。

卷二一二玄宗开元八年(720)十一月辛未条记:

> 突厥寇甘、凉等州,败河西节度使杨敬述,掠契苾部落而去。[1]

从下述史料不难得知,此次突厥所掠,并非整个契苾部落,对河西铁勒诸部
影响不大。

开元中,河西铁勒诸部曾和节度使王君㚟生矛盾,《通鉴》卷二一三开元
十五年(727)九月条记此事颇详:

> 初,突厥默啜之强也,迫夺铁勒之地,故回纥、契苾,思结、浑四部度
> 碛徙居甘,凉之间以避之。王君㚟微时,往来四部,为其所轻;及为河西
> 节度使(开元九年),以法绳之。……于是,瀚海大都督回纥承宗流瀼
> 州,浑大德流吉州,贺兰都督契苾承明流藤州,卢山都督思结归国流琼
> 州;以回纥伏弟难为瀚海大都督。

> 闰月……回纥承宗族子瀚海司马护输,纠合党众为承宗报仇。会
> 吐蕃遣使间道诣突厥,王君㚟帅精骑邀之于肃州,还,至甘州南巩笔驿,
> 护输伏兵突起,夺君㚟旌节,……护输杀君㚟,载其尸奔吐蕃。[2]

《新唐书·回鹘传》补充说:"久之,奔突厥,死。子骨力裴罗立。"被王君
㚟流放的四人中,唯浑大德未标官衔,但他是浑部首领无疑[3]。有的学者认
为,经过王君㚟事件,河西的回纥部奔出塞外[4]。但据张说《左羽林大将军王
公碑》称:

> 而回纥内叛,〔王君㚟〕以八、九之从人,当数百之强虏。[5]

---

① 《资治通鉴》卷二一二,6742 页。

② 《资治通鉴》卷二一三,6779—6780 页。

③ 据《新唐书》卷七五下《宰相世系表》五下浑氏条,浑大德为浑元庆长子,理应为皋兰州都督,但据
《旧唐书》卷一三四《浑瑊传》和《新唐书·回鹘传》,大德弟大寿继其父元庆任皋兰州都督,未知何
故。从浑大德的身份看,他虽不是都督,但为河西浑部首领则无疑。

④ 章群《唐代蕃将研究》,联经出版公司,1986 年,130 页。

⑤ 熊飞《张说集校注》,中华书局,2013 年,841 页。

说明护输党众不过数百人而已，他们先投吐蕃，再奔漠北突厥，人数不会很多，不能因为护输的子孙创建了回纥汗国，就认为他率有很多的部众。河西大部分回纥民众，在瀚海大都督伏弟难的率领下，并未迁走，所以《唐会要》卷九八回纥条称，天宝末年，唐朝仍用河西回纥骁壮以充凉州赤水军骑士①。

开元末、天宝初，铁勒诸部仍在河西，其蕃兵蕃将仍是河西、陇右节度使手下主力军之一，故河西节度使职衔中仍有"九姓"字样。约写于天宝初的樊衡《河西破蕃贼露布》，提到了河西节度经略使手下的大将军浑大宁和将军契苾嘉宾②。浑大宁是上面提到的河西浑部皋兰州都督浑大寿之弟。天宝十三载（754），陇右节度使哥舒翰为部将论功，在受赏官员中，有皋兰州都督浑惟明③。翌年，安禄山起兵范阳，攻占洛阳，唐派哥舒翰继高仙芝守潼关。姚汝能《安禄山事迹》卷中记：

> 以河西、陇右节度使、西平王哥舒翰为副元帅，领河、陇诸蕃部落奴刺、颉、跌、朱耶、契苾、浑、滞林、奚结、沙陀、莲子、处蜜、吐谷浑、恩（思）结等一十三部落，督蕃汉兵二十一万八千人镇于潼关。④

《新唐书》卷一三五《哥舒翰传》则称：

> 火拔归仁、李武定、浑萼、契苾宁以本部隶麾下，凡河、陇、朔方、奴刺等十二部兵二十万守潼关。⑤

《通鉴》卷二一七天宝十三载三月条胡三省注："火拔，突厥别部也。开元中置火拔州。"⑥火拔归仁即归河西、陇右节度使管辖，其居地当在河西⑦。李武

---

① 孙楷第已指出此点，见所撰《敦煌写本〈张淮深变文〉跋》，原载《中央研究院历史语言研究所集刊》第 7 本第 3 分，1937 年；此据《敦煌变文论文录》下，上海古籍出版社，1982 年，732 页。
②《全唐文》卷三五二，3571 页下栏—3573 页下栏。
③《资治通鉴》卷二一七，6926 页。
④ 曾贻芬校点本，上海古籍出版社，1983 年，26 页。
⑤《新唐书》卷一三五《哥舒翰传》，4571 页。
⑥《资治通鉴》卷二一七，6926 页。
⑦ 章群《唐代蕃将研究》，268 页。

定统有部落,无疑也是蕃将①。据上述史料,不仅得知契苾、浑、思结别部、思结等铁勒部众一直在河西地区,而且得知河西一带还有火拔、沙陀、处蜜等突厥部落。至德元载(756),潼关失守,哥舒翰所率二十万众一败涂地,或死或降,能返回河陇者实为少数。这一仗必然使河西铁勒部落损失惨重。但铁勒诸部首领并未亡没,同时仍有许多部众留在河西。《通鉴》卷二一八至德元载五月条记:

> 初,河西诸胡部落闻其都护皆从哥舒翰没于潼关,故争自立,相攻击;而都护实从翰在北岸,不死,又不与火拔归仁俱降贼。上乃以河西兵马使周泌为河西节度使,陇右兵马使彭元耀为陇右节度使,与都护思结进明等俱之镇,招其部落。②

都护即首领,由此得知,安史之乱中,留在河西的铁勒民众也受到东部战争的影响,出现了混乱的局面。思结进明等首领是否能安抚其部落,史所不详,据上引《通鉴》,河西节度使周泌在至德二载就被河西兵马使盖庭伦与九姓商胡安门物等杀掉。显然,安史之乱后,唐朝对河西铁勒部落的控制力下降,有关他们活动的消息也很少传到中原,我们有幸在敦煌文书中,还能略微了解一些他们的动向。P.2942《唐河西节度使判集》(约765年)第117—120行文字如下:

思结首领远来请粮事:

> 思结首领,久沫薰风。比在河西,屡申忠赤。顷驰漠北,频被破伤。妻孥悉无,羊马俱尽。尚能慕义,不远归投。既乏粮储,略宜支给。③

据此,安史之乱后,河西思结部落曾一度投奔漠北,很快就又返回河西,"妻孥悉无,羊马俱尽"的描写虽不无夸张,但反映出这支思结部落的衰败景象。

总之,从唐太宗贞观初年,到吐蕃占领河西走廊之前,河西地区(主要在

---

① 章群推测为思结部落首领,可备一说,见氏著《唐代蕃将研究》,560页。
②《资治通鉴》卷二一八,6979页。
③ 池田温《中国古代籍帐研究》,东京大学东洋文化研究所,1979年,495—496页。

甘、凉二州）一直有游牧的铁勒部落生存。他们在本部酋长统治下，以部落为团体，构成唐朝的羁縻州府，武则天时期人数应有数万人，在河西的各个民族当中，占有相当大的比重。

虽然河西地区拥有能够供这些游牧民族从事畜牧业的场所，但脱离了北方大草原的铁勒民众，在进入唐朝直接统辖的河西地区后，很快就走上了与汉人或当地其他民族融合的道路，尽管由于漠北民族矛盾的激化，常常迫使一些铁勒部落移居河西，但这并未能改变这一民族融合的进程。

铁勒部落的酋长家族，应当是接受汉化的先行者。契苾何力率其部落降唐，部落被安置在甘、凉二州，由其母弟沙门统领，而何力本人则入朝为蕃将，其家室也移居洛阳。上引娄师德撰《契苾明碑》记：

> 圣期爰始，赐贯神京。……今属洛阳永昌县，以光盛业焉。……以证圣元年腊月廿三日遘疾，薨于凉州姑臧县之里第，春秋卌有六。①

契苾明生于贞观二十三年（649），早年一直随父何力在京城任职，直到麟德中，才调往凉州，任贺兰州都督，统辖契苾部落，此时他早已是汉化的铁勒人了。《碑》中称他"学该流略，文超贾马"，当然是溢美之词，但也表明了他的汉化程度已经不浅了。

铁勒部落酋长家族汉化的另一个例证，是皋兰州都督浑氏一家。《新唐书》卷七五下《宰相世系表》五下记浑氏世系及任官情况如下：

(1)潭　隋左玉钤卫大将军

(2)迴(回)贵　豹韬卫大将军

(3)元庆　镇国大将军

(4)大德　左武卫大将军

(5)澄之　左领军卫大将军

(6)旻　永王府参军

---

① 《全唐文》卷一八七，1898 页上栏—1899 页下栏。

(7)徽　灵武节度判官

(7)俭　少府监

　(8)特　司农卿

　　(9)正元　吏部员外郎

(7)徽　潘州刺史

(7)宰　扬州司马

(7)正孙　秦州司马

(6)斐　检校水部郎中

(5)景之　坊州刺史

(4)大寿　太仆丞

(5)释之　左武卫大将军

(6)琼　太子中允

(6)瑊　相德宗

(7)铼　左羽林将军

(7)镐　义武军节度使

(7)钜　雅州刺史

(7)钢　天德军防御使

(7)鏚　振武军节度使

(6)玘　左领军将军

(4)大宁　左卫率府率

(4)大封　内八作使

(4)大猷　左羽林大将军

(4)大鼎　尚衣奉御

(4)大义　左金吾卫大将军①

表前称"自迥贵至瑊,世袭皋兰州都督"。上面已经提到,元庆长子大德是开

---

① 《新唐书》卷七五下《宰相世系表》,3380—3383 页。

元十五年以前的河西浑部首领。天宝初,元庆第三子大宁为河西节度经略使手下大将军。大寿之任皋兰州刺史,当在开元、天宝间。上文提到的天宝末年河西浑部首领浑惟明、浑尊,均不见于世系表,但推测也应出自元庆一门,或系大宁以下诸子的后人,而为《新表》略去者。《旧唐书》卷一三四《浑瑊传》记:

> 释之,少有武艺,从朔方军,积战功于边上,累迁至开府仪同三司、试太常卿,宁朔郡王。广德中,与吐蕃战,没于灵武,年四十九。瑊本名曰进,年十余岁即善骑射,随父战伐,破贺鲁部,下石堡城,收龙驹岛,勇冠诸军,累授折冲果毅。后节度使安思顺遣瑊提偏师深入葛禄部,经狐媚碛,略特罗斯山,大破阿布思部。[1]

据此,浑释之父子在开元、天宝年间,一直转战于朔方、河西、陇右等地,其间或许曾兼任河西皋兰州都督。安史乱后,释之战死于灵武,浑瑊似也未再回到河西。从世系表所列浑氏家族任官情形来看,第四代以前大多任唐朝武职,作为蕃将,征战各地。同时,从第四代开始,有部分成员开始担任文职僚佐,其渐染汉化可想而知。《新唐书》卷一五五《浑瑊传》称:

> 瑊好书,通《春秋》、《汉书》,尝慕司马迁《自叙》,著《行记》一篇,其辞一不矜大。[2]

可见浑瑊已是文武兼备。瑊子鍊、钜,皆有文才。卢纶有《送浑鍊归觐却赴阙庭》诗,其中称鍊“探题多决胜,馔玉每分余”[3]。杨巨源《赠浑钜中允》则称其“曾向天西穿虏阵,惯游花下领儒群”[4]。路岩《义昌军节度使浑公神道碑》记镐子偘:

> 笃志于学,九岁由宏文生擢孝廉第,释褐参同州军事。……历太常

---

①《旧唐书》卷一三四《浑瑊传》,3703 页。

②《新唐书》卷一五五《浑瑊传》,4894 页。

③《全唐诗》卷二七六,中华书局,1960 年,3132 页。

④《全唐诗》卷三三三,3728 页。

寺主簿、太府寺丞,由是以吏事自喜,明习文法。[1]

浑瑊的后代,都已经是完全汉化的铁勒人了。

河西铁勒部落的一般成员,也慢慢地走着与汉人等河西居民相融合的道路。《唐六典》卷三尚书户部条记:

> 凡诸国蕃胡内附者,亦定为九等。四等已上为上户,七等已上为次户,八等已下为下户,上户丁税银钱十文,次户五文,下户免之。附贯经二年已上者,上户丁输羊二口,次户一口,下户三户共一口。〔注:〕无羊之处,准白羊估折纳轻货。若有征行,令自备鞍马,过三十日已上者,免当年输羊。凡内附后所生子,即同百姓,不得为蕃户也。[2]

按照上述唐朝法令,蕃胡部落内附后,所生子女,视同汉人百姓,不再作为蕃户了,史料称契苾何力为"铁勒别部之酋长",而称其子契苾明为"姑臧人也",即是明证。铁勒诸部民众虽然大多仍生活在部落中,但已经不是蕃户了,唐朝可以征发他们作为府兵或募兵,脱离本部落,在唐朝的统治形态下,与汉族士兵一起,在当地戍守或远镇他方,这无疑会促进铁勒内附部落民的汉化。上举史料表明,唐朝在发动许多战役时,都征调河西铁勒部落,虽然铁勒部落往往自成单元,由部落首领率领参战,但也有不少部落成员被编入唐朝军队当中,上举《唐会要》卷九八记载,天宝末,唐朝即曾取河西回纥骁壮以充赤水军骑士[3]。治所在凉州城内的赤水军,是河西节度使辖下最大的军,其中当有不少铁勒骑士,他们与汉族或其他民族士兵共同生活,交互影响,是河西铁勒民众渐趋消亡的另一途径。

社会的动荡,唐朝的征发都促使河西铁勒部落趋向消亡,其民众也和他们的酋长一样,大多数慢慢地消融在河西的主体民族——汉人当中。

吐蕃自广德二年(764)攻克凉州后,从东向西扩展,永泰二年(766)占

---

① 《全唐文》卷七九二,8297 页上栏。

② 《唐六典》,中华书局,1992 年,77 页。

③ 《唐会要》卷九八,2067 页。

甘、肃二州,大历十一年(776)占瓜州,贞元二年(786)占沙州①,从而全面控制了河西走廊。在反映吐蕃统治河西地区的敦煌汉、藏语文书中,我们尚未发现有关上述铁勒部落的直接记载。P.t.1089 号藏文文书第 36—43 行,记有 820 年吐蕃凉州军镇各级官吏的等级序列,其中有 rGya Drugi lo tsa pa,意为"汉、突厥之译语舍人"②,间接透露了吐蕃在凉州统治的民众中,有操突厥语的民族存在。

大中二年(848),沙州张议潮率众起义,赶走吐蕃统治者,建立了归义军政权。咸通二年(861),张议潮率蕃、汉兵收复凉州,归义军占领了东起灵武,西到伊州的大片土地。在 840 年开始从漠北大批西迁、南迁的回鹘各部到来之前,史料中仍未见到河西地区旧铁勒部落的痕迹。P.2762《张淮深碑》记沙州刺史张淮深在大中七年(853)至咸通八年(867)间的政绩有:

> 河西创复,犹杂蕃、浑,言音不同,羌、龙、嗢末,雷威慑伏,训以华风,咸会驯良,轨俗一变。③

P.3720《张淮深造窟记》也记有同样的内容:

> 加以河西异族狡杂,羌、龙、嗢末、退浑,数十万众,驰诚奉质,愿效军锋,四时通款塞之文,八节继野人之献。④

S.5697 残文书也记载:

> 因缘河西诸州,蕃、浑、嗢末、羌、龙狡杂,极难调伏。⑤

这些文书清楚地表明,归义军占领河西的初期,这里主要的异民族是吐蕃、

---

① 以上年代根据《元和郡县图志》卷四〇,1021、1023、1027 页;陈国灿《唐朝吐蕃陷落沙州城的时间问题》,《敦煌学辑刊》1985 年第 1 期,1—7 页。

② 译文见拙稿《通颊考》,《文史》第 33 辑,119—144 页。年代据山口瑞凤《汉人及び通颊人による沙州吐蕃军团编成の时期》,《东京大学文学部文化交流研究施设研究纪要》第 5 号,1982 年,2—5 页。

③ 藤枝晃《敦煌千佛洞の中兴》,《东方学报》(京都)第 35 册,1964 年,68 页。

④ 同上,78 页。

⑤ 录文及年代考订,见拙稿《龙家考》,《中亚学刊》第 4 辑,144—160 页。

退浑(吐谷浑)、羌、嗢末(吐蕃奴部)、龙家(原焉耆人),突厥、铁勒系的民众显然不占重要的地位。

在吐蕃统治河西之前,河西铁勒部落也趋向衰亡。吐蕃统治以后,未见再有组成部落的铁勒,估计那些部落离散后的铁勒民众,部分进入了河西绿洲城镇当中,与汉人同居,渐渐融合于汉人。在归义军时期的敦煌文书中,我们找到一个很好的汉化铁勒人的例子,即曹氏归义军初期的战将浑子盈。S.5448 有他的《邈真赞》,现迻录如下:

> 唐故河西归义军节度押衙兼右二将头银青光禄大夫检校国子祭酒兼御史中丞上柱国浑厶甲邈真赞并序:
>
> 府君讳子盈,字英进。门传鼎族,历代名家。行播人间,神聪膺世。弱冠入士(仕),处苦先登。每精六艺之词,身负六端之美。英才雅智,独出众于敦煌。德业日新,振佳声于乡里。念兹公干,给赐节度押衙,兼百人将务。更能奉公清谨,葺练不阙于晨昏。教训军戎,士卒骁雄而捷勇。妙床弓剑,历任辕门。习黄公三略之才,蕴韩白六韬之术。眠霜卧碛,经百戏于沙场。匹马单枪,几番主于莲府。明闲礼则,传戎音得顺君情;美舌甜唇,译蕃语羌浑叹美。东南奉使,突厥见者而趋迎。西北输忠,南山闻之而献顿。啼猿神妙,不亏庆忌之功。泣雁高踪,共比由基之妙。遂使于家孝悌,晨昏定省而不移。昆季之情,让枣推梨而无闲。方欲尽忠竭节,向主公勤。何期宿叶来缠,桑榆竞逼。肃州城下,报君主之深恩。白刃相交,乃魂亡于阵下。三军恋惜,九族悲啼。二男洒泪于千行,婎女哀号而满路。恩奉邀命,自愧不才。略述芳名,而为赞曰:
>
> 间生杰俊,国下英贤。三端出众,六艺俱全。幼而从仕,勇猛贞坚。弓开泣雁,矢发啼猿。荣迁将务,治理周旋。东收张掖,左入右穿。玉门破敌,血满平田。明闲轨则,传译蕃言。能降突厥,押伏南山。肃州城下,攘甲冲先。天何不佑,魂叛逝川。男女哀喧,泣泪潺潺。邈题真影,芳名永专。

　　△年△月　　日题记。

赞文称浑子盈"门传鼎族，历代名家"，但却指不出他的郡望。他能"译蕃语"，使"羌，浑叹美"，而又"东南奉使"，使"突厥见者而趋迎"，表明他应是出身河西的蕃族。根据他的姓氏，不难推知他源自河西皋兰州的浑部。他的祖上何时来到沙州已不得而知，他则早已是汉化的铁勒人了，但仍保持着原来浑部的尚武风格，成为归义军的军将之一，最后在归义军节度使亲征甘州回鹘之役中，战死在肃州城下。

　　以上仅就唐代前期入居河西地区的铁勒部落的发展变化、融合消亡等问题略作探讨，以期说明中华民族多元一体格局形成过程中的某些形式和特征①。其中错误在所难免，敬祈指正。

（原载费孝通主编《中华民族研究新探索》，

中国社会科学出版社，1991 年，281—304 页。）

---

① 关于这一问题的详细讨论，参看费孝通等著《中华民族多元一体格局》，中央民族学院出版社，
　　1989 年。

吐鲁番绿洲及其探险简史

　　吐鲁番发现的不同寻常的文书、文物和壁画的组合使得这块绿洲成为许多专门研究的对象,而这些研究常常是关于个别事物和事件的。作为位于塔克拉玛干沙漠北缘贸易线路上的一个重要绿洲,吐鲁番是许多不同民族的家园:原住民(被中原的汉族称作"车师"或"姑师")、从4世纪开始涌入的大批汉族移民、7世纪和8世纪从伊朗文化区而来的粟特商人、9世纪在当地建立首都的回鹘人、14世纪征服了这块绿洲的蒙古人。十六国和唐朝时期中原王朝曾直接统治此地,1756年吐鲁番进入清朝的直辖之下。这篇文章旨在为那些对吐鲁番历史的大致内容或对20世纪初叶到过其地的探险家的历史不熟悉的读者作一总体的介绍①。

---

① 本文以荣新江的《吐鲁番的历史与文化》一文为基础,并参考了其后学术界的研究成果,见胡戟、李孝聪、荣新江《吐鲁番》,三秦出版社,1987年,26—85页。有兴趣的学者当然可以进一步阅读中国正史,其中大多数都有高昌传,如《魏书》卷一二〇《高昌传》,中华书局,1974年,2243—2245页;《隋书》卷八三《西域传》,中华书局,1973年,1846—1848页;《旧唐书》卷一九六《西戎传》,中华书局,1975年,5293—5297页;《新唐书》卷二二一上《西域传》上,中华书局,1975年,6220—6223页。

一、地理

吐鲁番盆地位于中国新疆维吾尔自治区的东部,夹在觉罗塔格山、库鲁克塔格山及其他天山山脉的支脉之间,面积为 50147 平方公里。盆地中的一些地区低于海平面 100 多米,最低处为负 154 米。这里是世界上继死海之后的第二低地。气候十分干燥,但这易于谷物生长。天山融化的雪水灌溉了这片土地,流出山谷的河流通过灌溉渠系到达这些绿洲。灌溉系统为这块肥沃的土地提供了丰富的水源,而这是当地自古以来繁荣的文化所不可或缺的条件。现在使用的"坎儿井"系统似乎是近代才引进的。

从专名来讲,特别是当地的地名,可能容易引起混淆,因为当地地名在维吾尔语中有许多写法,而又用许多不同的汉字转译成汉文。"吐鲁番"可以指乌鲁木齐东南方的这个盆地,也可以指位于盆地中央的现代城市。从公元 500 年到 640 年一个王国统治了吐鲁番绿洲,极易让人混淆的是,它被称作"高昌王国",因为它的首都在位于今天吐鲁番市东大约四十公里的高昌城。在唐朝统治下,这个地区的官方名称是"西州",它被分成了五个县。到 8 世纪末,唐朝退出了这个地区。9 世纪中叶,当回鹘人正式建国之后,"Qocho"(或许是汉语"高昌"的当地发音)作为一个为今天更多人所知道的该地区和回鹘王国的名称,成了对这个地区的习惯性称呼。在这篇文章中,我们用"吐鲁番"这个名称指这个地区,而用"高昌"代表历史上的国都。

二、历史

1. 车师统治时期

据《史记》和《汉书》的记载,史前时期至公元一千纪的初叶,天山东部地区的土著居民是车师(又作姑师)人。他们"庐帐而居,逐水草,颇知田作"[1]。这些已为考古材料所证实[2]。

从公元前 3 世纪初到前 2 世纪初叶,车师人所在的天山东部地区成为匈奴与汉朝争夺的对象,双方曾在此地交战五次,故有"五争车师"之说。前 60 年,匈奴内乱而衰,车师归属汉朝。汉分而治之,把车师之地分成八国,吐鲁番盆地成为车师前王国的领地,自前 60 年至公元 450 年国都在交河城。汉在车师前国屯田戍守,稍后设戊己校尉统其事[3]。王莽(公元 9—23 年在位)及东汉(25—220 年)时,吐鲁番盆地虽然在匈奴与汉之间几度易手,但大都在汉及其后的曹魏(220—265 年)所设戊己校尉的控制之下。

2. 高昌郡时期(327—442 年)

公元 317 年西晋(265—317 年)灭亡,许多游牧民族涌入中原,河西独立。324 年,前凉(318—376 年)的建立者张寔派一支军队进入西域,重新建立了对西域的统治。327 年,张骏擒戊己校尉赵贞,占领高昌,始设高昌郡。从此,高昌地区作为一个郡先后从属于前凉、前秦(351—394 年)、后凉(386—403 年)、西凉(400—421 年)、北凉(397—460 年)。

对于吐鲁番民众最有政治影响力的统治来自沮渠蒙逊在河西建立的北凉王朝,因为沮渠家族在 439 年被北魏灭掉后流亡高昌(见下)。高昌郡时期的出土文书所署年号,可以让我们看出高昌在不同时期是独立存在还是归属于河西、中原乃至草原游牧汗国,但有些纪年问题尚未圆满解决,并仍将继续争论下去。

高昌郡的军政制度远承汉、魏,近同晋、宋(420—479 年)。政府对水利设施的重要性极为重视,并努力维持。墓葬反映的地方文化面貌是以传统

---

① 《后汉书》卷九八《西域传》,中华书局,1965 年,2928—2929 页。

② Wang Binghua, "New Finds in Turfan Archaeology," *Orientations* 30.4 (April 1999), pp.58–64.其中有最近发掘的车师墓葬出土文物的彩色照片。

③ 关于戊己校尉的研究,参见 H. H. Dubs, *History of the Former Han Dynasty* 2, Baltimore: Waverly Press, 1944, p.331; Yü Ying-shih, *Trade and Expansion in Han China*, Berkeley: University of California Press, 1967, pp.142–143。

的民间信仰为主,佛教的影响甚微。

3. "大凉"与阚、张、马氏政权(442—502 年)

439 年,北魏灭北凉,北凉残部经塔里木盆地南沿的绿洲王国鄯善而最终入据高昌。北凉残部所率民众的大量到来,造成食物短缺,并最终使高昌发生饥荒。从此时开始,汉族移人逐渐成为当地居民的一个重要组成部分,而史籍对当地原住民的记载越来越少,他们大多数逐渐被移民所吸收。汉文化的影响增强,特别是佛教在吐鲁番地区得到发展并兴盛起来。

442 年,沮渠王族成员沮渠无讳率军击败高昌太守阚爽,结束了高昌郡时代。沮渠氏不是汉人,他们的祖先原先是居于卢水盆地(在今甘肃)的胡人。翌年,沮渠无讳改元"承平",国号"大凉"。承平二年(444),无讳卒,弟沮渠安周立。450 年,安周攻占交河,灭车师前王国(后车师指的是在吐鲁番西面的焉耆所建的临时政权),统一了吐鲁番盆地。

高昌故城位于今天的吐鲁番市东约四十公里,自 5 世纪开始发展成为盆地的统治中心。它在大凉政权时期(442—460 年)第一次成为都城,后来也是麹氏王国(500—640 年)的都城,唐西州时期(640—803 年)州治所在,最后成为高昌回鹘王国(866—1283 年)的都城(从公元 803 年到 866 年吐鲁番被漠北的回鹘可汗统治)。

安周曾在高昌都城内建造一所佛寺,并立了一块著名的碑,即德国吐鲁番探险队 1902—1903 年所获之《凉王大沮渠安周造寺功德碑》[①]。

沮渠安周的统治持续了八年。460 年,漠北大草原上的游牧部落联盟柔然(又称"蠕蠕"或"芮芮",被一些学者认定为西方史料中的阿瓦尔人[②])推翻安周统治,立阚伯周为高昌王,故阚氏高昌王国的文书使用柔然的"永康"年号。485 年,种族属于突厥的漠北另一个游牧部落联盟高车反叛柔然。随着柔然汗国的崩溃,487 年,高车部落联盟在漠北建立了独立的汗国。491

[①] 池田温《高昌三碑略考》,《三上次男博士喜寿记念论文集·历史编》,平凡社,1985 年,102—108 页。

[②] 参见 Roman Ghirshman, *Les Chionites-Hephthalites*, Le Caire: Institut français d'archéologie orientale, 1948。

年,高车杀阚首归兄弟,立张孟明为高昌王。数年后,国人杀张氏,立马儒为王。497 年,马儒遣使北魏(386—534 年),要求举国内徙,引起高昌旧人不满。不久,马儒被杀,502 年,麹嘉被立为高昌王,建立了一个传九世统治高昌一百四十年的王朝。

4. 麹氏高昌时期(502—640 年)

麹嘉在位时,仍受柔然或高车侵逼,亦曾向北魏请求内徙,但终未成行。552 年,突厥灭柔然,成为漠北的霸主,高昌臣服于突厥。581—583 年,突厥汗国分裂为两半——东突厥汗国和西突厥汗国。7 世纪初,西突厥遭遇铁勒和其他游牧部落联盟的叛离而一度中衰。同时,东突厥汗国因为内部削弱而与隋朝(581—619 年)保持友好关系。高昌王推行汉化,招致了突厥的不满。在这种复杂的形势下,高昌王麹伯雅在与谁结盟的问题上犹豫不决,尽管他倾向于西突厥一方。

虽然没有具体的史料保存下来,但我们可以通过文书考证出以下史实:义和年间(614—619 年),高昌王麹伯雅被政变者赶走,但不久复位。624 年,其子麹文泰即位后,力行改制。其间在 629 年,著名佛教求法僧玄奘经过高昌。这一时期也是唐朝巩固其统治的时期,630 年打败了东突厥,唐朝的强烈影响使周边的其他政权感到威胁。麹文泰联合西突厥与唐为敌。640 年,唐太宗派侯君集等率军攻占高昌城及周边地区,以其地设西州。

高昌国的中央官制是以传统的中原王朝为模式而建立的,地方制度实行郡县制。土地制度是均田还是占田尚不清楚,但契约租佃制盛行。政府收取各种赋税,如田租、租酒、调薪、绢练等。臧钱是一种直接归王族支配的税收,部分可用银币支付。粟特商人通常要同时缴纳这两种税收。波斯银币的流通也为考古资料证明。不论赋还是役,道俗同征,但道役比俗役轻,这些强有力的证据表明高昌王国的国王对赋税征收所拥有的权力。

高昌统治阶层的大部分官僚为汉人,尽管麹氏王族本身可能并非汉族。因而文化教育以汉文化为主,佛教多受凉州和中原影响,梵本贝叶书也不断输入,道教也在民间流行。

高昌界内仍有不少土著的车师人和外来的其他人种,尤以中亚的粟特人最为活跃,他们的家乡在撒马尔罕(在今乌兹别克斯坦)。在吐鲁番也和在中亚及中国其他地方一样,粟特人是以商人和贸易中间人的角色出现,他们经营商业和不同的贸易形式,促进了高昌王国的多边贸易,他们也把自己所信奉的伊朗宗教——祆教带到了盆地中。

5. 唐西州(640—803 年)

640 年,唐太宗派侯君集等率大军灭高昌王国,于其地设西州,按照中原的行政体制,西州下辖高昌、交河、柳中、蒲昌、天山五县,同于内地之州县。又设前庭、岸头、天山、蒲昌四个折冲府,统属于中央的右领军卫①。

唐朝把全套制度推行到这一直辖领地,均田制及相关户籍制(乡帐、手实、户籍、点籍样)、赋役制、军制(府兵、行军、镇军、烽堠)、交通制度(馆驿、长行马、公验、过所)等都随之在这里实施。

唐朝在西域的最高军政机构安西都护府也在 640 年初设于交河城,后虽迁往龟兹,但西州仍以高昌为州治,一直作为唐朝经营西域的基地。

唐朝对中国的统一及其势力西渐到波斯边境,使吐鲁番地区的商品交易在开元、天宝年间(713—755 年)达到了有史以来最繁盛的时代。汉文化的教育更加普遍,《论语》《孝经》成为学校学生必读的课本。居民仍以佛教信仰为主,但道教也随李唐的政治势力有所发展,并建立了道观,而祆教渐渐式微。

6. 回鹘汗国(803—866 年)至高昌回鹘(866—1283 年)

755 年爆发的安史之乱,给唐朝以致命的打击。762 年,安史之乱虽然被平定,但割据势力并没有被完全镇压。因为河西与西域的唐军东调,使吐蕃乘机占领了陇右和河西大片唐朝领地。786 年,吐蕃占领唐朝河西的最后领地——沙州(敦煌),开始进军塔克拉马干沙漠边缘的西域,这是此前很长时间他们没有能够拿下的目标。789 年冬,吐蕃联合葛逻禄、白服突厥,攻占北

---

① "右领军卫"在 684—705 年之间改称为"右玉钤卫"。《唐六典》,中华书局,1992 年,622—623 页。

庭(Beshbalyq)都护府。唐军在漠北回鹘汗国的支持下,在北庭、西州一带与吐蕃展开争夺战,吐鲁番盆地最终在803年落入回鹘汗国手中。在回鹘人的支持下,摩尼教在吐鲁番盆地迅速传播开来。

840年,漠北回鹘汗国被黠戛斯击败,汗国灭亡。回鹘部众四散奔逃,其中一支在庞特勤的率领下来到天山东部地区,也在吐鲁番立足。经过几番争战,最后由仆固俊统一各部,于866—872年间创立了高昌回鹘汗国,都城即在唐西州城所在的高昌城。到10世纪中叶,高昌回鹘已占有伊州、焉耆、龟兹、北庭等地,并统有许多部族。1130年,西辽(又称哈喇契丹,1124—1218年)强盛,高昌回鹘成为其附庸。13世纪初,成吉思汗在漠北创建蒙古汗国,高昌回鹘亦都护(王号)巴而术阿儿忒的斤(Barcuq-Art-Tigin)闻讯,杀死西辽的少监,1209年投奔蒙古,成为蒙古和后来元朝的附庸国,号畏兀儿王国。

13世纪中叶,在元朝忽必烈汗(1260—1294年)与窝阔台孙海都(Qaidu)的征战中,畏兀儿成了双方交战的场地。1275年,经过六个月的围攻,一直站在元朝一边的高昌回鹘终于结束,都城火州(高昌城)被察合台系的笃哇(Tuva,1274—1307年)占领,王国破灭。1283年高昌王族东迁甘肃永昌,在那里定居下来。

由于漠北回鹘汗国以摩尼教为国教,高昌回鹘在历史上最值得关注的一点是摩尼教的兴盛。在回鹘可汗的支持下,不少佛寺和石窟被改造成摩尼寺窟。但佛教在高昌源远流长,根深蒂固,大概在公元11世纪初,一些被改造的寺院或石窟又改回为佛教寺窟。在高昌回鹘时期,祆教似乎已经基本绝迹,道教以民间信仰的形式存在,景教却在今吐鲁番城北面的葡萄沟找到一席之地,而且与叙利亚的东方教团保持着联系。

7. 蒙元和察合台后王统治时期(1283—1756年)

从畏兀儿高昌王东迁永昌,到清朝进疆,吐鲁番盆地一直处在不同部落或不同系属的蒙古族统治之下。笃哇占领吐鲁番后,在海都和忽必烈两个竞争对手中间左右不一。1302年,海都最终被元朝击败。1306年,海都子察八儿(Chabar)向元朝投降,吐鲁番归元朝直接管辖,元朝在此设总管府,征收赋税和贡品。

1368年元朝灭亡,察合台汗国占领这一地区,成为汗国的一个组成部分。1383年,黑的儿火者(Xidir/Xizir Khwoja,1389—1399年)即位为别失八里察合台汗,他发动对非穆斯林城镇的圣战,占领火州和吐鲁番城,强行推行伊斯兰教,使这里的居民逐渐成为穆斯林。

14世纪晚期,火州城的首府地位被发展起来的位于今天所在的吐鲁番城(在旧安乐城旁)取代,火州在后来的战争中沦为一个小村镇,而吐鲁番城则成为前察合台汗国东半的都城。1473年,吐鲁番速檀阿力(Sultan'Ali)攻占哈密,进掠明朝的肃、甘二州。但对明朝中央朝廷,则称臣纳贡。

16世纪初,吐鲁番分裂为几个"地面",势力渐衰。1679年,西蒙古的准噶尔部控制了吐鲁番,察合台系的蒙古的统治结束。

8. 清朝统治时期(1756—1911年)

在采用汉族式的王朝名称"清"并牢固控制了中原地区以后,满族开始经营西域。这一决定在很大程度上是回应准噶尔部统治者噶尔丹在1670年代在这一地区的势力扩展。1720年,清军进军吐鲁番,大阿訇额敏和卓(Emin Khoja)以鲁克沁城降清朝皇帝康熙(1662—1722年在位)。但后来迫于准部的侵扰,额敏和卓率鲁克沁维吾尔族八千余人东迁,定居敦煌附近的瓜州。乾隆时(1736—1795年),清朝讨伐准部,额敏和卓前往吐鲁番招降当地的维族。1756年,清朝确定了吐鲁番的境界,让额敏和卓率部众迁回吐鲁番,吐鲁番从此归属北京的中央政府直接管辖,从中原来的满、汉官吏在鲁克沁王公的协助下,统治其地。居民以维吾尔族为主,但也有汉、蒙古、满、回等各族民众,甚至还有清朝时从越南迁来的安南人。

出土文献反映的吐鲁番历史和文化的各个层面,远比上面所概述的要丰富多彩,从某种意义上说,从14世纪以后吐鲁番重新为世人所瞩目,是19世纪末20世纪初西方探险家发掘出大量地下宝藏以后的事了。

三、考古调查、收集、流散

1. 俄国

早在 19 世纪 80 年代,俄国驻喀什总领事彼得罗夫斯基(N. F. Petrovsky,1837—1908 年)已经开始收集中亚文物和文献,并将其所获寄送到圣彼得堡亚洲博物馆收藏,但他的收集品主要来自和田和库车。此后,1898—1918 年间,俄国驻乌鲁木齐总领事克罗特科夫(N. N. Krotkov,1869—1919 年);1908 年,俄国驻库尔勒领事吉雅科夫(A. A. Dyakov),都收集到一些来自吐鲁番的写本和文物。同时,俄国自 1893 年开始陆续派出了一批又一批考察队,前往新疆发掘古物。如 1898 年,俄国科学院克列门兹(D. A. Klementz,1848—1914 年)率队考查吐鲁番,发掘高昌故城和阿斯塔那墓地,测绘柏孜克里克千佛洞①。1906—1907 年,科卡诺夫斯基(A. I. Kokhanovsky)率考察队再访吐鲁番②。

1909—1910 年,俄国语言学家和印度学家奥登堡(S. F. Oldenburg,1863—1934 年)率领俄国第一次中亚考察队赴新疆考查,其主要目的地就是吐鲁番,在那里,他们测绘了更详细的地图,走访了高昌故城(当地百姓叫 Iduqut-shahri"王城")、交河故城、阿斯塔那、柏孜克里克、胜金口等遗址,做了部分发掘③。他们的收集品都集中收藏在亚洲博物馆,以后克列门兹、科卡诺夫斯基、克罗特科夫、奥登堡、罗博罗夫斯基(V. I. Roborovsky,1856—1914 年)收集的写本都转存苏联科学院东方学研究所,现在的俄罗斯科学院东方学研究所圣彼得堡分所(St. Petersburg Branch of the Institute of Oriental

---

① D. A. Klementz, *Nachrichten über die von der Kaiserlichen Akademie der Wissenschaften zu St. Perterburg in Jahre 1898 ausgerustete Expedition nach Turfan*, St. Pertersburg: Akademiia Nauk, 1899.

② S. F. Oldenburg, "Kratkaya opis' sostavlennogo d-rom Kokhanovskim sobraniya drevnostey iz Turfan," *Mélange Asiatique* 13, 1907–1908, pp.127–140.

③ S. F. Oldenburg, *Russkaya Turkestanskaya ekspediтsiya 1909–1910*, St. Pertersburg: Akademiia Nauk, 1914.

Studies, Russian Academy of Science)，美术品和考古发掘的其他文物材料则在艾米塔什博物馆(The State Hermitage Museum)。这些资料迄今未系统公布，但大部分回鹘文、摩尼文和粟特文基督教文献资料已经在 20 世纪初由拉德洛夫(W. Ladloff, 1837—1918 年)和沙勒曼(K. Salemann)发表①。

一些吐鲁番发现的汉文写本被混入敦煌编号(Дx)文献，学者们也陆续考订并抄出，这些吐鲁番汉文写本的图版将由上海古籍出版社编印在世界各地的敦煌吐鲁番文献丛刊当中②。

2. 德国

俄国克莱门兹在吐鲁番的发现促成德国的一系列吐鲁番考察。1902—1907、1913—1914 年，由格伦威德尔(Albert Grünwedel, 1856—1935 年)和勒柯克(Albert von Le Coq, 1860—1930 年)率领的德国四次吐鲁番考察队，除第四次考察活动的主要工作地点是在图木舒克和库尔勒之间未能到吐鲁番之外，前三次的考察队对吐鲁番的主要遗址都做了调查和发掘，在高昌故城(Qocho)、胜金口(Sengim)、木头沟(Murtuk)、柏孜克里克(Bezeklik)、吐峪沟(Toyok)等地，获得大量写本、刻本、绢纸绘画、雕像等，大多数写本是发掘所得，也有一些是从当地百姓手中收购的，他们还用切割的方法剥取了大量的石窟壁画③。

---

① Vasilii Vasilevich Radloff, *Uigurische Sprahdenkmaler*：*Materialien nach dem Tode des Verffassers mit Er-ganzungen von S. Malov herausgegeben*, Leningrad: Akademie der Wissenschaften der U.S.S.R., 1928; A. N. Ragoza, *Sogdiyskie fragmenty Tsentral'noaziatskogo sobraniya Instituta Vostokovedeniya*, Moscow: Izdetel'stvo "Nauka", 1980.

② 俄罗斯科学院东方研究所圣彼得堡分所等编《俄罗斯科学院东方研究所圣彼得堡分所藏敦煌文献》，上海古籍出版社，1992 年。

③ Albert Grüwedel, *Bericht über archäologische Arbeiten in Idikutschari und Umgebung im Winter 1902 - 1903*, Munich: G. Franziscicher Verlag, 1906; idem., *Altbuddhistische kultstätten in Chinesisch-Turkistan*, *bericht über archäologische Arbeiten von 1906 bis 1907*, *Kuca*, *Qarasahr und in der Oase Turfan*, Berlin: G. Reimer, 1912; Albert von Le Coq, "A Short Account of the Origin, Journey, and Results of the First Royal Prussian (Second German) Expedition to Turfan in Chinese Turkistan," *JRAS*, 1909, pp.299-322; idem., *Chotscho*：*Facsimile-Wiedergaben der wichtigeren Funde der ersten Königlich Preussischen Expedition nach Turfan in Ost-Turkistan*, Berlin: G. Reimer, 1913; idem., *Auf Hellas Spuren in Ostturkisten*：(转下页注)

　　四次吐鲁番考察队所获资料最初入藏于柏林民俗学博物馆(Museum für Völkerkunde)。当第一次考察所获文物抵达柏林时,箱子或信袋上的标签(德文编号)被移录到文物本身上,而原包装纸被丢掉。当缪勒(F. W. K. Müller)辨认出大多数写本是摩尼教文献残片后,他给绝大多数的伊朗语文书编了连续的号码,这些号码以"M"(代表"Manichaeica")标志,从 M 1 编到 M 919。

　　这种给每件写本分别编号的做法大概在第二、三次考察时废弃不用了,而是在获得残片或登记的时候就给一个财产帐式的编号。这种财产帐式的编号以 T 开头,指其来源地吐鲁番;然后空格接写罗马数字 I, II, III, IV,表明是第一、二、三、四次考察所得;后再空格写出售写本给德国考察队的当地百姓名字(如 Usup、Shabit、Haghim、Xantippe)、箱子编号、发掘品出土地的缩写词,以下是表示吐鲁番及其附近主要遗址的缩写词:

　　　　B = 布拉伊克(Bulayiq),一所废寺

　　　　D = 高昌故城(Qocho),又名 Dakianus-shahr 或 Iduqutshahr。

　　　　K = 库车地区(Kucha)

　　　　M = 木头沟石窟(Murtuk)

　　　　S = 胜金口(Sengim)

　　　　S = 三堡

　　　　Š = 硕尔楚克(Šorchuk)

　　　　T = 吐峪沟(Tuyoq)

　　　　TB = 吐鲁番山(?)

　　　　TV = 吐鲁番山前坡地

　　　　X = 出土地不详

(接上页注) *Berichte und Abenteuer der II. Und III. deutschen Turfan Expedition*, Leipzig: J. C. Hinrichs'sche Buchhandlung, 1926; trans. A.Barwell, *Buried Treasures of Chinese Turkestan: An Account of the Activities and Adventures of the Second and Third German Turfan Expeditions*, London: George Allen & Unwin Ltd., 1928.

　　Y = 雅尔湖（Yarkhoto，交河古城）

　　α = 高昌故城中西南角的 α 寺址

　　Ξ = 购自 Xantippe

遗址缩写后空格按顺序写数字编号①。标示残片原始出土地点的标签时有差错②。

　　这些文物和文献在 1939 年第二次世界大战爆发时分藏在德国各地，二战后分别归东西德国所有。归西德的数百残片先曾暂时存放在汉堡大学，东德所藏以文献为主，入藏于东德科学院历史与考古中央研究所（Zentralinstut für Alte Geschichte und Archäologie），并按文种重新编号，即 Ch = 汉文资料，U = 回鹘文，So = 粟特文，M = 摩尼文，等等。

　　汉堡所藏的一批文献材料，于 1956 年转移到美因兹（Mainz）科学与文学研究院收藏，编为 Mainz 号，后归入德国国家图书馆（Staatsbibliothek Preussischet Kulturbesitz）东方部（Orientabteilung），这部分残片在 Boyce, *A Catalogue of the Iranian Manuscripts* 中用星号标识。

　　藏在各处的文物资料和美术品则归印度艺术博物馆（Museum für Indische Kunst, SMPK）收藏，编号为 MIK III，后接数字。

　　东西德统一后，东德收藏的汉文和其他语言的写本资料都转归德国国家图书馆东方部所有，但其中的突厥、回鹘、伊朗语材料仍存放在新成立的柏林布莱登堡科学院（Berlin-Brandenburgische Akademie der Wissenschaften）吐鲁番研究所（Turfanforschung）。美术品和文物材料交印度艺术博物馆收藏，原东德编号系统仍予保留。

---

① 关于德国探险队的活动及其文物、文献的编号系统的详细情况，参见 Mary Boyce, *A Catalogue of the Iranian Manuscripts in Manichean Script in the German Turfan Collection*, Berlin: Akademie Verlag, 1960, pp.xxi-xxiii, xxvii-xxxiii。

② W. Sundermann, "Completion and Correction of Archeological Work by Philological Means: The Case of the Turfan Texts," in Paul Bernard and Frantz Grenet, eds., *Histoire et cultes de l'Asie Centrale préislamque*, Paris: Editions du Centre National de la Recherche Scientifique, 1991, pp.283-285.

　　德国的吐鲁番学研究在第一次德国探险队的收集品运抵柏林后不久就开始了。缪勒 1904 年出版的《新疆吐鲁番出土福音体文字写本残卷》(一)(二)①是对吐鲁番出土伊朗语文献所做的最早的两部有代表性的著作。1912 年普鲁士皇家科学院成立了一个专门的东方研究委员会,包含三个特定的研究领域,其中之一专注于新发现的吐鲁番文书的研究。1934 年标志着德国的吐鲁番学研究在最初的三十年所取得成就的一个高峰。此年同时出版了安德烈斯(F. Andreas)和恒宁(W. Henning)的《新疆出土中古伊朗语摩尼教文献》第 3 卷和缪勒和楞茨(W. Lentz)的《粟特语文献》第 2 集②。1960 年,玛丽·博伊丝(Mary Boyce)编辑和出版的《德国吐鲁番收集品中摩尼文字所写伊朗语写本目录》清楚地反映了 20 世纪前半叶德国学者在吐鲁番学研究方面所取得的多方面成就。

　　近年,德国吐鲁番收集品中的伊朗语和突厥语研究方面取得了很大的进步。文书有了许多新的刊本。这些刊本随附更好的标点和释读、精确的转写、可信的翻译、内容丰富的注释以及原始图版的照片。因为宗德曼(W. Sundermann)博士的努力,我们现在拥有了 1996 年出版的《早期(1904—1934)刊布的摩尼文字书写的伊朗语吐鲁番文书》的图录版。此外,后期(1935—1973 年)著作中刊布的而后来未经重印的文书的图录也将在下一卷中刊出。带备选的释读方案、校正和增补的录文版目前也在宗德曼博士的计划当中。

　　德国吐鲁番收集品在二战前后有所散失,目前已知土耳其伊斯坦布尔

① F. W. K. Müller, "Handschriften-Reste in Estrangelo-Schrift aus Turfan, Chinesisch-Turkistan" I, *Sitzungsberichte der Königlich-Preussischen Akademie der Wissenschaften* (Berlin), Phil.-hist. Klasse 1904, pp. 348-352; II, *Anhang zu den Abhandlungen der Königlich-Preussischen Akademie der Wissenschaften* (Berlin), Phil.-hist. Klasse 1904, Abh.2, pp.1-117.

② F. C. Andreas & W. B. Henning, "Mitteliranishe Manichaica aus Chinesisch-Turkestan I-III", *Sitzungsberichte der Königlich-Preussischen Akademie der Wissenschaften* (Berlin), Phil.-hist. Klasse 1932, pp.175-222; 1933, pp.294-362; 1934, pp.848-912; F. W. K. Müller & W. Lentz, "Soghdische Texte. II", *Sitzungsberichte der Königlich-Preussischen Akademie der Wissenschaften* (Berlin), Phil.-hist. Klasse 1934, pp. 504-607.

大学图书馆（The Library of Istanbul University）和日本大阪四天王寺出口常顺氏所藏吐鲁番文献，原来都是德国吐鲁番收集品，由土耳其学者阿合买题·阿拉提（Resid Rahmeti Arat）和日本大阪僧人出口常顺在柏林买到①。又如耶鲁大学美术馆（Yale University Art Gallery）收藏的一件柏孜克里克出土画幡，则是勒柯克在柏林卖给 Mrs. William H. Moore 的，1937 年捐赠该馆②。

3. 日本

日本也很快在 20 世纪的最初几年就加入了西域宝藏的争夺。在了解佛教从印度向中国传播历史的这种意愿的激励下，在考古发掘比赛的竞争精神的刺激下，京都净土真宗西本愿寺的第 22 代寺主大谷光瑞先后派出三次中亚探险队，分别于 1902—1904、1908—1909、1910—1914 年前往新疆收集古物，其中渡边哲信、堀贤雄、橘瑞超、野村荣三郎和吉川小一郎等人先后发掘过吐鲁番的大部分遗址，并大规模盗掘阿斯塔那和哈拉和卓的古墓葬。与欧洲的探险队不同的是，大谷探险队成员多是一些年青的僧人，没有受过基本的考古学训练。如橘瑞超开始工作的时候仅仅只有 17 岁。大谷探险队虽然富于进取精神，但由于缺乏基本的考古训练，因此其成员是不具备田野发掘的资格的。

1914 年，大谷光瑞由于其下属揭露的财政问题辞去西本愿寺主的职位，大谷收集品也很快流散开来。大谷收集品现分散在中、日、韩三国的公私收藏者手中，但由于缺乏原始记录，流散品的详情也不得而知。简单说来，第一次探险所得物品，1926 年寄存在帝国京都博物馆（现京都国立博物馆），第二次世界大战末的 1944 年，归东京的木村贞造所有。战后，由日本政府收

---

① 山田信夫《イスタンブル大学图书馆所藏东トルキスタン出土文书类とくにウイグル文书について》，《西南アジア研究》第 20 号，1968 年，11—29 页；百济康义《イスタンブル大学图书馆所藏の东トルキスタン出土文献——特にその出所について》，《东方学》第 84 号，1992 年，1—12 页；藤枝晃《高昌残影——出口常顺藏吐鲁番出土佛典断片图录》，非卖品，大阪，1978 年。

② George J. Lee, *Selected Far Eastern Art in the Yale University Art Gallery: A Catalogue*, New Haven: Yale University Press, 1970, pp.42-43.

购,交东京国立博物馆东洋部收藏,同时增加了一些从私人手中买来的大谷探险队的收集品①。

第二、三次的收集品,主要放在大谷光瑞在神户郊外六甲的别墅二乐庄。1916 年 1 月,随着二乐庄的邸宅出售给政商久原房之助,一部分考古资料归久原氏所有,久原氏随即将这批收集品赠与同乡、时任朝鲜总督的寺内正毅,移存京城的朝鲜总督府博物馆(今在韩国首尔国立中央博物馆)②。

另一部分大谷收集品,特别是文献资料部分,大概因大谷光瑞和橘瑞超本人以后长住大连而运到旅顺。这些资料早在 1916 年大谷光瑞打算去上海时,就交给满铁保存。满铁则把这些吐鲁番资料交给即将于 1917 年 4 月开馆的关东都督府满蒙物产馆(又名关东都督府博物馆、关东厅博物馆、旅顺博物馆)保存。1945 年日本战败,苏联红军接管该馆之前,有相当一部分大谷探险队收集品被橘瑞超用两个大木箱运回日本京都。1948 年大谷光瑞去世后,西本愿寺把从旅顺运回的敦煌西域古文书、木简、绢画等,交龙谷大学图书馆保存,以便研究。

这批文书用“大谷”(O.)一名编号,从 1000 至 8000 余号,其中多有缺号。近年又把一些极小断片编为 O.10001—10668 号。另外,橘瑞超把部分原存旅顺的收集品带在自己身边,后来也交龙谷大学图书馆收藏,用其姓“橘”字编号。言川小一郎也将自已私藏的一些文书残片装裱成册,题曰《流沙残阙》,交龙谷大学图书馆,现编为 O.9001—9166 号。

大谷收集品中的摩尼教文献从质量上来讲仅次于柏林的藏品,1993 年出版了百济康义、宗德曼和吉田丰合编的《伊朗语断片集成・大谷探险队收集・龙谷大学所藏中央亚细亚出土伊朗语资料》。

留在旅顺博物馆的部分,经过苏联人一段时间的管理,1951 年 2 月交中国政府接管,改名旅顺历史文化博物馆,现名旅顺博物馆。这批材料有原来

---

① 参见《东京国立博物馆图版目录・大谷探险队将来品编》,东京国立博物馆,1971 年。
② 参见《中央アジアの美术》,三和出版社,1986 年。

日本方面整理的编号,该馆研究人员正据此编号加以整理①。

在西方探险家攫取吐鲁番宝藏之前,当地的官吏或百姓已经开始挖宝。任职新疆的清朝大小官僚对古代写本的争夺也没有等闲视之,以布政使王树枏(晋卿)和清理财务官梁玉书(素文)为首,也以中国传统的收藏与鉴赏的方式购买古董。由于这种收藏品属于私家,所以常常用来买官送友,不时分散流传,等到这些官僚家道一衰,藏品也随之售出。王、梁两氏的藏品数量不少,且多精品,但至晚在 1930 年代已经售出。王树枏旧藏主要被日本东京中村不折(1866—1943 年)的书道博物馆购存②。梁玉书旧藏则部分归东京静嘉堂文库③。两者皆有其他藏品散在中日其他收藏单位中,如中国国家图书馆、北京大学图书馆、中国科学院图书馆、重庆市博物馆、天理图书馆等处均有多少不等的收藏。

4. 芬兰

1906—1908 年奉沙俄之名前往新疆甘肃等地刺探军事、地理等方面情报的芬兰人马达汗(Carl Gustav Emil Mannerheim 1867—1951 年),也肩负着为芬兰赫尔辛基的芬乌协会(The Finno-Ugrian Society)收集古代文物和人种学资料的任务。他在经行吐鲁番时,走访了交河古城,收集到一批考古艺术品和写本文献,在吐鲁番城中和奇台等地,也买到不少属于吐鲁番盆地各遗址出土的写本材料,这批材料现藏赫尔辛基大学图书馆(The Helsiki University Library),但只是在最近二十年内才广为学界所知④,但迄今尚未公布。

---

① 王珍仁《旅顺博物馆藏新疆出土的古文书》(一)—(六),《新疆文物》1992 年第 4 期,116—121 页;1994 年第 1 期,13—20 页;1994 年第 2 期,99—107 页;1994 年第 4 期,49—55 页;1995 年第 1 期,61—69 页;1995 年第 2 期,29—39 页。

② 荣新江《海外敦煌吐鲁番文献知见录》,江西人民出版社,1996 年,174—183 页。

③ 同上,183—193 页。

④ Kōgi Kudara, "Chinese Buddhist Manuscripts from Central Asia in the Mannerheim Collection," in Yamamoto Tatsuro, ed., *Proceedings of the Thirty-first International Congress of Human Sciences in Asia and North Africa* 2, Tokyo: Tōhō gakkai, 1984, pp.995-997.

5. 英国

在和田、尼雅、敦煌等地取得重大收获的英国探险家斯坦因（Aurel Stein 1862—1943 年）也没有放过吐鲁番。在 1913—1915 年的第三次中亚考察中，他曾在 1914 年 11 月初从甘肃进入吐鲁番，他选择了最适宜考古发掘的冬季，发掘了高昌故城、阿斯塔那（Astana）古墓，揭取德国人留下的柏孜克里克（Bezeklik）石窟壁画（有些的尺寸是 11×16 英尺），在吐峪沟（Toyuk）等处也有许多收获[1]。

1915 年，斯坦因第三次中亚探险所获得的庞大收集品运到英国后，按照资助他的中亚之行的英国博物馆（The British Museum）、印度政府和印度事务部之间签署的分配方案，文献部分，凡汉文、粟特文、突厥文、回鹘文材料，归英国博物馆保存；凡于阗文、龟兹文、藏文材料，归印度事务部图书馆（India Office Library）保存；梵文写本，用佉卢文书写者归前者，用婆罗谜文写者归后者。其他文物材料如绢画、刺绣、幡画、陶器、木雕、钱币等等，在印度德里中亚古物博物馆（Central Asia Antiquities Museum）和英国博物馆之间平分。于是，斯坦因收集品的考古文物材料，入藏于英国博物馆的东方古物部（Department of Oriental Antiquities）；文献材料入藏于东方印本与写本部，1973 年全部转归英国图书馆（The British Library）收藏。

斯坦因的吐鲁番收集品都归在英国图书馆 Or. 8212 的入藏号下，与其他地点的发现品一起，共有 1—1946 个分号，同时，每件木纸文书上均有原始的考古编号，如：

Ast. = 吐鲁番阿斯塔那墓地

Kao. = 高昌故城

Toy. = 吐峪沟石窟寺

Yar. = 交河故城

在英国博物馆、印度事务部图书馆（现已并入英图）、新德里国立博物馆

---

[1] Aurel Stein, *Innermost Asia: Detailed Report of Explorations in Central Asia, Kan-su, and Eastern Iran*, Oxford: The Clarendon Press, 1928.

（National Museum of India，中亚古物博物馆已并入该馆，成为其一个部门），则仍用原始编号。

6. 中国

1927—1935 年由斯文·赫定（Sevn Hedin，1865—1952 年）所率领的中瑞西北科学考察团，在古物收集方面取得了巨大的成果，其中吐鲁番的考古发现品主要是由中方队员黄文弼获得的。黄文弼在 1928 年和 1930 年两次在吐鲁番考查，发掘交河墓地，获得了一批墓志和陶器[①]，又在当地购得各遗址出土文书和文物若干[②]，这批资料在撰写考古报告阶段存放在北京中国科学院考古研究所，和黄文弼得自塔里木盆地的资料一起，用"考"字编号。现已转存中国历史博物馆（今中国国家博物馆），有历博的馆藏号，由于尚未重新整理发表，故这种馆藏号只是见过原件的人偶一用之。

1959—1975 年，新疆博物馆在吐鲁番阿斯塔那和哈拉和卓先后进行过十三次发掘，清理了 456 座墓葬，出土了一大批文书和文物，这批汉文文书已经全部整理出版，但文物材料只有一些考古简报和图录可资参考[③]，正式的考古报告尚未出版。

在 456 做墓葬中，文书材料出自 205 座墓中，绝大多数残片原本是作为丧葬品的，如利用废旧文书制作的纸鞋、纸帽、纸腰带、纸棺等，一些单独的残片由于太残而无法释读，但有的则可以缀合起来，是内容显现出来。考古工作者把这些残片整理缀合成约 1600 件文书。除少量文书留存当地的吐鲁

---

① 黄文弼《高昌陶集》，中国学术团体协会，1933 年；黄文弼《高昌砖集》，中国科学院，1951 年。

② 黄文弼《吐鲁番考古记》，中国科学院，1954 年；再版，科学出版社，1958 年。

③ 新疆维吾尔自治区博物馆《新疆吐鲁番阿斯塔那北区墓葬发掘简报》，《文物》1960 年第 6 期，13—21 页；又《吐鲁番县阿斯塔那—哈拉和卓古墓群清理简报》，《文物》1972 年第 1 期，8—29 页；又《吐鲁番阿斯塔那 363 号墓发掘简报》，《文物》1972 年第 2 期，7—21 页；又《吐鲁番县阿斯塔那—哈拉和卓古墓群发掘简报 1963—1965》，《文物》1973 年第 10 期，7—27 页；又《丝绸之路汉唐织物》，文物出版社，1973 年；新疆维吾尔自治区博物馆、西北大学历史系考古专业《1973 年吐鲁番阿斯塔那古墓群发掘简报》，《文物》1975 年第 7 期，8—26 页；新疆维吾尔自治区博物馆《新疆出土文物》，文物出版社，1975 年；又《吐鲁番哈喇和卓古墓群发掘简报》，《文物》1978 年第 6 期，1—14 页；又《新疆维吾尔自治区博物馆》，文物出版社，1991 年。

番博物馆外,这批资料现存乌鲁木齐的新疆维吾尔自治区博物馆。

每件文书材料依发掘年代、出土墓地和墓号顺序编号,如 73TAM506:4/35,指 1973 年吐鲁番阿斯塔那 506 号墓第 4/35 号文书;75TKM96:33(a),指 1975 年吐鲁番哈拉和卓 96 号墓第 33 件文书正面。1975 年,唐长孺领导的《吐鲁番出土文书》整理小组开始准备这些文书的出版。1981—1991 年间,出版了十册录文本;1992—1996 年间,又出版了四册图版和修订的录文对照的本子。这两种书都是文物出版社出版,容易让人糊涂的是,两种书的名字相同:《吐鲁番出土文书》。

此外,还有两组没有发表的材料可能引起学者的注意。1956 年,新疆首届考古专业人员训练班发掘了交河故城、寺院及雅尔湖古墓,寺院出土文物用 56TYD 编号,墓葬文物或墓志则用 56TYM 编号①。1965 年,吐鲁番安乐城出土一陶罐,内装一些汉文文书和回鹘文文书,用 65TIN 编号。这两批吐鲁番资料现在也收藏在新博,除极少数外,都没有发表。

1979 年以后,遗址归地方管理(不再归自治区有关部门),吐鲁番博物馆(即吐鲁番地区文管所,现为吐鲁番地区文物局)也陆续在阿斯塔那清理了十座墓葬②。1980—1981 年,吐鲁番博物馆又清理了柏孜克里克千佛洞前的积土,出土大量文书③。除这两组较大的发掘外,还有一些零星收获④,使得

---

① 新疆首届考古专业人员训练班《交河故城寺院及雅尔湖古墓发掘简报》,《新疆文物》1989 年第 4 期,2—12 页。

② 新疆吐鲁番地区文物管理所《吐鲁番出土十六国时期的文书——吐鲁番阿斯塔那 382 号墓清理简报》,《文物》1983 年第 1 期,19—25 页;又《高昌墓砖拾遗》,北京大学中国中古史研究中心编《敦煌吐鲁番文献研究论集》第 3 辑,北京大学出版社,1986 年,585—602 页;又《1986 年新疆吐鲁番阿斯塔那古墓群发掘简报》,《考古》1992 年第 2 期,143—156 页;又《吐鲁番北凉武宣王沮渠蒙逊夫人彭氏墓》,《文物》1994 年第 9 期,75—81 页;柳洪亮《新出吐鲁番文书及其研究》,新疆人民出版社,1997 年。

③ 吐鲁番地区文物管理所《柏孜克里克千佛洞遗址清理简记》,《文物》1985 年第 8 期,49—65 页。

④ 吐鲁番地区文管所《唐北庭副都护高耀墓发掘简报》,《新疆社会科学》1985 年第 4 期,60—68 页;又《吐鲁番采坎古墓群清理简报》,《新疆文物》1990 年第 3 期,1—7 页;柳洪亮《唐天山县南平乡令狐氏墓志考释》,《文物》1984 年第 5 期,78—79 页;又《吐鲁番阿斯塔那古墓新发现的桃人木牌》,《考古与文物》1986 年第 1 期,39—40 页;又《"西州之印"印鉴的发现及其相关问(转下页注)

当今的吐鲁番地区博物馆也收藏有不少文物和文书。该馆的编号系统与新博略同，只是拉丁字母的后两字因出土地不同而加以改变，如80TBI:001a，即指1980年柏孜克里克千佛洞崖前堆积出土001号文书的正面，76TCM3:20即1976年吐鲁番采坎古墓群3号墓出土第20件文物。

1994—1996年，日本早稻田大学与新疆考古所合作进行了一系列交河沟西古墓发掘，出土了一些墓志和文物材料，但没有文书，用TYGXM编号①。

7. 其他

此外，除了上面提到的收藏单位，中国的上海图书馆、上海博物馆、辽宁省档案馆、甘肃省博物馆，日本的宁乐美术馆、京都国立博物馆、国立国会图书馆，美国的普林斯顿大学葛斯德图书馆(Gest Library of Princeton University)，都多少不等地藏有吐鲁番文献或文物。至于瑞典方面，大概只有赫定本人在1934年经行吐鲁番时，买到一幅纸本唐画，现藏瑞典国立人种学博物馆(The National Museum Of Ethnography in Sweden)。而且应当还有一些流散的材料迄今下落不明，有待进一步查访。

四、展望

固然，吐鲁番学研究的障碍是显而易见的。如上所述，各遗址所出的文物和文书分散保存在至少六个国家(中国、芬兰、德国、日本、英国和俄罗斯)的二十余个收藏单位，每一家都有自己的编号系统，且并非都已发表。

电子资源应当可以提供一些指导。"丝路项目：重聚高昌宝藏"数据库(http://www.yale.edu/ceas/main.html)包含了3000余条文书和文物的信息，

(接上页注)题》，《考古与文物》1992年第2期，107—110页；又《大唐西域记传入西域的有关问题》，马大正等编《西域考察与研究》，新疆人民出版社，1994年，299—306页。

① 联合国教科文组织驻中国代表处等编著《交河故城1993、1994年度考古发掘报告》，东方出版社，1998年。

大多数都是 1949 年以后中国考古发掘所得。这个数据库将每一条的标题翻译成了英文,同时提供一组中、英文关键词,以便通过标题进行检索。这样,就为我们辨别哪些文书和文物是出自同一墓葬,并为我们借此理解文书和文物的本意提供了可能。

"丝路项目"网站还包含了关于历史时期吐鲁番社会生活不同方面的内容丰富的研究论著目录。正如我们所预期的,制度方面的课题,如均田制等受到学者们最多的关注,他们最充分地利用了 6—8 世纪从高昌国到唐西州时期的汉文文书。随着中亚再次成为世界关注的一个地区,学者们开始利用考古资料来揭示其早期历史的面貌:辨别土著居民的文化并考究他们何时被汉族移民所融合。学者们也在探究唐帝国从中亚退出,回鹘王国开始统治,摩尼教在世界历史上唯一一次成为国教的那个时代。有一个趋势是肯定的:吐鲁番资料分散在全世界,意味着只有不同国家的学者团结协作才能推进这个领域的研究。

（与张广达先生合撰,原为给"丝路项目:重聚高昌宝藏"数据库写的导言,修改后用英文发表在 *Asia Major*, third series, vol. XI, Part 2, 1998（1999）, pp. 13-36。）

从吐鲁番出土文书看古代
高昌的地理信息

　　使用历史地理信息学（GIS-Based Historical Studies）的方法来研究丝绸之路，是近年来丝绸之路研究的重要推进手段。因为丝绸之路经过的地点，现在很多已经被掩埋在沙海之下，有些虽然地表有可见的遗迹，但人迹罕至，即便能够到达，由于时间和给养的问题，也难以开展很多工作。同时，对于丝绸之路这样长距离道路的研究，需要很广阔的关注面。仅仅从这两个方面来讲，从空间来研究丝绸之路就有其优越性，利用现代空间技术给予我们的各种手段来从空间考察丝绸之路，再结合已有的数据，加上随后的印证考察，将会大大推进丝绸之路的研究。

　　建立丝绸之路地理信息系统主要应当依据以下几组数据群：（1）传世的汉文、藏文、阿拉伯文、波斯文、维吾尔文等史料记载，包括如汉文正史、使者或僧侣的行记等；（2）当地出土文书的记录，包括汉语、佉卢文（Kharosthi）、吐火罗文（Tocharian）、于阗语（Khotanese）、据史德语（Guzdese）、粟特语（Sogdian）、古藏语（Old Tibetan）、回鹘语（Uighur）等语言文字所写的文书；（3）近代以来的地理、考古探险报告、行记，包括斯文·赫定（Sven Hedin）、斯坦因（Aurel Stein）、格伦威德尔（A. Grünwedel）、勒柯克（A. von Le Coq）、伯希和（Paul Pelliot）、马达汉（Carl Gustav Emil Mannerheim）、大谷探险队、黄文弼等所撰考古报告、旅行记、学术论文、札记等等；（4）现代科技提供的各种地理信息手段，如谷歌地球（Google Earth）等。

本人多年来从事新疆地区出土的古代文献的研究，特别对高昌、于阗、龟兹古代文书的地理信息有所关注，多年来也时常到新疆进行考察，对吐鲁番古代遗址关注尤多。本文以古代高昌地区为例，主要是希望利用出土文书，来收集古代高昌地区的地理信息，在传统的史书和探险家的记录之外，为丝绸之路的研究提供另外一个重要的基础。

一、问题与资料

自 19 世纪末以来，吐鲁番地区出土了大量古代文书，提供给我们丰富的地理信息。但若要利用这些文书数据来做丝绸之路地理信息研究之用，需要注意以下几个问题：（1）文书不像典籍，十分零散，首先需要全面收集各国收藏的文书资料；（2）对于可以提供地理信息的文书加以断代、定性，这方面需要全面吸收各国学者吐鲁番学研究的成果；（3）对于前人已经比定的古代文书中的地名相当于探险队考察的哪座遗址，需要进行重新论证；（4）由于地理环境的变化和地名的变迁，在把古代文书记录的地名与今天的地名相勘合时，也需要十分谨慎，没有确凿证据时，只能存疑。

有关吐鲁番地区出土的文书，经过学者一百多年的整理研究，大多数资料已经收录到以下合集中。

已刊的主要资料合集有：（1）马伯乐（H. Maspero）《斯坦因第三次中亚探险所得汉文文书》，大英博物馆托管会 1953 年版①。（2）山本达郎等《敦煌

---

① H. Maspero, *Les documents chinois de la troisième expédition de Sir Aurel Stein en Asie Centrale*, London: The Trustees of the British Museum, 1953.

吐鲁番社会经济史料》，东洋文库 1978—2001 年版①。（3）池田温《中国古代籍帐研究》，东京大学出版会 1979 年版。（4）唐长孺主编《吐鲁番出土文书》一至十，文物出版社 1981—1991 年版；唐长孺主编《吐鲁番出土文书》壹至肆，文物出版社 1992—1996 年版。（5）小田义久编《大谷文书集成》壹至肆，法藏馆 1984—2010 年版。（6）池田温《中国古代写本识语集录》，东京大学东洋文化研究所 1990 年版。（7）陈国灿《斯坦因所获吐鲁番文书研究》，武汉大学出版社 1994 年版；沙知、吴芳思编《斯坦因第三次中亚考古所获汉文文献（非佛经部分）》1—2 册，上海辞书出版社 2005 年版。（8）孟列夫、钱伯城主编《俄罗斯科学院东方研究所圣彼得堡分所藏敦煌文献》（简称《俄藏敦煌文献》）5—17 册，上海古籍出版社、俄罗斯科学出版社东方文学部 1994—2001 年版。（9）柳洪亮《新出吐鲁番文书及其研究》，新疆人民出版社 1997 年版。（10）黄文弼《吐鲁番考古记》，中国科学院 1954 年第 1 版；科学出版社 1958 年第 2 版；史树青主编《中国历史博物馆藏法书大观》11 卷《晋唐写经·晋唐文书》，东京柳原书店、上海教育出版社 1999 年版。（11）王炳华《阿拉沟古堡及其出土唐文书残纸》，荣新江主编《唐研究》第 8 卷，北京大学出版社 2002 年版。（12）矶部彰编《台东区立书道博物馆所藏中村不折旧藏禹域墨书集成》，二玄社 2005 年版。（13）陈怀宇（Chen Huaiyu）《普林斯顿大学东亚图书馆藏敦煌吐鲁番汉语写本》②。（14）荣新江、李肖、孟宪实主编《新获吐鲁番出土文献》，中华书局 2008 年版。（15）中国文化遗产研究院、新疆维吾尔自治区博物馆编《新疆博物馆新获文书研究》，中华书局 2013 年版。（16）郭富纯、王振芬《旅顺博物馆藏西域文书研究》，万卷出版公司 2007 年版；旅顺博物馆、龙谷大学主编《旅顺博物馆新疆出土汉文佛经选粹》，法藏馆 2006 年版。

① T. Yamamoto, et al., *Tun-huang and Turfan Documents concerning Social and Economic History*, I-IV, Tokyo: Toyo Bunko, 1978-2001.

② Chen Huaiyu, "Chinese-Language Manuscripts from Dunhuang and Turfan in the Princeton University East Asian Library", *The East Asian Library Journal*, XIV.2, Autumn 2010, pp. 1-208+64 color plates.

吐鲁番出土文书流散世界各地,同时又不断有新的发现,以上只是相对比较集中刊布文书的论著,此外在一些出版物中也有相关的资料。但是,应当注意的是,这些资料是陆续发表出来的,因此,相关的研究成果也是陆续取得的。随着一些吐鲁番学研究者兴趣的转移,21世纪新发现的文书中的地理数据,还没有人做系统的收集整理。所以对于前人的研究成果,现在需要加以核查和补充,把新旧发表的数据整合到一起。

二、吐鲁番出土文书中的高昌地理信息

以下按照高昌地区不同的历史阶段,提示文书所见不同时代地理信息和前人相关的归纳总结,并据新出资料加以补充,展现不同时期地理信息的丰富内涵,同时指出有关的不同看法及文书资料的局限性。(图版41、42)

1.高昌郡时期(327—449年)

《初学记》卷八"陇右道车师国田地县"条注引顾野王《地舆志》载:"晋咸和二年(327),置高昌郡,立田地县。"从《地舆志》的语气来推测,当时的高昌郡可能只有高昌县和田地县。在整个高昌郡时期建立的郡县数,王素先

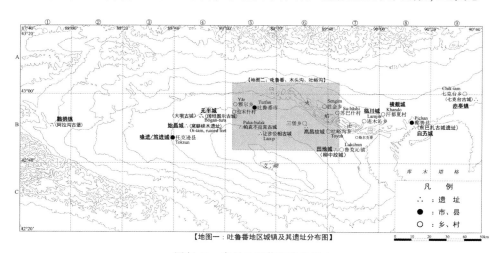

【地图一:吐鲁番地区城镇及其遗址分布图】

图版41 高昌地理信息附地图1

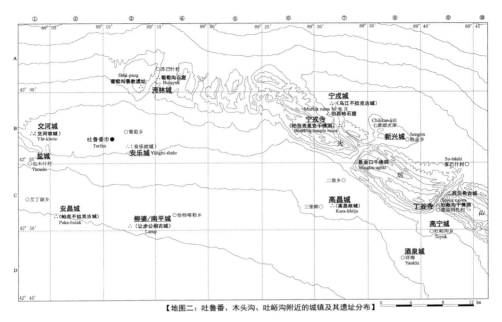

【地图二：吐鲁番、木头沟、吐峪沟附近的城镇及其遗址分布】

图版 42　高昌地理信息附地图 2

生认为是一郡五县,即高昌郡,高昌、田地、横截、白芳、高宁县①。关尾史郎先生在讨论北凉高昌《赀簿》年代时,只认定高昌、田地、横截、高宁四县②。

2. 高昌大凉政权至阚、张、马氏高昌王国时期(450—501 年)

《魏书》、《北史》的《高昌传》所记高昌"国有八城"。王素先生认为这一时期高昌有三郡八县,即高昌、田地、交河三郡,高昌、田地、交河、横截、白芳、高宁、威神、酒泉八县③。新出《阚氏高昌永康九年、十年(474、475)送使出人、出马条记文书》(简称"送使文书")提供了新的地理信息④。这件阚氏高昌时期的送使文书中,提到了高昌国送使时出人出马的一连串城镇名,除

---

① 王素《高昌史稿·交通编》,文物出版社,2000 年,34—35 页。

② 关尾史郎《"北凉年次未详(5 世纪中顷)赀簿残卷"的基础的考察》(上),《西北出土文献研究》第 2 号,2005 年,51—55 页。

③ 王素《高昌史稿·交通编》,35—37 页。

④ 图版和录文见荣新江、李肖、孟宪实主编《新获吐鲁番出土文献》,中华书局,2008 年,162—163 页。

了从未见于高昌地名的万度、其养/乾养、阿虎、磨诃演/摩诃演之外,排除重复,总共正好是八个地名:高宁、横截、白艻、威神、柳婆、喙进(笃进)、高昌、田地。由此看来,我们比较倾向于把阚氏高昌时期的八城看作是送使文书所记的八座城镇,参考其他相关文书记载,这些地名可能都是当时的县名。送使文书应是当时高昌国送使出人出马的完整记录,涉及高昌以下各地,因此我们可以得出结论:阚氏高昌王国时期高昌共有两郡八县,即高昌、田地郡,高昌、田地、高宁、横截、白艻、威神、柳婆、喙进八县①。

从地图上所标识的阚氏高昌王国时期的八座郡县城位置来看,明显地是东部远远多于西部。其原因可能是,高昌王国的郡县体制是以高昌郡为中心发展起来的,前凉立高昌郡,下面设置高昌、田地两县。到高昌大凉王国时,又增加了田地郡,增设横截、高宁县,甚至还有白艻。阚氏高昌王国继承了高昌大凉王国的高昌、田地两郡体制,在高昌、田地、横截、高宁、白艻之外,增设威神、柳婆、喙进三县,其中柳婆位于盆地偏南地区,喙进则在最西边。最值得注意的就是交河及其管辖范围内没有郡县的记录,这或许是交河一带原本是半游牧半农耕的车师王国辖地,虽然450年为大凉王国所灭,但郡县体制一时还未建立。

3. 麴氏高昌王国时期(502—640年)

麴氏高昌王国同样实行郡县制,学者们对其郡县数量有不同意见。《通典》卷一九一《边防典》车师附高昌条:"侯君集平高昌国,下其郡三,县五,城三(二)十二。"②大体包括了国都、郡治和县治所在。王素《高昌史稿·交通编》曾整理史籍、文书和前人研究成果,分"麴氏高昌前期一(502—561年)"、"麴氏高昌前期二(562—612年)"、"麴氏高昌后期(613—640年)"三个阶段,列出所见郡县名称。笔者现将其结论整理成表1。

① 荣新江《吐鲁番新出送使文书与阚氏高昌王国的郡县城镇》,《敦煌吐鲁番研究》第10卷,上海古籍出版社,2007年,21—41页。
② 杜佑《通典》,中华书局,1984年,1030页。

表 1 麹氏高昌郡县表

城名	麹氏高昌前期一（502—561年）	麹氏高昌前期二（562—612年）	麹氏高昌后期（613—640年）	备注
高昌城	高昌郡/高昌县	高昌郡/高昌县	高昌郡/高昌县	高昌王国都城，又称高昌城、高昌大城。
田地城	田地郡/田地县	田地郡/田地县	田地郡/田地县	
交河城	交河郡/交河县	交河郡/交河县	交河郡/交河县	
横截城	横截郡/横截县	横截县	横截郡/横截县	
南平城	南平县		南平郡/南平县	
武城城	武城县	武城县	武城县	
白艻城	白艻县	白艻县	白艻县	
新兴城	新兴县	新兴县		
宁戎城	宁戎县	宁戎县	宁戎县	
高宁城	高宁县	高宁县	高宁县	
酒泉城	酒泉县		酒泉县	
临川城	临川县	临川县	临川县	一作"林川"。
安乐城	安乐县	安乐县	安乐县	
洿林城	洿林县	洿林县	洿林县	
永安城	永安县	永安县	永安县	
柳婆城	柳婆县			
盐城城	盐城县	盐城县	盐城县	
无半城	无半县		无半县	
始昌城	始昌县	始昌县	始昌县	
笃进城	笃进县		笃进县	
永昌城		永昌县	永昌县	
威神城		威神县	威神县	
龙泉城			龙泉县	
安昌城			安昌县	

有关麹氏高昌国的郡县制问题,学术界还有一些不同的看法①,我们这里不是研究郡县制问题,所以不做细节的讨论。对于上述郡县何时开始作为郡或县出现在文书当中,也有不同的看法。总体来说,由于阿斯塔那和哈拉和卓两个墓葬区出土了大量属于麹氏高昌时期的官私文书,我们对于这一时期高昌的地理面貌有了不少新的认识。

高昌国四郡县的分布,大致是以高昌城为中心,分成四区,东北区以横截郡城为中心,东南区以田地郡城为中心,西北区以交河郡城为中心,西南区以南平郡城为中心。高昌国的辖境,东到今鄯善县境,西抵托克逊县境,北至火焰山北麓,南以艾丁湖为限。到麹氏有国时期,吐鲁番盆地的各个绿洲已经被充分地开发出来了②。

当然也有一个值得注意的问题,就是虽然高昌国设立了许多县,以此支撑一个王国的规模,但有些县恐怕是很小的范围,其城市也是很小的规模,所以我们今天已经看不到高昌王国时期一些县级城市的任何痕迹了。

4. 唐西州时期(640—803 年)

贞观十四年(640),唐朝灭高昌王国,在其地设立西州,下辖五县,“以交河城为交河县,始昌城为天山县,田北(地)城为柳中县,东镇城(白苏)为蒲昌县,高昌城为高昌县”③。县下设立与内地相同的乡里制度,《元和郡县图志》卷四〇称西州五县有“乡二十四”。今天,我们可以从吐鲁番出土文书中辑出乡名 24 个,但两者未必完全对应。

张广达先生《唐灭高昌国后的西州形势》曾罗列唐朝时期西州各级行

---

① 参见郑炳林《高昌王国行政地理区划初探》,《西北史地》1985 年第 2 期,64—73 页;侯灿《麹氏高昌王国郡城考述》,《中国史研究》1986 年第 1 期,146—152 页;荒川正晴《麹氏高昌国における郡县制の性格をめぐって——主としてトゥルファン出土资料による》,《史学杂志》第 95 编第 3号,1986 年,37—74 页。

② 麹氏高昌国时代的开发情况,可参看关尾史郎《高昌国における田土をめぐる觉书——〈吐鲁番出土文书〉札记(三)》,《中国水利史研究》第 14 号,1984 年,1—18 页。

③ 参见《通典》卷一九一《边防》七“车师附高昌”条,1030 页;《唐会要》卷九五“高昌”条,上海古籍出版社,1991 年,2016 页。

政、军政建制①,本文移录其乡名表部分,以便与高昌国时代的县名对照,出处有所简化;其他各表省略,只留名称。关于乡名,据《新获吐鲁番出土文献》等新出资料略有补充。

表 2 唐西州乡名表②

县名	乡名	简称	现有文书中的始见年代	出处	发表出处备注
高昌县	宁戎乡	戎	贞观十六年(642)前后	67TAM78:46	《文书》四,页115。
	安西乡	西	贞观十六年前后	67TAM78:51/3	《文书》四,页116。
	武城乡	城	贞观十八年(644)	68TAM103:24/4, 20/5	《文书》四,页215。
	崇化乡	化	贞观后期	68TAM103:18/10	《文书》四,页228。
	宁大乡	大	贞观后期	60TAM337:11/7	《文书》五,页107。
	顺义乡	顺	永徽二年(651)之前	65TAM42:101/2(a),111/4(a)	《文书》六,页271、272。
	宁昌乡	昌	永徽五年(654)	64TAM10:40	《文书》五,页85。
	太平乡	平	开耀二年(682),永淳元年(682)	67TAM376:02(a)64TAM35:24	《文书》六,页569;《新疆出土文物》图版88;《文书》七,页392。
	尚贤乡	尚	开元年间	大谷3401,2914,72TAM187:194(a)	《籍帐》,页385、412;《集成》I,图版40,页135;《文书》八,页430。

① 张广达《唐灭高昌国后的西州形势》,《东洋文化》第68号,1988年,69—107页。

② 本表及下列各表所用缩略语如下:《籍帐》=池田温《中国古代籍帐研究》;《集成》=《大谷文书集成》;《文书》=《吐鲁番出土文书》简装本;*TTD* II = Yamamoto, T. & Y. Dohi, *Tun-huang and Turfan Documents concerning Social and Economic History*, II. Census Registers (A)(B), Tokyo: The Toyo Bunko, 1985;*TTD* III =Yamamoto, T. & O. Ikeda, *Tun-huang and Turfan Documents concerning Social and Economic History*, III. Contracts (A)(B), Tokyo: The Toyo Bunko, 1987;《新获》=《新获吐鲁番出土文献》。

县名	乡名	简称	现有文书中的始见年代	出处	发表出处备注
	归德乡	归	开元、天宝年间	大谷 1206，大谷 2915，72TAM187: 194(b)，95/1(b)	《籍帐》，页 387、412；《集成》Ⅰ，图版 89，页 23；图版 40，页 136；《文书》八，页 438，441—442。
	灵身（？）乡		开元十年（722）	Ch.3810	*TTD* Ⅱ，Texts 78；《籍帐》，页 250。
	归（？）义乡		开元二十九年（741）	大谷 1200，72 TAM 187	《籍帐》，页 389；《集成》Ⅰ，图版 88，页 22。
	宁泰乡		龙朔二年（662）	2004TBM113:6-1 僧籍，2006TZJI: 086 乡名籍	《新获》60—61，302。
交河县	神山乡	山	贞观二十二年（648）	《王明显墓表》	《高昌砖集》增订本，图版 61。
	名山乡	山	开元年间	大谷 1308	《籍帐》，页 286—290；*TTD* Ⅱ，Texts 133，pl.207。
	龙泉乡		武周末期	大谷 1087，大谷 1403	《籍帐》，页 341；《集成》Ⅰ，图版 19，页 19、53。
	永安乡		武周末期	大谷 1403	同上。
	安乐乡	乐（？）	开元年间（一度或入高昌县？）	北图周字 68 号 大谷 1087	《敦煌杂录》下辑，叶 176；《籍帐》，页 379；*TTD* Ⅱ，Texts 70，pl.107。
柳中县	五道乡	道	龙朔元年（661）	64TAM4:44，大谷 1305	《文书》六，页 410。
	承礼乡	承	总章元年（668），开元初年	72TAM179，大阪四天王寺出口常顺藏件，大谷 1305	《文书》七，页 117；《高昌残影》238；《籍帐》，页 249。
	钦明乡	明	开元初年	出口常顺藏件，大谷 1305	《高昌残影》；《籍帐》，页 249。

续表

县名	乡名	简称	现有文书中的始见年代	出处	发表出处备注
	高宁乡		开元四年(716)	东京国立博物馆,东京书道博物馆	《籍帐》,页247。
天山县	南平乡		显庆五年(660)	64TAM4:38	《文书》六,页404;《文书》七,页298。
蒲昌县	盐泽乡		开元二年(714)	72TAM184:12	《文书》八,页284。

从名称上可以看出,唐朝的一些乡实际上来自高昌国的县,其名称也没有多少改变。而唐朝在高昌地区所设的里,则基本上按照唐朝的统治理念来起名,目前所见里名见表3。

表3 唐代高昌地区各县所设的里

县份	里
高昌县	净泰里、安乐里、六乐里、忠诚里、仁义里、归政里、德义里、成化里、礼让里、和平里、顺义里、敦孝里、昌邑里、淳风里、厚风里、长善里、正道里、安义里、慕(暮)义里、归化里、高昌里、投化里、永善里、净化里、积善里、尚贤里
柳中县	弘教里、依贤里、淳和里、柔远里
交河县	长垣里、高泉里、独树里、新坞里、新泉里、横城里、洿林里
蒲昌县	归□里

唐朝前期实行府兵制,西州设立有四个折冲府,即高昌(后改名前庭)府、岸头府、蒲昌府、天山府。同时,唐朝在西州设立了军事防御性质的镇、戍、烽燧,以及交通驿站,这些都为我们提供了唐朝时期高昌地区的地理信息(见表4)。

表 4　唐朝时期西州地区所设军事设施一览表

县属	镇	戍	烽铺	馆驿
交河县	柳谷镇、悬信镇、白水镇	酸枣戍、曷畔戍	神山烽、赤山烽、白水烽	龙泉馆、柳谷馆、交河馆、酸枣馆、济弱馆
天山县	鸲鹆镇、银山镇	银山戍、礌石戍	□蕃铺、总见铺、临蕃铺、断贼铺、□觉铺、黑鼻烽、阿施烽、鸲鹆烽、赤山烽、疆石烽、巙水烽、名岸烽、泥岭烽、小白水烽、白水烽、棳惢烽	天山馆、银山馆、礌石馆
蒲昌县	赤亭镇、罗护镇	赤亭戍、苁蓉戍、方亭戍、维磨戍	赤亭烽、维磨烽、罗护烽、小岭烽、狼泉烽、达匪烽、突播烽、塞亭烽、上萨捍烽、下萨捍烽、悬泉烽、胡麻泉烽、拶谷烽	蒲昌馆、罗护馆、草堆馆、避风驿、赤亭馆、狼泉驿、达匪驿、达匪馆
高昌县			山头烽、横城烽	宁戎驿
柳中县				北馆、柳中驿、柳中馆、东碛馆
不明县属	石舍镇	狼井戍、苦水戍	青山烽、□塭烽	神泉馆、石舍馆、狼井馆、安昌馆

这些镇戍、烽燧、馆驿往往分布在吐鲁番盆地的四周,特别是西州通往外界的道路沿线。敦煌文书 P. 2009《西州图经》记录了西州通往外面的十一条道路情况,也是我们研究唐朝西州地理信息一个重要资料,上述设施有不少就位于这些道路上,它们一起构筑了西州地区的军事和交通的地理网络。

5. 回鹘统治时期（803—1283 年）

803 年,唐朝势力最后退出西州,这里成为漠北回鹘汗国统治的地区。840 年,漠北回鹘汗国破灭,部众西迁天山东部地区。866 年,北庭出身的回鹘首领仆固俊攻战西州、北庭、轮台、清镇等地,天山东部地区的回鹘就以西州、北庭为中心,形成"西州回鹘"或"高昌回鹘"王国。

在高昌回鹘早期,应当仍然继承着唐朝的行政地理规模。吐峪沟出土高昌回鹘某年造佛塔功德记中,有署衔为"莫诃达干宰相摄西州四府五县事清信弟子伊难（下残）"的官人,我以为这是当时西州回鹘王国的西州长官的全部结衔,这表明西州回鹘时期的西州首脑仍然兼摄西州四府五县事,也就是说继承了原本掌控西州军政全权的职责①。

作为一个以吐鲁番盆地为中心的王国,高昌回鹘的城镇规模可能发展到麹氏高昌国时期的样子。敦煌文书 P. 3672bis 是"赏紫金印检校廿二城胡汉僧尼事内供奉骨都禄沓密施鸣瓦伊难支都统"致沙州僧官的一封信,发信者即西州回鹘佛教教团的最高僧官——都僧统,他的头衔上有"检校二十二城胡汉僧尼事",说明高昌回鹘有二十二城。"二十二城"的说法,还见于高昌故城出土的回鹘文摩尼教文献:"高昌国二十二城的幸运与守护之灵。"11世纪加尔迪齐说:"高昌之地,有二十二个村(城)。"②最近,松井太先生全面考察了吐鲁番出土回鹘文、蒙文文书中高昌回鹘王国的地理信息,其中记录的城镇有高昌(Qočo)、交河(Yar)、吐鲁番(Turpan)、鲁克沁(Lükčüng)、笃新(Toqsïn,也称托克逊)、赤亭(Čïqtïn,或称七克台)、布拉依克(Bïlayuq,或称葡萄沟)、丁谷(Tïyoq,或称吐峪沟)、蒲昌(Pučang)、Soim(威神)、横截(Qongdsïr)、临川(Limčim)、新兴(Singing)、宁戎(Nižüng)、南平(Nampï)、盐城(Yimši)③。这些地理信息,还可用钢和泰旧藏大约写于 925 年前后的于阗文行记部分加以印证和补充④。

---

① 荣新江《〈西州回鹘某年造佛塔功德记〉小考》,张定京、阿不都热西提·亚库甫《突厥语文学研究——耿世民教授八十华诞纪念文集》,中央民族大学出版社,2009 年,182—190 页。

② 以上参看森安孝夫《敦煌と西ウイグル王国——トゥルファンからの書簡と贈り物を中心に》,《东方学》第 74 辑,1987 年,58—74 页;付马《黄文弼所获文书中的回鹘时代高昌地区城郭名目——兼论回鹘高昌"二十二城"名实》,荣新江、朱玉麒主编《西域考古·史地·语言研究新视野:黄文弼与中瑞西北科学考查团国际学术研讨会论文集》,科学出版社,2014 年,303—311 页。

③ Matsui Dai. "Old Uigur Toponyms of the Turfan Oases", E. Ragagnin and J. Wilkens eds., *Kutadgu Nom Bitig. Festschrift für Jens Peter Laut zum 60. Geburtstag*, Wiesbaden, 2014, pp. 265-293.

④ 参看 H. W. Bailey, "The Stael-Holstein Miscellany", *Asia Major*, Vol.2, 1951, pp. 1-45; J. Hamilton, "Autour du manuscrit Staël-Holstein", *T'oung Pao*, XLVI, 1958, pp. 138-150;黄盛璋《于阗文〈使河西记〉的历史地理研究》(上、下),《敦煌学辑刊》1986 年第 2 期,1—18 页;《敦煌学辑刊》1987 年第 1 期,1—13 页;高田时雄《コータン文书中的汉语语汇》,《汉语史の诸问题》(京都大学人文科学研究所研究报告)别册,1988 年,71—127 页;汉译本《于阗文书中的汉语语汇》,氏著《敦煌·民族·语言》,钟翀等译,中华书局,2005 年,213—305 页。

三、目前可以确定的高昌地名所在的地理位置信息

关于高昌国的郡县城镇所在的地理位置,前人已经做了许多探索①。笔者 1987 年初第一次考察吐鲁番时,曾将有关调查结果写入《吐鲁番的历史与文化》一文②。随着吐鲁番出土汉文文书研究的进步和到当地考察越来越便利,又不断有新的成果刊出③,王素先生的《高昌史稿·交通编》可谓这方面集大成之作。笔者在整理新获吐鲁番出土文献时,对部分高昌地名做了新的考察和论证④。近年来,利用谷歌地球等技术手段,对吐鲁番一些古城的地理位置,又有了进一步的判断,特别是纠正了考古探险者所绘地图的误差⑤。同时,吐鲁番出土回鹘语、蒙古语文献中的地理资料也得以解读出来⑥。特别是新疆维吾尔自治区文物局、新疆文物考古研究所、新疆吐鲁番学研究院

---

① 参看黄文弼《高昌疆域郡城考》,原载北京大学《国学季刊》第 3 卷第 1 号,1932 年;收入黄烈编《黄文弼历史考古论集》,文物出版社,1989 年,162—169 页;嶋崎昌《隋唐时代の东トゥルキスタン研究——高昌国史研究を中心として》,东京大学出版会,1977 年;荒川正晴《麹氏高昌国における郡县制の性格をめぐって——主としてトゥルファン出土资料による》,37—74 页;郑炳林《高昌王国行政地理区划初探》,《西北史地》1985 年第 2 期,64—72 页;侯灿《麹氏高昌王国郡县城考述》,《中国史研究》1986 年第 1 期,146—152 页。

② 荣新江《吐鲁番的历史与文化》,载胡戟、李孝聪、荣新江《吐鲁番》,三秦出版社,1987 年,26—85 页。

③ 参见钱伯泉《高昌国郡县城镇的建置及其地望考实》,《新疆大学学报》1988 年第 2 期,34—41 页;巫新华《吐鲁番唐代交通路线的考察与研究》,青岛出版社,1999 年,26—110 页;王素《麹氏王国末期三府五郡二十二县考》,《西域研究》1999 年第 3 期,23—32 页。

④ 参看荣新江《吐鲁番新出送使文书与麹氏高昌王国的郡县城镇》,21—41 页。

⑤ 参看西村阳子、铃木桂、张永兵《吐鲁番地区古遗址分布考——以麹氏高昌国、唐西州时期的古遗址的空间把握为中心》,《吐鲁番学研究》2009 年第 2 期,28—55 页;西村阳子、北本朝展《スタイン地图と卫星画像を用いたタリム盆地の遗迹同定手法と探检队考古调查地の解明》,高田时雄主编《敦煌写本研究年报》第 4 号,2010 年,209—245 页;西村阳子、大西磨希子、北本朝展《利用 Google Earth 分析与评价斯坦因地图》,新疆吐鲁番学研究院编《吐鲁番学研究:第三届吐鲁番学暨欧亚游牧民族的起源与迁徙国际学术研讨会论文集》,上海古籍出版社,2010 年,287—298 页。

⑥ 参看松井太《古ウイグル语文献にみえる"宁戎"とベゼクリク》,《内陆アジア言语の研究》第 26 号,2011 年,141—175 页;Matsui Dai, "Old Uigur Toponyms of the Turfan Oases", pp. 265-293.

等单位合作进行的吐鲁番地区第三次文物普查,结出丰硕的成果,许多前人未曾到过的古城遗址,得以踏查和定位①。

在前人研究的基础上,以下结合文书记载、考古调查和发掘,对高昌地区从高昌郡时代到西州回鹘时期的城镇遗址,考察哪些还保留至今,哪些只能指出一个大致的方向。

高昌城:高昌郡郡治、高昌大凉王国和阚氏以下高昌国都城,唐西州州治和高昌县县治所在,也是唐朝所设折冲府——前庭府的地团所在,后来成为西州回鹘王国的都城之一,回鹘文称 Qočo。在今高昌故城,又称火州、霍州、哈拉和卓(Kara-khoja)、达吉亚努斯城(Dakianus-shahri)、亦都护城(Idikutschari)②。毫无疑义,这是我们考察古代高昌地理最重要的坐标点。《吐鲁番地区卷》14 页有“三普”新测遗址平面图。

新兴城:在高昌城北 10 公里左右,大致相当于今天的胜金(Sämggim)和胜金口(Sämggim-aghiz)。应当是高昌国新兴县所在,回鹘文作 Singing,后来回鹘文和蒙文写作 Singging,都是来自汉文的“新兴”,以后演变为近代维吾尔文的 Sämggim,汉译为“胜金”③。这里是高昌城北面的屏障,扼守着火焰山口。

宁戎城:从胜金口沿木头沟(唐朝称宁戎谷)向北,经柏孜克里克千佛洞(唐朝名宁戎寺,高昌回鹘称 Nižüng/Nišüng/Lišüng vaxar④),向北约 4 公里到伯西哈石窟(木头沟遗址 M. B. II),再北约 900 米处,为今称乌江布拉克(Ujan-Bulak)的古城(斯坦因的木头沟遗址),即高昌国宁戎县所在⑤。唐朝

① 参看新疆维吾尔自治区文物局编《新疆维吾尔自治区第三次全国文物普查成果集成·新疆古城遗址》下册(以下简称《新疆古城遗址》),科学出版社,2011 年;又《新疆维吾尔自治区第三次全国文物普查成果集成·吐鲁番地区卷》(以下简称《吐鲁番地区卷》),科学出版社,2011 年。
② 关于高昌城内遗址的比定,参看西村阳子、富艾莉、北本朝展、张勇撰,刘子凡译《古代城市遗址高昌的遗构比定——基于地图史料批判的丝绸之路探险队考察报告整合》,朱玉麒主编《西域文史》第 9 辑,科学出版社,2014 年,155~202 页。
③ Matsui Dai, "Old Uigur Toponyms of the Turfan Oases", pp. 281-283.
④ Matsui Dai, "Old Uigur Toponyms of the Turfan Oases", pp. 283-288.
⑤ 西村阳子、铃木桂、张永兵《吐鲁番地区古遗址分布考——以魏氏高昌国、唐西州时期的古遗址的空间把握为中心》,34 页。

废县,高昌县下有宁戎乡,当在同一位置。《新疆古城遗址》358 页有乌江布拉克古城遗址平面图。宁戎寺是高昌一大佛教胜地,大概从麹氏高昌国时开始兴建起来,一直到高昌回鹘王国时,都是王家供养的寺院。

高昌的东境重要城镇的位置如下。

酒泉城:出高昌城东行 10 公里,就是酒泉县城,其地在今洋海(Yankhi)附近,遗迹尚存。《新疆古城遗址》370 页有古城遗址平面图。据鄯善新获文书,唐朝仍有酒泉城,地理位置相同。

高宁城:北凉时已经立县,是高昌、田地之外重要的行政区划。阚氏高昌王国时期应当也是重要的县城,麹氏高昌仍置县于此。唐灭高昌,废县为高宁乡,属柳中县。大谷文书 2389《唐西州高昌县给田文书》记:"〔高昌〕城东廿里高宁城。"①解放后吐鲁番出土文书《唐西州高昌县授田簿》:"城东卅里高宁渠。"②嶋崎昌氏认为在丁谷,即今吐峪沟③。吐峪沟距高昌城大概十多公里,与唐代文书所记道里数基本吻合,但吐峪沟一般指沟内的地方,洋海北面的吐峪沟乡,推测应是高宁县治。

田地城:今天的鲁克沁镇西 2 公里处的古城,是高昌国田地郡、田地县的治所,这里从十六国时期就是仅次于高昌的大城之一,麹氏高昌王封王子为田地公,镇守此地。唐朝在此立为柳中县。北宋王延德行记称作"六种",高昌回鹘时代的回鹘文作 Lükčüng,即今 Lükchün(鲁克沁)的来历。遗址至今保留着残墙,《新疆古城遗址》367 页有柳中古城遗址平面图。

威神城:其名见哈拉和卓 90 号墓出土《阚氏高昌时期高宁、威神、田地诸县驮马文书》④,为县名。唐灭高昌后废县,疑隶属柳中县。荒川正晴认为威神县在鲁克沁(Lükchüng)至斯尔克普(Sirkip)之间,即钢和泰藏卷 925 年

① 小田义久编《大谷文书集成》壹,法藏馆,1984 年,94 页。

② 参看唐长孺主编《吐鲁番出土文书》叁,文物出版社,1996 年,128 页;唐长孺主编《吐鲁番出土文书》六,文物出版社,1985 年,244 页。

③ 嶋崎昌《隋唐时代の东トゥルキスタン研究——高昌国史研究を中心として》,120 页。

④ 参看唐长孺主编《吐鲁番出土文书》壹,文物出版社,1992 年,120—121 页;唐长孺主编《吐鲁番出土文书》二,文物出版社,1981 年,13 页。

前后成文的于阗文行记所记西州回鹘王国城镇 Īśumä①。松井太由此推测此即高昌回鹘后期蒙文文书中的地名 Soim/Sium②。

临川城:麴氏高昌国时期立县,唐代县废,有临川城,回鹘时期作 Lim-čin,为村名③。今斯尔克普北面的连木沁(Lamjin),从读音看是来自回鹘文的 Limčin,而回鹘文来自汉文的"临川",此地即临川县、临川城、临川村所在。

横截城:高昌国东北部的政治、军事中心横截郡、横截县治。横截郡太守的职位,长期掌握在高昌王族麴氏的手中,说明此地在高昌国的重要地位。唐灭高昌,降为普通一城,隶属蒲昌县。大谷文书 2604《唐西州高昌县给田文书》记:"〔高昌〕城东六十里横截城阿魏渠。"④解放后出土文书《唐上元二年(761)蒲昌县界长行小作具收支饲草数请处分状》有"山北横截等三城"语⑤。嶋崎昌认为在汉墩(Khando,Khandu),其地在高昌故城东约 60 里,和唐代文书记载大体相当。钱伯泉认为高昌正东 60 里为火焰山,因此横截城当在火焰山北、今吐峪沟北口偏东的苏巴什⑥。从地理位置上来讲,苏巴什守在吐峪沟北口,是军事要地,其说也有道理,只是这里没有任何古城遗迹发现⑦。高昌回鹘时期应当仍是二十二城之一,回鹘文作 Qongsïr/Qongsïr,蒙文作 Qongsir,行政级别为村⑧。

白艻城:高昌郡时代或已立县,到高昌国时期,白艻县成为王国东疆的门户,又称东镇城,是高昌东境的大镇,其地即在今鄯善县。唐朝在此立为

---

① 荒川正晴《麴氏高昌国における郡县制の性格をめぐって——主としてトゥルファン出土资料による》,40、68 页。

② Matsui Dai, "Old Uigur Toponyms of the Turfan Oases", pp.278-280.

③ 同上,pp.278-279。

④ 小田义久编《大谷文书集成》壹,101 页。

⑤ 参看唐长孺主编《吐鲁番出土文书》肆,文物出版社,1996 年,556 页;唐长孺主编《吐鲁番出土文书》十,文物出版社,1991 年,252 页。

⑥ 钱伯泉《高昌国郡县城镇建置及其地望考实》,《新疆大学学报》1988 年第 2 期,39 页。

⑦ 巫新华《吐鲁番唐代交通路线的考察与研究》66—67 页采用钱氏观点而略有申说,据其考察结果,没有古城遗迹。

⑧ Matsui Dai, "Old Uigur Toponyms of the Turfan Oases", pp.278-280.

蒲昌县,高昌回鹘时代的回鹘文作 Pučang,于阗文行记作 Phūcanä,王延德行记作"宝庄",今维吾尔族称之为辟展(Pichan)。西村阳子等认为白苏/蒲昌城在今东巴扎古城遗址,在库木塔格北缘的天山洪积扇上①。"三普"考察队也以东巴扎古城为蒲昌城,见《新疆古城遗址》362 页,有古城照片。

高昌国的西半边,大致可以分成南北两区。

南平城:南部以南平郡为中心。唐代南平降为乡,属天山县,见吐鲁番旧出《唐开元二十九年(741)天山县南平乡户籍》②。新获《唐神龙三年(707)正月高昌县开觉等寺手实》记:"城西六十里南平城"③,这是以高昌城为坐标记录的位置。按照在吐鲁番县城南约 7.5 公里处发现的墓志指示的方位④,南平郡、南平县治应在今公商(Gunshang)古城遗址。

柳婆城:南平城东面的让步城(Lampu)可能是柳婆县治。陶保廉《辛卯侍行记》卷六认为吐鲁番厅(今吐鲁番市)东南十余里的"勒木丕"(Lampu)应当是"柳婆"的转音⑤,黄文弼、荒川正晴都表示赞同⑥。笔者曾按出土墓志所指方位,认为南平在今公商(Gunshang)古城遗址,其东面的让步城(Lampu)可能是柳婆县治⑦。这一说法受到王素的批评,他根据岑仲勉以来的看法,认为"勒木丕"、"让步"都是"南平"的转音,让步、工尚实为一城,都是南平城⑧。笔者以为,柳婆、南平也可能是一地二名,"柳婆"、"南平"其实都是一个胡语地名的不同音译,"柳婆"更接近原来的胡语(应当是 Lampu

① 西村阳子、铃木桂、张永兵《吐鲁番地区古遗址分布考——以麹氏高昌国、唐西州时期的古遗址的空间把握为中心》,36 页。
② 荣新江《〈唐开元二十九年西州天山县南平乡籍〉残卷研究》,《西域研究》1995 年第 1 期,33—43 页。
③ 荣新江、李肖、孟宪实主编《新获吐鲁番出土文献》,第 52—53 页。
④ 1979 年 1 月吐鲁番县五星公社出土的《唐永徽五年(654)十月令狐氏墓志》提到南平城所在,参看柳洪亮《唐天山县南平乡令狐氏墓志考释》,《文物》1984 年第 5 期,78—79 页。
⑤ 陶保廉《辛卯侍行记》,甘肃人民出版社,2002 年,396 页。
⑥ 参看黄烈编《黄文弼历史考古论集》,168 页;荒川正晴《麹氏高昌国における郡县制の性格をめぐって——主としてトゥルファン出土资料による》,40 页。
⑦ 荣新江《吐鲁番的历史与文化》,41 页。
⑧ 王素《高昌史稿·交通编》,62—64 页。

的原语）。目前所见的出土文书和史籍记载，"柳婆"一名最晚记载约在 546
年；"南平"最早见于《麹氏高昌建昌三年（557）令狐孝忠随葬衣物疏》，到麹
氏高昌末期，南平甚至立为郡，见《麹氏高昌延寿十七年（640）屯田下交河
郡、南平郡及永安等县符为遣麹文玉等勘青苗事》①，之所以麹氏高昌改用
"南平"的译音，这可能是同时取汉语"南部平定"之意②。高昌回鹘时期的
回鹘文献中，有先后时期的 Nampï 和 Lampï 两种写法，是来自汉语"南平"及
其发展形式③。《新疆古城遗址》354 页有让布公商（又称拉木帕相）古城遗
址平面图。

安昌城：麹氏高昌国时期立为县，唐废县，仍有安昌城，见大谷 2841《北
馆文书》。南平西面的帕克拉克古城（一作帕克不拉克古城/Paka-bulak），可
能是安昌县治。《新疆古城遗址》356 页有遗址平面图。

无半城：麹氏高昌国时期的县。由安昌再向西就是阔坦吐尔古城（又称
布干土拉，Bögen-tura），学者一般认为即无半县所在。《新疆古城遗址》359
页有遗址平面图。

始昌城：麹氏高昌国时期的县，入唐归属天山县。从阔坦吐尔城向西是
窝额梯木遗址（Oi-tam），位于托克逊之东 10 公里处，黄文弼说维吾尔族呼为
窝额梯木，汉人名为大墩子，审其陶片及形式或为唐代建筑④。多数学者认
为是始昌县⑤。高昌国末期，玄奘法师西行时，就是沿着这几个城，由高昌城
到焉耆去的。《新疆古城遗址》361 页称大墩古城又名"阔坦大墩古城"。
又，在大墩子北 5 公里有一古城，一说为始昌城⑥。

① 参看《吐鲁番出土文书》贰，文物出版社，1994 年，71 页；《吐鲁番出土文书》四，文物出版社，1983
　年，124 页。

② 荣新江《吐鲁番新出送使文书与阚氏高昌王国的郡县城镇》，35—36 页。

③ Matsui Dai, "Old Uigur Toponyms of the Turfan Oases", pp. 288-292.

④ 黄烈编《黄文弼历史考古论集》，168 页。

⑤ 参看嶋崎昌《隋唐时代の东トゥルキスタン研究——高昌国史研究を中心として》，130—131 页；
　荒川正晴《麹氏高昌国における郡县制の性格をめぐって——主としてトゥルファン出土资料に
　よる》，40 页。

⑥ 王素《高昌史稿・交通编》，82—83 页。

　　交河城:盆地西北地区的中心是原车师前王国的首都交河城,高昌国在此设交河郡、交河县,其地即今交河故城。交河郡又名镇西府,是高昌国西部最重要的城镇,和东部的田地郡一样,是由高昌王子亲自镇守的,号称交河公。唐朝时这里立为交河县,开始是安西都护府驻所,也是岸头府的地团所在。回鹘文作 Yar,今称雅尔湖(Yar-khoto)。《吐鲁番地区卷》22 页有新测遗址平面图。

　　安乐城:麴氏高昌时立为县,唐朝降为乡,属交河县所辖。今交河城东10 公里、也就是今吐鲁番县东约 2 公里处苏公塔东面的古城址,据考是安乐县城,残存的建筑遗址与交河城的古老建筑形制十分相似。今维吾尔语名Yangi-shahr,汉译英沙古城①。

　　永安城:麴氏高昌县名,唐朝降为县,属交河县。永安县城可能在安乐县南,今红旗公社先锋三大队一带。按木纳尔 102 号墓出土《唐显庆元年(656)二月十六日宋武欢墓志》称:“君讳武欢,字□,西州永安人也。显庆元年二月十六日葬于永安城北。”②则永安城当在木纳尔墓地以南的地方。

　　涝林城:麴氏高昌国立为县,唐朝交河县永安乡下有涝林里,即其所在。安乐故城北的葡萄沟(Bulayia),可能是涝林县的所在地,这里出产的皮薄味美的葡萄,在高昌国时期就名闻南朝的梁国③。

　　盐城:麴氏高昌国县名。唐朝时降为城,称“盐城”,见中央民族大学博物馆藏吐鲁番新出文书④。高昌回鹘时期回鹘文书有 Yimši,今称也木什(Yamshi),在交河城南面,应是盐城所在⑤。

　　龙泉城:麴氏龙泉县,当即唐朝交河县龙泉乡。顾名思义应在一处泉水

① 李征《安乐城考》,《中国史研究》1986 年第 1 期,153—158 页。
② 荣新江、李肖、孟宪实主编《新获吐鲁番出土文献》,103 页。
③《太平广记》卷八一《梁四公记》,中华书局,1961 年,519—520 页。参看王素、李方《〈梁四公记〉所载高昌经济地理资料及其相关问题》,《中国史研究》1984 年第 4 期,131—135 页。
④ 参看张荣强、张慧芬《吐鲁番新出唐代貌阅文书》,敦煌研究院、中国敦煌吐鲁番学会编《2015 敦煌与中外关系国际学术研讨会论文集》下,甘肃文化出版社,2015 年,1069—1070 页。
⑤ Matsui Dai, "Old Uigur Toponyms of the Turfan Oases", pp. 292-293.

汇集的地方,可能在今马勒恰西约 5 公里处,也可能在更北的夏普吐勒克
(Shaftlluk)。

永昌城:永昌县还没有找到具体位置,吐鲁番出土《高昌延寿十四(637)
年兵部差人往青阳门等处上现文书》有从高昌城派人到"永昌谷"的记载①,
表明永昌县应位于高昌北部某山谷附近。

喙进/笃进城:阚氏高昌时期喙进已立为县,麴氏延之,改名"笃进"。唐
灭高昌后仍立为县,改笃进为天山。唐贞观初年玄奘从高昌出发西行,"从
是(高昌城)西行,度无半城、笃进城后,入阿耆尼(焉耆)国"②。高昌回鹘王
国时期有 Toqsïn,即今托克逊(Toqsun)的来源,地理位置应当一致。

武城:麴氏高昌国立为县,唐朝降为普通一城。《唐永昌元年(689)西州
高昌县籍坊勘地牒》记有地段在"城西十里武城渠"③,其地或即武城所在,位
于高昌故城西十里。

于谌城:见《唐开元四年(716)西州柳中县高宁乡籍》:柳中县"城东陆拾
里于谌城"④,则其地在鲁克沁东面六十里的地方。

鸜鸰镇:唐朝的军镇。天山阿拉沟峡谷东口,有石砌古堡,位于阿拉沟
与鱼儿沟水汇合口的河谷北岸,东经87°42′、北纬42°50′处。根据 1976 年在
古堡中发现的唐代文书,这里是唐鸜鸰镇镇城故址⑤。

白水镇:唐朝军镇,位于控扼吐鲁番通乌鲁木齐的白杨沟西口的达坂
城,是唐朝白水涧道上的重镇⑥。

罗护镇:唐朝军镇。"三普"考察队据陈国灿说,推测今鄯善县七克台镇

① 参看《吐鲁番出土文书》六,128 页以下。
② 慧立、彦悰《大慈恩寺三藏法师传》卷一,中华书局,1983 年,23 页。
③ 唐长孺主编《吐鲁番出土文书》七,文物出版社,1986 年,407 页。
④ 池田温《中国古代籍帐研究》,东京大学出版会,1979 年,243—247 页。
⑤ 王炳华《阿拉沟古堡及其出土唐文书残纸》,荣新江主编《唐研究》第 8 卷,北京大学出版社,2002
    年,322—345 页。
⑥ 王炳华《唐西州白水镇初考》,王炳华《丝绸之路考古研究》,新疆人民出版社,1993 年,118—
    128 页。

库木坎儿孜村的西盐池遗址为罗护镇遗址。《新疆古城遗址》368 页有遗址平面图。按,唐朝蒲昌县下有盐泽乡,或即在此。

赤亭镇:唐朝军镇,位于鄯善县七克台乡南湖村南面小山上,山色呈赤红色,故唐人名曰赤亭镇。此地也出土有高昌回鹘时期的回鹘语文书,地名做 Čïqtïn,当来自"赤亭"一名①。《新疆古城遗址》365 页有七克台古城遗址平面图。

以上成果,主要还是用传统的方法进行的比证,也还有不少问题没有解决,或者结论相互冲突,希望今后能够利用更好的技术手段,也希望有更针对性的考古发掘,来解决相关的定点问题。

结　语

目前学术界在利用谷歌地球和 20 世纪初叶考古探险队的地图对照,对于吐鲁番地区的古代遗址做了一些定位研究,计算出考古地图的误差,为确定考古遗址和现存遗址之间的联系,做出很多贡献。今后的研究,一方面需要把更多的古代文献、文书的记录还原到考古遗址当中,这样才能够说明这些古代城镇在丝绸之路上的作用;另一方面需要继续做更加详细的现场调查,使得现在遗址的确切位置能够和谷歌地球显示的遗址位置勘合,这样才能够更加准确地说明这些遗址出土文物、文书对于丝绸之路研究的价值。

(2015 年 11 月 1 日完稿,原载《陕西师范大学学报》2016 年第 1 期,12—24 页。今将《学报》排版格式改回原稿形式,与本书其他文章统一。)

---

① Matsui Dai, "Old Uigur Toponyms of the Turfan Oases", pp. 276-278.

大中十年唐朝遣使册立回鹘史事新证

  回鹘西迁,是西域史上的大事;而由于敦煌写本《张议潮变文》记载了归义军与西迁回鹘的争斗情况,因此也成为敦煌学研究者津津乐道的话题①。以下在整理有关大中十年(856)唐朝册封庞特勤为可汗的相关记载的基础上,补充新发现的一方墓志上的有关记载,并从不同体裁的史料记录,来看唐朝这次不成功的册封活动的真实情景。

  唐文宗开成五年(840),回鹘汗国为黠戛斯所灭,部众四散奔逃,其中有回鹘相驳职,拥可汗外甥庞特勤,率领十五部西迁天山东部地区,揭开了回鹘历史的新篇章。这支回鹘虽然是由特勤(可汗子弟)统领,但人数众多。

---

① 参看孙楷第《敦煌写本张义潮变文跋》,《图书季刊》第 3 卷第 3 期,1936 年;此据周绍良、白化文编《敦煌变文论文录》下,上海古籍出版社,1982 年,713—722 页;藤枝晃《沙州归义军节度使始末》(二),《东方学报》(京都)第 12 本第 4 分,1942 年,42—75 页;安部健夫《西ウィグル国史の研究》,汇文堂书店,1955 年;宋肃瀛、刘美崧、徐伯夫汉译本《西回鹘国史的研究》,新疆人民出版社,1985 年;森安孝夫《ウイグルと敦煌》,《敦煌の历史》,大东出版社,1980 年,297—338 页;林幹、高自厚《回纥史》,内蒙古人民出版社,1994 年;薛宗正《回纥史初探》,甘肃民族出版社,2012 年;杨富学《〈张淮深变文〉所见"破残回鹘"来源考》,郑炳林主编《敦煌民族研究》,甘肃民族出版社,2012 年,390—418 页。

特别是当南下投奔唐朝的可汗乌介及近可汗衙帐的十三部被消灭以后，西迁回鹘成为最主要的一支力量。经过十多年的争斗，庞特勤以焉耆为自己的根据地，据有"碛西诸城"①，在安西地区自称可汗。

宣宗大中十年二月，有回鹘使者经由朔方来到唐朝都城长安，另外还有一些回鹘使者随黠戛斯使李兼到达长安，唐朝方才得知西迁回鹘首领庞特勤已在安西地区称可汗。于是唐朝颁发《议立回鹘可汗诏》：

> 朕君临万有，子育兆人，雨露之所沾濡，日月之所照烛，欲令自遂，必念好还。乃眷朔易之雄，况当勋力之后，每思报德，实用究怀。所以频遣诏书，俾勤寻访，穹庐莫睹，瓯脱已平，万骑岂无其忠臣，六角冀存其贵种。……沙漠既空，井邑犹在。近有回鹘来款，朔方帅臣得之，送至阙下。又有回鹘随黠戛斯李兼至，朝廷各令象胥，征其要领，音尘可访，词旨必同，愿复本邦，仍怀化育。皆云庞特勒（勤）今为可汗，尚寓安西，众所悦附，飏宰相以忠事上，誓复龙庭，杂虏等以义向风，颇闻麕至，□（既）契素愿，慰悦良多，俟其归还衙帐，当议特举册命。今遣使臣，且往慰谕……大中十年二月。②

这时唐朝的本意，是希望庞特勤这支回鹘能够从安西地区迁回到漠北回鹘衙帐所在地区，一旦其回归，则加以册封，这样名正言顺。从下一诏书可以得知，唐朝随即遣使前往回鹘"慰谕"，通报这个消息，但唐朝使者刚过灵武，就遇到从安西地区而来的回鹘使者，于是又与回鹘使一起回到长安。

这批回鹘使者带来的消息是说庞特勤这支回鹘部众已经在安西地区立足，不便返回漠北，庞特勤在安西地区被拥立为新的可汗，而且"诸部宾归"，希望唐朝给与册命，以便"为诸蕃所信"，不使其对在安西地区建立的"新造之邦"产生怀疑。于是，到十一月，宣宗颁布《遣使册回鹘可汗诏》，不再期望回鹘回到漠北原居住地，而是册封在安西的可汗为嗢禄登里罗汩没密施合

---

①《旧唐书》卷一九五《回纥传》，中华书局，1975 年，5215 页。

②宋敏求编《唐大诏令集》卷一二八"封立"，中华书局，2008 年，693 页。

俱录毗伽怀建可汗,诏书说:

> 朕自纂承丕图,常多轸恻。爰命使者,将远抚之,讯厥存亡,俾求嗣立,轺车才至于灵武,蕃使已及于塞垣,迨至阙庭,深陈血恳,称可汗已立,诸部宾归。实资神祇之卫,乃藉忠勋之力。果能克绍,叶纂旧图,颇协人愿,深契朕志。尚恐未为诸蕃所信,犹疑新造之邦。是用特命使臣,遵行册礼⋯⋯可册为嗢禄登里罗汨没密施合俱录毗伽怀建可汗,命检校秘书监兼御史中丞王端章持节册使,仍令所司择日备礼策命。大中十年十一月。①

唐朝君臣信从了回鹘使者的说法,准备派遣使臣,前往册礼。上面是"封立"的诏书,正式册封的"册文"则是《(大中十一年)册回鹘可汗文》,册封为"嗢禄登里罗汨没密施合俱录毗伽怀建可汗",对应的回鹘文是 Uluγ tängridä qut bulmïš alp külüg bilgä qaγan②。

在十一月正式遣使册封时,宣宗的《(大中十一年)册回鹘可汗文》说道:

> 皇帝若曰:我国家诞膺天命,光宅中土,居临九有,包举八荒,声教所加,册命咸及。而况回鹘,北方之强,代济忠烈,惠行邻境,俗慕华风。立国以来,尝效诚节,代为甥舅,每岁通和,推诚不疑,为我与国。当会昌之际,自属天灾,人罕粒食,上下离散,牙帐为墟。地多种落所侵,国甚黍离之叹。朕自登宝祚,每轸素怀,爰发使臣,访其后嗣。轺车既出,蕃使爰来。咨尔回鹘可汗,挺此雄材,生于贵族,能收既绝之烬,常怀再振之心,愿嗣天骄,载归地着,发使请命,诚辞可哀。夫亲仁善邻,国家之宝,兴灭继绝,王者之宜。况朕布德滂仁,施于海外。尔乃坚诚励节,行乎域中,所以公侯子孙,道在必复,华夏屏卫,理宜长存。既将还定旧封,钦承坠绪,克绍崇构,允膺鸿休。今遣使臣朝议郎、检校秘书监兼卫尉少卿、御史中丞、上柱国、赐紫金鱼袋王端章,副使臣朝议郎、检校尚

---

① 《唐大诏令集》卷一二八"封立",693 页。

② J. Hamilton, *Les Ouighours à l'époque des Cinq Dynasties*, Paris,1955, p. 142.

书工部郎中兼国子《礼记》博士、御史、赐绯鱼袋李浔持节备礼，册命为九姓回鹘嗢禄登里罗汩没密施合俱录毗伽怀建可汗。尔其服我恩荣，膺兹位号，勉修前好，恢复故疆。宜克己于蹛林，长归心于魏阙，无怠尔志，永孚于休。①

这是册封诏书的正式文本，在《唐大诏令集》也是归入和上面的"封立"诏书有区别的"册文"一类中。所遣正使为朝议郎、检校秘书监兼卫尉少卿、御史中丞王端章，副使是朝议郎、检校尚书工部郎中兼国子《礼记》博士、御史李浔，他们带着这份诏书上路。对于此事，《资治通鉴》卷二四九记载了具体的时间：

大中十年……上遣使诣安西镇抚回鹘，使者至灵武，会回鹘可汗遣使入贡，十一月，辛亥（十二日），册拜为嗢禄登里罗汩没密施合俱录毗伽怀建可汗，以卫尉少卿王端章充使。②

遗憾的是，王端章等一行唐朝使臣在半路被打劫，无功而返。《通鉴》卷二四九记载：

十一年，冬十月，王端章册立回鹘可汗，道为黑车子所塞，不至而还。辛卯（二十七日），贬端章贺州司马。③

同样的记载，又见于《旧唐书》卷一八《宣宗本纪》，涉及人物略多：

〔大中十一年十月〕入回鹘册礼使、卫尉少卿王端章贬贺州司马，副使国子《礼记》博士李浔为郴州司马，判官河南府士曹李寂永州司马。端章等出塞，黑车子阻路而回故也。④

---

①《唐大诏令集》卷一二九"册文"，698页。按，《唐大诏令集》标题中的"大中十一年"不确。据《资治通鉴》，唐朝册封使者是大中十年十一月出发的，这道诏令应是十一月唐朝使者出发时所颁，《诏令集》编者大概误将十一月写成十一年了。

② 司马光等撰《资治通鉴》，中华书局，1976年，8061页。

③《资治通鉴》，8066页。

④《旧唐书》卷一八《宣宗本纪》，640页。

这里都说是黑车子阻断道路。前人已经指出,黑车子是室韦别种,其活动地区在东北一带①,说这个部族阻断王端章的出使道路,似乎不好理解。

幸运的是这一事件也为敦煌写本 P. 2962《张议潮变文》记录下来:

> 先去大中十载,大唐差册立回鹘使御史中丞王端章持节而赴单于,下有押衙陈元弘走至沙州界内,以(与)游弈使佐承珍相见。承珍忽于旷野之中迥然逢着一人猖狂奔走,遂处分左右领至马前,登时盘诘。陈元弘进步向前,称是"汉朝使命,北入回鹘充册立使,行至雪山南畔,被背乱回鹘劫夺国信,所以各自波逃,信脚而走,得至此间,不是恶人。伏望将军,希垂照察。"承珍知是汉朝使人,与马驮至沙州,即引入参见仆射(张议潮)。陈元弘拜跪起居,具述根由,立在帐前。仆射问陈元弘:"使人于何处遇贼? 本使伏(复)是何人?"元弘进步向前,启仆射:"元弘本使王端章,奉敕持节北入单于,充册立使。行至雪山南畔,遇逢背逆回鹘一千余骑,当被劫夺国册及诸敕信。元弘等出自京华,素未谙野战,彼众我寡,遂落奸虞。"仆射闻言,心生大怒。"这贼争敢辄尔猖狂,恣行凶害。"向陈元弘道:"使人且归公馆,便与跟寻。"由(犹)未出兵之间,至十一年八月五日,伊州刺史王和清差走马使至,云:"有背叛回鹘五百余帐,首领翟都督等将回鹘百姓已至伊州侧。"②

根据有关张议潮的史籍记载和相关的敦煌文书,《张议潮变文》虽然属于文学类的作品,但所述史事是当时真实发生的历史事件的记录。这里所记大中十年王端章使团一事,补充了史籍记载的不足。"单于"是用古名代称回鹘,王端章一行册立回鹘使团在"雪山南畔",被"背乱回鹘"一千余骑劫夺了国信,各自奔逃,其中押衙陈元弘逃到沙州界内,被归义军游奕使佐(左)承珍撞见,带到节度使张议潮处,说明缘由。张议潮正准备出兵讨伐背乱回鹘,大中十一年八月五日,伊州刺史王和清派人报告,有五百余帐背乱

---

① 王国维《黑车子室韦考》,《观堂集林》卷一四,中华书局,1959年,623—628页。

② 黄征、张涌泉《敦煌变文校注》,中华书局,1997年,181页。

回鹘来侵伊州。可惜《变文》后残，不知下文如何分解。

这里所说的"雪山"，森安孝夫氏认为指伊州及纳职北方之山脉①，笔者表示赞同。这支活跃在伊州地区的回鹘可能是西迁回鹘散出的部族，不属于焉耆的庞特勤势力，所以劫夺唐朝送给庞特勤的国信②。

《张议潮变文》告诉我们有关王端章使团的一些新的信息，即唐朝使团的国信是被背乱回鹘所劫，而不是黑车子。逃回长安的王端章等人大概被冲昏了头脑，也不清楚打劫者是谁，所以就说是黑车子了。也可能他们就是用黑车子来给自己的失败之行找某种借口。

现在，我们又有幸见到一方使团副使李浔的墓志，提供了一些史籍和敦煌文书没有的信息。这是西安大唐西市博物馆新获的一方墓志，我们把主要内容转录如下：

唐故义武军节度副使检校尚书户部郎中兼御史中丞赐紫金鱼袋李公墓志〔铭并序〕

翰林学士承旨朝请大夫守尚书户部侍郎知制诰柱国赐紫金鱼袋苗[图]□（撰）

李系出皇支，道王讳元庆之后。道王，神尧之子，贞观中自陈王改封，其后子孙多显勋力，居要官，或嗣封，或否。至贞元中，尚书大京兆讳实，嗣封道王，用雄强严猛为治，敢言人善恶无避，自丞相已下皆惮焉，德宗深器之。公即王之少子也，讳浔，字礼源。……始出门，贤人学士争与之交，名声爆烈，若火风嘘。公卿皆愿出力，推致青云上，故宗正尚书公为当时文章人物主，方为御史〔中〕丞，时公持一轴文留门下，尚书公省之三过，乃曰："道王之子有是文，岂烦再试！"不数月，尚书公司贡士，遂擢居上第。近俗尤尚新得第进士，先一日，必窥觇罅隙，刺侦将上之籍。闻得则夜漏未尽，持炬守省门，仍贷假冠屦车马，以支一春游

---

① 森安孝夫《ウイグルと敦煌》，301 页。参看刘美崧《论归义军节度与回鹘关系中的几个问题》，《中南民族学院学报》1986 年第 3 期，128 页。
② 荣新江《归义军史研究——唐宋时代敦煌历史考索》，上海古籍出版社，1996 年，299 页。

谒。公是日日至辰,方乘驴至榜下,一谢已,复闭门治笔砚。始仕,校秘书于省阁下,又于宗正寺修皇谍。后四从诸侯府,……登朝为博士。

北狄乱,其种争立,宣宗问可使绝域者,宰相上公名,因得假尚书郎,赐绯衣,介王端章而去。未至虏帐,遇他房遮我,留碛中,欲尽杀汉使者,劫取一切物,且伪言我为当立者,索展礼。公曰:"斯□□图之?"端章曰:"已在虎口中,尚谁与图!"公曰:"不可即允之。"端章手持册,与读未毕,虏嚣而攻我,凡旗节、车马、玺币、装橐尽劫去。行人幸不死,脱归。公连坐贬郴州司马,移复州。侯固节制北单于府,生平慕公,因奏以自副,加宪丞,与金紫。未行,侯移治中山,复请公以副。币未至,得疾殁于复州,大中十四年四月十六日也,寿五十八。①

李浔虽然出身唐朝宗室,但到了晚唐时期,要入仕为官,也要靠自己的努力。墓志的前半即讲述他的科举生涯。按唐朝科举制,举子在考前要制造声誉,并向可能的主考官行卷。当年冬天考试,次年二月发榜,开元以后发榜的地点基本固定在尚书省礼部南院②。聚集在崇仁坊等密近之地的举子们,届时都会提早侦察考试结果,并做及第后春游的各种准备,在夜漏未尽的时候就守候在省门口,等待发榜。墓志记李浔在科举道路上,也同样在制造声誉,也向主考官行卷,但他信心十足,发榜那天,到了太阳高照的辰时(相当于7—9点),方才骑驴到榜下;及第后也不随时流而动,而是闭门读书写作,入仕后,从秘书省校书郎,做到国子博士。

不过这位科举出身的文人,正像《张议潮变文》所说的是那种"出京华,素未谙野战"之辈,所以遇到"他房"的打劫,就没有那么潇洒了,最后使团被洗劫,虽幸而逃归,但被贬官降职处理。

现在我们在长安留存的从唐朝国史系统而来的《旧唐书》《资治通鉴》和敦煌当地称颂节度使功绩的《张议潮变文》之外,又有了当事人唐朝册封

① 胡戟、荣新江主编《大唐西市博物馆藏墓志》,北京大学出版社,2012年,952—953页,443号。
② 傅璇琮《唐代科举与文学》,陕西人民出版社,2007年,288—297页。

回鹘副使李洊后人的私家记录,相互对照,可以看到史料中的同与不同之处,以及墓志材料的价值所在。

第一,关于劫夺王端章一行的部落,《旧唐书》、《通鉴》说是"黑车子",《李洊墓志》说是与"北狄"(代称回鹘)不同的"他房",而《变文》说是"背乱回鹘"或"背逆回鹘"。敦煌变文的记录是与事件发生时间和距离都最为接近的,因此,劫夺唐朝国信的部族应当是不附属于庞特勤的另一支回鹘,即《墓志》所说的"他房"。

第二,《墓志》和《变文》都详细叙述了王端章一行被劫后的一些情况,特别是《墓志》说到劫掠的部族声称"我为当立者",也证明这个部落是另一支回鹘,他们拥有一千骑,势力也不算弱。从上面所引唐朝诏书所记回鹘使者称"诸部宾归"可汗庞特勤,但仍希望唐朝给与册命,以便"为诸蕃所信",其实表明回鹘诸部还没有完全信从庞特勤,因此这支所谓"背乱回鹘"自称"我为当立者"。《墓志》记载,王端章等被劫后,李洊说还要想想办法,但王端章说"已在人家虎口当中,还图什么"。李洊虽然争辩说"不可当即允许他们的请求",但王端章随后即手持册书,要任命劫掠者为可汗,可是这批回鹘部众没有耐心,将唐朝使者所携全部旗节、车马、玺币、装囊,尽数劫去。可以想象,如果这支回鹘部落有了唐朝的国信,就可以号令其他部族,宣读与否,对于他们并不重要。李洊的出使,本来应当是作为《礼记》博士来安排回鹘可汗按照唐朝礼制来接受册封的,可惜结果没有等到这一幕发生,就被打劫一空。好在唐朝的主要使臣并没有被杀,而是逃回长安。《墓志》为我们提供了非常真切的被劫后的情况,不过我们也要分析,《墓志》显然是李洊本人的说辞。

第三,《变文》所记陈元弘,是王端章使团内的押衙,他说"元弘等出京华,素未谙野战",的确是句实话。正使王端章为卫尉少卿,是"掌邦国器械、文物之政令"的卫尉寺副长官[1];副使李洊是教授《礼记》的国子博士,《唐大

---

[1] 《唐六典》卷一六,中华书局,1992年,459页。

诏令集》和《旧唐书》可以补足《墓志》的记载;判官李寂是河南府士曹;三人都不懂野战,在西北部族离乱之际,唐朝以这三人作为使者前往绝域,可以说是用人不当。

第四,好在这些使者跑得还算快,丢失国信等物,正副使者和判官一个没少,可能是得到在伊州一带游奕巡逻的归义军兵将的援助,得以最后回到长安。三人俱被贬官,李浔被贬到江南西道的郴州(桂阳郡)任司马,可以说处罚很重。虽然《墓志》里特意讲到李浔在被劫后曾与王端章争执,这应当是回朝后的陈词,但显然丝毫没帮上忙,还是被贬到边远地区。以后又量移至山南东道的复州(竟陵),距京师稍近。虽然因为侯固的帮助,李浔得以"兼御史中丞,赐紫金鱼袋",但没有来得及回到中原就死在复州,最后以"义武军节度副使检校尚书户部郎中"的身份埋葬。

大中十年唐朝遣使册立回鹘一事是晚唐西北史的重要事件,新出墓志给我们理解分析传世史料和敦煌文书,都提供了新的视角,也使得这一事件的轮廓更加清晰。

(2013 年 4 月 21 日完稿,原载《敦煌研究》2013 年第 3 期
创刊三十周年纪念专号,128—132 页。)

《西州回鹘某年造佛塔功德记》小考

　　大概在 1996 年 5 月间,我和耶鲁大学的韩森(Valerie Hansen)教授主持路斯基金会(Luce Foundation)项目"重聚高昌宝藏"(Reuniting Turfan's Scattered Treasures),新疆维吾尔自治区博物馆的吴震、武敏、伊斯拉菲尔·玉苏甫等先生也参加我们的项目,因此我借往吐鲁番考察之便,走访新疆博物馆,申请阅读李征先生在《安乐城考》一文中提到的一件吐峪沟出土文书残片。承蒙吴震先生和伊斯拉菲尔馆长的关照,我得以阅读、抄录了这件期盼已久的珍贵文书,并获得馆方提供的照片。吴先生、斯馆长嘱我加以考释,我提出和斯馆长一道合作整理发表。一晃十多年过去了,因为我的兴趣转移,虽然时而拿起这件文书,也写了一些札记,还在某一年的"敦煌吐鲁番文书课"上做过讲读,可是却一直没有写成正式的文章。

　　过去,除了新疆考古研究所的李征先生提到这件文书中的回鹘宰相"领(摄)[西州]四府五县事"一句外①,没有人做过进一步的研究。去年过乌鲁

---

① 李征《安乐城考》,《中国史研究》1986 年第 1 期,157 页,注 29。该注原文:"鄯善县吐峪沟千佛洞出土汉文'造塔功德纪事'文书,题记中回纥宰相具衔称:'领四府五县事',原件藏自治区博物馆。"李先生正文提到回纥出于政治、经济和军事需求,对高昌城的旧建制未做改易。

木齐,伊斯拉菲尔馆长出示陈国灿先生和他合撰的有关考释文章,现在这篇
文章以《西州回鹘时期汉文〈造佛塔记〉初探》为题发表(以下简称"陈斯
文")①。我很高兴读到他们的大作,因为斯馆长和陈先生的文章或许可以了
结我此前的承诺。但通读以后,感到他们对于文书内容和年代的理解和我
的看法有很多不同,所以觉得还值得把我的思考写出来,以请教两位及其他
博雅君子,因此不揣简陋,略加考释如下。

这件文书据说是吐鲁番吐峪沟的农民偶然发现的,上交文物部门后存
新疆博物馆。据我 1996 年对文书原件的考察,此为一长方形纸片,麻纸,上

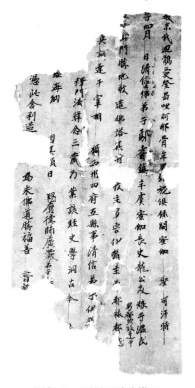

图版 43　西州回鹘造塔记

① 陈国灿、伊斯拉菲尔·玉苏甫《西州回鹘时期汉文〈造佛塔记〉初探》,《历史研究》2009 年第 1 期,
　174—182 页。

有界栏,但文字写在栏格线上,存 7 行文字,字体工整,有些拘谨。纸上有红土痕迹,应当原本埋在土中。纸片上部已残,下部前 3 行不残,后面亦残(图版 43)。从内容看,文书前面不残,但后面有阙文。部分文字中间有空白,不似表敬意的平缺,而是抄写者的遗漏,其原因不明。纸片上有折痕,第 1 行部分文字字痕因折叠缘故而倒粘在第 2 行文字旁,表明这件文书原本是折叠状的,推测原来可能是折叠后放置的发愿文。

先将文书所存文字抄录如下:

1 _____教末代回鹘爱登曷哩阿那骨牟里弥施俱录阙蜜伽
圣 可汗时,

2 _____子四月 日,清信士佛弟子鄢耆镇牟虞蜜伽长史龙公及娘
子温氏

男都典跋(?)达干

3 _____□□(寺)山门胜地,敬造佛塔。其时□牧主多害伊难主
骨都禄都□

4 _____莫诃达干宰相 摄西州四府五县事、清信弟子伊
难□_____

5 _____释门法奖,念三藏乃业该经史,学洞古今; □□_____

6 _____蕴海纳 医其□日。 羯磨律师广严弟子
□_____

7 _____凭此舍利,造□□□。 为求佛道胜福,善 普
施_____ (后残)

以下先按行就相关文字和专有名词加以考释。

第 1 行为我们提供了一个珍贵的回鹘王的题名:"]教末代回鹘爱登曷哩阿那骨牟里弥施俱录阙蜜伽 圣 可汗"。

"教"字上的阙文,陈斯文认为可补"释"字,我以为也可以补"圣"字。"释教末代"或"圣教末代"都是指佛教所说的末法时代,正如陈斯文所举证

的敦煌写经题记所说明的那样,从公元 6 世纪中叶,西北地区就已经被佛教信徒看作是末代,因此这里功德记也把所处的时代称作末代,所以要造塔护法。陈斯文以辽代进入"末代"的 1051 年作为本文书的年代上限,今不取。

"蜜伽"之后有两字空格,推测原本有表示回鹘文称号的两个汉字;"圣"字后有一个空格,据常见的回鹘可汗称号,这里可补"天"字。

回鹘可汗的称号全文的复原和对应的回鹘文如下:

回鹘 爱 登曷哩 阿那 骨 牟里弥施 俱录 阙 蜜伽 □□ 圣[天] 可汗

Uyɣur Ay tängridä ?? qut bulmïs külüg köl bilgä ?? tängri qaɣan

陈斯文以"登曷哩阿那"对 tängridä,最后两字似乎不够妥帖,今暂做存疑。熟悉汉文有关回鹘史料的读者立刻可以看出,这里的译音字和唐朝史料惯用的回鹘可汗称号译音字大多不同,如 tängridä 唐朝译作"登里啰",此译"登曷哩";qut 唐朝译作"汨",此作"骨";bulmïs 唐译作"没蜜施",此作"牟里弥施";bilgä 唐译作"毗伽",此作"蜜伽"[1]。但 Ay 译"爱",külüg 译"俱录",都和唐朝的译法相同。由此可见,这里的音译代表着一种地方传统或者是个人的随意而为。Köl 一般不见漠北回鹘可汗的名号中,但却是 11 世纪以后西州回鹘可汗常见的称号,köl bilgä 汉译为"智海",北宋天禧四年(1020)有龟兹回鹘"可汗师子王智海"遣使朝贡[2],龟兹回鹘即西州回鹘也。另外,以 tängri 译"圣天",用以指回鹘可汗,是西州回鹘的习惯用法,如德国吐鲁番探险队所得癸未年(983)五月二十五日佛事功德发愿文中有"先愿圣天万岁,圣化无穷"[3];又 10 世纪后半期敦煌写本《西州都统大德致沙州宋僧政等书》(P. 3672 bis)中说到"昨近十月五日,圣天恩判,补充都统大德",森安孝夫氏

---

① 漠北回鹘可汗称号的汉字译音,见森安孝夫《ウイグル=マニ教史の研究》,《大阪大学文学部纪要》第 31、32 合并号,1991 年,182—183 页。

②《宋会要辑稿》第 197 册蕃夷·龟兹,中华书局,1957 年影印本,7721 页。

③ F. W. K. Müller, "Zwei pfahlinschriften aus den Turfanfunden", *Abhandlungen derköniglichen preussischen Akademie der Wissenschafen 1915. phil-hist. Klasse*, Berlin, 1915, SS. 18—19,岑仲勉《吐鲁番木柱刻文略释》,《金石论丛》,上海古籍出版社,1981 年,453 页。

推断上述两处的'圣天'指的都是西州回鹘的可汗①。敦煌写本 S.6551 讲经文即以"圣天可汗大回鹘国"指称西州回鹘王国②。

我们目前比较清楚地明了 747—840 年间漠北回鹘汗国的可汗世系和蒙元时代以后高昌回鹘亦都护的世系③。这件文书从内容上看,显然不会晚到蒙元时期。与漠北回鹘时期的可汗称号相比,也没有一个可以对应的可汗,而且这件出土于吐鲁番的文书所记载的回鹘可汗,按道理应当是西州回鹘的可汗。遗憾的是到现在为止,有关西州回鹘可汗的资料十分有限,1991 年森安孝夫氏曾刊出他整理所得,计有下列 [1]—[6] 位可汗④;与此同时,1992 年茨默(Peter Zieme)教授也在《吐鲁番摩尼教文献题跋与国王》中收集了属于西州回鹘时代的可汗名号⑤,但因为没有看到森安氏的论文,所以并没有对应的讨论。同年,宗德曼(W. Sundermann)教授也没有看到森安氏的考证,而在茨默的基础上补入相关的伊朗语文书资料⑥。2000 年,芮跋辞(V. Rybatzki)全面讨论了突厥汗国和漠北回鹘汗国的统治者称号,并在此框架内讨论了西州回鹘统治者称号,其研究的基础则是森安氏建立的年代框架

① 森安孝夫《ウィグル佛教史史料としての棒杭文书》,《史学杂志》第 83 卷 4 号,1973 年,45 页;同作者《敦煌と西ウイグル王国——トゥルファンからの书简と赠り物を中心に》,《东方学》第 74 辑,1987 年,59、63 页。

② 张广达、荣新江《有关西州回鹘的一篇敦煌汉文文献——S.6551 讲经文的历史学研究》,《北京大学学报》1989 年第 2 期;收入张广达《文书、典籍与西域史地》,广西师范大学出版社,2008 年,156—162 页。

③ 森安孝夫《ウイグル=マニ教史の研究》,182—183 页;耿世民《回鹘文安都护高昌王世勋碑研究》,《考古学报》1980 年第 4 期,515—529 页;Geng Shimin & J. Hamilton, "L'inscription ouigoure de la Stele Commemorative des Iduq qut de Qoco", Turcica, XIII, 1981, pp.10-54。

④ 森安孝夫《ウイグル=マニ教史の研究》,183—185 页。

⑤ P. Zieme, "Manichäische Kolophone und Könige", Studia Manichaica, Second International Conference on Manichaeism, St. Augustin/ Bonn, August 6-10, 1989, eds., G. Wiessner and H.- J. Klimkeit, Wiesbaden, 1992, pp. 323-327;桂林、杨富学汉译本《吐鲁番摩尼教题跋中的"国王"》,《敦煌学辑刊》2003 年第 1 期,150—151 页。

⑥ W. Sundermann, "Iranian Manichaean Turfan Texts concerning the Turfan Region", Turfan and Tunhuang the texts, ed., A. Cadonna, Firenze, 1992, pp. 66-70。

和茨默、宗德曼二氏搜集的资料①。以下以森安氏的结论为主,附以茨默、宗德曼比定在一起的可汗名号,至于茨默多出的一位可汗名号,则按照他的定年放在[3]和[4]之间,作[3a]:

[1]? —954—? 年在位的 Il bilgä tängri ilig 四世。

[2]? —981—983—984—? 年在位的 Arslan bilgä tängri ilig 四世 = süngülüg qaγan(以上据德藏 M112v 文书)。此即太平兴国六年(981)遣使入贡于宋的"西州外生师子王阿厮兰汉"②。

[3]996—1003—? 年在位的 Bögü bilgä tängri ilig(据黄文弼所获历日文书,《吐鲁番考古记》,科学出版社,1954 年,图 88)。此即辽统和十四年(996)十一月遣使为子求婚的"回鹘阿萨兰[汗]"③,也即宋真宗咸平四年(1001)遣使朝宋的"大回鹘龟兹国安西州大都督府单于军克韩王禄胜"④。

[3a]茨默举出 T II D 135 回鹘文写本的 Uluγ ilig tngridä qut bulmïš ärdämin il tutmïš al[p] qutluγ külüg bilgä uyγur xanγan,把他放在 11 世纪初叶,姑置于此。

[4]1007—1008—? 年在位的 Kün ay tängritäg küsänčig körtlä yaruq tängri bögü tängri-känimiz(据德藏第一件木柱铭文);茨默认为勒柯克《高昌出土突厥摩尼教文献》III, No.23 所记 A[y tngritäg küsänčig]qašïnčïγ [körtlä yaru]q bügüü[…] tngrikän 和[4]是同一位可汗,但他给予的在位年代是 1019 年以后。另外,高昌城摩尼教寺院(α)出土的回鹘文残卷上有[…]rii tg küsänčig körtlä […](编号 T I α x13),他认为也是同一个可汗的名号。

[5]? —1017? —1019—1020—1031? —? 年在位的 Kün ay tängridä qut bulmïš uluγ qut ornanmïš alpïn ärdämin il tutmïš alp arslan qutluγ köl bilgä

---

① V. Rybatzki, "Türk and Uigur rulers in the Old Turkic inscriptions", *Central Asiatic Journal* 44/2, 2000, pp. 205-292.

②《宋史》卷四九〇《外国传》"高昌国"条,中华书局,1977 年,14110—14113 页。

③《辽史》卷一三《圣宗本纪》,中华书局,1974 年,148 页。

④《宋会要辑稿》第 197 册蕃夷·龟兹,7720 页。

tängri xan(据德藏第三件木柱铭文);此即上面提到过的北宋天禧四年(1020)遣使朝贡的龟兹回鹘"可汗师子王智海",他从 1017 到 1031 年间数次遣使朝宋①,"智海"正好是回鹘文 köl bilgä 的意译。茨默把勒柯克《高昌出土突厥摩尼教文献》III,No.28 提到的 Qutluɣ ülüglüg [ilig kün(?)] ay tngridä qut bulmï[š qut ornanmïš] alpïn ärdämin il tu[tmïš alp arslan] uluɣ bilgä t[ngri xan]和中古波斯文文书 M 158 上的 […]qut ornamïš alp qutluɣ köl bilgä tngri xan,对应于[5]的可汗,但他认为这位可汗的在位年代为 1007—1019 年。吐鲁番出土一件摩尼教细密画(编号 III 6368)上有 Qutluɣ ilig: Ay tngridä qut bulmïš qut ornamïš alp[ïn ärdämin il t]utmïš[…]的名号②,茨默指出其与[5]的可汗名号的的细微差别,但仍然倾向认定其为[5]。宗德曼也再次讨论了 M 158 上的可汗,基本赞同茨默的看法,对于年代没有提出新的意见。他还指出中古波斯语文书 M 47 上的 tängri qan köl bilgä qan 也是这位智海。他又根据文书的空格补足复原了 III 8259 上的回鹘王名号 [Ay] tängridä qut [bulmïš qut o]rnan[mïš] [alpïn ärdämin il] [tutmïš alp arslan]③,并将之比定为[5]和 III 6368 上的可汗。此外,茨默还将出自敦煌藏经洞的法藏 Pelliot Chinois 3049 号背面出现的回鹘统治者的名号 Kün täŋridä qut bulmïš ärdämin el tutmïš alp qutluɣ uluɣ bilgä uyɣur täŋri uyɣur han 比定为[5]④。这种比定与藏经洞的封闭时间有所抵牾。文书刊布者哈密屯则将其比定为漠北时代的牟羽可汗⑤。芮跋辞主张严格按照名号中的因素一一比对,因此反对将此

① 《宋会要辑稿》第 199 册蕃夷·历代朝贡,7850—7851 页。

② 参看 Z. Gulácsi, *Manichaean Art in Berlin Collection*, Brepols, 2001, Appendix I, pp.92, 232。此处,J. D. BeDuhn 教授未将 kutluɣ ilig 视为可汗名号的一部分,而将其作为修饰语译成"The charismatic king (天赐神力的国王)"。

③ Gulácsi 和 BeDuhn 可能是谨慎起见,未全予写出,仅作[Ay] tängridä qut [bulmïš qut]ornanmïš[…],见 Z. Gulácsi, *Manichaean Art in Berlin Collection*, p.56, Appendix I, p.222。

④ P. Zieme, "Manichäische Kolophone und Könige", p. 324.

⑤ J. Hamilton, *Manuscrits ouïgours du IXe-Xe siècle de Touen-Houang*, p. 50.

可汗比定为牟羽或智海可汗①。因此,这个名号尚有较大争议,笔者暂不勉强求解。

[6]? —1067—? 年在位的 tängri bögü il bilgä arslan tängri uyɣur tärkänimiz(据哈密本回鹘文《弥勒会见记》)。

此外,芬兰所藏一件吐鲁番出土粟特文书写的中古波斯语文书上,有 Ay tängridä qut bulmïš alp [　　] uyɣur xan②,其阙字宗德曼拟补 bilgä,从而比定为 M 1 上提到的漠北回鹘可汗(他认为 825—832 年在位),但茨默拟补 qutluɣ,所以宗德曼认为目前难以断定。从茨默的拟补来看,他可能还是想把这位可汗比定为[5],至少他把这位可汗看作是西州回鹘可汗应当是正确的。

把上述已知的西州回鹘可汗名号持与我们文书上的回鹘可汗名号相比,没有两两相符的。值得注意的是,除了"俱录"外,本文书上的可汗名号,几乎全都见于第[5]位可汗的称号中,但这是一条包罗万象的称号,其他的可汗称号也几乎都和他的称号重复,因此我们也不能把本文书的可汗与之勘合,况且,[5]的名号以 Kün ay 开头,而本文书则只有 ay;还有就是"俱录"的有无,显示两者不是同一人。然而,这些相合的方面可以使我们把本文书的回鹘可汗放到西州回鹘可汗的系列当中来。

结合下述其他官员的称号,我更倾向于认为,本文书所记的回鹘可汗很可能是 9 世纪末或 10 世纪上半叶的西州回鹘可汗,即 866 年创建西州回鹘王国的仆固俊以后,到 950 年间的回鹘可汗。可惜目前我们不知道仆固俊的统治是什么时候结束,敦煌文书 P. 5007《残诗题》说"仆固天王乾符三年(876)四月廿四日打破伊州",这位仆固天王即仆固俊或其后继者③。或许可

① V. Rybatzki, "Türk and Uigur rulers in the Old Turkic inscriptions", pp. 261–262.

② 此为 N. Sims-Williams, and H. Halén, "The Middle Iranian Fragments in Sogdian Script from the Mannerheim Collection", *Studia Orientalia*, 51–13, Helsinki, 1980, pp.9–10 所刊。

③ 参看荣新江、余欣《沙州归义军史事系年(咸通十四年—中和四年)》,南华大学敦煌学研究中心编《敦煌学》第 27 辑,乐学书局,2008 年,259 页。

以认为,至少到 876 年,西州回鹘可汗仍然是仆固天王(Bögü tängri xan),而本文书的可汗称号中没有"仆固"一名,所以可以排除仆固俊或仆固天王。过去,我们曾将 S.6551 讲经文中的西州回鹘"圣天可汗"放在大概 930 年前后的年代里,因此,本文书的回鹘爱登曷哩阿那骨牟里弥施俱录阙蜜伽□□圣天可汗也有可能就是敦煌讲经文提到的这位圣天可汗。

如上所说,陈斯文以 1051 年为本文书的年代上限,又对比森安孝夫所列的可汗年表,认为本文书所记的可汗为[5]和[6]之间在位的回鹘可汗。今不取。

第 2 行纪年部分"子"字上残,应当是"甲子"、"丙子"……之类的年份,目前不好推断。

第 2 行的"清信士佛弟子鄢耆镇牟虞蜜伽长史龙公及娘子温氏、男都典跋(?)达干",应当是建造这座佛塔的功德主,由于一行写不下,把龙公儿子的名字用小字写在后面的行间,其中"跋"字不能确定,也可能是"头"或"鼓"。陈斯文读作"效",并将"男都典跋(?)达干"接在"牧主多害,伊难主骨都录都越"之后,今不取。

"鄢耆"即"焉耆",吐鲁番文书多有其例①。称焉耆为"镇",应当还是继承了唐朝安西四镇的名称,当然已经不是"四镇"之"镇"的内涵,只是说明距唐朝统治时代不远。"牟虞"、"蜜伽"显然是回鹘文官号的音译,分别对应于 bögü 和 bilgä,见于上面所列可汗称号当中,可见这位龙公的地位不低。"长史"原本是中原王朝的官号,但早已借入回鹘官制当中,这里恐怕也是回鹘官号,对应于回鹘文的 changshi②。

"龙"是焉耆王族的姓氏,也是进入中原的焉耆人的国姓。从西晋武帝太康中的焉耆王龙安,到唐德宗贞元四年(788)的焉耆王龙如林,焉耆一直是龙姓王朝执政。但到贞元六年前后,焉耆一度为吐蕃攻占。不久后,漠北回鹘汗国击败吐蕃,焉耆归属回鹘汗国,焉耆王应当与回鹘族官吏共同执

① 荣新江《阚氏高昌王国与柔然、西域的关系》,《历史研究》2007 年第 2 期,4—14 页。
② 韩儒林《突厥官号考释》,作者《穹庐集》,上海人民出版社,1982 年,316—323 页。

政。德藏吐鲁番文书《摩尼教赞美诗》跋语（*Mahrnāmag*，编号 M 1）中记焉耆官人有"焉耆城主内臣翳德蜜施、任大使、回鹘塔蜜施颉利发(？)、回鹘塔蜜施叶护"①，说明跋语写成的 808—821 年间焉耆的统治阶层的情况，城主可能还是焉耆人，但已经采用回鹘官称，其他有汉人和回鹘官人。840 年，漠北回鹘汗国崩溃，庞特勤率西迁回鹘主力入据焉耆。大批焉耆人由龙姓的国王率领，东入伊州及河西走廊，成为甘州、沙州一带的部族之一，号"龙家"。由此我们过去认为，焉耆的龙姓王朝终结，此后，这里成为西州回鹘国的组成部分，为回鹘五城之一，一般称作"唆里迷"②。

首先应当说，本文书中的焉耆镇牟虞蜜伽长史龙公显然是焉耆王族的成员。按照上面的考证结果，仆固俊在咸通七年（866）创建西州回鹘王国时，焉耆的龙姓王朝似乎已经不在了。这可能正好是这位龙公不在焉耆镇守，而是带着夫人、孩子都在西州吐峪沟这样距离焉耆遥远的地方造塔发愿的缘故，可能正是因为焉耆已经归入庞特勤系的势力范围，焉耆的龙公才携家带口地来到西州，并住了下来，受到回鹘新主人的庇护，于是也就没再回到焉耆。

龙公的夫人姓温，这也是本件文书给我们带来的焉耆历史新信息。据《旧唐书》卷一九八《康国传》："其王姓温，月氏人。"③《新唐书》卷二二一《康国传》同④。不知这两者之间是否有关。

"男都典跋(？)达干"，"达干"是回鹘文 Tarqan 的音译，为专统兵马的武职官称⑤。

---

① F. W. K. Müller, "Ein Doppelblatt aus einem manichäischen Hymnenbuch", *APAW* V, 1912, p.11；王媛媛《中古波斯文〈摩尼教赞美诗集〉跋文译注》，朱玉麒主编《西域文史》第 2 辑，科学出版社，2007 年，142 页。

② 荣新江《龙家考》，《中亚学刊》第 4 辑，北京大学出版社，1995 年，144—160 页。

③《旧唐书》卷一九八《康国传》，中华书局，1975 年，5310 页。

④《新唐书》卷二二一《康国传》，中华书局，1975 年，6243 页。

⑤ 张广达、荣新江《有关西州回鹘的一篇敦煌汉文文献——S.6551 讲经文的历史学研究》，张广达《文书、典籍与西域史地》，166 页。

第 3 行"□(王)□(寺)山门胜地,敬造佛塔。""山门"前面两字有残划,后一字似为"寺",可惜前一字不能确认,似"王",也似"土",再前一字彻底残掉,所以应是"仁王寺"或"净土寺"之类的名称。据敦煌出土《西州图经》(P. 2009)记载,吐峪沟有寺名丁谷寺,但这里的字迹残划肯定不是"丁谷寺"。丁谷即唐代吐峪沟的名称,这是一条充满神秘意味的山谷,其中寺宇恐怕不止一座,所以本文书所说的可能是丁谷寺之外的另一座寺院。龙公一家就在这座寺院山门旁,建造一座佛塔。

第 3—4 行"其时"后所列,是当时躬奉其事的西州官员和高僧大德。

"牧主多害伊难主骨都禄都□□□□莫诃达干宰相 摄西州四府五县事",我以为这是当时西州回鹘的西州长官的全部结衔,其中文字有残缺。与此可作对比的材料是杜牧《樊川文集》卷二十《西州回鹘授骁卫大将军制》提到的"西州牧守颉干(于)伽思俱宇合逾越密施莫贺都督宰相安宁"[1],这位拥有颉于伽思(il ügäsi)、俱宇合(külüg alp)、逾越密施(ügämïs)、莫贺都督(baγa tutuq)、宰相等一系列回鹘高级官号的安宁,是大中五年(851)时的西州牧守,也即漠北回鹘汗国麾下的西州地区的最高长官[2]。本文书的"牧主"即西州牧首;"多害",陈斯文推测为回鹘文 Taγai 的音译,本义为"舅、伯叔",有时亦当人名使用;伊难主是回鹘文 ïnanču 的音译,意为"心腹官、机要官"[3];"骨都禄"是回鹘文 qutluγ 音译,此词常见于回鹘可汗称号当中;"都"后文字有缺;"莫诃达干"(Baγa Tarqan)是经常一起出现的回鹘复合式官职名,也见于《摩尼教赞美诗》跋语;"宰相"是回鹘汗国重要职官,漠北汗国就有内外宰相各若干人[4],西州回鹘也有宰相之设,吐鲁番出土西州回鹘王国官府颁发给境内摩尼寺院的回鹘文文书上,钤有十一方汉文篆字朱印,文曰:"大福大回鹘国中书门下颉于迦思诸

---

① 《樊川文集》,上海古籍出版社,1987 年,304—305 页。

② 荣新江《归义军史研究——唐宋时代敦煌历史考索》,上海古籍出版社,1996 年,354 页。

③ 芮传明《古突厥碑铭研究》,上海古籍出版社,1998 年,261 页。

④ 《新唐书》卷二一七《回鹘传》,6113 页。

宰相之宝印"①。以上"牧主多害伊难主𦥑都禄都□□□□莫诃达干宰相",可以与大中五年安宁的头衔"西州牧守颉干(于)伽思俱宇合逾越密施莫贺都督宰相"相对照。本文书更进一步的补充是,这位西州牧主……莫诃达干宰相还有一个头衔,即"摄西州四府五县事","西州四府五县"当然是指唐朝时期的西州下辖的四个折冲府和五个县②。这表明西州回鹘时期的西州首脑仍然兼摄西州四府五县事,也就是说继承了原本掌控西州军政全权的职责。从"西州四府五县事"的兼摄,似乎可以认为这个建制应当是回鹘取代唐朝西州不远时的事情,这也是我们倾向于把本文书放在9世纪末到10世纪前半的原因。

第4行"清信弟子伊难(下残)",我认为这是另一个回鹘官人的称号,以"清信佛弟子"的身份参加建塔仪式,可惜他的称号只残留"伊难"二字,可能是"伊难主",但其下的部分完全残掉。

第5—6行"释门法奖,念三藏乃业该经史,学洞古今; □□□□蕴海纳 因其□日"是对参与其事的佛教高僧的赞颂。"法奖"即"法将",是对佛教大德的尊称,并不是某个特定僧人的法号,敦煌吐鲁番文书多有例证,不备举。陈斯文把法奖读作僧人的法名,又读"念三"为法奖其人的年岁,均不可取。这里应当是指西州佛教教团的某位法师,《功德记》称赞他念三藏经典,学业经史兼通,古今洞晓。下面文字间多有空白,疑有些文字没有抄录,使文意难通,但主要的意思还是赞美这位法师的心胸宽广。

第6行后半的"羯磨律师广严弟子□(下残)",是对参加法事的西州僧团法律大德的赞颂。"广严"似是这位羯磨律师的名字。"弟子"二字较小,下面可能列举其弟子名字。

第7行"(上残)凭此舍利,造□□□。为求佛道胜福,善 普施",从这

---

① 耿世民《回鹘文摩尼教寺院文书初释》,《考古学报》1978年第4期,498页;收入《新疆考古三十年》,新疆人民出版社,1983年,530页。

② 陈国灿《8、9世纪间唐朝西州统治权的转移》,《魏晋南北朝隋唐史资料》第8期,1986年,18页。

里我们知道,龙公建造的这座佛塔是一座舍利塔。根据吐鲁番发现的几件回鹘文木柱铭文,在建立佛教寺庙和佛塔时,往往要把一个木柱削成楔形,在上面写上建寺或造塔的功德记,然后钉入土中,有如奠基石的意思。本文书很可能是这种木柱功德记铭文的抄本,因为时间紧凑或其他缘故,抄写者没有能够过录下全部文字,有些地方只能留白待补,但以后却一直没有补上。

　　总结本文的考释结果,大概在公元 9 世纪末或 10 世纪上半叶,在自称处在圣教末代时期的回鹘爱登葛哩阿那骨牟里弥施俱录阙蜜伽□□圣天可汗统治时期,于□子年四月某日,有清信士佛弟子、焉耆镇牟虞蜜伽长史龙公及娘子温氏、男都典跋(?)达干等一起,选择吐峪沟某寺的山门胜地,敬造一座佛舍利塔。这位龙公一家可能是因为焉耆为西迁回鹘庞特勤部的占领,而流落西州地区的焉耆王族。此时西州最高军政长官多害伊难主骨都禄都□□□□□莫诃达干宰相兼摄西州四府五县事,也来躬奉盛事;还有清信弟子名为伊难(下缺)的回鹘官人也到场参与。当然这样的佛事功德也少不了西州当地佛教大德法师、羯磨律师及弟子们的参加,他们是主持建造舍利塔的仪式的主要角色。为建塔而写成木柱功德记文已经深埋地下,但我们有幸读到这件略有残缺的功德记录文本,借此我们不仅获得一个此前从未见记载的西州回鹘可汗的名号,而且对于焉耆、西州在西州回鹘建国早期的职官设置,也有了进一步的了解,焉耆王族在吐鲁番的建塔活动也增添了西州回鹘佛教史的新篇章。

　　　　(2009 年 4 月 14 日完稿,原载张定京、阿不都热西提·亚库甫编《突厥语文学研究——耿世民教授八十华诞纪念文集》,中央民族大学出版社,2009 年,182—190 页;并由植松知博日译,载《西北出土文献研究》第 7 号(吴震先生追悼吐鲁番学特集),2009 年,1—18 页。收入本书时,根据付马的提示,略作补订。)

有关西州回鹘的一篇敦煌汉文文献

——S.6551 讲经文的历史学研究

公元 840 年蒙古高原的回鹘汗国灭亡后,西迁回鹘中的一支不久就以吐鲁番盆地为中心,形成一个强大的政治势力,史称"西州回鹘"①。对于早期西州回鹘的情况,中原流传下来的史籍除王延德《高昌行纪》外,只有零散的记载,主要是一些使者朝贡的记录;19 世纪末叶以来,吐鲁番地区出土了多种文字所写的文献,但大多数是宗教的内容,有关世俗社会的文书并不多见。因此,目前人们对当时西州回鹘的一些内部情况,没有形成完整的或有系统的认识。本文拟利用敦煌文献 S.6551 中的有关记载,就早期西州回鹘内部的职官、僧官、宗教、部族等方面的情况略作考察,错误之处,敬祈方家指正。

---

① 对于 9 世纪下半叶以吐鲁番盆地为中心形成的这一回鹘政权,当时的各种文字史籍有不同的称谓。近年来,各国的研究者又根据该政权疆域大小、国都所在地的不同,而使用了一些新的叫法,如一些日本学者称之为"西回鹘王国"。本文研究的是这个王国在五代中期(930 年前后)的情况,当时的汉文史籍称之为"西州回鹘";又通称为《钢和泰藏卷》的一份敦煌写卷中于阗文地名部分证明,925 年前后,西州是该政权的首府(参看森安孝夫《ウイグルの西迁について》,《东洋学报》第 59 卷第 1、2 合并号,1977 年,124 页)。所以,本文统一称之为西州回鹘。

一、S.6551《佛说阿弥陀经讲经文》有关回鹘的记录

斯坦因编号的敦煌写本 S.6551,正面写《根本说一切有部别解脱戒经疏释》,背面写(1)《十诵戒疏》,(2)即本文将要研究的讲经文(图版44—45)①。

这篇散韵相间的讲经文类的作品,最早由王庆菽先生录载《敦煌变文集》卷五②,题为"佛说阿弥陀经讲经文"。但是,周绍良先生认为它不同于其他几种讲经文,主要是宣讲佛教的"三归"、"五戒"思想,因此定名为"说三归、五戒文"③。本文探讨的重点不在于它的名称,而是它的内容所反映的史实,所以暂称为讲经文,并对其历史内容分类研讨。

现将有关的三段文字(A、B、C),据原卷和前人研究成果校录如下④:

(A)但少(小)僧生逢浊世,滥处僧伦,全无学解之能,虚受人天信施。东游唐国幸(华)都,圣君赏紫,丞(承)恩特加师号。拟五台山上,松攀(攀松)竹以经行;文殊殿前,献香花而度日。欲思普化,爱别中幸

---

① 黄永武编《敦煌宝藏》第 48 册,新文丰出版公司,1982 年,347—370 页。参看 L. Giles, *Descriptive Catalogue of the Chinese Manuscripts from Tunhuang in the British Museum*, London: The British Museum, 1957, p.175, No.5690;《敦煌遗书总目索引》,商务印书馆,1962 年,245 页。

② 王重民等编《敦煌变文集》下,人民文学出版社,1957 年,460—479 页,参看上册图版,8—9 页。

③ 周绍良《唐代变文及其他》(上),《文史知识》1985 年第 21 期,18 页;同作者《〈敦煌变文集〉中几个卷子定名之商榷》,北京大学中国中古史研究中心编《敦煌吐鲁番文献研究论集》第 3 辑,北京大学出版社,1986 年,20—31 页。

④ 除上述《敦煌变文集》的校录本外,笔者所见其他主要校记或录文有:徐震堮《敦煌变文集校记补正》及《再补》,《华东师大学报》1958 年第 1 期,39 页,第 2 期,117 页;蒋礼鸿《敦煌变文字义通释(增订本)》,上海古籍出版社,1981 年,有关条目及附录二《〈敦煌变文集〉校记录略》,414—415 页;罗宗涛《敦煌讲经变文与讲史变文之比较研究》,《中华学苑》第 27 期,1983 年,50、53—55 页;潘重规《敦煌变文集新书》,中国文化大学中文研究所敦煌学研究会,1983 年,147—172 页;袁宾《〈敦煌变文集〉校补(一)》,《西北师院学报》增刊《敦煌学研究》,1984 年,39—40 页;刘凯鸣《敦煌变文校勘补遗》,《敦煌研究》总第 5 期,1985 年,83 页;杨雄《〈佛说阿弥陀经讲经文〉补校》,《敦煌学辑刊》1987 年第 1 期,72—76 页。按录文中□系缺字。〔 〕为校补字,( )为前一字的正字。又(A)段"即叶九五之宠"以下三句移至"慈人玉润"句下,系据罗宗涛、杨雄文。

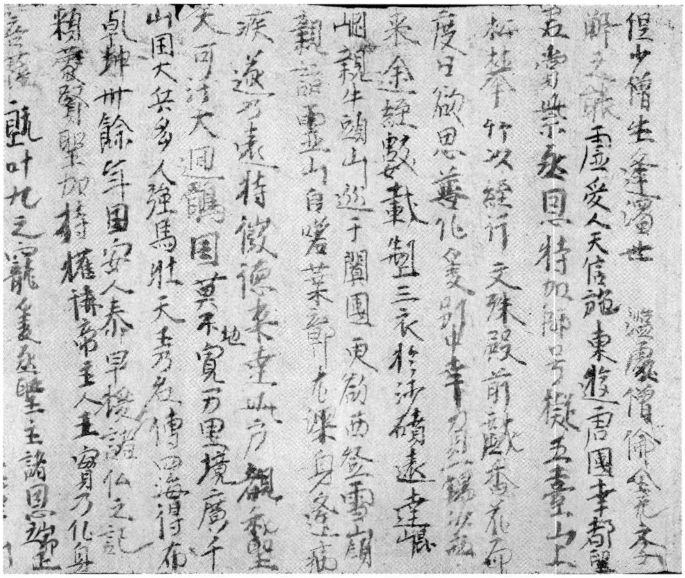

图版 44　S.6551 背《佛说阿弥陀佛讲经文》局部 1

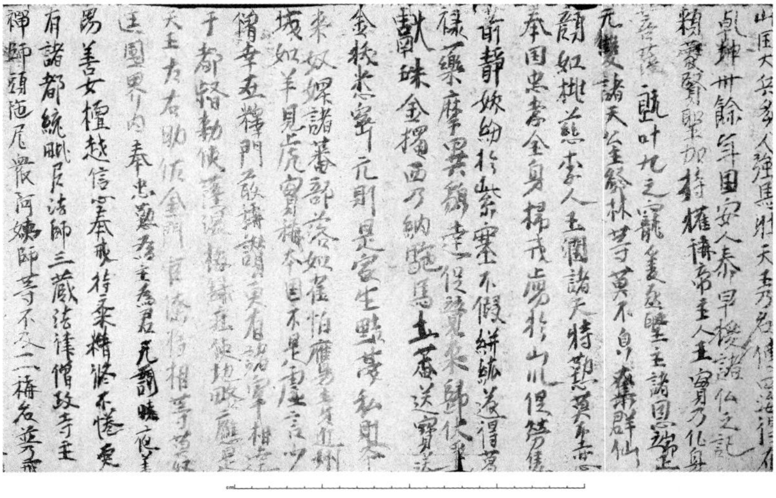

图版 45　S.6551 背佛《佛说阿弥陀佛讲经文》局部 2

(华),负一锡以西来,途经数载;制三衣于沙碛,远达昆岗;亲牛头山,巡于阗国。更欲西登雪岭,亲诣灵山,自嗟业郭(障)尤深,身逢病疾,遂乃远持微德,来达此方,睹我圣天可汗大回鹘国,莫不地宽万里,境广千山,国大兵多,人强马壮。天王乃名传四海,得(德)布乾坤,卅余年国安人泰,早授(受)诸佛之记,赖蒙贤圣加持,权称帝主人王,实乃化身菩萨。诸天公主邓林等,莫不貌夺群仙,颜如桃李,慈人(仁)玉润,既叶九〔五〕之宠,爱丞(承)圣主诸(之)恩,端正无双。诸天特勤,莫不赤心奉国,忠孝全身。扫戎虏于山川,但劳只箭;静妖纷(氛)于紫塞,不假絣纮。遂得葛禄、药摩、异貌达怛,竞来归伏,争献珠金;独西乃纳驼马,土蕃送宝送金;拔悉密则元是家生,黠戛私则本来奴婢。诸蕃部落,如雀怕鹰,责(侧)近州城,如羊见虎,实称不国,不是虚言。少(小)僧幸在释门,□敢称赞。更有诸宰相、达干、都督、敕使、萨温、梅录、庄使、地略,应是天王左右,助佐金门,官僚将相等,莫〔不〕外匡国界,内奉忠勤,为主为君,无词(辞)晓夜。善男善女檀越,信心奉戒持斋,精修不倦。更有诸都统、毗尼法师、三藏法律、僧政、寺主、禅师、头陀、尼众、阿姨师等,不及一一称名,并乃戒珠朗耀,法水澄清。作人天师,为国中宝。

(B)门徒弟子言归依佛者,归依何佛?且不是磨尼佛,又不是波斯佛,亦不是火祆佛,乃是清净法身、圆满报身、千百亿化身释迦牟尼佛。……且如西天有九十六种外道,此间则有波斯、摩尼、火祆、哭神之辈,皆言我已出家,永离生死,并是虚诳,欺谩人天,唯有释迦弟子,是其出家,堪受人天广大供养。

(C)即将已(以)此开赞《大乘阿弥陀经》所生功得(德),先用庄严可汗天王,伏愿寿同日月,命等乾坤,四方之戎虏来庭,八表之华夷启伏,奉为可汗天王念一切佛。诸天公主,伏愿云仙化(花)态,鹤质恒芳,长丞(承)圣主之恩,永沐皇王之宠。念佛。诸天特勤,奉愿命同松竹,不逢雕(凋)谢之灾,福等山河,永在圣天诸(之)后。诸僧统大师,伏愿琉璃殿内,高然(燃)般若诸(之)灯,阿耨池边,永赞无生之偈。诸宰相,伏愿福齐海岳,寿对松椿,永佐金门,长光圣代。诸都督、梅录、达干、敕使、庄使、萨温、地〔略〕,应是在衙诸官人等。总愿人人增禄位,各各保延年,官职渐高迁,居家长安泰。诸寺毗尼、法律、僧政、法师、律师、诸僧众、尼众、阿姨师等,总愿龙花三会,同登解脱之床,贤劫数中,早证无为之果。诸忧婆塞、优婆夷,伏愿善根日进,皆逢千佛之光,不退信心,亦值龙华三会。(中略)

大乘功得(德)最难量,先将因果奉天王,寿命延长千万岁,福同日月放神光。四远总来朝宝座,七州安泰贺时康,现世且登天子位,未来定作法中王。邓林公主似神仙,不但凡夫佛也怜,欲识从前生长处,应知总在率陀(兜率)天。虽居欲界超凡位,晨昏每向圣王前,愿生正见除邪见,来生早坐紫金连(莲)。(中略)受化生身……即是无量寿佛为国王,观音势志(至)为宰相,药上药王作梅录,化生童子是百姓。

二、S. 6551《佛说阿弥陀经讲经文》的地点与时间

本文首先要探讨的是这篇讲经文完成的地点问题。讲经的僧人在开头叙述了自己的经历:他曾东游唐国的都城,被皇帝赏赐紫衣并加封了师号。他巡礼五台山后,打算去西天取经求法,先到了于阗国,巡礼该国佛教第一圣地牛头山(Gośṛnga)①。然后拟西越兴都库什山(雪岭),到王舍城灵鹫山求取真法,但因身染疾病,无法继续前进。于是就"远持微德,来达此方,睹我圣天可汗大回鹘国"。显然,这里的"圣天可汗大回鹘国"就是这位游方僧人最后讲经说法的地点。那么,这个大回鹘国是指历史上何地的回鹘国呢?

向达先生在《敦煌变文集》该处校记中说:"这一本讲经文是一位在于阗的和尚所写。其所以称于阗国王为圣天可汗大回鹘国,因为于阗在9世纪以

---

① Cf. M. A. Stein, *Ancient Khotan*, I, Oxford: Clarendon Press, 1907, pp.185–190.

后便为西方的回鹘族所占领,故称大回鹘国。敦煌曹氏时代石窟壁画题名中于阗国王即称圣天可汗,可以证明。"①这段考证文字虽短,但影响却十分深远,研究敦煌变文的学者,除少数人产生过疑问外②,大多遵从了这一看法③。我们认为,这种观点值得商榷。第一,向先生认为"于阗在 9 世纪以后便为西方的回鹘族所占领,故称大回鹘国"这种说法于史无征。在 9、10 世纪的二百年里,于阗国仍是汉、唐以来尉迟氏(Viśa'、Vijaya)执政的塞人(Sacae)王国,于阗国的回鹘化是 11 世纪这个佛教王国灭于信奉伊斯兰教的黑韩王朝以后的事情。如果说于阗被回鹘族所占领是 9、10 世纪的事情,那么就和这一时期大量的历史文献,特别是于阗人自己所写的于阗文文献的记载相矛盾④;如果把这一占领按照事实放在 11 世纪初以后,那么在当时伊斯兰教政权的控制下,这个大回鹘国也绝对不会出现佛教气氛如此浓厚的讲经文。事实上,讲经文本身的文字是最强有力的内证,作者一开头就把于阗直接称作"于阗国",而不是"圣天可汗大回鹘国"。因此,于阗在 9 世纪以后称作大回鹘国的说法是难以成立的。据敦煌发现的 9、10 世纪的于阗文、汉文、回鹘文和藏文文献,当时的于阗除叫作"于阗国"外,还有"大宝国"、"金

① 《敦煌变文集》下,477 页,注 3。

② 邵红指出是在回鹘开讲,而未提于阗,见所著《敦煌石室讲经文研究》,(台北)敦煌学研究所,1970 年,51 页。刘铭恕先生虽一直认为是在于阗法会上所讲,但怀疑所描述的情况似是回鹘保义可汗时的回鹘国,"与于阗回鹘国不相符"。见所著《敦煌遗书丛识》,《中国史研究》1986 年第 1 期,116 页。

③ 罗宗涛《敦煌变文社会风俗事物考》,文史哲出版社,1974 年,131 页;谢春聘《敦煌讲经变文笺》,台北政治大学硕士论文,1975 年,123 页;王重民《敦煌变文研究》,原载《中华文史论丛》1981 年第 2 期,后收入周绍良、白化文编《敦煌变文论文录》上,上海古籍出版社,1982 年,此据王重民《敦煌遗书论文集》,中华书局,1984 年,176、178、194、211、217 页;川口久雄《敦煌よりの风》第 4 册《敦煌の佛教物语》,明治书院,1984 年,《于阗国和尚阿弥陀经讲经文》,19 页;周绍良《唐代变文及其他》(上),18 页;刘铭恕《敦煌遗书杂记四篇》,甘肃省社会科学院文学研究所编《敦煌学论集》,甘肃人民出版社,1985 年,55 页;V. H. Mair, "Oral and Written Aspects of Chinese Sutra Lectures",《汉学研究》第 4 卷第 2 期,1986 年,320 页;曲金良《敦煌写本变文、讲经文作品创作时间汇考》(续完),《敦煌学辑刊》1987 年第 2 期,46—47 页。

④ 具体论证见荣新江《九、十世纪于阗族属考辨》,《新疆社会科学》1987 年第 4 期,76—83 页。

玉国"、"金国"、"玉国"等专名或通称①,却从来没有见到过称作"大回鹘国"
的例子。第二,向先生举"敦煌曹氏时代石窟壁画题名中于阗国王即称圣天
可汗"为证。但是,我们翻检了伯希和②、陈万里③、史岩④、谢稚柳⑤、敦煌研
究院⑥以及向先生本人⑦对于莫高、榆林二窟供养人题名的记录,只见到莫高
第61、98窟有称"大朝大于阗国大政大明天册全封至孝皇帝"李圣天的题
名,而从未见到于阗国王有"圣天可汗"的称呼,在这里,也许是把"李圣天"
一名和"圣天可汗"之号混同了。即使是把李圣天的"圣天"和圣天可汗的
"圣天"勘同为一,也难以证明于阗已是大回鹘国,因为两个"圣天"虽然汉字
写法一致,但却各有来源。李圣天名中的"圣天"二字,来源于于阗文中指称
国王的 midäm jaśti 一词,而不是来源于回鹘圣天可汗中的"圣天",即回鹘文
的 tängri。李圣天的于阗文本名叫 Viśa' Saṃbhava(尉迟僧乌波),他是汉、唐
以来于阗尉迟王族的正统传人,而不是回鹘可汗⑧。因此,敦煌石窟壁画题
名也不能证明9世纪以后于阗称作大回鹘国。除此之外,讲经文说僧人自己
在于阗国停留时,因病未能继续西行,然后紧接着说他"远持微德",来到圣
天可汗大回鹘国。"远持"云云,足以说明这个大回鹘国不是于阗,而是距于
阗有一定路程的地方。总之,我们认为讲经文写成的地点"圣天可汗大回鹘
国"不是指于阗,而是指某个回鹘王国。

邵红先生把文中所记"葛禄……归伏"一事和《新唐书·回鹘传》记载天

① 张广达、荣新江《关于敦煌出土于阗文献的年代及其相关问题》,《纪念陈寅恪先生诞辰百年学术
论文集》,北京大学出版社,1989年,284—287页。

② Nicole Vandie-Nicolas, *Grottes de Touen-houen-houang carnet de notes de Paul Pelliot : inscriptions et
peintllres murales I-V*, Paris, 1981–1986.

③ 陈万里《西行日记》,朴社,1926年,附录一。

④ 史岩《敦煌石室画像题识》,比较文化研究所、国立敦煌艺术研究所、华西大学博物馆联合(成都)
出版,1947年。

⑤ 谢稚柳《敦煌艺术叙录》,上海出版公司,1955年。

⑥ 敦煌研究院编《敦煌莫高窟供养人题记》,文物出版社,1986年。

⑦ 向达《唐代长安与西域文明》,生活·读书·新知三联书店,1957年,356—367、393—416页。

⑧ 荣新江《九、十世纪于阗族属考辨》,77—79页。

宝以后"葛禄之处乌德犍山者臣回纥"联系起来,认为此文"当成于天宝与至德(742—758)年间";又据开首所称"睹我圣天可汗大回鹘国"句,说"显然这篇讲经文在回鹘开讲"①。作者这里所说的回鹘,是指漠北的回纥。罗宗涛先生也把讲经文的内容和蒙古高原时代的回纥/回鹘历史做了比较,他举出大历(766—779)以后摩尼教开始流行于漠北,贞元十年(794)回纥改名为回鹘等事,认为"卅余年国泰人安"应指奉诚可汗立后的长庆元年至太和三年(821—829),另以臣服土蕃、葛禄、达怛、拔悉密及黠戛斯的年代相参证,他假设这篇作品成于长庆元年至太和三年,至晚不得逾于开成四年(839)②。两位讲经文研究者虽然考证的年代有所不同,但都把这里的"圣天可汗大回鹘国"看作是漠北的回鹘汗国。这种看法同样值得商榷,两位忽视了一个重要的事实,即,迄今为止,还没有任何史料证明,漠北回鹘可汗把佛教奉于像这篇讲经文所述说的那样一个崇高地位之上。790 年,沿回鹘路回归唐朝的僧悟空,因为知道回鹘可汗不信佛法,不敢把从印度取来的梵夹随身带上,而是留在了北庭龙兴寺③。就今所知,漠北回鹘信奉的主要是萨满教④和后来的摩尼教。据此,把这篇讲经文完成的时期和地点定在漠北时代的回鹘汗国显然是不够妥当的。

排除了漠北回鹘的膺选可能性,剩下来的就只有西迁后形成的甘州回鹘和西州回鹘了。过去我们曾据莫高窟第 61 窟供养人题记中的"甘州圣天可汗"一名,认为这篇讲经文说的是甘州回鹘的情况⑤。现在看来,"圣天可汗"题名只是一条孤证,我们应当全面考察西州回鹘和甘州回鹘哪一方面更

---

① 邵红《敦煌石室讲经文研究》,49—51 页。

② 罗宗涛《敦煌讲经变文研究》,1051—1060 页。又平野显照氏认为,这篇讲经文是贞元年间(785—805)或元和年间(806—820),在回鹘统治下,于敦煌地区完成的,见所著《讲经文の组织内容》,载牧田谛亮、福井文雅编《敦煌と中国佛教》,大东出版社,1984 年,342 页。按贞元、元和间吐蕃统治沙州,其说殆误,不具论。

③《悟空入竺记》,杨建新编《古西行记选注》,宁夏人民出版社,1987 年,126 页。

④ 参看护雅夫《古代游牧帝国》(中公新书第 437),中央公论社,1976 年,217—228、247—248 页。

⑤ 荣新江《归义军及其与周边民族的关系初探》,《敦煌学辑刊》1986 年第 2 期,33—35 页。

符合讲经文反映的情况。首先,讲经文中用"圣天河汗"(A段)或"圣天"(C段)指称这个大回鹘国的最高统治者。甘州的可汗固然号称"圣天可汗",西州回鹘的可汗也同样被称作"圣天"。普鲁士考察队在吐鲁番发现的一件写在木柱(佛像主心木?)上的汉文文书,是癸未年(983)五月二十五日做佛事功德的发愿文,其中有"先愿圣天万岁,圣化无穷"的祷词①;又敦煌写本P. 3672 bis 录有10世纪后半期《西州都统大德致沙州宋僧政等书》,其中说到"昨近十月五日,圣天恩判,补充都统大德"。森安孝夫先生推断上述两处的"圣天"指的就是西州回鹘的可汗②,所论至确。由此看来,讲经文中的"圣天可汗"或"圣天",完全也可以同样看作是西州回鹘的可汗。但是,只考虑"圣天可汗"一项内容,还无法断定这篇讲经文是写于甘州还是西州。其次,我们看到讲经文中还用"天王"来指称大回鹘国的最高统治者,此词似乎是西州回鹘可汗的常见称号。P. 5007 录诗三首,最后一首的诗序称:"仆固天王乾符三年四月廿四日打破伊州(中残)录打劫酒泉后却□断(下残)。"诗文仅存六字:"为言回鹘倚凶(下残)。"③这首敦煌人写的诗,记录了乾符三年(876)四月二十四日西州回鹘攻取沙州归义军所辖伊州城的历史真相。这里的"仆固天王",从年代判断应即咸通七年(866)创立西州回鹘王国的仆固俊或其后继者④,换句话说,就是仆固氏出身的西州回鹘可汗天王。诚然,当时敦煌的汉人也曾用"天子"一名来称呼西州回鹘可汗(见P. 2539 第21—22行),但更多的似乎是用"天王"这种名号。相反,在有关甘州回鹘的敦煌汉文文书,如P. 2992 第1、3件文书和P. 2155 第2件文书中,却是用"可汗天

---

① F. W. K. Müller, "Zwei pfahlinschriften aus den Turfanfunden", *Abhandlungen derköniglichen preussischen Akademie der Wissenschafen 1915. phil.-hist. Klasse*, Berlin, 1915, SS. 18-19,岑仲勉《吐鲁番木柱刻文略释》,《金石论丛》,上海古籍出版社,1981年,453页。

② 森安孝夫《ウイグル佛教史史料としての棒杭文书》,《史学杂志》第83卷4号,1973年,45页(以下简称《棒杭文书》);同作者《敦煌と西ウイグル王国——トゥルファンからの书简と赠り物を中心に》,《东方学》第74辑,1987年,59、63页。

③ 王重民《〈补全唐诗〉拾遗》,《敦煌遗书论文集》,54页。

④ 荣新江《归义军及其与周边民族的关系初探》,33—35页。

子"、"天子"的叫法①,这使人们倾向于考虑这篇讲经文出于西州。第三,讲经文中还有"天公主邓林"(A)、"邓林公主"(C)的称呼,无独有偶,在上举吐鲁番出土的木柱文书第4行也有"天公主居邪蜜施登林"一名,其对应的回鹘文是 tängri qunchui küsämish tämgrim,意思是"神圣的公主,受人尊敬的夫人"②。"登林"即"邓林"。除了形容词 küsämish"受人尊敬的"外,两处题名几乎完全相同,这似乎并不是偶合,而是来源于同一个回鹘文词汇,即 tängri qunchui tämgrim"天公主夫人"。"登林"一词还见于同一木柱文书的第5行:"见支都信登林"(回鹘文 gänch tüzün tämgrim,意为"年青的贵夫人"),说明登林或邓林是西州回鹘王国常用的汉字译法,讲经文中"邓林"的出现,也为说明它产生于西州回鹘提供了佐证。第四,讲经文中说大回鹘国有波斯、摩尼、火祆等神的信仰,而佛教最受推崇。这和王延德《高昌行纪》所述当地有"摩尼寺、波斯僧各持其法",而佛寺居首的情况正相符合③。最后也是最重要的论据,是讲经文所述大回鹘国治下的诸部族,其中的葛禄、药摩和黠戛私,正好相当于王延德《高昌行纪》所记西州回鹘统有的割禄、样磨和黠戛司④。两处所记西州回鹘属下的各族虽然不无夸大之词,但可以设想上述三部族可能是陆续归入西州回鹘版图之内的。如果把这三部族以及讲经文提到的拔悉密、独西(突骑施?)等全都放在甘州回鹘的版图之内,似乎是说不通的,因为它们是在回鹘西迁的前后陆续迁往天山南北甚至葱岭以西的突厥或铁勒系的部族。从以上五点来看,我们倾向于得出这样的结论:这篇讲经文完成的地点"圣天可汗大回鹘国",是以吐鲁番盆地为中心的

---

① J. R. Hamilton, *Les ouïghours à l'époque des Cinq Dynasties*, Paris, 1955, pp.117, 121, 125, 126, pl.I, III-IV（以下简称 *Les ouïghours*）;耿昇译本《五代回鹘史料》,新疆人民出版社,1982 年,121—125、128—130 页。录文参看陈祚龙《敦煌学散记》,《大陆杂志》第 66 卷 3 期,1983 年,135—137、138 页。

② 森安孝夫《棒杭文书》,42—44 页,关于 tämgrim 见 J. R. Hamilton, *Manuscrits ouïgours du IXe-Xe siècle de Touen-houang II*, Paris, 1986, p.253（以下简称 *Manuscrits ouïgours*）。为排版方便,本文引用回鹘文转写,用 ch 代 č,sh 代 š,gh 代 γ,ng 代 ŋ。

③《古西行记选注》,160 页。

④ 同上。

西州回鹘王国。

关于这篇讲经文的年代,前人根据于阗或漠北回鹘的历史所做的考订似可再作商榷,现据讲经文本身提供的线索并结合西州回鹘的历史说明如下。讲经文中说:"天王乃名传四海,德布乾坤,卅余年国安人泰,早受诸佛之记。""卅余年"作为三的倍数,在此似不是实数,但至少应指西州回鹘王国创立的百年之内。目前学术界对西州回鹘王国创立年代的看法仍有相当大的分歧。我们认为,以西州(吐鲁番盆地)为中心的回鹘政治集团的形成,应始于咸通七年北庭回鹘仆固俊攻取西州、轮台、清镇等城一事,结合 P.5007所记乾符三年仆固天王打破伊州的记载,可知仆固俊实系西州回鹘王国仆固氏王朝的第一任可汗,西州回鹘王国创立的年代似应在 866 年①。因此,这篇讲经文应当是在约 866—966 年间完成的。另外,讲经文本身也提供了进一步断代的证据,文中说这位讲经和尚最早从西北某地"东游唐国华都",并游历了文殊菩萨的道场五台山,然后西行于阗,巡礼圣迹。这里的"唐国"似不指 907 年以前的唐朝,而应指 923—936 年的后唐。这一看法可以从下面两方面的情况得到佐证,一是晚唐五代西北地区前往五台山朝拜文殊菩萨的热潮,是从后唐同光二年(924)沙州归义军节度使曹议金遣使入朝时开始兴盛起来的②,这位僧人的东游五台山应当是在后唐而不是唐;二是晚唐五代中原、甘州、沙州、于阗之间的交往,虽然确切的史料始于晚唐光化四年(901),但频繁的交往也是在约 920 年曹议金统治瓜、沙二州以后③。如果考虑到这位僧人是从中原西行到于阗的,就更使人认为这里的"唐国"应指后唐,因为正史所记晚唐以降中原王朝派往于阗的第一批使人是后晋天福三年(938)出发的张匡邺和高居诲④。根据以上两点,我们认为这位僧人早年

① 关于这一问题,将于另文专论。
② 荣新江《敦煌文献和绘画反映的五代宋初中原与西北地区的文化交往》,《北京大学学报》1988 年第 2 期,55—62 页。
③ 张广达、荣新江《关于敦煌出土于阗文献的年代及其相关问题》。
④《新五代史》卷七四《四夷附录》"于阗"条。

巡游的"唐国"应指后唐。他西行未成,来到西州回鹘境内,路上应当花掉数年时间。因此,这篇讲经文的完稿时间,似应在五代后唐、后晋交替之际,即930年前后。这一推测或许大致不误,我们倾向于确定这是一份记载西州回鹘王国早期有关情况的珍贵历史文献。

三、S.6551《佛说阿弥陀经讲经文》所记西州回鹘的职官

这位僧人在讲经时现身说法,列举了一些当时西州回鹘的情况,来称颂圣天可汗及以下各级官吏。上面探讨本文献写成的地点和年代时,已经涉及一些职官的考证,以下拟分类做系统的说明。

关于西州回鹘的各级职官,(A)和(C)两段文字提供了两个有先后顺序的名表:

A:天三　天公主邓林　天特懃　宰相　达干　都督　敕使　萨温　梅录　庄使　地略

C:可汗天王　天公主/邓林公主　天特懃　宰相　都督　梅录达干　敕使　庄使　萨温　地略

现依(A)顺序考述如下。

(1)天王　一作可汗天王。上文已经说明,天王是指西州回鹘的最高统治者,回鹘文一般作 Tängri Qaghän。tängri 汉字音译作"登里",意译为"神圣的",古人常对译为汉文的"天";qaghan 音译为"可汗",意译为"天子"或"王"。所以,'天王"即"天可汗"、"登里可汗"的不同译法。与此相关的是"圣天可汗"或"圣天"两种叫法,在讲经文中它们也是天王的同义语。"圣天可汗"的回鹘文原语也应是 Tängri Qaghan 无疑,tängri 应即"圣天"的原语①。汉文"圣天"是表示某种性质的形容词,可以单独使用来指称可汗。森安孝夫氏根据漠北回鹘的君主称可汗,西州回鹘的君主称亦都护(ïdup qut,

---

① 荣新江《九、十世纪于阗族属考辨》,77—79 页。

意为〔具有〕神圣的天宠〔者〕）的现象，认为"圣天"可能是亦都护的意译①。这种说法可以聊备一说，但"亦都护"一名用为西州回鹘（元代的畏兀儿）国主的称号应是较晚一些时候的事情②。这篇讲经文本身证明了圣天可汗、天王、〔天〕可汗实为回鹘文 tängri qaghan 的不同译法，仅相当于 tängri 的"圣天"，在汉文中也发展出与上列称号同样的意义。

（2）天公主邓林　简称天公主，一作邓林公主。上文已经言及，前两个称呼分别相当于回鹘文的 tängri qunchui tämgrim（神圣的公主夫人）和 tängri qunchui（神圣的公主），后者是为了押韵而作的倒置。《新五代史·回鹘传》称："〔可汗〕妻号天公主。"讲经文把她放在仅次于天王的位置上，有些地方还特别直接用回鹘文"邓林"来表示她是高贵的夫人。

（3）天特懃　吐鲁番木柱文书作"天特银"③。在唐朝文献中，"特懃"一般写作"特勤"，相当于突厥、回鹘文的 tegin，意为可汗的儿子或兄弟。天特懃相当于回鹘文的 tängri tegin（神圣的王子）。值得注意的是，P. 3633《辛未年（911）沙州耆寿百姓等一万人上甘州回鹘大圣天可汗书》第 22、25 行有"狄银"名④，S.1366《（10 世纪前半期）归义军面油破历》第 15 行记有甘州之"狄寅"⑤，《旧五代史》卷一三八《回鹘传》记有甘州可汗弟"狄银"。哈密屯（J. Hamilton）将上述"狄银"考订为回鹘文 tegin⑥。但据他还原的 10 世纪汉语音韵，"狄"为 t'iγ，"特"为 t'əγ⑦。由此，我们怀疑狄银或狄寅是 tegin 的另一种拼法 tigin 的对译词，而特勤、特银是 tegin 的对译词。这样，是否能够认

---

① 森安孝夫《棒杭文书》，45 页；《敦煌と西ウイグル王国——トゥルファンからの书简と赠り物を中心に》，63 页。但他在《ウイグル语文献》一文中译 tängri 为"圣天"，见山口瑞凤编《敦煌胡语文献》，大东出版社，1985 年，22、31 页。

② 韩儒林《突厥官号考释》，《穹庐集》，上海人民出版社，1982 年，316—323 页。

③ Müller, "Zwei pfahilnschriften au den Turfanfunden", S.18；森安孝夫《棒杭文书》，42、43 页。

④ 池田温《中国古代籍帐研究》，东京大学出版会，1979 年，613—614 页。

⑤ 此据原卷。

⑥ Hamilton, Les ouïghours, p.156；耿昇汉译本，172 页。

⑦ 同上，169、170 页；汉译本，192 页。

为西州和甘州的回鹘人由于各自的传统习惯不同或方音的区别,因而造成汉译名的这种明显的区别呢? 这一点仍有待进一步证明,但我们从这一例子中不难看出,西州和甘州的回鹘人虽然同样使用回鹘文,但由于种种缘故,同一回鹘文词语在两地可能被译写成两种读音类似的汉字,这是人们分析 9 世纪中叶以后汉文文献中的回鹘史料时应予留意的。

以上天王、天公主、天特懃在(A)(C)两段中都和其他职官有别,居于较高的位置,这显然是因为他们均属可汗一族,因而也就都冠有"天"字以示尊贵和王权。

(4)宰相 回鹘早在漠北时,就沿突厥之制,有内外宰相各若干人①,如《九姓回鹘爱登里罗汨没蜜施合毗伽可汗圣文神武碑》中,就屡屡提到"内外宰相"②。西州回鹘沿袭了这一制度,除本文的证据外,鄯善县吐峪沟千佛洞出土的汉文《造塔功德记事》文书中有"领四府五县事"的回鹘宰相题名③;又,吐鲁番出土的一件西州回鹘王国官府颁发给境内摩尼寺院的回鹘文文书上,钤有十一方汉文篆字朱印,文曰:"大福大回鹘国中书门下颉于迦思诸宰相之宝印。"④这两件文书均属西州回鹘早期的文献,从中可以了解到宰相一职在西州回鹘王国中的职能,中央设有仿自唐朝的"中书门下"机构为宰相衙署,所统"四府五县"是承袭了唐朝西州四折冲府五县的规模⑤,可见其地位之重要。讲经文把宰相放在可汗家族下的第一位,与它的职位完全相符。值得指出的是"宰相"这样重要的词,却没有找到它的回鹘文音译词,使人颇疑它是回鹘文某词的翻译。我们注意到,《九姓回鹘毗伽可汗碑》有"内宰相颉于伽思"名,《旧唐书》卷一九六《吐蕃传》有"大相颉干(于)迦斯"名,上引摩尼寺院文书钤印中又有"颉于迦思诸宰相"的说法,其中"颉于伽思

① 《新唐书》卷二一七《回鹘传》。
② 程溯洛《释汉文〈九姓回鹘毗伽可汗碑〉中有关回鹘和唐朝的关系》,林幹编《突厥与回纥历史论文选集》下,中华书局,1987 年,707—711 页。
③ 李征《安乐城考》,《中国史研究》1986 年第 1 期,157 页,注 29。
④ 耿世民《回鹘文摩尼教寺院文书初释》,《新疆考古三十年》,新疆人民出版社,1983 年,530 页。
⑤ 陈国灿《八、九世纪间唐朝西州统治权的转移》,《魏晋南北朝隋唐史资料》第 8 期,1986 年,18 页。

（迦斯）"相当于回鹘文的 il ügäsi/el ügäsi,意为"国之光荣、大臣"①。据此,可以认为颉于伽思即"宰相"之意,汉文"宰相"实际是该词的意译,因此在回鹘文文献中没有"宰相"的音译词。回鹘人是很清楚汉文"宰相"之意的,因此在将 il ügäsi 译成汉文时,把音译"颉于伽思"和意译"宰相"并列,表示同一含义。

（5）达干　据《新唐书》卷二一五《突厥传》,达干为突厥汗国诸大臣之一。回鹘沿袭此官职,从实际例证来看,它是专统兵马的武职官称,回鹘文的原文作 Tarqan②。

（6）都督　回鹘自唐初就接受了唐朝的羁縻州制度,引入唐朝的官制,《旧唐书》卷一九五《回纥传》记载,贞观二十年（646）,"〔唐〕太宗为置六府七州。府置都督,州置刺史,府、州皆置长史、司马已下官主之"。此后,回鹘一直保有都督一职,回鹘文作 tutuq 或 totoq。西州回鹘仍沿用这一官称。

（7）敕使　紧接在都督之后,显然是借入回鹘的唐朝官称"刺史",回鹘文拼作 chigshi 或 chegshi③。"敕使"这种写法在指称回鹘官称时很少见到,在敦煌汉文文书中,"刺史"有时被写成"敕使"（如 P. 2854 第 5 件文献《竖幢伞文》）,因此可以认为,这里的"敕使"仅仅是汉文"刺史"的不同写法。此外,也不排除"刺史→chigshi→敕使"的转译发展过程的可能性,就像"将军→sangun/sängün→相温"一样④。"敕使"从音韵上讲与 chigshi 勘同没有什么障碍。《新唐书》卷二一七《黠戛斯传》记有"职使"一职,也即 chigshi 的另一种译法⑤,可以作为旁证。

（8）萨温　这种写法仅见于此,我们认为它的回鹘文原语应是 saghun。

---

① 陈国灿《八、九世纪间唐朝西州统治权的转移》,19 页;Cf. Müller, "Zwei pfahlinschriften au den Turfanfunden", S.34。

② 韩儒林《蒙古答剌罕考》,《穹庐集》,18—46 页。

③ Hamilton, *Manuscrits ouïghours*, I, p.231.

④ Hamilton, *Les ouïghours*, p.155;汉译本,170 页。

⑤ 同上。

向达先生认为:"萨温疑即相温或左温的异译。"①如上条所引,相温为回鹘文
sangum 的音译,即将军,而左温则为回鹘文 saghun 的音译,两者并不相同,
向说不够明确。哈密屯氏把《宋史》卷四九〇所记西州、甘州及黑韩王朝属
下于阗的使臣或宰相名索温、娑温、厮温、左温、撒温,都还原为 saghun,并认
为这一官职在 10 世纪以前没有出现过②。以上诸例可以证明"萨温"即 sa-
ghun 的比定不误,而且是所有例证中最早的一个。据马合木·喀什噶里编
《突厥语词典》,这是葛逻禄上层人物所用的一种称号③,这一称号在 10 世纪
上半叶始见于西州回鹘官制中,或许是下文所说葛禄归伏的反映。

(9)梅录　　此词见《新唐书》卷二一七《回鹘传》,其回鹘文原语为
buyruq④,突厥文《阙特勤碑》有 buyruq-bäg"梅录—匐"的称号⑤,吐鲁番出土
的回鹘文《摩尼教徒祈愿文》A15 行有 ich buyruq sängün"内梅录将军"的称
法⑥,据此知为统兵的大臣。《新五代史》卷七四《回鹘传》记甘州回鹘制度:
"其国相号媚禄都督";又敦煌文书 P. 3272《丁卯年(967)正月二十四日甘州
使头阎物成文书》记有"宰相密六"⑦;《新五代史·回鹘传》记清泰二年
(935)回鹘使有"密录都督"。哈密屯从语音对证出发,认为上述媚禄、密六、
密录的原语应是回鹘文 bïruq,据马合木·喀什噶里《突厥语词典》,此词是
由 buyruq(大相)派生而来的,意为"国王侍从",因此,他认为 bïruq 与 buyruq
应区别开来⑧。然而,上引汉文文献称媚禄为国相,密六为宰相,与 buyruq 之
意正同,仅从对音出发而把它们比定为 bïruq"国王侍从"似难以说服人。在

①《敦煌变文集》下,478 页,注 9。

② Hamilton,*Les ouïghours*, p.155;耿昇汉译本,170 页。

③ 同上。

④ 韩儒林《突厥官号考释》,《穹庐集》,316—323 页。

⑤ 韩儒林《蒙古古突厥碑文》,《突厥与回纥历史论文选集》上,479 页。

⑥ 羽田亨《吐鲁番出土回鹘文摩尼教徒祈愿文的断简》,《羽田博士史学论文集》下,同朋舍,1958 年,
　328、333 页。

⑦ 录文见陈祚龙《敦煌文物随笔》,台北商务印书馆,1979 年,278 页;年代据土肥义和《归义军时
　代》,榎一雄编《敦煌の历史》,大东出版社,1980 年,266 页。

⑧ Hamilton, *Les ouïghours*, pp.79—80,150;耿昇汉译本,84、162 页。

10世纪的敦煌回鹘文文书（其中一部分产生于西州回鹘国）中，只见有 buyruq，不见有 bïruq①。所以，我们暂将上述梅录、媚禄、密六、密录均视作 buyruq 的音译，意为大臣、大相，有领兵的职责。

（10）庄使　从"使"字来看，此词显然源出汉语。在（C）段中，它紧接在敕使（刺史）后面，使人们很容易和"长史"联系起来。长史也是早就随羁縻州制传入回鹘的唐朝地方官称，回鹘文译作 changshi②。"庄"可能是"长"字之讹，"庄使"即"长史"的讹误形式。但同时也可能是因为在回鹘文长期的发展中，发生音变，把 changshi 读作了"庄使"，这样就成为"长史→changshi →庄使"的发展过程，参看第（6）条。

（11）地略　哈密屯从《册府元龟》卷九七六中检出此词，并比定为回鹘文的 tiräk，作为官称，有"国家栋梁"之意，因此他认为这大概是模仿唐朝官制中的"柱国"，唐代还译此词作"谛略"③。按唐制，柱国为勋官。唐之柱国与回鹘之地略字面意思虽然相同，但内涵应有区别，地略位于（A）（C）两种职称表最后，应是身份较低的一级职官。

以上我们逐条考证清楚了这些官称的来源、原文、含意和其他某些情况，西州回鹘王国所设职官虽然不只这些，但这篇讲经文无疑把当时王国中最重要的一些职官按身份等级罗列了一遍。这一职官表除了为我们提供了像萨温、敕使、庄使这些不常见的拼法外，特别值得注意的是这些官称的排列次序。作者显然是按官职高低依次排列的，但（A）和（C）段在宰相以下有些不同，比较而言，似乎（C）段的排法更近情理。但是，在还没有找到两种排列不同的真正意义之前，我们不宜否定任何一种排列顺序的价值，它们为史籍和出土文书中所见零散的回鹘官称，提供了两种在西州回鹘官制中的可能位置。因此，这篇讲经文无疑将是人们探讨西州回鹘官制时重要的参考文献之一。

---

① Hamilton, *Manuscrits ouïgours*, II, p.321.

② 韩儒林《突厥官号考释》，《穹庐集》，316—323 页。

③ Hamilton, *Manuscrits ouïgours*, I, p.105; II. p.254; idem., *Les ouïghours*, p.157; 汉译本，172 页。

四、S.6551《佛说阿弥陀经讲经文》所记西州回鹘的僧官

除了上述从可汗到地略的各级职官外,这篇讲经文还依次谈到都僧统以下各级僧官。比较而言,讲经文的作者作为一位曾经到处游历的僧人,对回鹘文僧官名称和汉文的对应关系要比职官名称的对应关系清楚得多,因此,他的汉文译名基本是规范的,对于了解汉地僧官制度的人毫不费解①。下面把(A)(C)两段中的僧官名称列出,就部分词汇略作说明。

　　A:都统　毗尼法师　三藏法律　僧政　寺主　禅师
　　C:僧统大师　诸寺毗尼　法律　僧政　法师　律师

(1)都统或僧统大师　吐鲁番柏孜克里克千佛洞第9窟(新编号第32窟)有三名汉僧供养人像,均有汉、回鹘文题名,其一汉文为"智通都统之像",回鹘文为 Chïtung tutung bäguing ïduq körki buärür(此为智通都统尊者之圣像)②。据此,学者们早就将"都统"与回鹘文的 tutung 对应起来③。近年,哈密屯氏更进一步论证,"都统"实际是汉文"都僧统"的缩写,从9、10世纪的敦煌汉文文书得知,都僧统是当地佛教教团的最高首领④。讲经文中"都统"又写作"僧统",为哈密屯的看法提供了一条佐证,而且,这里讲的是西州回鹘国的都统,在证明回鹘文 tutung 即根源于汉文都僧统之意上更具有说服力。值得说明的是,因为用回鹘文 tutung 来表示都僧统,所以西州回鹘的汉文文献更多的是用"都统"而不是"都僧统"或"僧统",除上举柏孜克里

---

① 与西州回鹘佛教教团关系较密切的敦煌,其僧官制度的基本情况,见竺沙雅章《敦煌の僧官制度》,《中国佛教社会史研究》,同朋舍,1982年,329—425页。

② A. von Le Coq, *Chotscho*, *Eacsimile Wiedergaben der Wichtigeren Funde der Ersten Königlich Preussischen Expedition nach Turfan in Ost-Turkistan*, Berlin, 1913, Tafel 16a. 森安孝夫《チベット文字で书がれたウイグル文佛教教理问答(P.t.1292)の研究)》,《大阪大学文学部纪要》第25卷,1985年,56页。

③ 参看小田寿典《ウイグルの称号トウトウソグとその周边》及其所引文献,载《东洋史研究》第46卷第1号,1987年,57—86页。

④ J. R. Hamilton, "Les titres *shäli* et *tutung* en ouïgour", *Journal Asiatique*, CCLXXII, 1984, pp.432–434.

克千佛洞题名的例子外,P. 3672 bis 第 3、9 行也是用汉文"都统",来指称"统压千僧"的西州都僧统①。在(C)段中,僧统大师被安排在可汗家族之下宰相之上的位置上,说明了他的特殊地位,都统即西州回鹘佛教教团的最高僧官。

(2)毗尼法师 毗尼是梵文 vinaya 的音译,即佛教三藏中的律。毗尼法师应即梵文的 vinayācārya,意为律师。西州回鹘僧官制把律师放在仅次于都统的位置上,或许和吐鲁番地区早期佛教社会颇为重视律学有关,该地区曾发现过一批佛教僧团使用的梵文律藏残卷②,而且,这位讲经僧人在进入正题前大肆宣讲三归五戒,说明了西州回鹘早期佛教界也是很重视持律守戒的。按(C)段在诸寺毗尼外,又列有法师、律师,似为重复之文;考虑到僧政以上职均为统辖全教团的僧官,(C)段"毗尼"上的"诸寺"二字疑为误增之文。

(3)三藏法律或法律 按照戴密微氏的解释,"法律"(梵文 dharma-vi-naya)是"法定律大德"或"法律师"的简称③。那么,"法律"称号前的"三藏"似无必要,"三藏"一般是和"法师"连用的。据竺沙雅章氏的研究,法律是吐蕃统治敦煌后期(800—848 年)始设的僧官,位在当时的最高僧官教授之下。沙州归义军政权沿用了此职,但地位下降到统治全教团诸僧官中最低的一级④。西州回鹘的法律地位较高,这一点是否是直接受到吐蕃之制的影响还有待研究。

(4)僧政 原是唐朝地方上最高的一级僧官,在 9、10 世纪的敦煌佛教教团中,其地位在僧统、僧录之下,法律之上⑤。西州回鹘的僧政一职显然是来自沙州归义军僧官制度,但放在法律之下,为主持全教团诸僧官的最低

---

① 森安孝夫《敦煌と西ウイグル王国——トゥルファンからの书简と赠り物を中心に》,59 页。

② Cf. E. Waldschmidt, *Bruchstücke des Bhiksunī-prātimoksa der Sarvāstivādins*, Leipzig 1926; idem., *Bruchstücke buddhistischer Sūtras aus dem zentralasiatischen Sanskritkanon I*, Leipzig, 1932.

③ P. Demiéville, *Le concile de Lhasa*, Paris 1952, p.238, n.4.

④ 竺沙雅章《敦煌の僧官制度》,360—372 页。

⑤ 同上,378—389 页。

一级。

以上都统、毗尼法师、法律、僧政,应是总辖西州回鹘境内佛教教团的四级僧官。

(5)寺主 按唐制,寺主与上座、都维那合为一寺的三纲,管理一寺的事务。这里仅举出寺主一名,表明西州回鹘某些寺院内部的寺职也仿自唐朝制度,但是否三纲俱备,还有待考查。

(6)禅师 禅师似不属僧官之列,而是一寺中讲授禅法的大师,特别标出禅师的原因,可能与西州回鹘境内众多窟寺流行禅法有关。

因为讲经僧人对僧官的内涵非常了解,所以大多用了意译。除都统外,其他名称的回鹘文对应词尚待进一步对证。

五、S. 6551《佛说阿弥陀经讲经文》所记西州回鹘的宗教

关于西州回鹘境内的宗教,王延德《高昌行纪》称,有"佛寺五十余区","复有摩尼寺、波斯僧各持其去"。这篇讲经文不仅年代较《行纪》为早,内容也更为丰富。文中举出当地流行的宗教,除作者颂扬的佛教外,还有崇拜波斯神、摩尼神、火祆神和哭神的各种宗教。

上文已经提到,漠北时期的回鹘基本是不信佛教的。840 年回鹘西迁到天山东部地区以后,立刻受到这里强大的佛教势力的影响,很快就接受了佛教。这篇讲经文说明,930 年前后,佛教在西州回鹘已经具有相当大的势力,以致这位外来的僧人敢于否定包括回鹘汗国曾立为国教的摩尼教而极力颂扬佛教。随着佛教在回鹘人中的流传,大批梵文、汉文、"吐火罗文"的佛典,也陆续译成回鹘文,其中包括本讲经文中屡屡提到的《阿弥陀经》(Amitaba-sudur)[①]。

文中所说的波斯教,向达先生指出即景教,这是至为正确的。吐鲁番高

[①] 参看耿世民《古代新疆和突厥、回鹘人中的佛教》,《世界宗教研究》第 2 辑,1980 年,78—81 页;孟凡人《略论高昌回鹘的佛教》,《新疆社会科学》1982 年第 1 期,58—74 页。

昌故城中,曾发掘出绘有"棕枝主曰"情景的景教壁画①;葡萄沟废寺址墙壁中,也曾发现过大批用叙利亚文、近世波斯文、粟特文、回鹘文所写的景教文献,如《圣咏集》、《圣乔治殉难记》,等等。

摩尼教从 763 年起成为回鹘的国教,西州回鹘王国成立以后,摩尼教仍有相当大的势力,上面提到的由宰相钤印颁下的回鹘文文书,宣布了种种保护摩尼教寺院的规定。在回鹘可汗的庇护下,摩尼教在西州盛行一时,甚至有人认为吐鲁番是 9 至 12 世纪全世界摩尼教的实际中心②。

火祆教早在高昌国时期(460—640 年)就由粟特商胡传到吐鲁番③。在唐代,"两京及碛西诸州有火祆,岁再祀,而禁民祈祭"④。大概因为这种宗教主要是移居当地的波斯、粟特人的信奉,因此汉文史料记载不多。同时,漠北的突厥汗国也曾信仰祆教⑤,这很可能影响到回鹘人,至少他们迁来西州后,受到了祆教的影响。这篇讲经文证明,火祆教是西州回鹘王国兼容并包的各种宗教之一。由于在吐鲁番出土的回鹘时期的文书中,很少见到祆教的文献,所以人们过去忽视了祆教在这里的存在,讲经文对此作了重要的补充。

哭神似未在有关回鹘的文献中见诸记载。西州回鹘王国流行的各种宗教,除了上面列举的外,应当还有突厥、回鹘人信奉的原始宗教——萨满教。哭神或指回鹘人信仰的巫神。如果推测不误,则西州回鹘仍保持着本民族的原始宗教信仰。

虽然讲经文的作者站在佛教徒的立场上极力鼓吹佛教而贬低其他,抛开他的成见,我们由此了解到西州回鹘王国成立不久,对宗教采取了兼收并蓄的态度,不论是早在漠北就信奉的摩尼教、萨满教,还是西迁天山地区以

---

① Le Coq, *Chotscho*, Tafel 17.

② 参看林悟殊《从考古发现看摩尼教在高昌回鹘的封建化》,《西北史地》1984 年第 4 期,9—16 页。

③ 参看王素《高昌火祆教论稿》,《历史研究》1986 年第 3 期,172—174 页。按高昌祆教问题尚待进一步研究。

④《新唐书》卷四六《百官志》,1195 页。

⑤ 段成式《酉阳杂俎》卷四;参看蔡鸿生《论突厥事火》,《中亚学刊》第 1 辑,1983 年,145—146 页。

后接受或发展起来的佛教、景教、祆教,都得以流行,这对于在丝路上的重要孔道吐鲁番等地立足的小王国来说,无疑起到了稳定根基的作用,并使当地各种宗教文化得到充分的发展。

六、S.6551《佛说阿弥陀经讲经文》所记西州回鹘的部族

这篇讲经文中关于各个部族的一节文字也有重要的史料价值,行文虽然不无溢美之词,但反映了当时西州回鹘治下或服属于它的各个部族的情况。在此对所有涉及到的部族做详细的说明将超出本文的范围,以下仅就讲经文反映的情况略作考察。

(1)"遂得葛禄、药摩、异貌达怛,竞来归伏,争献珠金。"既说是"归伏",表明这三个部族当时是在西州回鹘的直接控制下。葛禄即葛逻禄(Qarluq),王延德《行纪》记高昌回鹘所辖有割禄,可与此相印证。据 S.383 北宋初年写本《西天路竟》记载,割鹿国当时位于龟兹西、于阗东北,大致在今阿克苏一带①。另外,早在漠北时代,就有葛逻禄部归顺回鹘。讲经文明确说明,早在930 年前后,西州回鹘就辖有葛逻禄部,但所指的是从漠北带来的部落,还是龟兹西的割鹿国,还不得而知。

药摩又写作样磨(Yaghma),也见于王延德所记高昌回鹘所辖诸部族中。据 982 年佚名著波斯文《世界境域志》记载,样磨最早的居地东为九姓乌古斯国(西州回鹘),西为葛逻禄的边境②。据讲经文,知药摩的部分民众在930 年前后为西州回鹘国控制。

达怛,又写作达恒、达靼、鞑靼,均为 Tatar 的音译。回鹘西迁后,鞑靼各部落散居漠北,以后又有部分部众南下或进入河西走廊③。讲经文所记异貌

① 黄盛璋《〈西天路竟〉笺证》,《敦煌学辑刊》1984 年第 2 期,6 页。

② V. Minorsky, *Hudūd al-'Ālam*, London, 1937, p.95.

③ 王国维《鞑靼考》,《观堂集林》卷一四;Hamilton, *Les ouïghours*, p.156;耿昇汉译本,171 页;前田直典《十世纪时代の九族达靼》,《元朝史の研究》,东京大学出版会,1973 年,233—263 页。

达但的归属西州回鹘,对于人们过去的认识是一个重要的补充。

（2）"独西乃纳驼马,土蕃输宝输金。"独西似指突骑施（Türgish）或其余部 Tukhasi。突骑施原是西突厥咄陆五啜之一,居地在今伊犁河流域,8 世纪时曾盛极一时,势力遍及天山南北。10 世纪时,其余部仍然是楚河和伊丽河之间地区的一支重要的力量①。在《世界境域志》中,Tukhasi、葛禄、药磨亦三者并称②。

土蕃即吐蕃,自 9 世纪中叶吐蕃王国崩溃以后,在塔里木盆地和河西走廊仍有部分该系部族留存下来。从讲经文此处的行文看,独西和土蕃似主要是进贡关系,和归伏的葛禄、药摩等应当有所区别。

（3）"拔悉密则元是家生,黠戛私则本来奴婢。"拔悉密《新唐书·回鹘传》作拔悉蜜（Basmil）,曾在唐天宝年间与回纥一起击败突厥可汗,但很快又被葛逻禄和回纥联军击败退到北庭（今吉木萨尔北故城）一带,臣服于回鹘。讲经文告诉我们,这种臣属关系到西州初期仍未改变。据一件大致属于 11 世纪的回鹘文文书记载,拔悉密活跃在裕勒都斯河与伊犁河流域之间,是西州回鹘下属焉耆一带边城防范的对象③,这说明已与早期情形有所不同。

黠戛私一般写作黠戛斯（Qirghiz）,王延德《行纪》作黠戛司,是高昌回鹘统辖的部族之一,与讲经文此处的记载相印证,说明 840 年击溃漠北回鹘汗国的黠戛斯,到 10 世纪时,至少有一部分部众归于西州回鹘治下。

以上是讲经文反映的西州回鹘辖境内外臣服的各部族的情况,加上王延德《高昌行纪》的有关记载,人们几乎接近了解 10 世纪西州回鹘所统诸部族的全貌。

总之,S.6551 虽然是一篇已经残缺的讲经文类的文学作品,但只要考证

---

① *Hudūd al-'Ālam*, pp.99, 300–304；V. V. Barthold, *Sochinenila*, Vol.5x, Moscow, 1968, pp.71, 85, 146；vol. 8, Moscow, 1973, p.62.

② *Hudud al-'Ālam*, p.83.

③ G. Clauson, "Two Uygur Administrative Orders", *Ural-Altaische Jahrbücher*, 45, 1973, pp.213–222.

出它所描述的实际地点和大致时代,并分类阐明它所记载的各项专有名词,我们就不难从中找到许多有关西州回鹘王国内部情况的珍贵记录。西州回鹘王国最初的发展情况,在各种语言的文献中均缺乏记载,汉文正史向称对西域历史的记载最丰富而且最准确,但新旧《五代史》中关于西州回鹘的记事,仅有后周广顺元年(951)遣使来贡一条。大约成文于930年前后的这篇讲经文,不仅罗列出从可汗天王到地略的各级军政官职名称,使人们过去从史籍或文书中得到的零散认识系统化;而且,又列举了从都统到禅师的各级僧官名称,填补了旧有文献记载的某些空白。此外,佛教等各种宗教的流行,加深了人们对这一地区宗教文化发达的认识;有关各个部族名称的出现,部分揭示了8、9世纪以来西北诸部族势力消长的结果。从某种意义上来说,这篇敦煌文献构成了五代(10世纪前半期)"西州回鹘传"的部分内容,至少是人们研究当时西州回鹘及其周边民族时所必读的文献之一。

从对广义的敦煌变文研究的角度看,这篇作品的真实地点确定了以后,就不难理解它在敦煌出土各种讲经文中所具有的特性和某些不同点了。更重要的是,虽然还难以断定 S.6551 写本是讲经僧人的底本,还是听者的记录或传抄本,但它至少反映了这样一个事实,即俗讲及讲经文的创作在当时的西州回鹘王国也同样流行。与此同时,西州回鹘境内还流行着其他各种文字所写的文学作品,如译自所谓"吐火罗文"A 的回鹘文剧本《弥勒会见记》(*Maitrisimit*)①。那么,广义的敦煌变文作品与敦煌、吐鲁番两地发现的回鹘文、粟特文、于阗文、藏文写本所写其他民族文学作品是否产生过某些相互影响,则是今后敦煌、吐鲁番出土文献的历史、语言、文学研究中值得探讨的一个问题。

(与张广达先生合撰,原载《北京大学学报》
1989 年第 2 期,24—36 页。)

---

① 参看张广达《论隋唐时期中原与西域文化交流的几个特点》,《北京大学学报》1985 年第 4 期,8—9 页。

王延德所见高昌回鹘大藏经及其他

北宋太平兴国六年(981),高昌回鹘可汗遣使朝宋,太宗遣供奉官王延德等出使高昌。雍熙元年(984)四月王延德还朝,其《行记》的片断,保存在王明清《挥麈录》前录卷四、《文献通考》卷三三六《四裔考》和《宋史》卷四九〇《外国传》高昌条,其中有云:

> 佛寺五十余区,皆唐朝所赐额,寺中有《大藏经》、《唐韵》、《玉篇》、《经音》等①。

这段文字反映了高昌回鹘王国佛寺藏书的情况,表明高昌当地汉文佛教典籍的流行。然而,自儒莲(S.Julien)译注②、王国维校录③以来,讨论者代不乏人,但只是泛泛而谈,无法深入。随着吐鲁番宗教典籍与四部书写刻本的陆续出土和刊布,我们目前可以对这段记述做出更详细的解说。

所谓吐鲁番文献残卷,和人们熟知的敦煌文书有所不同。敦煌文书都

---

① 中华书局标点本《宋史》已用三本校过,见 14112 页,1985 年。

② S. Julien, "Sur les pays et les peuples etrangers, tirees des geographies et des annales chinoises, III: Les oigours", *Journal Asiatique*, 1847 jan., pp. 50–66; mars, pp. 189–210.

③ 王国维《古行记四种校录》,《王国维遗书》卷十三,上海书店出版社,2011 年。

来自一个藏经洞,有比较明确的年代界限。而吐鲁番文书则来自盆地内的许多遗址,有石窟,有古城内外的各类建筑遗址,还有墓葬。因此,吐鲁番文书与敦煌文书虽然都以佛典为主,但有明显的不同点:吐鲁番文书的宗教典籍更为丰富,语言文字种类更多;世俗文书不及敦煌多,而且残缺过甚;年代跨度更大,从十六国到元代都有。王延德是在高昌佛寺中见到《大藏经》等典籍的,因此,吐鲁番佛寺遗址所出的材料中,应当就有王延德所看到过的书。自 20 世纪初以来,德、俄、日、英、中等国都从吐鲁番遗址有多少不等的收获,大多数考古队都是既发掘墓葬又发掘佛寺,只有德国探险队从未染指墓葬,因此,德藏吐鲁番文献残卷是我们考察高昌回鹘佛寺藏书最好的资源。墓葬出土的文书中非佛教的材料相对多一些,所以是我们探索高昌佛寺藏书的主要根据,因此也不可忽视。另一个问题是,哪些残片是王延德以后才写成的。由于大多数残片没有附有年代的题记,所以目前尚无法断代。除了明显是属于元代的写刻本外,我们都把它们作为考虑的对象。

德藏吐鲁番文献收集品中,总共约有七千号汉文残卷,其中约五千多号残片都是原东德科学院所藏,编在 Ch 号或 Ch/U 号下,它们现已并入德国国家图书馆。这批汉文残卷以佛典为主,原东德方面所编的《汉文佛教文献残卷目录》共注录两千号①,其他尚待比定。这两本目录把写本残卷区分为五个时期,刻本则归为一类。其中写本的"D 时期",即 9 世纪初至 10 世纪,大体相当于王延德的时代;刻本中虽然大多数是晚出的材料,但一般来讲不晚于元代,也是反映高昌回鹘佛教的基本资料。我们把两本目录中所著录的这两类材料制成一表附后,并统计出写刻本的现存残片数,以见高昌回鹘时代流行的经典情况②。

《汉文佛教文献残卷目录》前两卷著录的残卷之外,还有相当一批属于

---

① *Katalog chinesischer buddhistischer Textfragmente*, I, eds., G. Schmitt and Th. Thilo, Berlin, 1975; II, ed., Th. Thilo, Berlin, 1985.

② 我们没有把 9 世纪以前抄写的佛典列入上表,其实它们中的不少文本,也应当一直传存下来,同样存放在高昌回鹘时期的佛寺中。

高昌回鹘时期的写刻本,但大多没有比定。笔者最近有机会到柏林调查德国吐鲁番收集品,在德国国家图书馆和印度艺术博物馆两处,也看到一些材料,如许多《佛名经》写本,字体和形式多属高昌回鹘时期。还找到三件《佛说七俱胝佛母准提大明陀罗尼经》(《大正藏》1075),编号为 Ch.3647、Ch.3191、MIK Ⅲ 100(图版 46),可补附表之缺。

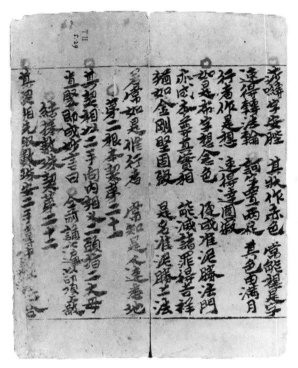

图版 46   MIK Ⅲ 100《佛说七俱胝佛母准提大明陀罗尼经》

　　表中所列的佛典,实际就是回鹘文佛典翻译者取材的主要来源,这一点可以从已经比定的回鹘文佛典与附表重合的部分看出。我们根据杨富学先生最近对回鹘文佛典的统计①,可以看到附表中的《中阿含经》、《杂阿含经》、《别译杂阿含》、《增一阿含经》、《大般若波罗蜜多经》、《金刚般若波罗

①杨富学《西域、敦煌文献所见回鹘之佛经翻译》,《敦煌研究》1995 年第 4 期,1—36 页。

蜜经》、《妙法莲华经》、《大方广佛华严经》、《佛说观无量寿经》、《阿弥陀经》、《大般涅槃经》、《佛名经》、《金光明最胜王经》、《佛顶尊胜陀罗尼经》、《佛说大白伞盖总持陀罗尼经》、《阿毗达摩俱舍论》、《阿毗达摩顺正理论》、《妙法莲华经玄赞》、《慈悲道场忏法》、《佛说父母恩重经》、《佛说天地八阳神咒经》，都已经从汉文译成回鹘文，不仅有大小乘经，还有中土所造的所谓疑伪经。

另一类反映高昌回鹘时代佛教寺院经藏情况的材料是帙条，即原本缀在经帙上的麻布条，上书经名帙数。笔者所见这类材料有：Ch.2852 存两帙条，一书"大般若经卷第四百冊六"，一书"大般涅槃经第一帙"；MIK III 4996书"大般若经第五十八帙"（图版 47—48）；MIK III 6591 书"大悲五卷称扬诸佛功德三卷菩萨璎珞本业经十卷同帙"（图版 49）。这些帙条至为珍贵，它们反映了高昌回鹘佛寺中的藏书分帙的情况。由此我们至少可以知道，当地至少有一部完整的六百卷《大般若波罗蜜多经》，因为"第五十八帙"已经是

  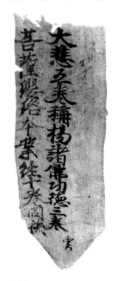

图版 47　MIK III 4996　　图版 48　MIK III 4996v　　图版 49　MIK III 6591

《大般若波罗蜜多经》　《大般若波罗蜜多经》　　《大悲经》等帙条

第五十八帙帙条　　　　第五十八帙帙条

其最后部分了。另外,《大悲经》、《称扬诸佛功德经》、《菩萨璎珞本业经》三部佛典同帙的条记,其排列顺序与《大唐内典录》卷第八《历代众经见入藏录》第三的排列顺序相同①,使我们得知某些高昌回鹘佛寺大藏经是按照《大唐内典录》的《入藏录》摆放的。

由吐鲁番出土文献,我们大体上可以了解高昌回鹘佛寺中《大藏经》的主要内容和分帙存放的情形。与《大藏经》同时收存的典籍,王延德还提到《唐韵》、《玉篇》、《经音》等。这些也多少不等地在吐鲁番文书中可以找到。

《唐韵》在此似是泛称,即不是指孙缅的《唐韵》,而是指《切韵》系的唐本《韵书》。有些残片第二次世界大战前就由王重民先生摄回,现均收入周祖谟《唐五代韵书集存》,包括《切韵》断片一(Ch.1991)、增字本《切韵》断片八(现仅存一件:Ch.2094)、刻本《韵书》残叶、刻本《切韵》残叶四纸(现存Ch.3715, Ch.2437、Ch.3533)②。此外,笔者所见周书未收的残片还有,《切韵》断片一(Ch.79)、刻本《切韵》残片五(Ch.1072, Ch.1106, Ch.1150v, Ch.555bv, Ch.1874),还有一些未比定的韵书残片。

《玉篇》也有残存,即 Ch.2241,系刻本,存《部目》一页。

《经音》当指《一切经音义》。吐鲁番所出《一切经音义》均属玄应撰本。石冢晴通《玄应〈一切经音义〉的西域写本》共提示了七件写本:Ch.444,Ch.1214,Ch.652,Ch.1216, Ch.2259,Ch.71,Ch.2122,均属 8 世纪写本③。笔者在柏林,又比定出 Ch/U.6788,Ch/U.7447,Ch/U.7449,Ch/U.6784,Ch/U.7279,Ch/U.6782d,Ch/U.7448 七件写在回鹘文书另一面的文献,也是玄应《音义》,且原属同一写本。

这些汉文典籍与汉文《大藏经》一起,构成了高昌回鹘寺院图书馆的主要藏书。据王延德《行记》,高昌回鹘的佛寺有五十多所,都是唐朝所赐的名字。目前已知的吐鲁番文书中,属于高昌回鹘时代的汉文非典籍类材料太

---

① 《大正新修大藏经》第 55 卷,大正一切经刊行会,1928 年,303 页中栏。

② 周祖谟《唐五代韵书集存》增订本,学生书局,1994 年,71、236—239、775—782 页。

③ 《敦煌研究》1992 年第 4 期,55 页。

少,几乎找不到佛寺名称的材料,从王延德称其为唐朝所赐额来推测,高昌回鹘的佛寺应当是继承了唐朝西州时期的寺院,虽然不一定所有的寺院都是唐朝赐的额①。

过去,由于吐鲁番同样出土了大量的回鹘文写刻本,因此研究高昌回鹘佛教文化的学者,更多的着眼于回鹘文文献。结合王延德《行纪》和吐鲁番出土汉文文献残片,我们可以对高昌回鹘文化源于汉文化的情形,获得更为明晰的认识。大量的实物数据表明,高昌回鹘时期,汉文佛典和其他典籍,都仍然保存在佛寺中,并在僧俗大众中广泛流通。

附:德藏吐鲁番出土高昌回鹘佛典残卷一览表

大正藏编号	经典名	9—10 世纪写本	刻本
1	长阿含经	13	8
5	佛般泥洹经		1
23	大楼炭经		1
26	中阿含经	1	73
76	梵摩喻经	1	
99	杂阿含经		7
100	别译杂阿含		6
125	增一阿含经		75
128	须摩提女经		2
143	玉耶经		1
190	佛本行集经	1	1
192	佛所行赞	1	

---

① 关于西州时期的寺院,参看小田义久《西州佛寺考》,《龙谷大学论集》第 433 号,1989 年,收入同氏《大谷文书の研究》,法藏馆,1996 年,323—339 页;町田隆吉《吐鲁番出土文书に见える佛教寺院名について》,《东京学艺大学附属高等学校大泉校舍研究纪要》第 15 集,1990 年,27—42 页。

201	大庄严论经		2
220	大般若波罗蜜多经	16	56
223	摩诃般若波罗蜜经	1	
231	金刚般若波罗蜜经	47	2
251	般若波罗蜜多心经	7	
262	妙法莲华经	168	92
263	正法华经	1	
264	添品妙法莲华经		1
278	大方广佛华严经	1	
279	大方广佛华严经		1
310	佛说如来不思议秘密大乘经		1
353	胜鬘狮子吼一乘大方便方广经		1
365	佛说观无量寿佛经	1	
366	佛说阿弥陀经	7	1
371	观世音菩萨授记经		1
374	大般涅槃经	13	
382	集一切福德三昧经		1
397	大方等大集经	1	
405	虚空藏菩萨经	1	
440	佛名经	1	
441	佛名经	5	
452	佛说观弥勒菩萨上升兜率天经	2	1
457	佛说弥勒来时经		1
475	维摩诘所说经	10	
603	阴持入经		1
643	佛说观佛三昧海经	1	
656	菩萨璎珞经	1	

663	金光明经	10	1
665	金光明最胜王经	16	17
685	佛说盂兰盆经	1	
721	正法念处经		2
779	佛说八大人觉经	2	
889	一切如来大秘密王未曾有最上微妙大曼拏罗经	1	
894	苏悉地羯罗供养法		1
937	佛说大乘圣无量寿决定光明王如来陀罗尼经		1
945	大佛顶如来密因修证了义诸菩萨万行首楞严经	2	1
963	佛说炽盛光大威德消灾吉祥陀罗尼经	1	
967	佛顶尊胜陀罗尼经	7	
970	最胜佛顶陀罗尼净除业障咒经	2	
977	佛说大白伞盖总持陀罗尼经		2
1060	千手千眼观世音菩萨广大圆满无碍大悲心陀罗尼经	3	
1092	不空绢索神变真言经		1
1256	佛说摩利支天陀罗尼咒经	1	
1331	佛说灌顶七万二千神王护比丘咒经	17	
1425	摩诃僧祇律	1	
1428	四分律	2	5
1429	四分律比丘戒本	2	
1430	四分僧戒本	1	
1431	四分比丘尼戒本	5	
1435	十诵律		1
1436	十诵比丘波罗提木叉戒本	1	
1454	根本说一切有部戒经	1	

1466	优婆离问佛经	1	
1471	沙弥十戒法并威仪	1	
1484	梵纲经卢舍那佛说菩萨心地戒品第十	6	1
1515	金刚般若波罗蜜经破取著不坏假名论		1
1545	阿毗达磨大毗婆沙论	2	
1548	舍利弗阿毗昙论		1
1551	阿毗昙心论经		1
1552	杂阿毗昙心论	2	
1558	阿毗达摩俱舍论		1
1562	阿毗达磨顺正理论	1	
1563	阿毗达摩藏显宗论		2
1582	菩萨善戒经		1
1723	妙法莲华经玄赞	1	
1804	四分律删繁补阙行事钞	1	
1909	慈悲道场忏法		2
1982	集诸经礼忏仪	1	
2122	法苑珠林		1
2732	梁朝傅大士颂金刚经并序	10	4
2733	御注金刚般若波罗蜜经宣演	2	
2739	金刚般若经挟注	3	
2773	维摩经抄	1	
2827	净土五会念佛诵经观行仪	1	
2843	大悲启请	2	
2882	佛说咒魅经	2	
2887	佛说父母恩重经	1	
2897	佛说天地八阳神咒经	13	
2898	佛说高王观世音经		1

2899	妙法莲华经马鸣菩萨品第三十	4
2904	佛说七千佛神符经	3
2911	赞僧功德经	2
2916	劝善经新菩萨经	1
2919	佛母经	1

（原载《庆祝邓广铭教授九十华诞论文集》，

河北教育出版社，1997 年，267—272 页。）

附　录

————＊————

书评：D. Maue, *Dokumente in Brahmī und Tibetischer Schrift* 2

　　茅埃（Dieter Maue）的这本《婆罗谜文与藏文拼写的突厥语文书目录》（*Dokumente in Brāhmī und tibetischer Schrift*, Stuttgart: Franz Steiner, 2015, xix+658 pp.），列为《德国东方写本目录丛刊》（*Verzeichnis der Orientalischen Handschriften in Deutschland*）的第 13 卷第 27 册《古突厥语写本目录》（*Alttürkische Handschriften*）第 19 分册，同书第 1 卷于 1996 年出版[1]，时隔近二十年推出第 2 卷，可见工作之艰难。

　　古代的吐鲁番是丝绸之路上的一个多元文化中心，这里出土了大量各种语言文字的材料，其形态有时出乎一般的常规想象，比如说作为突厥语之一的回鹘语一般都是用粟特文拼写的，但吐鲁番却出土了不少用婆罗谜文或藏文拼写的回鹘语，因为这种文书一般都是用西域北道的婆罗谜文类型，所以一眼看上去很像是梵语或吐火罗语（龟兹语或焉耆语），加上其中多为佛教典籍，充斥着佛教名词，因此更容易被看作是梵语和吐火罗语佛典，可

---

① Dieter Maue, *Alttürkische Handschriften. Teil 1. Dokumente in Brāhmī und tibetischer Schrift*, Stuttgart: Franz Steiner, 1996.

是用这两种语言却无法通读,只有用突厥语释读,才能了解其含义。我们知道,在中亚语言研究的领域里分工越来越细,专治回鹘语的专家不一定能熟练释读婆罗谜文或藏文,特别是那些书写不规范或者破损严重的残片,而茅埃先生正是这样一位既能释读婆罗谜文和藏文,又能通解突厥语的专家,所以这批吐鲁番文书的整理编目工作,非他莫属。

本目录像前一卷目录一样,都是整理著录用婆罗谜文书写的文献,分为五类(A—E,但 C 类未编)。

A.梵语和回鹘语双语文献,包括七种文献:a. 戒律,有《羯磨仪轨》(*Karmavācanā*),《根本说一切有部毗奈耶》(*Mūlasarvāstivāda Vinayavibhaṅga*)、《波罗提木叉经》(*Prātimokṣasūtra*)。b. 经部文献,有《杂阿含经》(*Samyuktāgama*)、《长阿含经》(*Dīrghāgama*),有关七佛来历的佛经,《阿吒那智经》(*Āṭānāṭikasūtra*)、《阿吒那智心经》(*Āṭānāṭihṛdaya*),护法经(?)。c.阿毗达磨文献(论部),有世亲(Vasubandhu)《阿毗达磨俱舍论》(*Abhidharma-kośa-bhāsya*),以及未比定论部文献。d. 诗集与单首诗歌,有摩咥里制吒(Mātṛceta)的《广赞功德赞》(*Varṇārhavarna*)、箴言诗、本地诗稿、特定形式下的宗教文献、诗节或段落。e. 叙事文献,有圣勇(Āryaśūra)的《本生鬘》(*Jātakamālā*),诃利跋吒(Haribhaṭṭa)的《本生鬘》,和未比定的叙事文本。f. 科学与知识类著作,医书方面,有《百医方》(*Yogaśataka*)、婆跋吒(Vāgbhaṭa)的《八支心要方本集》(*Aṣṭāṅgahṛdayasaṃhitā*);还有婆罗流支(Vararuci)的语法书。g. 其他杂类。

B.单一回鹘语的文献,也包括与 A 同样的七种文献:a.戒律,未著录。b.经部文献,有《妙法莲华经》的《观世音品》,未比定的经部或论部文献,未比定经部(?)文献。c.阿毗达磨文献,有未比定论部文献。d.诗集与单首诗歌,有未比定宗教诗歌(?),说教类诗歌(?)。e.叙事文献,有本生故事集(?)。f.科学与知识类著作,有医书,婆跋吒的《八支心要方本集》;还有一些药方,未比定医书;天文历法计算书,1277/1278 年历日,注明日期的历书。g.其他杂类。

C.题记,包括朝圣者的题记,带有年份的题记,及一般的题记。

D.特别的文本,包括四类:a.字母表,题记,页边杂写,习字。b.吐火罗语与回鹘语双语文献,有罗摩故事的叙事性文本,未比定医书。c.当地的梵文诗歌,对高昌回鹘国王阿波·阿斯兰汗(Apl Aslan)的赞美诗。

本目录的顺序号从第85—238号,每号下面著录同一题目的一件或几件残片,最多的有三十多片。这本目录编写体例与其他德国吐鲁番探险队所获文书目录不太相同,不仅仅是著录编号、基本内容、研究成果,而更像是刊本,就是每个写本有编号、解题,多件写本有图版和缀合图,然后是按行转录(Transliteration)和转写(Trasnskription),详细的词汇注释,有的还有专题讨论的附录。除了没有翻译之外,几乎就是整理的刊本了。如 U 6889 号其实就是一篇论文,包括导言,正背面转录、转写,详细的词汇注释,还有两个附录,从 33 到 60 页,不似一般的目录,但对使用者非常有用。背面如果有汉文的文书,也根据百济康义《柏林藏吐鲁番收集品中的汉文佛教文献目录》第 3 卷(= Kudara 2000)①和拙编《吐鲁番文书总目(欧美收藏卷)》(= Rong 2007)②,做了相应的汉文录文,如 Ch/U 7605、Ch/U 7608 的样子(276 页)。

目录的后面,除了详细的参考文献目录(525—545 页)外,有梵语词汇索引(547—568 页)、回鹘语词汇索引(569—627 页)、吐火罗语词汇(628 页)、数字索引(629—630 页),还有各种编号对照表(634—657 页):本书顺序编号与德藏新旧编号对照索引、出土地索引、新编号(即 Ch/U、THT、U)与本书编号对照索引、"Toch."等编号与新编号相互对照索引、汉文文书索引(包括 Kudara 2000 和 Rong 2007 所在位置)、《大正藏》所涉及的新编号和本书编号索引。可以说,一位使用这些文书的读者想要从什么方面来查找,都可以有方便的索引提供指南,这是我所见过的德藏吐鲁番文书目录中编制得最为详细的索引了。

---

① K. Kudara, *Chinesesische und manjurische Handschriften und seltene Drucke*, 4. *Chinese Buddhist Texts from the Berlin Turfan Collections*, Vol. 3, Stuttgart: Franz Steiner Verlag, 2005.

② 武汉大学出版社,2007 年。

　　茅埃这本目录也收录题记，包括德国探险队照片、翻模的石窟题记，其中目前仍保存在库木吐喇石窟五联洞（窟群区第 69 窟）中的婆罗谜文榜题，据他的解读是梵语、回鹘语混合题刻。具体来说，他在 1996 年出版目录第 1 卷时，著录为第 72—74、77 号，72 号为回鹘语，73 号亦为回鹘语，74 号为梵语、回鹘语，77 号为梵语，内容基本上是佛教徒礼佛题记①。但德国探险队误记第 72 号、73 号为第四次探险时克孜尔明屋所得，茅埃编目时据《中国画报》(China im Bild)1980 年版所刊照片，将第 72 号改订为库木吐喇，但 73 号仍记作克孜尔。到 2015 年出版这本目录第 2 卷时，重收相关题记，编作第 210—211 号，并且更正为库木吐喇第 69 窟题刻②。我们最近出版的《龟兹石窟题记》，就是在茅埃目录的基础上据石窟原文整理的③。

　　正如前面所说，这类用婆罗谜文拼写的回鹘语残片，解读上有一定的难度，所以大多数文书都没有人研究过，在拙编《吐鲁番文书总目》中很多都没有涉及。总体上来说，有关这类文书的前期研究成果不多，茅埃和前人的研究都见于本书的参考文献目录，此处不烦再引。有个别文书后来也由笠井幸代刊布在《带有婆罗谜文要素的古代回鹘语残卷》一书中④。

　　本书著录的文献，主要来自高昌地区，包括胜金口（49 个编号）、木头沟（26 个编号）、吐峪沟石窟（5 个编号）、交河（7 个编号），少量来自焉耆的硕尔楚克（5 个编号）和库车地区（3 个编号）。从历史的角度看，这类婆罗谜文拼写的梵语与回鹘语双语或回鹘语文书的书写者，应当是公元 9 世纪中叶以后西迁天山东部地区的回鹘人，他们在向当地拥有较高佛教文化修养的高

① Dieter Maue, *Alttürkische Handschriften*. Teil I. *Dokumente in Brāhmī und tibetischer Schrift*, pp. 201-205, plates 37, 38, 75, 98.

② Dieter Maue, *Alttürkische Handschriften*. Teil 19, *Dokumente in Brāhmī und tibetischer Schrift*, Teil 2, pp. 201-205. 参看吴丽红《库木吐喇第 69 窟调查简报》，《吐鲁番学研究》2017 年第 1 期，19—25 页。

③ 赵莉、荣新江主编《龟兹石窟题记》第 1 卷《题记报告编》（庆昭蓉、荻原裕敏、赵莉撰），中西书局，2020 年，255—262 页。

④ Yukiyo Kasai unter Mitarbeit von Hirotoshi Ogihara, *Die altuigurischen Fragmente mit Brāhmī-Elementen* (*Berliner Turfantexte* XXXVIII), Turnhout: Brepols Publishers, 2017.

昌、焉耆、龟兹的僧人学习时，采用了这些学僧所使用的婆罗谜文来拼写回鹘语，或者把梵语文献和回鹘语翻译写在一起。从内容上来看，这里有梵语和回鹘语双语的戒律，和焉耆、龟兹僧人使用的戒律相同，有《羯磨仪轨》、《根本说一切有部毗奈耶》、《波罗提木叉经》。经部文献则主要有双语所写《杂阿含经》、《长阿含经》，分属根本说一切有部和法藏部，还有应当出自《长阿含经》的单行《阿吒那智经》、《阿吒那智心经》，也有只用婆罗谜文拼写回鹘语的《妙法莲华经》的《观世音品》，这应当是受大乘佛教影响后的结果。论部文献双语的有世亲《阿毗达磨俱舍论》以及未比定论部文献。另外，从文体上来看，有韵文体的双语摩咥里制吒《广赞功德赞》、箴言诗、当地佛僧的诗稿，还有回鹘语的佛教诗歌和说教类诗歌，以及当地文人对高昌王（Apl Aslan）的赞美诗。也有散文体的叙事文献，包括双语的圣勇和诃利跋吒的《本生鬘》，吐火罗语与回鹘语双语的罗摩故事，以及只用回鹘语写的本生故事集。值得注意的是，回鹘人不仅仅向西域的佛教大师学习佛典，还吸收各种科学知识，包括双语的《百医方》，双语和单语都有的婆跋吒《八支心要方本集》，回鹘语的各种药方等医书；还有双语的婆罗流支梵语语法书，以及回鹘语的天文历法方面的书籍，并有实用的 1277/1278 年历日。其他字母表、习字等，应当是回鹘人学习梵文或吐火罗文时留下的痕迹。

　　总之，本目录是一本类似刊本的目录，让读者根据这本目录，即可知道所著录文献的全貌。这类婆罗谜文所写的梵语回鹘语双语文书和回鹘语文书，真切地反映了西迁回鹘人学习印度、西域文化的情形，也是丝绸之路丰富多彩的语言文化的典型例证。随着这些文书的编目整理，有助于推动高昌回鹘文化与西域本土文化关联的认识，也为理解焉耆、龟兹文献与粟特文拼写的回鹘语文献的关系架起桥梁。

（2021 年 1 月 30 日完稿，原载《敦煌吐鲁番研究》
第 20 卷，上海古籍出版社，2021 年，400—403 页。）

书评:*Catalogue of the Old Uyghur Manuscripts and Blockprints in the Serindia Collection of the Institute of Oriental Manuscripts*, RAS, vol. I

俄罗斯圣彼得堡的俄罗斯科学院东方文献研究所(Institute of Oriental Manuscripts of the Russian Academy of Sciences,简称 IOM, RAS)是当今世界上收藏西域出土文献的几大中心之一,有来自敦煌、吐鲁番、库车、和田、黑水城等地的大量写本和印本,其中还有相当数量的资料没有公布。相对于其丰富的收藏而言,相关数据的编目工作却进展缓慢,这当然有多种原因,其中古代中亚语言的解读困难是重要的一个方面。因此,当我们看到这本由该所和东洋文库(The Toyo Bunko)共同编的《俄罗斯科学院东方文献研究所西域藏品中的古代回鹘语写本与印本目录》第一卷(Tokyo: The Toyo Bunko, 2021, XL+386 pp.)的出版,无疑感到十分振奋,这卷目录的出版预示着俄罗斯西域藏品中的大宗回鹘语文献将陆续编目出版。

根据最新的统计,在西域(Serindia)藏品(简称 SI)编号下,计有 6737 项,每项少则一件,多则数百件。这些藏品来自 19 世纪末、20 世纪初俄国在新疆外交官的收集和探险队的发掘与购买,其中除了驻喀什总领事彼得罗夫斯基(N. F. Petrovsky)的和田收集品和俄国第二次中亚探险队队长奥登堡(S. F. Oldenburg)的敦煌收集品之外,大多数藏品来自西域北道,特别是吐鲁番盆地,这里是古代高昌回鹘王国的首府,因此,圣彼得堡西域藏品中的回鹘语文献就有 4730 项。这些回鹘文收集品分别来自 1893—1895 年俄国皇家地理学会罗博罗夫斯基(V. I. Roborovsky)中亚考察队、1898 年俄国科学院克列门兹(D. A. Klementz)吐鲁番考察队、1906—1907 年科卡诺夫斯基(A. I. Kokhanovsky)考察队、1906—1907 年别列佐夫斯基(M. M. Berezovsky)库车考察队、1909—1910 年奥登堡的俄国第一次中亚考察队、1909—1911 年和 1913—1914 年马洛夫(S. Ye. Malov)考察队、1907—1909 年科兹洛夫(P. K. Kozlov)考察队,还有就是俄国驻新疆各地外交官的收集,包括 19 世纪 80 年代俄国驻喀什总领事彼得罗夫斯基、1908 年俄国驻库尔勒领事吉雅科夫(A. A. Dyakov)、1898—1918 年俄国驻乌鲁木齐总领事克罗特科夫(N. N. Krotkov),特别是最后一位的收集品中有大量的回鹘语文献,构成俄藏回鹘文收集品的主体。

从这些收集品运抵圣彼得堡之时起,俄国学者就展开了整理和研究,比如拉德洛夫(W. W. Radloff)开始、并由马洛夫完成的有关回鹘文契约文书的研究,对后来的回鹘语世俗文书的研究影响深远。吐古舍娃(L. Ju. Tugusheva)有关回鹘语《玄奘传》、《摩尼教忏悔词》、白莲社经典、10—14 世纪的官私文书的刊本,都是回鹘语研究领域的重要著作。最近二、三十年中,随着俄藏收集品对学者的开放,特别是日本东洋文库拍摄了以克罗特科夫收集品为主的俄藏西域文书缩微胶卷,在东洋文库阅览室中可以方便的浏览,大大地推进了俄藏回鹘文献的研究,如茨默(Peter Zieme)有关各类回鹘文献中所利用的俄藏文书,庄垣内正弘与吐古舍娃等对《慈悲道场忏法》的整理刊布,松井太有关回鹘文世俗文书的考释,拉施曼(S.-Ch. Raschmann)有关回鹘文《十王经》的研究等,使得俄藏回鹘语文献的研究有了长足的进步和相当丰厚的积累。

此卷由茨默主编,伦迪舍娃(O. Lundysheva)、图兰斯卡娅(A. Turan-skaya)、梅村坦(Hiroshi Umemura)合编,共计收录 564 个残片,编为 603 个号,大多数是已刊或已经研究过的回鹘语文献,内容涵盖回鹘语文献的各个方面。具体来说,0001—0110 号是非大乘佛典,包括《长阿含经》(Dīrghāgama)、《中阿含经》(Madhyamāgama)、《杂阿含经》(Saṃyuktāgama)、《增一阿含经》(Ekottarikāgama)、《佛说毗沙门天王经》(Vaiśravaṇadevarāja sūtra)、《诸方吉祥偈》(Diśāsauvāstika)、《天请问经》(Devatāparipṛcchā sūtra)、《一百五十赞》(Śatapañcāśatka)、《佛所行赞》(Buddhacarita)、《十业道譬喻鬘》(Daśakarmapathāvadānamālā);0111—0159 号是大乘佛典,有《大方广佛华严经》(Buddhāvataṃsaka sūtra)、《妙法莲华经 · 观世音普门品》(Avalokiteśvara sūtras)、《如意轮陀罗尼经》(Padmacintāmaṇi dhāraṇī)、《千眼千臂观世音菩萨陀罗尼神咒经》(Nīlakaṇṭha dhāraṇī)、《金刚般若波罗蜜经》(Vajracchedikā prajñāpāramitā sūtra)、《缘起圣道经》(Nidāna sūtra)、《佛说十力经》(Daśabala sūtra)、《金光明最胜王经》(Suvarṇaprabhāsottama sūtra);0160—0166 号是阿毗达磨文献,包括《入阿毗达磨论》、《大乘法苑义林章》;0167—0276 号是汉文伪经译本,有《白莲社经》、《圆觉经》、《善恶因果经》、《慈悲道场忏法》、《金刚经纂》、《金刚经注》、《佛顶心陀罗尼》、《胎解(脱)经》、《观无量寿经》、《佛说北斗七星延命经》、《佛说天地八阳神咒经》、《大乘法苑义林章》、《十王经》、《悉谈章》;0277—0301 号是密教经典,有《大乘无量寿经》(Aparimitāyurjñāna sutra)、《白伞盖陀罗尼》(Ārya sarvatathāgatoṣṇīṣasitāta-patrāparākotānāma dhāraṇī)、《佛顶尊胜陀罗尼》(Ārya sarvadurgatipariśod-hanyuṣṇīṣavijayanāma dhāraṇī)、《五护》(Pañcarakṣā)、《圣妙吉祥真实名经》(Mañjuśrī nāmasaṃgīti);0302—0379 号是其他佛典,有《玄奘传》、《弥勒佛赞》、《圣天特勤赞》、《支提赞》、佛教诗歌、《法明赞》、忏悔文,以及未比定文献、佛典题记;0380—0409 号是字书,有《千字文》、《开蒙要训》;0410—0416 号是其他宗教文献,包括摩尼教忏悔词、愿文等;0417—0558 号是世俗和行

政文书,有诏令、契约、账簿、名籍、其他官私文书、书信、杂写、习字;0559—0567号是杂文献,有关于回鹘起源的历史书、解梦书、吉日占、未比定佛教文献、佛像彩绘、供养人像等;0568—0585号是婆罗谜文拼写的回鹘语文献;0586—0603号是回鹘文拼写的汉语文献。

每一件著录项目包括来源、写本或刊本、文字、语言、形制、残缺情况、大小尺寸、纸张情况、栏格、正背行数、名称或内容、刊本和图版的参考文献,十分详细。目录有各种索引,包括现编号与原编号、本书目录编号对照索引,原编号、现编号与本书目录编号对照索引,汉文文献的编号和名称索引,最后是缩略语和参考文献。

这本目录虽然著录的不是俄藏回鹘语文献的全部,但已经让我们系统了解俄藏回鹘语文献的大致面貌,这些写本或刻本主要来自克罗特科夫收集品,也就是来自吐鲁番盆地的各个遗址,是研究高昌回鹘王国文化的重要材料。

通过对此前一百年来相关研究的系统整理,这本目录给我们进一步利用这些回鹘语文献提供了很好的指南,不仅按类别把同一文献的不同断片归到一处,而且把相关的研究文献也罗列出来,极便后人采用。

目录著录项目完整,因为系自原卷编目,所以对于纸张、栏格等物质形态方面都有记录,这是此前一些研究论文没有包含的内容,对于今后研究写本会有帮助。难能可贵的是,回鹘文写本背面的汉文文献(主要是佛典)也基本都予以比定,并指出现存文句在《大正藏》中具体的位置,这为今后开展文书缀合工作奠定了基础。

笔者曾编纂《吐鲁番文书总目(欧美收藏卷)》(武汉大学出版社,2007年),根据已经发表的材料对俄藏回鹘语文献做了部分编目。现在,这本书的出版,大大丰富了我们对俄藏回鹘语文献的认识,在吐鲁番文献编目工作上前进了一大步。

真诚希望俄藏西域文献的编目工作能够继续下去,不仅仅是吐鲁番出土的回鹘语文献，而且还有西域南北道的梵文、吐火罗文、于阗文、粟特文等各种文字材料，希望能陆续系统整理编目，这项工作必将多方面推动相关学术领域的进步。

（2023 年 2 月 18 日完稿，原载《敦煌吐鲁番研究》

第 22 卷，2023 年，383—385 页。）

近年对龟兹石窟题记的调查与相关研究

本文这里介绍的,是近年来我所主持的一个合作项目,题目是"龟兹地区现存吐火罗语写本与题记的调查与研究",由新疆龟兹研究院、北京大学中国古代史研究中心、中国人民大学国学院西域历史语言研究所三方共同承担,从 2009 年以来已经有 5 年多了,取得了一些初步的成果。

一、龟兹的历史背景

位于塔克拉玛干沙漠北缘的古代龟兹国,中心区域在今库车绿洲范围内,其最盛时北枕天山,南临大漠,西占姑墨旧地而与疏勒接壤,东抵铁门关而与焉耆国为邻,地理范围相当于今新疆轮台、库车、沙雅、拜城、阿克苏、新和六县市。国都延城,唐代称伊逻卢城(今新疆库车东郊皮朗古城)。龟兹古代居民属印欧种,操印欧语系的龟兹语(又名吐火罗 B 语),主要使用婆罗谜文字。汉文和佉卢文等文字也曾在境内流行,佛教僧团兼用梵语。658年,唐朝灭西突厥汗国,把安西都护府迁至龟兹都城,龟兹从此成为唐朝统治西域的中心。9 世纪中叶回鹘人西迁此地,人种和语言均逐渐回鹘化,进而演变成今天的维吾尔族和维吾尔语。

龟兹在伊斯兰化以前,一直以佛教为国教,是西域小乘佛教的中心。境内有雀离大寺(今苏巴什遗址)、阿奢理贰伽蓝,以及今天称之为克孜尔、库木吐喇等千佛洞,从 4 世纪到 10 世纪不断兴建,创造出大量的佛教艺术作品。

从中国学术界的情况来看,尽管龟兹的历史地位如此重要,其研究却比高昌、于阗等地区略显落后。有鉴于此,我们将考察重点放在龟兹地区现存的吐火罗语简牍文书和洞窟题记资料,同时也关注交通道路、古代城镇遗址、各国探险队发掘的地点及相关文物出土的情况,以推动龟兹的整合性研究。

这里集中报告有关吐火罗语资料的初步调查成果。现存吐火罗语资料在文书方面以木简为主,包括唐代以前与唐朝统治时期的木简,基本上没有纸本文书;洞窟题记则包括漫题、榜题等类型,内容也极为庞杂。

二、从各国探险队到龟兹石窟研究所的相关研究回顾

在我们所涉及的龟兹语文书与题记方面,前人已经做过不少工作,相关研究成果简要提示如下。

1. 在龟兹语简牍文书方面,前人研究较少,主要有:

Sylvain Lévi "Le ' tokharien B', langue de Koutcha", *JA*, 11ᵉ série, 2, 1913, pp. 311–380.

Emil Sieg and Wilhelm Siegling,*Tocharische Sprachreste. Sprache B*. Heft 2. Fragmente Nr. 71–633. Göttingen: Vanden-hoeck & Ruprecht, 1953, pp. 303–305.

G.-J. Pinault, " Epigraphie koutchéenne: I, Laissez-passer de caravanes; II. Graffites et inscriptions", *Mission Paul Pelliot VIII*, *Sites divers de la région de Koutcha*, Paris:Collège de France, 1987, pp. 59–121, planches 40–52.

庆昭蓉《大谷收藏品中一件龟兹语木简之再析》,《国学的传承与创新:

冯其庸先生从事教学与科研六十周年庆贺学术文集》,上海古籍出版社,
2013 年,1140—1159 页。

最主要的成果是皮诺(G.-J. Pinault)在《库车地区诸遗址》中对 130 件法
藏龟兹语木简通行证残片的整理与释录,这些木简据称出自盐水沟遗址。

2.题记方面,主要成果有:

E. Sieg and W. Siegling,*Tocharische Sprachreste. Sprache B.* Heft 2. Frag-
mente Nr. 71-633, p. 189. 根据照片释录了一道感叹生死的题诗(现勘为克孜
尔第 203 窟)。

G.-J. Pinault, "Epigraphie koutchéenne: I, Laissez-passer de caravanes; II.
Graffites et inscriptions", *Mission Paul Pelliot VIII*, *Sites divers de la région de
Koutcha*, 1987, pp. 123-196.整理了法国队所摄克孜尔(第 39、131、222 窟)、
库木吐喇(谷口区第 7 窟)、克孜尔尕哈(第 25 窟)、苏巴什(第 1 窟)等石窟
题记照片,是迄今最完整的龟兹语题记研究。

G.-J. Pinault "Une nouvelle inscription koutchéenne de Qumtura: Légende
de scènes bouddhiques de Praṇidhi", *Bulletin d'études indiennes*, 11-12 (1993-
1994), 1994, pp. 171-220. 释读了库木吐喇窟群区第 34 窟部分题记。

Klaus. T. Schmidt, "Interdisciplinary Research on Central Asia: The Deci-
pherment of the West Tocharian Captions of a Cycle of Mural Paintings of the
Life of the Buddha in Cave 110 in Qizil", *Die Sprache* 40/1, 1998, *pp.* 72-81.
释读了克孜尔第 110 窟佛传壁画榜题栏内的部分龟兹语题记。

G.-J. Pinault, "Narration dramatisée et narration en peinture dans la région
de Koutcha", M. Cohen, J.-P. Drège, J. Giès (dirs.),*La Sérinde*, *terre d'échanges.
XIVes Rencontres de l'École de Louvre*, *13*-15 février 1996,Paris: La Documenta-
tion française, 2000, pp.149-167. 也释读了克孜尔第 110 窟佛传壁画榜题栏
内的部分龟兹语题记。

Klaus. T. Schmidt, "Die Entzifferung der westtocharischen Überschriften zu
einem Bilderzyklus des Buddhalebens in der „Treppenhöhle" (Höhle 110) in

Kizil", Eri Franco and Monika Zin (eds.), *From Turfan to Ajanta*, *Festschrift for Dieter Schlingloff on the occasion of his Eightieth Birthday*, Vol. II, Lumbini: Lumbini International Research Institute, 2010, pp. 835-866.释读了克孜尔第110窟全部题记。

Klaus T. Schmidt, "Westtocharische Überschriften zu den Praṇidhibildern der Ritterhöhle in Kiriš", Brigitte Huber et al. (eds.)*Chomolangma*, *Demawend und Kesbek. Festschrift für Ronald Bielmeier zu seinem 65. Geburtstag*, Halle, 2008, pp. 513-524. 释读了森木塞姆第40窟部分题记。

新疆龟兹石窟研究所经过多年的调查,发现还有许多洞窟保存有婆罗谜文字题记,有相当多的题记没有被西方探险队拍摄过。2000年以后陆续出版的各石窟的《内容总录》,便列出了各窟婆罗谜文字或民族古文字题记的数目与位置,这为我们的调查工作提供了基础。

新疆龟兹石窟研究所编《克孜尔石窟内容总录》,新疆美术摄影出版社,2000年;

新疆龟兹石窟研究所编《库木吐喇石窟内容总录》,文物出版社,2008年;

新疆龟兹石窟研究所编《森木塞姆石窟内容总录》,文物出版社,2008年;

新疆龟兹石窟研究所编《克孜尔尕哈石窟内容总录》,文物出版社,2009年。

也请参看赵莉、台来提·乌布力《新疆龟兹研究院藏吐火罗语文字资料研究概况》,《文物》2013年第3期,94—96页。

三、我们对现存龟兹的吐火罗语资料及相关遗迹的调查

随着新疆的快速建设与发展,石窟题记的褪色与消失也日益加速,为了及早保存这批史料,龟兹现存吐火罗语资料的调查势在必行,特别是石窟中

的吐火罗语题记,也是预期可以推进今后龟兹石窟研究的一项重要工作,刻不容缓。

2009 年 4 月 25 日,新疆龟兹石窟研究所更名为新疆龟兹研究院,并聘请中国人民大学国学院名誉院长冯其庸先生为龟兹研究院名誉院长。5 月 6 日,我和朱玉麒携带冯其庸先生所写的"龟兹石窟研究院"题名,并带领荻原裕敏、庆昭蓉造访克孜尔,于是达成龟兹研究院、北京大学中国古代史研究中心、中国人民大学国学院西域所三方合作调查龟兹地区现存吐火罗语资料的协议,确定这些资料的研究价值,而拟定了三方合作的方案。

当我们开始从过去称为龟兹文题记或民族古文字题记中辨认吐火罗语题记时,即发现虽然皮诺教授在《库车地区诸遗址》所刊婆罗谜文题记全为龟兹语题记,并提出两道婆罗谜文语言不明题记[其中一道苏巴什题记 G-Su 41 后被茅埃(Dieter Maue)博士破译为据史德语题记,现编为苏巴什第 1 窟 Sb-001-YD-W-01],但龟兹石窟实际留存不少以婆罗谜文字写成的梵语题记,而证实龟兹僧徒并用梵语、龟兹语的景象。这使系统性的调查、统计与编目成为必要,并需要密集的考察工作。

除了龟兹研究院常年的调查积累,我们合作项目比较集中的有五次考察,先后参加考察的有赵莉、台来提·乌布力、吴丽红、赵丽娅、苗利辉、杨波、努尔买买提·卡德尔(以上龟兹研究院)、荣新江、朱玉麒、庆昭蓉、文欣、何存金(以上北京大学)、荻原裕敏(中国人民大学)及多位龟兹研究院与地方工作人员。经过大致如下:

第一次调查:2009 年 5 月 7—14 日,我们一行与龟兹研究院的业务人员一起,初步考察龟兹地区多所石窟和一些古城遗址。因为正值枯水季节,我们重点考察了平时为河水阻隔的亦狭克沟石窟,并初步调查克孜尔石窟、玛札伯哈石窟、森木塞姆石窟、苏巴什石窟、库木吐喇石窟中的现存吐火罗语题记,还考察夏合吐尔遗址、玉其土尔遗址、库木吐喇遗址、通古斯巴什故城、龟兹故城遗址,走访库车县龟兹博物馆、新和县博物馆。

第二次考察:2010 年 10 月 29 日—11 月 3 日,主要对克孜尔石窟现存文字资料进行考察,集中调查谷西区、谷内区洞窟的婆罗谜文字题记并判读语种,以及调查院藏木简、陶片等文字资料。

第三次考察:2011 年 8 月 5 日—7 日,我们在新疆文物考古研究所张平先生和拜城县文物局图逊江局长、库车县文物局吐尔地局长的陪同下,考察了拜城、库车、新和多处遗址,包括阿艾古城、盐水沟关垒遗址、博其罕那佛寺遗址、苏巴什"西寺"、玉其吐尔遗址、科实吐尔塔、库车老城清真大寺前旧房屋拆迁后露出的唐代烽火台,并且为了分析古代柘厥关位置,还走访苏巴什遗址以北的兰干村与兰干水电站,而这些遗址、烽燧、关垒、佛寺之间的道路,也是我们这次考察的重点。8—9 日,我们在克孜尔石窟参加"龟兹石窟保护与研究国际学术研讨会"。会后的 10—16 日,继续考察克孜尔石窟、克孜尔尕哈石窟、库木吐喇石窟的洞窟题记。

第四次考察:2011 年 11 月 25 日—29 日,重点考察库木吐喇石窟,也走访了玉其土尔遗址,并且在库车县文物局陈博局长、尹秋玲女士协助下,调查了库车文物局所藏梵语《法集要颂经》残片。

第五次考察:2012 年 9 月 29 日—10 月 10 日,详细调查并抄录玛札伯哈、森木塞姆、苏巴什、克孜尔尕哈、库木吐喇、克孜尔等六座石窟的吐火罗语等婆罗谜文题记。

第六次考察:2013 年 10 月 22 日—10 月 26 日,调查并抄录克孜尔、库木吐喇、苏巴什等三座石窟的吐火罗语等婆罗谜文题记。

四、调查与研究的初步成果

我们三方初步的调查和研究结果,现在正陆续发表中,凡属集体调查的成果,由三个单位具名,以简报的形式发表;相关个人研究成果则各自署名发表,而尽可能将集体发表的简报和个人研究论文放在同一期刊物或同一次会议上发表。以下根据我们已经完成的简报和论文,按照不同的石窟,把初步成果介绍如下。

1. 苏巴什石窟

苏巴什是古代龟兹地区现存规模最大的地面寺院遗址。不少学者认为它相当于《水经注》提到的"雀离大清净"、《高僧传》提到的"雀梨大寺"以及《大唐西域记》记载的"昭怙厘伽蓝",在龟兹诸寺中地位崇高①。在今铜场河的两边分布着两个大寺②,我们主要考察的是西寺中的石窟部分,其中五个窟中保存有 78 条婆罗谜文题记。

龟兹位于丝绸之路干道上,盛唐时期是东西方政治经济文化交往最为繁盛的时代,安西都护府驻足龟兹,更使得经过龟兹的丝绸之路成为西域地区最主要的东西往来道路③。然而,相关的道路走向和道路沿线的关隘、烽燧、驿站的位置,还有很多问题没有解决,其中龟兹都城通向西方的重要关口——柘厥关的位置,就是一个争论百年的问题。在第 1 窟和第 3 窟的题记中,都出现了一个地名或寺名 Cakwari(呈间接格形式,单数主格可以构拟为 Cakwari *或 Cakwariye *),应当就是汉文史料中的"柘厥",既是东西柘厥寺名,又是柘厥关的名字。再加上我们对苏巴什周边道路的调查,可以证明该处大寺遗址的确应当就是东西柘厥寺,或玄奘所记之东西昭怙厘,而唐代地名"柘厥"应当就位于苏巴什一带④。由于这片被认为是全境属于寺院的遗址非常广阔,其中也应当包括柘厥关城遗址,因为这里也是扼守进出龟兹王城的要道。

此外,其中第 3 窟有龟兹 Yśuhkwā 王纪年题记,该王在位时期可能在 8

---

① 参见伯希和《吐火罗语与龟兹语》,载伯希和、列维著,冯承钧译《吐火罗语考》,中华书局,1957 年,64—136 页;季羡林等《大唐西域记校注》,中华书局,1985 年,60—61 页。

② 李丽《新疆龟兹地区中小型石窟调查》,巫鸿编《汉唐之间的宗教艺术与考古》,文物出版社,2000年,163—178 页;梁涛《新疆苏巴什佛寺遗址保护研究》,科学出版社,2013 年。

③ 参看荣新江《唐代安西都护府与丝绸之路——以吐鲁番出土文书为中心》,新疆龟兹学会编《龟兹学研究》第 5 辑,新疆大学出版社,2012 年,154—166 页。

④ 庆昭蓉《重议柘厥地望——以早期探险队记录与库车出土文书为中心》,朱玉麒主编《西域文史》第 6辑,科学出版社,2011 年,167—189 页。

世纪末,题记的年代或许可以对应为 794 年①。

2014 年底,龟兹研究院、北京大学中国古代史研究中心、中国人民大学国学院西域所合作发表《苏巴什石窟现存龟兹语及其它婆罗谜文字题记内容简报》(荣新江主编《唐研究》第 20 卷,北京大学出版社,2014 年 12 月),刊布全部题记资料。

2. 克孜尔石窟

克孜尔现在行政区划属于拜城,但古代属于龟兹王国的范围。它距离龟兹王城较远,但规模宏大,现在仍保存数百个洞窟,分布在谷西区、谷内区、谷东区、后山区几处,留存有大量婆逻谜文题记,其中有些被德、法探险队割走,为西方学者所解读。

现存克孜尔第 69 窟主室前壁上方龟兹国王头光部位的一则题记,1995 年皮诺教授来访时曾予解读②。我们这次的调查不仅对前人的释读有所订正,还发现了新的龟兹王名和纪年,比如谷西区第 75 窟甬道有 Dharmacandre 王第 4 年的纪年,加上一些已知国王的新题记,这些龟兹王年代体系的建立,有助于克孜尔石窟营建年代,以及不同区域的年代问题。当然,从题记读出的年代假说,需要考古、美术等方面加以勘察、比证。

在克孜尔石窟的题记中,我们不止一处发现了 Yurpāṣka(耶婆瑟鸡)的名字(第 213、75 窟,分别为 Yurvāṣkā、Yurpaṣka),在通往克孜尔的亦狭克沟石窟题记中,也发现 Yurpāṣka 一名,是前往此地朝拜者所书,证明克孜尔古代的名称应当就是"耶婆瑟鸡"。但克孜尔石窟分布如此之广,可能在耶婆瑟鸡的总称下,或许还有分别的寺院名称。

在克孜尔后山区石窟中,我们发现了 17 条年代特别古老的龟兹语题记,

---

① 庆昭蓉《龟兹石窟现存题记中的龟兹国王》,《敦煌吐鲁番研究》第 13 卷,上海古籍出版社,2013 年,415 页。

② 参看中川原育子《クチャ地域の供养者像に关する考察——キジルにおける供养者像の展开を中心に》,《名古屋大学文学部研究论集》第 135 号,1999 年,94—95 页;王志兴《试论克孜尔 69 号窟的艺术特征》,《新疆文物》2003 年 1 期;李丽《克孜尔第 69 窟年代试析》,荣新江主编《唐研究》第 9 卷,北京大学出版社,2003 年,434 页。

其中 15 条属于近年吐火罗语学界所说的"古代期"（archaic period，学界暂时粗分为公元 5—6 世纪①），2 条疑似古代期题记。由于过去刊布的龟兹语题记并未显示古代期特征，因此古代期龟兹语题记的发现和解读，对于龟兹语的年代分期的进一步厘定十分重要②，对于克孜尔石窟的分期断代，也很有帮助。

我们目前只整理发表了《克孜尔石窟后山区现存龟兹语及其他婆罗谜文字题记内容简报（一）——第 203、219、221、222、224、227、228、229 窟》（《敦煌吐鲁番研究》第 13 卷，上海古籍出版社，2013 年，341—370 页），还有同上《后山区简报（二）——211、213、220、221、225 等窟》以及谷西区、谷东区、谷内区现存吐火罗语等婆罗谜文字题记的简报正在准备之中。

此外，克孜尔石窟窟前的地面下，还遗存有古代写本文书和佛典残卷。1989 年、1990 年两次清理克孜尔石窟窟前地段时，发现了一些龟兹语木简，《新疆文物》曾发表考古简报，提供了外观描述及少数木简的图版③。1993 年施密特（Klaus. T. Schmidt）来访时曾参观过，随后他发表三件木简的部分内容，引起学界关于畜牧语汇的论争④。2000 年出版的《克孜尔石窟内容总

① 关于"古代期"的吐火罗语，参看 Peter Stumpf, *Die Erscheinungsformen des Westtocharischen. Ihre Beziehungen zueinander und ihre Funktionen*, (*TIES* Suppl. 2), Reykjavík: Málvísindastofnun Háskóla Íslands, 1990; Melanie Malzahn,"The most Archaic Manuscripts of Tocharian B and the Varieties of the Tocharian B Language", *Instrumenta Tocharica*, Heidelberg: Winter, 2007,pp. 255-297; Michaël Peyrot, *Variation and Change in Tocharian B* (Leiden studies in Indo-European 15), Amsterdam: Rodopi, 2008; Tatsushi Tamai, *Paläographische Untersuchungen zum B-Tocharischen*, (Innsbrucker Beiträge zur Sprachwissenschaft 138), Innsbruck: Institut für Sprachen und Literaturen, 2011.
② 荻原裕敏《略论龟兹石窟现存古代期龟兹语题记》有所申论，载《敦煌吐鲁番研究》第 13 卷，371—386 页。
③ 新疆文化厅文物保护维修办公室《1989 年克孜尔千佛洞窟前清理简报》，《新疆文物》1991 年第 3 期，1—35 页；新疆文物考古研究所《1990 年克孜尔石窟窟前清理报告》，《新疆文物》1992 年第 3 期，13—60 页。
④ Klaus. T. Schmidt, "Liebe und Sexualität im Spiegel der tocharischen Sprachzeugnisse", *Eros, Liebe und Zuneigung inder Indogermania. Akten des Symposiums zur indo-germanischen Kultur- und Altertumskunde in Graz* (29.-30. September 1994), Michaela Ofitsch (ed.), Graz：Leykam, 1997, pp. 227-262.

录》卷首也提供了 6 支木简的图版①，庆昭蓉在其博士论文有初步释录②。总计目前龟兹研究院所藏历年出土的龟兹语木简计有 33 件，还有一堆小块残片，我们三家合作发表了《新疆龟兹研究院藏木简调查研究简报》(《文物》2013 年第 3 期，25—52 页)，简报根据木简的内容和形式分为五类(第 V 类为佉卢文残简)，对每支木简做了转写、汉译和注释，这些木简反映了龟兹寺院的经济和生活状况，也为研究交通往来提供了新的资料。

在第 I 类属于唐代的条状龟兹语畜牧木简中，我们发现有龟兹王在安居时期布施的记录，可以见证龟兹王室对克孜尔窟寺的供养持续到唐代，而学术界一般认为，克孜尔进入唐朝时期以后，基本上已经停止开窟造像活动。从木简得知，尽管佛寺的艺术活动渐趋终止，但寺院仍然存在，寺院经济活动并没有停止。

木简中有不少关于龟兹寺院畜牧业的记录，对于我们理解唐代克孜尔石窟周边寺院的运营颇有帮助③。另外，在这批简牍中，有一件残存半篇龟兹语诗歌的方形木牍也十分珍贵④。

3. 库木吐喇石窟

距离龟兹王城较近的库木吐喇石窟，虽然现在破坏较为严重，但历史上这里是龟兹国一个重要的佛教寺院(伯希和以为是玄奘的阿奢理贰伽蓝，但没有确证)。658 年唐朝征服龟兹后，这里应当是统辖整个西域佛教教团的最高首领——"四镇都统"驻锡之地，因此更为重要⑤。由此，中原的大乘佛

---

① 新疆龟兹石窟研究所编《克孜尔石窟内容总录》，新疆美术摄影出版社，2000 年。
② Chao-jung Ching, *Secular Documents in Tocharian: Buddhist Economy and Society in the Kucha Region*. (Dissertation thesis, Paris: École Pratique des Hautes Études), pp. 294-297.
③ 庆昭蓉《古代新疆佛寺的畜牧业：龟兹研究院所藏吐火罗语畜牧关系木简》，"龟兹石窟保护与研究"国际学术研讨会(克孜尔，2011 年 8 月 8—11 日)，会议论文集待刊；又《从吐火罗 B 语词汇看龟兹畜牧业》，《文物》2013 年第 3 期，58—66 页。
④ 荻原裕敏《新疆龟兹研究院藏龟兹语诗文木牍》，《文物》2013 年第 12 期，76—80 页。
⑤ 荣新江《唐代西域的汉化佛寺系统》，《龟兹文化研究》第 1 辑，天马图书公司，2005 年，130—137 页。

教和汉风壁画艺术传入龟兹①，库木吐喇石窟进入龟兹佛教和中原佛教、龟兹风壁画和汉风壁画同时并存、互相影响、共同发展的繁荣昌盛时期。这一时期的洞窟主要分布在窟群区沿河段,其中带有吐火罗语题记的主要在属于龟兹风的洞窟中,包括第 34、50 窟。

留存吐火罗语题记最多的是第 34 窟,其各壁均绘 6 列因缘故事,也出现了本生故事和供养比丘等其他题材;每列因缘画的上沿均有通高 4 厘米的白色榜题栏,其内残存墨书婆罗谜文字题记。1994 年,皮诺教授根据《中国美术全集》、《新疆石窟》、《龟兹佛窟人体艺术》等所刊照片,撰写了《库木吐喇新出龟兹语题记:佛教誓愿场景的说明》一文,刊出部份左壁与右壁题记②,贡献甚巨。我们三家合作最近完成《库木吐喇窟群区第 34 窟现存龟兹语壁画榜题简报》(朱玉麒主编《西域文史》第 9 辑,科学出版社,2014 年 12 月),根据现存文字,对皮诺的释读做了大力补充和订正,并提供所有图像的线描图及解说,进一步讨论了这些描绘释迦牟尼在过去世发心礼敬、供养往昔佛陀而获得授记的图像③,与汉译、梵语以及吐火罗语佛典的关联。

另一个保存吐火罗语题记较多的是库木吐喇第 50 窟,我们三家合作完成《新疆库木吐喇窟群区第 50 窟主室正壁龛内题记》,见《西域研究》2015 年第 1 期。

此外,上述库车文物局所藏梵语《法集要颂经》残片,据说来自库木吐喇石窟④。

---

① 马世长《库木吐喇的汉风洞窟》,新疆维吾尔自治区文物管理委员会、库车县文物保管所、北京大学考古系编《中国石窟·库木土喇石窟》,文物出版社,1992 年,203—242 页。

② Georges-Jean Pinault, "Une nouvelle inscription koutchéenne de Qumtura: Légende de scènes bouddhiques de Praṇidhi", *Bulletin d'études indiennes*, 11-12 (1993-1994), 1994, pp. 171-220.

③ 最近的讨论见 Ines Konczak, "Origin, development and meaning of the Praṇidhi paintings on the Northern Silk Road", *Buddhism and Art in Turfan: From the perspective of Uyghur Buddhism-Buddhist culture along the Silk Road: Gandhāra, Kucha, and Turfan, Section II* [*International symposium series* 1], Kyoto: Research Center for Buddhist Cultures in Asia, Ryukoku Universtiy, 2013, pp. 43-83.

④ 荻原裕敏《新疆库车县文物局所藏梵本〈法集要颂经〉残片考释》,《西域研究》2013 年第 1 期,70—77 页。

4. 克孜尔尕哈石窟

克孜尔尕哈石窟也是古代龟兹一处重要的佛教中心,皮诺在《库车地区诸遗址》中整理了伯希和探险队所摄石窟题记照片,经我们对证,均出自今编第 25 窟。我们此次调查整理了所有现存 49 道婆罗谜文题记,比较重要的有第 25 窟出现的唐初苏伐叠王(Svarṇadeve,624—646 年在位)与唐代 Yāśe 王(8 世纪上半叶)的漫题①,显示相连的第 24—25 洞窟在 7、8 世纪基本上处于废弃或闲置的状态。另外,第 12 窟位于第 11—16 窟一组之间,其中首次出现一个龟兹王名 Indradewe,可以比定为 7 世纪后半至 8 世纪初的"延繇跌"王②。这是一则漫题,表明第 12 窟这组洞窟具有较长的发展历史,其地势颇佳,是克孜尔尕哈石窟中引人注目的洞窟组合,但到了 8 世纪初期,可能已经渐趋废止,或处于无力维护的状态。

我们三家合作的《克孜尔尕哈石窟现存龟兹语及及其他婆罗谜文字题记内容简报》,已经发表在《西域文史》第 7 辑,科学出版社,2013 年,1—17 页。

5. 玛札伯哈石窟与森木塞木石窟

玛扎伯哈石窟、森木塞姆石窟位置接近古代龟兹中心地区,也是龟兹的重要石窟。但这两座石窟位在低缓丘陵,更加接近河道与洪水冲沟,使得题记文字相对来说也比较容易受损。过去,德国探险队曾经从森木塞姆第 40

---

① 有关龟兹王的前期研究成果,参看 S. Lévi, "Le 'tokharien B', langue de Koutcha"; H. Lüders, "Zur Geschichte und Geographie Ostturkestans", *SPAW*, phil.-hist. kl. 1922, pp. 243–261; idem., "Weitere Beiträge zur Geschichte und Geographie von Ostturkestan", *SPAW*, phil.-hist. kl. 1930, pp. 7–64; G.-J. Pinault, "Epigraphie koutchéenne: I, Laissez-passer de caravanes; II. Graffites et inscriptions", *Mission Paul Pelliot VIII*, *Sites divers de la région de Koutcha*, pp. 132–133; C. Ching & H. Ogihara, "Internal Relationships and Dating of the Tocharian B Monastic Accounts in the Berlin Collection", *Studies on the Inner Asian Languages*, XXV, 2010, pp. 104–105; idem., "A Tocharian B Sale Contract on a Wooden Tablet", *Journal of Inner Asian Art and Archaeology* 5, 2010 (2013), pp. 105–107.
② 庆昭蓉《龟兹石窟现存题记中的龟兹国王》,387—418 页。

窟割走几幅带有龟兹语榜题的壁画,内容包括大光明王本生故事①。但是第 40 窟窟内现存壁画榜题栏几乎完全熏黑,并且一部分笔墨剥落,严重妨碍了题记的释读。在现存森木塞姆第 40 窟榜题之中,有两道供养人图像榜题明显属于梵语,而同窟的誓愿图榜题却是龟兹语,可见设计者大概依照不同绘画主题而选择龟兹语或梵语榜题来搭配使用。与此相对,吐鲁番地区石窟则广泛使用梵语榜题来搭配本生与譬喻故事图画,这是两地石窟明显相异之处。森木塞姆第 40 窟并存胡、梵语榜题之现象,使得我们有必要考虑龟兹语以及梵语在古代龟兹佛教发展历程上的作用,特别是应该从石窟使用者及参拜者的角度来观察两种语言在观看时的功能与意义。

此外,玛札伯哈石窟出现了古代期龟兹语漫题,说明其兴建年代较早。就尚可识读的龟兹语题记而言,题写者都是为了礼敬而来,可见玛札伯哈石窟在当时也是佛教徒参拜巡礼的目标,其历史地位有待人们去加以研究。

我们三方合作的《玛札伯哈与森木塞姆石窟现存龟兹语及其它婆罗谜文字题记内容简报》,载沈卫荣主编《西域历史语言研究集刊》第 7 辑,科学出版社,2014 年,45—61 页。

6. 亦狭克石窟

亦狭克沟石窟位于新疆拜城县克孜尔镇东南明屋塔格山亦狭克沟两侧悬崖上,从克孜尔石窟出发,向东沿渭干河行进约 5 公里即到达亦狭克沟。沿沟谷向北行进约 700 米到达亦狭克沟石窟第 1—4 窟,再沿沟谷继续前行约 1.5 公里到达第 5—6 窟。

亦狭克沟现存石窟均未发现壁画,但题刻中出现龟兹王 Yśukwā 的名字,他就是上面提到的苏巴什题记中的同名国王。据其他材料,可以推断此王在位时期属于唐治龟兹时期,尤其可能在 8 世纪末叶。从各种情形来看,

---

① Ernst Waldschmidt, *Die buddhistische Spätantike in Mittelasien*, vol. 7, Berlin, 1933, p. 77; Klaus T. Schmidt, "Westtocharische Überschriften zu den Praṇidhibildern der Ritterhöhle in Kiriš", Brigitte Huber et al. (eds.) *Chomolangma*, *Demawend und Kesbek. Festschrift für Ronald Bielmeier zu seinem 65. Geburtstag*, Halle, 2008, pp. 513–524.

亦狭克沟石窟开凿年代上限应不早于公元 6 世纪,开凿年代下限则不晚于 8
世纪初。

我们三方的简报是《新疆拜城县亦狭克沟石窟调查简报》,见《文物》
2013 年第 12 期,56—66 页。

五、结论与展望

最近十多年来,有关龟兹研究资料的整理有了整体性的突进。龟兹石
窟内容的系统著录,龟兹地区文物普查的完成,各国所藏龟兹出土文书以纸
本和数字化形式的大量公布,都为我们今后的龟兹研究提供了良好的基础。

调查到目前为止,龟兹石窟现存婆罗谜文题记均为龟兹语(吐火罗 B
语)、梵语,并至少有一条据史德语题记保存于苏巴什石窟。虽然有一些过
于漫漶而难以判读语种的婆罗谜文题记,但是确定属于焉耆语(吐火罗 A 语)
的题记还没有发现,这为西域语言文字分布的研究带来新的启示。因此新
疆龟兹研究院、北京大学中国古代史研究中心、中国人民大学国学院西域历
史语言研究所三方合作,努力推动进行龟兹地区保存的以龟兹语(吐火罗 B
语)为主的题记调查、解读与研究。我们打算先撰写单篇简报,然后再配以
清晰图版,编成正式考古报告。希望这项工作,能够对龟兹石窟的内涵与年
代、龟兹古代佛教社会、龟兹王国军政体制与基层社会等问题的研究,提供
可资参考的材料,以期推进龟兹研究的进步。

(2014 年 12 月 19 日完稿,原载《西域研究》2015 年第 3 期,1—9 页。)

黄文弼所获西域文献的学术价值①

一、我们拥有"黄文弼文书"

在 20 世纪西域的考古探险时代,黄文弼先生大概是唯一一位中国的考古学家,他代表北京大学参加中瑞西北科学考察团,在 1928—1930 年之间,独自对吐鲁番盆地和环塔里木盆地的古代遗址做了考古调查,并发掘、收集了不少文献资料。他锲而不舍,陆续整理出版《高昌砖集》②、《高昌陶集》③、《罗布淖尔考古记》④、《吐鲁番考古记》⑤、《塔里木盆地考古记》⑥等,记述了考古调查、发掘的经过,并对所收集的文献资料做了尽可能详细的考释,在 20 世纪 50 年代艰苦的条件下,把自己所获的几乎全部文献资料的照片,悉

① 感谢徐文堪先生提示我注意耿世民和岩松浅夫先生的文章,感谢朱玉麒教授的订正。
② 《高昌砖集》,西北科学考查团理事会,1931 年;第二版,科学出版社,1951 年。
③ 《高昌陶集》,西北科学考查团理事会,1931 年;第二版,科学出版社,1951 年。
④ 《罗布淖尔考古记》,国立北平研究院史学研究所、中国西北科学考察团,1948 年。
⑤ 《吐鲁番考古记》,中国科学院,1954 年;第二版,科学出版社,1958 年。
⑥ 《塔里木盆地考古记》,科学出版社,1958 年。

数发表,供学者使用。

黄文弼先生所获文献资料,几经周转,现在大多数收藏在中国国家博物馆,少量吐鲁番墓砖归故宫博物院所有。我们知道,在西方鼓吹个人英雄主义,所以许多西方探险家的收集品虽然入藏公立博物馆或图书馆,但仍以探险家的名字命名,如"斯坦因文书"、"伯希和文库"、"斯文赫定文书"、"马达汉收集品"等;而中国自 1950 年代以来追求共产主义,所以没有人用"黄文弼文书"的名字来指称他所获的西域文献资料,加之保守的管理体制,学者很难利用原件,这无疑降低了这些文献材料的价值,也遮掩了黄文弼先生原本应当拥有的荣誉。

尽管如此,黄文弼先生在他自己的著作中刊布的所有文献的图版,虽然限于 1950 年代的条件而不够清晰,但仍然被各门相关学科的研究者所关注,发表了不少研究论著。今天,为了纪念这位中国西域考古探险家的丰功伟绩,我们把这些研究文献从散在国内外的论著中拣选出来,将英、法、德、日文的论著全部翻译成汉文,加上中文论文,洋洋洒洒,汇为一编。

重读这些有关论文,翻检黄文弼先生的考古报告,益加感到他所获文书、碑志、印章等各类文献的价值不菲。为了纪念他对西域研究的贡献,我们从心底发出强烈的呼声:今后我们应当把黄文弼先生所获西域各类文献称作"黄文弼文书"!相信今后的《吐鲁番学大辞典》一定会有"黄文弼文书"这个条目。

以下依据前人研究成果,略依我们编译的这本论文集的次序,对黄文弼文书的学术价值,略加陈述。

二、吐鲁番出土汉文文书与典籍

高昌郡和阚、张、马氏以及麹氏高昌国早期的吐鲁番历史,几乎都是和当地奉行的某个中原、漠北、河西政权的年号相关联的,弄清楚哪个年号属于哪个王朝,又是高昌哪位统治者所用,吐鲁番的历史脉络也随之步步澄清。黄文弼文书中的《白雀元年衣物疏》是迄今为止唯一一件带有"白雀"年号的文书,据史料记载,前秦苻坚建元二十年(384)四月,后秦姚苌在关内北地称秦王,改元白雀。其时高昌奉行前秦建元年号,我们整理过的新获吐鲁番文书中即有《前秦建元二十年三月高昌郡高宁县都乡安邑里籍》[①]。《白雀元年衣物疏》是九月八日所写,是否当时高昌奉行了姚苌的新年号,学者之间有不同看法,有的认为这是不可能的事,吐鲁番出土的白雀元年不是姚苌的纪年,应当另觅其来历;有的则详细探讨前秦凉州刺史梁熙及高昌太守杨翰等人与后秦的关系,认为高昌地区使用姚苌年号也不是不可能的事情;虽然结论不同,但对于《白雀衣物疏》的研究大大推进了对于高昌郡历史的研究。我们选编了专论此文书的马雍《吐鲁番的"白雀元年衣物券"》[②]、谢初霓《〈吐鲁番白雀元年衣物疏〉补释》[③]、关尾史郎《"白雀"臆说——〈吐鲁番出土文书〉札记补遗》[④]三篇文章。其实,对于这个问题的研究,还应当参看吴震《吐鲁番文书中的若干年号及相关问题》[⑤]、侯灿《晋至北朝前期高昌奉行年号证补》[⑥]、关尾史郎《吐鲁番文书にみえる四、五世纪の元号再论——侯灿〈晋至北朝前期高昌奉行年号证补〉を读む》(上)[⑦]、侯灿《再论吐鲁番出土文书中所见高昌奉行的年号问题》[⑧]、侯灿《再论4—6世纪高昌奉行的年号》[⑨]、王素《高昌史稿·统治编》有关"后秦白雀年号及河西前秦纪年问

① 荣新江、李肖、孟宪实主编《新获吐鲁番出土文献》,中华书局,2008年,176—179页。

② 《文物》1973年第10期,61—65、72页。已收入《黄文弼所获西域文献论集》,科学出版社,2013年,1—7页。

③ 《历史论丛》第5辑,1985年,373—379页。已收入《黄文弼所获西域文献论集》,8—13页。

④ 《上智史学》第32号,1987年,66—84页。裴成国汉译本,已收入《黄文弼所获西域文献论集》,14—25页。

⑤ 《文物》1983年第1期,27—28页。

⑥ 原载《南都学坛》1988年第4期;此据作者《高昌楼兰研究论集》,新疆人民出版社,1990年,132—135页。

⑦ 《吐鲁番出土文物研究会会报》第23号,1989年,1—2页。

⑧ 《吐鲁番学研究专辑》,新疆研究资料中心编印,1990年,79—81页。

⑨ 《新疆大学学报》1993年第1期,32—34页。

题"小节①。最近,关尾史郎《〈后秦白雀元年(384)九月某人随葬衣物疏〉补说》一文利用新出材料,补充了自己的观点②。

和其他吐鲁番文书收集品一样,黄文弼文书中的唐代文书则更加丰富。其中有出自吐鲁番哈拉和卓旧城中的一组八个残片,正面是《唐调露二年(680)二月西州兵曹牒高昌县为征收折冲、阙职课仗身铜钱事》,黄惠贤《唐代前期仗身制的考察》有所讨论③。背面一组文书,陈国灿《吐鲁番旧出武周勘检田籍簿考释》一文,在堀敏一《均田制的研究》④、池田温《中国古代籍帐研究》⑤的基础上,考证这批残片为武周时期西州勘田检籍簿的草案稿。这组文书"展现出了武周时在田与籍关系上出现的各种不平衡和问题,同时也看到了当时调整田籍关系的方案和过程,目的在于使无田或欠田的农民能得到一块保证供给封建国家赋役的份地"⑥。

还有一批大约为开元十二、十三年(724、725)前后的文书,内容都是与西州都督府仓曹、军营相关的事宜,而且在二次利用时都被剪成半截,推测当是同时同类的文书,它们包括《开元十三年西州未纳征物牒》及关联文书、《张元璋残牒》、《阿梁上府司牒为葡萄园事附判》、《张奉先残牒》、《张孝威等残牒》、《女妇才子还麦残牒》。池田温《开元十三年西州都督府牒秦州残牒简介》一文在讨论同样是半截文书、年代为开元十三年六月的西州都督府牒文时,把上述这些文书做了新的录文,揭示了其相应的史料价值,以及与冯国瑞旧藏文书、大谷文书之间的关系⑦。

---

① 王素《高昌史稿·统治编》,文物出版社,1998 年,137—145 页。
② "黄文弼与中瑞西北科学考察团"国际学术研讨会论文,2013 年 10 月 19—20 日。
③ 唐长孺主编《敦煌吐鲁番文书初探二编》,武汉大学出版社,1990 年,275—276 页。
④ 堀敏一著、韩国磐等译《均田制的研究》,福建人民出版社,1984 年,284—285 页。
⑤ 池田温《中国古代籍帐研究》,东京大学东洋文化研究所,1979 年,334—335 页。
⑥ 原刊《敦煌吐鲁番文书初探二编》,419—439 页,引文在 436 页。已收入《黄文弼所获西域文献论集》,26—38 页。
⑦ 原载《敦煌吐鲁番研究》第 3 卷,北京大学出版社,1998 年,105—128 页。已收入《黄文弼所获西域文献论集》,39—59 页。

在吐鲁番出土唐代文书中,有一组极富研究价值的《开元十六年(728)西州都督府请纸案卷》,由上海博物馆藏第31号、大谷文书5839号、黄文弼文书一件、大谷4882、大谷5840、大谷4918(a)、大谷4918(b)、大谷4919、大谷5372、大谷5375等十个大小不同的残片组成,其中黄文弼文书是虞候司和法曹请纸案部分,保存相对完整,内容也十分重要。学者们利用这个断续缀合的长卷,讨论过唐朝制度和吐鲁番史的许多方面,如内藤乾吉利用它来研究官文书,他的《西域发现的唐代公文书之研究》为后来研究官府文书奠定了基础①;卢向前在此基础上深入分析了牒文的形式②;中村裕一也以此为据来复原唐朝的牒文形式③;李锦绣讨论了唐代官府纸笔费等行政支出情况④;室永芳三、刘安志、李方先后讨论过文书中提到的西州地区突厥部落问题⑤。最新的一篇文章是雷闻的《吐鲁番出土〈唐开元十六年西州都督府请纸案卷〉与唐代的公文用纸》,如题所示,该文是研究唐朝的公文用纸问题,本文书应当是最好的史料;他同时也复原出完整的唐朝地方官府的行政流程图,其所依据的就是黄文弼文书上的法曹请纸案⑥。党宝海《黄文弼先生所获元代汉文文书浅识》一文首次解读了《吐鲁番考古记》《塔里木盆地考古记》所收元代汉文文书,确定其价值,但推测应当是黑城文书⑦。

---

① 内藤乾吉《西域发见の唐代公文书の研究》,《西域文化研究》第三《敦煌吐鲁番社会经济资料》(下),法藏馆,1960年,9—111页,特别是32—52页。
② 卢向前《牒式及其处理程式的探讨——唐公式文研究》,北京大学中国中古史研究中心编《敦煌吐鲁番文献研究论集》第3辑,北京大学出版社,1986年,370—371、378—379页。
③ 中村裕一《唐代公文书研究》,汲古书院,1996年,598—599、610—612页。
④ 李锦绣《唐代财政史稿》上卷,北京大学出版社,1995年,361、367—368、1056—1060页。
⑤ 室永芳三《吐鲁蕃发见朱邪部落文书について——沙陀部族考その一(补遗)》,《有明工业高等专门学校纪要》第10号,1974年,1—7页;刘安志《唐代西州的突厥人》,武汉大学中国三至九世纪研究所编《魏晋南北朝隋唐史资料》第17辑,武汉大学出版社,2000年,112—122页;李方《唐西州行政体制考论》,黑龙江教育出版社,2002年,289—320页。
⑥ 原刊樊锦诗、荣新江、林世田主编《敦煌文献、考古、艺术综合研究:纪念向达先生诞辰110周年国际学术研讨会论文集》,中华书局,2011年,423—444页。已收入《黄文弼所获西域文献论集》,60—85页。
⑦ "黄文弼与中瑞西北考察团"国际学术研讨会论文,2013年10月19—20日。

相对于文书来说,典籍类的写本虽然不多,但也是黄文弼文书的重要组成部分。吐鲁番雅尔湖旧城(交河)出土《尚书·虞书·大禹谟》系孔传古文尚书,即隶古定本①。同为交河故城出土的典籍类残片还有《毛诗·简兮》,其价值见虞万里《吐鲁番雅尔湖旧城出土〈毛诗〉残纸考释》②。

黄文弼所获一些汉文版刻佛经,在印刷史上也有其意义。1956 年,小川贯弌《吐鲁番出土的印刷佛典》一文就指出其中有蝴蝶装印本《大般若波罗蜜多经》卷一九七(《吐鲁番考古记》图 15、图 16),可能是宋版;还有《三法度论》卷上(《吐鲁番考古记》图 17、图 18),据版式知为普宁藏③。1991 年,中村菊之进《吐鲁番出土的大藏经》指出《吐鲁番考古记》图 19 为《咸水喻经》,图 14 为《大般若波罗蜜多经》卷四九一④。其中的图 14、图 15—16、图 19 所示刻本,党宝海据《中华大藏经》刊布的金藏或高丽藏,判断均为金藏刊本⑤。

三、吐鲁番出土回鹘语文书、碑记和佛经

黄文弼文书中更富研究旨趣的,应当是回鹘文文献。

黄文弼先生在吐鲁番所获回鹘文书中最为重要的一件,是有关摩尼教寺院经营的回鹘文文书,全文长达 125 行,可以说是"回鹘国内获得国教地位的摩尼教寺院在现实中从回鹘国家获得何种优遇、并如何经营寺院的几近唯一的文书"⑥,吐鲁番虽然发现了大量各种语言的摩尼教经典,但涉及摩

① 顾颉刚、顾廷龙《尚书文字合编》,上海古籍出版社,1996 年,159 页。

② 原刊《孔子研究》1993 年第 1 期,118—122、111 页。已收入《黄文弼所获西域文献论集》,86—91 页。

③ 小川贯弌《吐鲁番出土の印刷佛典》,《印度学佛教学研究》第 4 卷第 1 号,1956 年,34 页。

④ 中村菊之进《トルファン出土の大藏经》,《密教文化》第 172 号,1991 年,49、52 页。

⑤ 党宝海《吐鲁番出土金藏考》,季羡林等编《敦煌吐鲁番研究》第 4 卷,北京大学出版社,1999 年,104—105 页。

⑥ 森安孝夫撰,白玉冬译《黄文弼发现的〈摩尼教寺院经营令规文书〉》,收入荣新江主编《黄文弼所获西域文献论集》,136—137 页。

尼教教团的非典籍类文献却十分难得，所以这件文书异常珍贵，在高昌王国摩尼教史研究，乃至整个摩尼教史的研究上，都价值连城。早在 1975 年，德国回鹘文专家茨默（P. Zieme）先生独具慧眼，从《吐鲁番考古记》发表的不算清楚的图版上，发现本文书的价值，撰写了《一篇有关回鹘王国摩尼教寺院经营管理的回鹘文文书》①，首次转写、翻译了部分段落，向学界介绍了这件回鹘文摩尼教寺院经营管理文书。随后，耿世民在北京的中国历史博物馆（今中国国家博物馆）中看到原件，做了仔细的全文转写和汉语翻译，1978 年发表为《回鹘文摩尼教寺院文书初释》一文②，使学界第一次完整地看到了全卷的内容，功不可没。1981 年，英国摩尼教学者刘南强（S. N. C. Lieu）即据耿世民的译文，发表了《摩尼教寺院的戒律和制度》③。1991 年，森安孝夫在所著《回鹘摩尼教史之研究》第二章《吐鲁番出土摩尼教寺院经营令规文书》，根据自己对原卷的调查结果，重新用日语做了翻译，并有详细的注释④。2010 年，耿世民先生又参考森安孝夫等人的意见，对文书做了转写和翻译，但只是从第 8 行开始，文字似乎也有节略，对于某些名词，如"东城""葡萄

① P. Zieme, "Ein uigurischer Text über die Wirtschaft manichäischer Klöster im uigurischen Reich von Qoco", *Researches in Altaic Languages*, ed. L. Ligeti, Budapest, 1975, pp. 331–338. 付马汉译文收入《黄文弼所获西域文献论集》，92—97 页。

② 原载《考古学报》1978 年第 4 期，497—519 页；修订本收入新疆社会科学院考古研究所编《新疆考古三十年》，新疆人民出版社，1983 年，529—548 页；又收入作者著《新疆文史论集》，中央民族大学出版社，2001 年，354—382 页。英文本为 Geng Shimin, "Notes on an Ancient Uighur Official Decree Issued to a Manichaean Monastery", *Central Asiatic Journal*, 35/3-4, 1991, pp. 209-230. 已收入《黄文弼所获西域文献论集》，98—118 页。

③ S. N. C. Lieu, "Precept and Practice in Manichaean Monasticism", *Journal of Theological Studies*, ns.32, 1981, pp. 153-173. 林悟殊汉译文刊《世界宗教研究》1983 年第 1 期，24—37 页；后经译者修订，收入所著《摩尼教及其东渐》附录中，淑馨出版社，1997 年，107—130 页。已收入《黄文弼所获西域文献论集》，119—135 页。

④ 森安孝夫《ウイグル＝マニ教史の研究》，《大阪大学文学部纪要》第 31、32 卷合并号，1991 年，35—126 页。德文译本载 T. Moriyasu, *Die Geschichte des uigurischen Manichäismus an der Seidenstraße*, Wiesbaden, 2004, pp. 39-149.《黄文弼所获西域文献论集》收入白玉冬汉译文（136—176 页），系据作者之意摘译与黄文弼文书相关部分的研究，并由作者做了最新的修订。

园""月值""斗"等,显然有所改正,值得注意①。从 1978 年以来,这件钤有高昌回鹘王国官印的文书,成为摩尼教史研究最基本文献,反复被征引。

森安孝夫在上述著作中,还转写、翻译研究了黄文弼在交河古城获得的一件《摩尼教寺院入历》②,这也是研究高昌回鹘摩尼教寺院经济的重要文献。

黄文弼文书中还有一件其他地方少见的摩尼教文献,就是高昌回鹘摩尼教徒所用的历日文书,计 52 行,较柏林所藏另外两件吐鲁番出土摩尼教历日文书残片要完整得多③,几乎包括了整个卜古毗伽(Bügü Bilgä)天王在位之第八年(1003)一年的时间。日本学者吉田豊发现这个历日的价值,并撰写了札记《西州回鹘国摩尼教徒的历日》④。法国回鹘文专家哈密屯的《公元 988、989 及 1003 年的回鹘文摩尼教历书》一文,对此文书做了详细的解说⑤。这件历日不仅对于了解摩尼教徒的日常生活关系密切,而且也是现在学术分野中的天文历法资料,似乎尚未引起科技史家的注意。

黄文弼先生不仅通过发掘和购买的手段获取许多吐鲁番文书,而且采用中国传统的捶拓技术,使一些石刻史料得以保存下来,回鹘文《土都木萨里修寺碑》就是其中重要的一种。据《吐鲁番考古记》的记录:"此石刻在 1912 年前后出吐峪沟(今吐鲁番地区鄯善县)。后运迪化(今乌鲁木齐)存

① 耿世民《回鹘文摩尼教寺院文书再研究》,张定京、穆合塔尔·阿布勒哈克主编《突厥与哈萨克语文学研究——耿世民教授诞辰 80 周年·哈萨克语言文学系建系 5 周年"2009 突厥与哈萨克语文学学术研讨会"论文集》,中央民族大学出版社,2010 年,90—98 页。

② 森安孝夫《ウイグル=マニ教史の研究》,《大阪大学文学部纪要》第 31、32 卷合并号,85—87 页。

③ 柏林残片见 G. R. Rachmati & W. Eberhard, "Türkische Turfan-Texte VII", *SPAW Phil. -hist. Kl.* No. 12. 1936, pp. 19–20, 61–62。

④ 吉田豊《ソグド语杂录(II)》,《オリエント》第 31 卷第 2 号,1989 年,165—176 页。获原裕敏汉译文已收入《黄文弼所获西域文献论集》,117—181 页。

⑤ J. Hamilton, "Calendriers manichéens ouïghours de 988, 989 et 1003", *Mélanges offerts à Louis Bazin par ses disciples, collègues et amis*, Jean-Louis Bacqué-Grammont and Rémy Dor (eds.), Paris: l'Institut Français d'Études Anatoliennes d'Istanbul, pp. 7–23. 吴春成汉译文已收入《黄文弼所获西域文献论集》,182—206 页。

政务厅,作油印机台石。我于 1928 年到迪化时,从油印机下取出,手拓数纸。
原石今已不知去向矣。石一面刻古维吾尔文,共二十四行,首行有残缺,中
间微有破损,大致文尚清晰可读。返北京后,询之德人葛玛丽女士(A. v.
Gabain),据其初步解释,为'布哈里葛亦都克在高昌之克子尔重修庙宇事',
不知确否? 亦待于将来之研究也。"①黄文弼先生的这个拓片是今人唯一可
以见到此碑的依据了。这方石碑的回鹘文碑铭的研究先后有德国学者特肯
(S. Tekin)的《吐峪沟出土 768—780 年间的回鹘文佛教造寺碑》②和耿世民
先生的《回鹘文〈土都木撒里修寺碑〉考释》③,按耿先生的说法,这是"安姓
僧(An Baghlygh tojyn)和土都木萨里(Tudum Säli)在高昌国吐峪沟重修寺
院碑","此碑不仅为我们研究回鹘高昌王国时期的语言文字、宗教信仰提供
了材料,而且是迄今所知惟一的一件直接反映当时高昌地区佛教寺院经济
的回鹘文碑刻"。

值得补充的是,《吐鲁番考古记》说到黄文弼先生曾在北京请教德国学
者葛玛丽(A. von Gabain),并简单引用了她的初步解释。幸运的是,我们今
天从黄文弼先生后人无私捐赠给新疆师范大学图书馆的黄文弼藏书零散图
片文献袋中,找到了当年葛玛丽给黄文弼先生做的初步考释的德文稿和中
文译文,为保存这段珍贵的学术史,我们把这两段文字抄录如下:

Rotophot eines Abklatsches. Anfang und volle Breite erhalten, Ende fe-
hlt. Es sind 23 Zeilen erhalten. Leider ist Manches nicht zu lesen, so z.B.
der Anfang, der den Namen des Landes enthielt, über den (Zeile 1) König
BuXanlïy ïduq kün tngri matïqdïs (?) ⋯ regierte. - In Qïsïl im Land Xočo

---

① 黄文弼《吐鲁番考古记》,64 页。

② S. Tekin, "Die Uigurische Weihinschrift eines buddhistischen Klosters aus den Jahren 767–780 in Tuyoq", *Ural-Altaische Jahrbücher*, vol. 48, 1976, pp. 225–230. 李雪汉译文已收入《黄文弼所获西域文献论集》,207—213 页。

③ 原刊《世界宗教研究》1981 年第 1 期,77—83 页;后收入作者《维吾尔古代文献研究》,中央民族大学出版社,2003 年,423—431 页。已收入《黄文弼所获西域文献论集》,214—220 页。

(Z.9) waren viele Klöster, die im Lauf der Zeit in Verfall geraten waren. Ich, (Z.12), der Mönch *Ärk bïγlïγ* (oder von der Familie〔姓 = *baγ*〕*ärk*) habe den Schaden ausgebessert (Z.13) und Zellen und Hallen gebaut, und die Gemeinde ausgestattet. (Z. 20) Verehrung dem Brahma, Indra und den 4 Weltenhütern, sowie den Geistern; (Z. 21) Segen der Majestät unsres Tängrikän, des *BuϗanIïγ tngri bügü* und (Z.22) andren tängrikäns und Prinzen sowie (Z.23) für meine Verwandten.

A. von Gabain 葛玛丽（签名），22.XII.31

石拓影片。本文之开端及其全宽,皆甚完整,惟末段残缺,全文共二十三行,惜有多处,未能成诵,例如开首即缺一地名：

（第一行)国王布哈里葛·伊都克·渠·梯里·马梯克地斯（*BuϗanIïγ ïduq kün tngri matïqdïs* (?)……）,统治……（注）——在 Xočo 高昌之克斯尔（Qïsïl）（第九行)有数修院,惟历时已久,颓废不堪。余（第十二行)及僧人蔼克·比葛里葛（Ärk bïγlïγ）及其他诸姓（〔姓 = *baγ*〕*ärk*)）,曾重新修葺,（第十三行)又添修单室及厅堂数楹,全都焕然一新矣。（第二十行)供奉梵天王（Brahma）、西天王（Indra）、四大天王及诸神。（第二十一行)顶礼者为吾国圣上,布哈里葛·梯里·比谷（*BuϗanIïγ tngri bügü*)（第二十二行)诸臣,太子,及余之眷属。

（注)——"伊都克·渠·梯里",系"圣,日,天"之意。

葛玛丽译,铁丁重译

1931 月 12 月 22 日

葛玛丽的信是用手动打字机打印的,回鹘文转写的特别字母用笔改订过,最后的德文中文名字、日期都是手写的,表明她的认真负责的态度。书信的译者铁丁,不知是葛玛丽委托还是黄文弼找的人,译文大致无误,只是标点和回鹘文的拼写上有问题,我们已经据德文原本做了改正。此信写于1931 年底,其时葛玛丽已经在回鹘文方面有相当的功力,正在协助缪勒（F. W. K. Müller）和邦格（W. Bang）两位回鹘文大家整理吐鲁番出土各类回鹘文文献,成绩卓著①,因此她对内容的摘要概括大体上是可以信赖的,而且是这方回鹘文碑铭解读的第一位功臣。但可能是限于篇幅抑或受 20 世纪 50 年代政治环境的影响,黄文弼先生只是概括地说葛玛丽认为该碑系"布哈里葛亦都克在高昌之克子尔重修庙宇事",从信文来看,这个概括显然不够准确,所以被耿世民先生指为"误"解。这里我们应当还葛玛丽的清白,并为当年中德两国学者之间的学术交往记上一笔,不论是黄文弼不保守材料并虚心求教的精神,还是葛玛丽的迅速答复和认真负责的态度,今天看来,都可以说是吐鲁番学研究史上的一段佳话,而且两位学者此后都对吐鲁番学做出了杰出的贡献②。

黄文弼文书中的回鹘文材料,不仅有写本、拓本,还有刻本文献,即刻本回鹘文《佛说天地八阳神咒经》,前有扉画,题"陈宁刊",后为版刻经文。冯家昇《刻本回鹘文〈佛说天地八阳神咒经〉研究——兼论回鹘人对于〈大藏

---

① 葛玛丽与缪勒合撰的论文有 F. W. K. Müller & A. von Gabain, "Uigurica IV", *SPAW*, 1931, pp. 675–727. 与邦格合撰的论文有 W. Bang, & A. von Gabain, " Ein uigurische Fragment über manichäschen Windgott", *Ungarische Jahrbücher* 8, 1928, pp. 248–256; idem., "Türkische Turfan-Texte. I: Bruchstücke eines Wahrsagebuches", *SPAW*, 1929, XV, pp. 3 – 30 + pls. I-IV; idem., "Türkische Turfan-Texte. II: Manichaica", *SPAW*, 1929, XXII, pp. 3–22+2 pls; idem., "Uigurische Studien", *Ungarische Jahrbücher*, 10, 1930, pp. 193 – 210; idem., "Türkische Turfan-Texte, III: Der grosse Hymnus auf Mani", *SPAW*, 1930, XIII, pp, 3–31+2 pls; idem., "Türkische Turfan-Texte. IV: Ein neues uigurisches Sundenbekenntnis", *SPAW*, 1930, XXIV, pp. 2 – 20; idem., " Analytischer Index zu den fünf ersten. Stücken der türkischen Turfantexte", *SPAW*, 1931, XVII, pp. 3–59.

② 与黄文弼先生颇受冷落相比,葛玛丽在德国和整个西方学界受到了极高的评价和爱戴,德国先后出版过三本纪念她的论文集:*Scholia*:*Beiträge zur Turkologie und Zentralasienkunde*;*Annemarie von Gabain zum 80. Geburtstag am 4. Juli 1981 dargebracht von Kollegen, Freunden und Schülern* (*Veröffentlichungen der Societas Uralo-Altaica*), herausgegeben von Klaus Röhrborn und Horst Wilfrid Brands, Harrassowitz, 1981; *Memoriae munusculum . Gedenkband für Annemarie von Gabain*, herausgegeben von Klaus Röhrborn und Wolfgang Veenker, Wiesbaden, 1994; *Turfan, Khotan und Dunhuang. Vorträge der Tagung "Annemarie von Gabain und die Turfanforschung"*, veranstaltet von der Berlin-Brandenburgischen Akademie der Wissenschaften in Berlin (9. –12.12.1994), herausgegeben von Ronald E. Emmerick u.a., Berlin, 1996.

经〉的贡献》做了初步研究①,山田信夫在《回鹘文天地八阳神咒经断片》一
文的附录《西北科学考查团所获文书》做了进一步探讨②,小田寿典在有关回
鹘文《八阳神咒经》的研究中也利用了这个刻本③,小川贯弍《吐鲁番出土的
印刷佛典》一文提示了陈宁的相关资料④,张新鹰《陈宁其人及回鹘文〈八阳
经〉版刻地——读冯家昇先生一篇旧作赘言》论证了这个版本刻于江南的杭
州⑤。除了上面这三篇专门论说外,黄文弼文书中的佛典文献,也构成一些
论著的研究素材,如茨默《回鹘文〈金光明最胜王经〉中的传说》中有《吐鲁
番考古记》图版 98/图 89 录文并德文翻译⑥;卡拉(G. Kara)和茨默合著《萨
迦班智达〈甚深道上师瑜伽〉和〈文殊所说最胜名义经〉的回鹘文译本》一书
中有《考古记》图版 109/图 97 的录文和德译⑦;松川节在研究蒙古文《佛说
北斗七星延命经》时,指出《考古记》图版 109/图 98 是相应的回鹘文刻本,并
做了转写和英、日文翻译⑧;茨默《回鹘佛教咒术文献》一书在松川的基础上

---

① 原刊《考古学报》第 9 册,1955 年,183—192 页;后收入《冯家昇论著辑粹》,中华书局,1987 年,433—444 页。已收入《黄文弼所获西域文献论集》,221—229 页。

② 山田信夫《ウイグル文天地八阳神咒经断片》附录,《东洋学报》第 40 卷第 4 号,1958 年,94—97 页。田卫卫汉译文已收入《黄文弼所获西域文献论集》,236—238 页。

③ 小田寿典《龙谷大学图书馆藏ウイグル文八阳经の版本断片》,《丰桥短期大学研究纪要》第 4 号,1987 年,25—38 页;又《佛说天地八阳神咒经一卷トルコ语译の研究》,法藏馆,2010 年。

④ 小川贯弍《吐鲁番出土の印刷佛典》,35 页。

⑤ 《世界宗教研究》1998 年第 1 期,127—131 页。已收入《黄文弼所获西域文献论集》,230—235 页。

⑥ P. Zieme, "Zu den Legenden im Uigurischen Goldglanzsūtra", *Journal of Turkish Studies*, 1977(1), pp. 150-151, n. 7.

⑦ G. Kara, & P. Zieme, *Die uigurischen Übersetzungen des Guruyogas "Tiefer Weg" von Sa-skya Pandita und der Manjusrinamasamgiti (BTT VIII)*, Berlin, 1977, pp. 110-112.

⑧ 松川节《モンゴル语译〈佛说北斗七星延命经〉に残存するウイグル的要素》,森安孝夫编《中央アジア出土文物论丛》,朋友书店,2004 年,90 页;Takashi Matsukawa, "Some Uighur Elements Surviving in the Mongolian Buddhist *Sūtra of the Great Bear*", *Turfan Revisited - The First Century of Research into the Art and Cultures of the Silk Road*, ed. by D. Durkin-Meistererernst et al., Berlin: Dietrich Reimer Verlag, 2004, pp. 205, 144-145.

做了转写和德语翻译①。

在黄文弼文书的回鹘文材料中,还有其他吐鲁番收集品几乎都有的回鹘文契约文书两种,它们最早由冯家昇在《元代畏兀儿文契约二种》一文做了转写、翻译和注释②,随后护雅夫在《元代畏兀儿文买卖土地文书一通》一文中有所补正③。这两件契约文书作为吐鲁番回鹘文契约文书大家族中的成员,以后不断被翻译、重译、注释、考证④,成为研究西州回鹘时期高昌社会经济史和契约文本的依据。

黄文弼文书中的回鹘文书丰富多彩,其中的两封书信是铁兹江(S. Tezcan)、茨默(P.Zieme)《回鹘文书信残叶》一文的主要研究对象,提供了高昌回鹘官人日常生活的某些侧面⑤。另外,检索梅村坦撰、张承志译《中国历史博物馆藏〈吐鲁番考古记〉所收回鹘文古文献过眼录》,还会发现仍有回鹘文佛典写本尚没有人讨论,而梅村坦在本文中转写、翻译了其他几种此前未经研究的社会经济类文书,即《借用土地所费谷物账》断简、《交纳面粉命令》、有关借银的文书断片、棉种笔记小断片、继承家产文书⑥。松井太《回鹘文"幸运之印"文书考》一文,把其中《交纳面粉命令》与其他钤有同样印鉴的文书对比

---

① P. Zieme, *Magische Texte des uigurischen Buddhismus* (BTT 23), 2005, p.128.以上三条注释为庆昭蓉博士转述拉什曼(Simone-Christiane Raschmann)和笠井幸代二位的提示,谨此致谢。

② 原刊《历史研究》1954 年第 1 期,119—131 页;后收入《冯家昇论著辑粹》,中华书局,1987 年,415—429 页。已收入《黄文弼所获西域文献论集》,239—248 页。

③ 护雅夫《元代ウイグル文土地卖买文书一通》,原刊《岩井博士古稀记念论文集》,东洋文库,1963 年,712—727 页;收入氏著《古代突厥民族史研究》III,山川出版社,1997 年,530—544 页。苏航汉译文已收入《黄文弼所获西域文献论集》,249—256 页。

④ 参看山田信夫著,小田寿典、ペーター・ツイーメ、梅村坦、森安孝夫编《ウィグル文契约文书集成》,大阪大学出版会,1993 年。

⑤ S. Tezcan and P. Zieme, "Uigursche Brieffragmente", *Studia Turcica*, ed. L. Ligeti, Budapest: Akadémiai Kiadó, 1971, pp. 451—460. 付马汉译文已收入《黄文弼所获西域文献论集》,257—265 页。

⑥ 《中国历史博物馆馆刊》第 15—16 辑,1991 年,157—163 页。已收入《黄文弼所获西域文献论集》,266—27 页。参看 Hiroshi Umemura, "Uyghur Manuscripts preserved in the People's Republic of China", *Documents et archives provenant de l'Asie Centrale*, Kyoto, 1990, pp. 175-176。

研究,指出这些属于元朝时期的文书的意义①。最近,阿不都热西提·亚库甫《黄文弼先生采集回鹘语文献综述》一文,对黄文弼文书中的回鹘文资料做了更加系统的阐述②。

从以上两节所举资料可见,黄文弼文书为高昌郡、唐西州、高昌回鹘三个时代的吐鲁番历史提供了丰富多彩的史料,特别是在唐朝地方行政制度、回鹘摩尼教寺院经营、摩尼教历法、回鹘佛教等方面,具有独特的学术价值。

四、塔里木盆地周边出土的胡语文献、印章

黄文弼先生西域考察的足迹还遍及新疆的其他地区的重要古代遗址,在环塔里木盆地周边的绿洲城址、石窟寺、墓葬中,也获得了数量多少不等的文献材料,我们今天拥有的黄文弼文书,不仅仅是吐鲁番文书,还有焉耆文书、龟兹文书、于阗文书,以及带有文字的印章、石窟刻划题记等。从语言上来说,汉语之外,还有梵语、龟兹语、中古伊朗语、粟特语等等,它们大多数都发表在《塔里木盆地考古记》中,可能由于图版质量欠佳,相关研究成果十分有限。

1958 年《塔里木盆地考古记》甫一出版,德国梵文研究权威瓦尔德施密特(E. Waldschmidt)马上就撰写了书评论文,题为《中国考古学家在新疆的调查》,按图版先后,介绍了四件龟兹语寺院文书、梵文护持咒(?)、梵语《杂阿含经》和两种未比定的梵语佛典断片,他还用很长的篇幅,指出图版柒捌—玖拾/图 15—27 所刊貌似于阗语的写本都是赝品③。应当承认,黄文弼先生和早期一些西方探险家、考古学家一样,在获得珍贵西域古代文献的同

---

① 松井太《ウイグル文クトルグ印文书》,《内陆アジア言语の研究》13,1998 年,1—62 页。

② "黄文弼与中瑞西北考察团"国际学术研讨会论文,2013 年 10 月 19—20 日。

③ E. Waldschmidt, "Chinesische archäologische Forschungen in Sin-kiang (Chinesisch-Turkestan)", *Orientalistische Literaturzeitung*, vol. 54/5–6, 1959, pp. 229–242. 庆昭蓉汉译已收入《黄文弼所获西域文献论集》,277—289 页。

时,也被蒙骗收购了一些近代当地伪造的"文书"①。后来,岩松浅夫《黄文弼〈塔里木盆地考古记〉所刊一梵文断简》,也转写、翻译、考释了一篇梵文佛典②。

最近,庆昭蓉在《略论黄文弼所发现之四件龟兹语世俗文书》一文中,全文转写、翻译了瓦尔德施密特提到的四件龟兹语寺院文书,并与英、法所藏同类文书对比,澄清了出土地在脱库孜撒莱的误记,根据《黄文弼蒙新考察日记(1927—1930)》,改正为库车渭干河口的 Douldour-âqour 遗址周围一带③。黄文弼将库车出土文书误作巴楚文书,正像前述党宝海文指出的那些据称出土于塔里木和吐鲁番盆地的元代汉文文书实系黑城文书一样,恐怕是民工装箱时的错误,也可能是各地收集品集中后的误置,这样的错误在各国探险队收集品中比比皆是,如俄藏黑城、吐鲁番、于阗文书混入敦煌(Дх)编号藏品,斯坦因(A. Stein)和田所得文书被翟林奈(L. Giles)编入敦煌文书,伯希和(P. Pelliot)库车所获龟兹语寺帐也混入敦煌写本当中,我们不必责怪黄文弼先生,而应当感激他在艰苦条件下收集文献所做的贡献。获原裕敏《〈塔里木盆地考古记〉〈新疆考古发掘报告〉所刊吐火罗语资料》一文把黄文弼所获其他吐火罗语材料一一做了解说④。

在瓦尔德施密特关注的婆罗谜文梵语、龟兹语写本之外,黄文弼文书中还有反映西域地区其他宗教的其他语言文字材料,其中之一就是宗德曼(W. Sundermann)《焉耆出土中古伊朗语摩尼教文献残片》所发表的材料,这是摩尼教教史类文献残片之一⑤。德金(Desmond Durkin-Meisterernst)《黄文弼发

① U. Sims-Williams, "Forgeries from Chinese Turkestan in the British Library's Hoernle and Stein collections", *Bulletin of Asia Institution*, new series, 14 2000(2003), p.123.

② 岩松浅夫《黄文弼〈塔里木盆地考古记〉所揭の一梵文断简について》,《创价大学人文论集》第9号,1997年,35—45页。此文按作者的意思而没有翻译收入《黄文弼所获西域文献论集》。

③ 黄建民等编《首届中国少数民族古籍文献国际学术研讨会论文集》,2012年,民族出版社,303—324页。已收入《黄文弼所获西域文献论集》,290—312页。

④ "黄文弼与中瑞西北考察团"国际学术研讨会论文,2013年10月19—20日。

⑤ 原载 W. Sundermann, *Mitteliranische manichäische Texte kirchengeschichtlichen Inhalts* (Berliner Turfantexte 11), Berlin,1981, pp. 111–112,收入《黄文弼所获西域文献论集》的胡晓丹汉译本(313—318页),同时参考了 D. Durkin-Meisterernst 教授专为我们提供的英文翻译。中、德文的标题为我们所拟。

现的一件帕提亚语残片》一文对这件摩尼教文献做了更进一步的整理研究①。

最后，黄文弼先生在今新和县于什加提（玉奇喀特）遗址发现的所谓王莽时期西域都护李崇之印，被朱玉麒《所谓"李崇之印"考辨》一文所推翻，并给出"李忠之印信"的新释读，并阐述了这枚私印在西域史上同样具有重要的意义②。

黄文弼文书中还有一些西域地区的汉文文书，由于比较零碎，没有专题性的研究论著，但讨论唐朝西域或某类文书时常常被引用③。相对于吐鲁番文书来说，黄文弼塔里木盆地周边所获西域文书的研究成果还远远不够，这一方面是没有更加清晰的照片发表，另一方面是胡语文书本身的难度造成的。

总而言之，我们拥有丰富多彩的黄文弼文书，这些文书在研究西域史，特别是吐鲁番古代史上具有重要的学术价值，有些文书更是独一无二的，在今后的学术研究中，随着研究的进步，将会起到更加重要的作用。

（2013年9月15日完稿，原为《黄文弼所获西域文献论集》〔科学出版社，2013年〕代前言；增订本刊荣新江、朱玉麒主编《西域考古·史地·语言研究新视野：黄文弼与中瑞西北科学考查团国际学术研讨会论文集》，科学出版社，2015年，249—259页。）

---

① "黄文弼与中瑞西北考察团"国际学术研讨会论文，2013年10月19—20日。
② 提交2012年10月15—19日新疆乌鲁木齐召开的"汉代西域考古与汉文化国际学术研讨会"论文，修订本发表于《中国典籍与文化》2013年第4期，并收入《黄文弼所获西域文献论集》，319—330页。
③ 如池田温《中国古代籍帐研究》，东京大学出版会，1979年；T. Yamamoto & O. Ikeda, *Tun-huang and Turfan Documents concerning Social and Economic History III*, *Contracts*（A），（B），Tokyo, 1987；黄烈《谈汉唐西域四个古文化区汉文的流行》，《纪念陈寅恪教授国际学术讨论会文集》，中山大学出版社，1989年，427—428页；陈国灿、刘安志《从库车出土文书看唐安西都护府府治地区的政治、经济生活》，新疆龟兹学会编《龟兹文化研究》第1辑，天马出版有限公司，2005年，95—129页。

俄罗斯国家图书馆所见
《西域水道记》校补本

　　在清代西北舆地之学的成果当中,无疑以徐松(1781—1848)的《西域水道记》成就最高,学术影响最大。但是,《西域水道记》于道光初年成书以后,徐松仍不断加以修订。即使在道光十七年(1837)前后此书由两广总督邓廷桢刻印出版后,徐松根据所见新的资料和陆续撰写的考订结果,继续补充修订,有增有删,长文用笺条的形式写成夹在书中,词句的更改则直接写在自己的修订本上。道光二十八年(1848)徐松去世后,藏书散出,其中稿本多为袁芳瑛(字漱六)所得。袁氏去世后,多归李盛铎(1859—1937)与翁同龢(1830—1904)所有,最后转入北京大学图书馆与中国国家图书馆(北京图书馆)收藏。但其中带有笺条的《西域水道记》修订本残本(缺卷三),则为钱振常所得。徐松的笺条与批注文字,由钱振常录出,先后刻入光绪二十八年(1902)姚觐元《咫进斋丛书》四集、宣统元年(1909)沈宗畸《晨风阁丛书》、民国九年(1920)缪荃孙《烟画东堂小品·星伯先生小集》中①。

---

① 详细情况,请参看朱玉麒《〈西域水道记〉:稿本、刻本、校补本》,荣新江、李孝聪编《中外关系史:新史料与新问题》,科学出版社,2004年,383—404页。

钱振常所藏《西域水道记》修订残本，多年来不知所在。2000 年，周振鹤先生在日本早稻田大学图书馆中，找到了这个本子，才知道是钱振常子钱恂在清末所赠，以感谢早大收容中国留学生之盛情①。周先生录出笺条文字，并探讨了与《晨风阁丛书》本的关系等问题②。朱玉麒又对照诸本，写成《〈西域水道记校补〉汇校》，附在他所整理的《西域水道记》标点校勘本后③。朱玉麒的标点本把分别刻印的《西域水道记》及其《校补》本合在一起，而且校补所据均为徐松自己改订的原本，终于使学术界拥有了这部重要著作的可以依赖的全本了。

但是，有关《西域水道记》的"故事"还没有结束，因为钱振常所得徐松的修订本是个残本，缺少卷第三。带着寻找《西域水道记》卷三笺条本的期望，2005 年 7 月 18 日，我叩开了俄罗斯国家图书馆东方文献中心的大门。在此之前，从朱玉麒提供的线索中，我们已经从俄罗斯科学院李福清（B. L. Riftin）先生的著作中得知，这里收藏有若干徐松的藏书，它们原本是 1849 年——徐松去世第二年——来华的俄罗斯学者康士坦丁·安·斯卡奇科夫（K. I. Skachkov，汉名孔琪庭，1821—1883）的收藏④；而且从羽田亨和伯希和的记录中，我们知道徐松从《永乐大典》中抄出的《经世大典》站赤条的原本，就为孔琪庭所得⑤。

当我们走进东方中心负责人的办公室时，由于李福清先生的帮助，我事

---

① 参看石见清裕《早稻田に残された徐松の直笔——早大图书馆所藏自笔校订本〈西域水道记〉》，《中国古典研究》第 47 号，2002 年，71—86 页 +2 图。

② 周振鹤《早稻田大学所藏〈西域水道记〉修订本》，《中国典籍与文化》2001 年第 1 期，86—95 页。

③ 徐松《西域水道记》（外二种），朱玉麒整理本，中华书局，2005 年 7 月出版。

④ 李福清《〈姑妄言〉小说抄本之发现》，载《思无邪汇宝》丛书第 45 册《姑妄言》，大英百科股份有限公司，1997 年。

⑤ 羽田亨《元代驿传杂考》，收入《羽田博士史学论文集》上册，京都，1957 年，32—43 页；汉文译本收入《日本学者研究中国史论著选译》第 9 卷，中华书局，1993 年，488—497 页；P. Pelliot, "Sur quelques manuscrits sinologiques conservés en Russie", *T'oung Pao*, 29, 1932, pp.104-109; 冯承钧译伯希和《俄国收藏之若干汉籍写本》，载《西域南海史地考证译丛六编》，商务印书馆，1962 年，184—190 页。

先预约的三种《西域水道记》的刻本,也就是这里所藏的全部这部书的刻本,都摆放在我们面前。遗憾的是我没有看到徐松本人的修订本卷三,但幸运的是这里面的两种刻本,竟然都有多少不等的笺条和眉批,让人一时兴奋不已。

这两种带有笺条和批注的本子,都是道光三年龙万育为序的刻本,一起放在一个书函中。其中笺条、批注较多的一册是五卷合订本,编号 3B2-4/496/2;另外一种则是卷一至卷三装订为一册,卷四、五装订一册,编号 3B2-4/496/1。这些笺条和眉批有些是和徐松的原稿相合的,但也有一些是现在所见早稻田大学藏本中所不见的条目。个中原因,我们留到录文后再讨论。

以下先把我所抄录的五卷合订本中的笺条和眉批文字录出,由于有朱玉麒所赠《西域水道记》标点本及其附录《〈西域水道记校补〉汇校》的电子文本,这件工作变得容易一些,录文标行亦依朱玉麒《汇校》体例。而正文用五号字,原双行小注用小五号字,单行,引文后出校记说明与早稻田大学图书馆藏徐松原稿(简称“徐校本”)的异同。有些笺条是直接贴在删掉的文字之上的,在这种情况下,则先录提示前后文字,再录笺条文字。

自叙
【1】十三行“穆默”改作“特穆”。
【校记】与徐校本同。

卷一
【2】二叶十三行至十九行“地富庶、多砖屋也”与“倡回教”之间文字以笺条粘贴,改写为:元《经世大典图》作可失哈耳。《经世大典》久佚,其西北地图一篇,载《永乐大典》“元字韵”,《元史·地理志》“西北地附录”即据此图为之。今所引皆称《经世大典图》,以从其朔。《元史·世祖纪》作可失合儿。《耶律希亮传》作可失哈里,《拜延八都鲁传》作乞失哈里,《曷思麦里传》作可失哈儿。辽金之际,地入西辽。乃满国破,屈出律窜夺菊儿汗之位,遂有其地。成吉思皇帝庚辰年征西域,斩屈出律,可失哈儿、押儿

牵、斡端始附于元。盖今之西域,皆元时笃来帖木儿分地也。西印度有默德那国,其王马哈墨《明史》作谟罕蓦德,又作马哈麻。生而神灵,西域诸国尊为派噶木巴尔,《元史·赛典赤赡思丁传》作别庵伯尔,《明史·西域传》作别谙拔尔。犹言天使,是。

【校记】与徐校本所补同。

【3】三叶十三行"传记言葱岭者,莫详于魏宋云"用朱笔勾掉,补写:魏神龟初,胡太后遣使者宋云如西域求佛书,道由葱岭。

【校记】与徐校本所补文字同,然徐校本未提示删掉旧文。

【4】同叶十八行"汉盘陀国,今之阿赖地也"用朱笔勾掉,上粘签条改作:按,魏之汉盘陀,唐谓之羯盘陀。《唐书·地理志》云:"自疏勒镇西南入剑末谷、青山岭、青岭、不忍岭,六百里至葱岭守捉。故羯盘陀国,开元中置守捉。"盖今阿赖地也。

【校记】与徐校本删除、补写文字全同。补写文字后有小字"下接喀尔提锦",又朱笔"大字正写",均为提示文字。

【5】六叶四行"四十里抵喀什噶尔城"至"引东岸渠二"之间文字以笺条粘贴,改写为:《唐书·地理志》云:"疏勒镇南北西三面皆有山,城在水中。城东又有汉城,亦在滩上。赤河来自疏勒西葛罗岭,至城西分流,合于城东。"疏勒镇者,疏勒都督府治也。乌兰乌苏色赤,故有赤河之目。乌兰乌苏径喀什噶尔城西。

【校记】与徐校本所补同。补写文字后有小字"下接引东岸",又朱笔"大字正写",均为提示文字。

【6】同叶十五行"池东出水东流,池西出水西流"与"水东出之岸"之间,用朱笔补写:《水经注》引《凉土异物志》曰:"葱岭之水分流东西,西入大海,东为河源。"所谓入大海者,即新头河之入雷翥海者也。池

【校记】与徐校本所补同，唯"所谓入大海者"一句，漏"入"字。

【7】同叶二十一行"为什克南城"与"大和卓木"之间，朱笔补写：《水经注》云："河水一源西出捐毒之国、葱岭之上，西去休循二百余里。"又曰："水西，径休循国南，在葱岭西。"是知阿赖山在库勒北矣。昔
【校记】与徐校本所补同。

【8】七叶十五行"径察哈尔阿勒尔"与"又东流百里，径哈喇塔什岭北"之间，朱笔补写：《水经注》云："河径岐沙谷，分为二水，一水东流，径无雷国北。"盖以库勒之水与乌兰乌苏同源，斯为舛矣。库勒水
【校记】与徐校本所补同，唯"分为二水"上徐校本多"出谷"二字。

【9】十一叶十六行"葡"改作"蒲"。
【校记】与徐校本同。

【10】同叶十八行"颇"改作"俾"。
【校记】与徐校本同。

【11】十三叶六行"唐高祖武德六年三月初三日也"，朱笔删"也"字，补写：或曰佛、回作教，皆以灭度之岁纪元，梅氏文鼎推回回术，谓马哈墨辞世在隋开皇十四年甲寅，而《明史》言马哈墨作回回术，用隋开皇十九年己未为元，即以为建国之年。其身不存，何能立教？正道陵迟，异端滋起，谬悠之论，固难折衷矣。
【校记】与徐校本所补同，唯下"回回术"，徐校本作"历"。

【12】十四叶二十二行"猗"改作"骑"。
【校记】与徐校本同。

【13】十五叶十一行"蕴"改作"薀"。

【校记】与徐校本同。

【14】十六叶一行"千"改作"干"。

【校记】徐校本缺。

【15】同叶十五行至十八行"《元世祖纪》至元十一年春正月"至"即叶尔羌音之转也"朱笔勾掉,改作:《元史》作鸦尔看,又作押儿牵。《经世大典图》不载,其时盖地入于阗也。

【校记】与徐校本所补略同。按徐校本云:"至元十一年立驿一条,已载沙州下,此处删。鸦尔看注于此处。"以文字提示,而此则用朱笔勾掉。又,徐校本"又作押儿牵"下有"皆音近之转","地入"二字作"附于",文字略有不同。

【16】同叶十九行"青吉思汗"至"十九世汗"朱笔勾掉。

【校记】徐校本作"青吉思汗至十九世汗,拟删"。

【17】十九叶十行"往往重千万觔"至"山与玛尔瑚鲁克"之间,朱笔补入:《汉书·西域传》:"莎车国有铁山,出青玉。"《穆天子传》:"天子西征,至剞闾氏。乃命剞闾氏供养六师之人于铁山之下。"即此山矣。

【校记】与徐校本所补同。

【18】同叶十九行至二十叶"《会典》:磬大者为特磬"至"应钟之磬厚一寸二分九厘六毫",朱笔勾掉。

【校记】徐校本不明。

【19】二十一叶七行"其年有采进密尔岱山玉三"一句"山"字下补:者,

一玉重万余觔,弃之库车东门外。又,

【校记】徐校本缺。

【20】同叶八行"辇至哈喇沙尔,以其劳人,罢之"一句,删掉"以其劳人"四字,补"亦"字,作"辇至哈喇沙尔,亦罢之"。

【校记】徐校本缺。

【21】同叶十行"土人导余至驿舍东北观之,半没尘壤,出地者高二尺许"后补写:在库车者未暇观焉。

【校记】徐校本缺。

【22】同叶十八行"诣河干"至"众伯克以回夫五百人来会"之间,"祭以少牢"四字删掉,后补写:以羊祀之,犹骏马河之取贝子胎铜矣。既祀,

【校记】徐校本缺。

【23】二十三叶九行"覔"改作"觅"。

【校记】与徐校本同。

【24】二十四叶十二行"迟"改作"犀"。

【校记】与徐校本同。

【25】二十六叶十行"梵书又谓之萨旦那"一句,"萨"上补"瞿"字。

【校记】徐校本缺。

【26】同叶十一行至二十七叶七行"于阗又曰斡端"至"屹然重镇"之间文字以笺条粘贴,改写为:《经世大典图》曰忽炭。按成吉思皇帝庚辰之役于阗,已望风降附,而《元史·阿剌瓦而思传》云:"从帝亲征于阗、寻斯干。"

《至元辨伪录》亦言："耶律楚材扈从太祖西征于阗，及可弗叉国。"盖庚辰以灭乃满，得降于阗，既克而叛，又附算端，是以辛未之春，复用师焉。成吉思乃封皇子察阿歹，《元史》作茶合带，又作察合台，又作茶合觯，今从《秘史》。为右手大王以镇之。其孙阿鲁忽，《旦只儿传》作兀卢。封于阗王。《附录》《补元史诸王传·阿鲁忽传》：阿鲁忽者，察阿歹之孙，合剌旭烈子也。成吉思皇帝亲征西域，辛未之春，再定于阗，使察阿歹为右手大王镇之。蒙哥皇帝之二年七月，命合剌旭烈征西域。其年十二月薨，阿鲁忽嗣，驻斡端城，为于阗王。于阗地土广大，擅农桑之利，回回人如雅老瓦实、马合麻、哈八石，皆于阗世族。其唐兀贤杰或往依之。暗伯亲迎于敦煌，阻兵不得归，客于阿鲁忽所。而阿波古亦事阿鲁忽。阿鲁忽以为得人助，萌异图，与海都应。天子疑之，至元十三年，命爱薛使焉。复以别速觯、忽别列八都儿二人为都元帅，领蒙古军二千人、河西军一千人戍斡端城，又使薛彻干等通好。阿鲁忽留使者，数年不遣。薛彻干得暗伯所赆马驼逃归，言其状。十六年，命诸王出伯、元帅不花帖木儿往讨。出伯以大军逼于阗，而使兀浑察往可失哈耳，为游击军，遇敌人二千余，兀浑察以勇士五十人与战，禽其将也班胡火者。海都遣将玉论亦撒率兵万余人来援。游骑先至斡端，宣慰司刘恩设伏以待，败之。海都又遣八把以众三万来侵，恩惧而退。十七年，也罕的斤又征斡端，诏谕三城官民。十九年，诸王合班、元帅忙古带、总管旦只儿等军至斡端，与阿鲁忽战，胜之。阿鲁忽请降。二十三年，立驿于斡端。二十四年，以钞万定赈斡端贫民。初，宪宗之世，西域立两行省，以别失八里行省控制西域左地，阿母河行省控制西域右地。世祖之世，又立三宣慰司，当北道之中，则别失八里；南道之东，则哈剌火州；南道之西，则斡端。迨不赛因有国，不置王官，罢阿母河行省。至是，阿鲁忽专制南道。至元二十六年，亦罢斡端宣慰司。凡途鲁吉、柯耳鲁、畏兀儿之地，皆属焉。传至笃来帖木儿、燕只吉台，世世朝贡不绝。

【校记】徐校本缺。

【27】二十八叶八行"乾隆二十四年三月三日夜"前补写：哈喇哈什城，元之哈剌合底城，司空景义公撒亦的之先世所居。由此徙西洋，世为贾贩，以财雄海外矣。

【校记】与徐校本同。

【28】二十九叶四行"千"改作"干"。

【校记】与徐校本同。

【29】同叶九行"盖树枝即东源、达利为西源矣"与"谚曰玉河"之间,补写:辨机《西域记》云:"瞿萨旦那城东南百余里,有大河西北流,国人利之,以用溉田。其后断流,王深怪异,于是命驾问罗汉僧曰:'大河之水,国人取给,今忽断流,其咎安在?'罗汉曰:'龙所为耳,宜速祠求,当复昔利。'王因回驾,祠祭河龙。忽有一女凌波而至,曰:'我夫早丧,主命无从,所以河水绝流,农人失利,王于国内选一贵臣,配我为夫,水流如昔。'王曰:'敬闻。'于是举国僚庶,鼓乐饮饯。其臣乃衣素服,乘白马,与王辞诀,敬谢国人。驱马入河,履水不溺,济乎中流,麾鞭画水,水为中开,自兹没矣。顷之白马浮出,负一旃檀大鼓,封一函书。河水遂流,至今利用。"准其地望,或是树枝,然语涉不稽,非可传信。河产玉,

【校记】徐校本此段在卷二第六叶第十六行至第七叶第二行,而于此处云:"后六页'唐《西域记》云'至'至今利用。准其地望,或是树枝,然语涉不稽,非可传信'此段接'达利为西源矣'下。"又,"辨机"徐校本作"唐"。按,"辨机"当作"辩机"。

【30】二十九叶二十一行"惟今之皂洼勒未闻出玉,差为异矣"后"《元世祖纪》至元十一年(1274)正月,免于阗采玉工差役"一句以笺条粘贴,改写为:元至元十年六月,遣玉工李秀才采玉。《永乐大典》载《经世大典·站赤》云:"至元十年六月十八日,兵刑部侍郎伯术奏:失呵儿、斡端之地产玉,今遣玉工李秀才者采之,合用铺马六匹、金牌一面。上曰:得玉将何以转致至此?对曰:省臣已拟令本处官忙古觯拔都儿,于官物内支脚价运来。上曰:然则必得青黄黑白之玉,复有大者,可去其瑕璞起运,庶几驲传轻便。"按,失呵儿即可失哈儿。言产玉,即叶尔羌之玉也。是知叶尔羌元时为可失哈儿地。次年正月,免于阗采玉工差役。

【校记】徐校本缺。

【31】三十叶四行"极四十度"前,补写:于阗镇城,毗沙都督府治所也。

【校记】徐校本缺。

卷二

【32】一叶十三行至十七行"阿克苏河西支发焉"至"又东,经乌什城北"之间文字以笺条粘贴,改写为:西支行大山中,分流而会者,再径哈尔布拉克南,有一水自北来入,东流八十里,径哈喇和勒南,又东流一百一十里,径赫色勒滚巴斯南。又东有阿哈尔布拉克,双泉并发,自北来汇。又东流七十里,径松塔石岭北,水之南岸,自松塔石西五十里,至库雨克托辉,又西七十里,至阿克奇。由此益西,皆南阻嵚崟,谚曰:梯子岭骑步相持,七八日仅有达爱依克里克及阿克楚库尔者。二地皆喀什噶尔境。《汉书》所谓尉头南与疏勒接,山道不通者也。胡什齐布鲁特依山游牧,其鄂拓克周四十余里,逐斯水为居。水自松塔石岭下,分为二,皆东流六十里,径爱斯库乌什北而会,又东流七十里,径色普拜尔北,又东流七十里,径毕底尔卡伦南,一作博得尔。是为毕底尔河。地有小石山,孤峰高耸,曰瑚什山。赖黑木图拉之乱,贼据此山以抗官军。毕底尔河径其北,又东十余里,径巴什雅哈玛卡伦城北,卡伦在乌什城西八十里。分二支,并东流,经鹰落山北,

【校记】徐校本缺。

【33】同叶十八行"素城赴乌什"之"城"改作"诚"。
【校记】与徐校本同。

【34】五叶十三行"姑墨川水,唐之拨换河"与"今之阿尔巴特河"中间,有笺条补:其地为四达之冲。《唐书》曰:安西出柘厥关,渡白马河,至阿悉言城。详下渭干河条下。又六十里至拨换。此东通库车路也。又曰:渡拨换河,至小石城。又六十里至大石城,曰温肃州。按肃当作宿,取温宿国为名。此西至阿克苏路也。又曰:温肃州西北三十里至粟楼烽。又四十里度拨达岭。又五十里至顿多城,乌孙所治赤山城。此北至伊犁路也。又曰:自拨换、碎叶,按碎叶二字衍文。西南渡浑河,按即浑巴什河,百八十里有济浊馆,故和平铺也。又经故达干城,百二十里至谒者馆。又六十里至据史德城,一曰郁头州。按郁头州

即河西属诸胡之尉头州。郁、尉双声字。《唐志》作蔚头，传写之误。尉头国，今乌什地。在赤河按即乌兰乌苏河。北岸孤石〔山〕。（北）渡赤河，经岐山，三百四十里至葭芦馆。又经达漫城，百四十里至疏勒镇。此西南由乌什至喀什噶尔路也。今此路不行。又曰：自拨换南而东，经昆岗，渡赤河，按所渡者塔里木河，仍蒙乌兰乌苏之号。渡塔里木河后，渡和阗河。又西南经神山、睢阳、咸泊，又南经疏树，九百三十里至于阗镇城。此南通和阗路也。拨换城，一曰威戎城，亦曰姑墨州。拨换河

【校记】徐校本缺。据《新唐书·地理志》，笺条"北岸孤石北渡赤河"之后"北"字作"山"，抄者涉上"北"字而误书，今改正。

【35】六叶一行至五行"极三十六度五十二分"至"通藏地"之间文字以笺条粘贴，改写为：玉陇哈什东南二百三十里，为齐尔拉村。齐尔拉东百五十里，汉扜弥国也。班书《西域传》云：扜弥国西通于阗三百九十里。《唐地理志》：于阗东三百九十里有建德力河，其地有建德力城。即扜弥国扜弥城。按郦君之言，南河径扜弥国北，不言有所汇之川，知建德力为细流矣。又东北为克勒底雅城，克勒底雅城在齐尔拉村东北一百八十里。城据南山，曰克勒底雅山。城之南三百五十里曰塔克村，山行有径

【校记】徐校本缺。

【36】同叶十六行"冬夏不可行。水发山中"至七叶四行句末"河"字之间文字以笺条粘贴，改写为：所谓阿耨达大水也。《水经注》云："南河东径于阗国北。又东北，径扜弥国北。又东，径精绝国北。又东，径且末国北。又东，右会阿耨达大水。"《水经注》又引《释氏西域记》曰："阿耨达山西北有大水北流，注牢兰海者也。其水北流，径且末南山。又北，径且末城西。"按，《水经注》先言南河径且末国北，再言又东会大水，则河在城东矣。《西域记》城西字误。《唐书》谓之且末河，河西为播仙镇，故且末城也。克勒底雅河北流三百余里，汇大河。

【校记】与徐校本所补文字同。而其中"唐《西域记》一段文字"，已移至卷一第二十九叶九行处。

【37】七叶十六行"《元史·西北地附录》作苦叉"以笺条粘贴,改写为:唐贞观二十年,阿史那社尔破龟兹,于其国城置龟兹都督府,领州九。显庆三年,又徙安西大都护府治之。唐北庭大都护府统三军,曰瀚海军、天山军、伊吾军。凡领突厥州二、府二十三,治于瀚海军。安西大都护府统四镇都督府州三十四,河西诸胡州十二、府二、西域州七十二、府十六,所谓四镇都督府者,一龟兹,二于阗,三焉耆,四疏勒,治于龟兹。都护又兼镇西节度使,凡镇兵二万四千人,马二千七百匹。元《经世大典图》作苦叉。

【校记】徐校本缺。又,最后有"霍集占云云"系提示下文接"霍集占之倡乱也"句。

【38】十六叶二十二行"今则西川自入河,东川入湖后无复余水,不与河通"下补:郦君又言龟兹西源所出山,引《释氏西域记》谓:屈茨北二百里有山,夜则火光,昼日但烟。以余目验,山即冰岭,度越之时,不睹昼烟,推其致误,盖与东源相混矣。《宋会要》载:雍熙中,供奉官王延德使高昌还,《行程记》云:王居北庭,北庭山中出碉砂,山中常有烟气涌起,而无云雾,至夕光焰如炬,火照见禽鼠皆赤。采碉砂者着木底鞋,若皮为底者即焦。今库车北山产硇砂,昏夜之时,光兴上照。

【校记】徐校本缺。

【39】十七叶十六行"度引水溉田、分地定居诸务"与"附近两庄平畴绮壤"之间补:《唐书·地理志》云:"自焉耆西五十里过铁门关,又二十里至于术守捉城,又二百里至榆林守捉,又五十里至龙泉守捉,又六十里至东夷僻守捉,又七十里至西夷僻守捉,又六十里至赤岸守捉,又百二十里至安西都护府。"计其道里,西夷僻为玉古尔庄,于术为库尔勒庄。

【校记】与徐校本同。

因为在东方中心看书的时间只有半天功夫,开始时不允许拍照或复制,所以只能手抄。抄到还有半个小时就要闭馆,于是在李福清先生帮助下,得以复制笺条部分,不过因为书拿走复制,以后尚有大约四五条较短的写在叶边的补注没有来得及过录,不免留下遗憾。总计从这册五卷合订本上所得,共计 39 条。

持与早稻田大学图书馆所藏徐松补注的原稿本相校,可以明确以下几点:

第一,俄藏本上抄写文字工整,不像徐松原稿文字那样用流畅的行书,因此可以断定不是徐松的原稿。

第二,凡俄藏本和徐松原稿相同的内容,除了极少数文字可以判定是俄藏本抄者的误漏外,两者基本上可以说完全一致。因此,俄藏本实际上是过录自徐松的原稿本的。

第三,俄藏本主要抄写的是《西域水道记》卷一、卷二上的补注文字,即便如此,徐松原稿本上有些内容,俄藏本上也没有抄录,这有两种可能,一是俄藏本抄录时,徐松还没有写出来这些补注;二是俄藏本抄者在抄写徐松原稿时有所选择,对比早稻本,俄藏本未抄录的内容有两类:一类是直接校改在刻本上的个别文字,一类是那些比较短的笺条,较之那些长笺,短笺在内容上改变不大,这一誊抄本有可能是为了将来抽挖旧版而用(参下),那么,那些无关紧要的短笺内容因为要省功而有意被主事者放弃了。

第四,更为重要的是,俄藏本上有不少内容,是我们现在看到的早稻田大学图书馆所藏徐松原本上所没有的文字,而诸家《校补》本都是来自这同一个钱振常藏本,当然也没有。从俄藏本和徐松原本相同部分完全一致来看,这些徐松原稿上没有的文字,可以肯定是徐松本人补注的录文,从文脉和语气上我们也可以读出这一点来。这样就让我们得到另一个重要的结论,即钱振常在得到这个徐松原稿本时,笺条已经散落了不少。钱氏大概正是觉察出有这样的情况,所以才在得到这部夹着这些笺条的本子后,决定把所有的笺条统统移到后面,按顺序粘贴起来。

第五,俄藏本的抄者是非常了解徐松校补情况的人,他在过录徐松的校补文字时,采用三种做法:一是个别文字的改正,就用朱笔点去此字,然后在该字旁写上正字;二是比较短的校补文字,这些在徐松原稿上往往是用笺条写的,而俄藏本的抄者则是过录在相关部分的叶边或行间,标出插入何处,同时用朱笔勾掉徐松删除或被替换的文字(图版 50);三是对于一些较长的补文,则用笺条来写,然后粘贴在删除的文字上面,如果没有删除文字而是纯增补的文字,则只粘连在要补的行间(图版 51)。这样一来,因为笺条的文字往往比删掉的文字要多,所以笺条的中间不粘贴书体,使之有空间可以折叠起来,成为真正的"浮签"。如上所述,徐松原稿的笺条原本是夹在所要补的相关书叶之间,因为徐松对每一条要补在什么地方非常清楚,所以有许多笺条没有明确说是补在什么地方。而后来这些笺条统统粘连在一起,提供给诸家刻本的钱振常录文,也是按顺序抄录,不一定对于这些笺条的位置给予准确的说明,这才造成一些刻本将某些笺条弄错位置的情况。而俄藏本抄者显然是非常清楚这些笺条的位置,所以不论是用朱笔勾记,还是直接粘贴,都和原书内容吻合。这无疑是复原徐松校补笺条位置的最好依据。

总之,俄藏本上这些笺条或补注文字,应当是抄自徐松的原稿,而其中有十四条长短不一的文字是徐松原稿所佚失的内容。这个发现几乎是与朱玉麒点校本《西域水道记》的出版在同一时间,因此这些新发现的徐松订补文字也只能等到再版时才能补入,故此从俄罗斯回来后,摈弃杂务,亟予抄出,以飨读者。

至此,读者一定要问抄者是谁,这也是我从莫斯科到北京一直在琢磨的问题。因为这个抄本上没有藏书印,而抄写的文字用工整的楷书,所以一时难以判断。从这个抄者能够见到徐松的原稿,并且十分清楚徐松补注的位置所在等迹象来看,俄藏本的所有者应当是和徐松比较接近的人物。在嘉道之际的北京宣南一带,以徐松为中心,形成了一个研究西北舆地之学的文人圈,其中乌程沈垚(1798—1840)、平定张穆(1805—1849)、泰兴陈潮(1801—1835)、甘泉杨亮(1797—1853)、阳湖董祐诚(1791—1823)、桐乡程同文(?—1823)、桐城姚伯昂(1790—1852),以及龚自珍(1792—1841)、魏源(1794—1857)等人,都是徐府上经常的坐客。其中沈垚、张穆曾帮助徐松

图版 50　俄罗斯国家图书馆藏《西域水道记》笺条和批注本 1

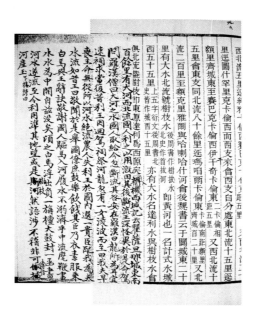

图版 51　俄罗斯国家图书馆藏《西域水道记》笺条和批注本 2

校订书稿①,而最值得注意的人物是张穆。

这里我们要回过头来,说说与上面抄录的五卷合订本在同一木函中的另外一种《西域水道记》的笺条本了。这个本子上的批注和笺条只有一处,都在卷三第四十二叶六至九行(图版 52),原刻本上的文字是:"察哈尔为蒙古强部,或谓是元之苗裔。按,《元史·忙哥撒尔传》云:'忙哥撒尔,察哈札剌儿氏。曾祖赤老温恺赤,祖搠阿,父那海,并事烈祖。'是察哈尔之有部落,在有元建国之先矣。其汗曰林丹",但用朱笔点去"蒙古强部"以下文字,旁写"元小王子苗裔,先与毛里孩居河套。明嘉靖十一年(1532),打来孙徙幕东方,称察罕土门汗,土门汗讹为土蛮,察罕又讹为插汉儿,插汉儿即察哈尔之转也。是为驻牧察哈尔之祖。万历末有虎墩兔者,自称林丹汗",该叶还夹有一笺条(图版 53),所写文字自"哈尔为元小王子苗裔"至"自称林丹汗",与行间文字相同,签条文字高度略与刻本文字高度相当,其从"哈尔"而不从"察"字开始写,而且"林丹汗"三字的位置也正好落在刻本"曰林丹"处,这正是为了把这个笺条粘贴在原本上,但不知何故没有粘连上去。最珍贵的是在刻本改写部分的天头上,有朱笔所写:"星伯先生改定如此。此其初印本也,今已抽换矣。穆记。"这是说上面改写的文字是据徐松先生的改订而写,刻本是初印本,后来的刻本已抽换挖改。我们现在通行所用的龙万育序刻本,就已经是抽换过的本子了②。这里署名为"穆"的人,从徐松周围的人来看,舍张穆莫属。那么,这个装成两册的《西域水道记》初刻本,应当就是张穆的藏书了。这个本子上有"月斋藏书"印,回到北京后,经朱玉麒辨识其文,即张穆(号月斋)的藏书印。北京大学图书馆藏有徐松《唐两京城坊考》手定底稿本(善本编号□487),上钤张穆"月斋金石书画之印"朱印,且有张穆的笺改条,与我们见到的俄藏本《西域水道记》上的笺条、题记文字对照,可知后者为张穆的

---

① 详见朱玉麒《徐松与西域水道记研究》,北京大学历史系博士后报告,2002 年。

② 朱玉麒《西域水道记》整理本前言也曾提及:"道光刻本有个别讹误被挖补重刻,今流行者率多挖补本。"但所得例证仅有刻本卷四第二十八叶、卷五第十五叶的个别文字挖补现象,据此则有整叶重新刻补者。

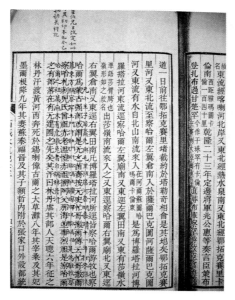

图版 52　俄罗斯国家图书馆藏《西域水道记》笺条和批注本 3

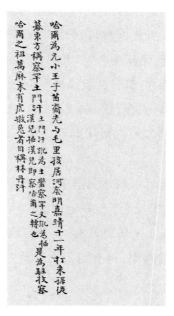

图版 53　俄罗斯国家图书馆藏《西域水道记》笺条和批注本 4

字迹无疑,仔细对照"伯"、"穆"二字的写法可以肯定。

这段改订文字和笺条没有增补什么内容,但却告诉我们,曾经为徐松整理校补过《唐两京城坊考》的张穆①,也曾经把徐松改订的文字,过录到《西域水道记》的初印本上。而且他的做法,是和我们在五卷合订本上看到的做法基本一致,就是要把笺条贴在要删掉的文字上面。但是应当指出的是,张穆的这个笺条上的书法和他自己署名的天头题记的书法是一致的,这个笺条也应当是张穆本人所书,而张穆的书法和五卷合订本上笺条的书法却有所不同。当然五卷合订本上的笺条可能只是受命抄写的书手所书,其上有"大字正写"一类的提示文字可以透露出这一点。总起来看,因为这两种本子都存放在一个木函中,我们仍然不排除五卷合订本也是张穆的旧藏。张穆在徐松的晚年一直协助他修订书稿并出版,上述《唐两京城坊考》就是由张穆校补后,交山西灵石书商杨尚文刻入《连筠簃丛书》的,故署"大兴徐松星伯撰、平定张穆诵风校补",该书的辑刻在徐松生前,刻成则在徐松身后;可以想见,因为徐松的学业家无传人,张穆在其去世后便主动承担起了徐松一系列未刊著作的修订与传世工作,包括《西域水道记》的修订版。从我们所见俄藏校补笺条的上述特点,尤其是上揭"大字正写"一类提示文字,可知这实际是徐松校补原稿的誊清本,其目的就是要重新刻版以抽换《西域水道记》的旧版。遗憾的是,在徐松去世仅一年之后,四十五岁的张穆也赍志而殁,《西域水道记》的校补誊清稿只完成了两卷就戛然而止。不过,这只是一个推测,没有坚实的证据。

在孔琪庭收藏的汉籍写本和地图当中,有不少属于清代西北舆地之学的著作,如《异域录》、《藏行纪程》、《蒙鞑备录》、《西陲闻见录》、《葱岭南北河考》、《西域志》、《回疆志》、《新疆舆图》、《新疆地理》、《西域闻见录》、《三州辑略》、《伊犁总统事略》等书,也有相关的蒙元史、塞外民族史籍,有些古

---

① 关于张穆对徐松著作的整理,参看朱玉麒《徐松与西域水道记研究》。

籍抄本是专门抄录中西关系、周边民族内容的①，这是孔氏藏书的兴趣所在，也和他的身份有关，他所藏的《西域水道记》就有三种，而且笔者所见还藏有徐松《新疆赋》的抄本和刻本各一种，可见他得到徐松《西域水道记》补注的笺条本并非偶然。道光年间，这一仅有两卷笺条的《西域水道记》刻本在琉璃厂的书肆也许有不少学者经眼，但似乎都没有把它当作善本，因而轻易放过②，最终被一个来自遥远俄国的外交人士兼汉学研究者孔琪庭收入囊中。而其中至少有十四处的签改内容，在徐松原笺散佚的情况下成为唯一的存世文献，成就了该书真正的"善本"质量。这些带有当年宣南学人手泽的古籍善本，经过一百五十多年的沧桑岁月，现在又被抄回到北京，也真是一件有趣的书缘。

（附记：忆 1983 年随张广达师往南疆调查古迹，张师时常以《西域水道记》为我等释疑，且盛赞徐松学问功力。时张师正拟整理此书，并已列入中华书局古籍整理规划项目。以后张师曾不止一次告诫，使用《西域水道记》，切不可忘记《星伯先生小集》中之《校补》！后张师移居海外，《水道记》之整理遂寝而未行，驰书相询，知已捐弃。2000 年，朱玉麒君入北大博士后流动站，从事清代西北舆地学研究，兼整理徐松著作。余忝为合作教师，时常在北招饭桌前，面对一盘肉丝炒饼，听其高论，兴致盎然。玉麒君从启功先生治版本校勘学，精于文献考订；又多次随宽堂（冯其庸）先生壮游西域，熟悉塞外史地；是整理徐松著作最佳人选。经过两年努力，大兴徐氏三种，粲然可观。今年初，《西域水道记》（外二种）付梓，余在渤海湾边，通校一过，遥望海西，颇感欣慰。以此数缘，余于徐松著作，亦多所留心。今夏有机会走访俄罗斯国家图书

---

① 阿·伊·麦尔纳尔克斯尼斯（A. I. Melnalknis）编《孔琪庭所藏中国手抄本与地图书录》（俄文），莫斯科东方文学出版社，1974 年。

② 即使徐松校补的原笺本《西域水道记》，后来流散到琉璃厂，一直到光绪六年（1880）才被钱振常慧眼购藏，大概也是因为缺了第三卷而不被善待的缘故。

馆,获此前人未见之《西域水道记》校补文字,岂不快哉。于此既念张师教育之恩,又倍感与玉麒君切磋学术之乐,更感谢李福清、柴剑虹、王三庆诸位先生于此次调查中给予之帮助。)

(2005 年 7 月 31 日完稿,原载《文史》第 73 辑,2005 年,245—256 页。)

北京大学中国古代史研究中心丛刊